丛书主编 吴松弟　丛书副主编 戴鞍钢

Modern Economic Geography of China
Vol. 1

中国近代经济地理

第一卷 绪论和全国概况

本卷主编　吴松弟

吴松弟　侯杨方　韩茂莉
袁为鹏　徐卫国　龚关　等著

华东师范大学出版社
ECNUP 全国百佳图书出版单位

本书为

国家出版基金资助项目

"十二五"国家重点图书出版规划项目

上海文化发展基金会图书出版专项基金资助项目

《中国近代经济地理》总序

吴松弟

描述中国在近代(1840—1949年)所发生的从传统经济向近代经济变迁的空间过程及其形成的经济地理格局,是本书的基本任务。这一百余年,虽然是中国备受帝国主义列强欺凌的时期,却又是中国通过学习西方逐步走上现代化道路,从而告别数千年封建王朝的全新的历史时期。1949年10月1日中华人民共和国成立,中国的现代化进入新的阶段。

近20年,中国历史地理学和中国近代经济史研究都取得了较大的进步,然而对近代经济变迁的空间进程及其形成的经济地理格局的研究,却仍处于近乎空白的状态。本书的写作,旨在填补这一空白,以便学术界从空间的角度理解近代中国的经济变迁,并增进对近代政治、文化及其区域差异的认识。由于1949年10月1日以后的新阶段建立在以前的旧时期的基础上,对中国近代经济地理展开比较全面的研究,也有助于政府机关、学术界和企业认识并理解古老而广袤的中国大地上发生的数千年未有的巨变在经济方面的表现,并在学术探讨的基础上达到一定程度的经世致用。

全书共分成9卷,除第一卷为《绪论和全国概况》之外,其他8卷都是分区域的论述。区域各卷在内容上大致可分成两大板块:一个板块是各区域近代经济变迁的背景、空间过程和内容,将探讨经济变迁空间展开的动力、过程和主要表现;另一个板块是各区域近代经济地理的简略面貌,将探讨产业部门的地理分布、区域经济的特点,以及影响区域经济的主要因素。

在个人分头研究的基础上,尽量吸收各学科的研究成果与方法,将一部从空间的角度反映全国和各区域经济变迁的概貌以及影响变迁的地理因素的著作,奉献给大家,是我们的初衷。然而,由于中国近代经济变迁的复杂性和明显的区域经济差异,以及长期以来在这些方面研究的不足,加之我们自身水平的原因,本书在深度、广度和理论方面都有许多不足之处。我们真诚地欢迎各方面的批评,在广泛吸纳批评意见的基础上,推进中国近代经济地理的研究。

目 录

绪 论 /1
  第一节 中国近代经济地理研究的学术史回顾 /1
    一、20世纪上半叶的中国近代经济地理研究 /2
    二、1950—2000年中国大陆的近代经济地理研究 /4
    三、口岸—腹地关系探讨：近代经济地理形成的另一个方面 /7
    四、从"港口—腹地"到"中国近代经济地理" /11
  第二节 本书研究对象、理论框架和基本概念 /15
    一、研究对象 /16
    二、理论框架 /18
    三、几个基本概念 /36
  第三节 研究内容、研究方法和全书结构 /39
    一、研究内容 /39
    二、主要研究方法与资料 /40
    三、全书结构 /43

第一章 进出口贸易和国内商业的发展 /45
  第一节 通商口岸的出现与密集化 /45
    一、第一次鸦片战争以后东南五口的开埠通商 /47
    二、第二次鸦片战争以后沿海和台湾的开埠通商 /52
    三、第二次鸦片战争以后长江三口的开埠通商 /55
    四、西北陆路口岸的开埠通商 /58
    五、1862年至甲午战争以前通商口岸的开埠过程 /63
    六、甲午战争以后通商口岸的开埠过程 /65
    七、自开通商口岸的开埠过程 /69
  第二节 进出口贸易的发展过程 /72
    一、进出口贸易的展开 /72

二、进出口商品结构的改变 / 78

第三节　主要口岸的进出口贸易状况 / 82

　　一、主要口岸及其占全国进出口贸易总值的比重 / 82

　　二、主要贸易对象国及其在中国对外贸易中的地位 / 85

　　三、主要贸易对象与中国区域港口格局的变迁 / 88

　　四、近代上海在东亚港口中的地位 / 93

第四节　近代国内商业的发展 / 96

　　一、商业从业人员和组织结构的变化 / 96

　　二、商业经营内容和营销方式的改变 / 100

　　三、市场发育与区域经济一体化的趋势 / 107

第二章　近代人口的增长和空间分布 / 125

第一节　清民国人口增长和传统人口—经济模式的接近终结 / 125

　　一、中国传统的人口—经济模式 / 125

　　二、清代与民国的人口增长和传统人口—经济模式的接近终结 / 130

第二节　晚清人口的变动与迁移 / 134

　　一、晚清人口的变动 / 134

　　二、晚清人口的迁移 / 136

第三节　民国人口的迁移 / 143

　　一、向东北的移民 / 143

　　二、向海外的移民 / 146

　　三、中国乡村人口的国内迁移 / 146

第四节　人口的空间分布 / 152

第五节　城市人口与乡村人口的分布 / 157

　　一、城市人口的定义 / 157

　　二、对民国城市人口的不同估计 / 159

　　三、1949年的城市人口统计 / 165

第三章　近代农业的发展变化与空间格局 / 168

第一节　近代农业区域特征与区域变化 / 168

　　一、人口增加导致地区开发深度逐渐提升 / 170

　　二、农业取代了原有的非农业土地利用方式 / 191

三、人口增加带来的农业经营方式变化 /196

第二节 传统农业中滋生的商品性农业经营方式与作物种类 /206

一、华北农作物种植制度地域差异与农产品商品性的提升 /206

二、江南农作物种植结构转型与农业生产集约化经营 /215

第三节 畜牧业及其游牧方式 /219

一、划定季节牧场 /220

二、季节牧场的范围 /227

三、规定游牧路线 /228

四、营盘的环境选择 /229

五、季节营地内放牧顺序和放牧方法 /230

六、放牧与畜群 /233

第四章 近代工矿业的发展和地理分布 /235

第一节 近代工业区位研究综述 /235

第二节 煤炭、钢铁工业的发展和地理分布 /239

一、煤炭工业的发展与地理分布 /239

二、钢铁工业的发展与地理分布 /245

第三节 近代棉纺织工业的区位分布及变动 /250

一、近代棉纺织业地区分布之大势 /251

二、近代棉纺织业的区位变化过程 /257

第四节 影响近代工业布局的主要因素分析：以汉冶萍公司为例 /264

一、汉阳铁厂"由粤移鄂"透视：宏观布局研究 /264

二、从中观到微观布局：汉阳铁厂厂址定位问题新解 /274

第五节 结论 /285

一、影响中国近代工业布局之主要区位因素 /285

二、中国近代工业布局的时空特征 /292

第五章 近代交通的发展与空间分布 /298

第一节 轮船航运业的兴起 /300

一、晚清轮船航运的兴起 /300

二、民国时期轮船航运业的变化 /304
　　三、抗日战争时期及战后的水运业 /306
　　四、远洋、沿海和内河的主要轮船航线 /308
第二节　铁路和公路的兴起 /310
　　一、晚清时期铁路的兴起 /310
　　二、民国时期铁路交通的变化 /317
　　三、抗日战争时期及战后的铁路交通 /323
　　四、公路交通的兴起和发展 /325
第三节　邮电业和民用航空运输的兴起 /333
　　一、晚清时期中国邮政电信业的兴起 /333
　　二、民国时期邮政电信业的发展变化 /338
　　三、抗战时期及战后的邮政和电信业 /340
　　四、民用航空运输业的兴起 /341
第四节　近代交通的发展水平和布局特点 /345
　　一、近代交通的重大作用和发展水平 /345
　　二、近代新旧交通方式的混搭使用 /348
　　三、近代交通布局的特点 /353

第六章　近代金融业的发展与空间分布 /356
第一节　旧式金融业的兴衰 /356
　　一、票号 /356
　　二、钱庄 /358
第二节　新式金融业的兴起 /362
第三节　金融业的空间分布与市场结构 /368
　　一、金融业的空间分布及其变动 /368
　　二、金融市场结构 /371
第四节　区域间的资金流动 /378
　　一、全国资金流动中心：上海 /379
　　二、长江流域的资金流动 /382
　　三、天津与腹地间的资金流动 /386

第七章　近代城市的发展与空间分布 /390
第一节　鸦片战争前的城市概貌 /390
第二节　近代城市的兴起与空间分布 /393
　　一、条约口岸城市的兴起 /394

二、非条约口岸城市的发展 / 401
　　三、近代城市的不均衡分布 / 408
第三节　传统城市的转型和不同城市的两元并峙 / 413
　　一、传统的行政中心城市向近代工商业城市的
　　　　转型 / 413
　　二、两类中心城市的并立和合一 / 417
第四节　没有硝烟的革命：从地方自治到市的出现 / 420
　　一、清末民初的城市自治 / 421
　　二、建制市的成立及其推行 / 427
　　三、民国设市的时空进程和重大意义 / 431
第五节　城市空间的改变 / 433
　　一、城墙的拆除 / 433
　　二、双岸城市的出现 / 436
　　三、城市内部功能分区的形成 / 441
第六节　港口城市与中国经济变迁的空间进程 / 444
　　一、港口城市对附近农村的经济推动 / 444
　　二、港口城市与东中西三大区域经济差异的形成和
　　　　发展 / 447
　　三、港口城市和近代经济区的出现 / 452

第八章　近代经济变迁的时空进程：本卷结语 / 461
　第一节　近代经济变迁的时间进程 / 461
　第二节　"自东向西，由边向内"：中国近代经济变迁的
　　　　　空间进程 / 468
　　一、中国近代经济变迁的空间进程为"自东向西，由
　　　　边向内" / 468
　　二、"自东向西"为主要方向，"由边向内"为次要方向
　　　　/ 472
　第三节　近代经济地理格局的形成与表现 / 473

后记 / 478

表图总目 / 480

参考征引文献目录 / 484

索引 / 508

绪　论①

要阅读本书，需要先了解中国近代经济地理的学术研究史，先了解我们对近代经济地理的基本认识、史料依据和切入此项研究的路径，以及我们使用的基本概念与分析方法。

第一节　中国近代经济地理研究的学术史回顾②

经济地理学是研究经济活动的区位、空间组织及其与地理环境相互关系的学科。一般说来，20世纪以前东、西方与经济地理学相关的研究，大致可分为史志描述、商业地理和经济地理学三个阶段。③中国古人很早就观察到，人们居住在特定的地方，其自然条件不尽相同。生活中的一切无不依赖自然资源，人们将这种自然资源的分布和人类对自然的利用，称之为"地理"，并从多方面观察和记载地理环境、自然资源以及各种人类活动的分布现象。生存和生活是人类的第一需要，为有效利用资源、发展生产和改善生活，地理文献的相当部分都与经济有关。早在战国时代，《尚书·禹贡》使用简洁的语言，记载了当时各主要区域的土壤、物产、贡赋等方面的情况。

西汉史学家司马迁的不朽著作《史记》专设有《货殖列传》，记载我国主要区域的人口、物产、贸易和城市，间及经济的空间差异，被后人看成中国古代的经济地理著作。东汉史学家班固撰写的《汉书》，专设有《地理志》和《食货志》，记述全国各地的山川、行政区划、户口、物产、城镇、田制、赋役、漕运、农业、牧业、手工业和商业的情况。此后的历代正史编撰大都继承了这一传统，在25部正史中，16部专设有《地理志》或类似于《地理志》的专篇，叙述各地的交通、水利、土产、经济等特点。又普遍设立《食货志》，其体例和内容大体模仿《史记·货殖列传》，也成为古人在正史中记载经济地理的专篇。19世纪还出现了一系列介绍交通路线、商品行情、经营买卖各类商品的专业商书。总的说来，旧志书和各类商书中对于经济物产一般都是简略的记述，无系统之研究。真正意义上的经济地理研究，大约是20世纪20年代以来的事情。

不过，对于什么是"经济地理"，却一直没有一个能够被所有经济地理学者一致接受的明确答案。克拉克（G. L. Clark）认为，尽管一些经济地理学家都提出了自己的研究大纲的框架，但实际上，"到目前为止，经济地理学还没有确定的研究大

---

① 绪论由吴松弟撰写。
② 本节由吴松弟、方书生撰写。
③ 李小建主编：《经济地理学》（第二版），高等教育出版社，2006年，第10、2页。

纲,也没有令人信服的关于恰当的研究范畴的论述"。斯科特(A. J. Scott)亦认为:"任何对于'经济地理学的核心是什么'这一问题的回答都容易带有历史随机性。"① 正因如此,不同时期的经济地理学的研究,不仅受到研究者自身的学识和偏好的影响,更明显带上了时代的特色。中国近代经济地理学属于中国经济地理学的近代部分,而近代又是中国经历几千年未有的巨变的大转折时期。要真实反映中国近代的经济地理,首先要真实地动态地反映全国和各区域经济变迁的过程,其次才是各种经济现象的空间分布与区域特点。但如何才能做到这种时间和空间的有机结合,则需要几代人的思考与努力。

一、20世纪上半叶的中国近代经济地理研究

19世纪初,西方的地理学开始过渡到近代地理学,鸦片战争以后渐渐传入中国。在其影响下,长期停留在对地理现象进行考证和追溯,较少探讨特点和发展演变规律的中国传统地理学,开始向现代地理学过渡。经济地理方面同样如此。从20世纪20年代开始,一些经济学者学习了西方经济地理学,马寅初、刘大钧、何廉、方显廷等经济学者结合中国国情,强调将中国实际情况与西方的科学理论进行结合,广泛地开展社会调查。1933年,盛叙功在《地学季刊》上发表译文《科学的经济地理学》《经济地理学上的文化阶段与经济阶段》和《经济地理学上之经济阶段与经济形态》,系统论述经济地理学中的有关理论问题。大约到20世纪40年代末,全国10多所大学地理系内形成了系统讲授经济地理学的课程,实践方面则主要有进行人口分布、土地利用、农业分区、边疆勘察、地区性综合考察等方面的调查。

与此同时,一批经济地理学著作也陆续面世。全国性的经济地理著作主要有:

张其昀著《中国经济地理》(商务印书馆,1930年),按照食、衣、住、行、工业之原动力分类,讨论民国时期(1927年以前)相关产业部门的分布情形。

王金绂著《中国经济地理》(北平文化学社,1930年),分黄河、长江等流域叙述,每流域下分自然地理、生产地理、分配地理、民生状况等板块。

苏联卡赞宁著、焦敏之译《中国经济地理》(光明书局,1937年),分自然资源、人民与交通、农村、工业四章,描述了中国经济地理简况。

胡焕庸著《中国经济地理》(重庆青年书店,1943年),记述民国时期的地形、气候、农业区域、人口、交通、农业、手工业,以及现代工业等产业部门的资源、生产等情况。

葛绥成著《中国经济地理》(中华书局,1950年),分经济地理学的概念和特征、经济地理学的要素、经济生活的发展、经济物品的移动与交通四章。与以上各书比较,该书大约可以视为1949年10月以前中国经济地理研究最高水平的代表,但该

---

① (英)G·L·克拉克等主编,刘卫东、王缉慈等译:《牛津经济地理学手册》,商务印书馆,2005年,第4、17页。

书只是以1947年的相关统计与调查资料为依据,重点介绍20世纪40年代后期的状况,抗战以前的状况关注不多。

另外,在有关全国地理状况的书中,往往也用一定的篇幅介绍各地的经济地理状况。葛德石著、薛贻源译《中国的地理基础》(开明书局,1945年)对中国各地的自然地理和人文地理现象有精要的介绍,其中论述各地的生产和生活部分相当传神。此外,还有一些论述全国经济或区域经济、部门经济的著作和调查报告,也用一定的篇幅介绍经济的空间分布状况。因其对经济地理的研究价值有限,兹不一一列举。

我国地域广大,各区域自然资源和经济发展情况千差万别,区域经济现象自然成为经济学家和地理学家的关注重点。因此,除了上述记载全国经济地理或经济现象的著作,记载不同区域经济地理或经济现象的著作与调查报告也并不少见。尤其是在1927年北伐战争胜利以后,我国大部分地区的经济发展开始加速,直到1937年日本开始全面侵略中国。在这十年间,有关各地的经济调查的报告以及研究经济地理和经济现象的著作不断增多。其中较著名的,有连浚著《东三省经济实况揽要》(民智印刷所,1931年),金陵大学农学院农业经济系编著《河南湖北安徽江西四省棉产运销》(〔日〕铁村大二译,日本东京生活社,1940年),建设委员会调查浙江经济所统计科编著《芜乍路沿线经济调查》(建设委员会调查浙江经济所,1933年),张肖梅著《四川经济参考资料》(上海中国国民经济研究所,1939年)。

抗日战争期间和抗战胜利以后,为了发展经济,一批研究区域经济地理和经济现象的著作以及调查报告相继出版。例如,张印堂著《滇西经济地理》(国立云南大学西南文化研究室,1943年),郑励俭著《四川新地志》(正中书局,1946年),此两书以及周立三、侯学涛、陈泗桥著《四川经济地图集说明及统计》(中国地理研究所,1943年),都有大量关于西南经济地理的信息。张先辰所著《广西经济地理》(桂林文化供应社,1941年),论述广西的人口密度与民族、农业、林产、垦殖、水利、矿产、工业、交通、都邑与贸易、经济地理与经济建设等问题。此外蒋君章著《西南经济地理纲要》(正中书局,1943年),论述范围包括广西,也从人口、交通、产业、城市等方面展开。新疆虽然偏僻,但自1930年以来也有若干部记载其境内经济地理和经济现象的著作和报告相继出版。钟广生著《新疆志稿》(1930年初版),属今人编的方志,着重于近代,矿产、林业、牧场及经济生活均有叙述。洪涤尘著《新疆史地大纲》(正中书局,1935年),历史和地理分叙,古代与近代相交织,综述当地的经济文化现象。

总的看来,除有关西藏的经济地理著作相对较少外,我国各区域一般都有若干本研究经济地理或经济现象的著作与调查报告存世。历次出版的各种中国地图册,大多附有文字说明,简述各省内部不同地方的经济发展。

出于协助本国对华侵略扩张的需要,一些日本学者也对中国各地的经济状况展开调查,并在此基础上撰写中国经济地理方面的论著。其中比较著名的有马场锹太郎著《支那经济地理志》(东亚同文书院,1923年),有交通全编、制度全编、重要商品志等。西山荣久著《最新支那大地理》(东京大仓书店,1914年),介绍中国及各区域的政治、人口、人种、语言、宗教、教育、实业、交通等状况,有许多当代的经济信息。东亚同文会编纂发行大型调查资料的集成《支那省别全志》(1917—1920年陆续出版),有"省总说"、"开市场"、"贸易"、"都会"、"交通及运输"、"邮便及电讯"、"气候"、"主要生产业及工业"、"商业惯习"、"货币金融机关及度量衡"等编,更是日本人调查研究中国各地经济之大成。这些日文著作逐渐传入中国并产生了较大影响。

20世纪上半叶无疑是经济地理研究繁荣的时期,林林总总的经济地理著作,以及一些多少反映经济现象的空间分布的著作或调查报告,数量众多,内容丰富。不过,它们以反映当时的现状为主,对以前时期经济现象的分布与特点着墨不多,遑论经济地理理论方面的发掘与创新了。确实,在当时的时代背景下,学术界尚无余力关注近代经济地理,自然难以产生厚重的成果。然而,当时的"现状",对于我们而言却是蕴藏着近代经济地理资料的文献宝库,为研究当时的经济地理提供了极大方便。

二、1950—2000年中国大陆的近代经济地理研究

中华人民共和国成立仅仅数年,便走上社会主义计划经济的道路,调查编纂各区域的经济地理状况十分必要。自1956年起,科学出版社陆续出版中国科学院地理研究所与中国人民大学经济地理教研室合作,孙敬之主编的《中华地理志经济地理丛书》。该丛书共分华东地区、东北地区、华北地区、内蒙古地区、华中地区、华南地区、西南地区、西北地区、新疆地区等9种,西藏地区原已列入编撰计划,后因条件不具备而未完成。此外,一些反映部门经济地理现象的著作与地图,例如《中国农业地理丛书》(各省分别出版本省卷),也在1973—1984年陆续出版。

1978年中共十一届三中全会以后,我国各地开始了新时期的现代化建设,迫切需要全新的经济地理著作。1982年,考虑到还没有一套完整的分省市区的经济地理著作,在国家计划委员会和国土局的支持下,"全国经济地理科学与教育研究会"开始组织编纂《中国省市区经济地理丛书》。丛书以一个省市自治区为一分册,共31分册,分别介绍各省市自治区生产分布的现状和基本特点。此外,为了大学教学的需要,20世纪80年代以来还出现了多种版本的《中国经济地理》。其中,吴传钧主编的《中国经济地理》(科学出版社,1998年)被视为里程碑式的巨著。

同时,一些反映部门经济地理现象的著作与地图也陆续出版。1981年全国农业区划委员会编写并由农业出版社出版的《中国综合农业区划》,1989年中国科学院南京地理与湖泊研究所和地理研究所主编、中国地图出版社出版的《中华人民共

和国农业地图集》、1993年中国地图出版社出版的《中华人民共和国国家经济地图集》、2007年周立三著、科学出版社出版的《中国农业地理》，都从不同的方面反映了中国经济地理状况。

总的来讲，中华人民共和国成立后我国经济地理学的发展主要是"以任务带学科"，即学科发展的首要目标是满足国家需求，同时以实践任务促进学科的发展和建设。这种直接面对政府需求的研究方式，使经济地理学为国家经济建设做出了重要贡献，但也使得纯理论的研究显得薄弱。近代经济地理虽然能够为现实提供历史的借鉴，而且有些借鉴在今天看来是必不可少的、重要的，但它毕竟不能直接应用到现实建设上。或因如此，至今为止当代经济地理学者撰写的经济地理著作，对古代和近代中国经济的分布状况一般只用寥寥几页的篇幅，或者干脆不谈。只有孙敬之主编、刘再兴等编著的《中国经济地理概论》(商务印书馆，1994年)，较详细地论述近代经济布局的变迁。然而，因受教科书的性质及分类论述的局限，此书在变迁的原因、机制和特点等方面未能得出较为全面的研究结论。

1950年到2000年的中国近代经济史研究，如同同一时期绝大部分的历史研究一样，学术研究主要集中在20世纪50年代至"文化大革命"前和1978年实行改革开放至2000年两个时期，成果可分为经济资料的整理和经济史研究两个方面。

中国科学院经济研究所从1954年起，由严中平负责主编"中国近代经济史参考资料丛刊"，此后先后编辑出版了《中国近代经济史统计资料选辑》，以及工业、农业、手工业、外贸、铁路、外债、公债等专题资料。国家工商行政管理局从1958年起，在许涤新的主持下，组织上海、青岛、哈尔滨等城市的工商行政管理部门，开展"中国资本主义工商业史料丛刊"的编辑工作，到1966年已出版了5种史料。出版整理的资料，还有中国科学院上海分院经济研究所主持编辑的"上海资本主义典型企业史料"，对外贸易部海关总署研究室编辑出版的"帝国主义与中国海关"资料丛刊。1978年改革开放以来，学术界又编辑出版《中国近代经济史研究资料》《中国近代经济史资料丛刊》等。

早在民国时期，即有一些学者利用晚清和民国海关的贸易数据研究近代的对外贸易。1951年韩启桐、郑友揆利用海关贸易资料合编的《1936—1940年中国埠际贸易统计》出版，此后还出现了王怀远所著《旧中国时期天津的对外贸易》(《北国春秋》1960年第1~3期连载)、黄苇所著《上海开埠初期对外贸易研究(1843—1863)》(上海人民出版社，1961年)等比较全面地介绍天津、上海近代对外贸易状况的学术著作。同时，一批重要的近代经济史著作，如吴杰《中国近代国民经济史》(人民出版社，1958年)、吴承明《帝国主义在旧中国的投资》(人民出版社，1955年)、周秀鸾《第一次世界大战时期中国民族工业的发展》(上海人民出版社，1958年)、张郁兰《中国银行业发展史》(上海人民出版社，1957年)等也在"文革"前出版。

长期以来,"在中国近代国民经济史这一学科领域中,由于受政治经济学这一研究对象的影响,只把生产关系发展变化的历史作为研究的对象,忽视、甚至完全抛弃了生产力的研究,又由于对马克思关于生产关系论述的片面理解,也忽视了对流通、分配、消费等方面的研究"。[①] 1978年改革开放以来,随着沿海口岸的重新开放和学术自由讨论风气的形成,近代经济史许多重要问题的研究开始向着系统和实事求是的方向前进。严中平主编的2册《中国近代经济史(1840—1894)》(人民出版社,1989年),汪敬虞主编的3册《中国近代经济史(1895—1927)》(人民出版社,1998年),许涤新、吴承明主编的3册《中国资本主义发展史》(人民出版社,2005年),以及赵德馨、刘佛丁、王玉茹、陈争平、郭东刚等撰写的有关经济史的著作,均陆续出版。同时,一些重要的部门史或区域经济史的研究,如港口史研究[②]、口岸城市史研究[③]、区域经济史研究[④]、内外贸易研究[⑤]、海关史研究[⑥]、商会史研究[⑦],也逐渐展开。

尽管这样,在地理学界长期"以任务带学科"、近代史学界长期缺乏对生产力的研究,而改革开放以来的相关研究尚处于单一学科为主的情况下,在近代经济地理的研究方面仍然缺乏比较深入、全面的研究。邹逸麟主编《中国历史人文地理》[⑧],反映了2001年以前我国历史人文地理的研究成果。在此著作中,与社会经济和生产力有关的内容,包括人口、农业、工矿业、城市和商业共238页,其中仅有14页谈到近代,而且工矿部门又占了其中12页。换言之,除了工矿业稍有论述外,其余部门几乎没有论及近代。至于专门研究近代经济地理的著作,1949年到2007年尚未出现过,即使论文也寥寥无几,有的虽冠以"近代经济地理"之名,实际并非论述近代经济地理。[⑨]

然而,我们不能忽视20世纪80年代以来某些研究领域所发生的重要变化,以及这种变化对于研究近代经济地理的重要意义。而且,时间越后,这种变化的力度便越大。

近代开埠口岸通过走因港兴商、因商兴工、兴市的道路,成为中国现代化较早、程度较高的城市。人民交通出版社在20世纪80年代出版了一系列港口史的著

---

① 参见刘佛丁主编:《中国近代经济发展史》,高等教育出版社,1999年,导论,第1页。
② 见后。另,茅伯科、邹逸麟著有《上海港:从青龙镇到外高桥》。
③ 见后。
④ 主要有丛翰香:《近代冀鲁豫乡村》,中国社会科学出版社,1995年;苑书义:《河北经济史》,人民出版社,2003年;孔经纬:《新编中国东北地区经济史》,吉林教育出版社,1994年;段本洛:《苏州手工业史》,江苏古籍出版社,1986年,等等。
⑤ 如上海社会科学院经济所等著:《上海对外贸易》,上海社会科学院出版社,1989年;庄维民:《近代山东市场经济的变迁》,中华书局,2000年。
⑥ 如陈诗启:《中国近代海关史》,人民出版社,2002年;戴一峰:《近代中国海关与中国财政》,厦门大学出版社,1993年,等等。
⑦ 如徐鼎新:《上海总商会史:1902—1929》,马敏:《辛亥革命时期苏州商会研究》,朱英:《辛亥革命时期新式商人社团研究》、虞和平:《商会与中国早期现代化》等。
⑧ 邹逸麟主编:《中国历史人文地理》,科学出版社,2001年。
⑨ 如高王凌:《近代中国经济地理的主要变化》,载《九州》第1辑(中国环境科学出版社,1997年),实际只探讨清代长江三角洲和珠江三角洲农业开发中出现的新特点。

作,涉及天津、营口、大连、烟台、青岛、连云港、上海、广州等港口。① 这些港口史著作在展示列强侵略活动的罪恶和航运发展过程的同时,也用一定篇幅说明开埠以后对外贸易活动的展开和对城乡社会经济的影响。

20世纪90年代以来,又有若干关于港口所在城市史和区域经济史的著作问世,张仲礼主编《东南沿海城市与中国近代化》②,张仲礼著《近代上海城市研究》③,丁日初、沈祖炜主编《上海近代经济史》④,樊卫国著《激活与生长:上海现代经济兴起之若干分析,1870—1941》⑤,沈毅著《近代大连城市经济研究》⑥,罗澍伟主编《近代天津城市史》⑦,王守中等著《近代山东城市变迁史》⑧,皮明庥主编《近代武汉城市史》⑨,隗瀛涛主编《近代重庆城市史》⑩,都分别论述了不同的口岸城市开埠以后的巨大经济变迁。与20世纪80年代的港口史著作比较,这些城市史著作对开埠以后城乡经济乃至社会、文化变迁的研究更为全面深入,评价更为公允。

此外,有关的全国或区域经济史著作、海关史著作、商会史著作,在中外经济关系、传统经济与资本主义经济的关系、国内市场、洋务企业、资本主义经济发展水平,以及资产阶级等重要问题上,都出现了值得重视的新观点,表明近代经济史研究已取得重大的进展。⑪ 与此同时,华中师范大学章开沅教授主持的"中外近代化比较研究"和北京大学罗荣渠教授主持的"世界现代化进程研究",也取得了一系列进展,越来越多的学者从"现代化"的角度,思考近代中国发生的巨大变迁。

上述方面的进展,为研究近代先进生产力的形成和传统经济的转型乃至近代经济地理,奠定了必要的基础。如果没有这些方面的进步,仍然单纯强调那种"政治日趋黑暗导致经济日益衰败"的观点,仍然忽略"近代的中国现代化进程"以及"中国现代化是内因外因共同作用的结果"等观点的话,有关中国近代先进生产力的形成和传统经济的转型的研究便不可能取得成果,更不用说探讨生产力分布的近代经济地理了。

三、口岸—腹地关系探讨:近代经济地理形成的另一个方面

历史经济地理不同于现代经济地理,它不仅要论述经济现象的空间分布及其

---

① 如李华彬:《天津港史(古、近代部分)》,人民交通出版社,1986年;邓景福主编:《营口港史》,人民交通出版社,1995年;周永刚:《大连港史》,大连人民出版社,1995年;烟台港务局编写组:《烟台港史》,人民交通出版社,1989年;寿扬宾:《青岛港史》,人民交通出版社,1986年;徐德济:《连云港史(古近代部分)》,人民交通出版社,1987年;马小奇:《上海港史(古、近代部分)》,人民交通出版社,1990年;邓端本:《广州港史》,海洋出版社,1986年。
② 上海人民出版社,1996年。
③ 上海人民出版社,1990年。
④ 上海人民出版社,1994年。
⑤ 上海人民出版社,2002年。
⑥ 辽宁古籍出版社,1996年。
⑦ 中国社会科学出版社,1993年。
⑧ 山东教育出版社,2001年。
⑨ 中国社会科学出版社,1993年。
⑩ 四川大学出版社,1991年。
⑪ 参见曾业英主编:《五十年来的中国近代史研究》,上海书店出版社,2000年,"经济史"(虞和平撰)。

规律性、区域经济差异等经济地理学的内容,还须论述上述经济地理学内容的历史形成过程,而要论述经济地理学内容的历史形成过程,则必须关注在某一特定时期国民经济本身的变化和内在规律。因此,历史经济地理学与现代经济地理学的区别,并不仅仅是探讨时期的不同,更重要的是历史经济地理增加了对经济地理变迁的动态过程以及变迁的时代的研究。

本文以上所述,主要从"经济地理"的角度,着重探讨是否论述和分析生产力的空间分布现象,是否注意到产业分布的空间差异等问题。我们注意到,在 2000 年以前,有关经济地理的相关论述仍然不多,并多属于不同现象的分散研究,尤其是尚未涉及经济地理学的核心问题——经济资源配置的空间问题。至于历史经济地理研究的另一个重要方面,即经济地理学内容的历史形成过程和影响过程形成的国民经济自身的变化和内在规律的探讨,则几乎没有展开。而要完成历史经济地理的这一个重要方面,不仅需要依据主要历史线索进行动态的研究,还需要通过研究进行规律总结(即理论研究)。大体上说,围绕着口岸和腹地的关系展开的持久讨论,因持续时间长、涉及面广,实际上可以看成对近代经济地理变迁进行动态研究和规律总结的一种有益尝试,并已产生较大影响。围绕着口岸与腹地关系的讨论源自民国初期,但主要是 20 世纪 50 年代以来在国外和我国港台地区展开的。

近代以来有见识的中国人最大的理想就是迅速地步入现代化,参照现代文明的基本标准,沿海通商口岸无疑是近代中国的先行区域,沿海与内地、城市与乡村也就成了审视近代中国的重要观察点。无论是关注近代中国城乡经济发展,还是文化与社会政治的变革,都无法绕开这个空间话题。只有完整地理解了中国沿海与内地的差异,才能理解真实的近代中国。也正因为如此,一部分近代史研究者,尤其是对外经济关系的研究者,关注"口岸—腹地",并不断由点到线,由线到面,逐渐地揭开中国各区域经济变迁的神秘面纱。

中国近代最早的经济变迁始于通商口岸,而进出口贸易是推动经济变迁的要素之一。1854 年 7 月 12 日,第一个由外籍税务司监督管理、外国领事控制的海关(洋关)——上海海关开张,意味着海关开始成为对华贸易管理机构。几年后建立的中国海关总税务司署,除了监管进出口贸易、征收关税、查缉走私、编制进出口统计等海关的基本职能之外,同时还兼办沿海及内河航务、港务、邮政、检疫、气象、内外债和对外赔款的担保与清偿支付、代征厘金和常关税各种事务,举办国际博览会、教育以及中国政府特派的外交事务,在政治、经济、军事等各个领域都有所活动。中国海关近 90 年的关于口岸贸易以及其他方面活动的系统而翔实的记载,成了颇受重视的近代历史文献,可视为口岸与近代中国的多方面的实录。[①]

海关洋员马士(H. B. Morse)是最早研究近代中国通商口岸的西方学者,其

---

① 参见吴松弟:《中国旧海关出版物评述:以美国哈佛燕京图书馆收藏为中心》,《史学月刊》2011 年第 12 期,第 54—63 页。

《中朝制度》一书描绘了从传统的"十三行"控制的广州贸易制度到近代"条约口岸"的粗略过程。① 差不多同时,戴恩赛(En-sai Tai)利用官方报告与私人笔记,开始了关于中国口岸的描绘。② 1908年出版的赖特主编的《二十世纪香港、上海及中国其他商埠志》③,记述香港、上海、汉口、天津、牛庄、烟台、宁波、威海卫、南京、广州、青岛、厦门、福州、澳门等众多通商口岸的状况。同时,相关的贸易、商业、关税、金融方面的研究成果也渐渐出现,较为著名的有《中国关税沿革史》④、《最近百年中国对外贸易史》⑤、《中华帝国对外关系史》⑥。

口岸、海关、贸易、外交等方面成果的出现,表明有关口岸的认识已经实现了从资料积累到学术研究的转移,但是上述早期的研究著作,都将口岸视为理解中国的窗口,差别只在于窗口的大小而已。费正清(Fairbank John King)于1956年发表的著作《中国沿海的贸易与外交》⑦,着眼于从沿海条约口岸这一外力冲击的角度,来把握近代中国的反应,在此基础上形成著名的"冲击—反应"的理论模式。

虽然研究者无不肯定沿海通商口岸城市在近代的巨大变迁,但相当多的人在肯定口岸变化的同时,却又看低口岸与其腹地的联系以及腹地发生的变迁。墨菲(Rhoads Murphey)1953年出版的著作《上海:近代中国的钥匙》⑧,论述了开埠以后百余年间上海城市发展演变的历程,着力阐明这种演变对中国适应世界潮流与走向现代化所起到的关键作用。但另一方面,墨菲又认为条约口岸与近代中国是二元的,受西方经济影响的口岸地区范围甚小。按照他1970年的总结,腹地商业多由中国行会把持,腹地使用物品以华货为主,而"口岸进口的洋货主要供口岸消费",因此"口岸城市是一个完全按照西方模式缔造的都市,与乡村腹地极少关联"。⑨

进入20世纪60年代,高度关注沿海贸易,忽略对中国其他地区尤其内陆考察的"费正清模式"及其提出的"冲击—反应"概念受到了质疑,并引发了关于近代经济的多方面的讨论。⑩ 侯继明认为国际贸易在促进近代经济成长的同时,并没有破坏传统经济,传统经济可以通过现代技术获得有限的改良,他将这种传统与现代经济并存的现象解释为二元经济。⑪ 德伯格(Dernberger)认为外贸与外资对于中国

---

① H. B. Morse, *The Trade and Administration of China*, Kelly & Walsh, Limited, 1913.
② En-sai Tai, *Treaty Ports in China*, New York, Columbia University Press, 1918.
③ Wright, Arnold, *Twentieth century impression of Hong Kong, Shanghai, and other treaty ports of China: Their history, people, commerce, industries and resources*. London, Lloyd, 1908.
④ (英)莱特著,姚曾廙译:《中国关税沿革史》,商务印书馆,1958年。
⑤ (英)班思德著,附在海关1922—1931年十年报告的卷首。
⑥ H. B. Morse, *The International Relations of Chinese Empire*, Klis-osie Press, 1910.
⑦ Fairbank John King, *Trade and Diplomacy on the China Coast: The Opening of the Treaty Ports, 1842–1854*, Harvard University Press, 1956.
⑧ Rhoads Murphey, *Shanghai, Key to Modern China*, Cambridge, Harvard University Press, 1953.
⑨ Rhoads Murphey, *The Treaty Ports and China's Modernization: What went Wrong?* Press of Standford University, 1970, p. 57.
⑩ 本段在论述时将对有关成果略作介绍或引用他人的评论。例如王树槐、陈慈玉在《六十年的中国近代史研究》(台湾中研院近代史研究所,1988年)中曾进行过详细梳理与评介。
⑪ Chi-ming Hou, *Foreign Investment and Economic Development in China, 1840–1937*, Harvard University Press, 1965.

是有益的、积极的,但是外人在华投资不是致力于中国经济的发展,而且影响只限于口岸附近地区。① 费维恺认为通商口岸的生产取得了可观的成就,但是口岸对于农村的影响还是有限的,因社会制度与经济变迁的交互作用形成的乡村危机逐渐加大。② 杰克·波特(Jack M. Potter)以20世纪30—60年代香港新界的人类学考察为基础,结合侯继明、杨懋春等人的研究,讨论了1900年以来区域社会变迁。他认为近代乡村危机的出现不能归咎于口岸开放,局部的负面作用是存在的,但至少在20世纪30年代以前口岸与腹地是相互依存的,口岸开放为邻近区域带来了正面积极的影响。③

1960年以来对于现代化理论的研究,尤其是对于第三世界后发展国家的研究,形成了阿明的依附理论(Dependency Theory),左翼思想家沃勒斯坦将其发挥形成一个重要的社会科学理论——世界体系论④。这种理论主张从世界体系和局部地区相互关系中理解近代社会的发展历程,在此基础上提出了现代化的多元模式理论,驳斥现代化理论的西化论,揭示现代化的双重本质。世界体系论为口岸贸易研究提供了新的理论支持,并使一些学者认识到,关于区域之间差异与联系的空间性的学术讨论需要寻找更加适宜的解释方式,于是又推动了区域意识的苏醒。

20世纪六七十年代,历史人类学与其他学科的综合研究有了新的发展,并对中国史研究产生了广泛而持久的影响。通过解放前夕在四川、华北的个案研究,施坚雅提出了"经济区系理论"这一宏观的解释框架。⑤ 20世纪80年代日本学界兴起"地域社会论"研究,主张在"地域"中验证无法用阶级关系所解释的人与人的社会关系。滨下武志提出以"国民经济"、"世界经济"为媒介的"域圈经济"⑥,认为历史上的亚洲存在着以中国为中心的朝贡贸易关系,在此基础上形成了"亚洲贸易圈",19世纪中叶以来形成的亚洲近代市场,不过是西欧加入了亚洲早已形成并按照自身规律运行的贸易网络和市场体系。因此,应该致力于探讨港市经济活动的地域网络。

自1981年开始,台湾学者苏雪峰、张玉法、李国祁、张朋园、王树槐、谢国兴、朱浤源等人,开展了"中国现代化的区域研究"。他们分别对湖北、山东、闽浙台、湖南、江苏、安徽、广西等地区,在1860年至20世纪二三十年代的现代化进程进行研究,试图探讨上述沿海沿江地区于晚清民国的百余年间,受西方冲击以后发生现代化变迁的过程及其成败原因。各书的结构与内容大体相似,基本分成背景交代、外

---

① Robert F. Dernberger, The role of foreign in China's economic development, 1840-1949, in Dwignht H. Perkins, ed. *China's Modern Economy in Historical Perspective*.
② Albert Feuerwerker, *The Chinese Economy*, 1870-1911; 1912-1949, Michigan, 1968.
③ Jack M. Potter, *Capitalism and the Chinese peasant: social and economic change in a Hong Kong village*, University of California Press, 1968.
④ Immanuel Wallerstein, *The Modern World System: Capitalist Agriculture and the Origins of the European World-Economy in the Sixteenth Century*, New York: Academic Press, 1976.
⑤ 相关的研究成果主要集中在施坚雅等主编:*The Chinese Cities between two Worlds*, (Stanford University Press, Colifornia, 1974) and *The Cities in Late Imperial China* (Stanford University Press, Colifornia, 1977)。
⑥ (日)滨下武志:《中国近代经济史——清末海关财政与开放港口市场区域》,日本汲古书院,1989年;《近代中国的国际契机——朝贡贸易体系与近代亚洲经济圈》,朱荫贵、欧阳菲译,中国社会科学出版社,1999年。

力冲击及相关问题、政治现代化、经济现代化、社会现代化以及结论等六个部分,结论着重探讨本时期区域现代化的有利和不利因素,并对其全部进程进行评估。① 此套书出版若干年后才为大陆学者所知,但因其鲜明的论题巧合大陆展开现代化研究的需要,故在大陆产生较大的影响。

与此同时,另一些台湾学者尝试从口岸城市的角度,探讨现代化进程中的区域经济变迁。

1980年刘翠溶在哈佛完成的博士论文②,已不再把口岸城市简单地作为透视的窗口。论文对于贸易进程、商品流通、市场结构、贸易影响诸问题,第一次进行了详细的、从城市与腹地角度的实证研究,③展示的情景有别于墨菲早期的一般性认识。1976年以来,台湾学者在刘翠溶的倡导下,利用从美国获得的海关出版物的胶卷以及领事报告等资料,展开了对中国若干口岸的国际贸易的研究。除了林满红、戴宝村对台湾港口的研究外,范毅军对汕头、谢世芬对九江、刘素芬对烟台、叶素贞对天津、张素芬对重庆、雷慧儿对东北诸港,都展开研究,对于区域港口的贸易分析、贸易影响、腹地经济变迁等研究具有开创性的贡献。林满红撰文详细地回顾了台湾学术界这方面的全面成果,并且把它放在中国近代经济史的大格局中予以总结和讨论,颇有发人深思之处。④

1983年以后,台湾学术界不再增加对其他口岸贸易的研究,但进入20世纪90年代后在深度与议题上还是获得了拓展,例如,刘素芬对晚清至民国时期渤海湾地区口岸贸易的讨论⑤,王良行对清末对外贸易条件、贸易绩效的研究⑥,林玉茹对在地商人的活动与区域经济开发及其网络的探讨⑦,都超越了单个的口岸研究,并从区域经济延伸到政治与社会文化的解释。

总体而言,台湾的系列研究立足于港口贸易以及贸易对腹地的经济影响这个层面,尚没有深入到彼此之间的相互关系以及这种关系如何展开的层面,更没有涉及一个区域的经济成长。随着美国新文化史的升温,台湾学术界逐渐淡出原先的口岸贸易及其影响的研究。

四、从"港口—腹地"到"中国近代经济地理"

20世纪80年代,台湾学者对沿海港口贸易及其影响之研究的重视,与大陆学

---

① 张玉法:《中国现代化的区域研究:山东省,1860—1916》,《自序》,中研院近代史研究所专刊(43),1982年。
② Liu Ts'ui-Jung: *Trade on the Han river and its impact on economic development*, C. 1800 - 1911, The Institute of Economics Academic Sinica, Monography Series, Number 16, Taipei, 1980.
③ (美) 罗威廉(William T. Rowe)也进行了侧重于汉口城市的商业和社会的研究。其 *Hankow: Commerce and Society in a Chinese city, 1796 - 1889*, Stanford Press, 1984,是致力于论述19世纪汉口的商业、社会等城市状况的一本专著,有江溶、鲁西奇中译本,中国人民大学出版社,2005年。
④ 林满红:《口岸贸易与近代中国——台湾最近有关研究之回顾》,载《中国区域史研究论文集》,中研院近代史研究所,1986年。本段有关台湾口岸贸易的研究回顾亦据此文。
⑤ 刘素芬:《渤海湾地区口岸贸易之经济探讨(1871—1931)》,台湾大学博士论文,1991年。
⑥ 王良行:《上海贸易条件研究,1867—1931》,(台湾)"国家"科学委员会专题研究计划报告,1996年,第1—46页;《清末对外贸易的关联效果》,《中国海洋发展史论文集(第六辑)》,中研院中山人文社会科学研究所,1997年,第281—347页。
⑦ 林玉茹:《清代竹堑地区在地商人的活动与网络》(上)、(中)、(下),分别载《台湾风物》第49卷第2、3、4期,1999年。

术界的漠视形成鲜明的对比,而且当时大陆学术界对海外的研究状况知之甚少,更不提基本认知的差异了。因此,大陆90年代初兴的口岸贸易研究,可以说主要是自身学术逻辑发展的结果,并非来自外来影响。

上述受口岸城市影响的广大内陆地区,按照经济地理学的词汇,就是腹地。随着改革开放的深入,人们开始从港口—腹地的角度探讨中国现代化的进程。南开大学陈振江教授自20世纪90年代开始,把"通商口岸与近代文明研究"作为研究方向之一,并招收研究生共同从事该项课题的系列性研究。1991年他发表《通商口岸与近代文明的传播》一文①,认为中国社会向近代化的转型是从通商口岸开始并由其向腹地城乡辐射传播的。

历史地理学作为一门研究时间中的空间的学问,十分重视对历史时期各种自然和人文现象的地理分析,并从自然和人文两个不同的角度讨论成因及其规律。吴松弟作为历史经济地理领域的一位重要研究者,着力研究生产力的空间分布及其成因。20世纪80年代中期,吴松弟在研究宋代东南沿海丘陵地区的经济开发时,已意识到了腹地对于港口的重要性。② 1992年,他与复旦大学历史系戴鞍钢联合申请国家教育委员会的研究基金,开始探讨东南沿海的港口与腹地问题。1998年戴鞍钢在邹逸麟教授指导下的博士论文《港口·城市·腹地——上海与长江流域经济关系的历史考察(1843—1913)》,由复旦大学出版社出版,该著作较好地实现了港口城市与区域经济变迁研究上的结合,紧紧抓住港口、城市、腹地这三个密切相关的要素,展示了上海成长为长江流域经济中心的含义,成为成功运用历史经济地理方法研究港口—腹地的第一部学术著作。2001年,吴松弟的论文《明清时期我国最大沿海贸易港的北移趋势与上海港的崛起》③,结合港口区位的分析,从私人贸易的角度解释了自明代以来沿海贸易港由南向北位移的趋势,指出近代的通商开埠与自由贸易最终强化巩固了这一趋势,具有明显的历史地理风格。

2004年,吴松弟总结了数年来的研究体会,并吸收了学术界尤其是经济地理方面的相关研究成果,发表了《港口—腹地与中国现代化的空间进程》一文④。该文第一次从经济地理的角度,提出港口—腹地对近代交通和贸易体系、城市格局、经济区域,以及现代化的区域差异等方面产生了重要影响,从根本上改变了中国的经济地理格局。论文认为,近代的港口—腹地格局及其引发的各区域现代经济发展速度和水平由东向西递减的趋势,实际上反映了中国现代化的空间进程,因此"港口—腹地"是理解中国现代化空间进程的关键。此外,该文还从历史经济地理的角度,初步阐述了港口、腹地的概念以及港口—腹地问题的研究路径。

---

① 《近代史研究》1991年第1期。
② 吴松弟:《宋代东南沿海丘陵地区的外贸港口、出口物资和泉州港繁盛的主要原因》,《历史地理研究》第2辑,复旦大学出版社,1990年。
③ 《复旦学报》2001年第6期。
④ 《河北学刊》2004年第3期。

当吴松弟、戴鞍钢等人以主要精力研究港口—腹地问题时,徐永志的《开埠通商与津冀社会变迁》、杨天宏的《口岸开放与社会变革——近代中国自开商埠研究》①也分别出版,并都产生了一定的影响。另外一些学术著作也不同程度地提到不同地区的口岸贸易状况。虽然各自论述的角度有较大的差异,但都表明吴松弟、戴鞍钢等人的研究并不是孤立的。此后他们开始通过与大陆和港台的历史学者与地理学者的合作,深入全面地研究港口—腹地与中国现代化的空间进程。

吴松弟自1999年开始指导硕士和博士研究生,从事"港口—腹地和中国现代化空间进程"的研究。自2001年开始,指导樊如森、陈为忠、唐巧天、毛立坤、姜修宪、方书生、姚永超、王列辉、张珊珊、王哲、张永帅、武强、徐智等近20名研究生,着重从港口—腹地的角度,探讨近代经济地理以及与其相关的问题。②樊如森自2008年起也开始指导近代经济地理的硕士研究生。③大部分的学位论文,分别探讨了丹东、大连、营口、天津、烟台、青岛、连云港、镇江、芜湖、汉口、重庆、宁波、福州、广州,以及云南、广西等省区一共近20个口岸城市的近代进出口贸易、城市发展及与其腹地的经济互动关系。此外,有关全国各港口分布态势和各港口的地位,上海和香港两个中国最大的港口城市与各口岸的埠际贸易关系,上海、宁波两个长江三角洲最重要的港口的空间关系,上海港口变迁与城市空间的变迁,以及南京在民国定都以后的城市扩展与改造、长江三角洲的航运、上海某些产业的布局等多方面的问题,也得到了初步探讨。

2006年吴松弟、戴鞍钢、林满红合作主编的《中国百年经济拼图——港口城市及其腹地与中国现代化》④,以比较实证的方式,从经济地理的视角讨论了中国现代经济的空间展开过程,总结了近代以来口岸与腹地的空间演变及其经济涵义。它表明作者对近代口岸的研究已超越了港口本身和区域影响的一般分析,而将历史、地理和其他研究思路进行整合,以构建糅合时间、空间和制度诸要素的分析框架,初步形成一种经济的空间进程与地域发展的思路。戴鞍钢所著《发展与落差——

---

① 中央民族大学出版社,2000年;中华书局,2002年。
② 他们的学位论文分别是:陈为忠硕士论文《山东港口与腹地研究(1860—1937)》(2003),姚永超硕士论文《大连港腹地核心地域结构演变的研究(1907—1931)》(2004),方书生硕士论文《珠江三角洲港埠与腹地的经济关系(1842—1938)》(2004),樊如森博士论文《天津港口贸易与腹地外向型经济的发展(1860—1937)》(2004),唐巧天博士论文《近代上海外贸埠际转运变迁(1864—1930)》(2006),毛立坤博士论文《晚清时期香港对中国的转口贸易(1869—1911)》(2006),姜修宪博士论文《环境·制度·政府——晚清福州开埠与闽江流域经济变迁(1844—1911)》(2006),刘强硕士论文《重庆港口贸易与腹地经济关系研究(1891—1937)》(2006),刘伟峰硕士论文《近代的镇江与其腹地(1864—1931)》(2007),王列辉博士论文《区位优势与自我增强——上海、宁波两港空间关系演变的多维分析(1843—1941)》(2007),姚永超博士论文《国家、企业、商人:东北港口空间的构建与绩效研究(1861—1931)》(2007),张珊珊博士论文《近代汉口港与其腹地经济关系变迁(1862—1936)》(2007),方生博士论文《近代经济区的形成与运作——长三角与珠三角为腹地(1842—1937)》(2007),王哲博士论文《晚清民国对外和埠际贸易网络的空间分析——基于旧海关史料等的研究(1873—1942)》(2010),李伟燕硕士论文《近代宁波内河轮运业研究(1895—1949)》(2010),武强博士论文《近代上海城关系研究(1843—1937)》(2011),张永帅博士论文《近代云南的开埠与口岸贸易研究(1889—1937)》(2011),李波硕士论文《广西近代进出口贸易的口岸选择(1877—1937)——以北海、龙州、梧州、南宁为中心》(2011),徐智博士论文《南京城市空间的形成过程研究(1927—1937)》(2013),王中硕士论文《长三角地区的内河航运(1950—1980)》(2013)等。
③ 分别是吴焕良:《近代上海棉纱业空间研究(1889—1936)》(2011),曾声威:《近代上海公共租界城市地价空间研究(1899—1930)》(2013)。
④ 山东画报出版社,2006年。

近代中国东西部经济发展进程比较研究》①,比较全面地探讨了东西部经济差异的成因与表现,有助于从空间角度分析经济差异的客观存在。

与起步早20多年的台湾学者当年的研究比较,台湾学者主要研究口岸贸易,而吴松弟、戴鞍钢带领的复旦团队主要通过口岸贸易研究港口城市与其腹地之间的双向互动关系,并力图从贸易进入各个产业部门,在此基础上透视中国现代化的空间进程以及在各个区域的表现。因此,他们将自己的研究定名为"港口—腹地和中国现代化空间进程研究",简称"港口—腹地研究"。研究的内容,是在确定腹地标准的前提下,通过对港口贸易、腹地范围、交通和运销网络、口岸城市和腹地经济的综合研究,探讨1840年以后近代生产力主要自东部沿海口岸向中西部腹地推进所引起的经济地理新格局以及内部的互动关系,分析中国现代化的空间进程的过程和规律性。因此,这既是一项基于时间层面的研究,又是一项基于空间层面的研究。

本节"二"对大致出现在1990—2000年的中国大陆的港口研究、开埠城市研究以及区域经济史的研究给予较高的评价。然而,它们各有自己的侧重点:港口史侧重于港口本身的发展史,有关贸易的研究多不深入,而且因成书较早,贸易对腹地经济的积极影响多未展开。在口岸城市史和区域经济史的研究中,港口的进出口贸易只是研究内容的一小部分,不可能进行全面广泛的讨论。而那些研究口岸城市对外贸易史的论著,因侧重点在对外贸易,也没能深入研究口岸贸易对广大内陆地区的影响。而对于中国现代化进程而言,口岸城市和受其影响的广大区域是两个基本研究对象,仅仅研究口岸城市而不研究受其影响的区域以及双方的互动关系,便难以分析中国现代化的空间进程,从而也不能深刻地揭示口岸在所在城市与区域现代化进程中的作用和地位。② 显然,仅仅分项研究是不够的,有必要从多个角度,放在中国现代化进程的总格局中,将港口、港口贸易、口岸城市和所在区域的经济史串联起来,进行全面的研究。只有这样,才能搞清口岸贸易及其对中国社会的全面影响,透视中国社会巨变的基本线索。吴松弟、戴鞍钢等人从历史地理的角度,研究"港口—腹地和中国现代化的空间进程",将原先分别探讨的各因素综合起来进行研究,强调外力与内力相互作用对中国近代经济变迁的作用,强调港口城市与其腹地的双向作用对区域经济的推动力,强调各区域历史与地理条件的不同造成了明显的区域差异,从而克服了以往单因素研究的不足,为导向中国近代经济地理研究创造了条件。

"港口—腹地和中国现代化空间进程"的研究,是对中国近代经济的变迁从空间角度进行考察,它建立在近代经济史研究的基础上而又不同于近代经济史的研

---

① 复旦大学出版社,2006年。
② 有关中国大陆改革开放以来的两段评述,依据樊如森:《港口—腹地与中国现代化进程学术研究综述》,《史学月刊》2004年第12期。

究。如果将这种时空结构固定在某一时期,并用地图和数据加以表现,用文字加以论述,说明不同时期生产力的分布状况与区域差异,并解释这种分布状况和区域差异的成因,就是近代经济地理。两者的区别在于,"港口—腹地和中国现代化进程"侧重于近代经济变迁的动态过程,而"近代经济地理"侧重于变迁在空间上形成的格局。实际上两者都是"近代经济地理研究",只是前后阶段的区别。前一阶段是"港口—腹地和中国现代化空间过程"的研究,对其研究进行深化和地理分析便进入研究的后一阶段"中国近代经济地理"。如果只有前一阶段而没有后一阶段的研究,人们只看到过程的论述而看不到生产力的空间分布、区域差异及其成因,而如果只有后一阶段而没有前一阶段的研究,这种研究必定是知其然而不知所以然的呆滞的地图展示或文字说明。

由于两个阶段存在着难以分割的关系,吴松弟团队在研究有关区域的港口—腹地时已不同程度地涉及全国或区域的近代经济地理问题,2007年以后,更大大推进对近代经济地理的研究,并将之作为研究的侧重点。2009年,吴松弟发表《中国近代经济地理格局形成的机制与表现》,简述了1840年以来中国经济的变迁机制和空间上的8个特点,强调这8个特点是近代经济地理格局的具体表现。[①] 9卷本《中国近代经济地理》的撰写,更是联合大陆和港台的20余位学者的一次尝试,试图在一个广阔的场面上,为学术界细致描述近代百余年间,中国所发生的传统经济向近代经济变迁的空间过程及其形成的经济地理格局。

第二节 本书研究对象、理论框架和基本概念

1840年的中英鸦片战争,在中国历史上无疑是一个重要的分水岭。第三年即1842年,在英国的武力威胁下,清朝与英国签订中英《南京条约》,被迫开放广州、厦门、福州、宁波、上海等5个沿海港口城市为通商口岸,并将香港岛割让给英国。这一事件表明,清朝在多年的开放和闭关的反反复复之后,被迫向西方列强以及以后的东方日本洞开自己的国门。具有五千年悠久历史、拥有广袤疆域的中华帝国,在西方的巨大压力下,社会发展被迫拐了一个大弯,走上了与以前的几千年历史有着极大不同的发展进程,中国社会开始发生了前所未有的巨变。尽管这一进程是在外力的作用下,伴随着失地、赔款、战争的巨大痛苦,毕竟极大地改变了中国社会的性质。

本书试图从空间角度,全面探讨近代中国的经济变迁及其经济地理格局。本书是既不同于历史,不同于经济,也不同于现代经济地理学的学术著作,有特定的研究对象和论述内容,并通过一定的理论框架和基本概念,建立起自己的表述体系。

---

① 吴松弟:《中国近代经济地理格局形成的机制与表现》,《史学月刊》2009年第8期,人大报刊复印资料《地理》2009年第1期全文转载。

一、研 究 对 象

本书是探讨近代中国的经济地理的学术著作,"中国"、"近代"和"经济地理"三个学术名词充分表明了它的研究对象。

"中国"是本书的研究空间。中国的空间范围,在近代经历了几次变迁的过程。在沙俄的多次胁迫下,清政府被迫和俄国于 1860 年签订《北京条约》,1869—1870 年签订《科布多界约》、《乌里雅苏台界约》、《塔尔巴哈台界约》,1881 年签订《改订条约》,先后将黑龙江以北乌苏里江以东 100 万平方公里、巴尔喀什湖以东以南 44 万平方公里,以及伊犁以西约 7 万平方公里的国土割予俄国。此外,俄国还夺去萨雷廓勒岭以西的 2 万多平方公里与黑龙江的江东六十四屯。[1]

今蒙古国原称外蒙古,一向属于中国,1911 年起沙俄开始支持外蒙境内的分裂势力,并用武力控制了外蒙首府库伦。当年 12 月 1 日,在沙俄的扶持下,哲布尊丹巴活佛宣布"独立",不久宣布建立"大蒙古国"。因中国的强烈反对,1915 年 6 月中俄蒙三方签订《中俄蒙协约》,载明"外蒙古土地为中国领土之一部分",哲布尊丹巴宣布取消"独立"。1921 年 3 月,在入侵蒙古的白俄残部的支持下,哲布尊丹巴第二次宣布独立。6 月下旬,苏俄红军以帮助蒙古消灭白匪的名义进入外蒙,7 月 6 日攻占库伦,7 月 11 日成立蒙古人民政府,实行君主立宪。1925 年 5 月外蒙宣布成为共和国,1946 年 1 月 5 日民国政府承认蒙古独立。[2]

1860 年以后,中国被迫割让俄国的东北、西北的大片沿边地区,自古与内地保持一定程度的经济往来。但因缺少资料的原因,近代被割让以前的情况目前尚难以展开探讨。蒙古草原的民族一向是中国历史舞台的重要主角,与内地的经济关系密切。在近代以来直到 20 世纪 20 年代独立以前,蒙古对外经济联系主要倾向内地,它是天津的重要经济腹地、北方经济的一部分。因此,本书必定要叙述 1946 年 1 月 5 日民国政府承认其独立以前的蒙古经济地理。

"近代"是本书的研究时段。我国历史学家所说的"近代",指 1840 年至 1949 年 9 月 30 日这一百余年。这一百余年虽然是中国备受帝国主义列强欺凌的时期,却又是中国通过学习西方逐步走上现代化道路,从而告别数千年封建王朝的全新的历史时期。1949 年 10 月 1 日中华人民共和国成立,中国的现代化进入新的阶段。

"经济地理"是本书的研究对象。经济地理学是地理学科的一个重要分支,近几十年来取得迅速进展。学科范畴的扩大,应用范围的加宽,研究方法的多样,不断展示出经济地理学理论的新面孔。目前为止,我国学者对经济地理研究对象的

---

[1] 胡礼忠、金光耀、沈济时:《从尼布楚条约到叶利钦访华——中俄中苏关系 300 年》,福建人民出版社,1994 年,第 61 页、第 66 页、第 72 页。
[2] 参见李毓澍:《外蒙古撤治问题》,中研院近代史研究所专刊,1960 年。

观点主要有:

1. 它研究人类经济活动的地域体系,核心是生产力的地域布局体系。

2. 它研究人类的经济活动(主要是物质资料的生产活动)在地球表面的分布状况、特点,以及发展变化和地域分异的规律性。

3. 它是研究各国、各地区生产力布局及其发展的条件和特点的科学。[①]

本书是历史经济地理学而非现代经济地理著作,它研究现代经济地理学之前的部分,这一部分发生在中华人民共和国建国以前,距离今天已有60余年至170余年。要将今天的人们所不熟悉的经济地理展示出来,必须首先从空间的角度,对中国传统经济如何演变为近代经济的历史过程,进行简明扼要的论述。在此基础上,再探讨中国近代经济地理的主要面貌和不同区域的特点。因此,展示中国近代的经济地理的变迁过程、主要面貌和不同区域的特点,是本书的三项任务。

本书是一项跨越地理、历史和经济三大学科,但与各个学科又有一定区别的交叉研究。

现代地理学者提出的"人类经济活动的地域体系"、"人类经济活动在地球表面的分布状况",以及"生产力布局及其发展的条件和特点"等经济地理学的主要研究对象,显然已大体包括在本书的三项任务之中。它和现代经济地理学著作的区别,主要在于它研究的时间是近代这一历史时期而不是现代,同时它还须论述传统经济如何演变为近代经济的历史过程。比之于不注重历史考察的单纯的现代地理分析,本书多了时间的维度,可以从一段稍长或较长的历史时段,分析形成现代经济地理现象的历史背景,毕竟现代的经济地理现象是数千年的传统经济、一百七八十年的近代经济演变的结果,短时间的考察难以窥见今日现象的形成机制。

本书要论述中国近代经济变迁的历史过程,需要采用历史学的研究方法,它的成果也有助于历史学者理解当时的历史,这一点使其与历史学有一定的共同性,但论述时采用的空间角度和地理分析却来自地理学而非历史学。显然,比之于单纯的历史考察,本书多了空间的维度。中国是一个领土广袤的国家,面积几乎与欧洲相等,各地区的地理现象极不相同,如不从地理角度进行分析,许多问题便讲不清楚。

经济学和历史经济地理学同样研究人类的经济活动,两者的区别,在于经济学探究生产要素配置等人类经济活动的一般规律,并不注意空间、区位等地理学关注的问题,本书则强调人类经济活动的地域系统和空间状态,是基于空间和地理角度的考察。

[①] 李小建主编:《经济地理学》(第二版),高等教育出版社,2006年,第一章"绪论",第9页。

二、理 论 框 架

近十余年来,复旦大学近代经济地理研究团队从港口—腹地角度切入中国近代经济地理的研究,试图从空间的角度,对中国传统经济如何演变为近代经济的历史过程进行扼要论述。在此基础上,再探讨中国近代经济地理的主要面貌和不同区域的特点。我们关于港口—腹地与北方经济变迁的最新研究,[①]大致展示了北方近代经济变迁的主要路径。即在开埠通商和国外先进生产力进入的大背景下,在进出口贸易的强大推动下,在港口—腹地双向互动的作用下,沿海城市率先得到发展,广大农村的市场化、外向化的趋势得以形成,近代北方经济发生巨大的变化。尽管这种变化程度各地并不相同,而且内陆大体上仍然处于贫困落后的状态,但毕竟持续几千年的传统经济面貌,已得到很大改变。以上提到的经济变迁的路径,不仅在北方得到了充分的表现,在中国的其他地方也得到了充分的表现。[②]

近些年来,国内外学术界在中国近代经济史以及近代史的其他方面,都取得许多重大的突破。这些突破和我们基于空间角度的近代经济变迁的研究,促使我们探讨更深层次的理论问题,并在此基础上形成我们研究时需要重视的关注点。

(一) 中国近代史的主线索是现代化的艰难进程

"现代化"是最近二三十年国内外使用频率很高的一个名词,学者对它的定义有不同的看法。根据多年研究俄国、日本、中国等国的现代化的美国学者的看法,现代化"指的是从一个以农业为基础的人均收入很低的社会,走向着重利用科学和技术的都市化和工业化社会的这样一种巨大的转变"。要完成这样的巨大转变,在政治制度、经济制度乃至教育文化方面,都要进行相应的改革甚至革命,因此,现代化是"人类历史上最剧烈的、最深远并且显然是无可避免的一场社会变革","这些变化终究会涉及与业已拥有现代化各种模式的国家有所接触的一切民族,现存社会模式无一例外地遭到破坏"。[③]

人类最早的现代化,发源于英国、法国和美国。自16世纪20年代开始,英国、法国都自上而下地进行了宗教改革和政府机构、议会制度的改革,从政治上和文化上为资本主义的发展扫除了障碍。1640年英国正式确立了资产阶级的君主立宪制度。从18世纪60年代开始,以蒸汽机和机器大生产为标志的工业革命,在英国各地展开,英国工业得到飞速发展。到了1860年,英国这个只占世界总人口2%的小岛国,生产的工业品竟占世界工业品总产量的45%,拥有的商船占世界商船总数

[①] 吴松弟、樊如森、陈为忠、姚永超、戴鞍钢等著:《港口—腹地与北方的经济变迁(1840—1949)》,浙江大学出版社,2011年。
[②] 参见吴松弟主编、戴鞍钢、林满红副主编:《中国百年经济拼图——港口城市及其腹地与中国现代化》,山东画报出版社,2006年。
[③] (美)吉尔伯特·罗兹曼主编,国家社会科学基金"比较现代化"课题组译:《中国的现代化》,江苏人民出版社,1988年,第1页、第4页、第5页。

的1/3，进出口贸易值占世界出口总额的1/4、世界进口总额的1/3。① 美国在1775年建国以后，法国在1790年的大革命以后，也都效仿英国，开始了工业革命，并大致在鸦片战争发生前夕的19世纪30年代完成了第一次工业革命。继英、美、法之后，德国、意大利、加拿大、澳大利亚、新西兰、俄罗斯、日本完成了现代化，拉丁美洲、印度、中国开始了至今仍未完成的现代化进程。②

纵观全球，中国的现代化不过是全球现代化的一个组成部分，而1840年的鸦片战争只是西方列强用武力将中国硬拖入现代化进程的一个开端而已。按照美国学者的观点，在全球的现代化浪潮中，英、法、美等最早实现现代化的国家是先行者，其他国家都是后来者，先行者的现代化是在很长的一段时间内，循序渐进地转变了本土各种因素的结果，而后来者的现代化在很大程度上是依靠借鉴外来模式，并通过扩张或更换现存结构的结果，本土因素和外来因素都会对后来者的现代化产生影响。③ 这一点，就使得各国的现代化尽管都有共同的内容，但又明显带有本国的特色，现代化的速度也有快有慢。

自19世纪中叶西方列强东来以后，现代化便成为东亚各国不可抗拒的潮流，无论主动顺应，还是被动应付，都要走上现代化之路。诚如马克思所说："资产阶级，由于一切生产工具的迅速改进，由于交通的极其便利，把一切民族甚至最野蛮的民族都卷到文明中来了。它的商品的低廉价格，是它用来摧毁一切万里长城、征服野蛮人最顽强的仇外心理的重炮。它迫使一切民族——如果它不想灭亡的话——采用资产阶级的生产方式，它迫使它们在自己那里推行所谓文明，即变成资产者。"④ 东亚各国同样如此，都被迫卷入现代化的浪潮。

中国是在非常特殊的情况下走上现代化之路的。中国有着悠久的文明历史，宋代达到了文明的鼎盛阶段。自明代以来，由于高度发育的君主专制政治阻碍了社会的进步，束缚了人们的思想，中国文明发展趋于迟缓，和同一时期欧洲文明的突飞猛进形成了鲜明对照。

当1840年鸦片战争的炮声轰响时，英国、法国、美国这些西方大国早已确立了资本主义的政治经济制度，并完成了以蒸汽机和机器生产为标志的工业革命，生产力突飞猛进，海洋航行能力和海上武力日趋强大。而中国却仍然停留在高度发育的封建君主专制时代，农业为基本经济部门，生产劳动依靠人力和畜力，手工业除了满足朝廷需要的官手工业和制盐、矿山等家庭无法进行的部门之外，大多是建立在农业基础之上，为了自身需要而生产的家庭手工业。商品交换虽然广泛存在，交

---

① 参见罗荣渠：《论现代化的世界进程》，《中国社会科学》1990年第5期。
② 章开沅、罗福惠主编：《比较中的审视：中国早期现代化研究》，浙江人民出版社，1993年，第41—54页。
③ （美）吉尔伯特·罗兹曼主编，国家社会科学基金"比较现代化"课题组译：《中国的现代化》，江苏人民出版社，1988年，第5—6页。
④ （德）马克思：《共产党宣言》，中共中央马恩列斯著作编译局编译：《马克思恩格斯选集》第一卷，人民出版社，1995年，第276页。

换货物除了食盐、铁器以及矿山产品一类,主要是农民家庭自给有余的产品,交换范围大体限制在较小的空间。进出口贸易保持在相当小的规模,且往往因政局与朝廷政策的变动而处于时开时闭的状态。可以说,如果没有强大的西方资本主义力量的冲击,中国自身要走上资本主义的道路、形成并发展资本主义的生产力,仍要经历漫长的发展路程。总之,商品经济虽然比以前有所发展,但仍然是建立在个体农民和手工业者小私有制的简单商品生产的基础上,没有、也不可能在整个社会经济中占统治地位。[①]

西方列强为了自己的经济政治利益来到东亚,武力侵略和各种不平等条约是实现这种利益少不了的手段。另一方面,在大举进入东亚以前,他们早已建成并习惯了资本主义社会的政治经济文化,在进入东亚以后自然要在自己的生活区域实行这种政治经济文化。他们在东亚极力推销的产品,除了早期的鸦片等毒品之外,大部分都是资本主义生产力生产出来的商品。因此,西方列强在中国充当侵略者的同时,又不自觉地充当了现代化的老师的角色。现代化的老师同时又是侵略者,导致东亚各国的现代化过程,注定是一个艰难、痛苦、社会动荡的过程,而所经历的艰难、痛苦和社会动荡的程度和持续时间的长短,又取决于各国内部的历史传统和受此控制下的当时人的认识和应对。

中国是一个地域广袤且具有长期文明史的国度,文明程度向来领先于东亚各国,人口数量和国家实力更是超迈于东亚各国,一向是东亚文明的中心。近代西方列强的东来,对于古老的中华帝国而言,既是挑战,也是机遇。日本就是在挑战面前顺势应变,顺利地走上了现代化道路,不仅一洗列强凌侮,也成为东方的强国。然而不同于日本的局促于岛国,中国一向居东亚文明的中心,一向视周边国家为比自己落后野蛮的"蛮夷戎狄"。由于中国和欧亚大陆另一端的西欧文明相距遥远,对这一同样高度发育却异质的文明了解甚少,因而鸦片战争之前的清朝皇帝充满了"天朝上国"的自豪和虚骄,无形中养成自满、自足和惰性的观念,广大的精英阶层也在这样的思想基础上形成个人的世界观。对于清朝皇帝和高官要员而言,不消说没有做好现代化的任何准备,甚至难以用平视的眼光来看待不远万里来到东方的欧美列强。

另一方面,列强不是为了帮助中国走上现代化之路而来到东方,而是基于对自己巨大利益的追求,用大炮轰开中国大门,迫使清朝签订各种侮国丧权的条约,无奈地对外开放。这种背景又大大增加了中国人认识现代化潮流、接受现代化潮流的难度。尽管极少数有识之士很快便对西方的兵器、工业品乃至政治、经济制度有了一定的认识,但社会总体而言认识相当缓慢,而以少数民族身份统治数亿汉族人民的满清统治者,基于国家权力的考虑更对现代化的事物犹豫不决、步履蹒跚。

[①] 参见刘佛丁主编:《中国近代经济发展史》,高等教育出版社,1999年,"序编:近代化以前的中国社会经济",第28—35页。

中国自秦始皇统一以来建立并不断强化的两千余年的封建专制,到了清朝中叶,在不断东来的西方列强和日渐尖锐的国内矛盾面前,面临着数千年未有的局面。忙于处理内政外交的大臣李鸿章于光绪元年(1875年)指出:"历代备边,多在西北。其强弱之势、主客之形,皆适相埒,且犹有中外界限。今则东南海疆万余里,各国通商传教,来往自如,麇集京师及各省腹地,阳托和好之名,阴怀吞噬之计,一国生事,数国构煽,实为数千年未有之变局!轮船电报之速,瞬息万里;军器机事之精,工力百倍;炮弹所到,无坚不摧,水陆关隘,不足限制,又为数千来未有之强敌。外患之乘,变幻如此,而我犹欲以成法制之,譬如医者疗疾不问何症,概投之以古方,诚未见其效也。庚申(咸丰十年,1860年)以后,夷势骎骎内向,薄海冠带之伦,莫不发愤慷慨,争言驱逐。局外之訾议,既不悉局中之艰难;及询以自强何术,御侮何能,则茫然靡所依据。自古用兵未有不知己知彼而能决胜者,若彼之所长己之所短尚未探讨明白,但欲逞意气于孤注之掷,岂非视国事如儿戏耶!"①在李鸿章的文中,清廷面对强敌当前,局势危迫,却苦无良策的窘态,跃然笔下。

被誉为中国封建社会最后一位思想家的著名学者龚自珍则把当时称为"衰世"。"衰世"不用说不同于"治世",就连"乱世"也不如。因为"乱世"可能还包含着上升与沉沦两种趋势,而"衰世"则如将死之人,除了死亡别无好转的希望。致力于中国早期现代化研究的学者不由地发问:"曾经高度发达的农业和手工业生产,以及悠久灿烂的古代文明,此时为何不能直接发挥作用?""理由很简单,在社会演化的每一个阶段上,首先直接作用于现实的,乃是最切近的前一阶段的条件基础和运动惯性。对于当时的中国,要克服沉沦的惯性,改变僵固的定势,显然要花一定的时间,要付出巨大的代价和努力。"②

受上述多种因素的控制,在中国历史上从来没有出现过的先进而强大的西方文明的挑战面前,中国政府在相当长的时间内昧于对现实的认识,多次应对失当。在中国,新的政治经济因素的成长,与实行自上而下改革的东邻日本相比,显得相当缓慢和艰巨。

现代化进程的缓慢和艰巨,又加剧了中国的内忧外患。长期以来,中国一方面饱受帝国主义列强的凌侮,另一方面封建王朝高度专制下的腐败统治也使得民众和政府的重大冲突,每过若干年便席卷全国的重要区域。中国的现代化进程因外患和内乱而时快时慢,乃至多次中断。按照经济史家的意见,在通常所说的中国近代社会的100多年中,近代经济较为正常的发展时期,只有19世纪80年代至20世纪30年代这50年左右的时间,尽管期间外国入侵和国内战争仍然相当频繁。③ 如果将考察的时段向后延伸,甚至可以说,直到1978年改革开放以后,才迎来了至今

---

① 吴汝纶编纂:《李文忠公全集·奏稿》卷二十四《筹议海防折》。
② 章开沅、罗福惠主编:《比较中的审视:中国早期现代化研究》,浙江人民出版社,1993年,第65页。
③ 刘佛丁主编、王玉茹、赵津副主编:《中国近代经济发展史》,高等教育出版社,1999年,第74页。

已有30余年的快速现代化的难得的局面。然而,毋庸讳言,我国的现代化任务直到今天还没有全面完成。

后发国家现代化的启动,一般是国家的内部因素和外部世界的外部因素共同作用的结果,外因只能通过内因才会起作用。中国早期现代化的研究者指出:"挑战来自外部,如何回应挑战则多取决于内部,而各种回应方式的效果如何,又是内因和外因共同作用所致。消极的回应会越来越受制于外部因素,积极的回应却能较多地抵制或克服外部因素的不利影响。"在他们看来,讨论中国早期的现代化状况,必须从外因和内因两个方面着手;另外,"不少从中国内部条件进行研究的学者的基调,并不是认为中国早期现代化的有效动力在于内部,而是指早期现代化迟滞或受挫的主要原因在于内部",这种说法也失之偏颇。①

证之以近代各地经济的发展过程,笔者同意上述观点。在西方的挑战面前,中国人并非只有被迫接受的一面,更有对先进文明主动适应的一面。各地民众对外来生产方式和生活方式的接触、了解和适应,与满清统治者基于维持自己专制统治的需要,对外来挑战采取犹豫、彷徨或盲目排斥的态度,形成了鲜明对比。甚至可以说,绝大部分的中国民众一旦对先进文明有所了解,一般都能采取主动适应的一面,这一点就是中国早期现代化的有效动力。

外因要通过内因起作用,民众对外来生产方式和生活方式在接触以后的主动了解和适应,无疑是近代经济变迁的内因即根本原因。例如进口商品,一般认为19世纪60年代才大规模涌入中国各地,其中的日常生活类商品,由于比之于中国的传统用品具有价廉物美、便于使用的优点,仅仅十余年,便已为中国百姓所接受。班思德称"火柴、针及窗玻璃销售续增,至期末二三年,国内各地,特别繁荣,各货销售,愈为畅旺。而煤油一项,进口激增";这一切,"尤足表现人民守旧习惯,逐渐破除,新式需要,乘时而兴。"②另外,各地进出口贸易的剧增,商人利用新时期的新契机发展自己的工商业,工场棉织业采用外国机器零部件和进口原料进行生产,民族企业的缓慢发展,都表明人民的守旧习惯逐渐破除。

大量的资料表明,近代对外来经济因素一直采取否定或抗拒态度的顽固不化的人,主要是靠薪俸便能过好日子的官僚阶层,而不是直接参与经济活动的百姓,百姓即或有之,也是因新的经济因素导致一些行业萧条,从而夺走了自己的经济利益所导致的。单纯因文化的原因而反对到底的百姓,毕竟人数不多。我们不能不分对象,不顾历史事实,随意地给中国民众扣上"保守"、"顽固"的帽子,从而忽略了对真正需要批评并总结经验教训的那一部分人的研究。

中国民众迎合新经济因素的动力,更多地来自新格局形势下的利益驱动。利

---

① 章开沅、罗福惠主编:《比较中的审视:中国早期现代化研究》,浙江人民出版社,1993年,第36页。
② (英)班思德:《最近百年中国对外贸易史》,海关税务司署统计科译印,1931年,第183页。

益驱动是人的本性,在近代对外开放、市场化、外向化、半工业化和工业化成为不可逆转的趋势的背景下,人对利益的驱动有了更多的可能。利益驱动的最大得益者是外资,但绝大多数的人也有不同程度的得益。随着进出口贸易对经济的冲击,各地民众本能地意识到了传统产业在增加自己收入方面的局限,看到了为市场和出口而生产能够带来的明显实惠。对农民而言,种植棉花比种植谷物能够获得更多的经济收入。对牧民而言,进行羊毛、羊皮出口和加工,要比单纯地养羊吃肉获取更多的经济收入。因此,农民主动调整种植结构,牧民主动地从事农畜产品的市场化外向化生产,有的农牧民还通过半工业化手段进行出口产品的加工,利用或现代或传统的交通工具以适应远方市场的需要。而市场化外向化半工业化的扩大,势必又促进交通、商业、城镇以及加工业的发生,反过来又促进农牧业的发展。[①]

综上所述,可以说1840年以后中国社会所发生的激烈的冲击、震荡和变迁,主要因西方列强的东来而形成,而这种冲击、震荡和变迁,决不仅仅限于帝国主义侵略和中国人民反侵略,还包括席卷全球的现代化浪潮。侵略与反侵略和现代化浪潮,是西方列强东来以后影响中国的两个主要方面,但对后世社会的巨大影响而言,可以说现代化浪潮对中国的影响,远远超出侵略与反侵略。现代化浪潮代表了中国的发展趋势,反侵略以及必须同时进行的反封建,是在中国这样的国度实现现代化必不可少的前提和手段。

尽管长期以来进展艰难,我们仍须看到,中国的现代化潮流百余年始终在顽强地向前推进。在1949年10月1日中华人民共和国成立以前,中国与1840年前的传统时代相比,已发生了巨大的变化。许涤新、吴承明认为:"如果没有资本主义的一定的发展,没有中国资产阶级和中国无产阶级,就不会有鸦片战争以来资产阶级领导的旧民主主义革命,就不会有五四运动以来无产阶级领导的新民主主义革命。可是,如果中国资本主义有了充分的发展,革命就不会是那样的曲折,甚至也不一定是走农村包围城市的道路。我国社会主义革命的道路,即解放后从新民主主义向社会主义的转变,也是这样。没有资本主义所创造的社会化大生产,向社会主义过渡是不可能的。同时,如果中国原来是个发达的资本主义社会,过渡又将是另一种道路、另一种方式了。"[②]这些话,从资本主义的发展和不发展的角度,充分说明了中国现代化艰难曲折的历程及其取得的进步。

我们提出中国近代史的主线索是"现代化的艰难进程",不仅强调"现代化"是近代中国日益明显的发展趋势和引发激烈震荡与重大变迁的中心线索之一,也强调中国现代化的"艰难进程"。近代中国现代化之艰难和痛苦,早已为当时和后来

[①] 参见吴松弟、樊如森、陈为忠、姚永超、戴鞍钢等著:《港口—腹地与北方的经济变迁(1840—1949)》,有关各章,浙江大学出版社,2011年。
[②] 许涤新、吴承明:《中国资本主义发展史》,第1卷,"《中国资本主义发展史》总序",人民出版社,2003年,第6页。

的国人所体会,但虽然艰难和痛苦,毕竟有所进展,经过这一变化中国才由古代进入现代。基于这一认识,我们在研究近代经济地理时便形成第一个关注点,即在论述经济变迁时,既要如实论述传统经济中没有变化的一面,也要如实论述现代经济的成长和传统经济向现代经济转型的一面,只有这样才能将真实的画面展示出来。①

(二)沿海通商口岸城市是各区域现代化的始发地和重镇

第一次鸦片战争以后,清朝被迫开放广州、厦门、福州、宁波、上海等五个沿海城市为通商口岸,并同意英国占领香港。此后,通商口岸不断增多,口岸城市的分布从沿海地带深入沿江(尤其是长江和珠江)地带,直至广大内陆地区和沿边地带。到20世纪30年代,我国通过条约开放的口岸和朝廷同意地方自开的口岸达到114个左右。中国绝大部分的省份都有了多个通商口岸,形成了全方位开放的态势,各地区都卷入国际市场。开埠通商一方面使中国纳入世界经济体系,另一方面也使得国外的先进生产力在各口岸登陆并壮大,并通过各种政治的、经济的、文化的途径,全面扩大影响,使中国在被迫卷入全球化的同时,也逐渐接受现代化的生产方式。

我国虽然有超过100个通商口岸,各个通商口岸都在不同地区扮演了重要的角色,但就全国而言,最重要的是分布在沿海、沿江(长江、珠江)的港口城市,特别是沿海口岸城市。沿海口岸是我国和国外以及我国沿海各地区之间交通和贸易联系的主要枢纽。我国地域广大,在铁路、公路、航空等新式交通兴起以前,水运是最便捷的交通方式。中国河流大多是东西走向,在沿海口岸城市附近注入大海。近代交通兴起以后,铁路、公路、轮船航运仍以东部最发达,沿海港口城市大多还是重要铁路和公路的起点,河运、海运航线也在此相交。因此,各港口城市一方面通过密切的海上联系,形成繁荣的埠际贸易,我国南北向的沿海物资交流和东西向的沿海与内地的物资交流更加频繁。另一方面,我国的出口物资通过这些港口输往世界各国,各国的进口物资通过这些港口输入中国。这些港口城市在中国的经济发展中,便成为国际、国内两个扇面联接的枢纽,它们通过进出口贸易,联接着中国通往外国的这一个扇面,又通过港口和其腹地的物资输送,联接着国外通往中国的另一个扇面。

近代中国设立海关总税务司署,管理全国各海关的进出口贸易。表0-1表明,在1882年、1912年和1931年三个年度的全国进出口贸易总值中,沿海海关分别占了73.5%、64.6%和81.6%,内地海关分别占了26.5%、30.4%和17.4%,沿

---

① 笔者高兴地看到,一些经济史学者几年前已将经济现代化视为近代经济变迁的主线索。陈争平在《中华民国史·志·经济卷·前言》说明此卷以民国时期经济现代化历史为串联部类的中心线索,他解释道:"民国时期以工业化为中心的经济现代化虽历经艰难,一再遭遇重大挫折,但也取得多方面的发展和进步。这些发展和进步对后世中国社会经济发展有着重要的影响。""本卷以经济现代化为中心线索,以求能从中反映当时时代特征,并达到本卷'面广而不散'之效。"见朱汉国、杨群总主编,陈争平主编:《中华民国史》第三册,四川人民出版社,2006年,第1页。

边海关1882年无数据,后两个年度分别占了5.0%和1%。可见,中国很大部分进出口贸易都通过沿海海关,内地海关在全国贸易总额中占一定的份额,而沿边海关占比重较小。① 如果我们考虑到香港和澳门当时属于外国统治,其巨大的贸易额并不列入中国的统计这一点,则沿海港口所占的百分比还要提高很多。不可否认,沿边商埠和长江、珠江流域以外的内地商埠对于所在区域走向现代化起过很大作用,但它们在全国的作用远不能和沿海沿江的商埠相比。

表0-1 各地带海关贸易总值及占全国的百分比

	1882年		1912年		1931年	
	总额	百分比(%)	总额	百分比(%)	总额	百分比(%)
沿海海关	185 461 660	73.5	789 093 596	64.6	3 212 687 879	81.6
沿边海关			61 618 815	5.0	39 422 959	1.0
内地海关	66 837 827	26.5	371 536 156	30.4	683 327 317	17.4
(长江沿岸)	66 837 827	26.5	277 275 742	22.7	504 190 015	12.8

说明:贸易总值都包括洋货进口净值、土货进口净值和土货出口总数三项。1882年和1912年单位为两,1931年为关平两。
(资料来源:《光绪八年通商各关华洋贸易总册》,第六款;《中华民国元年通商各关华洋贸易总册》,第八款;《民国二十年海关中外贸易统计年刊·统计辑要》、《民国十八年至二十年海关贸易货值按关全数》,均载中国第二历史档案馆等编:《中国旧海关史料(1859—1948)》,京华出版社,2001年。)

清朝政府在历次战败之后和外国签订了一系列不平等条约,条约中规定的内容,除了开埠通商和割地赔款,还有进出口货税必须同外国商议的"协定关税",外国侨民犯罪应交外国领事依照外国法律处理的治外法权,外国商轮的沿海贸易权,等等。在上海、天津等口岸,还出现供外国人居住、由外国人管理行政、税收、警察和司法的租界。这些条约严重损害了中国的主权,外国势力在中国政治、经济、文化各方面的影响越来越大。尽管如此,通商口岸和租界对中国的影响,并非全是负面的、消极的,在经济现代化方面客观上也带来一些积极的作用,需要实事求是地分析。

我们不妨看看上海、广州、天津、青岛、大连等五个城市,在开放以后发生的巨大变化。开放以前,这些城市的贸易量,除广州外都只面对购买力比较低的国内市场,都停留在较低的水平上。开埠通商以后,各国商人接踵而至,这些城市的市场便由以前有限的国内市场,扩大到广阔的国外市场。市场的扩大,为这些城市走以港兴市、商贸兴市打下了良好的基础,而且极有利于工业和金融业发展。因此,这些沿海口岸城市不仅是我国对外贸易的枢纽,也是国内贸易的中心、中国近代工业

---

① 中国海关总税务司署的统计数据不包括新疆、西藏和甘肃的通商口岸的数据,但这些口岸的贸易数据肯定不会多。这一点,只要分析西南的重庆、蒙自、思茅、腾越等四个海关的情况即可清楚。据民国元年(1912年)《通商各关华洋贸易总册》的数据,重庆等4海关该年的进出口值只占全国进出口总值的4%,人口数倍于新疆、西藏和甘肃的四川、云南两省尚且有限,新、藏、甘的口岸贸易量所占比重不大自是情理之中。

最为集中的地带。商业贸易的繁荣,工业的增长和集中,又必然促使大量的农村人口向这里迁移,导致城市的迅速成长。因此,沿海口岸城市也是中国近代城市成长最快、城市化水平最高的地带。近代的上海、天津、汉口、厦门、镇江、九江、广州等城市都设有租界,这些租界在所在的城市往往成为现代化的窗口。[①]

以上提到的上海、广州、天津、青岛、大连等五个重要的沿海口岸城市,由于拥有优越的地理位置和区域经济,有的如上海、广州、天津在开埠前就已经是一定规模的工商业城市或重要的交通枢纽,而这些城市获得比较快的发展,形成崭新的近代面貌,却都是在开埠以后。还有一些城市,如青岛、大连,原先只是人口不多的渔乡农村,后来之所以成长为一个城市,完全是开埠以后飞速发展所致。大多数沿海口岸城市,可以说是近代工商业经济发展最快、城市迅速成长、现代化气息最浓厚的地区。[②]

沿海口岸城市作为先进生产力率先形成、工商业经济集中之地和人口众多的大型聚落、现代化的窗口,相对于广大传统城市的停滞不前、经济衰微和管理的混乱,形成鲜明对比。口岸城市必然要成为区域经济的增长极,并对其他区域扩散先进生产力的影响,推动它们的工商业经济发展和区域的现代化。总的看来,我国近代先进生产力首先在沿海港口城市形成,在推动所在区域经济发展的基础上,进一步沿着主要的交通道路向广大的内陆地区即港口城市的腹地推进,从而波及全国的绝大部分地区,促进了这些地区的经济转型和发展。因此,沿海通商口岸城市既是各区域最早兴起近代工商业的地方,又是各区域现代化的始发地和辐射源。由此形成我们研究近代经济变迁和经济地理的第二个关注点,即高度重视口岸城市在全国和区域经济变迁中的作用和对各区域的巨大影响。

(三)广大的内陆腹地同样发生了较大的经济变迁

由于通商口岸是西方列强影响首先进入的地方,是各区域现代化的始发地和重镇,因此理所当然地引起近代史学者的关注,研究者无不肯定沿海口岸城市在近代的巨大变迁。然而,对于口岸城市的背后地,即其广大的腹地所发生的经济变迁,却有相当多的研究者给予较低的评价。这方面以美国墨菲(Rhoads Murphey)教授的观点最为著名。他认为:受西方经济影响的口岸地区范围甚小,而口岸地区与其腹地又极少关联,腹地商业除了少数出口品由外商控制外,其他商业仍多由中国行会把持。即使有外国进口货,也多由华商承运,腹地使用物品仍以中国货为主,而"口岸进口的洋货主要仍供口岸消费","口岸都市是一个完全按照西方模式缔造的城市,与其乡村腹地极少关联"。因此,他把口岸城市与腹地称为两个世界。[③]

[①] 详见第七章第二节。
[②] 详见第七章第二节。
[③] Rhoads Murphey, *The Treaty Ports and China's Modernization: What Went Wrong?* Michigan Papers in Chinese Studies, No. 7, 1970.

吴松弟与樊如森、陈为忠、姚永超、戴鞍钢等人所著《港口—腹地与北方的经济变迁(1840—1949)》一书的实证研究,已充分表明:北方的沿海口岸城市,无不通过日趋繁忙的交通路线,与自己的腹地保持着密切的经济联系,没有腹地的经济往来,就很难有口岸城市的繁荣;洋货不仅供口岸城市消费,同样供腹地地区消费;口岸城市固然与国外保持较为密切的联系,但同时保持的与腹地和沿海其他口岸城市两个方向联系的强度与密度,并不弱于与国外的联系,甚至可能还有所超过。当时的口岸城市,并没有像今天那种可以大体脱离腹地、主要依靠外来原材料进行加工、装配,并以输出国外市场为主的"三来一补"式的产业。当时口岸城市的繁荣,建立在广大腹地农副产品的出口和为出口而配套的商业和加工业的基础上,而进口商品的输入内地也是口岸城市繁荣的另一个基础。所以说没有广大腹地的支撑,就没有口岸城市的繁荣。

上海是中国最大的口岸城市,其繁荣同样离不开广阔腹地的支持。第二次鸦片战争以后,北方和长江流域口岸的相继开放,使得上海外贸埠际转运(指上海与各口岸之间开展的与对外进出口相关的贸易往来)的规模和范围有了极大的发展。据英国领事贸易报告的观察,"在外国货船运载的商品中,多数是转口的进口商品,以及从内地口岸装来供出口的土产"。1863 年上海进口商品(不包括鸦片)中留存本地消费不到 1/3,其余 2/3 均转运其他口岸,"已清楚地表明了上海作为扬子江和沿海各口岸的商业中心的程度"。[①] 汉口位居华中水陆交通要冲,自古以来即是长江腹地辐射南北各地的交通枢纽和货物集散地,更是上海全国外贸埠际转运最重要的对象口岸。1864—1930 年间,汉口直接对外贸易能力虽然有所增长,对上海洋货外贸埠际转运依赖性相应降低,但直接出口能力始终未见明显增长,仍以经上海土货外贸埠际转运为主。可见汉口尽管在贸易上的进口能力增强了,但作为内河口岸,发展直接对外贸易始终不像海港那样方便,在航运上仍要受内河口岸的局限。[②]

香港是中国南部的贸易大港、中国重要的城市,香港的繁荣同样离不开腹地的支撑。研究表明,香港与我国各省尤其是广东、广西、云南、贵州、台湾、福建等省保持着频繁的转口贸易联系,刺激了各个口岸城市外向型经济的兴起,香港则在与国内诸港口的贸易往来中发挥了一些共同的功能。第一,香港很早就发展成为大宗消费品及走私商品的输出地和特殊贸易的交易所。大批鸦片、盐、军火从香港走私到沿海各地,华南沿海的一些城市又通过沙船将大量供外国消费的中国产品运入香港。第二,香港是内地初级产品的精加工中心。无论是云南的大锡,广西的锑矿,广东的土糖、腌姜、蜜饯、禽毛、鲜蛋,甚至还有北方的皮毛,都有必要先运往香港作进一步精加工,使之达到国际市场的要求。第三,香港是小额进口特货及出口

[①] 李必樟译编:《英国驻上海领事贸易报告汇编》,"参赞威妥玛附于 1864 年度上海贸易统计表的备忘录"、"领事巴夏礼于 1863 年度上海贸易统计表的备忘录",第 73 页。
[②] 参见唐巧天:《上海外贸埠际贸易研究(1843—1937)》,第三章,复旦大学博士论文,2006 年,未刊稿。

杂货的重组港。诸如军火、机械、铁路器材等进口货大多采取先出口到香港,再由专门经营沿海航运业的轮船公司将其与其他出口商品重新拼装后沿固定的航线运至最终消费地。第四,香港是国内大宗工业原材料、燃料的消费地。第五,香港是内地受灾地区及缺粮省份进口南洋大米的集中转口港之一。广东由于大面积种植经济作物,经常要通过香港进口西贡米。长江下游地区也在必要时通过香港进口大量洋米运到产丝区交换蚕丝。第六,香港还在转口港的贸易、航运、金融、保险等相关的领域,发挥了船舶修造、航运保险、金融汇兑等方面的功能。①

诚然,口岸城市与腹地的现代化程度的差距仍然明显。墨菲所说的腹地主要是中国人的天下,腹地使用物品以华货为主,口岸城市与腹地农村存在明显差别,这些方面大体上是对的。但我们不应看到这一方面的事实,便抹煞另一方面的事实,即腹地的巨大变化以及口岸与腹地的联系。依笔者看来,口岸城市与腹地在经济上的差别,在于口岸城市包括其所在的沿海地带(其范围并非像墨菲所说的那样狭小),已步上发展现代工业之路,口岸城市周边农村经济的市场化外向化程度已相当高,而腹地的广大地区大体上还没有走上现代工业之路,经济的变化主要体现在外向化与市场化,而两化的程度也不如沿海地带。

我们对北方的研究表明,如果将情况比较特殊的东北略而不计,北方口岸地带与腹地的最主要的差距,并不在经济上,而在政治上和文化上。无论是中国的学者还是其他国家的学者,往往将主要精力放在沿海省份,很少研究内陆省份,对内陆研究不够,恐怕是学术界忽视内陆经济变化的主要原因。②

依据上述论述,形成我们研究近代经济变迁和经济地理时的第三个关注点,即重视位于港口城市背后的广大腹地地区的近代经济变迁,以及腹地对口岸城市的影响。

(四)港口—腹地是中国现代化空间进程的主要途径

中国是地域广袤的国家,历代都存在着明显的区域经济、文化发展不平衡的状态。近代经济同样如此,着重体现在经济的变迁首先开始于沿海口岸城市,经济发展以沿海口岸地带最快,水平也以沿海地带为发达。先进的经济文化在沿海形成以后,再沿着交通路线往广大的内陆地区扩展,全国除了有自己口岸的沿边地带,各地区无不受到沿海经济文化的辐射,受空间衰减规律的作用,必然表现出离口岸越远强度越弱的特点。

广大内陆地区的现代化,除了自身有通商口岸的边疆地区,起步一般都要晚于沿海地区,并多是受到沿海辐射的结果。随着通商口岸的不断增多和国外商品销售的扩大,中国各区域的农副产品通过沿海通商口岸的出口规模也相应扩大,内陆

---

① 参见毛立坤:《香港的埠际贸易(1843—1937)》,第二章,复旦大学博士论文,2006年,未刊稿。
② 参见吴松弟、樊如森、陈为忠、戴鞍钢等著:《港口—腹地与北方的经济变迁(1860—1949)》,浙江大学出版社,2011年。

腹地越来越深地卷入国际市场。与此同时,内陆地区和沿海口岸地区的经济联系也空前扩大,国际资本和国内资本对内陆地区工农业的控制不断加强。沿海口岸城市与自己腹地的关系,逐渐成为区域之间经济联系的主要表现。①

受其控制,全国和地区间物流的主要流向,由古代的流向各级行政中心,近代逐渐改为口岸城市和近代交通中心。在物流流向改变的同时,人员流和资金流也同样改变,从而影响了全国交通布局的改变。港口所在的沿海区域成为我国铁路兴建最早、分布最密的地带。甚至可以认为,中国的新式交通,大多或以港口城市为指向,或与通往港口城市的道路相连接。由于发生这种重大变化,近代以前以首都和各省省会为中心的交通体系,便转化为以港口城市或省会为中心的新格局。交通格局的改变,又对我国城市的分布产生重大影响,一方面城市主要分布在东部沿海省份的特点更加突出,另一方面是那些位于港口连接腹地的重要道路上的近代交通中心以及重要矿山,成为城市的另一个分布地带。②

按经济地理学的表述,经济区是在一定空间范围内经济活动相互关联的客观存在的空间组织。它以某个城市或城市群作为经济中心,经济中心对经济区内的其他地方产生辐射作用,又依托次一级的经济中心把各地区连成一体,并通过各种交通、通信和商业系统构成复杂的经济网络,各地的经济活动有一定的相互联系和相互依赖。近代以来,中国广袤的空间,除了边疆可以通过沿边口岸发展对外贸易的区域形成自成一体的沿边经济区之外,其余地区几乎都成为沿海各口岸城市的腹地,并在此基础上形成经济区。估计在20世纪的头20年,以沿海主要口岸城市或城市群为中心,以它们的腹地为空间范围,口岸城市与其腹地通过主要交通道路保持密切联系的经济区,实际上已经形成。根据港口—腹地的状况,大体上可划为以沈阳—大连为中心的东北经济区,以天津—北京为中心的北方经济区,以青岛—济南为中心的山东经济区,以上海为中心的长江流域经济区,以厦门—福州为中心的福建经济区,以香港—广州为中心的华南经济区。③

综上所述,在中国近代经济的变迁过程中,口岸城市是先进生产力首先形成的地方,其经济总量和生产生活水平又高于其他地区,成为中国现代化的源地与窗口。口岸城市将自己的影响通过主要交通路线送达自己的腹地区域,从而带动腹地近代经济的变迁。另一方面,腹地并非被动地接受口岸的经济辐射,也通过各种贸易、生产、金融、人力、文化、政治的形式,影响着特定的"口岸—腹地"范围内口岸城市的发展。因此,在口岸城市与腹地之间存在着双向互动作用。不过,在口岸城市与腹地的双向互动作用中,何者明显居于主导地位,何者居于被动地位,要依地

---

① 林满红《口岸贸易与近代中国——台湾最近有关研究之回顾》《中国区域史研究论文集》,台湾中研院近代史研究所,1986年,对这方面的研究有清楚的论述。
② 参见吴松弟:《中国近代经济地理格局形成的机制与表现》,《史学月刊》2009年第8期。
③ 参见吴松弟:《中国近代经济地理格局形成的机制与表现》,《史学月刊》2009年第8期。

依时依物而言,不同的"口岸—腹地"会有不同的表现形式。因此,口岸—腹地是近代先进生产力空间扩散和区域之间经济联系的主要途径。由此形成我们研究近代经济变迁和经济地理的第四个关注点,即重视先进生产力自口岸往腹地的扩展过程及其影响,重视口岸城市及其腹地的双向互动关系。

（五）进出口贸易是促使传统经济变迁的主导因素

进出口贸易是不同国家之间的贸易往来,中国早在汉代三国即通过广州等港口与国外发生了贸易往来。近代以来,西方列强用武力轰开中国大门,最初涌入的以鸦片毒品居多,此后鸦片减少,但19世纪70年代以后大量涌入的洋货又以其价廉物美而对中国的部分手工业产品造成巨大的冲击。因此,长期以来,大陆学术界对近代的进出口贸易多持负面的看法。近一二十年来,近代经济史学者通过实事求是的研究,已开始改变看法,认为进出口贸易对中国经济发展的促进效果要远远大于破坏效果。

吴承明的研究表明,在中国32个传统的手工业行业中,鸦片战争后衰落的只有7个,继续维持的有10个,有较大发展并向机制工业过渡的则有15个,另外还产生了新兴的手工行业11个。而少数手工行业的衰落,并不全是进口洋货造成,而是中国本土新兴的机制产品竞争的结果。[①] 笔者和戴鞍钢、樊如森以及其他从港口—腹地入手研究近代经济变迁的学者的论著,都已表明近代进出口贸易的积极作用。因此,单纯谴责洋货对国内市场的冲击,已经不起历史事实的检验。

近代经济的变迁,首先从港口城市开始,而港口城市无不走以港（航运业）兴商（商业和服务业）、以商兴产（工业、农业等产业）、兴金（金融业）的道路。受此影响,港口城市与腹地的经济变迁,也具有贸易与商业先行的特点,从而带动出口农业和近代工业、金融业的发展。关于进出口贸易对各个经济部门的推动作用,王良行作了细致的说明。据他的研究,在中国近代贸易的上游关联效果方面,至少有4 000万劳动力投入丝茶等出口商品的产销工作；航运、铁路、保险、金融、公用事业等基础建设以及煤铁矿、钢铁厂、土木工程、机器制造、船舶修造等现代产业,随着对外贸易的成长有了长足的发展。在下游关联方面,金属及棉纺织品的进口固然淘汰了少部分传统工业,但也促进了农具、家用品、船舶、建材、油漆、庙宇装饰品、锡箔、包装材料、军火、机械、纺织、印染等传统或现代工业的发展或兴起；而出口商品如生丝和棉花的增产,除了促进食品加工及丝织等传统手工业的发展之外,更刺激了现代机纺工业的兴起。而且,这些关联效果的地理分布非常广泛。简言之,清末对外贸易所产生的关联效果,对全中国都有相当程度的正面的影响。[②]

中国近代的进出口贸易之所以不同于古代,除了古代进出口贸易的规模较小、市场规模的扩展极其缓慢这一点之外,还在于贸易对象国及其所能提供的产品的

---

① 吴承明:《中国资本主义与国内市场》,中国社会科学出版社,1985年,第105,170—180页。
② 王良行:《清末对外贸易的关联效果》,《近代中国对外贸易史论集》,台湾知书房出版社,1997年。

极大不同。中国在古代基本上与比自己落后的国家发生贸易关系,所能进口的是初级农林产品,而近代的主要贸易国家却都是比中国发达的资本主义国家,进口产品是机器生产的工业产品。发达国家既采用机器生产,又采用先进的资本主义管理制度,其产品质量之优、价格之便宜,无疑为中国手工产品所望尘莫及。因此,一旦展开正常的贸易,洋货对中国市场的冲击势所难免。19世纪70年代中外贸易开始进入正常状态并迅速增长,此后各地区都卷入国际市场,中国不仅进口剧增,出口增长也相当惊人,反映出中国百姓具有较好的市场应对的本领。

在1881年以前的10年中,茶叶、生丝、糖等传统商品的出口大体保持上升态势,同时草帽辫、皮革、大豆、豆油、羊毛等新兴出口商品的地位日渐重要。① 在1882—1931年这50年中,出口货值的增长速度虽然不如洋货进口,却也增长十余倍,尤其是大豆、豆饼、棉花、皮革、羊毛、花生、茶籽油等农牧产品增长惊人。手工业在一些部门由盛转衰的同时,土布、草帽辫、花边、发网、榨油、缫丝、蛋品等新兴部门发展起来,许多产品已大批出口国外。② 其中的一部分手工业部门,还采用国外机器的一些部件和进口原料,改进原来的生产方式。例如,20世纪初河北高阳等地织布业普遍采用使用机制纱和半机械化的铁轮机的新式织布工艺,很大程度上完成了由传统手工织布向现代化机器织布的转型。③ 此类情况也发生在其他地区,甚至西部的云贵两省。④ 学术界对进出口贸易对近代经济的正面作用多有论述。例如,林满红在总结台湾学术界探讨大陆、台湾等地的进出口贸易的作用,对出口结构和产地的有利调整、新技术的引进、出口所得收入的分配有利资金积累等方面,都予以正面的评价,并认为口岸贸易对晚清全国经济整合具有全面的影响。⑤ 总之,无论人们对近代经济的变迁程度给以如何不同的评价,但只要承认有一定的变迁,都会看到,进出口贸易对中国传统经济结构的改变起着主导的作用。

此外,进出口贸易的发展,也极大地促进了城乡交通环境的改善、金融业的发展和农村市镇的繁荣。在进出口贸易的推动下,国内市场同步迅速扩大。吴承明先生依据韩启桐《中国埠际贸易统计,1936—1940》提供的数据,估计1936年中国的全部埠际贸易额约47.3亿元,比鸦片战争前的长距离贸易1.1亿元约增长43倍。⑥ 国内外市场的扩大有利于近代经济朝着市场化、外向化的方向发展。

相比较而言,直到20世纪的上半期,中国虽然人口居世界第一,但在世界主要56个国家中,进口贸易额、出口贸易额不过居世界第12位和第13位,占世界贸易总额的比重和人均贸易额均比较低下,其对外贸易的依存度确实不高。然而,相比

---

① (英)班思德:《最近百年中国对外贸易史》,第186—218页。
② (英)班思德:《最近百年中国对外贸易史》,第218—254页。
③ 李大本修,李晓冷等纂:《高阳县志》,卷二,实业,民国二十二年铅印本。
④ 戴鞍钢:《发展与落差——近代中国东西部经济发展进程比较研究》,第二章第三节,复旦大学出版社,2006年。
⑤ 林满红:《口岸贸易与近代中国——台湾最近有关研究之回顾》,《中国区域史研究论文集》,台湾中研院近代史研究所,1986年。
⑥ 吴承明:《论我国半殖民地半封建国内市场》,《中国资本主义与国内市场》,中国社会科学出版社,1985年。

于大国的人口数和较低的国民收入来讲,对外贸易对经济增长所发挥的作用不容低估。以不变价格计算,整个近代时期中国对外贸易的年均增长率是国民收入年均增长率的两倍多。①

《比较中的审视:中国早期现代化研究》一书,总结进出口贸易对中国早期现代化发展的作用:②

第一,对外贸易的发展,西方工业品的输入,是促使中国小农业和家庭手工业顽固结合的自然经济逐渐解体的主要因素。鸦片战争后,中国自然经济的分解速度突然加快,程度也突然加深,原因并非中国社会内部生产力和社会分工的发展,而是西方国家商品入侵和出口贸易所引起的一种被动的、强制性的分解。

第二,对外贸易的发展使中国自然经济逐渐解体,同时又促进了中国农产品商品化的发展和农产品加工业的发展,这对于早期的现代化也有一定的积极影响。

第三,对外贸易引进国外先进装备产品,对于中国早期工业化的发展也有所裨益。其他非生产资料的普通产品,包括消费品和原材料的输入,有些也产生了一定的技术引进作用。

第四,对外贸易的发展,还促使近代中国出现了许多新的商业行业,同时也推动了中国原有的旧式商业向资本主义商业转化。

第五,对外贸易的另一个重要作用,是推动中国具有早期现代化特征的大都市的兴起。上海之所以一跃成为近代中国最大的都市,早期现代化发展程度最高,即与对外贸易有着极为密切的关系。而且,不仅上海,凡是对外贸易比较发达的城市,尽管也有一些畸形发展的特征,但其城市化的发展进程较诸其他非通商口岸都要迅速得多,这表明对外贸易推动早期现代化都市形成和发展的作用具有一定的普遍性。

进出口贸易在近代中国早期现代化中居于如此重要的地位,是当时列强向中国大力推销工业产品、抢夺农产品和工业原料,而中国工业化又长期进展缓慢的产物。我们由此形成研究近代经济变迁和经济地理的第五个关注点,即重视进出口贸易的过程、货物构成、洋货销售地和土货出口地,尤其是进出口贸易对农业和手工业的产业结构的影响。

(六) 市场化、外向化和半工业化的作用不容轻视

近二十余年的研究表明,近代中国的经济变迁,是通过传统经济的转型和现代经济的兴起这两个方面改变封建经济的形态的。我们认为,在这一变迁过程中,各地区的情况尽管千差万别,但都表现出朝着市场化、外向化、半工业化、工业化等四个方面发展的趋势。市场化指生产的主要目的是为市场提供商品,而不是为了满

---

① 刘佛丁主编,王玉茹、赵津副主编:《中国近代经济发展史》,高等教育出版社,1999年,第298—300页。
② 章开沅、罗福惠主编,浙江人民出版社,1993年,第297页。

足自己家庭自给自足生活的需要。外向化指各地货物包括农产品中商品化的那一部分,越来越多地输往远方市场甚至国际市场,而不像以前那样"仅仅是满足方圆数十公里的消费需要"。① 半工业化指在工业化的背景下,以市场为导向的、技术进步的、分工明确的乡村手工业的发展。② 工业化自然指现代工业的成长。

以上四个方面,在近代经济变迁的不同时期,所起的作用并不相同。

工业化无疑是现代化在经济方面的中心内容,但中国现代工业的发展经历了漫长的过程,1894年甲午战争以前只有沿海港口城市才有一些规模有限的现代工业,甲午战争以后开始扩散,但空间分布仍极不均衡,主要局限在沿海口岸城市和铁路经过地带。武堉干在讨论中国进出口贸易长期存在着出口货多原料品、进口货多制造品这一现象时,分析中国现代工业分布特点:"中外通商,限于通都大邑,因之新式工业,亦惟都会有之。此等新式工业,大都由外人草创而华人踵效,遂以造成今日中国工业革命之现象。然此种'工业化'程度,亦仅以通都大邑为已,内地各处,仍多营其浑浑噩噩之农业生活也。"③

即使对近代中国工业发展速度作较高估计的学者,也认为虽然就工业本身看曾有过迅速发展,"但中国经济作为一个整体,直至解放前仍然是很不发达的,工业的增长对其他部门的冲击很小,并未使整个经济结构得到改造,即使在原有的轨道上继续运行下去,也未必就能实现国家的工业化"。不仅现代工业如此,即使在西方作为产业革命基础的工场手工业,也是在19世纪末期和20世纪前期才真正得到发展。④

我们认为,一方面由于近代工业发展迟缓,对其他部门的冲击很小,另一方面考虑到进出口贸易对中国传统经济结构的改变有着举足轻重的作用,故而在对近代经济变迁的推动作用上,市场化和外向化以及半工业化的作用要大大超过工业化。近代中国经济变迁的一个不容忽视的特点,就是市场化和外向化、半工业化的趋势不断加强,在各区域工业化起步之前首先起作用的就是这三个因素,在工业化起步之后其作用更加突出。

市场化在传统社会向近代社会转变中的重要作用,不仅为荷兰、英国等西方国家的经济史研究所证明,也为我国的经济史研究所证明:"一个国家或地区的经济由传统社会过渡到近代社会的主要标志是自然经济向商品经济,亦即依靠习惯或指令分配资源的经济向自由市场经济转化过程的完成。"⑤ 外向化趋势建立在市场化趋势的基础上,仅仅强调市场化趋势而不同时强调外向化趋势,难以解释近代经济变迁的主要特点。

---

① (法)白吉尔著,张富强、许世芬译:《中国资产阶级的黄金时代(1911—1937)》,上海人民出版社,1994年,第19页。
② 彭南生:《半工业化——近代中国乡村手工业的发展与社会变迁》,中华书局,2007年,第132页。
③ 武堉干:《中国国际贸易概论》,商务印书馆,1932年,第171页。
④ 刘佛丁主编、王玉茹、赵津副主编:《中国近代经济发展史》,高等教育出版社,1999年,第138、148页。
⑤ 王玉茹:《近代中国物价、工资和生活水平研究》,上海财经大学出版社,2007年,《导论》,第1页。

关于半工业化,许涤新、吴承明在研究中发现,鸦片战争以后,除手纺、踹布、土钢、土针等少数手工行业受到洋货摧残以至被消灭外,其余的部门仍在维持,而且大部分都有不同程度的发展。随着市场的扩大,手工业尤其是资本主义手工业,几乎是与近代化工业并行发展的。在资本主义手工业(以工场手工业为主)的发展中,还有明显的技术改革和向机械动力过渡的现象。到1920年,工场手工业的产值有10.7亿元,占全部手工业产值的25%,比当时全部新式工业(包括外商)的产值还要大些,约为55与45之比。[①] 正由于这样的状态长期存在,半工业化无疑是手工业这个传统经济的重要部门向现代转型过程中的一个重要环节。

近代市场化、外向化、半工业化趋势的形成,有其深刻的外因和内因。外因在于近代中国绝大部分的省份都有了多个通商口岸,形成了全方位开放的态势,各地区都卷入国际市场,而进出口贸易的迅速增长,又推动着国内市场的迅速扩大。在此背景下,各地区不得不通过市场化和外向化以适应新经济的需要。此外,轮船、火车、汽车这种速度快、运输方便、运量大的现代交通工具陆续来到中国,加上近代先进的邮政和电讯网络的兴起,也为市场化和外向化提供了必要的交通工具和通信工具。

市场化和外向化、半工业化在近代中国经济转型中居于如此重要的地位,我们由此形成研究近代经济变迁和经济地理的第六个关注点,即重视各地市场、交通和通信的建设情况,重视生产者思想意识的变化,重视市场化和外向化对区域经济结构的影响和改造。

(七)各区域的现代化进程存在较大的差异

中国是一个历史悠久的文明古国,鸦片战争以前独特的历史发展和深厚的历史文化积淀深深制约着中国的现代化进程。此外,中国又是一个地域辽阔的国家,面积几与欧洲相等,各地的自然地理条件和历史传统有一定的差别,这种差别不仅表现在主要生活在中原地区的汉族与周边民族经济生活、社会发展和民族传统的差别,也表现在汉族地区的南方和北方、东部和西部的历史文化和经济生活的差别。东亚各国的现代化进程,都受到自身的历史文化和地理条件的制约,而中国内部一些地区之间的差别程度,丝毫不亚于东亚各国之间。

以上这种状况,必定直接或间接影响着各区域的现代化进程,导致各区域现代化的动力大小、变迁程度有所区别。

任何一个地方的历史经济文化,都是区域内部的历史、地理、政治、经济、传统文化诸因素共同作用的产物。北部地区平原面积广大,具有很好的发展耕作业的条件,历史上人们依赖农业和家庭手工业便可以满足衣食之需,农业一向在经济中占有特别重要的地位。南部地区,特别是长江以南的广大区域,地表以山地丘陵为主,

---

[①] 许涤新、吴承明:《中国资本主义发展史》,人民出版社,2003年,第二卷导论,第15、16页;第三卷导论,第8—9页。

平原面积较少,相当多的地区缺少发展耕作业的有利条件,人们在从事农业的同时也不得不依靠工商业作为自己的谋生手段。因此,历史上南方的经济结构,实际是农业和工商业并重的二元经济:平原地区农业发达,人们对农业的依赖性较大,在山区工商业和利用山林资源的农业多种经济在经济中占重要地位。除此之外,海岸线的状况也是影响南北经济结构的重要原因。自唐朝后期以来,因陆上丝绸之路衰微,海上交通成为我国发展对外交通和对外贸易的主要方式。由于北方的海岸线大多是不便于停泊船只的沙岸,我国的海上贸易主要集中在长江以南,由此也助长了南方地区的商业之风。如果进一步细分,则我国古代在存在南北差距的同时,还存在东西差距,东西差距到了近代逐渐发展为我国最为明显的区域差距。除了南北、东西的差距,还存在着城市和乡村、山区和平原、沿海和内地等多种差距。

  东部沿海之所以率先进入现代化,除了最重要的通商口岸大多位于东部沿海,原先具有较高的经济文化水平,也是不可忽视的重要原因。在东部相当多的地区,城市和工商业水平高,商品经济发达,手工业门类齐全,工商业者在人口中占有较高的比例,农业稳产高产,甚至农民也大多不是单纯务农,而是在经营小块农田时,兼营以在市场上赢利为目的的小手工业、小商业和小服务业。这种集"小农、小工、小商"于一体的农民,他们的商品经济观念,对商品经济的熟悉程度,以及手工业的技术水平和服务业的服务水平,显然要大大高于单纯务农的农民。我们不能轻视这种"三小"农民,东部沿海过去的乡镇企业,今天蓬勃发展的民营企业,之所以能够兴起并壮大,与这种"三小"农民有着密切的关系。此外,发达地区介于城市和农村之间的工商业市镇,以及由城市、市镇和农村组成的市场经济网络的发育程度,比之于落后地区往往要高出很多。我们同样不能轻视这种星罗棋布的小城镇,今天东部沿海民营经济和市场经济发达地区,正是过去小城镇密集的地区,而昔日小城镇不发达的地区今日的民营经济和市场经济就要逊色得多。

  全国许多地方,并不都像东部那样有着便于近代先进生产力发育的良好基础。陈桦的研究表明:西北(此处指新疆和甘肃境内黄河以西)直到清末经济规模和水平仍十分落后,手工业和商业多集中在一些较大的城市,工商业市镇非常少,手工业生产的门类比较单一,不少地方与外界没有贸易关系。西南(此处指云贵两省及四川盆地、广西西部)地区经济极不均衡,四川盆地西部经济发达,素有天府之国之称;平原坝子和河谷丘陵以及城镇通衢之处,自然条件和经济程度尚好,但广大的少数民族聚居区因地处边远,交通不便,长期处于与世隔绝状态,文化素质低,人口稀少,生产落后。广大的青藏高原(此处指西藏、青海和四川的川西高原)长期处于封闭隔绝状态,为以牧业为主、农业为辅的农牧混合型经济,经济发展迟缓,程度更低。[①]陈桦将今陕西省和甘肃省的黄河以东地区列入华北经济区,由于该区域经济

[①] 陈桦:《清代区域社会经济研究》,中国人民大学出版社,1996年,第27、313、358—362页。

的论述重点在华北东部,对于西部的陕西和甘肃东部着墨不多。在这方面,田培栋的研究可提供一些思路。田培栋论述明清时期的关中手工业落后于江南的根本的原因,是关中的人们不重视手工业,不但一般人不习工艺,增加收入,即使这个地区的大商人也不愿意投资经营。至于商业,明代关中成为闭塞之区,清代有了较大的发展,但仍属于不发达地区。①

陈桦在分析清朝的区域经济差异时,注意到由于先进地区和落后地区间存在着巨大的差距,"商品经济由经济较发达地区向落后地区的推进,十分艰难。"②近代的新兴生产力,本质上是一种性质不同于传统时期、更为高级和复杂的商品经济,传统时代的商品经济由先进地区往落后地区的推进尚且困难,近代商品经济在落后地区的推进速度必然要慢于商品经济发育程度较高的地区,并且会出现一些不同于先进地区的特点。

总之,各区域的现代化的进程都受到自身的地理条件和历史传统的制约。大凡地理位置偏僻的地区、自然条件较差的地区,或者历史上工商业经济不发达的地区,现代经济的发展就要缓慢一些,现代化水平就要低一些。由于沿边口岸以外的各个区域,大致都要通过沿海口岸走向世界,凡靠近沿海口岸的区域,现代化速度就要快一些,现代化水平也要高一些,反之则要慢一些、低一些。我们由此形成研究近代经济变迁和经济地理的第七个关注点即区域差异,要探讨现代产业成长和传统经济转型在速度上和水平上的空间差异,探讨因地理环境和经济结构、水平不同而形成的经济区域,并探讨这些差异形成的历史的、地理的和文化的原因。

三、几个基本概念

准确的学术概念是进行科学研究的前提。"港口"、"口岸"、"腹地"、"空间进程"、"经济区"、"进出口贸易"等,是本书经常提到的几个基本概念,需要首先予以界定。

"港口",指位于我国东部的大连、营口、丹东、天津、烟台、青岛、连云港、上海、宁波、福州、厦门、广州、香港等沿海主要港口城市,以及汉口、重庆等长江沿岸的主要港口城市。因此,它并非仅指承担客货运输任务的港口部门,而是包括港口部门和它所在城市。

"通商口岸",简称"口岸",指国家指定的对外通商的沿海沿江港口,以及位于边境或内陆交通咽喉的通商处所。近代包括通过条约开放的约开口岸与各地经过中央政府批准的自行开放的自开口岸两种。近代大部分重要的沿海沿江港口,都是口岸城市。

---

① 田培栋:《明清时代陕西社会经济史》,首都师范大学出版社,2000年,第222、263—269页。
② 陈桦:《清代区域社会经济研究》,第22、18页。

"腹地"是近年来政府和学术界使用较多的一个概念,但各人使用的"腹地"的概念有着较大的区别。按照地理学的解释和我们从港口贸易入手研究的需要以及历史文献反映的事实,腹地指位于港口城市背后的港口吞吐货物和旅客集散所及的地区范围,在通常情况下,这一范围内的客货经由该港进出在运输上比较经济与便捷。在这里,"位于港口城市背后"和"客货经由该港进出在运输上比较经济合理",是必须具备的两个前提条件。因此,并非任何一个与港口发生客货联系的地区都可以称为腹地。例如,山西的煤炭可以南下经铁路运到武汉,再经长江运上海,也可以通过铁路运往天津,再从天津运上海。山西位于天津而不是上海的背后,从山西经天津入海,比经武汉转上海要方便得多。因此,如果天津和上海两大港口都开为通商口岸,山西属于天津的腹地,而不是上海的腹地。

以上的这种腹地的概念,乃针对大陆港口而言,并非适用于陆地面积有限的岛屿上的港口。现代地理学者在研究港口贸易时,还提出港口的"海向腹地"(Foreland)这一概念,指通过海运船舶与港口相连接的国家或地区,用以弥补原先的"腹地"只指港口的背后地的不足,并将只指港口的背后地的"腹地"称为港口的陆向腹地(Hinterland)。"陆向腹地"和"海向腹地"共同构成了港口的国内、国际两大市场范围,对港口城市及其区域的经济发展均具有重要意义。然而,本书既以港口及其对自己的背后地的影响为考察内容,所说的"腹地"只能是"陆向腹地"而不是"海向腹地"。港口城市的对内联系范围与海港的腹地范围空间上十分接近[①]。因此,港口的腹地范围,几乎可以视为港口所在的城市的腹地范围,而对港口进出口物流国内流向的探讨,显然是探讨港口所在城市的腹地范围的基本途径。

腹地既是一片陆地相连的区域,必然会有自己的边界。然而,人文地理学的普遍规律告诉我们,除非有高大的山脉阻碍两侧的气流、物资、人员的流通和交换,导致山脉两侧的人文地理景观的巨大差异,边界两侧人文现象的差异都不是一刀切、泾渭分明的,而是具有一定的过渡性,即在某一区域占主导地位的某种人文现象,在边线以外的另一个区域也有存在,只不过这种现象在该区域不占主导地位,并随着离开边线的距离的加大而不断减少乃至消失罢了。腹地同样如此,各块腹地的边缘部分除了和所属的港口发生客货联系之外,也和其他港口发生同样的联系,尽管在客货总量中所占的比重不及前者。对于这类地区,主要依据货物占优势的流向而决定它的归属。例如,山西省的对外贸易货物主要经天津进出,尽管仍有部分货物经上海、广州或青岛出口,由于占优势的流向是到天津,只能将山西省视为天津港的腹地。

现代地理学对于腹地的划分,一般采用数学模拟法与实证法。数学模拟法是根据空间相互作用理论,运用数学方法对腹地的空间分布进行测定;实证法是指收

[①] 周一星、杨家文:《九十年代我国区际货流联系的变动趋势》,《中国软科学》2001年,第6期。

集大量实际资料，并选择有代表性的指标来划分腹地范围。鉴于进行历史时期城市与其腹地的研究时，缺乏一整套系统、准确、有效的数据，无法依据数据计算确定出精确的腹地分野图，一般采用实证法划分，而且必要时不可避免地依赖可信的经验分析。本书在划分腹地时，以进出口贸易的数理统计与经验资料相结合，结合数据的实际情况，在信息不足时，相应地参用市场网络与经验认识来确定腹地。简单地说，凡是某地的进口货物主要来自某一港口，出口货物也主要经此港口出口，即将此地定为这一港口的腹地。如果此地的进口货物来自多个港口，出口货物也经多个港口出口，则依据各港口所占的比重来确定；此地主要属于占比重最大的港口的腹地，同时也与那些占比重较低的港口发生货物往来。

腹地依据与港口城市的空间位置和商业联系程度、互动关系强度，可分为核心、边缘两大层次。核心腹地是指地理上与港口城市相连接、在进出口贸易与市场网络中，对于口岸城市具有决定意义的区域。边缘腹地是指地理上与港口城市不相连接，对口岸城市的港口繁荣和经济发展不具有重要作用的区域。当某个区域同时是几个港口的腹地时，这一区域便是几个港口城市的混合腹地。

"空间进程"，指的是中国近代的先进生产力主要自沿海口岸城市向广大腹地推进的过程。这种过程，是港口城市与腹地之间，在经济发展过程中所形成的互相依赖、互相作用的过程。港口城市是其腹地连接国际市场和国内沿海市场的枢纽、区域现代化的窗口和近代经济变迁的原动力，而腹地范围的大小、人口数量、商品经济的规模，以及近代经济的成长速度和发育程度，又影响着港口城市的贸易、经济、人口、文化诸方面的发展。因此，除了看到港口城市对其腹地的巨大推动作用之外，同样要看到腹地对港口城市经济的巨大影响。

经济地理学和区域经济学中的"经济区"概念，是指在一定地理空间范围内，由一组经济活动相互关联、组合而形成的，专业化地域生产、市场交换统一的经济地域单元。一般认为，经济区是社会生产地域分工发展到资本主义阶段以后的表现形式。划分经济区常用的四项指标为：区域性、综合性、专业化、中心城市，其中，内在联系、中心城市、交通要道都是综合经济区划的重要原则，基本的尺度就是商品、资金、资源、人才市场形成的网络。近代中国的经济区，大致形成于20世纪二三十年代，建立在"港口—腹地"的基础上。它以一个主要的港口为中心，或以一个港口城市、一个行政中心城市共同组成双核心，担任经济区的经济中心城市，并以腹地作为自己的基本经济区。在这里，港口城市是一个点，腹地是一个面，交通和商业网络是口岸城市和广大腹地之间物流、人员流、资金流和信息流的通道，而进出口贸易和商业联系是港口城市与腹地之间互相联系互为作用的首先表现。

"进出口贸易"也是本书常用的一个词语。在晚清和民国的海关管理制度中，对于特定口岸而言，只要其货物经此港口输出入，无论输出入对象是国际市场还是中国沿海沿江其他口岸的国内市场,都属于进出口贸易。

第三节　研究内容、研究方法和全书结构

一、研 究 内 容

中国经济的变迁是百余年中国巨变的主要部分之一。通过这种变迁,传统经济逐渐转型,新兴工商业开始兴起,从而相当程度上改变了中国经济的面貌。作为这种变迁的结果,与鸦片战争以前有着较大区别的经济地理格局,也开始出现在中国大地。本书旨在描述这一百余年中,中国社会经济发生巨大变迁的过程、内容、空间差异与生产力分布的状况,在展示变迁的宏大场面的同时,展示区域差异与经济地理格局。

各区域的变迁及其经济地理是本书的主要部分,全书共9卷,除第一卷是绪论与对全国经济的分部门研究,其余8卷按东北、华北与蒙古高原、西北、江浙沪、华中、西南、闽台、华南等区域分卷,分别对这些区域的经济变迁和经济地理展开比较详细的论述。各卷的内容大致分两个方面。第一方面是论述各区域近代经济的变迁,包括背景、过程和结果,侧重对主要产业部门的考察。第二方面是论述各区域内部不同地区近代经济地理的简略面貌,侧重于对地区经济特点及其影响因素的分析。

中国是在非常特殊的情况下走上现代化之路的。当1840年鸦片战争的炮声轰响时,中国仍然停留在封建君主专制时代,农业为基本经济部门,生产劳动依靠人力和畜力,手工业大多是建立在农业基础之上为了自身需要而生产的家庭手工业,以满足市场为目的的商品化手工业规模并不大。绝大部分的地区都实行封建经济,封建经济是一种自然经济,家庭是基本单位,作为社会基础的多数农民小生产者,他们的生活和生产资料主要是在家庭内部得到满足的。商品交换除了食盐、铁器以及矿山产品一类,主要是农民家庭自给有余的产品,交换范围大体限制在较小的空间。城市市场的主要功能,是满足政府、皇室、贵族、绅士以及为他们服务的各色人员购买农民和手工业者产品的需要,而不是作为贸易中心和生产中心而发展起来。进出口贸易保持在相当小的规模,且往往因政局与朝廷政策的变动而处于时开时闭的状态。总之,商品经济虽然比以前有所发展,但仍然是建立在个体农民和手工业者小私有制的简单商品生产的基础上,没有、也不可能在整个社会经济中占统治地位。[1]

近二十余年的研究表明,近代中国的经济变迁,就是通过传统经济的转型和现代经济的兴起这两个方面,改变上述封建经济的形态的。在这一变迁过程中,

---

[1] 参见刘佛丁主编:《中国近代经济发展史》,高等教育出版社,1999年,"序编:近代化以前的中国社会经济",第28—35页。

各地区的情况尽管千差万别,但都表现出朝着市场化、外向化、半工业化、工业化等四个方面发展的趋势。不过,此四个方面,在近代经济变迁的不同时期,所起的作用并不相同。如上节所述,在中国现代化的早期阶段,在对近代经济变迁的推动作用上,市场化、外向化和半工业化的作用要大大超过工业化,在工业化起步之后市场化、外向化的作用更加突出,而半工业化无疑是手工业这个传统经济的重要部门向现代转型过程中的一个重要环节。在本书各卷的论述中,都会涉及上述重要方面。

二、主要研究方法与资料

如上所述,本书的基本任务,是描述中国在近代(1840—1949年)所发生的从传统经济向近代经济变迁的空间过程及其形成的经济地理格局,它是一本既不同于历史研究,不同于经济研究,也不同于现代经济地理学的历史经济地理著作。为达此目的,也由于研究内容过多,自然不能采取面面俱到的平面叙述方法,只能抓住主要线索,以其为中心展开论述,然后再扩大到受其影响的相关方面。本书强调港口—腹地是中国现代化空间进程的主要途径,在看到工业化的导向作用的情况下强调市场化和外向化、半工业化在早期经济转型中的重要地位,因此将从港口—腹地的角度切入中国近代经济地理的研究,试图从探讨进出口贸易及其对市场化、外向化、半工业化的推动作用入手,对各区域传统经济如何演变为近代经济的历史过程进行扼要论述。在此基础上,再探讨各区域近代经济地理的主要面貌和区域特点。本章第二节"理论框架"所谈到的七个关注点,都将在论述中得到体现。传统经济的转型和现代经济的成长,是多种因素作用的产物。对经济变迁起作用的非经济因素,如传统文化、教育水平、政治环境、杰出人物、科学技术,都将在各卷的适当部分略有论述。

在英语中,modern times 既有近代、也有现代之意,而现代化则是 modernization。为了便于论述起见,本书将1840—1949年这一时段称为"近代",期间发生的经济变迁为"近代经济变迁"或"近代经济发展",一些近代兴起的产业部门均用"近代某某产业",不用"现代产业"。但对某些具体的事物,例如火车、汽车、飞机,便只能称"现代交通工具",而不能称其为"近代交通工具"。

根据学术界的研究成果,近代中国的经济变迁大致上可按以下五个时间点分成不同的时期:

1840年以前,反映鸦片战争前的状况。严格地说,中国各地包括沿海的绝大部分地区有一些较为明显的变化,一般认为始于19世纪六七十年代进出口贸易有了较大发展以来。考虑到在英国用军舰大炮轰开中国大门之后,西方的洋货开始进入中国,与19世纪六七十年代相比只是贸易量尚少,不足以引起中国社会内部的变化罢了。因此,本书同学术界通常视1840年为中国近代史的起点一样,将

1840年作为本书论述的起点。

如果说1840年以后的半个世纪,外国列强主要通过商品贸易获取利益的话,1894年甲午战争后签订的《马关条约》,则标志着外国列强在华投资办厂、兴修近代交通和民族资本家纷纷设厂的开始。此后直到清朝被推翻、中华民国建立,一方面是政治上的动荡,另一方面又是近代工商业经济的发展。因此,甲午战争和中华民国建立,都是本书论述的重要时间点。

1927年北伐战争胜利以后,中国进入新的经济增长时期,此后的十年被称作中国"资本主义的黄金时代"。1937年日本帝国主义的侵华战争中断了中国的现代化进程,此后绝大部分地区的经济因战争和掠夺而遭到破坏。因此,1927年北伐胜利和1937年抗日战争爆发,是本书论述的另外两个重要时间点。抗战时期南北烽火四起,正常的经济发展中断,经济数据的混乱也增加了研究的困难,一些区域关于经济发展的详细论述便难以进行。尽管如此,由于中国近代史的结束是在1949年中华人民共和国建立之时,抗战之后到建国之前的经济状况仍须做适当的介绍。

按区域进行研究是经济地理的习惯做法,由于中国地域广袤,近代经济地理的研究也必须采用分区域的研究方法。考虑到行政区域的完整性和邻近区域的联系性,本丛书在第1卷《绪论和全国概况》之后,将全国各区域分为以下8卷:

东北卷,今辽宁、吉林、黑龙江3省;

华北与蒙古高原卷,今北京、天津、河北、山西、山东、河南、内蒙古7省市区以及正式独立前的蒙古国;

西北卷,今陕西、甘肃、宁夏、青海、新疆5省区;

江浙沪卷,今上海、浙江、江苏3省市;

华中卷,今湖北、湖南、江西、安徽4省;

西南卷,今四川、重庆、云南、贵州、西藏5省市区;

闽台卷,今福建、台湾2省;

华南卷,今广东、广西、海南3省和香港、澳门2特别区。

必须指出,近代的经济活动尤其是经济区并非完全按照行政区划而形成,某些卷为了论述的完整,难免会提到不同卷的邻近区域的某些经济状况。例如,华北与蒙古高原卷的论述,便会涉及属于江浙沪卷的江苏北部和属于华中卷的安徽北部,以及属于西北卷的省区。华北与蒙古高原卷的南部地区与其他卷的空间范围缺少高大山脉的分割,存在较为频繁的跨区域的经济活动,其他卷相对少一些,但也有存在。

还必须指出,许多区域具有自己的特点,如台湾、东北及一些边疆地区,未必全部适宜采用上述时点,如何划分时段,采用何种资料,将视实际情况而定。

地图在地理研究中具有文字不能代替的直观作用,与文字相配的历史图片有助于说明或提升内容并活跃论述气氛,为此本书将适量放入地图和图片。考虑到广大读者的需要,全书表述尽量晓畅易懂,对较长的史料尽可能不采用直接引用的形式。凡学术讨论和史料考证的文字,尽量不放在正文,而移到页下注释中。各卷后列出参考书目和索引,以便读者查对和使用。

研究依据的经济资料,主要来自三个方面。

第一个方面是中国旧海关的贸易报告。我国各地海关自1860年以来便建立了定期向上报告的制度,这些报告是在海关总税务司署的指导下,依照国际通行的标准,按统一的格式和内容,逐月、逐年上报的。1883年以前统计报告相对简单,主要由6个表格所组成。① 1883年以后,统计报告的分类逐渐详细、科学。1905—1931年为海关贸易统计的统一时期,统计更为完备、精确、系统。就贸易报告的内容而言,1919年以前比较详细,涉及政治、经济、社会等方面影响当年贸易盛衰的状况。1919年后较为简单,不过此时可凭借的地方调查资料很多,可以弥补这一不足。另外,海关总署编有5份十年报告(1882—1931年),详细叙述了各关所在的省区内十年以来的经济社会变迁状况。

由于采用国际性通用的统计标准,且时间长达80余年,海关贸易报告具有较强的科学性和完整性。而且,报告的范围遍及全国各主要开放城市,除反映所在城市与腹地区域的进出口贸易之外,还反映这些地区自然、经济、政治、文化、城市等各方面的状况,是研究全国和各区域尤其是口岸城市进出口贸易与经济状况的最翔实可靠的资料。

中国旧海关贸易报告零散分布在国内外许多图书馆、档案馆,且长期没有统一的目录,颇不便于研究者的使用。由中国海关总署和中国第二历史档案馆编辑、茅家琦先生主编,京华出版社2001年出版的170册《中国旧海关史料》,收集了1859—1948年各关的贸易统计和贸易报告,以及5份十年报告,为利用这些资料提供了方便。2003年,本丛书主编吴松弟在美国哈佛大学图书馆发现了400余册的中国旧海关出版物,其中270余册为《中国旧海关史料》所未收,此后又在日本、香港等地发现了哈佛大学图书馆和《中国旧海关史料》均未收的旧海关出版物。在哈佛大学图书馆的支持下,吴松弟将这些旧海关出版物整理为《美国哈佛大学图书馆藏未刊中国旧海关史料》279册,于2014年在广西师范大学出版社出版。惜由于此书出版晚于本书的写作,这些旧海关贸易报告中,只有小部分为本书所利用。

第二个方面,是晚清民国时期,由中央政府和地方政府、产业界和知识分子,以及日本、俄国、英国人分别撰写的各种各样的经济调查报告。类似调查报告甚多,种类也丰富多样。

清末政府编纂的,有农工商部统计、邮传部电政邮政船政等方面的统计表等,黄炎培的《民国元年工商统计概要》则是对农工商部统计的分类分区域的整理和简化。

---

① 外洋轮船贸易表、年度贸易总表、年度进口洋货分类表、年度进口土货分类表、年度出口土货分类表、特货进出口分类表(鸦片、糖等)。

进入民国以后官方和学界有关农村、实业、商业方面的统计和调查非常丰富。在时间上,各个时期都有,尤以北洋政府的地方自治时期和国民政府定都南京到1937年抗战全面爆发的十年最为丰富。在空间上,从交通方便经济发达的东南地区,到交通不便经济落后的西南西北各省,都有类似的资料。一些省市还编纂地方性的工商报刊,如广州的《农工商报》(1907—1908)、《广东劝业报》(1908—1910)等。

外国人撰写的各种各样的经济调查报告,以日本人所写的日文著作为多,满铁调查报告、中国各省的经济全书,以及《满洲开发四十年史》,均以内容丰富、涉及面广而著名。英国人撰写的英文著作次之,其中又以1872年伦敦大学远东史教授W. G. Beasley指导编辑英国议会文书的中国与日本系列(常略称为B. P. P.)[①]为重要,领事报告(Embassy and consular commercial reports)是其中主要部分之一,卷6~20为1854—1899年各关的商务报告。

关于资料价值,如果说第一方面,中国旧海关贸易报告是研究不同时期的进出口贸易及相关影响因素的最重要的资料的话,则第二方面,一批各行业的经济史料就是研究城市背后的腹地的工农业状况和城乡状况的最重要的资料。

20世纪50年代以来,我国一批经济学者对这些资料做了大量的整理和出版工作,《中国近代经济资料选辑》、《中国近代工业史资料》、《中国近代农业史资料》、《中国近代手工业史资料》、《中国近代对外贸易史资料》、《中国近代铁路史资料》、《中国近代航运史资料》,都为研究者提供了很大的便利。

第三个方面,在晚清民国时期编纂的地方志中,一般都用一定的篇幅,反映区域经济的变迁状况。这些资料对了解各地的经济发展,提供了一手的资料。戴鞍钢、黄苇主编的《中国地方志经济资料选编》,为近代地方经济史研究提供了方便。此外,文集中也有一些资料可供利用。近几十年来各地政协还出版了大量有关近代历史的文史资料,其中的商贸农经、地方建设之类回忆资料,记录了各地经济变迁的细节,也颇有参考价值。

三、全书结构

全书共分9卷。第一卷为《绪论和全国概况》。"绪论"先回顾中国近代经济地理的学术研究简况,再论述本书的研究对象、理论框架和常用的几个基本概念,最后介绍全书的研究内容、基本结构、所据资料和主要研究方法。考虑到本丛书的第二卷至第九卷都是分区域论述,为了便于读者对全国性的经济变迁和经济地理状况获得一个虽然简单但还算全面的印象,特在第一卷中综述近代经济地理的全国概况,分8章分别简介近代全中国的口岸贸易、人口、农业、工矿业、交通邮政、金融业、城市等方面的发展与分布状况,以及近代经济变迁的空间过程。

---

① W. G. Beasley ed. *British Parliamentary papers*, Shannon: Irish University Press, 1972.

第二卷至第九卷都是区域卷,分别论述全国8大区域近代经济变迁的概况以及近代经济地理。为能够进行比较细致的研究,各区域卷的内容大致包括如下方面:

1. 近代经济发展的地理基础和历史背景。地理基础包括区域位置和区域内部的地理条件,如地貌、河流、降水量、气候、资源等,简述地理因素如何影响区域的产业结构、经济水平、交通状况以及内部各分区的经济差异。历史背景主要介绍1840年以前本区域的工农业状况和经济地位,包括人口、交通、自然、城市、区域的简况。

2. 贸易与商业。着重探讨口岸与进出口贸易及国内商业,包括各口岸何时开埠及其重要性,进出口贸易的增长状况,不同时期的主要进口商品和出口商品,出口商品主要来源地区和进口商品主要销售地区。此外,还包括传统商业和现代商业的状况,以及网络及其结点。

3. 交通和邮政通信。各类现代交通的兴起时间、进展状况、主要路线,有的还包括铁路与公路的里程、轮船的数量、客货运量,传统交通工具所起的作用和分布特点,近代邮政和通信方式的建立及其作用。

4. 农牧业。简要介绍传统农区的耕作方式、种植结构、种植面积和单位产量,在全国的地位。牧区的放牧方式、经营特点,在农牧业和农村经济中的地位。农牧业中的市场化、外向化的倾向及其对产品结构、农村经济的影响。

5. 手工业。论述主要部门的状况,既论述那些主要属于农民自给自主性质的家庭手工业部门的破产和萧条,也要论述那些市场化、外向化趋势明显的工场手工业部门对新型的市场经济的调适和发展,包括半工业化的状况。

6. 现代工业。何时、何地先兴起,主要有哪些部门,分布在哪些地区。

7. 城市。哪些是近代新兴的城市,传统城市哪些在近代获得发展,哪些走向衰落,兴衰的原因与表现。口岸城市中的租界及其对城市发展的影响,新兴城市在区域经济变迁中的引领作用,可能的话还估算城市人口占区域人口的比重。

8. 人口。区域人口总数的增减及其原因,人口的空间分布,城市与农村人口数量的变动,人口密度对经济的影响,劳动力的职业构成。

9. 金融业。传统金融业的状况,现代银行的兴起与发展。如果可能,探讨传统金融业和现代银行的各自资金量和职工人数。

10. 区域差异。中国地域辽阔,各地域因地理环境和历史背景的不同在近代经济变迁中表现出自己的特性。基于这一认识,各卷在写作中将力图写出所研究区域的特色及区域内部的差异。

第一章　进出口贸易和国内商业的发展[①]

口岸开放和进出口贸易是近代中国巨变的首要因素，本章拟首先探讨各个时期口岸的开放过程，接着探讨中国进出口贸易的大致进程，最后探讨主要口岸在中国进出口贸易中的地位。

中国近代贸易史的研究，1949 年以前以武堉干《中国国际贸易史》[②]、侯厚培《中国国际贸易小史》[③]较为著名。1949 年以后尤其 1979 年以来，以孙玉琴《中国对外贸易史》第 2 册[④]、郑友揆《中国的对外贸易和工业发展：史实的综合分析》[⑤]为重要。此外，黄序鹓著《海关通志》[⑥]、(英) 班思德著《最近百年中国对外贸易史》[⑦]、严中平等著《中国近代经济史统计资料选辑》之二"商埠、租界、租借地"[⑧]、陈诗启著《中国近代海关史》[⑨]、孙修福著《中国近代海关史大事记》[⑩]，对各口岸的开埠时间、近代海关设立时间及其过程，多有论及。王尔敏著《五口通商变局》[⑪]，对最早开埠的五个口岸的开埠、设关过程都有详细分析。至于提及口岸的开埠和设关时间的论文，更是数量繁多，难以胜述。

阅读相关论著，不难看出，在相当多口岸的开埠时间或海关设立时间的判定上，学术界尚有较大争议，有的争议还涉及一些具体的过程。而对于主要口岸的贸易地位，虽然总体尚算清楚，但具体到不同时期却仍有暗昧之处。因此，仍须对上述问题进行仔细探讨。

第一节　通商口岸的出现与密集化

我国东邻太平洋，大陆海岸线长达 1.8 万公里。在漫长的海岸线上，有许许多多优良海港。比较重要的，自北向南，自东往西，依次有丹东(原名安东)、大连、营口、秦皇岛、天津、黄骅、龙口、烟台、威海、青岛、日照、连云港、上海、宁波、温州、三都澳、福州、厦门、汕头、深圳、香港、广州、珠海、澳门、湛江、北海、钦州、防城，以及台湾岛的基隆、高雄和海南岛的海口。

除了曲折的海岸线，还有更为漫长的陆上国境线。我国陆上与十余个国家为

[①] 本章除第四节为樊如森撰写外，其余各节由吴松弟撰写，其中第一节杨敬敏也有贡献。
[②] 商务印书馆，1928 年。
[③] 商务印书馆，1929 年。
[④] 对外经济贸易大学出版社，2004 年。
[⑤] 上海社会科学出版社，1984 年。
[⑥] 共和印刷厂，1917 年。
[⑦] 海关总税务司署统计科译印，1931 年。
[⑧] 科学出版社，1955 年。
[⑨] 人民出版社，1993 年。
[⑩] 中国海关出版社，2005 年。
[⑪] 广西师范大学出版社，2006 年。

邻,边界线长达2.28万公里,众多的边境城镇可供进行国际贸易。对于边境地区尤其是离海比较遥远的内陆边疆地区而言,满洲里、塔城、伊宁、喀什、亚东、腾冲、思茅等众多的边境城镇都是我国与陆上邻国来往的主要孔道。

在海洋和内陆之间奔流着无数的江河大川,一些著名的河流特别是长江、珠江(尤其是其主流西江)、松花江富有通航之利,这些河流上有许多河港。近代以来随着开埠通商向内陆的进展,南通、镇江、南京、芜湖、安庆、九江、武汉、岳阳、沙市、宜昌、万县、重庆等长江沿岸的重要港口,江门、肇庆、梧州、南宁等西江的重要港口,以及哈尔滨、佳木斯等松花江上的重要港口,都可以成为航运中心和贸易地点。

一个国家和外国通商的地点,称为通商口岸。政府在通商口岸设置税务机关,对中国和外国商人的合法贸易征收关税。我国向来与外国保持一定的贸易关系,唐宋时代沿海和内陆的许多城市都留下国外商人的足迹。明代,我国的海上贸易是专制政权严格控制下的官方的朝贡贸易,经济上是为统治集团采办"海外奇珍",政治上是为羁縻海外诸国,确立宗主国的地位,因此对各国"入贡"的时间和港口都有严格的限定;并且只许可官方之间的朝贡贸易,在大多数的时间中,民间贸易被视为非法的违禁贸易。① 清初实行严厉的迁海令和禁海政策,再次压制海上贸易。直到康熙二十四年(1685年),因台湾郑氏集团降清,解除禁海令,海上贸易重新出现蓬勃发展的局面。清朝设立粤海、闽海、浙海、江海四个税关,用以管理对外贸易和征税。康熙末年调整海外政策,禁止中国商民下南洋。雍正五年(1727年)虽然准许南洋贸易,但开始采取一系列严格限制的措施。乾隆二十二年(1757年)清朝撤销江、浙、闽三海关,规定"夷船将来只许在广东收泊贸易"②。不久,又制订《防范外夷规条》,规定外洋商船在五六月收泊进口,九十月扬帆归国,期间有事也只能在澳门而不可在广州住冬;而且,贸易期间外商只能寓歇行商馆内,买卖货物必须经过行商,不得雇佣中国人代为经营,不得派人前往江浙等省探听货物价格等多项措施。③

1840年,英国殖民主义的枪炮轰开清政府的封闭大门,中外之间从此开始了与以往截然不同的、条约制度规定之下的商务交往。清政府在外力压迫下,签订一个又一个的包括开放通商口岸内容的不平等条约。从此,中国国门洞开,通商口岸不断增多。

---

① (明)胡宗宪《筹海图编》(四库全书本)卷十二载:"凡外夷贡者,我朝皆设市舶司以领之……其来也,许带方物,官设牙行,与民贸易,谓之互市。是有贡船,即有互市,非互市无以酬其贡也,明矣。""贡舶者,王法之所许,市舶司之所司,乃贸易之公也;海商者,王法之所不许,市舶之所不经,乃贸易之私也。"
② 《清高宗实录》,卷五百五十,乾隆二十二年十一月戊戌。
③ (清)梁廷枏:《粤海关志》,卷二十八《夷商》三,道光年间刊本。参见万明:《中国融入世界的步履:明与清前期海外政策比较研究》,第五章第二节,社会科学文献出版社,2000年,第393—405页。

一、第一次鸦片战争以后东南五口的开埠通商

(一)开埠过程

1842 年英国通过鸦片战争轰开中国的国门,清朝被迫在当年的 8 月 29 日签订中英《南京条约》。《南京条约》规定:"广州、福州、厦门、宁波、上海等五处港口,贸易通商无碍",开放为通商口岸,并将香港岛割让给英国。[①] 1843 年 7 月 22 日《议定广州、福州、厦门、宁波、上海五港通商章程》(简称《五口通商章程》)在香港公布,并在附件《五口通商附粘善后条款》中对相关内容作了具体的说明。之后,英方派李太郭、记里布、巴富尔、罗伯聃等分赴广州、厦门、上海、宁波、福州口岸担任领事,[②]五口陆续开埠。

广州。《五口通商章程》公布不久,由于英国商人急于通市,清政府批准广州地方官奏折,准许英国商船按照中英双方商定的时间即道光二十三年七月一日(1843 年 7 月 27 日)进入广州,"照新例贸易输税",当天正式开埠。截至闰七月初十(9 月 3 日),共进口英国货船 53 只,征收税银 128 900 余两,比上年同样长短的时间有增无减。八月十五日双方商谈租地办法,据当时照会以李太郭为首任领事。[③] 因当时广州尚未设立新关,所有的来自外国轮船和中国民船的征税事项,均由原有的粤海关征收。其中,征自外国商船的关税最初称夷税或洋税,后统一称洋税,征自中国民船的关税称常税。上海等四口在开埠以后,均采用了广州的收税制度。

上海。英国领事官巴富尔于道光二十三年九月十七日到达上海,议定通商细则,遂即于九月二十六日(1843 年 11 月 17 日)开埠,当时有 7 艘外国货船进泊,对其征收洋税。[④]

厦门。英国领事记里布于道光二十三年九月初四日抵达厦门,择定码头、住所,并和地方官议定,于九月十一日(1843 年 11 月 2 日)开市,"一切通商事宜遵照广东议定各款"[⑤]。

宁波。英国领事罗伯聃于道光二十三年十月二十八日抵达宁波,经与地方官会商,要求于十一月十二日(1844 年 1 月 1 日)开市,双方确定此日正式开埠。[⑥]

福州。五口通商各口以福州开埠最晚。道光二十三年八月初一日(1843 年 9 月 24 日)及十一日,即在广州开埠不久,英公使璞鼎查两次通知清朝钦差大臣耆

---

① 王铁崖编:《中外旧约章汇编》,三联书店,1957 年,第 31 页。
② (清)文庆等编:《筹办夷务始末》,道光朝卷六十九,中华书局,1964 年,第 2741 页。
③ (清)文庆等编:《筹办夷务始末》,道光朝卷六十九,中华书局,1964 年,第 2741 页。
④ (清)文庆等编:《筹办夷务始末》,道光朝卷七十,中华书局,1964 年,第 2777 页。
⑤ (清)文庆等编:《筹办夷务始末》,道光朝卷七十,中华书局,1964 年,第 2784 页。严中平《中国近代经济史统计资料选辑》,第 41 页,作同年 11 月 1 日,当为清朝纪年转换公历纪年所误。又,马士《中华帝国对外关系史》第一卷(张汇文等合译本,上海书店出版社,2000 年),第 408 页,载"这个口岸在一八四四年六月因英国领事的到达而开放",则厦门开埠时间应为 1844 年 6 月,不知何据。
⑥ (清)文庆等编:《筹办夷务始末》,道光朝卷七十,中华书局,1964 年,第 2793 页。

英,除福州外,各口均已派妥领事官员,一俟领事到达,即可开市。① 道光二十四年五月十五日(1844年6月30日)英国领事李太郭到达福州,②十月间对一艘外国商船征过税,但此后又有较长的一段时间没有外船。③ 因此,学者对福州开埠时间,大约有四种说法,一为领事到达之道光二十四年五月(1844年6月),④二为道光二十四年五月十八日(1844年7月3日,不知依据),⑤三为开始收税之道光二十四年十月,⑥四为1845年7月。⑦

笔者以为,依据官方记载,迟至道光二十五年四月十五日(1845年5月20日),清政府依然认为福州"并未通市",⑧而道光二十六年五月初二(1846年5月26日)的一份奏折则称福州通市"一载有余",⑨据此推断福州开埠时间可能在1845年5月底。⑩

(二) 开埠内容与开埠时间的确定

《南京条约》第二条规定:"自今以后,大皇帝恩准英国人民带同所属家眷,寄居大清沿海之广州、福州、厦门、宁波、上海等五处港口,贸易通商无碍;且大英国君主派设领事、管事等官住该五处城邑,专理商贾事宜,与各该地方官公文往来,令英人按照下条开叙之例,清楚交纳货税、钞饷等费。"⑪据上所述,广州、上海、宁波、厦门、福州等五个口岸的开埠,基本依照此条规定的做法,大致上包括领事到达口岸、设立领事馆(至少须有可供领事临时办公与居住的建筑物)、议定通商细则、确定开始收洋税的时间、开始征收洋税等一系列过程。

此外,各口的开埠时间,一般指事先由中英双方共同议定,对停泊该口的外国商船实际征收洋税的第一天,用当时的说法,叫做"开市"之日。由于清廷或海关总税务司署并未对"开埠时间"下过明确的定义,由此造成以往研究中对某个口岸如福州开埠时间的不同看法。在福州开埠时间上,上述四种看法,一种未提供依据,两种依据开始收税时间(但在哪天算是开始收税时间上有歧见),还有一种以领事到达时间为开埠之日。显然,选取开埠时间的标准的歧异,是导致人们在特定口岸开埠时间上产生分歧的主要原因。

---

① 璞鼎查通知耆英两信,见英国国家档案局(Public Record Office)文件,引自王尔敏:《上海开关及其港埠都市之形成》,《五口通商变局》,广西师范大学出版社,2006年,第306、336页。
② (清) 文庆等编:《筹办夷务始末》,道光朝卷七十二,中华书局,1964年,第2838页。
③ (清) 文庆等编:《筹办夷务始末》,道光朝卷七十三,中华书局,1964年,第2911页。
④ (英) 班思德:《最近百年中国对外贸易史》,海关税务司署统计科译印,1931年,第36页。
⑤ 严中平等编:《中国近代经济史统计资料选辑》,科学出版社,1955年,第41页。
⑥ 王尔敏《福州口岸商埠概观》(《五口通商变局》,广西师范大学出版社,2006年),以为英国领事李太郭虽然在五月十五日到达福州,但直到十月起始有英船正式交易,故应以此月为开埠之始。
⑦ 陈诗启《中国近代海关史》(人民出版社,1993年)第7页,对福州开埠有如下叙述:李太郭到任后英船前来贸易极少,其间还有领事强租城内住处、领事调换等问题的争执,故迟至1845年7月继任者阿礼国到达后才开征洋税。不过,陈书对阿礼国到达后开征洋税未举史料证明。
⑧ (清) 文庆等编:《筹办夷务始末》,道光朝卷七十四,中华书局,1964年,第2922页。
⑨ (清) 文庆等编:《筹办夷务始末》,道光朝卷七十五,中华书局,1964年,第2988页。
⑩ 据《筹办夷务始末》道光朝卷七十四,中华书局,1964年,第2912页,李太郭离任为4月,阿礼国继任为5月,福州开埠时间应以1845年5月底为妥。
⑪ 王铁崖编:《中外旧约章汇编》第一册,三联书店,1957年,第31页。

还有一点值得注意,尽管五口都是依照《南京条约》的规定而开埠,且条约对开埠的过程之内容有规定,但开埠的早晚仍要视英国商人对其重视程度,或该口的贸易繁盛程度而定。广州之首先开埠,是由于"夷酋急望开市",而"伊国众商货船停泊外洋者已有三十余只",耆英遂在未"待会奏条例,奉部议复"的情况下即行开埠,[①]而英国委派领事官也在开埠之后。上海、宁波、厦门三口的情况与广州相似。当领事巴富尔到达上海议定通商细则时,已有7艘外国货船停泊在黄浦江上,[②]因此巴富尔到达上海十日即行开市。英领事官抵达宁波时,当时"港内计该夷有货船三艘",而邻近的定海在年初便有货船停泊,遂在十四日后即行开市。[③] 厦门在英领事官抵达七日后开市,当时货船数量虽未载明,但据次年敬穆等所奏,厦门亦有"夷船久住"。[④] 五口中福州迟至1845年5月底才开埠,在此后的九年间,由于"并无洋商经营合法贸易,洋船虽有行驶至该埠者,然其任务或为私运鸦片,以弋取不法之利益,或为护送船只,以防海盗之劫掠",英国当局甚至考虑将福州弃置不顾,或要求中国另辟他埠以代之。[⑤]可见,英国在特定通商口岸开埠的实施上,采取了实用主义的态度。

综观五口开埠通商的过程可见,上海、宁波、福州、厦门、广州为近代第一批开埠的口岸城市,开埠与设关事务均为英国全盘掌握。在开埠之初,各口岸的开埠通商便依照其贸易繁盛程度即英商的贸易获利大小次第办理,其各种事务也是英人一手包办。可见在开埠通商的最初期,相对于列强,清政府完全处于被动接受的状态。

(三)第一批新关的建立过程及其时间

专司征收外国船只的关税洋税的海关新关的建立,在各通商口岸的发展史上都是一件大事。广州、宁波、上海、福州、厦门五个港口,自清代康熙年间统一台湾之后,都发展为对外贸易和沿海贸易的商港。清政府在广州设立粤海关,在上海设立江海关,在杭州设立浙海关,另于定海县城设一榷关公署。又在福州和厦门设立闽海关,闽海关的官衙原在福州,后迁到厦门。

五口通商之后、1854年7月之前,各口并未设立新的海关,所有的对外国船只征收的关税洋税和对国内民船征收的关税常税,都由原来的海关常关负责征收。1853年9月,上海小刀会起事,江海关不能在旧址收税,上海道台同意英、美领事提出的领事代征制。1854年7月6日,英美法三国领事组成关税管理委员会,7月12日在临时海关开始办公,此后长期维持下来。[⑥]因原来的海关江海关还在,故新成

---

① (清)文庆等编:《筹办夷务始末》,道光朝卷六十七,中华书局,1964年,第2647页。
② (清)文庆等编:《筹办夷务始末》,道光朝卷七十,中华书局,1964年,第2777页。
③ (清)文庆等编:《筹办夷务始末》,道光朝卷六十五,中华书局,1964年,第2578页。
④ (清)文庆等编:《筹办夷务始末》,道光朝卷六十五,中华书局,1964年,第2839页。
⑤ (英)班思德:《最近百年中国对外贸易史》,海关税务司署统计科译印,1931年,第48—49页。
⑥ (美)马士著,张汇文等译:《中华帝国对外关系史》第三卷第一章,上海书店出版社,2000年。

立的海关被称为江海新关,俗称新关,而原来的海关江海关仍沿用旧的通名常关。从此,上海征收的洋税和常税,改由新关(又称洋关)和常关分别征收。

受上海发生的这种变化的影响,1860年前后,其他四口也都建立新关。其中,广州称粤海新关,厦门称厦门新关,宁波称浙海新关,福州称闽海新关。在这些新关成立的时间问题上,学术界向有不同的看法。粤海新关有1859年10月24日、1860年10月1日两个时间①;厦门新关有1862年3月、1862年3月30日两个时间②;浙海新关虽然只有1861年5月20日一说,但学者尚持推测态度③;闽海新关有1861年7月和1861年7月14日④两说。对于一个口岸城市而言,近代海关的建立是促进进出口贸易和城市发展的重要一步,海关建立时间这个标志性的日子需要通过认真考证而搞清,不能有几种看法,也不能只到月而不到日。

依据的资料不同是歧异产生的主要原因。例如,《筹办夷务始末》⑤载粤海新关建立时间为咸丰九年九月二十九日(1859年10月24日),而黄序鹓《海关通志》(上)⑥则载咸丰十年八月十七日(1860年10月1日)于南海县城外之沙基建立粤海新关。而只有月而无日的模糊记载,则由于所依据的资料原本如此。因此,要进行正确的考证,还需要另辟蹊径。

班思德《最近百年中国对外贸易史》论研究中国对外贸易史的资料:

> 研究中国贸易情形者,至本章所述之时期(引者按:1859—1871年),已易著手,则以本期史料较为丰富而与前此迥不相侔也。盖自中国海关施行新政后,即陆续开始编制贸易统计,而以江海关为最早,始于咸丰八年冬(1859年初)。阅时一年,粤海关缀之。潮海关则肇自咸丰十年五月十三日(1860年7月1日),至咸丰末年(1861年)津海、浙海、闽海诸关亦均相继仿行。同治元年(1862年)厦门关亦开始编制,余如东海关与长江流域各关,则昉自同治二年(1863年),翌年山海关与台湾打狗、淡水两关,复先后创刊。至同治四年(1865年),各关税务司更按年编辑贸易报告。⑦

按至今所见到的海关贸易报告,均在新关成立以后所编,无一例外。因此,新

---

① 1859年10月24日(咸丰九年九月二十九日),见贾桢等编:《筹办夷务始末》,咸丰朝卷四十五,中华书局,1979年,第1725页。1860年10月1日(咸丰十年八月十七日),见黄序鹓:《海关通志》(上),共和印刷厂,1917年,第157页。
② 1862年3月,见陈诗启:《中国近代海关史》,人民出版社,1993年,第71页。1862年3月30日,见孙修福主编:《中国近代海关史大事记》,中国海关出版社,2005年,第23页。
③ 《筹办夷务始末》咸丰朝卷七十八,中华书局,1979年,第2877页,载咸丰十一年四月二十五日(1861年6月3日)王有龄奏报李泰国"派华为士(费莱士)暂行代办(宁波副税务司)……今既有副总税务司,应即仿照江海之例,在宁波设立新关,专收外国税钞,以期事有归束"。又言"现在宁波已设新关"。陈诗启:《中国近代海关史》(人民出版社,1993年)第70页,认为:"5月20日费士莱被派为宁波海关税务司,大约同时宁波也开办了浙海关。"由此推断浙海新关设置在1861年5月。查宁波海关贸易数据的起始时间,可推定其新关设置时间为5月22日。
④ 1861年7月,见陈诗启:《中国近代海关史》,人民出版社,1993年,第70页。1861年7月14日,见中华人民共和国福州海关:《福州海关志》,鹭江出版社,1991年,第19页。
⑤ (清)贾桢等编:《筹办夷务始末》,咸丰朝卷四十五,中华书局,1979年,第1725页。
⑥ 黄序鹓:《海关通志》(上),共和印刷厂,1912年,第157页。
⑦ (英)班思德:《最近百年中国对外贸易史》,海关总税务司署统计科译印,1931年,第84页。

关的成立时间，不应晚于最早的贸易报告数据的起始时间，甚至在同一天。由于各海关早期的贸易报告至今仍然大量存在，不妨参用这一资料，对相关的看法进行考证，从而得出比较接近事实的观点。据此，对五口新关中看法有歧异的四个海关设立的时间考证如下：

粤海新关。《筹办夷务始末》记载的建立时间为咸丰九年九月二十九日（1859年10月24日），《海关通志》（上）记载的时间是咸丰十年八月十七日（1860年10月1日）（详上）。按笔者所见的1865年粤海关贸易报告列出1860年的全年贸易数据，证明新关只能在1859年10月而不是1860年10月建立，此外《海关总税务司署通令第1535号（第二辑）》附件"按开埠日期排列之通商口岸等一览表"①，广州新关的建立年份亦为1859年。因此，粤海新关的建立时间，应是《筹办夷务始末》记载的1859年10月24日。②

厦门新关。按陈诗启《中国近代海关史》以为1862年3月建立，孙修福主编《中国近代海关史大事记》以为在该月的30日。按厦门关贸易数据始于1862年3月31日，③而在其前一天的3月30日代理总税务司赫德任命华为士为厦门关首任税务司，④3月30日成立新关一说应该得到确认。⑤

浙海新关。咸丰十一年四月二十五日（1861年6月3日）王有龄奏报李泰国，"派华为士（费莱士）暂行代办（宁波副总税务司）"；又言"现宁波已设新关"。⑥陈诗启认为："5月20日费莱士被派为宁波海关税务司，大约同时宁波也开办了浙海关。"⑦查宁波海关贸易数据的起始时间为5月22日，⑧可推定陈诗启的估计不误，浙海新关极可能在1861年5月22日建立。

闽海新关。有陈诗启《中国近代海关史》的1861年7月和福州海关《福州海关志》的1861年7月14日之说。⑨按贸易年报的起始时间为7月14日，⑩故应取7月14日一说。

1858年中国与英、法、美、德等国签订《通商章程善后条约》，其中的海关税则确定了"新关"运作的规则，规定在管理上统一采用外籍税务司制度，"任凭总理大臣邀请英人帮办税务并严查漏税"。⑪可见，某口岸开埠并按照《通商章程善后条约》制订的标准开始运作之后，新关设置才算完成。此后各通商口岸新设的海关，

---

① 海关总署本书编译委员会：《旧中国海关总税务司署通令选编》第一卷，中国海关出版社，2003年，第622页。
② 陈诗启、孙修福编《中国近代海关常用词语英汉对照宝典》（中国海关出版社，2002年）附《中国海关新关设关一览表》中记为1859年8月。
③ Returns of the import and export trade, Amoy, 1862,《中国旧海关史料》，京华出版社，2001年，第1册，第211页。
④ 参见孙修福主编：《中国近代海关史大事记》，中国海关出版社，2005年，第23页。
⑤ 陈诗启、孙修福编《中国近代海关常用词语英汉对照宝典》附《中国海关新关设关一览表》中记为1862年1月。
⑥ （清）贾桢等编：《筹办夷务始末》，咸丰朝卷七十八，中华书局，1979年，第2877页。
⑦ 陈诗启：《中国近代海关史》，人民出版社，1993年，第70页。
⑧ Returns of the import and export trade, Ningpo, 1861,载《中国旧海关史料》，京华出版社，2001年，第1册，第101页。
⑨ 陈诗启、孙修福编《中国近代海关常用词语英汉对照宝典》附《中国海关新关设关一览表》中记为1861年8月。
⑩ Returns of the import and export trade, Foochow, 1861,载《中国旧海关史料》，京华出版社，2001年，第1册，第121页。
⑪ 王铁崖编：《中外旧约章汇编》，第一册，三联书店，1957年，第118页。

中国人习惯上称之为"新关"或"洋关"。但在海关贸易报告及外人著作中并无这一区分,它们所言的海关成立时间都是新关设置的时间。到了1915年7月1日以后,按税务处的规定,凡是洋关、新关之名不再用于海关,而钞关、户关之名也不再用于常关,所有官方文件,统称为海关和常关。①

二、第二次鸦片战争以后沿海和台湾的开埠通商

1856年英、法两国发动第二次鸦片战争,1858年战火烧到北方,侵略军进犯天津。1858年6月清政府派钦差大臣桂良、花沙纳,与俄、美、英、法等国代表分别签订《天津条约》,规定牛庄、登州、台湾、潮州、琼州、镇江、淡水、江宁辟为通商口岸,并准长江沿岸"将自汉口溯流至海各地选择不逾三口,准为英船出进货物通商之区"。②1860年8月英法联军进占天津,10月攻入首都北京,清朝又被迫与英、法、俄等国签订《续增条约》(即《北京条约》),增开天津、喀什噶尔、库伦为通商口岸。③

1861年1月20日,清廷命崇厚为办理三口通商大臣,驻扎天津管理牛庄、天津、登州三口通商事务;广州、福州、厦门、宁波、上海及内江三口,潮州、琼州、台湾、淡水各口通商事务则由署理钦差大臣江苏巡抚薛焕办理。④自此,条约规定新开口岸陆续开埠。

如果说《南京条约》规定设立的五个通商口岸,全部分布在长江以南的东南沿海的话,则《天津条约》《北京条约》规定设立的十余个通商口岸,已从东南沿海扩展到台湾、长江沿岸、华北、东北、新疆和蒙古。以下简述上述各口岸的开埠与设关的时间及其过程,长江口岸和新疆、蒙古的口岸另节论述。

(一)东南口岸

潮州(汕头)。潮州原设有粤海关分口,咸丰三年(1853年)移至汕头妈屿岛(今广东省汕头市)。九年十二月初九(1860年1月1日)广州税务司李太郭主持开设新关潮海关,并准美商于同日在潮州先行开市。⑤

琼州。由于来到琼州(今海南省海口市)的船只数量极少,1876年4月1日才建立琼海关,开关起征。⑥

(二)台湾口岸

淡水。淡水为台湾最早开埠的口岸,咸丰九年(1859年)十月,美国请在台湾

---

① 陈诗启:《中国近代海关史》,人民出版社,1993年,第699页。
② 王铁崖编:《中外旧约章汇编》,第一册,第86—113页。
③ 王铁崖编:《中外旧约章汇编》,第一册,第144—153页。
④ (清)贾桢等编:《筹办夷务始末》,咸丰朝卷七十二,中华书局,1979年,第2692页。
⑤ (清)贾桢等编:《筹办夷务始末》,咸丰朝卷四十五、卷四十六,中华书局,1979年,第1716、1742页。另,陈诗启、孙修福编《中国近代海关常用词语英汉对照宝典》附《中国海关新关设关一览表》中记为1860年3月。
⑥ 严中平等编:《中国近代经济史统计资料选辑》,科学出版社,1955年,第43页。据Annual return, 1876, Kiungchow(《中国旧海关史料》第6册,京华出版社,2001年,第412页),1876年4月1日也是琼州海关贸易统计数据起始日期。另,陈诗启、孙修福编《中国近代海关常用词语英汉对照宝典》附《中国海关新关设关一览表》中记为1876年3月。

开市,闽浙总督庆端等奏定以淡水厅八里岔沪尾为通商之处。① 当时由于美使未至,且"适值彰化会匪滋事,未能刻期会议"②,淡水开港一事暂时搁置。十一年六月英国领事官郇和到台,并于同治元年六月"移驻沪尾"③。当时"有洋船停泊口岸",遂于"六月二十二日(1861年7月29日)先行起征",因"应议章程"尚需"另行会议呈报","所有征收税银,自应仍令该道(台湾镇道)一手经理,以资熟悉"。④ 迟至1864年5月,在沪尾设置淡水关。⑤

鸡笼、打狗、台湾府。据同治三年正月十七(1864年2月24日)左宗棠、张宗干等奏:"台湾府城(今台南安平)海口,查明淤浅,难以开办",而鸡笼、打狗(今高雄)两处"既有洋船停泊,应一律添设子口,均归沪尾正口管辖"。当时便上奏,请求准开"鸡笼、打狗二处,均可作为外口",并"咨行福州将军会同该都抚臣妥议,如无滞碍,即行奏明开办"。据此上奏,鸡笼口(今基隆)已于同治二年八月十九日(1863年10月11日)作为沪尾外口开关起征。⑥ 按打狗—福摩萨海关贸易统计始于1863年10月26日,故打狗应于该日开埠。⑦

至于台湾府城,据奕䜣等同治三年正月二十五日(1864年3月3日)为覆左宗棠折的上奏,"惟台湾府城海口,查淤浅,难以开办。臣等查台湾准其通商,系载在条约,能否变通办理,必须与各国驻京使臣会商,方能定见"⑧。可知1864年3月初台湾府城尚未开埠。台湾府城何时开埠文献缺载。据海关贸易统计和十年报告,该口台南关设置时间为1865年1月1日。⑨

同治三年正月(1864年2月)福州关税务司美理登申请"以台湾府、打狗港、鸡笼口三处添设正口子口,设立司税(税务司)经理",其中"鸡笼作为淡水子口,打狗作为台湾子口"。⑩ 此后四口分别建立,合称"台湾四口",名义上以淡水关为总关,总理全台关务。由于这样的原因,在1895年日本侵占台湾以前的中国的历年海关贸易报告中,尽管淡水、台南、基隆、打狗四口都分别列目,各自撰写贸易统计册和年度报告,但只有淡水每期都有内容,而其他三口则基本是隔年出现。

---

① (清)贾桢等编:《筹办夷务始末》,咸丰朝卷四十五,中华书局,1979年,第1725页。
② (清)宝鋆等编:《筹办夷务始末》,同治朝卷十四,中华书局,2008年,第653页。
③ (清)宝鋆等编:《筹办夷务始末》,同治朝卷二十三,中华书局,2008年,第1014页。
④ (清)宝鋆等编:《筹办夷务始末》,同治朝卷十五,中华书局,2008年,第653页。
⑤ 孙修福《中国近代海关史大事记》(中国海关出版社,2005年)第29页,认为1864年5月淡水关设立;陈诗启《中国近代海关史》(人民出版社,1993年)第71页,认为在1863年5月,疑"1863年"为"1864年"之误。(英)班思德《最近百年中国对外贸易史》(海关税务司署统计科译印,1931年)第79页,认为是1863年9月设淡水关。按Returns of the import and export trade, Tamsui-Formosa, 1865(《中国旧海关史料》第2册,京华出版社,2001年,第347页),该口贸易报告数据始于1865年,或以迟至1864年5月已设关较为合适。
⑥ (清)宝鋆等编:《筹办夷务始末》,同治朝卷二十三,中华书局,2008年,第1015页。
⑦ Returns of the import and export trade, Takow and Taiwan-foo, -Formosa, 1863、1864,载《中国旧海关史料》第1册,第663页。孙修福《中国近代海关史大事记》(中国海关出版社,2005年)第27—28页,也认为该口"10月26日设关,麦士威为首任税务司"。陈诗启《中国近代海关史》(人民出版社,1993年)第71页,认为打狗关于1863年年底开办。
⑧ (清)宝鋆等编:《筹办夷务始末》,同治朝卷二十三,中华书局,2008年,第1022页。
⑨ 台湾府—福摩萨有1865年全年贸易数据统计。据海关十年报告(1882—1891)(《中国旧海关史料》第152册,京华出版社,2001年,第463页),台南关设立在1865年1月1日。
⑩ (清)宝鋆等编:《筹办夷务始末》,同治朝卷二十三,中华书局,2008年,第1014页。

(三) 华北和东北口岸

天津。咸丰十年(1860年)签订的《北京条约》,增开天津为通商口岸。十一年二月初五地方官接到"领事官照会,并大沽海口委员呈报,已有外国船数艘,请即发单验货"。① 海关遂于二月十三日(1861年3月23日)起,"一律查照新章稽征"②,并随后奏定天津通商事宜六条。当年5月税务洋员克士可士吉抵达天津③,即以克士可士吉为首任税务司。关于津海关建立的时间,目前有1861年3月23日和同年的5月1日两种说法,笔者以为3月23日是开埠时间,而5月1日则是津海关建立的时间。④

登州(烟台)。1858年6月签订的《天津条约》规定登州辟为通商口岸,后因登州不适宜开埠而改到福山县的芝罘(今烟台)。咸丰十一年(1861年)六月直隶候补知府王启曾等人抵达天津,筹备开埠事宜,于七月十七日(8月22日)开办。⑤ 税务司派遣一事,在同年6月25日崇厚折中提及"查登州一口……至应派通事并外国税务司,现已与英国人李泰国所举之代办总税务司赫德,商酌一二人前往帮同征税"。⑥ 同治二年二月(1863年3月),赫德任命英国人汉南(C. Hannen)为税务司组建东海关税务司署,1863年3月23日新关东海关设置完成。⑦

牛庄。咸丰十一年五月初三(1861年6月10日)英国领事官米迪乐抵达牛庄,初五(6月12日)议定通商章程,⑧此时可为牛庄开市之始。牛庄本指今营口市东北45公里、辽河以东的一处商业集镇,英国首任领事官考察以后,以营口自然条件优于牛庄,而要求以营口代替牛庄为口岸,从此各国皆称营口为"牛庄"。根据海关报告中贸易数据的起始时间,可推断山海关设关时间在1864年5月9日。⑨

通过对以上三口开埠设关过程的分析,可以看出清政府对设置新关更为主动的姿态。陈诗启在考察各通商口岸的海关设关情形时,发现粤海关、津海关、潮海关、厦门关、牛庄关等主要海关的设立,"大多是出于地方官吏的要求",他们不但要求建立海关,而且还派委员和税务司合作。他得出结论:"由此看来,海关外籍税务

---

① (清)贾桢等编:《筹办夷务始末》,咸丰朝卷七十六,中华书局,1979年,第2827页。
② (清)贾桢等编:《筹办夷务始末》,咸丰朝卷七十六,中华书局,1979年,第2828页;咸丰朝卷74,第2771页。
③ (清)贾桢等编:《筹办夷务始末》,咸丰朝卷七十六,中华书局,1979年,第2830页。
④ (英)班思德《最近百年中国对外贸易史》(海关总税务司署统计科译印,1931年)第79页,陈诗启《中国近代海关史》(人民出版社,1993年)第70页,皆把1861年5月作为津海关设关的时间;另据Returns of the import and export trade, Tientsin, 1861(载《中国旧海关史料》,第1册,京华出版社,2001年,第73页),天津的海关贸易报告亦从5月1日起,故此日应是津海关设立的时间。但据上所述,天津在3月即已按新章稽征,故开埠应在3月23日。孙修福《中国近代海关史大事记》(中国海关出版社,2005年)第19页,亦作3月23日。另,《中国近代史统计资料选辑》(科学出版社,1955年)第42页,将设埠时间订在1月20日,不知何据。
⑤ (清)宝鋆等编:《筹办夷务始末》,同治朝卷三,中华书局,2008年,第90—91页。
⑥ (清)贾桢等编:《筹办夷务始末》,咸丰朝卷七十九,中华书局,1979年,第2901页。
⑦ 东海关设立时间,(英)班思德《最近百年中国对外贸易史》(海关总税务司署统计科译印,1931年)第79页,定为1862年3月;《中国近代史统计资料选辑》,第43页,作1862年1月16日。孙修福《中国近代海关史大事记》(中国海关出版社,2005年)第23,26页,认为1862年3月东海关监督衙门成立,1863年3月23日赫德任命汉南为税务司。考虑到该海关贸易统计起始时间为1863年3月(见Returns of the import and export trade, Chefoo, 1863,载《中国旧海关史料》,第1册,京华出版社,2001年,第267页),笔者赞同1863年3月23日为该口新关设置完成时间。
⑧ (清)贾桢等编:《筹办夷务始末》,咸丰朝卷七十九,中华书局,1979年,第2899页。
⑨ Returns of the import and export trade, Tientsin, 1864,载《中国旧海关史料》,第1册,京华出版社,2001年,第331页。(英)班思德《最近百年中国对外贸易史》(海关总税务司署统计科译印,1931年)第79页,孙修福《中国近代海关史大事记》(中国海关出版社,2005年)第29页,把山海关的设关时间定在1864年4月,不知何据。

司制度的推行,虽然是根据条约的规定,但因外国人经办海关确有成效,所以各口官员大多表示欢迎。"①

以往研究北洋三口的开埠,大多只考察新关设置完成时间②,将之作为三口开埠之始。然而据上分析,北洋三口的开埠时间实在新关设置完成之前。而在北洋三口的设置过程中,清廷及地方官员与五口通商时期相比显得主动,扮演着重要的角色。据前所述,三口皆为章程尚未完备之时即行开市:天津关通商事宜六条在宣布开市的时候才得以奏办,牛庄在开市后的1864年子口半税仍"屡拟开办,迄未定议"③;而登州海关在1862年初仍"未能办理划一"④。而且与粤海、潮海新关不同,三口外籍税务司的抵达皆在开埠之后。另外,三口由地方大员直接驻扎监督,天津口由办理三口通商大臣直接管辖,山海关监督在牛庄开埠后移驻牛庄⑤,山东登莱青道于1962年1月后驻扎烟台⑥,直接管理两地通商事务。凡此都表明北洋三口的开埠与设关,已表现出不同于先期开埠的东南口岸的情形。

三、第二次鸦片战争以后长江三口的开埠通商

1858年6月签订的《天津条约》约定开放镇江及汉口至海其他三口辟为通商口岸。⑦ 1860年12月1日英使照会清廷:除镇江外,"欲先赴汉口、九江两处通商"。⑧ 清政府回复英使:"九江、镇江、汉口各口进出应纳税税饷章程,令该公使就近与上海关公同商定。"⑨太平天国战事结束之后,长江沿岸的开埠进程开始展开。

镇江。咸丰十一年正月初十日(1861年2月19日)英国参赞巴夏礼等来镇江查勘,领事官亦同时抵达。⑩此后副税务司林衲抵达镇江,稽查往来洋船,即于当年四月初一(1861年5月10日)在焦山开设镇江关。⑪

九江。1861年2月,英国领事许士到达九江,商办开埠租地之事。⑫ 6月4日江西巡抚毓科上奏,"不日洋货至浔(九江),即可开市",⑬可推断开埠通商应在不久之后。但九江关的建立,则可能在1862年1月。⑭

汉口。咸丰十一年正月底(1861年3月初)巴夏礼等到达汉口,查办建立领事

---

① 陈诗启:《中国近代海关史》,人民出版社,1993年,第71页。
② 如(英)班思德、陈诗启等皆把新关设立时间作为开关之始。
③ (清)贾桢等编:《筹办夷务始末》,咸丰朝卷三十九,中华书局,1979年,第1463页。
④ (清)宝鋆等编:《筹办夷务始末》,同治朝卷三,中华书局,2008年,第91页。
⑤ (清)宝鋆等编:《筹办夷务始末》,同治朝卷三,中华书局,2008年,第90页。
⑥ (清)宝鋆等编:《筹办夷务始末》,同治朝卷三,中华书局,2008年,第91页。
⑦ 王铁崖编:《中外旧约章汇编》,第一册,第97页。
⑧ (清)贾桢等编:《筹办夷务始末》,咸丰朝卷七十,中华书局,1979年,第2626页。
⑨ (清)贾桢等编:《筹办夷务始末》,咸丰朝卷七十三,中华书局,1979年,第2750页。
⑩ (清)贾桢等编:《筹办夷务始末》,咸丰朝卷七十三,中华书局,1979年,第2751页。
⑪ (清)宝鋆等编:《筹办夷务始末》,同治朝卷八,中华书局,2008年,第361页。另,陈诗启、孙修福《中国近代海关常用词语英汉对照宝典》附《中国海关新关设关一览表》中记为1861年4月。
⑫ (清)贾桢等编:《筹办夷务始末》,咸丰朝卷七十五,中华书局,1979年,第2809页。
⑬ (清)贾桢等编:《筹办夷务始末》,咸丰朝卷七十八,中华书局,1979年,第2881页。
⑭ 严中平等编:《中国近代史统计资料选辑》,科学出版社,1955年,第42页。

馆、开埠通商等事宜。① 至 5 月,英、美领事官皆已先后抵达,当时俄国商船也"陆续到汉",但因"楚疆未靖,商贾多有迁避,未能畅销"。② 按此情形推断,汉口开埠应在 1861 年 1 至 5 月间。设关时间则相对后延,1862 年 1 月 1 日始设江汉关。③

值得注意的是,九江、汉口、镇江三口虽然至 1861 年夏都已开埠通商,但并没有独立的对进出口货物征收税收的职能。据薛焕与巴夏礼订立的《长江各口暂议章程》:"倘有洋船载运货物前往长江,该船先须在上海请领入长江准照,该货也须照例完纳正税并子口税,即一个半税方准开船入江。倘有船在镇江以上装载土货,贩运回上海,于过镇江时,由该处关口,派差押送至上海。抵上海,该货即应照则例完清正税,方准上岸。如该商复将此货载运出口,则应完纳子口税,方准下船出口。"④ 照此规则,九江、汉口两口无关征税。镇江关也同样,咸丰十一年八月二十七日之前,"虽有税务司稽查,尚未收税",⑤ 几乎形同虚设。1862 年 11 月 20 日制订《长江通商统共章程》七条,此后长江三口才得以独自征税。⑥ 照此章程,汉口关、九江关都是在 1863 年年初才开始征税的,而海关的设立也应在此时。⑦

江宁。1858 年江宁(今南京)尚为太平天国占领,故中法《天津条约》规定"俟官兵将匪徒剿灭后,大法国官员方准本国人领执照前往通商"。⑧ 同治四年(1865 年)法国使者以"江宁地方早已肃清"为由,照会申请江宁开埠通商,英使亦照会请在江宁租地通商,但始终未得进展。⑨ 晚至光绪二十三年,江宁奏准自开,二十五年三月二十二日(1899 年 5 月 1 日)设立金陵关通商。⑩

从长江沿岸口岸的开埠设关过程,特别是九江、汉口、镇江三口税收职能的争议中可以看出,在这一时期开埠设关事务中清政府所扮演的角色有所变化。⑪ 据中英《北京条约》第三款规定,赔款"银两应于通商各关所纳总数内分节扣缴二成",⑫ 最初之《暂议章程》规定所有税款在上海征纳,汉口至上海水路长达千里,稽查极为不易,而且当时正值太平天国运动,保证税收尤为困难。如赫德所言"若照新设三关征收税饷,则经费虚糜,而奸商易于偷漏","若照新章(暂议章程)办理,实于中国有益而无损",在保证了税收的同时,也保证了赔款的缴纳。⑬ 而这一章程对于内地

---

① (清)贾桢等编:《筹办夷务始末》,咸丰朝卷七十五,中华书局,1979 年,第 2788 页。
② (清)贾桢等编:《筹办夷务始末》,咸丰朝卷七十八,中华书局,1979 年,第 2875 页。
③ 严中平等编:《中国近代史统计资料选辑》,科学出版社,1955 年,第 42 页。
④ (清)贾桢等编:《筹办夷务始末》,咸丰朝卷七十九,中华书局,1979 年,第 2932 页。
⑤ (清)宝鋆等编:《筹办夷务始末》,同治朝卷八,中华书局,2008 年,第 361 页。
⑥ (清)宝鋆等编:《筹办夷务始末》,同治朝卷十,中华书局,2008 年,第 447 页。
⑦ (清)宝鋆等编:《筹办夷务始末》,同治朝卷十二,中华书局,2008 年,第 556 页。据 Returns of the import and export trade, Kiukiang, 1863(载《中国旧海关史料》,第 1 册,京华出版社,2001 年,第 341 页),九江口贸易报告数据始于 1863 年 1 月 1 日。
⑧ 王铁崖编:《中外旧约章汇编》第一册,三联书店,1957 年,第 105 页。
⑨ (清)宝鋆等编:《筹办夷务始末》,同治朝卷三十一,中华书局,2008 年,第 1332、1334 页。
⑩ 参见黄序鹓:《海关通志》(上),共和印刷厂,1917 年,第 108 页。该关的海关贸易数据也始于同年的 5 月 1 日(见 Trade reports and returns, 1899, Nanking,载《中国旧海关史料》,第 29 册,京华出版社,2001 年,第 288 页)。另,陈诗启、孙修福编《中国近代海关常用词语英汉对照宝典》附《中国海关新关设关一览表》中记为 1899 年 3 月。
⑪ 陈诗启《中国近代海关史》(人民出版社,1993 年)第 87—97 页,亦对长江设关征税问题有较详叙述。
⑫ 王铁崖编:《中外旧约章汇编》第一册,三联书店,1957 年,第 144—145 页。
⑬ (清)贾桢等编:《筹办夷务始末》,咸丰朝卷七十九,中华书局,1979 年,第 2932 页。

税收却是一个不小的打击,因此遭到地方官员的抱怨。如当时湖广总督官文奏报:"自汉口以下,镇江以上,内地奸商亦依托洋商,任意私售私卖。不特课税偷漏,亦必亏耗厘金,与筹饷大局实有妨碍。"①由于汉口未经设关,"所到洋货,皆于汉口各行中暗中以货易货,运载上船,并不交进口货物清单,亦不报出口货物数目,以致毫无稽查……长江千余里,随处皆可上货下货,任其自便,实存欺蔽之明验也。"因此湖广总督等力申汉口、镇江设关,同时认为"九江一口,亦当与汉、镇事宜一体相同,以昭划一"。②后经一年多时间,最终议定《统共章程》。

观其办法,三口设关,得到出口土货、无免单进口洋货以及未完半税的进口土货的税收权,双方的利益得到了一定程度的协调。由此可见,在第二次鸦片战争后,清政府方面在开埠设关事务中处于主动的状态,对列强掌控下的开埠设关计划并不全盘接受,而是与之不懈力争,重视开埠设关中自身利益的诉求。

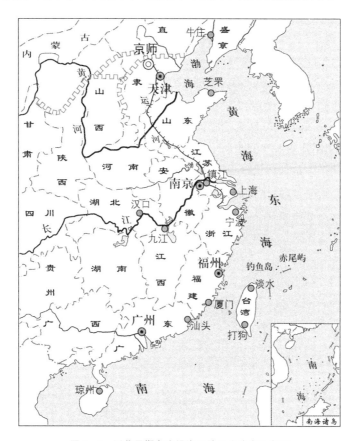

图 1-1 近代早期东南沿海开埠口岸分布示意图

---

① (清)宝鋆等编:《筹办夷务始末》,同治朝卷二,中华书局,2008年,第36页。
② (清)宝鋆等编:《筹办夷务始末》,同治朝卷二,中华书局,2008年,第36页。

四、西北陆路口岸的开埠通商

我国北方陆地通商口岸的形成,可以追溯到清雍正五年(1727年)和俄国签订的《恰克图条约》,规定把国界划定在贝加尔湖以南的恰克图,并制定恰克图地方的互市贸易办法。此后在1768年和1792年分别签订条约,规定贸易章程,双方进行以货易货的贸易。① 此后直到鸦片战争爆发以前,恰克图贸易都大体维持下来,尽管在乾隆朝三次闭市,但闭市时间均只有几年。②

从18世纪末开始,俄国随着经济发展和在中亚地区军事上的节节推进,不断谋求扩大对华陆路通商范围。第一次鸦片战争以后,英法等国在中国获得了五口通商、协定关税等特权。位于中国北部大门之外的俄国官、商两界不甘落后,强烈要求政府在"在英人不易到达而距俄国较近"的中国西北和蒙古地区获得利益。

伊犁、塔尔巴哈台。1850年4月,俄罗斯"请于恰克图之外,准其在伊犁、塔尔巴哈台、喀什噶尔三处添设贸易,一并通商"。③ 据伊犁将军萨伊阿等人奏报,清政府认为喀什噶尔(今新疆喀什)"本有安集延等处夷人贸易,忽又添出俄罗斯通商,外夷不讲情理,实难保其彼此相安",而且"喀什噶尔地处极边,夷匪屡次滋事",如俄罗斯在此通商,印度从而效之,"斯时准亦难,不准亦难"。④ 因此,清廷回复俄国"此次准添贸易二处(伊犁、塔尔巴哈台)",而喀什噶尔"为中国极边之地,商人运货艰难,每至赔累不能获利","毋庸添设贸易"。⑤ 但同年12月俄国咨文,提出先"试立贸易……试行数年",再议立买卖之处的方式,再次请开喀什噶尔。⑥ 1851年(咸丰元年六月二十一日)俄使抵达伊犁(今新疆伊宁),于8月6日签订《伊犁塔尔巴哈台通商章程》,清朝准开伊犁、塔尔巴哈台(今新疆塔城)两处通商,"彼此两不抽税",拒绝开放喀什噶尔。⑦ 1852年4月4日,伊犁、塔尔巴哈台开埠。⑧

1852年8月,俄国领事抵达伊犁择地修造房屋,同时遣员往塔尔巴哈台。⑨ 据1853年10月奏报有"自上年夏间开工盖房,现已完竣……此地商民向与哈萨克贸易为习惯,故一年来彼此相安"等语。⑩ 因此两处真正开埠通商应在1852年夏秋间。

1858年5月,俄国利用第二次鸦片战争给清朝的巨大压力和东北兵备空虚,武装侵入黑龙江流域,以武力迫使黑龙江将军奕山签订《瑷珲条约》。1860年11月

---

① (美)马士著,张汇文等译:《中华帝国对外关系史》第一卷,第十九章第二节,上海书店出版社,2000年,第532页。
② 参见米镇波:《清代中俄恰克图边境贸易》,第一章,南开大学出版社,2003年,第13—23页。
③ (清)贾桢等编:《筹办夷务始末》,咸丰朝卷二,中华书局,1979年,第2页。
④ (清)贾桢等编:《筹办夷务始末》,咸丰朝卷一,中华书局,1979年,第5页。
⑤ (清)贾桢等编:《筹办夷务始末》,咸丰朝卷二,中华书局,1979年,第7页。
⑥ (清)贾桢等编:《筹办夷务始末》,咸丰朝卷三,中华书局,1979年,第100页。
⑦ 王铁崖编:《中外旧约章汇编》第一册,三联书店,1957年,第78页。另,《中国近代经济史统计资料选辑》(科学出版社,1955年)第41页,所载伊犁塔尔巴哈台通商章程》签订时间为1851年10月15日,不同于《中外旧约章汇编》的1851年8月6日,不知何故。
⑧ 严中平等:《中国近代经济史统计资料选辑》,科学出版社,1955年,第41页。
⑨ (清)贾桢等编:《筹办夷务始末》,咸丰朝卷五,中华书局,1979年,第191页。
⑩ (清)贾桢等编:《筹办夷务始末》,咸丰朝卷七,中华书局,1979年,第229页。

14日又迫使清朝签订《中俄北京条约》。通过这两个不平等条约,俄国攫取我国黑龙江以北、乌苏里江以东,包括库页岛在内约100万平方公里的大片领土,以及在黑龙江、松花江、乌苏里江的航行权,并获得垂涎已久的喀什噶尔、库伦的免税贸易权。

喀什噶尔、库伦。1860年11月14日签订的中俄《北京续增条约》规定"试行贸易,喀什噶尔与伊犁、塔尔巴哈台一律办理";俄国人可在喀什噶尔盖房屋、建造堆房、教堂、建立领事馆,等等。条约并未提出开放库伦,但同意俄国商人"由恰克图照旧到京,经过之库伦(今蒙古国乌兰巴托)、张家口地方,如有零星货物,亦准行销";并在"库伦设立领事官"。① 可见,通过《续增条约》,俄国不仅迫使清政府开放了喀什噶尔,而且关于库伦的约定内容与其他三个已开商埠并无二致,已造成库伦开埠通商的既成事实。此后,清政府对俄国人在库伦多建房屋也持默认态度。② 1861年7月清廷应俄国要求,同意俄国商人在库伦"常川通商"③。至此,库伦正式开埠通商。

关于喀什噶尔的正式开埠时间,一说在1861年4月5日。④ 然而,此时是否真正开埠值得怀疑。尽管1860年的中俄《北京续增条约》规定开为通商口岸,但后来俄国意欲以阿克苏换喀什噶尔开埠,遭到清廷拒绝。⑤ 随后直至1881年,喀什噶尔一带经历东干叛乱与阿古柏政权统治,先前约定的开埠通商自然无法办理。1881年2月24日签订的《圣彼得堡条约》中,中俄再次重申了先前条约中俄国照旧约在伊犁、塔尔巴哈台、喀什噶尔、库伦准开埠通商、准设领事官的内容,并约定俄民在上述口岸及关外之天山南北两路各城贸易"暂不纳税"。⑥ 可知喀什噶尔的真正开埠应在清政府管辖下的1881年之后。

总的看来,新疆、蒙古地区的开埠通商,有着不同于其他地区的特点。

首先,与第二次鸦片战争以后东部沿海沿江口岸的开放相比,中俄边境这几个通商口岸的开放更多是俄国一方利益诉求的体现。当然在边疆地区口岸的开放过程中,并不能否定清政府的警觉性,例如对喀什噶尔一地,据上所述,俄国数次提及通商皆被清政府拒绝,对于阿克苏的开放,清政府力拒使之未能得逞。但是考察上述喀什噶尔、库伦两地的开埠过程,喀什噶尔在俄国的武力威胁下被迫开放,库伦则是在谈判中被俄国使者造成开放的既成事实。⑦ 可见,在这几个陆路通商口岸开放交涉中,清政府始终处于被动状态。

其次,在中俄边境商埠,俄国取得了更为优惠的特权,主要体现在全面免税和

---

① 王铁崖编:《中外旧约章汇编》第一册,三联书店,1957年,第149—154页。
② (清)贾桢等编:《筹办夷务始末》,咸丰朝卷七十一,中华书局,1979年,第2671、2672页。
③ (清)贾桢等编:《筹办夷务始末》,咸丰朝卷八十,中华书局,1979年,第2949页。
④ 严中平等编:《中国近代经济史统计资料选辑》,科学出版社,1955年,第42页。
⑤ (清)宝鋆等编:《筹办夷务始末》,同治朝卷五,中华书局,2008年,第170页。
⑥ 王铁崖编:《中外旧约章汇编》第一册,三联书店,1957年,第382页。
⑦ 王尔敏讨论中俄陆路通商约章交涉过程:"俄国外交人员之机敏运用及其沉着表现,应启发中国朝野多所深思。"见王尔敏:《晚清商约外交》,中华书局,2009年,第119页。

边境自由贸易上。

1862年3月4日《陆路通商章程：续增税则》规定："两国边界贸易在百里内均不纳税"；"俄商小本营生，准许前往中国所属设官之蒙古各处及该官所属之各盟贸易，亦不纳税。其不设官之蒙古地方，如该商欲前往贸易，中国亦断不拦阻"；"俄商运俄国货物前往天津，应纳进口正税，按照各国税则三分减一，在津缴纳。其留张家口二成之货，亦按税则三分减一，在张家口缴纳"。①

1881年2月24日签订的《改订条约》（又名《圣彼得堡条约》），除了规定中国将霍尔果斯河以西、伊犁河南北一带地方划归俄国、中国赔款900万银卢布（约合509万两白银）等事项，还有口岸开放、免除税收等方面的规定。其第十条规定俄国在肃州（即嘉峪关）及吐鲁番设立领事，其余如科布多、乌里雅苏台、哈密、乌鲁木齐、古城五处，俟商务兴旺再商议添设。第十一条规定，"两国人民在中国贸易等事，致生事端，应由领事官与地方官共同查办。如因贸易事务致启争端，听其自行择人从中调处，如不能调处完结，再由两国官员会同查办。"第十二条再次规定俄国在中国蒙古地方贸易，照旧不纳税，其蒙古各处及各盟未设官之处，均准贸易，亦照旧不纳税。并准许俄人在伊犁、塔尔巴哈台、喀什噶尔、乌鲁木齐及关外之天山南北两路各城贸易，暂不纳税，俟将来商务兴旺，再由两国议定税则进行收税。第十三条规定准许俄人在应设领事官各处以及张家口建造铺房、行栈。②

同一天在圣彼得堡还签订《改订陆路通商章程》，其第一条又约定："两国边界百里之内准中、俄两国人民任便贸易，均不纳税"；第二条规定："俄国商民前往蒙古及天山南北两路贸易者，只能由章程所附清单内指明卡伦过界。所带执照，在进入中国地界时由中国卡伦呈验，查明后盖用戳记为凭。其无执照商民过界者，任凭中国官扣留，交附近俄国边界官或领事官从严罚办。"第五条规定，俄商由俄国运来货物，自陆路至天津者，应纳进口税，按正税的三分减一交纳。自俄国运来的货物如至肃州（嘉峪关）者同于天津办理。③

通过上述一系列条约，俄国得到了边境贸易免税、关税优惠，以及蒙古地方任意行走等诸多特权，在蒙古地方的经济、政治渗透能力也大为增强。④ 而俄国商人的入境、贸易事项，均由清朝边防哨所卡伦或地方官管理，如需处罚则交附近的俄国边界官或领事官处理。

正由于这一原因，近代各开埠口岸大部分都归中国海关总税务司署管理，并在1860年前后开始定期向上级汇报海关贸易报告，再由总税务司署印刷发布，惟独与俄国毗邻的新疆、蒙古地区的口岸长期不属于海关总税务司署管辖，而且总税务

---

① 王铁崖编：《中外旧约章汇编》第一册，三联书店，1957年，第180页。
② 王铁崖编：《中外旧约章汇编》第一册，三联书店，1957年，第381—384页。
③ 王铁崖编：《中外旧约章汇编》第一册，三联书店，1957年，第386—389页。
④ 郭廷以《俄帝侵略中国简史》对此评论道：这一系列通商条约的签订，实是"赢取库伦活佛及有力王公的好感，推进俄国的经济利益"策略的体现，载沈云龙主编：《中国近代史料丛刊续编》第99辑，台湾文海出版社，1985年，第37页。

司署也不发布它们的贸易报告。正由于所有的贸易管理采用上述独特的形式,"所有当时中俄贸易值量,并无正式统计可寻"。①

上述特殊状态,维持了相当长时间。自抗日战争以来新疆与内地关系日加紧密,1943年秋因抗战内迁重庆的中国海关总税务司署副总税务司丁贵堂率关员前往新疆开关,历经9个月,在迪化(今乌鲁木齐)设立海关,在伊犁、喀什、乌什、塔城四处建立分关,在哈密、吉木乃、九卡、尼堪、二道卡、伊塔、薄犁、叶城、和阗9处建立支关,用以管理对苏联和对印度的贸易货运。②事实上,不仅新疆、蒙古等地区如此,与俄国接壤的东北沿边的俄国商人也长期享受免税的待遇。20世纪末连接俄国欧洲部分的中东铁路进入我国东北,俄国与中国东北的贸易日见发达,经乌苏里江、松花江、黑龙江及东清铁路的贸易,如再采用中俄边境百里无税地带的规定,势必引起种种问题。俄国政府遂于1913年1月废止俄国境内五十里之内的无税地带,中国翌年也废止。③

如与总税务司署管辖下的东南沿海口岸相比,自19世纪后期中俄商约签订以后,中国和俄罗斯两国的实际贸易状况究竟如何呢?

由于上述原因,19世纪后期的中俄边境贸易值已不可考,而长途贸易由于货物在天津需纳税,因此在19世纪70年代的天津贸易统计中有所记载。表1-1是1872—1879年中俄通过恰克图、天津的货物贸易情况。

表1-1 1872—1879年中俄贸易值(通过恰克图、天津) (单位:海关两)

	1872	1873	1874	1875	1876	1877	1878	1879
俄国—中国	14 970	1 452	680	1 074	170	92	120	2 475
中国—俄国	1 898 761	2 195 971	1 587 685	3 021 973	3 281 489	3 814 777	3 207 094	3 988 269

说明:俄国—中国:俄国货物通过恰克图、天津输入中国各口岸价值,中国—俄国:中国货物通过天津、恰克图输入俄国各地价值。
(资料来源:Annual return, 1872 - 1879, Tientsin,《中国旧海关史料》,京华出版社,第5—8册,2001年。)

据表可见,作为中俄传统长途贸易枢纽的恰克图,在俄国得到在中国内地陆路贸易的优惠特权后,俄国货物经此输入中国内地的数量一直位于很低的水平。反观中国输入俄国内地货物价值,从1872年到1879年,8年间翻了一番,并且与俄国输入中国内地货物价值相比具有绝对优势。

---

① (英)班思德:《最近百年中国对外贸易史》,海关总税务司署统计科译印,1931年,第79页。
② 陈诗启:《中国近代海关史》,人民出版社,1993年,第834页。
③ 童蒙正:《中国陆路关税史》,商务印书馆,1926年,第64页。

再观学界研究,中国对俄国贸易保持长时期的出超局面亦是普遍的观点。

关于蒙古边境方面,迈斯基(苏联)著《蒙古人民共和国史》认为:"中国商人依赖英美各大洋行做后盾,在清政府的保护下,几乎独占了蒙古市场,断然地排挤俄国的货物。结果,俄蒙贸易的逆差一年比一年增加,使俄国资本家不得不把白银运往蒙古,来清偿这个逆差,往蒙古输出白银的数量也就越来越多。据俄国海关统计,1891年至1908年期间,由俄罗斯输出到蒙古的货物总值只增加了百分之二十二,而同期由蒙古输入俄罗斯的货物总值却增加了百分之五百六十六。1908年俄蒙贸易的进出口总值是八百万卢布,而同期中蒙贸易的进出口总值则达五千万卢布。"①

关于新疆边境方面,厉声所著《新疆对苏(俄)贸易史》引用俄国海关记录1893—1914年新疆与俄国交易数据,认为"新疆在19世纪末至20世纪初的对俄贸易中处于出超"。② 具体详见表1-2:

表1-2 1893—1914年新疆对俄国贸易差额(新疆出口值减新疆进口值)

(单位:万卢布)

年份	1893	1895	1899	1900	1901	1902	1903
差额	−24.42	14.5	69	155	91	97	120
年份	1904	1905	1906	1907	1908	1913	1914
差额	238	289	255	150	194	137.4	314.7

(资料来源:(苏联)德拉德科夫斯基:《苏中经济关系概要》,莫斯科,1957年,第122—124、163、166页,(日)吉田金一:《俄清贸易关系》,《东洋学报》第45卷,第507页。转引自厉声:《新疆对苏(俄)贸易史》,新疆人民出版社,1993年,第139—140页。)

武堉干分析1930年以前的中国与俄国的陆路贸易:"惟陆路贸易素缺统计,无数字可供稽考。但就大势而观,如对俄陆路贸易,我国历来即占出超的地位;对朝鲜、安南、缅甸等国之边境贸易,亦以出超情形居多。"③

依上分析可见,尽管19世纪后期俄国在中国陆路贸易拥有特权,但俄国商品并未迅速占领中国内地市场,中俄陆路边境口岸的开埠以及一系列商约的签订,对于俄国方面的利益仅体现在边境地区势力的渗透上,对于俄国本身并无多少经济利益可言。这一点是中俄陆路边境口岸开埠与东南沿海口岸相比的又一点不同之处。俄国在边境贸易所得,和其攫取中国大片领土的巨大利益相比,④实在微不足道。由此不难看出,俄国对华政策的重点所在了。

---

① (苏联)迈斯基著,陈大维译:《蒙古人民共和国史》,商务印书馆,1972年,第106页。
② 厉声:《新疆对苏(俄)贸易史》,新疆人民出版社,1993年,第155页。
③ 武堉干:《中国国际贸易概论》,商务印书馆,1932年,第196页。
④ 俄国通过迫使清朝签订的涉及侵占中国领土的不平等条约,即1858年5月的《瑷珲条约》、1860年11月14日的《北京条约》、1864年的《勘分西北界约记》、1881年的《伊犁条约》,相继侵占我国领土150多万平方公里。

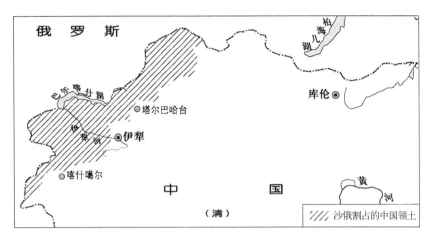

图1-2 中俄陆路通商口岸分布示意图

五、1862年至甲午战争以前通商口岸的开埠过程

宜昌、芜湖、温州、北海。自19世纪60年代开始,英国不断寻找从缅甸、越南进入云南的通路。1875年2月,英国驻华公使派出翻译马嘉理南下迎接探查缅滇陆路交通的探路队,在云南腾越地区的蛮允附近,与当地的少数民族发生冲突,马嘉理与数名随行人员被打死。英国立即抓住这一事件,向清政府提出六条要求。1876年9月13日,双方签订中英《烟台条约》。其第三部分主要内容为:增开宜昌、芜湖、温州、北海四处为通商口岸,并作为领事官驻扎处所;准许英商船在沿江的大通、安庆、湖口、武穴、陆溪口、沙市六处停泊起卸货物。光绪三年二月十八日(1877年4月1日),宜昌关、芜湖关、瓯海关和北海关同时开设。①

重庆。1876年中英《烟台条约》提到,重庆"可由英国派员驻寓,查看川省英商事宜。轮船未抵重庆以前,英国商民不得在彼居住,开设行栈,俟轮船能上驶后再行议办"。②但根据相关资料,条约签订以后,英国驻华公使即向重庆派驻领事,重庆的洋货进口和土货出口贸易有了增长。③1890年3月31日中英《烟台条约续增专条》明确规定"重庆即准作为通商口岸无异",英国取得重庆开埠的法律依据,1891年3月1日重庆正式设关收税。④

嘉峪关、吐鲁番、科布多、乌里雅苏台、哈密、乌鲁木齐、古城。1871年6、7月间,沙俄借口"安定边境秩序",悍然出兵侵占中国伊犁地区。1881年2月24日签订的《中俄伊犁条约》及《改订陆路通商章程》规定伊犁归还中国,伊犁西边割与俄

---

① 严中平等编:《中国近代经济史统计资料选辑》,科学出版社,1955年,第41页"表1 商埠"。
② 王铁崖:《中外旧约章汇编》第一册,三联书店,1957年,第349页。
③ 周勇:《重庆开埠与英国侵华势力的扩张》,载周勇、刘景华译编:《近代重庆经济与社会发展》,四川大学出版社,1987年,第7、12页。
④ 孙修福主编:《中国近代海关史大事记》,中国海关出版社,2005年,第86页。

国,中国赔款900万卢布,俄国得于嘉峪关、吐鲁番增设领事,其余如科布多、乌里雅苏台、哈密、乌鲁木齐、古城五处,俟商务兴旺始由两国陆续商议添设。俄商可于蒙古免税贸易,于天山南北两路贸易"暂不纳税",俄货由陆路运至嘉峪关者按惯例减税三分之一。① 1881年4月,嘉峪关(今属甘肃)、吐鲁番(今属新疆)、哈密、乌鲁木齐、古城(今奇台县)、乌里雅苏台(今蒙古国哲布哈兰图)、科布多,均设立商埠。②

龙州、蒙自、蛮耗、河口、思茅。1858年法国入侵越南,1884年将其变为自己的"保护国",此后加剧在中国西南的侵略活动,并力图打开门户,以图分享陆路通商减税的特权。1883年年底,法军向驻越南北圻的清军发起进攻,中法战争爆发。1885年6月9日中法在天津签订《越南条约》,清政府承认法国对越南的保护权,开放中越陆路贸易,并在中国边界内开辟两个通商口岸。③ 依据1887年6月23日的中法《续议商务专条来往照会》第二条,广西的龙州、云南的蒙自和蛮耗均设为商埠。④ 龙州于1889年6月1日开埠,蒙自于1889年8月24日开埠,并都在同日建立海关,蒙自关的正关设在县城东门外,分关设于蛮耗街;1895年5月28日中法又订《中法商务专条》,其附章第二、第三款规定将蛮耗分关改设于河口,河口和思茅均拟设为商埠。⑤ 1897年1月思茅和河口正式开关,思茅设思茅关,以河口为蒙自关的分关。⑥

腾越。英国看到法国要求开关得手,于是援引《中英缅甸条约》关于边界通商的条款,1894年3月与清朝签订中英《续议滇缅界、商务条款》,取得蛮允开埠的许可。⑦ 1897年开埠地改为腾越,1902年5月8日正式设立腾越关。⑧

亚东。1893年12月5日,清朝与英国在印度大吉岭签订中英《藏印条款》的附约,又称《中英会议藏印续约》。条约规定西藏亚东于光绪二十年三月二十六日(1894年5月1日)开关通商,"任听英国诸色商民前往贸易",自亚东开关之日起,五年内藏印贸易互免关税。⑨

虽然拱北关和九龙关属于税关而不是通常的通商口岸,但因两关的设立是当时中国海关总税务司署的重要举措,仍需在此提到。

自1553年葡萄牙取得澳门居住权以后,澳门便成为中国南部重要的对外贸易港口城市。鸦片战争以来,尽管香港的兴起使澳门的地位下降,但澳门在南海的贸

---

① 王铁崖编:《中外旧约章汇编》第一册,三联书店,1957年,第383页。
② 严中平等编:《中国近代经济史统计资料选辑》,科学出版社,1955年,第43页"表1商埠";科布多见屠思聪:《表解说明中华最新形势图》,"蒙古地方·科布多"条,世界舆地学社,1938年。
③ 王铁崖编:《中外旧约章汇编》第一册,三联书店,1957年,第466—468页。
④ 王铁崖编:《中外旧约章汇编》第一册,三联书店,1957年,第511页。
⑤ 严中平等编:《中国近代经济史统计资料选辑》,科学出版社,1955年,第44页"表1商埠";孙修福主编:《中国近代海关史大事记》,中国海关出版社,2005年,第81—82页。
⑥ 陈诗启:《中国近代海关史》(人民出版社,1993年)第320页,以为河口是蒙自关的分关,设于1898年7月,而腾越关开关时间是1902年5月。
⑦ 王铁崖编:《中外旧约章汇编》第一册,三联书店,1957年,第579页。
⑧ 严中平等编:《中国近代经济史统计资料选辑》,科学出版社,1955年,第45页"表1商埠";孙修福主编:《中国近代海关史大事记》,中国海关出版社,2005年,第130页。
⑨ 王铁崖编:《中外旧约章汇编》第一册,三联书店,1957年,第567页。

易中仍占有一定的地位。1845年葡萄牙擅自宣布开放澳门为自由港,1887年3月26日,中葡双方在葡萄牙首都里斯本签订《会议草约》,使葡萄牙获得永驻管理澳门及其属澳之地的权利,而葡萄牙则同意对从澳门进入广东的鸦片征税。① 在此之前的2月24日,清朝分别于澳门成立拱北关税务司公署,于香港成立九龙关税务司公署。② 当年5月,中国海关总税务司署提出将所有同香港、澳门两地进行贸易的沙船划归新设立的两处海关分署管理收税的建议,获得总理衙门批准。从7月1日起施行,分别在九龙关和拱北关对经过洋面的贸易民船征税。为了方便当地英国和葡萄牙政府,两海关的税务司公署分别设在香港和澳门。③

六、甲午战争以后通商口岸的开埠过程

第二次鸦片战争之后,中国的开埠口岸突破原有的东南沿海5口的格局,短短数年间又增加了17个口岸,达到22个口岸,如果加上被英国占领的香港和葡萄牙占领的澳门,达到了24个。口岸的分布,从第一次鸦片战争后的集中在东南沿海,扩展到台湾、长江沿岸、华北、东北、西北、蒙古。除了长江上游、西藏、西南等地仍然没有,我国其他各大区域几乎都有了通商口岸。中国幅员广大,加之缺乏现代交通工具,第一批开放的5个口岸,加上1851年根据中俄条约开放的新疆伊犁、塔尔巴哈台、直隶张家口,以及松花江的航行权,其对中国的辐射范围极其有限。而第二次鸦片战争以后达到了24个口岸,使中国大部分的大区域都有了通商口岸的分布。其直接的结果,一方面使各区域展开进出口贸易的条件获得改善,另一方面则使欧美列强在中国经济扩张的据点散布到中国的各个主要区域。19世纪七八十年代,以英、法、俄为主力的西方列强争夺经济势力的范围,主要在西南、西藏、新疆、蒙古等边疆区域,期间增设的18个口岸,14个分布在边疆地区,只有宜昌、芜湖、温州、北海等4个分布在东南沿海、长江中下游。至此,中国境内的口岸总数近40个。

到1894年,中国通商口岸的分布形成了T字型格局。虞和平首先提出"T字形"格局的说法。其实,这个"形"字应换成"型"字,因为这一格局不仅包含着开埠口岸的地域结构状态,而且包含着经济结构的内情。按照虞和平的观点,除了广西、云南、甘肃、新疆、西藏、蒙古等南北国境和内陆地区的并没发挥多少实际作用的口岸外,比较重要的沿海沿江地区的口岸是:琼州、北海、潮州、温州、烟台、天津、牛庄、镇江、江宁、芜湖、九江、汉口、宜昌、重庆,以及淡水、台湾(打狗、台南)等,加上原有的广州、厦门、福州、宁波、上海等沿海5口,几乎囊括了中国整个海岸线上和长江上的主要港口城市,通过可以直接到达的外国轮船,把这些城市纳入通商

---

① 王铁崖编:《中外旧约章汇编》第一册,三联书店,1957年,第505—506页。
② 孙修福主编:《中国近代海关史大事记》,中国海关出版社,2005年,第76页。
③ (美)马士著,张汇文等译:《中华帝国对外关系史》第二卷,上海书店出版社,2000年,第429页。

贸易网络之中,并辐射到它们的腹地,使大半个中国被置于外贸网络之中。与此同时,中国的外贸中心也在广州和上海之外又增加了天津和汉口,并使上海这一T字交汇点的外贸快速发展。①

19世纪末,随着中国国力的衰微和日本的崛起,大国在中国的争霸出现更加剧烈和复杂的局面,在民族危机深化的同时,通商口岸的数量进一步增加,在各个区域的分布密度加大。其中,西南和长江中上游是列强争夺的一个焦点,自然也是设埠较多的地区。

三水、梧州。1897年2月4日,中英签订《续议缅甸条约附款》,双方议定"将广西梧州府、广东三水县城江根墟开为通商口岸,作为领事官驻扎处所",并"将江门、甘竹滩、肇庆府及德庆州城外四处,同日开为停泊上下客商货物之口,按照长江停泊口岸章程一律办理"。②三水县城、梧州分别于1897年6月开关,另作为货物起卸的4处地点也同年开放。③英国就这样达到了通过开放西江,将西南边疆和长江流域连成一片的目的。

长沙、万县、江门。1900年8月16日八国联军占领北京。第二年的9月7日,清政府与11国公使签订了《辛丑条约》,第十一款承诺:"将通商行船各条约内,诸国视为应行商改之处,及有关通商其他事宜,均行议商,以期妥善简易。"④由于此项规定,从1902年开始到1907年止,清政府与英、美、日、葡等订约国进行修订商约的谈判,并与这四个国家分别签订了续议通商行船条约。其中,中英两国于1902年9月5日在上海签订协议,其第八款的第十二节规定湖南长沙、四川万县、安徽安庆、广东惠州及江门开为通商口岸。⑤1904年4月22日江门开埠,设立江门关。⑥7月1日长沙开埠,同日设立长沙关;万县迟至1925年11月26日才开埠,设立万县关;安庆和惠州则始终没有开埠。⑦

江孜、噶大克。1904年8月,在印度的英军侵入拉萨,十三世达赖事先离开拉萨经青海北上。英国侵略者强迫西藏地方部分官员于9月7日签订《拉萨条约》(又称《英藏条约》),因条约实际上使西藏地方成为英国的势力范围。清政府对此条约不予承认,此后双方重开谈判。1906年4月27日,清政府在英国方面有所让步的条件下,与英国签订了中英《续订藏印条约》,其中一项内容是允定江孜、噶大克即行开作通商之埠。⑧1908年,西藏开办了江孜商埠,1909年噶大克也开办商

---

① 虞和平:《1860—1894年中国开埠和外贸格局的变化》,韩国《中国史研究》第44辑,2006年10月出版。
② 王铁崖编:《中外旧约章汇编》第一册,三联书店,1957年,第690页。
③ 严中平等编:《中国近代经济史统计资料选辑》,科学出版社,1955年,第44页"表1商埠"。
④ 王铁崖编:《中外旧约章汇编》第一册,三联书店,1957年,第1007页。
⑤ 王铁崖编:《中外旧约章汇编》第二册,三联书店,1959年,第107页。
⑥ 严中平等编:《中国近代经济史统计资料选辑》,科学出版社,1955年,第45页"表1商埠"。另,孙修福《中国近代海关史大事记》(中国海关出版社,2005年)第138页,记开埠时间为同年的3月7日。
⑦ 严中平等编:《中国近代经济史统计资料选辑》,科学出版社,1955年,第48页"表1商埠"。
⑧ 王铁崖编:《中外旧约章汇编》第二册,三联书店,1959年,第346页。

埠；同年，江孜关改为分卡，归亚东税务司管理，噶大克设立分关，亦归亚东税关管理。①

苏州、杭州、沙市。日本在明治维新以后国力渐强，走上对外侵略的道路，1876年势力进入中国的传统藩属国朝鲜。1894年春朝鲜发生东学党农民起义，日本以保护使馆和侨民为名侵入朝鲜，7月25日突袭中国北洋舰队，挑起甲午战争，在黄海和辽东等地击败清军。清政府无心抗战，一再求和，于1895年4月17日与日本签订《马关条约》。

《马关条约》是1860年中英、中法等《北京条约》以来外国侵略者强加给中国的最刻毒的不平等条约，主要内容有：中国承认朝鲜独立，废绝中朝宗藩关系；中国割让辽东半岛、台湾及澎湖列岛给日本；赔偿日本军费银二亿两；开放重庆、沙市、苏州和杭州为商埠；日本可以在中国通商口岸开设工厂。② 条约签订后，由于俄、德、法三国的干涉，日本将辽东半岛退还给中国，中国付给日本"酬报"银三千万两。重庆此前已经设关开埠，苏州、杭州于1896年9月26日，沙市于同年10月1日，分别设关开埠。③

奉天、安东、大东沟。早在1861年，东北南部的牛庄（后改置今辽宁营口）便开放为通商口岸。直到1894年甲午战争以前，牛庄都是东北唯一的对外通商口岸。甲午战争以后日本以暴发户的姿态，全力卷入了东北地区的大国争霸。对于俄国、美国、日本等参与东北争霸的国家来说，开埠通商都是要达到的目的之一。在此背景下，东北依靠牛庄一口通商的局面被迅速改变。

1903年10月8日，中美和中日两个《通商行船续订条约》同日签订，两个条约都有一些增加通商口岸的规定。中美条约要求奉天府（今辽宁沈阳）、安东（今辽宁丹东）两处地方"由中国自行开埠通商"。④ 中日条约规定：奉天府及大东沟两处地方"由中国自行开埠通商"。⑤ 依照上述规定，1907年3月安东和其南鸭绿江口的大东沟同时开埠，安东设立安东关，并于大东沟设立分卡。⑥ 1908年4月11日奉天开埠，设立沈阳关。⑦

满洲里、绥芬河。1896年9月8日，中俄两国签订《合办东省铁路公司合同章程》，修建自俄罗斯的西伯利亚经中国的满洲里、绥芬河通往俄罗斯远东港口海参崴的中东铁路。按章程，"中国应在此铁路交界两处，各设税关"。⑧ 1907年1月14日，位于中国与俄罗斯交界处的满洲里（今属内蒙古）、绥芬河（今属黑龙江省）两地

---

① 参见朱光华：《清末西藏新设机构及其活动概述》，《中国藏学》1988年第2期。
② 王铁崖编：《中外旧约章汇编》第一册，三联书店，1957年，第614—616页。
③ 严中平等编：《中国近代经济史统计资料选辑》，科学出版社，1955年，第44页"表1 商埠"。
④ 王铁崖编：《中外旧约章汇编》第二册，三联书店，1959年，第187页。
⑤ 王铁崖编：《中外旧约章汇编》第二册，三联书店，1959年，第194页。
⑥ 严中平等编：《中国近代经济史统计资料选辑》，科学出版社，1955年，第46页"表1 商埠"。
⑦ 严中平等编：《中国近代经济史统计资料选辑》，科学出版社，1955年，第46页"表1 商埠"。此表中奉天开埠依据误作《中日会议东三省事宜条约》。
⑧ 北京大学法律系国际法教研室编：《中外旧约章汇编》第二册，三联书店，1959年，第674页。

分别开为商埠。①

新民屯、铁岭、通江子、法库门、长春、吉林省城、哈尔滨、齐齐哈尔、凤凰城、辽阳、宁古塔、三姓、海拉尔、瑷珲、珲春、龙井村、局子街、头道沟、百草沟。

1904年2月8日,日本对义和团运动以后乘乱夺取东北的俄国军队发起战争,在中国大地上展开帝国主义国家之间的争霸战争。1905年9月5日,日本与被其击败的俄国签订《朴茨茅斯条约》,正式结束了这场战争。条约规定俄国将原为其攫取的中国的旅顺口、大连湾,以及长春(宽城子)至旅顺口之铁路及一切支路等,移让于日本政府。根据这些规定,日本外相小村寿太郎为全权大使前来北京,同清政府会谈,于12月22日签订中日《会议东三省事宜正约》及其附约。主要内容是: 1. 清政府承认日俄《朴茨茅斯条约》中给予日本的各项权利,允许开放奉天省的凤凰城、辽阳、新民屯、铁岭、通江子、法库门,吉林省的长春(即宽城子)、吉林省城、哈尔滨、宁古塔(今宁安)、珲春、三姓,黑龙江省的齐齐哈尔、海拉尔、瑷珲、满洲里共16处为商埠。2. 允许日本在鸭绿江右岸地方采伐林木,并继续经营战时擅自铺设的安东(今丹东)至奉天的军用铁路至1923年。3. 日本得以在营口、安东和奉天划定租界。②《会议东三省事宜正约》及附约扩大了日本帝国主义在中国东北的利益,实际上将东三省南部纳入其独占的势力范围。

1909年9月4日,中日双方在北京签订《图们江中韩界务条款》,其第二款规定中国政府正式开放龙井村、局子街、头道沟、百草沟四埠,并"准各国人居住贸易"。③

根据1907年6月28日中国海关总税务司署税务处接外交部的咨文,"所有奉天之新民屯(今辽宁新民市)、铁岭、通江子(今昌图县境)、法库门(今法库县),吉林省之长春、吉林省城(今吉林市)、哈尔滨;黑龙江之齐齐哈尔、满洲里,均据约先后宣布开放"。同年7月3日的咨文称:所有奉天省之凤凰城(今凤城市)、辽阳,吉林之宁古塔(今宁安市)、三姓(今依兰县),黑龙江的海拉尔、瑷珲(今黑河市爱辉区),也已宣布开放。④ 此外,1909年11月2日,龙井村(今吉林龙井市)、局子街(今延吉市)、头道沟(今龙井市境)、百草沟(今汪清市)也相继设埠,经延宕几年后1919年珲春亦开埠。⑤ 总之,在1905年以后的三四年间,东北的通商口岸便从牛庄一口,增加到二十余个,且由最南部的海港城市,扩大到东北的内地和内陆边境城市,形成了全方位开放的格局。

---

① 严中平等编:《中国近代经济史统计资料选辑》,科学出版社,1955年,第45页"表1商埠"。另,陈诗启《中国近代海关史》(人民出版社,1993年)第404页,作满洲里于1908年2月5日,绥芬河于同年2月11日设关。
② 王铁崖编:《中外旧约章汇编》第二册,三联书店,1959年,第340—341页。
③ 王铁崖编:《中外旧约章汇编》第二册,三联书店,1959年,第601页。
④ 1907年7月4日总税务司通札第144号附件,税务处札行总税务司处第182、183号。引自陈诗启:《中国近代海关史》,人民出版社,1993年,第404页。
⑤ 严中平等编:《中国近代经济史统计资料选辑》,科学出版社,1955年,第45—46页"表1商埠"。据表,设埠时间,铁岭、通江子、法库门为1906年9月10日,新民屯年未知,吉林、长春、哈尔滨、满洲里、绥芬河为1907年1月14日,安东、大东沟、齐齐哈尔为1907年3月,凤凰城、辽阳、瑷珲为1907年6月28日,奉天为1908年4月11日,三姓为1909年7月1日,龙井村、局子街、头道沟、百草沟为1909年11月2日,宁古塔、海拉尔为1910年1月。珲春开埠事见苏建新、陶敏《吉林珲春商埠史料》,《历史档案》1995年第3期。

大连。在东北众多的通商口岸中,最值得重视的是位于最南端的大连,它拥有深水、不冻、接近日本和朝鲜等天然优势。1898年以前,大连只是一个在大连湾内叫青泥洼的靠海渔村。1898年俄国因干涉"日本还辽"而租借大连,1899年俄国人开始在青泥洼修筑商港。1904年开始使用,并与南满铁路相连接,成为沟通欧亚两洲的海陆交通枢纽。1907年7月1日大连开埠,同日建立大连关,不到二十年便超过营口而成为东北最大的港口,并成为中国重要港口之一。[①]

胶澳、威海卫、广州湾。除了通商口岸的较大增加,租借地的出现也是值得注意的现象。在1898年开始的新一轮的民族危机中,德国依据1898年3月6日签订的《胶澳租界条约》,英国依据1898年7月1日的中英《订租威海卫专条》,法国依据1898年11月6日签订的《广州湾租界条约》,俄国依据1898年3月15日中俄《旅大租地条约》,分别租借了胶澳(今青岛)、威海卫、广州湾(今广东湛江)、旅顺、大连及其附近水面(今大连)。[②] 这些租借地,胶澳、威海卫均在1922年收回,旅顺、大连及其附近水面后被日本夺取直到抗战胜利后才收回,广州湾1946年实际归还中国。

七、自开通商口岸的开埠过程

以上各个通商口岸,除了最后一种租借地以及香港、澳门之外,都是在外国列强的压力下,通过签订条约的形式开放的,人们称之为约开口岸。此外,还有一种中国自行开放的口岸,称为自开口岸。

自19世纪70年代以来,朝廷和地方的一些官员已经看到通商口岸城市的成长,看到开埠通商可以给地方经济和财政带来的好处,也看到外国力量控制下许多利益的损失,产生了自行开放、趋利避害的想法。许许多多的个人的主张和呼吁,终于在1898年成为维新改革的内容之一。1898年4月,总理衙门奏请开岳州、三都澳、秦皇岛为通商口岸,得到清政府的批准,[③]从此掀开中国自开商埠的序幕。8月10日,清廷颁布上谕,宣布"广开口岸",强调:"现当海禁洞开,强邻环伺,欲图商务流通,隐杜觊觎,惟有广开口岸一法。""著沿江沿边各将军督抚迅速就各省地方悉心筹度,如有形事扼要商贾辐辏之区,可以推广口岸拓展商埠者,即行咨商总理衙门办理。"[④]外国势力迫使中国政府开放通商口岸和中国政府的自行开埠,成为19世纪末20世纪初中国开放商埠的两股浪潮。

依据清朝的若干规定与做法,这种自开口岸,大致具有三个基本要素:第一,必须是从事商业贸易活动的口岸或市镇;第二,必须是中国政府主动宣布开放的,

---

① 参见严中平等编:《中国近代经济史统计资料选辑》,科学出版社,1955年,第54—56页"表3 租借地";姚永超:《国家、企业、商人与东北港口空间的构建研究(1861—1931)》,第三章第一节,中国海关出版社,2010年。
② 严中平等编:《中国近代经济史统计资料选辑》,科学出版社,1955年,第54—56"表3 租借地"。
③ (清)朱寿朋编:《光绪朝东华录》(四),中华书局,1958年,第4062、4068页。
④ (清)朱寿朋编:《光绪朝东华录》(四),中华书局,1958年,第4158页。

所有中外商贾均可在此做生意;第三,包括课税在内的一切行政权,概归中国政府行使。①

清朝自开商埠的过程,大致如下:

三都澳(在今福建宁德)。1898年3月24日,总理衙门奏准自开,1899年5月8日设立福海关。②

岳阳(今属湖南)。应汉口英国领事要求,湖南巡抚于1898年3月24日呈准自开,1899年11月13日设立岳州关。③

吴淞(今上海吴淞)。1898年4月20日,在海关总税务司赫德的建议下,由总理衙门奏请开放。④

秦皇岛。1898年3月26日总理衙门奏准自开,1899年4月宣布开埠。1902年建立海关。⑤

鼓浪屿(在今福建厦门)。应日、英、法驻厦门领事要求,兴泉永兵备道奏准,1902年5月1日自开。⑥

济南、**潍县**(今山东潍坊)、**周村**(今淄博市周村)。胶济铁路和津浦铁路修成以后,应德国领事要求,直隶总督袁世凯、山东巡抚周馥于1904年4月4日奏准,三地自开为商埠,1906年1月10日均开埠。⑦

常德、**湘潭**。1905年7月湖南巡抚端方奏请将两地自开商埠,获准后常德于1906年3月16日正式开埠,湘潭估计也在同年开埠。⑧

南宁。1899年1月30日广西巡抚黄槐森,因英、法两国要求,上奏自开。1907年1月1日开埠,同日设立南宁关。⑨

昆明。1905年云南绅士、翰林院编修陈荣昌等禀陈云贵总督丁振铎,请开为商埠,经上奏于5月获准。⑩ 1908年5月28日开埠。⑪

公益埠(今广东台山北)。1908年两广总督张人骏批准开办为自开商埠。⑫

---

① 杨天宏:《口岸开放与社会变革——近代中国自开商埠研究》,中华书局,2002年,第61页。
② 严中平等编:《中国近代经济史统计资料选辑》,科学出版社,1955年,第44页"表1 商埠"。
③ 严中平等编《中国近代经济史统计资料选辑》(科学出版社,1955年)第44页"表1 商埠",作1899年11月1日设埠。杨天宏《口岸开放与社会变革——近代中国自开商埠研究》第68页,据湖南巡抚俞廉三和岳州海关第一任税务司马士的报告,认为设埠时间在1899年11月13日。
④ 严中平等编:《中国近代经济史统计资料选辑》,科学出版社,1955年,第44页"表1 商埠"。据顾增龄《百年沧桑话吴淞——纪念吴淞开埠100周年》(载上海市宝山区地方志办公室等编:《吴淞开埠百年》,1998年9月出版),吴淞开埠后数年因进展困难而停止。
⑤ 严中平等编:《中国近代经济史统计资料选辑》,科学出版社,1955年,第44页"表1 商埠";《海关总税务司署通令第1535号(第二辑)》,第624页。杨天宏《口岸开放与社会变革——近代中国自开商埠研究》(中华书局,2002年)第69页,以为开埠时间在1901年至1902年期间。
⑥ 严中平等编:《中国近代经济史统计资料选辑》,科学出版社,1955年,第45页"表1 商埠"。
⑦ 严中平等编:《中国近代经济史统计资料选辑》,第45页"表1 商埠"。《海关总税务司署通令第1535号(第二辑)》(载《旧中国海关总税务司署通令选编》第一卷),第625页,载三地均在1905年开埠。
⑧ 参见杨天宏:《口岸开放与社会变革——近代中国自开商埠研究》,中华书局,2002年,第99—101页。
⑨ 严中平等编:《中国近代经济史统计资料选辑》,科学出版社,1955年,第45页"表1 商埠"。
⑩ 参见杨天宏:《口岸开放与社会变革——近代中国自开商埠研究》,中华书局,2002年,第92页。
⑪ 严中平等编:《中国近代经济史统计资料选辑》,科学出版社,1955年,第46页"表1 商埠"。
⑫ 严中平等编:《中国近代经济史统计资料选辑》,科学出版社,1955年,第46页"表1 商埠"。

香洲(今广东中山县境)。经广东香山县道衔伍于政、知府衔王说、戴安国、运同衔冯宪章等筹办,两广总督批准,1909年5月24日奏准自开为商埠。①

浦口(今南京市长江北)。应英国和德国领事要求,两江总督刘坤一于1900年开始筹备自开,1912年8月开埠。②

葫芦岛(今属辽宁)。东三省总督于1908年奏准筹备,1914年国务总理熊希龄宣布自开,该年1月8日开埠。③

多伦诺尔(今属内蒙)、**归绥**(今呼和浩特)、**洮南**(今属吉林)。应公使团要求,袁世凯宣布自开,1914年1月8日分别设为商埠。④

龙口(今属山东)。1915年2月日本军队攻占青岛,侵入龙口,外交部照会公使团定期开埠,1915年11月1日开为商埠。⑤

锦县(今辽宁锦州)。应日本领事要求,奉天巡按使段芝贵于1916年2月12日呈准开放,同年4月8日开埠。⑥

张家口、**赤峰**。应公使团要求,1914年1月8日袁世凯宣布开放,分别于1916年和1917年2月27日设为商埠。⑦

海州(今江苏连云港境)。1905年10月24日两江总督周馥奏准自开,1921年2月开为商埠。⑧

济宁。经国务总理靳云鹏、财政部长潘复出面筹备,1921年4月22日自开为商埠。⑨

包头。1921年京绥铁路修到当地以后,北洋政府宣布开埠。⑩

郑州。1920年日本驻汉口领事与河南督军赵倜勾结,筹备自行开埠,1922年4月15日设为商埠。⑪

徐州。经江苏省长韩国钧呈请,1922年8月7日自行开埠。⑫

无锡。1923年经当地官商呈请,自开为商埠。⑬

宾兴洲(今江西九江境)。1917年九江绅商建议自开,1923年北洋政府核准开埠。⑭

铜鼓(今广东台山境)。经广东军政府大本营筹备,1924年8月7日开埠。⑮

---

① 严中平等编:《中国近代经济史统计资料选辑》,科学出版社,1955年,第46页"表1 商埠"。
② 严中平等编:《中国近代经济史统计资料选辑》,科学出版社,1955年,第46页"表1 商埠"。
③ 严中平等编:《中国近代经济史统计资料选辑》,科学出版社,1955年,第46页"表1 商埠"。
④ 严中平等编:《中国近代经济史统计资料选辑》,科学出版社,1955年,第47页"表1 商埠"。
⑤ 严中平等编:《中国近代经济史统计资料选辑》,科学出版社,1955年,第47页"表1 商埠"。
⑥ 严中平等编:《中国近代经济史统计资料选辑》,科学出版社,1955年,第47页"表1 商埠"。
⑦ 严中平等编:《中国近代经济史统计资料选辑》,科学出版社,1955年,第47页"表1 商埠"。
⑧ 严中平等编:《中国近代经济史统计资料选辑》,科学出版社,1955年,第47页"表1 商埠"。
⑨ 严中平等编:《中国近代经济史统计资料选辑》,科学出版社,1955年,第47页"表1 商埠"。
⑩ 严中平等编:《中国近代经济史统计资料选辑》,科学出版社,1955年,第47页"表1 商埠"。
⑪ 严中平等编:《中国近代经济史统计资料选辑》,科学出版社,1955年,第47页"表1 商埠"。
⑫ 严中平等编:《中国近代经济史统计资料选辑》,科学出版社,1955年,第47页"表1 商埠"。
⑬ 严中平等编:《中国近代经济史统计资料选辑》,科学出版社,1955年,第47页"表1 商埠"。
⑭ 严中平等编:《中国近代经济史统计资料选辑》,科学出版社,1955年,第47页"表1 商埠"。
⑮ 严中平等编:《中国近代经济史统计资料选辑》,科学出版社,1955年,第48页"表1 商埠"。

蚌埠。1923年起安徽省督军马联甲筹备自开,1924年9月1日开埠。①

中山港。1928年南京政府筹备广东自开,1930年5月10日开埠。②

如上所述,自1898年3月24日三都澳、岳州开埠以来,各省区纷纷自辟商埠开放,由此在全国范围内掀起一股自开商埠的浪潮。到1930年止,全国出现的自开口岸达31个。由于有的自开口岸是地方政府所为,且维持时间不长,应该还有一些未得到登记;还有一些条约规定要开放但后因多种原因未能马上开放,若干年后自行开放却因条约提到而不被看作自开的口岸。如果加上这些,自开口岸应该还要增加许多。

从1843年开放5个通商口岸,到1930年广东中山港的设埠,在中国大地上共出现了108个开放商埠、4个租借地③,加上香港、澳门等2个外国殖民地,可供外国人贸易的口岸达到114个④。广袤的中国大地上,除了山西、贵州、陕西、青海、宁夏等少数省份,"北至于牛庄,南至于琼崖,外至于大海,内至于长江"⑤,绝大部分的省份都有了多个通商口岸。

第二节 进出口贸易的发展过程⑥

鸦片战争以前,我国的进出口贸易保持在相当小的规模,且往往因政局与朝廷政策的变动而处于时开时闭的状态。据吴承明先生估算,鸦片战争前中国长距离贸易货值大约只有1.1亿元,而1936年全国的埠际贸易额约达47.3亿元,前者仅相当于后者的四十三分之一。⑦

口岸的全面开放,为进出口贸易的展开创造了条件。本节拟动态地叙述进出口贸易概况和主要进口国、主要出口地区的变化等方面,展示近代中国进出口贸易的发展过程及对区域经济的影响。

一、进出口贸易的展开

1842年中英《南京条约》的签订和五口通商口岸的开辟,强力打破了清朝以前

---

① 严中平等编:《中国近代经济史统计资料选辑》,科学出版社,1955年,第48页"表1商埠"。
② 严中平等编:《中国近代经济史统计资料选辑》,科学出版社,1955年,第48页"表1商埠"。
③ 九龙既设海关,又是英国租借地,此处只统计在商埠中。
④ 参见吴松弟主编:《中国百年经济拼图:港口城市及其腹地与中国现代化》,山东画报出版社,2006年,第4页。
⑤ (清)王韬:《弢园文录外编》,中华书局,1959年,第132—133页。
⑥ 进出口贸易的内容众多,本节侧重描述其发展过程和商品结构,其他方面少有涉及。这方面的研究著作,如不计许涤新、吴承明主编3卷本《中国资本主义发展史》一类经济史专著之外,主要有:D. F. Remer, *Foreign Trade of China*(Shanghai, 1926)、武堉干《中国国际贸易史》(商务印书馆,1928年)、《中国国际贸易概论》(商务印书馆,1932年),何炳贤《中国的国际贸易》(商务印书馆,1937年),西甫·里默《中国对外贸易》(三联书店,1958年),Chi-ming Hou(侯继明), *Foreign Investment and Economic Development in China, 1840-1937*(Cambridge: Harvard University Press, 1968),郑友揆《中国的对外贸易与工业发展:史实的综合分析》(上海社会科学院出版社,1984年),鲁传鼎《中国贸易史》(台北:中央文物供应社,1985年),郝延平著、陈潮译《中国近代商业革命》(上海人民出版社,1991年)等。陈晋文《中国近代对外贸易史研究综述》(评价这些研究成果:大体上来看,关于中国近代贸易的研究可以以1949年为界分为两个阶段;1949年以前主要运用西方的国际贸易理论和民生主义理论来进行研究,其中不乏一些奠基性的著作和高水平的研究著作;而1949年以后的研究,主要采取马克思主义的研究方法,在对前人研究成果的基础上,通过对资料的梳理,运用多学科的方法进行了更深入的研究。
⑦ 吴承明:《论我国半殖民地半封建国内市场》,《中国资本主义与国内市场》,中国社会科学出版社,1985年。

对外商的种种束缚,中国大门开始为列强打开。当时西方各国工业发展方兴未艾,亟须打开中国的广大市场。因此,五口通商之后对中国市场,"不免过怀奢望,而尤以英人为甚",在签约后的几年间,英国商人输送到中国的洋货数量,"超过华人需要之额远甚"。几年后英国的棉纺织技术日趋成熟,价格则逐渐低廉,并对中国土布造成较大的冲击,16年间英国对华棉布出口增加50%。尽管如此,英国从中国进口的货值仍大大超过对中国的出口货值,中国由出超变为入超,英国不得不通过罪恶的鸦片贸易,来获取收益,弥补对华贸易的逆差。①

晚清通商口岸的开放始于1842年中英《南京条约》,此后通过1858年的《天津条约》、1860年的《北京条约》,以及1851年的《伊犁塔尔巴哈台通商章程》,共有22个沿海、沿江与边疆通商口岸在西方列强的不平等条约规定下被迫开放,形成了近代早期的开埠通商格局。

进入19世纪60年代以来,国内形势发生较大的变化。首先是第二次鸦片战争之后中国的开埠口岸突破原有的东南沿海5口的格局,一下子增加了17个通商口岸,数量达到22个。如果加上英国占领的香港和葡萄牙占领的澳门,达到了24个。五口通商时的口岸都分布在长江以南的东南沿海地带,此后数年为俄国压力而开设的伊犁、塔尔巴哈台2个口岸则远在新疆极边。由于中国幅员广大,加之缺乏现代交通工具,这几个口岸对中国的辐射范围比较有限。第二次鸦片战争以后新增的15个口岸,不仅加大了东南沿海和西北新疆的口岸密度,深入长江中下游,而且进入北方的沿海和蒙古的腹心,中国的大部分地区通过通商口岸都纳入了进出口贸易的网络。

其次是1858年清政府与俄、美、英、法等国签订的《天津条约》产生的重大影响。第一,条约规定所有进出口货物,除鸦片、丝、茶三项外,均规定较低的"值百抽五"或以"值百抽五"为标准订定税率。第二,聘用洋人管理中国海关的制度,由上海推行到全国,逐渐建立各项完备的海关管理措施。第三,准许外人在各通商口岸按民价买屋租地。第四,洋货(不包括鸦片)由通商口岸运往内地销售,及洋商由内地所购之土货运赴口岸出口,均按值百抽2.5的标准缴纳子口税一次,以后概免重征。洋船迅速安稳,又向保险公司纳费投保,在条约签订前已形成对中国船的优势,条约签订后中国帆船"相形益绌,而转口贸易,遂愈为洋船所攘夺"。除此之外,还有若干方面涉及进出口贸易。这些规定,有的是原有的总结,有的则是新增。撰写《最近百年中国对外贸易史》的海关副税务司班思德总结道:"换言之,即举原有各约之规定,悉依通商各国之解释,重行订入新约之内。是则此次修约之举,实开中国贸易史上一新纪元也,良以天津条约关于中外贸易厘定之新章,均寓鼓励商务之意;如沿海所开通商口岸,则已衔接一气,有如环形;海关行政,则使集权中央,扫除昔日省自为政之弊;进出洋土货物,则籍子口税单得以往来内地而享不再重征

---

① (英)班思德:《最近百年中国对外贸易史》,海关总税务司署统计科译印,1931年,第33页。

之待遇;所有国内陆路贸易以及内河沿海之中国帆船运输事业,则逐渐转入洋船之手,外商与洋船之地位,则得条约与领事之保障而愈趋优越。凡此种种,均予中外贸易以莫大之鼓励。"①

其三是买办队伍的逐渐形成。欧美与中国相隔遥远,商业文化相差甚大。在各个口岸,中国商人都早已形成古老的商业经营方式、行会组织和商品流通渠道。外商新来乍到,语言不通,行情不明,地理不熟,不知交易常规,因用武力打开中国大门,中国人对其也有一定的抵制情绪。在此情况下,除非通过中国人作为居间中介,便难以做生意。1844 年的中美《五口贸易章程》第八条允许美国商船:雇用"跟随、买办,及延请通事、书手,雇用内地艇只搬运货物、附载客商,或添雇工匠、厮役、水手人等"。② 因此,在各新开口岸,洋商"一切业务,悉唯华籍买办是赖,殊不能自行设法推广也。抑尤有进者,当新增口岸未辟之时,各该口已有洋货销售,惟此项货物,系由华商自沪粤二埠分别采购,循旧有商路,辗转运往……此后前项货物,什九仍由华商贩运。盖彼等已晓然于洋船之迅速安稳,与夫新关办理之优善,遂利用之以为发展之计焉"。③

尽管上述方面有利于洋商扩大进出口贸易,但由于南方受席卷长江中下游的太平天国战争的破坏,而美国正陷于南北战争,国内棉花生产下降,英国棉布着力运销美国,以及 1866 年上海金融突生变故等原因,口岸贸易并未急剧增长,直到 1868 年才进入兴盛时期。该年各埠对外贸易总值,计银 14 000 万两,比上年的 12 700 余两,增长了 10%。

1869 年苏伊士运河的开通和 1871 年欧洲与香港、上海海底电缆的连接,促使口岸贸易步入快车道。

1869 年 11 月 17 日,欧亚交通要道苏伊士运河通航,大大缩短了从东亚各港口到达欧洲的航程,最多可缩短 1 万公里,大量省去了航行的时间。在运河开通以前,各国来华贸易多用大号帆船与定期轮船,大多数以香港或上海为目的地,其余港口输出的土货,大抵先用轻便的西式纵帆船、横帆船、鸭尾船等,先运到香港或上海,再转船出口,经福州和上海出口的茶叶则用快艇装运。苏伊士河通船以后,由于运输时间大大缩短,上海以外各口岸的对外贸易范围扩大,尤其是茶叶出口直接运到外洋,不再经上海转运,而以前前往中国的各国帆船进入淘汰之列。由于轮船经苏伊士运河比以前的快艇运输还要快,快艇也在淘汰之列。④

1871 年 6 月 3 日,欧洲与香港、上海之间的海底电缆连接,标志着中国与欧洲从此可以直接通电话。以往两地通信息,通过船只送达需数月,此后通过电话数分

---

① (英)班思德:《最近百年中国对外贸易史》,海关总税务司署统计科译印,1931 年,第 77—78 页。
② 王铁崖编:《中外旧约章汇编》第一册,三联书店,1957 年,第 52 页。
③ (英)班思德:《最近百年中国对外贸易史》,海关总税务司署统计科译印,1931 年,第 81 页。
④ (英)班思德:《最近百年中国对外贸易史》,海关总税务司署统计科译印,1931 年,第 105 页。

钟可达且转瞬间可得到回音,大大方便了国际贸易的进行。以前洋商从中国运丝织品出口,要等到货物到达进口国才可进行推销,而货物未销之前,资金不能运用,盈亏难以预料。电话联通后,洋商在中国打算购入丝织品,先致电伦敦,获得订单和预约款,风险大大减少,而且便利异常。① 与苏伊士运河开通差相同时,美国横贯大陆的太平洋铁路也得以完工,美国与中国贸易比过去方便。不久,俄国黑海海滨港口与东亚开始通航,俄国对中国的贸易路线由陆路增加为海陆两线。

谈到19世纪70年代以后的口岸贸易,还须注意欧美工业生产的效率问题。1869—1870年的《英国领事报告》指出,中国农民纺纱、织布,除了原料以外,几无其他成本可言。② 严中平认为,只要进口棉纺织品的价格略高于中国棉花的价格,中国农民的手工织布就有和外国进口棉纺织品周旋的余地。而来到中国的英美纺织品不但要支付原料和加工生产的成本,还要加上关税、运费、保险费等一系列费用,以及扣除进口商人和中间商人的利润。它们在这方面处于劣势地位是显而易见的,当然大工业生产的效率大大超过中国农民的手工生产,但当时生产力的提高尚不足以弥补这些"流通过程的各种非生产费用",它就难以和中国手工棉布竞争了。由于这样的原因在"在19世纪70年代以前,英国的社会生产力还不能广泛扭转这种形势"。③ 到19世纪70年代以后,随着工业的进步,英国机制布对中国的手工棉布才有了一定的价格优势。

尽管中国的大门是在欧美列强的强力下被迫打开的,但对于中国这样一个拥有悠久历史和高度文明的国家,并非强力和不平等条约便能解决一切问题。以上所述,表明进出口贸易的成长,还受到了强力和不平等条约之外的因素制约。这些因素,包括市场的开拓(通商口岸的设立与增多是重要表现)、中外商品的质量与成本的比较(受多方面的制约,如技术水平导致的工业生产的效率、原材料的价格、运输成本、通信成本、管理成本、税收等),以及中国消费者对外国商品的了解程度、国内外经济状况和购买力,以及政治环境和自然灾害等诸多方面。

因此,开埠之后进出口贸易尽管大体呈上升趋势,但在开埠之后头二三十年上升速度并不快,而且呈曲折成长的状态。第二次鸦片战争时签订的不平等条约,以及其后增开通商口岸、苏伊士运河和欧洲到中国电话电报开通等方面的重大变化,固然极有利于中外贸易的扩大和外国商人的获利,促使中外贸易不公平状态的扩大,但通商口岸的增开,按照国际惯例开放贸易和管理海关,乃至技术进步带来的世界航运和电话电报等方面的重大变化,同样有利于中国商人降低运输成本。不过,中国长期以自然经济为主、进出口贸易并不发达,要促使进出口贸易的持久迅速地发展,还需要更多的制度、技术、市场的变化以及必要的经济增长。而且,发生在19世纪五六十年代的中国的太平天国战争和美国的南北战争,也是影响期间贸

---

① (英)班思德:《最近百年中国对外贸易史》,海关总税务司署统计科译印,1931年,第124—125页。
② 姚贤镐编:《中国近代对外贸易史资料,1840—1895》,第一册,中华书局,1962年,第1335、1343页。
③ 严中平主编:《中国近代经济史,1840—1894》上册,人民出版社,2001年第2版,第332页。

易的不利因素。

自19世纪80年代以后,诸多有利于进出口贸易成长的因素又连续出现了。1892—1901年是近代进出口贸易迅速发展的重要时期,《最近百年中国对外贸易史》总结原因,认为:

其一,是川、桂、滇、粤、江、浙、闽、鲁等省口岸,如重庆、龙州、梧州、蒙自、腾越、思茅、三水、南京、苏州、杭州、三都澳、胶澳的相继开埠。这些商埠的对外贸易虽然不能与上海、广州等大口岸相比,"然因是洋货得有便利,可以运销内地,而中国土产,亦易于转输外洋,对于贸易之发展,实有莫大之助也"。此外,1898年4月《内港行驶章程》之施行,使得所有的中外轮船,都可按章程行驶于中国的内河,各地的货物运输大为便利。

其二,是1895年中日签订的《马关条约》有准许日本在中国各通商口岸来往办厂的条文,各国引最惠国条款,纷纷效尤。而"华人鉴于新兴工厂较诸旧式工业,优异远甚,乃弃旧更新,率率效仿,始则各处设立,以便尝试,继而风起云涌,勃然而兴"。新式工厂的设立,导致对国外的机器设备、洋纱洋棉需求的激增,而国内的出口商品的种类和数量亦随之推高。"其首先设立者,为纱厂及丝厂,故自光绪二十三年(西历一八九七年)以后,进口棉花,突然激增者,即系纱厂崛兴之故。而上所述本期厂丝出口激增,亦以此耳。"在新兴的工厂中,一部分是口岸地方的土货粗加工业。由于"内地土货,来源不一,品类庞杂,式样粗糙,势非经过整理,难邀海外光顾,故利用机器,从事除垢,拣选分类及包装,外观齐整,品类分明,始得易于销售,出口因而畅旺"。

其三,是这一时期的末期,中国的铁路建设已开始启动,铁路器材以及相关配件得以进口,"此外政府购运之军火、电报机、机器与及兵工和铸币等厂所用之材料,数量亦甚可观"。①

除了以上三个方面的变化,另一个值得注意的现象是中国人对外国商品逐渐有了认识。

19世纪60年代,洋烛、洋油、洋针、洋布、洋袜、手帕、洋皂、玻璃制品等洋货,在较早开埠的沿海口岸城市已成为市民使用的进口普通日用品。到了七八十年代以后,洋货又由通商城市与沿海一带流行到北方和内地的广大地区,尤其是实用价廉的生活日用品,在广大内地城镇乡村销路日广,日益流行。② 80年代,煤油进口激增,海关认为,它表明"人民守旧习惯,逐渐破除,新式需要,乘时而兴"。窗玻璃深受人民喜爱,驻镇江英国领事1879年观察到:"中国人民,无论贫富,现在喜用玻璃镶制窗牖,常见各村屋舍,低窗中心,成镶有方片玻璃,而富裕之家,窗牖全面,则尽复以玻

---

① (英)班思德:《最近百年中国对外贸易史》,海关税务司署统计科译印,1931年,第223页。
② 参见李长莉:《中国人的生活方式:从传统到近代》,第二章第一节,四川人民出版社,2008年。

璃也。"对于火柴,人们"咸乐购用",以至1881年汉口等地"仿造火柴,甚为充斥"。班思德在列举上述事实之后,不由地总结道:"由此观之,人民习尚渐有变更,概可知矣。"①1900年以后,随着洋货输入增加和国货生产的发展,以洋货为大宗的机制日用品开始普及,购用者由城市扩展到乡村,无论贫富和阶层高低,都开始普遍购用。②

1902—1911年也是近代进出口贸易发展迅速的时期,1911年的贸易总值达到了1901年的近2倍。而出口贸易的增速尤其显著。班思德认为,进出口贸易蓬勃发展的原因有三个:一是各处铁路的纷纷兴筑;二是期间新辟口岸12个,其中10个位于东北,东北所产的大豆及其制品得以大量出口;三是"日本商务,蒸蒸日上"。③

1912—1921年国内政治动荡,先是清室倾覆、民国代兴,继而政体多变、战乱相寻,国外则第一次世界大战爆发,全球贸易俱陷坎坷,而中国的金银汇价涨落之剧,前所未有。尽管如此,辛亥革命带来的一些制度上的变革客观上有利于经济的发展,中国经济现代化进入新的阶段,这一阶段被西方学者称为"中国资产阶级的黄金时代"④,亦即中国近代经济发展的黄金时期。其中,1913—1926年的北洋军阀政府时期被称为第一个"黄金时期"。进出口贸易同样如此。⑤ 在进出口贸易上,虽然存在诸多影响贸易的不利因素,非独不见退步,抑且颇有进展。1921年进出口货物总值共达关平银15亿两,比1911年增加77.6%,出口货值也增加59%(参见表1-3)。考虑到金银比价变动的因素,将1921年货物按1912年物价重加计算,进口总值略有减少,而出口增加6%。《最近百年中国对外贸易史》以为:"足征中国对外贸易,业已根深蒂固,非复如数十年前,俯冲由人,毫无基础者矣。"⑥

表1-3 1882—1931年全国进出口货值每十年比较表　　(货值单位:千关平两)

年度	进口货值	指数	出口货值	指数	进出口总值	指数
1882	77 715	100	67 337	100	145 052	100
1891	134 004	172	100 948	149	234 952	162
1901	268 303	345	169 657	252	437 960	302
1911	471 504	607	377 338	560	848 842	585
1921	906 122	1 166	601 256	893	1 507 738	1 039
1931	1 433 489	1 845	909 476	1 351	2 342 965	1 615

(资料来源:〔英〕班思德:《最近百年中国对外贸易史》,海关总税务司署统计科译印,1931年,第244—245页,"最近五十年中外贸易统计表"。)

---

① 〔英〕班思德:《最近百年中国对外贸易史》,海关总税务司署统计科译印,1931年,第183页。
② 参见李长莉:《中国人的生活方式:从传统到近代》,第二章·第一节,四川人民出版社,2008年。
③ 〔英〕班思德:《最近百年中国对外贸易史》,海关总税务司署统计科译印,1931年,第224、225页。
④ 法国著名学者白吉尔探讨1911年至1937年中国资产阶级发展状况的著作,即命名为《中国资产阶级的黄金时代(1911—1937)》,张富强、许世芬译,上海人民出版社,1994年。
⑤ 参见陈晋文:《制度变迁与近代中国的对外贸易——以1913—1926年北京政府时期的对外贸易为例》,《国际贸易问题》2009年第1期。
⑥ 〔英〕班思德:《最近百年中国对外贸易史》,海关总税务司署统计科译印,1931年,第232页。不过,作者也指出,"上述贸易激增情形,与其视作贸易量额之增长,毋宁谓为金银比率变动之所致。"如果将1921年货物按1912年物价重加计算,进口总值略有减少,而出口增加6%。

1927年南京国民政府代替了北洋军阀政府,虽然国内各种战争与动乱不时发生,一些地方割据势力依然存在,但国内的统一已初步实现。国民政府于1929年从列强手中基本收回关税自主权,并开始在国内裁撤厘卡,实行统税改革与货币改革。此外,政府还加强了铁路、公路、航运与邮电等交通通信事业的建设,有利于国内经济的发展。自此开始直到1937年日本侵华战争开始之前的十年,因经济发展较快而被称为中国近代经济发展的第二个"黄金时期"。[①] 进出口贸易同样增长迅速,据表1-3,1921—1931年10年间进出口总值增加了0.55倍。

1931年是表1-3统计时间的最后年度,该年的进出口总值是起始年度1872年的16.15倍,60年间整整增长了15倍,可见晚清民国时期进出口的增长速度之快。

二、进出口商品结构的改变

在进出口总值得到较大增长的同时,中国进出口商品的结构也发生了较大变化。

表1-4表明,在鸦片战争以后的若干年,鸦片都是外国进口货物的第一位,但此种状况并未维持很长时间,随着中国华北、华中、西南土产鸦片的广泛种植,洋鸦片的进口逐步下降。19世纪80年代初期鸦片占洋货进口总值的34.42%,居第一位;1887年已被棉货超过,1892年降到20.29%,退居棉货和杂货之后而居第三。到1907年只占6.88%,1917年仅占1.14%,接近绝迹。

表1-4 1882—1931年中国主要进口货物每五年所占百分比(%)表

年度	鸦片	棉货	杂货	糖	棉花	金属矿物	米
1882	34.42	29.22	24.53				
1887	27.31	36.23	22.80				2.69
1892	20.29	39.01	24.45	4.91 (1893年)			4.31
1897	13.76	38.78	25.66	5.04			1.98
1902	11.24	40.45	15.77	6.57	1.22	3.35	7.49
1907	6.88	28.56	18.92	10.79 (1908年)	0.41	10.16 (1905年)	8.27
1912	10.08	30.46	22.67	5.05	1.31	3.86	3.47
1917	1.14	28.93	23.47	8.15	1.17	4.57	5.38
1922		23.12	19.38	6.48	4.44	2.31	10.64 (1923年)
1927		15.21	22.60	7.36	7.88	2.70	10.60
1931		8.43	23.53	5.89	12.49		4.49

(资料来源:引自〔英〕班思德:《最近百年中国对外贸易史》,海关总税务司署统计科译印,1931年,第266、267页,"最近五十年进口货物百分比数表",取百分比曾经占到10%及以上的进口货物。)

---

① 参见陈晋文:《制度变迁与近代中国的对外贸易——以1927—1936年南京国民政府的对外贸易为例》,《北京工商大学学报(社会科学版)》2007年第6期。

鸦片不是正常的商品,正常商品的进口,随着中国人对其认识的渐进和价格的变化,大致经历了棉货(包括棉纱)、杂货相继为第一位的时期,其他比较重要的还有糖、棉花、金属矿物、米等。

棉货包括棉布、棉纱和其他种种棉制品。棉布是英国最早输入中国的主要商品之一。最初,因进口棉布(时称洋布)不如本国土布耐穿和经久,并不受中国市场的欢迎。但到1861年,因洋布的价格只有土产土布的一半,中国人开始乐于购用,不过两年后因美国发生南北战争影响全球棉花供应,洋布成本剧增,售价上升,销路转于停滞。1865年美国内战结束,棉花产量大增,棉布价格开始下跌,而中国棉花价格并未下跌,洋布重占价格的优势。加之太平天国战争结束后中国经济开始恢复,各地棉布的需求量激增,洋布进口激增半倍至一倍以上。这一趋势一直保持到1873年。[①] 二三年后华北各省空前大旱,经济大受打击,洋布进口又趋萧条。1879年北方大旱结束,洋布进口再次增加,农民购进价格低廉的进口本色粗市布,经过土法染色后用来制作衣服。由于洋棉纱的纤维比中国土产棉纱纤维长,用于织布可增加耐久性,洋纱的进口量开始增多。[②] 此后,棉布、棉纱进口的激增,已成为最主要的进口商品,是期间进口贸易最值得注意的现象。印度的棉布、手帕、毛巾等小工业品,颇受华人欢迎,进口因之激增。而印度机器制造的棉纱粗细均匀、纤维较坚韧,比中国生产的棉纱具有价廉物美的优点,为中国棉布生产者所喜爱,更是大量涌入。

总之,19世纪80年代进口棉货总值较前增加一倍以上,已超过鸦片,成为中国第一位的进口商品。[③] 此后,棉布、洋布、棉纱以及手帕、毛巾等棉货的进口依然增速惊人。表1-4表明,棉货进口占全部洋货进口值的比重,自1882年起从29.22%节节攀升20年,到1902年达到40.45%,超过五分之二。自1907年前后开始棉货所占比重下降,但直到1922年仍占全部进口总值的23.12%,居第一位。由于中国的机器织布业在1912—1921年间已发展到相当规模,中国对国外棉货进口的需求在后五年呈明显的下降趋势,在进口货物中所占的比例,1927年已大致跌到全部进口货物的15.21%,不再成为第一位的进口货物。

糖的进口始于1867年,基本上是中国粗糖运到香港精制后的复进口。到1905年,开始有大批来自爪哇、菲律宾的洋糖进口。最初洋糖在全部进口总值中所占比重不过5%上下,到1908年前后上升到10%以上,此后再次下跌到占5%～8%(见表1-4)。

棉花的进口主要始于19世纪末,据表1-4,1902年开始在全国进口总值中占了1.22%。此后大致呈上升的趋势,1931年占了12.49%。当时的中国一方面出口棉花,一方面进口棉花,总的说来进口大于出口。进口增加的原因甚多,本国棉产品质不良,不宜于纺细纱,需要掺用外棉以调和,是主要原因。此外,内地棉花减

[①] (英)班思德:《最近百年中国对外贸易史》,海关总税务司署统计科译印,1931年,第145页。
[②] (英)班思德:《最近百年中国对外贸易史》,海关总税务司署统计科译印,1931年,第175、176页,并参见第四、第五章相关资料。
[③] (英)班思德:《最近百年中国对外贸易史》,海关总税务司署统计科译印,1931年,第216页。

产,或因运输不足不能及时运到纺织中心,也是一个原因。①

1881年前的几年是火柴、针和窗玻璃渐为中国人认识和购用的重要时期。海关贸易报告指出:在中国,"火柴、针及窗玻璃,销量续增。至斯末二三年,国内各地,特别繁荣,各货销路,愈为畅旺。则煤油一项,进口激增,尤足表现人民守旧习惯,逐渐破除,新式需要,乘时而兴"。并列举各地事例,对此予以说明:1877年,光绪帝庆寿大典,长沙全城,满悬煤油灯,照耀如白昼。长江下游,人民无论贫富,喜用玻璃镶制窗牖,常见各村屋舍,低窗中心,咸镶有方片玻璃,而富裕之家,则窗牖尽复以玻璃。长江中游,对于火柴,咸乐购用,而仿造火柴,甚为充斥,中国人民亦非火石时代可比。②

进入20世纪以来,金属品和矿产品的进口增长迅速,除了1905年一度占全部进口总值的10.16%,价值一般约占进口总值的5%。

自19世纪80年代以来,谷类(大米和面粉)也有一定数量的进口,进口量按年成之丰歉而上下浮动。20世纪初以后,沿海一带对国外粮食的需求量增加。1920年前粮食每年进口约不过200余万石,价值七八百万两上下。到1921年进口数量突增至1 000万石以上,价值4 000余万两。③

中国最初购入外国机器,是在1885年,当时每年进口数约值200万两。第一次世界大战爆发以后逐渐增加。1913年进口值为700余万两,1917年为500余万两,1919年突然增加到1 400余万两。此后增加速度更快,1921年和1922年进口值都在5 000万两上下。在1922年的机器进口数中,仅纺织机器一项,便达3 400万余两。④ 据此可见当时兴办现代企业之风已经兴起,故进口机器价值增长较快,其中设在中国的日本纺织厂增长尤为迅速,相当多的纺织机器是日本纱厂所用。

表1-3表明,中国出口商品总价值,19世纪尚只有六七千万两,到九十年代增长到一亿两。1900年以后开始迅速增长,1901年近一亿七千万两,1911年近三亿八千万两,1921年过六亿两,1931年达到九亿两。总之,1882—1931年这50年中出口货值的增长速度虽然不如洋货进口,却也增长了12.5倍。武堉干认为,出口贸易的迅速增长,很大程度上要归功于铁路建设,"因铁路之发达,内地货物转运便利,对外出口,始渐呈长足之进步"。⑤

长期以来,丝织品和茶叶都是中国的主要出口商品。近代同样如此,1868年是全面按商品记载的海关贸易报告正式发布的第一年,在该年的中国商品出口总值中丝茶两项出口值合占94%,中国的出口可以说几乎就是丝织品和茶叶的出口。此后它们的比重不断下降,在1880年、1890年和1900年,在中国出口总值中所占

---

① 武堉干:《中国国际贸易概论》,商务印书馆,1932年,第54页。
② (英)班思德:《最近百年中国对外贸易史》,海关总税务司署统计科译印,1931年,第195—196页。
③ 武堉干:《中国国际贸易概论》,商务印书馆,1932年,第60页。
④ 武堉干:《中国国际贸易概论》,商务印书馆,1932年,第83页。
⑤ 武堉干:《中国国际贸易概论》,商务印书馆,1932年,第107页。

的比重为84%、64%和46%,呈节节下降之势,1913年更降至34%。

在丝和茶的两项商品中,1886年以前茶叶始终占各类商品出口值的第一位,此后丝的出口值超过茶叶。茶叶出口受挫主要原因是印度和锡兰(今斯里兰卡)种植园商品茶叶生产规模的不断扩大,到1910年印度和锡兰出口的茶叶已是中国茶叶出口量的2倍。

生丝是中国的传统出口商品,鸦片战争以后在海外的市场有了进一步的扩大。19世纪40年代中期起,出口经常在万担以上。不过10年,即从50年代起,上升到5万担以上,并呈稳定增长状态。90年代初,第一次突破10万担大关,1929年一度到过19万担,达到近代中国生丝出口的最高峰。从长期趋势看,在1845—1929年这85年中,保持着3.5%的年增长率。① 1913年丝的出口值已是1868年的3倍。但因中国出口贸易总值的增长更为迅速,因而生丝以及丝绸在出口中的相对地位与其他商品相比有所下降。1913年虽然仍居中国出口商品的首位,但在全部出口总值中已只占四分之一。②

值得注意的是,日本出口生丝对中国出口生丝的竞争。从19世纪70年代起,日本和意大利也开始发展缫丝,它们特别是日本的发展速度大大超过中国,日本生丝开始和中国生丝竞争国际市场。到了20世纪20年代,日本生丝已垄断世界最大的生丝进口国美国进口生丝的90%。进入30年代,日本出口生丝已占世界生丝市场的3/4。因此,自19世纪末叶以降,中国生丝出口虽然数量上在短期内仍能维持增长的趋势,但在国际生丝市场上的地位已经开始走下坡路。③

豆类出口,以前不多。1905年日俄战争之后日本在东北全面经济扩张,1908年日商三井洋行将东三省大豆运伦敦试销成功,出口渐多,1913年大豆出口价值达2 300余万两,"自此以后遂巍然为出口货之大宗"。1926年仅黄豆一项出口即达2 000万担,6 400余万两。豆饼为豆类的副产品,1894年开始出口,价值仅50万两,1907年增至900余万两。1927年豆饼出口值7 000万两以上,加上黄豆出口值6 400余万两、豆油出口值3 000万两,豆类及豆制品出口全部合计18 000万两之巨,"几占我国出口货总值五分之一。其价值之巨,在出口货中,盖未有可与之抗衡者也"。④

植物油不计豆油,包括棉子油、茶子油、芝麻油、茶油、桐油、花生诸油。20世纪30年代花生油出口值每年为800余万两,桐油连续三年均在1 700万两上下,各种植物油出口在3 000万两以上。⑤

除了上述各主要出口货,到了20世纪二三十年代,皮货、羊毛、蛋粉、猪鬃等货也逐渐发展为年出口值在千万两以上的大宗商品。皮货,1923年出口值2 000万

---

① 汪敬虞:《从中国生丝对外贸易的变迁看缫丝业中资本主义的产生和发展》,《中国经济史研究》2001年第2期。
② 郑友揆:《中国的对外贸易与工业发展》,上海社会科学院出版社,1984年,第19—22页。
③ 汪敬虞:《从中国生丝对外贸易的变迁看缫丝业中资本主义的产生和发展》,《中国经济史研究》2001年第2期。
④ 武堉干:《中国国际贸易概论》,商务印书馆,1932年,第127页。
⑤ 武堉干:《中国国际贸易概论》,商务印书馆,1932年,第132—133页。

两,占出口总值的2.5%;1924年出口值2100余万两,占出口总值的2.8%。绵羊毛出口始于1881年,以后外商往来于蒙古各地收买,出口转盛,到第一次世界大战时出口值达到一千二三百万两。由于鲜蛋不便出口,英国在芜湖创办蛋粉工厂,其后中外仿效,汉口、上海、青岛、福州以及江北一带相继设立,1919年蛋粉出口值达到1980余万两。猪鬃之出口源于国外制刷需要,1895年出口只有65万两,但到1910年即增至441万两,1924年增至956万两。①

进入20世纪以来,随着现代工业在沿海地区的缓慢增长,一些机制工业品(当时称机制洋式货物)也成为出口商品。20世纪20年代大约每年出口价值一千数百万两,其中十之七八是棉布、棉纱等纺织业产品,其次面粉、火柴每年出口百万两上下。到了1931年,机制棉布、棉纱出口值已超过3300万两,在中国出口土货中纺织品所占的比率,由几年前的2%升为8%,已成为主要出口商品之一。②

口岸的全面开放,便于各地区进入国际市场,进出口贸易的迅速增长就是越来越多的地区进入国际市场的产物。中国离沿海口岸最为偏远、交通最不方便的地区,莫过于西部的新疆、青海、甘肃、西藏和四川的川西高原,在现代交通兴起之前,货物自这些地区运到沿海港口,需多次转换不同的交通工具,耗时长运费贵。然而,这些地区通过天津、上海等沿海口岸,很早就和国外发生了贸易联系。至迟到1876年,来自甘肃、青海的中药材大黄已通过天津出口国外,皮张、羊毛、羊肠、骨头等畜产品自天津出口的数量也在逐年增多。③ 1885年英国立德洋行已在今川西高原的打箭炉和松潘设立羊毛收购站,将羊毛经上海运销美国,成为上海港出口羊毛的主要来源之一,从上海输入的茶叶和进口棉纺织品也数量不少。④ 既然最为偏远的西部广大地区都通过沿海口岸城市与世界市场发生联系,可以推测中国的绝大部分地区也都如此。

第三节 主要口岸的进出口贸易状况⑤

一、主要口岸及其占全国进出口贸易总值的比重

1842年五口通商之后,广州、厦门、福州、宁波、上海都成为中国对外贸易港口,香港被英国占据。就贸易规模而言,厦门、福州、宁波都远不能与上海和香港相比。上海的发展速度远快于广州,自1853年开始,上海港进出口总额大大超过广州港,跃升为中国第一大港。第二次鸦片战争后,中国进一步开放了天津、烟台、牛庄、汉口等商埠,加上之前中俄设立的陆路口岸,共新增了22处商埠。此后,天津

---

① 武堉干:《中国国际贸易概论》,商务印书馆,1932年,第146、153、150、160页。
② (英)班思德:《最近百年中国对外贸易史》,海关总税务司署统计科译印,1931年,第239、254页。
③ 参见樊如森:《西北近代经济外向化中的天津因素》,《复旦学报》2001年第6期。
④ 参见吴松弟主编:《中国经济的百年拼图——港口城市及其腹地与中国现代化》,第二章(戴鞍钢撰写),山东画报出版社,2006年,第46—47页。
⑤ 本节主要部分据吴松弟、王哲:The economic connection between the opening port cities of China and East Asia during 1843-1949, The Journal of Korean Studies, No.26, Feb 2012, pp.119-142, Center for Korean Studies Inha University, Korea.

很快成为继上海、广州后的第三大港,并成为华北贸易的枢纽,汉口则成长为内地贸易的枢纽。到1930年广东中山港开埠,在中国大地上共出现104个开放商埠,4个租借地,加上香港、澳门两个外国的殖民地,可供外国人贸易的口岸达到110个。

尽管有着如此众多的通商口岸,但如绪论章的表0-1"各地带海关贸易总值及占全国的百分比"所示,最重要的仍然是沿海通商口岸,其次是以长江沿线口岸为主的内地口岸,沿边口岸所占的比重相当小。其中,华东的上海,华北的天津,华南的广州,东北的大连(大连兴起前东北主要港口是营口),山东的青岛(青岛兴起前山东主要港口是烟台),长江中游的汉口,以及英国占领下的香港,又是中国最主要的沿海沿江口岸城市。图1-3反映了上海、广州、汉口、天津、大连等五个主要口岸在中国不同时期的进出口中所占的份额。

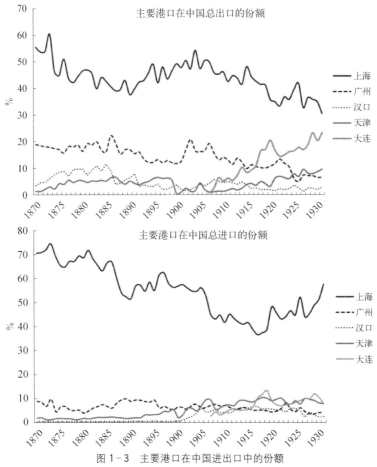

图1-3 主要港口在中国进出口中的份额

(资料来源:1. 1870—1928年比重,除大连依据中国第二历史档案馆、中国海关总署办公厅编《中国旧海关史料》(京华出版社,2001)大连关历年统计整理而得,其余据杨端六、侯厚培《六十五来中国国际贸易统计》第十四表"六十一年来出入口货价值港口统计表"相关数字计算(《国立中央研究院社会科学研究所专刊》第四号,1931年)。
2. 1929—1931年比重,据《中国旧海关史料》京华出版社,2001年,相关数字计算。)

表 1-5　主要口岸进出口值及占全国比重　　　（单位：千海关两，%）

	1868年				1894年				1928年			
	土货出口		洋货进口		土货出口		洋货进口		土货出口		洋货进口	
	总值	比重	总值	比重	总值	比重	总值	比重	总值	比重	总值	比重
上海	39 153	57	50 479	71	58 422	46	96 662	58	362 220	37	548 608	45
广州	11 397	16	7 040	10	15 778	12	13 742	8	73 337	7	40 084	3
汉口	1 390	2	771	1	4 399	3	14	0	27 756	3	50 408	4
天津	786	1	1 151	2	6 606	5	4 551	3	81 996	8	112 634	9
大连	0	0	0	0	0	0	0	0	188 360	19	117 046	10
全国	69 115	100	71 232	100	128 105	100	165 646	100	991 355	100	1 210 001	100

（资料来源：同图 1-3。）

五口通商的最初几年，在整个 19 世纪 40 年代，由广州输入英国的货值，仍居于五口的首位，在各口总值中的比重，最高达 91.7%（1846 年），最低也在 75% 以上（1848 年）。中美贸易情形同样如此。但是，即使在这个时期，广州对外贸易的绝对值已出现下降的趋势，而上海对外贸易的绝对值在上升。进入 50 年代以后贸易重心由广州北移上海，上海更加引人注目。[①] 据图 1-3 和表 1-5，19 世纪 70 年代，上海占全国土货出口的 57%，洋货进口的 71%。此后随着口岸的增多，上海在全国所占比重下降，土货出口比重下降尤其明显，但仍然远远高于其他主要港口，一般占全国进出口货值的一半左右。例如，1894 年便分别占全国土货出口的 46% 和洋货进口的 58%。到 1928 年仍是全国第一位的港口，但所占比重已下降到 37% 和 45%。

尽管中国外贸中心在 19 世纪 50 年代已北移上海，但在此后的数十年中，广州仍是我国第二重要的口岸，1868 年占全国出口总值的 16%、进口总值的 10%。此后随着更多对外贸易口岸的开放，广州在中国对外贸易港口中的地位日趋下降，20 世纪以后甚至被天津、大连超过。

长江中游的汉口是以土货出口为主的港口，其洋货直接进口甚少，在全国外贸中所占的份额很少。尽管如此，作为中国内地最大的贸易港口，通过与上海的紧密联系，其在中国五大口岸中的地位，仍然超过广州而居第四位。

天津地处华北东部，地势平坦，"九河下梢天津卫"说明了其内河航运的便利，开埠之前，天津便是北方经济重镇。1860 年《中英北京条约续约》使得天津成为北方开埠三口之一，由于其广阔的腹地范围以及河流运输条件，天津成为北方毫无疑

[①] 黄苇：《上海开埠初期对外贸易研究(1843—1863)》，上海人民出版社，1961 年，第 144、145 页。

问的龙头港口。但在大连开埠以后,更为优越的海港自然条件使得大连在20世纪20年代的进出口贸易值超越天津。①

在大连崛起以前,营口(牛庄)因可以通过辽河连接辽宁和吉林较为广大的区域,发展为东北的主要口岸。20世纪以来,在日本的控制下大连港得到飞速发展。1907—1916年间,大连在中国总出口中的比重由开埠初的不足1%上升至10%,1917—1931年继续提升至11%~23%,进口则大致占10%上下。在中国主要出口港口的位置中,大连在开港后的两三年先后超越天津和汉口,1917年更是越过广州成为第二大出口港。

香港因在英国治下,不属于中国海关总税务司署的管辖范围,且为自由港,并无统计数据。然而香港是近代中国对外贸易的主要转口港之一,凭借优越的地理位置及独立自由的贸易机制,形成了与国内其他通商口岸有很大差别的贸易模式。这体现在香港贸易以转口为主、正常贸易与走私贸易并行、特货贸易发达等方面。②当时,大批身在异国他乡的华侨对国内农副土特产品的需求量很大,同时也把当地的农产品运往国内销售,而当时南洋和上海之间的直接班轮较少,大部分经由香港转口。上海与香港就是这条双向贸易路线上最重要的两个点,上海是国内广大腹地各类出口土特产品和进口洋货的集散地,香港则是对土货进行精加工并分销南洋及将洋货转口国内的中转地。③

二、主要贸易对象国及其在中国对外贸易中的地位

近代中国的主要贸易对象,经历过重大的变化。

近代早期中国的对外贸易总值,英国长期占据第一位。据表1-6,1864年英国占中国直接往来贸易总值的43%,1880年虽有下降但仍占31%。如果加上属于英国殖民地的印度和香港,则所占比重1864年和1880年分别达82%和67%。可以说,当时中国的对外贸易,主要是与英国以及它的殖民地的贸易。甲午战争前后英国在中国直接往来贸易中所占比重下降到14%,印度也同样下降较多。然而,香港所占比重却一直呈上升趋势,由1864年的16%,上升至1880年的29%,1895年甚至达到了44%,从而取代了英国的地位,成为中国最大的贸易对象。1910年香港仍占中国对外贸易总值的三分之一左右,仍居第一位。

美国在近代早期中国的对外贸易中并不居重要地位,在1910年前中国的直接往来贸易总值中不过占百分之六七。1914年第一次世界大战爆发,美国利用欧洲国家忙于战事的机会,极力发展对华贸易,情况为之大变。"盖前时中国需要于欧

---

① 樊如森:《天津与北方经济现代化(1860—1937)》,第二章第二节,东方出版中心,2007年。
② 毛立坤:《晚清时期香港对中国的转口贸易(1869—1911)》,2006年复旦大学博士论文,未刊稿,第19页。
③ 毛立坤:《晚清时期香港对中国的转口贸易(1869—1911)》,2006年复旦大学博士论文,未刊稿,第14页。

表 1-6　直接往来贸易主要国别(地区)统计表　单位：千海关两,%

年度	全国 总计	英国 值	英国 占%	印度 值	印度 占%	香港 值	香港 占%	美国 值	美国 占%	日本 值	日本 占%
1864	112 597	47 978	43	25 880	23	18 244	16	7 666	7	2 177	2
1880	159 523	49 705	31	11 812	7	46 861	29	10 325	6	5 704	4
1895	323 240	44 531	14	19 708	6	142 966	44	20 477	6	32 017*	10
1910	857 387	89 652	10	48 493	6	280 189	33	57 088	7	138 361*	16
1928	2 201 357	174 820	8	66 682	3	408 201	19	332 746	15	547 896*	25

说明：＊1895 年以后包括被日本占领的中国台湾省。1910 年 8 月日本正式吞并朝鲜，此后朝鲜也从中国国际贸易的国别中消失。
（资料来源：杨端六、侯厚培：《六十五来中国国际贸易统计》，国立中央研究院社会科学研究所专刊第四号，1931 年，第十五表"直接往来贸易国别统计表"。其中全国总计系"总计"栏中的"洋货输自"的"输入总数"与"土货输往"二栏相加。）

洲之货物，比以战事中断，遂不能不向美国求代替品，而欧洲各国所需要于中国之货物，因战事不能直接运输，亦多籍美商代为运销来欧，因此之故，美国对华进出口贸易大臻发达"。1914 年美国运去中国货物尚只值 3 600 万元，1915 年即增 5 300 万元，于是突然而逾 8 000 万元。1920 年更达 19 300 万元之巨，8 年之内，美国对华进口贸易竟增至 5 倍有奇。而中国输美国之货，1925、1926 两年犹在一亿四五千万元上下。美国对华贸易总额，几占中国对外贸易总额五分之一。[①] 尽管如此，1928 年美国尚只是中国第三位的贸易对象，不及日本和香港。

日本是中国传统的贸易对象，1868 年中日贸易开始有所进展。班思德认为原因在于："实缘本年日本幕府适被废除，维新法行，彼邦工商事业，从此日趋发达，日后遂予中国以莫大之影响焉。"[②] 然而经济实力的发展并非一朝之功，表 1-6 表明，近代以来的前半个世纪，日本在各国对中国的直接往来贸易中所占比重不过在 2%～4%，1895 年以前才有较大提升。图 1-4 依据历年海关贸易资料，展示了英国、香港、美国、日本等国在中国直接对外贸易中地位的变化。将此图与上文论述相结合，可以更清楚地看出日本地位变化的轨迹。

1870—1931 年中国对日本出口可分为三个主要阶段。1870—1888 年间，日本在中国总出口中的比重除 1870 年和 1888 年稍高外(4.49% 和 3.86%)，其余年份大多在 2%～3%；1889—1893 年也只提高到 6%～8%。1894 年中日甲午战争以后，尤其是 1905 年日俄签订了《朴次茅斯和约》以后，日本继承了俄国在中国

---

① 武堉干：《中国国际贸易概论》，商务印书馆，1932 年，第 298 页。
② (英)班思德：《最近百年中国对外贸易史》，海关总税务司署统计科译印，1931 年，第 120 页。

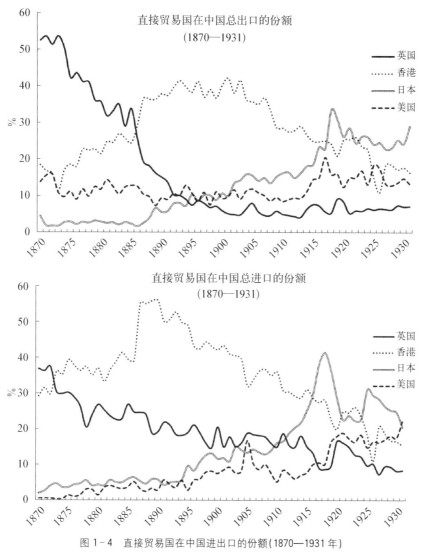

图1-4 直接贸易国在中国进出口的份额(1870—1931年)

(资料来源:据杨端六、侯厚培:《六十五来中国国际贸易统计》,国立中央研究院社会科学研究所,1931年;中国第二历史档案馆、中国海关总署办公厅编:《中国旧海关史料(1859—1948)》,京华出版社,2001年。)

东北的大部分特权,自中国进口迅速增长。1895—1915年,日本从中国输入商品占中国总出口的份额已经提升到10%~20%。第一次世界大战发生后,西方列强暂时放松了对中国的争夺,日本趁机发展对华贸易,1915—1931年,日本在中国总出口中的份额进一步提升到20%~30%,1918年甚至达到33.63%。

日本对华输出商品方面,1870—1894年占中国总进口比重的变动范围在1.96%~6.37%,并且多数年份在5%附近摆动。此后增长迅速,1895—1912年间,日本对华输出商品基本占中国总进口的8%~18%,1913—1931年日本在中国总进口中的份额大体在20%～30%,1918年前后几年更是在40%附近。总之,在一战期间以及一战之后,日本在中国总出口和总进口中均跃升到首位。日本的对华贸易增长速度,远远超过各国,如在1870—1926年的56年中,进出口合计增长145倍。武堉干指出:"在我国对外贸易之国家,其与我国之贸易额能逐年发达增进至如此地步者,仅日本一国耳。"[①]

以上系就主要贸易对象国在中国进出口所占的比重而言,至于在中国进口和出口中的情形,则略有不同。

据林满红总结相关研究成果所作的分析[②],1895年以前中国的进口地区以英国和香港为主,原因主要在于中国以鸦片及棉纺织成品或原料为进口大宗,而鸦片、棉花、棉纱来自英属印度,棉纺织品来自英国。甲午战后,日本、美国在中国的进口比重逐渐增加,1901年至1931年间日本输入比重增加最快,且超过美国,美国则于20世纪30年代至40年代居中国输入首位,超过英国、香港之进口比重。美国与日本占中国进口比重日增的关键仍为纺织成品与原料之进口。除美、日两国棉纺织成品或原料在中国的进口地位日高之外,美、俄亦因煤油输入中国而使其输入比重增加,英国则因1906年以后鸦片禁售中国,棉纺织品又受到美日竞争,其在中国的输入地位日降。

出口方面,英国与香港于1895年以前,占中国输出比重亦在50%以上。在此期间,美国、俄国所占中国之输出比重分别约为10%、5%,比其在此期间占中国之进口比重为高。英国占中国输出比重独高,原因在于1886年以前居中国输出首位之红茶以输英为主。居中国出口次位之丝,1881年以前系由英国转输法国,在此同时中国有绿茶输美,茶砖输俄。1880年以后日本绿茶渐取代中国绿茶之美国市场,美国占中国之输出比重日减。印度、锡兰红茶亦于此时逐渐取代中国在美国之红茶市场,中国生丝输往欧陆虽在1911年以前独占世界鳌头,但欧陆各国多改由中国直接进口,不再经英国转手,故英国在中国之输出地位亦逐渐式微。1880年以后茶砖在俄国销售仍畅,1905年以后欧陆、日本又增加购买东北豆货,日本亦由中国进口煤、铁,俄国、欧陆、日本输出比重均逐渐抬高,日本于1919年至1931年间更居中国输出首位。20世纪30年代美国占中国输出比重转居首位,英国、香港于民国时期输出贸易之地位虽不如清代,但仍相当重要。

三、主要贸易对象与中国区域港口格局的变迁

中国近代区域港口格局的变迁,受到内外两大因素的影响。内部因素,指区域

[①] 武堉干:《中国国际贸易概论》,商务印书馆,1932年,第232—233页。
[②] 林满红:《口岸贸易与近代中国——台湾最近有关研究之回顾》,台湾中研院近代史所:《中国近代区域史研讨会论文集》,1986年。

经济状况和对外开放程度。外部因素,指与我国发生贸易往来的主要对象国家的变迁。

葡萄牙、西班牙、英国、法国、美国以及俄罗斯等欧美国家比较早来到中国的商人,除俄罗斯主要经过陆路自北方进入中国,其他大多是经过海路从南方进入中国。从南方海路进入中国的欧美各国,力量远远超过从北方陆路进入中国的俄罗斯。因此,南海之滨的澳门被葡萄牙租用并建成他们控制下的贸易港,广州、厦门、福州、宁波、上海则是清朝在鸦片战争后被迫开埠的第一批贸易口岸,香港被英国占领并建成英国控制下的自由港。在此后相当长的时间内,广州、上海、汉口、天津、大连等五个口岸都是中国最重要的贸易港。其中,广州、上海位于东南沿海,汉口在长江中游,天津、大连位于北方沿海。如以兴起的时间论,显然东南沿海的广州、上海又早于长江中游的汉口和北方的天津与大连。而作为全国第一位的贸易港,近代初期是广州,此后一直是上海,广州和上海都位于东南沿海。近代这一港口格局的形成,来华的各国政治经济力量的强弱以及来华时间的早晚,显然都是必须强调的外部因素。

在上述两个外来因素之中,前者的重要性自然又超过后者,如果来华国家的政治经济力量格局有较大改变,原先的港口格局便有改变的可能。甲午战争以后日本在东方力量的扩张,以及第一次世界大战期间欧洲国家的无暇东顾[①],便导致了原先在华政治经济力量格局的改变。

如果我们将海关有所统计的全国港口,按东北、华北、上海、长江流域、华南五个区域进行合计,然后加以考察便能看到,甲午战争以后随着日本势力的扩张以及东北、华北商品经济的发展,中国各区域的港口在全国进出口贸易中所占的比重发生了微妙的变化。

据表1-7,1895年和1931年各区域港口贸易货值在全国所占的百分比有较大的变化。一是上海虽然仍是全国最大贸易港,但其在全国所占的百分比由过半下降到略超过1/3;二是华南港口由占近40%下降到不到18%;三是东北、华北和长江流域港口以前在全国占较低的百分比甚至可以说微不足道,到1931年均有较大提高,东北、华北的提高尤其显著,已分别占到全国的17%。简言之,1895年全国进出口贸易货值主要集中在上海和华南的港口,到1931年前已形成上海、北方(东北、华北)、南方(长江流域、华南)各占三分之一左右的局面。显然,中日甲午战争以后中国的开埠通商朝着北方和长江流域发展,20世纪以来这一进程仍在持续,而且新港口的进出口贸易发展迅速,导致中国港口体系新格局的形成。

---

① 武堉干指出:"棉货输入,以日货为特多。日货在战前本不及英货,乃以大战发生,英人以运费贵,成本昂,且无暇以经营,于是在华市场,尽为日本取而代之。"参见《中国国际贸易概论》,商务印书馆,1932年,第45页。

表 1-7 中国各区域港口贸易货值及占全国的百分比

	1895 年海关进出口贸易值		1931 年海关进出口贸易值	
	进出口贸易值	占全国份额(%)	进出口贸易值	占全国份额(%)
东　　北	5 442 414	1.7	669 687 400	17.0
华　　北	17 214 281	5.2	674 535 994	17.1
上　　海	168 839 947	51.1	1 344 803 490	34.2
长江流域	6 849 187	2.1	540 502 461	13.7
华　　南	131 797 542	39.9	705 908 802	17.9
全国合计	330 143 371	100.00	3 935 438 147	100.0

（资料来源：1895 年据杨端六、侯厚培：《六十五来中国国际贸易统计》，第十四表"六十一年来出入口货价值港别统计表"，国立中央研究院社会科学研究所，1931 年；1931 年据《民国二十年海关中外贸易统计年刊·统计辑要》，"民国十八年至二十年海关贸易货值按关全数"，见《中国旧海关史料》，京华出版社，2001 年。）

当日本在中国东北和华北展开迅猛的经济扩张的时候，华北和东北正进入明清以来经济发展最为迅速的阶段。华北地区的农业多种经营和现代交通业、工矿业都得到较大的发展；东北随着关内移民的涌入进入大开发的时期，逐渐形成中国的新式农业区和工业基地。华北、东北商品生产的巨大进展，自然也为这些地区的对外贸易的迅速发展提供了物质基础。有理由认为，中国东北、华北两大区域开港数量的增多和区域进出口贸易货值的不断增加，与日本在这一区域的经济扩张同步进行，体现了同样的发展趋势。显然，日本的经济扩张及其产生的强大影响，是东北和华北港口贸易发展的动力之一，并促进了中国港口体系的改变。

日本经济扩张对我国各地港口的影响，不仅可从东北、华北两大区域在全国进出口贸易货值中所占的比重得出结论，也可从我国各地港口贸易对象的变化中得到佐证。武堉干于 1932 年出版《中国国际贸易概论》，详论中国当时的对外贸易状况，专辟一章分析中国各主要口岸的贸易对象，为我们清楚展示了各国在这些港口中的贸易地位。[①]

大连是当时东北最主要的港口，"就各国在大连贸易上的势力以观，自以日本居第一，美国居第二，英国、埃及、荷兰、德国等次之。民国十四年，大连由日本输入之货物，几近五千万两；出口至日本之货，且达八千四百余万两，其贸易总额，差为美国之九倍，英国十三倍有余，其他各国更无足论矣"。进出大连的各国轮船，以装货吨位为标准，日本所占的吨数，常为大连进出口船只总吨数 70% 以上。

安东（今辽宁丹东）与大连同为东北对外贸易两大门户，由于两港都以日本为主要贸易对象，"实则不啻谓为对日贸易两大门户之为当"。安东有铁路通往日本占领下的朝鲜半岛，并通过对马海峡连接日本的铁路，铁路的便捷使安东成为东北对朝

---

① 武堉干编：《中国国际贸易概论》，第六章"由主要埠别上观察中国国际贸易"，商务印书馆，1932 年。

鲜和日本贸易的重要口岸。安东进口的日本棉布之多,超过东北的任何口岸,其他各货的进口也颇以称盛。到了20世纪20年代以后安东对日本的出口也"渐臻盛矣"。

天津是北方最主要的港口。1912年进出天津的外国轮船以英国居第一,日本次之,美国最微。十年后便以日本居首位,英次之,美更次之。日本轮船吨位,1912年608 804吨,1920年为735 905吨,在全部进出天津的外轮吨位中所占的比重分别是26%和29.5%。1925年日本轮船吨位为1 840 000吨,已占各国进出天津的外轮吨位的38%。在近代,各国轮船一般都是运输输出入本国的货物,因此各国进出某港的轮船的吨位的多寡,大体反映了在该港进出口贸易中的地位。

青岛是北方的另一个主要口岸城市。早在1913年青岛的直接对外贸易即以日本为最盛,1921年青岛对各国的对外贸易,日本为3 000万两,香港为530万两,美国为270万两,英国为140万两,日本远远超过其他国家。就进出青岛的外国轮船吨位而言,1921年日本已占了64%以上。

上海是我国最大的港口,近代以来一向以英国、美国为主要贸易对象,20世纪以后日本的贸易增长迅速。据表1-8所示,在1924—1926年间,美国居上海对外贸易的第一位,日本略逊之居第二位,而英国已退居第三位且在这三年中也呈下降趋势。此外,菲律宾群岛也是上海在东亚的贸易伙伴之一。

表1-8　1924—1926年部分国家与上海的贸易额及其所占比重

(单位:关银百万两)

国　别	1924年		1925年		1926年	
	贸易额	占上海比重(%)	贸易额	占上海比重(%)	贸易额	占上海比重(%)
英　国	131.60	17.4	99.26	13.4	123.43	12.9
美　国	180.57	23.9	179.96	24.4	228.67	23.9
香　港	46.07	6.09	39.22	5.3	56.40	5.88
菲律宾群岛	5.20	0.7	6.47	0.88	8.24	0.86
日　本	153.08	20.25	150.89	20.44	174.53	18.21

(资料来源:武堉干:《中国国际贸易概论》,商务印书馆,1932年,第361页"近三年上海对外贸易国别比较表"。)

汉口是中国长江中游的主要港口,长江中上游地区的进出口物资集散地。1913年日本已居汉口对外贸易的第一位,达到1 500余万两,英国占580万两居第二位,美国、印度、俄国及其他国家合计不过占100万两上下。第二年因欧洲发生第一次世界大战,对德贸易逐渐消退,英国地位为美国所取代,日本贸易额继续增加。因此,汉口对外贸易国别,以日本为第一,美国居第二,英国第三。1925年在汉口进出口总额中,日本和美国分别占30.35%和20.64%。

广州是我国南方的贸易大港,由于靠近英国统治下的香港,英国在广州一向有着特殊优越的商业地位。日本对广州贸易虽有所增长,仍未能超越英国。

中国海关总税务司署发布的 1922 年至 1931 年的《最近十年各埠海关报告》,在介绍各埠的进出口贸易时,也简略提到主要的贸易对象国。如将相关的情况反映在地图上(见图 1-5),可以看出:

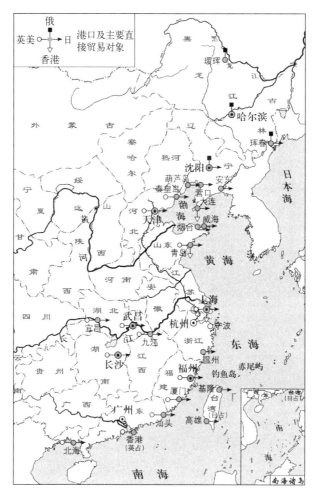

图 1-5 1922—1931 年中国主要开港城市及其重要贸易对象
(资料来源:据《十年报告(1922—1931)》(见《中国旧海关史料(1859—1948)》,京华出版社,2001 年)相关港口贸易报告绘制。)

如图所示,在 1922—1931 年东北和华北 12 个港口城市的主要贸易对象,2 个(哈尔滨、瑷珲)是苏联,4 个(营口、葫芦岛、烟台、威海)是日本;在其他 6 个通商口岸城市日本都是主要的贸易对象国之一,日本之外的主要贸易对象国分别是英美(秦皇岛、天津、青岛)、香港(大连、青岛)、苏联(沈阳、珲春)。长江流域和华南的 17

个港口的主要贸易对象,3个(温州、基隆、高雄)是日本,4个(杭州、宁波、广州、香港)是英美;在其他10个通商口岸城市日本都是主要的贸易对象国之一,日本之外的贸易对象国分别是英美(上海、武汉、宜昌、长沙、九江、福州、厦门、汕头),以及香港地区(上海)。据此可见,无论东北、华北、长江流域和华南的港口城市,日本都是主要的贸易对象国,只是其贸易地位在东北、华北要高于在长江流域和华南,而在长江流域和华南美英的贸易地位大体上仍高于日本。

日本学者冈本二雄1942年于《港湾规格の统一》中将中国港口分类:上海、天津、香港定为第一等港口,港口的目标是吸引国际航路的船舶;青岛为二等甲类港口,汉口、南京、广东为二等乙类港口,要吸引太平洋、印度洋、大东亚海等地的船舶;秦皇岛、芝罘、连云港等为三等港,吸引日本海、黄海、东南支那海的船舶;其他港口为四等港,只吸引中国沿海的船舶(见表1-9)。这与本节上述分析大体契合。

表1-9 中国沿海港口分类

种别	水深(米)	船舶吨数	目标	事例
一等港	11	50 000	国际海运航路船	上海、天津、香港
	10	20 000		
二等港	甲 9.5	15 000	太平洋、印度洋、大东亚海	青岛
	乙 8.5	8 000		汉口、南京、广州
三等港	甲 7.7	5 000	日本海、黄海、东南支那海	秦皇岛、芝罘、连云港、重庆、厦门、海口
	乙 7	3 000		
四等港	甲 5	1 000	支那沿岸	其他
	乙 3	500		

(资料来源:转引自王列辉:《驶向枢纽港:上海、宁波两港空间关系研究(1843—1941)》,浙江大学出版社,2009年,第76页。)

四、近代上海在东亚港口中的地位

毫无疑问,上海港是中国近代第一大港口。但上海港在东亚港口网络中的地位仍具争议。我们不妨看看1923—1925年世界各大港的情况。

表1-10 1923—1925年世界各大港口的进口船舶吨位　　(单位:百万吨)

埠别	1923年	1924年	1925年
伦敦	21	23	24
纽约	19	(缺)	(缺)
利物浦	18	19	20
神户	17	19	19
香港(除帆船)	16	17	14

续表

埠　　别	1923年	1924年	1925年
汉堡	15	16	17
上海(进口帆船亦并计内)	15	17	15
鹿特丹	14	16	17
蒙特利尔	13	15	17
新加坡(50吨以下不计)	11	12	13
横滨	8	9	9
大阪	8	11	11

(资料来源：武堉干：《中国国际贸易概论》，商务印书馆，1932年，第358—360页"最近世界各大商埠进口船舶吨位比较表"，不计本为通过口岸的苏伊士运河和巴拿马运河。该表系据上海浚浦局出版的 The Ports of Shanghai 中的图表改造而成。)

依据上表，在1923—1925年间，进入上海港的船舶吨数通常在一千六七百万吨上下，在全球次于伦敦、纽约、利物浦、神户4个大港。武堉干对此评论道："以现在黄浦港口尚未浚深，其发达已届如此，则将来之发展诚未可限量也。"[①]然而，远东的另一个港口神户在世界港口中的地位超过上海，香港的地位则与上海相伯仲，而日本的另两个港口横滨、大阪也列于世界大港之列。就东亚港口的排名而论，神户第一，上海第二，横滨第三，大阪第四，中国在东亚的四大港口中只占有1个。

王列辉依据中国海关出版的 Trade of China 1935 中的数据，制成"1934年世界十五大港口进口船只吨位表"，展示了20世纪30年代中的世界大港状况。据表1-11，在世界大港中，神户第三，上海第五，香港第六，大阪第八；在东亚的大港中上海排在神户之后，大阪排在上海之后。上海港包含国内贸易的份额，如果将之去掉，则在世界和东亚的排名将下滑。

表1-11　1934年世界十五大港口进口船只吨位表　　(单位：吨)

排名	港　　口	吨　　位	排名	港　　口	吨　　位
1	纽约	34 948 123	8	大阪	17 928 027
2	伦敦	29 373 605	9	费城	17 000 013
3	神户	26 832 622	10	安特卫普	16 839 835
4	鹿特丹	20 962 096	11	利物浦	16 737 928
5	上海(1934)	19 935 047	12	马赛	16 636 723
	上海(1935)	19 846 017	13	旧金山	16 296 314
6	香港	18 611 437	14	新加坡	14 922 617
7	汉堡	18 432 459	15	洛杉矶	14 582 536

(资料来源：王列辉：《驶向枢纽港：上海、宁波两港空间关系研究(1843—1941)》，浙江大学出版社，2009年，第82页；原数据来自 Trade of China, 1935，见《中国旧海关史料》，第118册，京华出版社，2001年，第173页。)

---

① 武堉干编：《中国国际贸易概论》，商务印书馆，1932年，第360页。

1931年出版的《中国现代交通史》,分析中国的远洋航线中心:

我国的远洋航线以香港和上海为中心。香港为欧亚海运的中心,上海为东亚和我国海运的中心。航行到欧洲、美洲、澳洲以及南洋等外洋的轮船,大多经过香港和上海。远洋航路可分为三条:一是东行线,自上海东行,经日本的长崎、神户、大阪、横滨,寄碇檀香山,直达温哥华或旧金山,或绕巴拿马运河以达纽约。此线为东亚美洲交通要路。二是南行线,自上海至香港,南经马尼拉或新加坡、巴达维亚,以达悉尼及墨尔本;更有经槟榔屿、加里、亚得来特而至墨尔本和悉尼。此线是我国到澳洲的要道。三是西行线,自上海至香港,向西南行经西贡、新加坡、哥伦布(今斯里兰卡科伦坡),经苏伊士运河出地中海以达欧洲各埠,又自哥伦布西南至非洲之达班及好望角。此线为亚欧非交通之要道。除此三条主要路线外,还有诸多支线。①

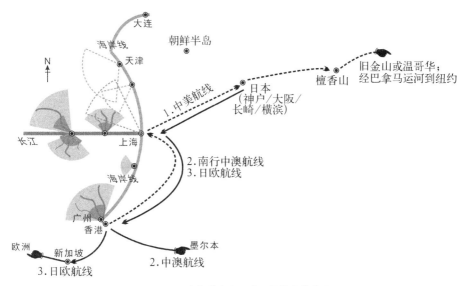

图1-6 上海港在东亚港口网络中的作用

(资料来源:据王列辉《驶向枢纽港:上海、宁波两港空间关系研究(1843—1941)》(浙江大学出版社,2009年)第84页的文字描述绘制。)

以港口体系的角度来看,上海港毫无疑问是国内港口的核心枢纽,但是在世界航运体系中,尤其是在中美航线上,上海港却是日本港口的支线港口。这主要是日本轮船公司在航线选择上有较大的权力。1917年7月,日本两大轮船公司大阪商船会社与日本邮船会社决议将往来上海的船舶,"改驶细得勒、旧金山、神户间,其所定计划,在今所有较大之大洋船行驶于欧美神户间,更以其所有五十万吨较小之海岸船,来往于神户与中国海口间,由是则中国商品输出欧美各国者,必由日船装

---

① 张心澂:《中国现代交通史》,良友图书公司,1931年,第235—236页。

至神户,更由神户改装大船,以运赴欧美。又由欧美输入中国者,亦必由欧美装日船驶至神户,更由神户改装小船,以驶至中国海口。故中国之国外贸易,自后皆必以神户为运输之中心",进出上海港的货物必须经神户中转,"日本今已占领太平洋之航业,各国无敢与抗,充其所极,将使上海成一小海口,而以神户为东方第一大埠,中国商业中心将由上海而移至神户"。

港口发展的水平与国家综合实力是紧密相关的,全球的航运中心首先在伦敦建立,后来移到纽约,皆因全球经济重心的转移。而在近代东亚地区,经济贸易发展水平并不高,上海—香港—神户三个港口呈现三足鼎立的局面,没有一个港口能够建立起统治性的地位。

第四节 近代国内商业的发展

从基本经济部门划分的角度来看,商业是以贩运货物作为主要经营内容的产业。它作为生产和消费之间不可或缺的经济环节,在社会生产和再生产的循环中,起到了重要的链接作用。近代口岸开放以后,在进出口贸易的推动下,国内市场迅速扩大。吴承明依据韩启桐《中国埠际贸易统计,1936—1940》提供的数据,估计1936年中国的全部埠际贸易额约47.3亿元,比鸦片战争前的长距离贸易1.1亿元约增长43倍。[①]

随着市场环境的变革和商业规模的扩大,商业的从业人员和组织结构、经营内容和营销方式、市场化程度和网络体系等方面,均随之发生了相应的调适,以顺应中国由传统地域经济向现代外向型经济演变的历史趋势。

一、商业从业人员和组织结构的变化

和清代前中期相比,清末民国即近代时期的国内商人群体,在从业人员的结构上,发生了明显的变化。

(一)开埠之前的商人构成

清代前中期的商人,从业类型和社会角色各异。从其营业的行为方式上,可以分为行商和坐贾两种。行商们整天风尘仆仆,居无定所,主要从事各地之间货物的远距离运销;而坐贾则长期固定在一个地点营业,通过开设门市和店铺,批发或零售当地土产和行商贩运来的外地货物。行商和坐贾内部,又可以根据资金数量的多寡和经营规模的大小,再分成大、中、小不同层级。当然,这些区分并非一成不变的,各类商人之间的混杂和转化现象经常发生。

从与政府关系的疏密程度上,清代前中期的国内商人,又有官商与民商的区别。官商的人数虽然不多,但是在政治权力和经济资源都为官府所掌控的清代前

---

① 吴承明:《论我国半殖民地半封建国内市场》,《中国资本主义与国内市场》,中国社会科学出版社,1985年。

中期,同政府官员交往密切,可以增加官商之间的信任度,形成政商联姻和权力寻租的利益链条,获取普通商人所没有的行业经营特权和垄断性暴利。这些人攀龙附凤,地位显赫,因而也被称之为红顶商人。如晋商"八大家"当中的王登库、靳良玉、范永斗、王大宇、梁嘉宾、田生兰、翟堂、黄云龙,均与官府关系甚笃,得以垄断了为内务府采办蒙古皮货、贩运日本洋铜等大宗专项贸易,获利甚为丰厚。稍后出现的滇商王炽、徽商胡光墉(雪岩),也是能够垄断性地经营矿业、盐务、军需品买卖的红顶商人。①

官商之外的绝大部分商人,就是人多类杂的普通民间商人。这些人尽管自古就有,然而在清代前期却有了新的变化,即除了在本乡本土小本经营的当地商人之外,更有为数众多的外地客商。并且,这些背井离乡的后者,由于没有官府的庇护,只好以乡土亲缘为纽带、以相亲相助为宗旨、以会馆为联络议事场所,组建一种松散的地域共同体,维护必要的行业规则和相对利润。清代前中期的地域商帮有很多,著名的有山西商帮、徽州商帮、陕西商帮、山东商帮、福建商帮、洞庭商帮、广东商帮(广府、客家、潮汕)、江右商帮、龙游商帮、宁波商帮,即所谓"十大商帮"。② 其中,又以北方的晋商、中部的徽商、南方的潮商影响为最大。当然,这只是笼统的说法,因为大的商帮内部,又有更多小的地域商帮的划分。如晋商内部,又再细分为榆次帮、平遥帮、介休帮、太谷帮、平阳帮、潞安帮、忻州帮、代州帮等。

清代各地商帮的兴起和发展,既与当时商品经济的繁荣有关,更与各地的民生民风密不可分。以晋商的兴起为例,既基于三晋大地丰富的物产资源,更根植于当地极端浓厚的经商氛围。"山右大约商贾居首,其次者犹肯力农,再次者谋入营伍,最下者方令读书"。③ 安介生推断:"在清代山西省商业较发达,县里出外经商谋生人员应占总人口的1/8左右,若与较为贫瘠的县相平均,出外经商谋生人口应占全省总人口的1/10,应该是较为妥当的。"并认为,"按1/10计,平常年份山西外出经商的人数应在132.7万人左右",有清一代,应该有1 300多万的山西人出外经商谋生,相当于平常年份山西人口的总和!④ 其更深层次的历史地理原因,在于山西高原气候干寒、土瘠民贫、地狭人多,很多州县如果单纯从事农业生产,生活难以为继。恶劣的农业自然条件,迫使山西人不得不把外出经商当做谋生的首选职业,从而造就了当地异常重商的社会风尚,和享誉大江南北、长城内外的晋商群体。

民间商帮的存在和发展,促进了国内商品的交流和商业繁荣。山西商人基本上"垄断了对蒙贸易和西北、东北市场"⑤;并伙同陕西商人一起,依托南北大运河从

---

① 参见刘建生等著:《晋商研究》,山西人民出版社,2005年;葛永才著:《清末巨商——王炽》,云南民族出版社,1998年;高阳著:《胡雪岩》,三联书店,2001年。
② 参见张海鹏、张海瀛主编:《中国十大商帮》,黄山书社,1993年。
③ 《雍正朱批谕旨》,第47册,《雍正二年五月九日刘于义奏疏》,台湾文海出版社,1965年。
④ 安介生:《山西移民史》,山西人民出版社,1999年,第393页。
⑤ 刘建生等著:《山西近代经济史》,山西经济出版社,1997年,第237页。

事特色商业。山东运河沿线,德州附近的禹城、齐河、恩县、陵县、东昌府(治今山东聊城市)各县,济宁附近的峄县、宁阳等地,都有山陕商人的足迹。他们除经营传统的食盐、粮食、丝绸、木材、药材、典当、账局、票号业之外,还从事铁器、煤炭、棉布、茶叶、皮货、烟草、纸张、海味、日用杂货的贩运。①"不仅垄断了中国北方贸易,而且插足亚洲地区,甚至伸向欧洲市场。南自加尔各答,北到伊尔库次克、西伯利亚、莫斯科、彼得堡,东起大阪、神户、长崎、仁川,西达塔尔巴哈台、伊犁、喀什噶尔,都留下了山西商人的足迹"。②

在北方重要的港口城市天津,各地各类商人的身影几乎都能看到。其中,主要为经营商品、货币、交通运输的3类。第一类如盐商、粮商、绸缎商、竹货商、茶商、南纸商、杂货商、皮货商、珠宝商、颜料商、估衣商等;第二类包括本地和外地的船商;第三类包括钱商、票号商、典当商,清前期天津的票号有17家,当铺有30余家③。各地各类商人,为维护商业利益,在天津建立了以地域命名的商人会馆,如北方商人的山西会馆、济宁会馆、怀庆会馆,南方商人的闽粤会馆、江西会馆、绍兴会馆,等。④为了保护和协调异地、同业人员的利益,还建立了不少行业公所,如天津钱号公所、当行公所和芦纲公所,等等。

(二) 开埠后商人队伍的变化

开埠通商以后,商人队伍当中的人员构成发生了变化,包括买办商人的出现和传统商人的分化。

买办商人,最早出现在"一口通商"的广州,职责是代理外商居间贸易,并管理外国商馆里的内部事务;五口通商以后,演变为对外商所延聘的华人中介人员的称呼,即 Comprador,时人音译为"糠摆渡"。据徐珂考证:"西人之来我国,首至之地为广州,彼时外人仅得居于船,不准逗留陆地,而贸易往来,全凭十三行之绍介。遇洋船来,十三行必遣一人上船视货议价,乃偕委员开舱起货。及货售罄,洋人购办土货回国,亦为之居间购入。而此一人者,当时即名之为买办,意谓代外人买办物件者。盖此系我国商号雇用,以与外人交易,与上海所谓买办完全受外人之雇用者,性质尚异也。惟买办之名,则沿袭由此也。自上海开埠,外人麇集,彼时中西隔绝,风气锢蔽,洋商感于种种之不便,动受人欺。时则有宁波人穆炳元者,颇得外人之信用,无论何人,接有大宗交易,必央穆为之居间。而穆又别收学徒,授以英语,教以与外人贸易之手续。及外人商业日繁,穆不能兼顾,乃使其学徒出任介绍,此为上海洋商雇用买办之始。然一宗交易既毕事,则雇用关系亦遂解除,犹延请律师办案者然。最后,外人之来沪者日多,所设行号与华人之交往亦日繁。行号所用之

---

① 王云:《明清山东运河区域社会变迁》,人民出版社,2006年,第130—139页。
② 山西省史志研究院编:《山西通志·对外贸易志》,中华书局,1999年,第31页。
③ 庞玉洁:《开埠通商与近代天津商人》,天津古籍出版社,2004年,第34—42页。
④ 张焘撰,丁绵孙、王黎雅点校:《津门杂记》,卷上,会馆,天津古籍出版社,1986年,第11页。

通事西崽人等,对外购买零物及起居饮食必须之品类,支付款项及种种往来,颇嫌烦琐。于是新开行号,每当延订买办时,并以行内琐务委任之,而买办与行号,乃遂有垫款及代管行事之职务矣。"①

上海开埠初期的买办主要由广东人担任。当时宝顺、怡和、旗昌、琼记4大洋行共雇佣了21个中国买办,其中19个都是广东人,只有怡和的杨坊是宁波人,琼记的陈竹坪是湖州人。这些广东籍买办在追随外国商人来到上海以后,逐渐由单纯的买办向"买办商人"转化;而江浙籍的商人则以商人兼充买办、捐客、代理商的身份出现的,因而也被人们称之为"商人买办"。② 可见,无论是买办商人还是商人买办,都是在为外商服务的同时,还另立炉灶,以谋求更多的私利,二者只有时间先后和业务主次的差别,没有性质和内涵的区别。

天津开埠之初的1866年,外国商人在这里设立的洋行代理处或分号,有15家。外商由于语言、风俗、商业习惯、社会关系等方面的诸多障碍,不得不把行之于上海等地的买办制度引进到天津,支付给买办们高额的佣金,并受其一定的挟制。"倘有一熟谙汉语之商人忽欲摈其买办,则必觉得进退维谷,有如撇开竞选代理人之候选议员"。③ 随着进出口贸易的日趋繁荣,天津买办的人数日益增多。影响和势力最大的,为怡和洋行的梁炎卿、太古洋行的郑翼之、汇丰银行的吴调卿、道胜银行的王铭槐等人。他们在为外国洋行推销商品和收购原料的过程中,采取了代销代购、经销承购和包销包购3种新的商业营销方式。

代销代购,即买办商人作为外国洋行的雇员,直接为外商服务。每当洋行从国外把商品运到天津口岸以后,买办商人不是先购进商品,然后再向内地推销,而是按外商的要求和规定的价格,直接向内地推销;洋行收购农副产品出口时,买办商人也不是先收购产品,然后再卖给洋行,而是按洋行的要求和价格,直接为外商采购。在经营过程中,买办商人可从洋行领取薪俸,并从买卖双方获得佣金和差价,而不担负任何的盈亏和责任。经销承购,就是买办商人依靠外商庇护而建立自己的商号,然后开展业务。他们一方面为洋行推销或购买商品,另一方面又向洋行购买或出售商品;一方面成为洋行的雇员,另一方面又是同洋行做生意的商人。包销包购,就是买办和洋行双方事先订立合同,向洋行承担一定数量的购销任务,以充分保障洋行的相关利益。

买办商人在为外商赚取高额利润的同时,自己也获得了很大的收益。双方相互利用,又互为依存,从而为外国洋行在天津腹地推销商品和收购原料,逐步构建起了一个完善的商业购销体系。从相关资料可知,清代后期,天津的外国洋行,在山西的寿阳、榆次、交城、潞安、汾阳、忻县、新绛、太原等地,设立了许多称之为"外

---

① 徐珂编:《清稗类钞》,第五册,农商类,中华书局,1986年。
② 熊月之主编、陈正书著:《上海通史》第4卷,晚清经济,上海人民出版社,1999年,第232页。
③ 吴弘明整理:《津海关年报档案汇编(1865—1911)》,1866年贸易报告,天津社会科学院历史所,1993年。

庄"的分支机构,作为销售进口洋货和收购当地出口土货的营业网点。这些外庄所从事的进出口业务,大多都是在买办商人的操持下进行运作的。[①]

近代口岸开放以后,新的市场形势和贸易需求,迫使国内传统商人的队伍发生分化和转型。不仅表现在买办的出现,也表现在群体组织的分化以及他们的商业营销内容的变化。

商人组织的分化表现在,随着国内外市场的日益扩大,原有的商业会馆、公所组织,已经越来越不适应商业发展的形势和需要。因为旧有的会馆、公所带有明显的血缘和地域特征,具有封闭性、排他性,缺乏联络,严重地限制和束缚了本组织成员商业活动;而且,它们规模狭小,管理缺乏民主,机构设置也相当杂乱,难以应付西方商品涌入后新的商业竞争形势。有鉴于此,一种能统辖全体工商界的规模较大的新式工商团体——商会,便应运而生。

天津商会出现在清末,由总会、分会或公所组成。天津商务总会下面,有直属于其管理的保定商务总会、张家口商务总会、山海关商务总会,以及设立于秦皇岛、芦台镇、顺德府、磁州彭城镇等县、镇、集市上的商务分会或分所,构成一张联系密切、管理垂直的商业组织网。从属关系方面,各地的分会、分所,在兴办实业、处理商务、抗捐抗税、立宪运动等重大经济和社会活动中,基本上要向天津商务总会征询方策,才会决定其行止。

进入民国时期以后,天津商会的组织结构继续演化。一方面,是新型的直属组织如各行业研究会所和同业公会设立,增强了商会内部的凝聚力和协同力,在更大程度上摆脱了行业封闭所带来的羁绊;另一方面,是商会附属组织系统的扩大,即除商团附属的天津商会外,还有天津公务分会、商事公断处等。这样,直属和附属系统的纵横交织,构成了复合性的商会组织系统。各个子系统数量的增加与相互作用的加大,扩大了商业信息的交流数量,拓展了商会的覆盖区域,增强了商会的经济与社会功能。[②]

二、商业经营内容和营销方式的改变

随着沿海、沿边和内陆100多个一级商埠的对外开放,欧美国家的机制工业品,得以源源不断地抵达各通商口岸并进而输入到其腹地市场。这样,除清政府严格控制下的重要传统物资如食盐等货物,能够继续由官商在指定地区运销外,许多传统农副产品的市场份额,在不同程度上为新的外来商品,如鸦片、机制棉布、棉纱、五金、机器、日用洋杂货等所挤占或取代,从而造成传统手工业生产和销售的衰落,由此导致中国传统的商业经营内容发生了重要变化。

[①] 渠绍淼、庞义才编:《山西外贸志》,上卷,山西省地方志编委办公室印行,1984年,第124页。
[②] 宋美云:《近代天津商会》,第四章"商会网络的建构",天津社会科学院出版社,2002年。

(一) 经营内容的变化

比较明显的商品替代过程,是进口的机纺洋纱代替手纺土纱的过程,在中国传统的棉纺织区域如江南的松江、川沙、南汇,江北的南通、海门、宝坻、高阳,湖北的汉阳,山东的潍县等地区展开,很多手工纺纱者被迫放弃了纺车,转入到用洋纱织布的织布业当中。同时,原先从事贩运与销售土纱土布的商人,也随之改售洋纱洋布了。以河北高阳地区乡村织布业为例,这里以前盛产以土纱为原料的家织窄面土布,自给之外尚部分销往山西、蒙古一带。随着洋纱洋布的输入,高阳原有的土纱土布业深受打击。1906年以后,高阳商会从天津购买了大批新式织机,培训人才,试办工厂,不再利用本地自纺的土纱,而是购买天津中外纱厂出产的"洋纱"来纺织"洋布"。此后,"高阳布业之基础乃渐趋于巩固,大利所在,织布者日多,经营布庄业者亦如风起云涌。宣统二、三年间(按:1876、1877年),制品之销路仅及于附近各县及山西榆次、太原,民国元、二年间(按:1912、1913年)扩充至北京、济南、汉口"。① 高阳乡村织布业的繁荣,自然得益于商人们对外来机纱的输入和对当地"洋布"的输出和销售了。

与此同时,随着大量质优价廉的洋杂货如洋铁、洋针、火柴、煤油等的进口,工艺落后、成本高昂的传统土杂货如土铁、土针、火石、植物油等的销售也日渐萎缩。于是,洋杂货又成为商人和百姓共同看好的热销商品。如天津青县,"自外人通商以来,邑之眼光敏锐者,营充洋行买办,至获巨利。渐而自设行栈,收买内地土货,转售外商或承办各转运事业,蜚声繁盛都埠者,实有数家"。② 而直隶宁晋县,"滨临滏河,交通便利,城市、集镇商业素称发达。近来铁轨繁兴,远方贸易者日众。惟是(棉)花、粮(食)而外,贩洋货奢侈品者颇多。只知图利肥己,不顾民艰,宁俗之日就奢靡,此其重因"。③ 各地百姓也乐用洋货,直隶望都县,"光绪庚子(1900年)以前,居民取火以火镰、火绒、火石取火;燃灯则以瓦灯,棉子、豆、麻等油;炊薪率用柴薪;吸烟则烟叶、烟丝,皆国产也。近则取火易以洋火;燃灯多用煤油,而油坊稀少;炊薪以柴薪不敷,半用煤炭;他如纸烟充斥,洋货盛行"。④ 山西晋城县大阳镇所生产的手工缝衣针,原本几乎垄断了全国的铁针市场。然而天津开埠后不久,欧洲输入的机制钢针,因其光洁、坚硬而又价格低廉,很快就挤占了山西土铁针的原有市场。到19世纪80年代末,就"几乎没有人再使用土针了",这样,山西制造的传统土针,也就从百姓的日常生活中逐渐销声匿迹了。⑤

为适应沿海和国外市场对腹地原料产品的需求,茶叶、生丝、桐油、大豆、皮毛、棉花、药材等土货,也是沿海和国际市场大量需求的原料性商品。于是,收购和运

---

① 经济讨论处编辑:《高阳之布业》,《中外经济周刊》第195期。
② 万震霄等修纂:《青县志》,卷十一,故实志,风俗篇,民国二十年铅印本。
③ 张震科等修:《宁晋县志》,卷一,风俗,民国十八年石印本。
④ 王德乾等修纂:《望都县志》,卷十,风土志,民生状况,民国二十三年铅印本。
⑤ 渠绍淼、庞义才编:《山西外贸志》,上卷,山西省地方志编委会办公室印行,1984年,第145—146页。

销各类原有或新兴土特产品出口,便成为中外商人的重要经营内容。以羊毛等畜产品的出口为例,蒙古高原和西北地区一向盛产羊毛,但在近代以前,其用途仅限于制造当地人用的毡毯和帐篷等,用量很小,绝大部分都因得不到利用而白白地废弃了。天津开埠后特别是20世纪以后,羊毛变成了广大牧区最重要的出口商品之一,大量输往国内外市场。到了20世纪30年代,河北、山东、山西、河南、陕西、甘肃、察哈尔、热河、绥远、东三省,以及新疆、青、宁、蒙、藏等省的羊毛,河北、山西、绥远、陕西、察哈尔、热河等省的山羊绒,都大量运往天津出口。① 与此同时,其他畜产品如各类皮张、羊肠、骨头等的出口量也在逐年加大。羊肠等本来是没有什么用途的,但20世纪以后,却由于出口的需要而大量地"由新、甘两省发至绥远,再由平绥路运平转津;陕、晋各省则由陇海、正太两路转运至平津",出口欧美等国。② 再比如,麦秆以往只能用来喂牛或烧火,而当国际市场对草帽缏产生需求后,它就变成了农民竞相加工和商人竞相贩运的重要商品。农民们"每值农隙,男女老幼,团聚编制,寒苦人家,即借此以生活"。③ 草帽缏的运销,"固有烟台、胶州(青岛)、威海卫、龙口等处,然从天津出口,或从此(天津)转运他埠,惟天津为独多"。④

我国商人的金融活动,以山西票商和安徽徽商最为著名,实行中国传统的经营方式。近代以来,随着现代银行业的兴起,钱业商人走上了与外商合作的道路,而湖州的丝商和苏州的洞庭商人,原本主要经营丝绸和典当业务,他们来到上海后,也逐步涉足外滩银行的金融活动。除了钱业商人走上与外商合作的道路以外,"原有的上海华商群体也发生着一系列的分蘖、衍变",主要表现为华商附股(即"诡寄洋商")、变换投资方向,以及新型企业家的孕育等三个方面;原先的土布贸易行业,向着洋布与土布并进的方向发展;经营杂货业的小商贩,向着京广杂货与洋广杂货业商人,以至近代百货业商人的方向逐步衍变。⑤ 许多早期的新式民族企业家,也就在商业经营内容和方向的演化中,得以培育和成长起来。

(二)营销方式的变化

为适应洋货销售和土货出口的新内容,各地各类商人采用了新的商业营销方式。以天津及其腹地间的洋货销售为例,主要有3种类型。

第一种,是洋行和买办层层控制各级销售网络,这是天津及其腹地洋货营销的主要渠道。以煤油和卷烟的销售为例,美孚、亚细亚、德士古3大油行均以天津为中心,划分若干业务段,直接控制和支配遍布城乡的代理店和分销店。代理店俗称"经理家",所选择的对象多为粮栈、洋广货店或杂货店,通过它们自己原有的销售网,向城乡居民推销油类产品。代理店作为"二批发",负责一个地区的销售业务,

---

① 实业部天津商品检验局:《工商要闻》,《检验月刊》1934年第3—4期。
② 国民政府工商部工商访问局:《天津肠衣调查》,《工商半月刊》1929年第13期。
③ 国民政府工商部工商访问局:《中国草帽缏之制造与销路》,《工商半月刊》1929年第11期。
④ 国民政府工商部工商访问局编:《工商半月刊》1929年1卷11期,"调查"部分,第31页。
⑤ 熊月之主编、陈正书著:《上海通史》第4卷,晚清经济,上海人民出版社,1999年,第232—239页。

它们与油行之间结成托售关系,按照代理契约包销产品。双方在签订油品批发业务合同时,代理商必须先向油行缴纳一笔押金,保证不再经营其他油行的产品,并严格遵照油行规定的价格售油;而油行也不能再包给其他商号经营,并在平时稽查不出问题的情况下,每月按售货额向代理店发放佣金,有时为笼络代理商,也暗地给一些额外的好处。代理店从油行批到油料后,除自身销售一部分外,再转手分发到下一层的分销店去。在英美三大油行天津分公司的辖区内,约有分销店4 000~5 000家。以亚细亚油行太原供应段为例,山西省境内归孔祥熙财团的"祥记"字号独家经营,"祥记"在石家庄、太原、大同等地区都设有代理店,这些代理店又分管大小分销店百余处,布满山乡僻壤。①

天津英美烟公司,也拥有庞大而严密的销售网络,它同样通过各级经销机构、代理店、零售商,将其产品运销到腹地广大地区。由于英美烟公司在中国的总部抗战前设于上海,天津烟公司属于其五大分公司之一,所以天津进口的外地英美烟公司其他品牌的产品,也由天津烟公司的销售网来营销。而各分段又下辖若干较小的县和镇,如天津段的泊头分段,下面又管辖泊头镇、交河、董村、霞口镇、南皮、高川镇、段庄、弓高城、塘上村、淮镇、阜城、寺门村、刘家庄、三里庄、尹家簸箩、老公村、建桥、陈屯等20多个县城和乡镇。在这些县城和乡镇之下,又都设有不止一处的代理店,而每个代理店又掌握着若干个零售商。② 凡此种种营销点,共同组成了严密的卷烟销售网络。

第二种,借助于中国传统的商品销售网络,由中国商人商队直销的方式,销售各类进口商品。只是各地商人的从业人员和运销路线,因其历史积淀的不同而有很大的差异。

天津杨柳青商人的营销方式,称为"赶大营"。光绪初年,包括天津杨柳青人在内的内地商民,为配合清政府重新收复新疆的军事行动,纷纷从事随军贸易。向军士和西北人民销售来自东部口岸的洋货和其他日用品。他们以肩挑车载畜驮等方式,带上各类土洋杂货,分三路往返于天津与新疆等地之间。南路是沿着旧有的驿道,出河北,过山东、河南,穿陕甘,入新疆,以大车和驮运为主;中路是由天津向西,经张家口、归化、阿拉善蒙古草原而抵达新疆的古城(即奇台)、迪化(乌鲁木齐),以骆驼驮运为主;北路是沿京奉、东清铁路北上满洲里,西乘俄国西伯利亚火车、南转阿尔泰支线到塞米巴拉金斯克,再东由塔城入新疆。三路中尤以中路为主,尤其是京绥铁路通至包头以后更是如此。天津杨柳青人在天津与新疆间的经商活动,到民国前期达到鼎盛。"赶大营"的津商及其后继者们,不仅从事新疆当地市场间商品的余缺调剂,经营当地皮毛、药材对俄国的出口,销售俄国进口的工业产品,成为

---

① 闵文:《英美三大油行侵入天津概述》,《天津文史资料选辑》第28辑。
② 肖祝文:《天津英美烟公司的经济掠夺》,《天津文史资料选辑》第3辑。

新疆商界首屈一指的大商帮,而且也贩运内地的京广杂货和天津洋货,并有不少人利用在新疆的商业积蓄,回到天津开办工商企业,在新疆的经济发展以及西北边疆与内地间的经济交流中,起到了重要的桥梁和纽带作用。除天津杨柳青商人之外,内地山西、陕西、甘肃、湖南、四川等地的商人,也是"赶大营"贸易的重要力量。①

队商贸易的另一个代表,是垄断津晋贸易与蒙古高原贸易的山西商人。天津开埠以后,山西商人依然是天津及其腹地间洋货运销的中流砥柱。他们的营销区域,一是在天津和山西之间进行的洋货贩运,二是以张家口和归化等地为主要据点,以"出拨子"的形式对蒙古大草原展开的旅蒙商贸易。山西的商人从天津进口来的英国市布等洋杂货,"以船只上溯子牙河而运至小范镇。在小范装入每辆可载二十包之大车,尔后沿陆路西向运往获鹿县城。该县城位于直、晋交界之山麓,因获鹿至晋省之路不通大车,故须在此更换工具。是故此时须以骡子或骆驼行完抵达太谷县之余程。唯最后四五十哩之路,可借小骡车运送";而"运往蒙古之商货,先由水路运至京郊之通州,后以骡子或骆驼再行一百五十哩,而达于地际南蒙之张家口"。②

随同晋商从事内地与口外蒙古地区洋货和皮毛贸易的还有直隶的顺德(今河北邢台)商人。他们先将包括天津进口洋杂货在内的商品,贩运到蒙古草原西部及宁、甘、青等广大西北地区,以换取当地人手中的皮毛和药材。"资本较小之皮贩,每值秋后或骑骡马,或相伴步行,奔赴西北,彼等所携带资本为布匹、线带、土布、厂织品、火柴等物,对西北各地土人大半行直接交易,近者由骡马或人力运回,远者由邮局运回,或转运公司代运。……资本较大之皮贩,赴西北各地,大部住在商业城镇,如兰州、包头,委托当地商店代买,为现金交易。因顺德皮店、银号与天津银号有交易关系,兰州、包头都设有天津银号分号,皮贩只将现款汇至天津银号,便可到西北各地贩运皮毛……其贩运方式,大半由邮局或转运公司寄回,其临铁道者由火车运至顺德。由皮店作中间介绍,售于天津及其他各地商客"。③

云南马帮在开埠通商之前,也和四川商帮、江右(江西)商帮一样,基本上以贩运土特产的川藏贸易为主要业务,把云南的茶叶、山货、药材、红糖、土布等运销于四川或西藏,又把川产的日用百货转销于藏区或云南各地,再将藏产的氆氇、山货、药材转销于川滇,构织成区域性的物资周转网络体系。洋货大量输入以后,为了追求更为丰厚的洋货销售利润,滇商便利用传统的商贸体系,"从云南各通商口岸或是直接从缅甸、越南、上海、武汉、广州等地,将英、德、日、美等国所产的各种洋货,源源不断运到下关,再由中小商号批购零售于滇西北各市场或是邻省附近地区。这其中商人们主要以大宗经营棉纱、棉花、棉布、烟丝、纸、煤油、毛布、化妆品及其

---

① 樊如森:《近代西北经济地理格局的变迁(1850—1950)》,台湾花木兰文化出版社,2012年,第114—119页。
② 吴弘明整理:《津海关年报档案汇编(1865—1911)》,1868年贸易报告,天津社会科学院历史所,1993年。
③ 实业部天津商品检验局:《检验月刊》1934年2月号,"工商要闻"部分,第14—15页。

他各种洋产日用品为主"。①

第三种,是通商口岸当地或周边地区的个体批零商贩,他们把在口岸城市大量批发来的洋货,或通过店铺和门市小量批发出售,或亲自到城镇和乡间的集市上就近兜售。这些商贩人数众多,各自为政,或车拉船载,或肩挑背扛,在各类进口洋杂货的运销中,表现得灵活而活跃。如山东德州商人,将"洋线由天津水运至州境行销,岁计1 200件,内转山东内地者900件。洋油由天津水运至州境行销,岁计16万箱,内转山东内地者15万箱。……洋布自天津水运至州境行销,岁计900疋,内转邻封各地者500疋。洋纸自天津水运至州境行销,岁计值银500两。杂色洋货自天津水运至州境行销,岁计值银5 800两"。②

腹地土货的采购与出口,与上述洋货的销售渠道基本类似,只是方向上相反而已。主要来说,一是洋行—买办—分庄收购系统,二是皮毛商、棉花商、杂货商等华商收购网络。

天津开埠之初,西方的洋行就纷至沓来,专门从事洋货进口和土货出口方面的业务。他们除设立代理商间接推销洋货和收购土货之外,还在交通方便的次一级经济中心或者原料产地,建立了洋行的分行与分庄。1861年5月,就有天津的宝顺洋行,把洋布贩运到山西榆次。此后数十年间,大约有53家在天津的外国洋行,陆续到山西销售洋货和收购土货。其中,常至者有怡和、良济、隆茂、仁记、新泰兴、高林、聚立、李德、平和、胜茂、德隆、太古、源昌、明义、普尔、涌钰、华泰、宝顺等18家英国洋行;有瑞记、禅臣、礼和、鲁麟、世昌、顺发、地亚士、兴发、瑞丰、兴隆、德义、志诚、乾昌、克立、克罗斯、美最时、乾太、元亨、德信、福隆、顺成、顺威等22家德国洋行;有三井、大町、长峰、义大、武斋等5家日本洋行;有德泰、美丰、益昌、茂生等4家美国洋行;有立兴、华顺、拔维晏等3家法国洋行;还有1家荷兰的恒丰洋行。一开始,这些洋行销售和收购的目的达到后,便很快回到设在天津的洋行本部,不常久居山西,也没有固定的货栈。后来,随着其购销业务的扩展,便在山西的一些商业城镇和土货集散中心,如寿阳、榆次、交城、潞安、汾阳、忻县、新绛、太原等地,设立了十几家常住性的外庄。③ 清末民初的张家口,英、法、美、日、意、德等国商人设立的洋行相当活跃。④ 1911年前后,天津洋行"在甘肃各地设庄的很多。中宁有仁记洋行、新泰兴洋行,中卫有平和洋行、瑞记洋行"。河州(治今甘肃临夏)有9家天津洋行收购羊毛、皮张、肠衣、药材、猪鬃等货物,然后雇用皮筏沿黄河将其运至包头,再通过陆路运到天津出口。⑤

华商当中的皮毛商人,主要是晋商组织的旅蒙商。他们早年以车拉驼载的"出

---

① 周智生:《商人与近代中国西南边疆社会——以滇西北为中心》,中国社会科学出版社,2006年,69—70页。
② (清)冯鹬编:《德州乡土志》,商务,光绪年间钞本。
③ 渠绍淼、庞义才编:《山西外贸志》,上卷,山西省地方志编委办公室印行,1984年,第122—124页。
④ 贺扬灵:《察绥蒙民经济的解剖》,商务印书馆,1935年,第51页。
⑤ 樊如森:《西北近代经济外向化中的天津因素》,《复旦学报(哲社)》2001年第6期。

拨子"的方式，直接到草原深处交换皮毛，运到归化、张家口等各大中级市场集中，然后再转运到天津。进入20世纪以后，旅蒙商改变以前落后的购销方式，纷纷在各中级市场上建立起自己的商号，并且在草原众多的集市和庙会上设立了自己的分号店铺，以作为在牧区进行皮毛收购的据点，从而形成以各中级市场的大商号为根本、以各初级市场的店铺为依托的现代化皮毛购销体系。

  1908年以前，直隶地区的棉花主要自用和纺织土布，由收买布匹的商人贩运到直隶以外的山西和绥远地区销售。"故当时出口（指输出外地——作者注），以棉花制品之棉布为大宗，棉花之出口则甚少"，而"自1908年直隶之西河棉出现于天津市场以后，直隶内地棉花之输向天津日盛"。棉花的收购程序是从最小原始市场即村级棉花市场，逐步向较大原始市场即镇、县棉花市场集聚，然后再由水陆各种渠道运往天津。棉花交易特别发达的地方，有定县的清风店，束鹿县的辛集、旧城、木邱、位伯诸镇，栾城县城，正定县城，石家庄，永年县的临洺关，邯郸县的车站，武清县的杨村，丰润县的小集，玉田县的窝洛沽，吴桥县的连窝镇，南宫县的县城等等。在这些产棉特别集中的县区，"每村甚至都有棉市。乡民早晨担棉（籽棉或花衣）在市上出售，有较大市场特派的商人或专门在此等小市场收买棉花的小商人到市收买，再运至较大的原始市场行轧棉及分类打包等手续，预备装运出口"。①

  禽蛋的方面，华、洋商人的收购方式和地点有所不同：华商大多在河北各县及天津附近一带派人到各村庄订购收买，定期运到天津再转售给洋商；而洋商则大多在河南郑州和山东德州等地设庄收买，或委托华商代办购买。除日商因为距离尚近愿意直接购运鲜鸡蛋外，英、德、法、美等国则在各产区设立蛋厂，利用当地廉价的工资，就地将鸡蛋进行加工，以便于储运，加工成的产品种类有干蛋黄、干蛋白、飞黄白子、湿蛋白、湿蛋黄等。②

  草帽缏收购，大致情况是，乡民将草帽缏编好分束后，由游走于乡间的零星商贩收购，转卖给缏庄；缏庄再将各处集聚而来的草帽缏分类打包后，转运到更大的草帽缏集散中心；再由那里运输到天津等港埠出口。山东商河、掖县、平度、昌邑、寿阳、阳信等县的草帽缏，就往往先由商贩或缏庄在商河等地收集，然后用船运到潍县，由潍县再运到天津或青岛；而山东西部的草帽缏，则先集运到济南，再由济南转运天津等地；直隶大名道的南乐、清丰、濮阳、长垣等县的草帽缏，也是先运往济南，再转运天津；直隶东半部各县的草帽缏，则先在沧州集结，再运往天津。③

  干鲜水果的收购，情形又有所不同。平、津等地的商人多到北平西、北等盛产甜杏、中杏、苦杏的地方，通过向农户预先包株或先向农户贷款，然后让其以杏、仁合价偿还的办法，将所收集来的杏仁运到天津。每年出口到英、美、德三国的约200

---

① 曲直生：《河北棉花之出产及贩运》，商务印书馆，1931年，第87—89页。
② 工商部工商访问局编：《工商半月刊》1930年2卷3期，"调查"部分，第27—28页。
③ 工商部工商访问局编：《工商半月刊》1929年1卷11期，"调查"部分，第27—28页。

吨左右,其余由上海驻天津的大昌德、王成永、怡大隆、源顺祥、隆昌等商家收购运沪,分销他省。① 红枣运销则是,将枣用麻袋装好,由农主或客商自各产地运到天津,存放到各山货栈行。然后把货样拿给江南客商或本地的捐客,由货栈居中促成买卖。天津出口的红枣,运往上海的占50%,运往香港、广东的占40%,其他地区占10%。② 天津市场上黑枣的产地,主要为河北顺德府、蓟州及山东济宁、泰安、乐陵一带。黑枣的运销方法、渠道及行销区域,与红枣基本上相同。③ 而花生则除留作自用外,"其余概行运津"。在津经营花生贸易的洋商,有美记、美最时、礼和、亚利、永兴等家,华商有永泰、广泰、志昌兴、交通、锦泰、永丰、仁和等家。津埠除直接出口带壳花生与花生仁外,还加工成花生油,出口外洋及广东。④

华、洋商人在出口土货的收购中,通过各自不同的渠道和系统,既相互竞争又互为表里,共同完成农牧产品的收购、运输和出口环节,客观上促进了中国国内经济的外向化与现代化进程。

三、市场发育与区域经济一体化的趋势

最晚从19世纪40年代中国沿海的5大通商口岸重新对欧美开放以后,中国就开始卷入了西方主导的经济工业化、市场自由化(也称为全球经济一体化)的浪潮之中。一个很明显的表现,就是到20世纪30年代,中国的沿海、沿边和内陆地区,陆续通过条约和自主开放的形式,对国外开放了100多个一级通商口岸,中国的对外贸易和外国对华投资都有了很大发展,中国已经被动和主动地加入到外向型经济的快车道。同时,中国国内经济的现代化和市场化程度也空前提高。结果,在市场化水平较高的东部沿海,出现了市场要素进一步整合即区域经济一体化的迹象。其中,以珠江三角洲、长江三角洲和环渤海地区的区域经济一体化趋势,表现得最明显。

(一)环渤海经济区

环渤海地区经济的一体化,经历了一个长时间、广空间、多层面的复合发展过程。它肇始于19世纪60年代这一地区39个沿海和内陆通商口岸的陆续对外开放。这些口岸作为连通国内外市场网络的核心节点,引领着该区域的城镇、交通、产业等主要经济领域,率先进入了经济现代化与市场化的行列。到20世纪30年代,这里初步形成了以天津为中心、以青岛—大连为两翼的环渤海外向型经济区,标志着该区域的经济一体化进入了一个新的发展阶段。

首先,经济型城镇成为区域市场整合的核心节点。适应中央集权政治统治的

---

① 工商部工商访问局编:《工商半月刊》1929年1卷13期,"调查"部分,第32—33页。
② 工商部工商访问局编:《工商半月刊》1931年3卷6期,"调查"部分,第7—10页。
③ 工商部工商访问局编:《工商半月刊》1931年3卷7期,"调查"部分,第15—17页。
④ 工商部工商访问局编:《工商半月刊》1930年2卷4期,"调查"部分,第20—25页。

需要,中国北方很早形成了以"都城—治所"为核心的古代城镇网络,政治治理成为城市最基本的功能。近代以后,环渤海城镇的社会功能与空间布局发生了重大变革,为区域经济一体化提供了核心节点。

从19世纪60年代营口、烟台、天津"北洋三口"的被迫开埠,到1922年郑县、徐州自主开放,62年间环渤海地区先后对外开放了39个通商口岸,占中国(含港、澳、台)当年开放商埠总数109个的36%。这些以发展对外贸易为基本功能,并与沿海和国际市场接轨的新型口岸城镇的大量涌现,有力地冲击了以政治功能为主导的环渤海传统城镇格局,成为区域经济一体化进程中的火车头。

同时,轮船、火车、汽车、电报、电话等新式交通、通信方式的出现,带动了一批以发展对外贸易和现代工商业为主要目的交通枢纽城镇,也在环渤海地区快速兴起。沿海港口城市是随着现代轮船运输业而迅速崛起的,如华北的天津、秦皇岛、烟台、青岛、龙口、威海、海州,东北的营口、大连、葫芦岛、安东,等等。内陆现代交通枢纽城市随着火车、汽车运输兴起的,如山东济南、青岛、周村、潍县,河北天津、北平、石家庄、邯郸,河南郑县、洛阳、开封、新乡,江苏徐州、海州,山西太原、榆次、大同,绥远归化、包头,察哈尔张家口、宣化,辽宁大连、沈阳、锦州,吉林永吉、长春,等等。它们被现代轮船、火车、汽车运输和传统水陆交通连通起来,构成遍布环渤海的近代交通网络。

随着现代交通及工业发展对机械动力原料——煤的需求不断增加,近代工矿型城镇也快速发展起来。如河南焦作,河北唐山、临城,辽宁抚顺,山西大同,江苏徐州,山东淄博等,均作为近代兴起的工矿业城市,为环渤海经济的现代化和一体化建设,提供了新的能源和市场支点。

数量众多、分布广泛的现代交通和工矿城镇,不仅改变了环渤海城镇的布局,更引导了城镇发展的潮流。随着它们示范效应的发挥,原来政治色彩浓厚的传统老城市,如西安、开封、北京、济南、沈阳等,其城区范围内的基础设施和产业布局,也都发生了步趋追随的变化。其中北京等旧城,变成了天津主导下的次一级城市;而山东济南和辽宁沈阳等旧城,也纳入了青岛和大连等口岸城市的主导之下,成为区域经济一体化的组成部分。近代以后,以经济为主要职能的各类城镇的兴起,改变了环渤海地区的传统城镇网络结构,为该地区以口岸城市为龙头的区域市场整合布下了必要的核心节点。

第二,便捷化交通成为区域市场整合的传输网络。

受国内政治经济格局与技术水平的制约,清朝前期的环渤海交通尚很落后。连接内陆城市和乡村的,是泥泞的土路和蜿蜒的河流,动力主要是人力、畜力和风力,速度慢,运量小,难以适应沿海和远洋贸易的发展需要;信息传递方面,主要依靠古老落后的邮传系统,难以跟上瞬息万变的政治经济形势。口岸开放以后,轮船、火车、汽车、电报、电话等现代交通、通信工具的发展,构建起以通商口岸为物流、人流、资金流与信息流枢纽的新型海陆交通网络,为以天津、青岛、大连等通商口岸为中心城市的环渤海经济的一体化,提供了传输纽带和技术基础。

第三,市场化产业成为区域市场整合的物质保障。

首先是农业经济作物产业区的形成。在进出口贸易的带动下,环渤海农业的种植结构发生了显著变化,收益较高的经济作物如棉花、麻类、花生、大豆、烤烟等,种植面积大为增加,市场化农业快速发展起来。

同时,牧业产品市场化程度也有了很大的提高。口岸开放以后,天津、营口、青岛的外国洋行,以及山西旅蒙商人和直隶顺德(今河北邢台市)皮毛商,均大量收购华北农家和蒙古草原的畜产品。1928年,天津畜产品的出口曾占到其出口总值的51%,其他年份所占的份额也都在三分之一以上,畜产品出口已成为中国最大畜产品输出口岸天津对外贸易的重要支柱。东北地区的皮毛包括虎皮、豹皮、狐皮、松鼠皮、狗皮等,则大量集中到营口输出。

再者,是城乡现代工业的繁荣。天津作为中国北方的洋务中心,其现代工业最早是洋务派19世纪60年代建设的军事工业和民用工业,包括军工、航运、工矿、电信和铁路企业;同时,外国人也在天津投资创建了轮船驳运、羊毛打包、印刷、煤气、自来水、卷烟等轻工企业;而中国的官僚、军阀和其他民间资本,也在天津投资建厂。1928年,天津中国城区有工厂2 186家,租界内有工厂3 000多家。青岛"有工厂设备者200余家,计40余业,内国资经营者160余家,除华新纺织股份有限公司、永裕盐公司、茂昌股份公司外,资本鲜有50万元上者。外资经营之工厂50余家,日商最多,资本俱雄厚,纺织工厂为尤著"。[①] 唐山、济南、石家庄、太原等其他华北城市,现代工业也有了一定的发展。

在城市工业和国内外市场需求引导下,华北乡村工业也由传统向现代转变。如乡村棉毛纺织、蛋类加工、草帽缏加工、榨油、猪鬃加工、针织、发网花边加工等。其中以河北高阳和山东潍县等地的乡村织布工业最突出。潍县"在家庭工业中可为巨擘者,首推织布工业,现已有20年之历史。农民于耕作之暇,视织布为唯一副业。利用外来棉纱与当地制造之铁机,于农事清淡之际,从事织制各种布定。尤以城东穆村、眉村、潍河沿岸为中心地带。每届织制时代,男女老幼勤苦掺作,闲行乡曲,机杼之声相闻。现据各方估计,木机、铁机2种合计不下6万张,每年各种出品约有390万定,总值在1 090万元之谱。出口种类计分白细布、条子布、方格布、裕裢布、木机布各种",远销云南、四川、贵州、福建、河北、河南、绥远等省。[②] 清朝末年,东北地区的初级加工制造业逐渐兴盛,其中以大连和南满铁路沿线诸城镇的加工业,如油坊、酿酒、缫丝等最为繁盛。同时,辽东各地的新式缫丝机器工场也有不

---

① 胶济铁路管理局车务处编:《胶济铁路沿线经济调查报告分编》,一、青岛市。
② 胶济铁路管理局车务处编:《胶济铁路沿线经济调查报告分编》,一、青岛市。

少,1929年,奉天有缫丝厂34家,资本总额326万余元;海城有11家,资本总额63万元。①

另外,就是上文详述的新型商业营销网络的建立。华、洋两大商业网络,既相互竞争又互为表里,共同组建起了以天津、青岛、大连等通商口岸为国内终点市场、以进出口业务为基本内容的新型商业营销网络。

总之,在环渤海经济一体化的过程中,城镇网络格局由政治职能城市为主向经济职能城市为主的转变,为该区域提供了走向经济一体化的发展龙头与核心节点;从水路到陆路、从沿海到内地、从传统到现代的交通方式的进步,保障了区域人流物流信息流的畅通;农、牧、工、商业市场化与现代化程度的不断提高,为区域经济的繁荣奠定了坚实的物质基础。区域经济一体化的核心,是主要市场要素不断整合,市场联系不断强化的过程。近代环渤海经济一体化程度提高的市场表征,就是20世纪30年代,以天津为中心、以青岛—大连为两翼的环渤海外向型经济区的初步形成。

1. 以天津为核心的华北西北外向型经济区

天津是近代北方最大的经济都会,其直接和间接的经济辐射范围包括华北和东北的西部、西北大部以及内外蒙古的广大地区。而就环渤海的空间范围而言,包括天津统领之下的河南郑县(今河南郑州)、山西阳曲(今山西太原)、陕西西安、察哈尔张家口、绥远包头5个二级市场所能直接辐射到的区域。天津由一级市场、5个二级市场,加上其下的众多三级(也称初级、产地)市场一起,共同构成了近代环渤海最大最强的核心经济区。

郑县本来只是豫中的一个普通小县。京汉、陇海两条铁路在此地的交汇,奠定了其中原现代化交通枢纽的地位。它以棉花转运和加工业的发展而兴起,其工商业"繁盛街市,为大通路、钱塘里、敦睦里、天中里、三多里、福寿街,皆在车站之东,经商多汉口、天津人,河南人竞争于商业者,颇不多见。工厂有豫丰纱厂、中华蛋厂、大东铁器厂、利济织布厂、省立郑县贫民工厂等";"河南、陕西、山西三省之棉花,多会集于此,然后转销于天津、汉口、上海等处。故郑县成为北方棉花大市场之一"。②

阳曲作为天津对山西经济辐射的次级城市,店铺林立,商业繁盛。1907年正太铁路通车以后,太原和天津的商业贸易进一步扩大,销售进口商品的洋货行成为太原最活跃的行业。进入民国以后,太原商业进一步发展,商业区日益扩大,以经营天津进口商品为重要内容的开化市场成为太原最热闹的市场。20世纪20年代,太原有各类商业店铺2500多家。一些大商号如主要从天津进货的义升厚棉布庄、

---

① 丹东市民建、工商联:《丹东柞蚕丝绸发展简史》,《辽宁省文史资料》第1辑。
② 崔宗埙:《河南省经济调查报告》,财政部直接税署经济研究室,1945年,第40页。

除零售外,还大量转批给太原市内以及晋中等外地的布匹销售商。1934年同蒲铁路的贯通,进一步提高了太原的经济地位,它既是山西"全省进出口之中心,亦天津商埠之尾闾"。①

自1934年12月陇海铁路西展到西安后,它便进一步成为秦岭以北、乃至西北地区商品输出入的枢纽和最大市场之一。从天津、上海、汉口等地输入的绸缎、布匹、油类、颜料、食糖、纸烟及其他普通日用品等由火车运抵西安后,商人们便通过汽车、大车、马车、牲畜、人力等转运到省内各中小市场销售。随着铁路的通达和抗日战争后方基地的加速建设,西安的近现代工商业也有很大发展,门类遍及钢铁、机器、化工、建材、印刷、棉毛纺织、制革、制药、火柴、面粉、酒精、榨油、碾米、打包等领域,成为天津辐射西北地区的门户市场之一。

察哈尔的张家口,自清中期以后就逐步发展成塞北的贸易中心。在1909年京张铁路通车、1914年自开为商埠以后,商品交流更加繁荣。自1918年"边防军筹建汽车路以还,输运愈便,商务尤盛,西沟'外管'(专做内外蒙古生意的店号)增至1 600家,贸易额达15 000万两,计进口8 000万两,出口7 000万两,是为张(家口)库(伦)交易鼎盛时期,凡西沟外管,类多在库伦设立分号,不下六七百家,旁及恰克图、乌里雅苏台等处"。其商业上的势力范围,东括多伦诺尔、赤峰一带,西沿京包铁路达于归化、包头、石嘴子(今宁夏石嘴山市)并辐射甘肃、新疆地区,南至宣化,北抵外蒙古的库伦和俄属西伯利亚。②张家口成为天津对塞外倾销洋货并吸纳内、外蒙古皮毛等货物的一大商品集散市场。

包头位于黄河中上游河运与陆运的联结点,1850年以后黄河中上游的皮毛开始在此中转,形成小型皮毛市场。天津开埠后,西北地区的皮毛和甘草等向包头集结的数量有所增加。1921年,归绥至包头的铁路动工,北洋政府宣布包头为自开商埠。1923年,延伸到包头的京绥铁路通车,包头在西北地区商品交流中的桥梁作用迅速体现出来。"包头据西北中心,当水陆要冲,东由平绥路直出平津,以达内地,以通外洋,南连晋陕,西接宁、甘、新、青,北通内外蒙古,凡由内地运往西北各处之零整杂货及由西北各处运赴内地之皮毛、药材等货,均以包头为起卸转运之中枢"。③

2. 以青岛为核心的华北东部外向型经济区

青岛是山东省大部、河南省东部和江苏省北部黄河流域部分的国内终点市场。它的"航路,南可以到达上海、香港,北可以到达天津、大连,东可以通朝鲜、日本,交通便利,贸易发达,山东的商业集散地。输入品以织物、火柴、煤油、砂糖、染料等为大宗,输出以煤、铁、盐、草帽缏、花生、豆油、麦、果实等为主要,每年的贸易额,竟达

---

① 实业部国际贸易局编纂:《中国实业志(山西省)》,第三编第一章"太原",内部刊印,1937年。
② (日)石田秀二:《张家口棉布贸易》,东京三井物产株式会社天津棉花支部大正八年(1919年)调查,三井文库藏,第5页。
③ 廖兆骏纂:《绥远志略》,第269页。

六七千万两。所以我国北方的商港,除掉天津、大连以外,就要推青岛了"。① 同时青岛纺织业、食品加工业、火柴业、面粉业等近代工业也很发达,整体发展水平在北方仅次于天津。以青岛为经济中心城市的华北东部市场网络,统领着烟台、济南、海州3个二级市场。

烟台是山东第一个对外开放的贸易口岸,大约在1860—1910年的半个世纪时间里,它在山东大部和河南东部广大区域的对外贸易中,居于无可替代的主导地位。烟台进口的火柴、洋纱等货物,除在胶东销售外,通过烟台—潍县—济南间的陆运大道,以及羊角沟—济南黄台桥的小清河水道,再溯黄河向西运销到山东西部、河南东部,甚至山西和陕西的部分地区;然后再收购当地的土货,运回烟台出口到沿海和国外市场。只是在1904年胶济铁路通车后,烟台的直接经济腹地才被青岛、济南挤压到潍县以东、山东半岛北部沿岸地区,但是,其年进出口贸易额依然保持在5 000万海关两,仍不失为山东半岛的重要口岸。②

济南作为省会和区域性工商业城市,对外贸易早期从属于烟台主导的市场网络。济南通过烟潍大道的延长线和大清河(即黄河山东段)、小清河,每年从烟台港口输入大量的洋货,并输出部分土货。1904年胶济铁路通车后,济南的对外贸易对象开始转向青岛。1906年济南自行开为商埠后,烟台、青岛的洋行纷纷到济南经营与口岸贸易有关的土洋货输出入业务。济南的商圈范围,除了山东省西半部外,还向西延伸到河北省南部以至山西省的一部分,向北到达河北省泊头镇与天津商圈相接,向南抵达徐州、蚌埠与上海商圈相竞争。其所集散的商品中,输出品主要有棉花、麦粉、花生、桐材、活牛、鸡蛋等,输入品主要有棉纱、棉布、烟草、茶、砂糖等,年输出入贸易总额达1亿5千万元。③ 不过,由于它仍然依靠胶济铁路和青岛港作为商品进出的主要渠道,加之现代工业和对外贸易的发展又与青岛相差甚远,综合经济实力上仍属于青岛主导下的次级城市。

海州是苏北地区的重要城镇之一,粮食集散贸易一向发达,1921年开为商埠,隶青岛胶海关。据1936年统计,连云港与上海的贸易占其总额的49.2%,与青岛间的贸易占其贸易总额的11.1%,反映出海州地区在青岛市场网络中的边缘性,以及青岛—上海两大商埠在豫东—苏北地区的腹地交叉关系。但从青岛的角度来看,海州市场圈依然是其主导下的华北市场网络的重要组成部分。青岛与苏北和豫东地区之间的经贸往来,主要通过连云港和陇海铁路的联运实现。1922—1931年间,"德国管理胶澳时所编之统计,出口牛肉,70%来自豫省,20%产于鲁省西部,10%运自冀省南部。以上成分,迄今未变";同时中原的生铁、桐树、棉花也多通过子口税单运往青岛出口;青岛进口的煤油、洋烛等,也多用子口税单销往河南、山

---

① 陈博文:《山东省一瞥》,商务印书馆,1925年,第63页。
② (日)滨田纯一:《现代大支那》,东京现代大支那刊行会,1931年,第918页。
③ (日)佐佐木清治:《北支那的地理》,东京贤文馆,1937年,第95—96页。

西、河北等省份。①

3. 以大连为核心的东北南部外向型经济区

大连是东北南部和内蒙东部的外贸中心,"海陆航运极为发达,其贸易额常占(全国)第二位,次于上海,与天津相颉颃"。② 其下统领着营口、长春、安东3个二级市场。

与烟台—青岛的关系一样,营口—大连的市场统属关系,也经历了一个主次颠倒的过程。营口作为东北地区最早的近代通口岸,开埠后迅速发展为该区域最大的商埠。大量进口鸦片、棉纺织品、煤油、五金、砂糖等货进入营口,同时豆货、皮毛等出口土货也通过各级市场大批集聚到营口。从1861年到20世纪初年,营口的腹地范围,从辽河平原两侧地方,扩大到辽宁省西部和东北中北部吉林、黑龙江两省的部分地区。20世纪初年现代铁路畅通后,东北各港口对腹地的争夺日益剧烈,营口才逐渐屈居于大连之下。1907年,营口尚占东北贸易总额的66%,而1927年,大连港占有东北贸易总额55%,营口则下降为12%。③

18世纪末叶以前的长春,尚为蒙古郭尔罗斯前旗游牧之地,以后因垦荒和人口的集聚,出现了聚落。1874年升为长春府,逐渐成为附近地区的农副产品集散中心。1905年以后长春因位于南满铁路最北端,同时位于中东铁路南部线路的终点,成为重要的铁路枢纽,1912年后更有吉长铁路交汇于此,故而快速发展成为东北中部的最大市场。1919年前后,"吉省商业中心点,输出入货物均集中于此,故市场至为宏阔,总计大小商埠1 200余家,规模较大者计有粮栈30余家,其资本较巨,十万乃至二三十万元"。④ 长春迅速发展成为取代原省城永吉的区域性中心城市。

安东濒临鸭绿江右岸,与朝鲜新义州隔江相望。光绪二十九年(1903年),根据中美通商行船续约开为商埠,1906年正式开埠,1907年设立海关。辽东各地所产大豆、高粱、柞蚕、木材均在夏季水涨时,利用鸭绿江运抵安东,成为东北东南部木材、柞蚕茧丝、粮食等物品的出口贸易中心,其"贸易之繁衍,已见乎蒸蒸日上,殆不可遏。而日本与俄国通过东三省之贸易,亦达于美满之境,本口洵为其媒介之地点耳"。⑤ 在1907—1931年间,安东港的贸易对象主要限于日本和朝鲜之间,核心腹地为其周围的凤城、岫岩和庄河以及鸭绿江沿岸的辑安(今集安市)、通化、临江、长白等县,大东沟(今东港市)、大孤山等也成为安东港的附属港,凸显了安东的区域性贸易中心地位。

环渤海经济的一体化,促进了该区域内部的经济交流和进出口贸易发展,加速

---

① 青岛市档案馆编:《帝国主义与胶海关》,1917—1925年胶海关华洋贸易统计报告,档案出版社,1986年。
② 王惠民:《新东北指南》,商务印书馆,1946年。
③ 满铁庶务部调查科编:《满洲贸易详细统计》1926年(上),《近代中国史料丛刊》第3编76册,台湾文海出版社影印,1988年。
④ 中央银行管理处编:《东三省经济调查录》,1919年。
⑤ 茅家琦主编:《中国旧海关史料》,中华民国二年安东关华洋贸易情形论略,京华出版社,2001年,167页。

了各经济领域和产业部门的市场化和现代化。20世纪30年代,环渤海地区的多项经济发展指标,均已达到了国内领先水平。对外贸易上,天津的皮毛、棉花、草帽缏,青岛的花生,大连的大豆等重要农畜产品的出口量均占全国首位。工业现代化方面,天津已成为仅次于上海的中国第二大工业城市,青岛棉纺织工业的也仅次于上海。如果把东北南部大连、长春、抚顺、鞍山等地工业数据统计在内,环渤海在全国现代工业发展中的地位,还会更高。近代环渤海经济一体化,显著提高了该区域城镇、交通、产业等主要经济领域的市场化和现代化水平,促进了区域内部的市场整合以及区域内外的经济联系,初步形成了以天津为中心,以青岛—大连为两翼的外向型经济区,扭转了自唐宋以降北方经济发展的颓势,提升了这一地区在全国的经济地位。

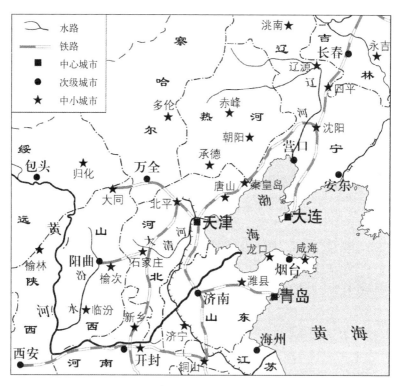

图1-7 1934年前后环渤海经济区的市场格局示意图

(资料来源:《中国分省新图》,申报馆,1934年。)

(二)长三角经济区[①]

1843年上海重新对西方开埠以后,逐步由苏州的外港,发展成为辐射长三角

---

① 本节有关长三角和珠三角的论述,主要参考方生著:《近代经济区的形成与运作——长三角与珠三角的口岸与腹地(1842—1937)》,复旦大学历史地理研究中心博士学位论文,2007年,未刊稿。

以至长江流域,乃至北方广大地区的中国第一大港口城市和现代工商业中心。其中,长三角地区是其最为核心、市场整合程度最高的直接经济腹地。到民国时期,已经初步形成了一个以上海为龙头的长江三角洲现代经济区。

这主要体现在,上海已经取代了苏州,成为该区域的经济中心、金融中心、门户口岸;同时,上海与长三角各地之间,通过交通、物流、城镇的联络与重组,形成了一种超越商品互补的,集资金、技术、制作的地域分工与协作于一体的经济共同体。其基本特征是:第一,长三角地区是上海中心城市最大的经济腹地;第二,苏州、杭州、嘉兴、湖州、镇江、无锡、常州、扬州,是连接长三角经济区的主要支点,并且网络的密度从中心向边缘递减;第三,太湖流域是长三角的核心区,是主要资源的集中区;第四,长三角内部与沿海的水运交通,是影响区域内部经济整合的基础。

1. 沪苏锡常地区

苏州、武进、镇江、丹阳、宜兴、溧阳、溧水、高淳、句容、嘉定、太仓、松江、南汇、青浦、金山、崇明,从上海与无锡采购原纱织布。① 上海设立机器缫丝厂后,形成了以上海为中心无锡次之,苏州、镇江又次之的情形。

(1) 上海、无锡、苏州、武进

20 世纪初,随着生丝出口贸易的扩大,近代缫丝技术的传入与新式商人的投资,无锡发展成为长三角地区另一个机器缫丝中心,20 世纪 30 年代初有工厂 171 家,大约 6 万工人,资本总额达 1 500 万元,主要有缫丝、针织、棉织、碾米类。当时无锡是江苏商业最繁盛的地区,仅次于上海,是内地的工业中心。"因此上海附近各城镇,近年来亦渐有脱颖而出之现象,尤以无锡发达最速,至今居然工厂林立",有"小上海"之称。苏州,新式工业不甚发达,但传统的丝绸、手工艺品、农产品颇为兴盛。商业金融颇盛,主要来自上海的银行、富户的存款,镇江、南京在接济江北不足时,常常依赖苏州,"吴县之金融,实为南京镇江与上海之中介"。苏州的富户大多在上海经商,"投资本地的极少,故本县成为一大规模的消费区域"。② 小轮船以苏州为中心,分别通达县内各地,以及苏南浙北主要的城镇。武进交通便利、农产丰富、文化发达,传统手工业、新式机械制造、电气颇为兴盛,县城、奔牛、戚野墅的市镇商业发达,以县城为中心的交通网络,连接江阴、镇江、无锡、金坛、扬中等地,内河城镇之间均有航船往来。

(2) 松江、嘉定、丹阳、常熟、吴江、青浦、崇明

松江,农产品等主要销往上海,土布等制品销往长江沿线,处在京沪铁路线上,与闵行、上海、平湖、朱泾、嘉兴、杭州等地均有小轮船往来。嘉定,主要农产为米

---

① 实业部国际贸易局编:《中国实业志·江苏省》,第二编第三章,实业部国际贸易局,1933 年,第 68—69 页。
② 实业部国际贸易局编:《中国实业志·江苏省》,第四编第四章,实业部国际贸易局,1933 年,第 40 页。

棉,尤其是棉花,手工制品、织品也颇多,县城至南翔、安亭至太仓、青浦的航船,有小轮通上海、苏州。县城商业一般,南翔最为繁盛。丹阳,处在运河与京沪铁路之上,民众在苏常沪或江北经营商业,农产与丝绸均对外销售,县境内均有航船往来。常熟,文化向来发达,工商业也比较兴盛,交通以小轮船为主,县内各地均有航船往来。吴江,小轮船与陆路交通均便利,县城商业尚不及盛泽、同里、芦墟等大镇,与沪、苏锡常、杭嘉湖均往来密切。青浦,朱家角、青浦、安亭、黄渡、上海等地之间有小轮船往来。

(3) 金坛、溧阳、江阴、宜兴、昆山、太仓、宝山、奉贤、金山、川沙、南汇

金坛、溧阳位于宁镇山脉之南丘陵地带,在长江三角洲地区内,水陆交通相对较差,商品性农业与家庭外向性手工业比例较低,原材料或半成品一般运销常州或无锡。

江阴、宜兴、昆山、太仓、宝山、奉贤、金山、川沙、南汇处于上海、无锡两大工业中心城市的边缘,位于河网密布地带,交通便利,经由内河轮船能便捷地到达城市工业区或商品集散市场,这些县在与沪、锡的经济联系与互动上,与上述(2)类的松江等各属有一个相似之处,同时又有一个明显的相异之处。相似之处而言,这些县别在经济上均直接联系沪、锡都市,参与近代城乡产业分工。就其显著的不同而论,以上各县农业生产的商品化程度和手工业产业层次都相对较低,与沪、锡经济联系的强度明显不及(2)类区域。

2. 嘉兴湖州区

(1) 嘉兴、湖州

嘉兴,蚕丝、染织产品行销江浙两省各县镇,以及邻省的主要口岸,尤其是上海、常州两地。手工布厂的纱线来自上海,成品运销嘉兴、湖州各县。一共有工厂22家,资本798 200元,职工1 537人。① 嘉兴"钱币视沪市价为低昂",县城与新胜分别设立县商会、镇商会,以及一系列的行业商会。米谷销售于嘉善、松江、上海、平湖、海盐、盛泽、桐乡、吴兴、崇德、杭州。湖州县内均通轮船,交通便利,丝绸大多集中于南浔镇缫成经丝,再运到上海出售外方。20世纪20年代以后上海纷纷设立丝绸厂,沪产沪销,由于没有绸捐,且与湖州丝绸种类类似,所以湖丝大受影响。碾米厂来源于宜兴、长兴、安吉、孝丰、泗安、梅溪、广德、无锡、吴兴。商贩的道路,东由南浔到江苏震泽,到上海,南由德清杭州、西走安吉孝丰,北走湖溇到苏州、常州,中间可以相通。

(2) 海宁、嘉善、桐乡、崇德

海宁,交通便利商业发达,输出以丝、土布、桑等为大宗,输入米、油、南货。处在沪甬杭交通线上的硖石镇商业最为繁盛,县内其他地方仍然以农业经营为主。

---

① 实业部国际贸易局编:《中国实业志·江苏省》,第三编第七章,实业部国际贸易局,1933年,第95页。

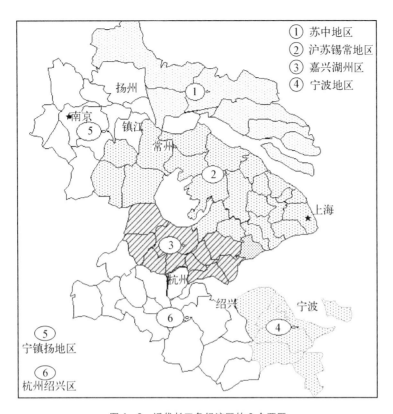

图1-8 近代长三角经济区的6个亚区

（资料来源：据方书生：《近代经济区的形成与运作——长三角与珠三角的口岸与腹地(1842—1937)》，图4-3，复旦大学博士学位论文，2007年，未刊稿。）

嘉善，以农商为主，工业次之，大小店铺一千余家，西塘的商业超过县城。桐乡，60％农业，商业20％，工业10％，丝绸、烟叶等多运销附近的城镇，过境的货物有上海的洋货、杭州的纸张等，进出口都依赖水路。崇德，蚕桑发达，地处要冲交通便利，商旅往来不绝。

（3）长兴、安吉、德清、武康、海盐、平湖。

3. 从通海地区到江北平原区

（1）南通、海门

江北平原第一经济中心——南通：大达公司在南通天生港设立扬通、沪通航班，另有南通至如皋、海安、泰州线、南通吕四线等。陆上北经如皋到海安镇，东南到海门启东，西到天生港，均通车，可以运销棉花、土布等。内河与掘港、吕四镇有运盐河相通。串场河，北起阜宁，南经盐城、东台、如皋、南通入海，支流很多。[1] 1899年张謇创办通州大生纱厂，后来又在崇明、海门增设工厂。晚清以来南通地

---

[1] 殷惟和：《江苏六十一县志》，上卷，南通县·城市，民国二十五年印本。

区工商业迅速发展,规模最大的为大生纱厂,南通、海门、靖江、启东四县农民从南通纱厂获得原料,制成土布出口。其他的主要有铁厂、面粉厂、油厂等,以及垦殖公司。南通"为中国内地最发达的一个实业区,与无锡齐名,其在江北经济上的地位,已在扬州之上"。① 海门,南通的东沙嘴,稻棉、棉布,设有大生第三厂,有轮船通启东、崇明、上海。

(2) 启东、泰州

启东,位于长江口新冲击的北侧,棉稻、棉布,有轮船通海门、崇明、上海。泰州,"入县商品大都以上海为泉源,直接自产区输入者不得一二,以舶来货为大宗,近十年来各市添设洋货业颇盛"。② 上海扬州的小轮船经过,县内均通民船。

(3) 如皋、高邮、东台

如皋,北通海安南到南通,有南通至如皋的班轮线、小轮船线。沿盐运河商业颇为发达。高邮,商业不盛,镇江与淮安之间小轮船过境。东台,东台的稻麦销往上海、无锡、泰兴、泰县、南通、如皋等地。

4. 宁镇扬地区

(1) 南京

南京的土布大多销往北方省份,南京为消费性都市,转口运输较多。江宁县所产大多供给于南京。句容"风俗闭塞,文化不进,惟……居民性质纯朴,无浮夸奢靡之习",商店仅县城与财帛港一带较盛,多为日常用品而已。溧水"地方闭塞,文化落后,民风朴实"。③ 江浦县浦镇远超过县城。高淳与溧水相邻相似。六合县输出的粮食、杂粮、蚕丝等沪宁无锡等地。六合的小麦运上海、无锡,杂粮运浦口、南京、镇江,鸡蛋专销南京。

(2) 镇江、扬州

镇江,海关的资料显示,黄河与运河交界处,直到扬州长江口,为镇江的转口贸易区,大约为运河沿线地区,以及与之有水路相通的淮河中下游的大部分地区。扬州,除了一家电气公司,几乎没有新式工业,手工业主要是日用品、化妆品、手工艺品。消费性城市,工业不发达,商业主要是供本城消费。在扬州活动的主要是盐商,以及与此相关的 30 余家钱庄。钱庄分盐帮与铺家,前者规模远大于后者,每年的资金流动大约千余万。对外联系分为南路与北路,南路是连接镇江、苏州、上海,北路是连接芜湖以上的部分。仪征,从苏州、宁波获得原料织造席子,交通上扬州与南京、镇江与六合的道路经过仪征。扬中,长江沙洲新垦地,居民多在江南谋生。靖江,有轮渡与江阴往来,县城颇小,市镇商业平常。

---

① 张其昀编:《本地地理》(上),钟山书局,1934 年,第 104 页。
② 单毓元等纂:《泰县志稿》,卷二十一,《商业》,民国二十年修,1962 年印本。
③ 李长傅:《(分省地志)江苏》,中华书局,1936 年,第 250—260 页。

5. 杭州绍兴区

在浙江金融分区中,杭州包括杭嘉湖、绍金衢严,安徽徽州、江西上饶,所以自称一个独立区。(1) 杭州、绍兴,(2) 余杭、萧山、临安,(3) 孝丰、于潜、昌化、新登(其他尚未纳入长三角经济区)。

6. 宁波地区

宁波,在清咸丰年间开始流通过账洋,这是一种虚拟的货币,根据市价现升或贴水,与上海的九八规元类似,通行慈溪、奉化、镇海、象山、南田、定海、余姚各县。①

(三) 珠三角经济区

近代珠三角经济区发育的地理空间,集中在自然地理意义上的小珠江三角洲范围之内,即"三水—广州—石龙"一线以南的冲积平原,面积为8 601平方公里,行政上相当于三水、番禺、南海、顺德、东莞、新会、新安、香山、新宁等县。在此基础上加以扩展的以西江高要、北江清远、东江惠州为界的大珠三角,尚达不到一体化的市场整合力度。

在空间层面上,小珠三角经济区的地域范围之内,各港基本上沿着主要河流的下游与便捷的水运交通线展开,粤、港、澳三港的核心腹地分别沿着珠三角的一个端点,各自依托背后的一片区域,形成了一个相对分离的贸易经济区。沿海的汕头、北海、琼州形成相对独立的贸易圈。内河的江门、梧州、三水、南宁,形成粤、港中心之下的次级贸易圈。就边缘腹地而言,在陆上以广州最为辽阔;在沿海以香港的范围最广。

在腹地结构的层面上,首先,表现为腹地重合度的增强,粤、港、澳及江门口岸之间的重合度相对较高,尤其是边缘腹地,几乎完全重合,三角洲西南部已经成为各港的共同腹地。其他口岸则相对较为独立。其次,表现为粤、港核心腹地的变动,广州向内陆收缩并向东江下游扩展,香港以沿海地区为主,并且向珠三角与三江下游扩张,省、港的主导地位相当明朗,其他口岸的相关变动则不明显。

由图1-9可以看出,岭南诸港在空间层面上,核心腹地局部重叠、整体离散,与边缘腹地局部离散、整体重叠,正是华南经济区尚未定型的表现。而在结构层面上,香港与广州等港口分别具有的转口港与腹地港的色彩,则显示出该地区具有的省—港双核经济结构。凡此均表明,到了民国年间,虽然岭南地区的整个大珠三角经济区尚处在萌生状态之中,但是,在小珠三角地区,市场之间却有着高度的重合度,显示出近代意义上的(小珠三角)经济区,已经基本上形成了。② 综上所述,从近代国内商业发展的视角,可以得出这样的认识:从时间上来

---

① 盛慕杰:《浙江近代金融概要》,《浙江文史资料选辑》第46辑,浙江省政协文史资料委员会,1992年。
② 方书生:《近代经济区的形成与运作——长三角与珠三角的口岸与腹地(1842—1937)》,复旦大学博士学位论文,2007年,未刊稿,第129—130页。

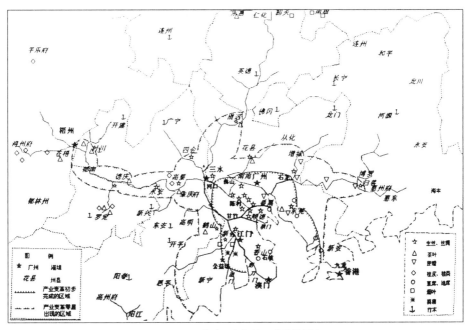

图 1-9 近代珠三角经济区的腹地层级

（资料来源：据方书生：《近代经济区的形成与运作——长三角与珠三角的口岸与腹地（1842—1937）》，复旦大学博士学位论文，2007年，未刊稿，图 4-9。）

说，中国近代的经济现代化过程，是以口岸开放为其起点的；从内容上来说，又是以国内外市场之间的进出口贸易为物质基础，进而走向工业、金融和技术现代化之路的。所有这些经济领域发展成就的取得，无不是以商业的近代化转型和进步为开端和依托的。

附表 1-1　各口岸开埠、新关完建时间表

口 岸	口岸所在地带*	开埠条约签订时间	开埠时间	新关设立完成时间
广　州	南方沿海	1842 年 8 月 29 日	1843 年 7 月 27 日	1859 年 10 月 24 日
上　海	东南沿海	1842 年 8 月 29 日	1843 年 11 月 17 日	1854 年 7 月 12 日
宁　波	东南沿海	1842 年 8 月 29 日	1844 年 1 月 1 日	1861 年 5 月 22 日
厦　门	东南沿海	1842 年 8 月 29 日	1843 年 11 月 2 日	1862 年 3 月 30 日
福　州	东南沿海	1842 年 8 月 29 日	1845 年 5 月底	1861 年 7 月 14 日
潮　州	南方沿海	1858 年 6 月 26 日	1860 年 1 月 1 日	1860 年 1 月 1 日
琼　州	南方沿海	1858 年 6 月 26 日	1876 年 4 月 1 日	1876 年 4 月 1 日
淡　水	台湾沿海	1858 年 6 月 26 日	1861 年 7 月 29 日	1864 年 5 月
鸡　笼	台湾沿海	1858 年 6 月 26 日	1863 年 10 月 11 日	1863 年 10 月 11 日
打　狗	台湾沿海	1858 年 6 月 26 日	1863 年 10 月 26 日	1863 年 10 月 26 日
台湾府	台湾沿海	1858 年 6 月 26 日	1865 年 1 月 1 日	1865 年 1 月 1 日

续 表

口 岸	口岸所在地带*	开埠条约签订时间	开埠时间	新关设立完成时间
天 津	华北沿海	1860年10月24日	1861年3月23日	1861年5月1日
登 州	华北沿海	1858年6月26日	1861年8月22日	1863年3月23日
牛 庄	华北沿海	1858年6月26日	1861年6月12日	1864年5月9日
镇 江	长江沿岸	1858年6月26日	1861年5月10日	1861年5月10日
九 江	长江沿岸	1858年6月26日	1861年6月	1862年1月
汉 口	长江沿岸	1858年6月26日	1861年3—5月间	1862年1月1日
江 宁	长江沿岸	1858年6月26日	1899年5月1日	1899年5月1日
伊 犁	新疆沿边	1851年8月6日	1852年4月4日	不设关
塔尔巴哈台	新疆沿边	1851年8月6日	1852年4月4日	不设关
喀什噶尔	新疆沿边	1860年11月14日	1881年后	不设关
库 伦	蒙 古	1860年11月14日	1861年7月	不设关
宜 昌	长江沿岸	1876年9月13日	1877年4月1日	1877年4月1日
芜 湖	长江沿岸	1876年9月13日	1877年4月1日	1877年4月1日
温 州	东南沿海	1876年9月13日	1877年4月1日	1877年4月1日
北 海	南方沿海	1876年9月13日	1877年4月1日	1877年4月1日
重 庆	长江沿岸	1890年3月31日	1891年3月1日	1891年3月1日
嘉峪关	西 北	1881年2月24日	1881年4月	不设关
吐鲁番	新 疆	1881年2月24日	1881年4月	不设关
科布多	蒙 古	1881年2月24日	1881年4月	不设关
乌里雅苏台	蒙 古	1881年2月24日	1881年4月	不设关
哈 密	新 疆	1881年2月24日	1881年4月	不设关
乌鲁木齐	新 疆	1881年2月24日	1881年4月	不设关
古 城	新 疆	1881年2月24日	1881年4月	不设关
龙 州	南方沿边	1887年6月23日	1889年6月1日	1889年6月1日
蒙 自	西南沿边	1887年6月23日	1889年8月24日	1889年8月24日
蛮 耗	西南沿边	1887年6月23日	1889年8月24日	1889年8月24日
河 口	西南沿边	1895年5月28日	1897年1月	1897年1月
思 茅	西南沿边	1895年5月28日	1897年1月	1897年1月
腾 越	西南沿边	1894年3月	1902年5月8日	1902年5月8日
亚 东	西藏沿边	1893年12月5日	1894年5月1日	1894年5月1日
三 水	珠江沿岸	1897年2月4日	1897年6月	1897年6月
梧 州	珠江沿岸	1897年2月4日	1897年6月	1897年6月
长 沙	长 江	1902年9月5日	1904年7月1日	1904年7月1日

续 表

口岸	口岸所在地带*	开埠条约签订时间	开埠时间	新关设立完成时间
万 县	长江沿岸	1902年9月5日	1925年11月26日	1925年11月26日
江 门	南方沿海	1902年9月5日	1904年4月22日	1904年4月22日
江 孜	西 藏	1906年4月27日	1908年9—10月	1908年9、10月
噶大克	西 藏	1906年4月27日	1909年	1909年
苏 州	东南沿海	1895年4月17日	1896年9月26日	1896年9月26日
杭 州	东南沿海	1895年4月17日	1896年9月26日	1896年9月26日
沙 市	长江沿岸	1895年4月17日	1896年10月1日	1896年10月1日
奉 天	东 北	1903年10月8日	1908年4月11日	1908年4月11日
安 东	东北沿海	1903年10月8日	1907年3月	1907年3月
大东沟	东北沿海	1903年10月8日	1907年3月	1907年3月
满洲里	东北沿边	1896年9月8日	1907年1月14日	1907年1月14日
绥芬河	东北沿边	1896年9月8日	1907年1月14日	1907年1月14日
新民屯	东 北	1905年12月22日	1906年9月10日?	1906年9月10日
铁 岭	东 北	1905年12月22日	1906年9月10日	1906年9月10日
通江子	东 北	1905年12月22日	1906年9月10日	1906年9月10日
法库门	东 北	1905年12月22日	1906年9月10日	1906年9月10日
长 春	东 北	1905年12月22日	1907年1月14日	1907年1月14日
吉 林	东 北	1905年12月22日	1907年1月14日	1907年1月14日
哈尔滨	东 北	1905年12月22日	1907年1月14日	1907年1月14日
齐齐哈尔	东 北	1905年12月22日	1907年3月	1907年3月
凤凰城	东 北	1905年12月22日	1907年6月28日	1907年6月28日
辽 阳	东 北	1905年12月22日	1907年6月28日	1907年6月28日
宁古塔	东 北	1905年12月22日	1910年1月	1910年1月
三 姓	东 北	1905年12月22日	1909年7月1日	1909年7月1日
海拉尔	东北沿边	1905年12月22日	1910年1月	1910年1月
瑷 珲	东北沿边	1905年12月22日	1907年6月28日	1907年6月28日
龙井村	东北沿边	1909年9月4日	1909年11月2日	1909年11月2日
局子街	东北沿边	1909年9月4日	1909年11月2日	1909年11月2日
头道沟	东北沿边	1909年9月4日	1909年11月2日	1909年11月2日
百草沟	东北沿边	1909年9月4日	1909年11月2日	1909年11月2日
珲 春	东北沿边	1905年12月22日	1919年	1919年
大 连	东北沿海	1898年3月15日	1899年8月1日	1907年7月1日
胶州湾（青岛）	山东沿海	1898年3月6日	1899年4月17日	1899年4月17日

续 表

口岸	口岸所在地带	开埠条约签订时间	开埠时间	新关设立完成时间
威海卫	山东沿海	1898年7月1日		
广州湾	南方沿海	1898年11月6日		
三都澳	东南沿海	自开,1898年3月24日	1899年5月8日	1899年5月8日
岳 阳	长江沿岸	自开,1898年3月24日	1899年11月13日	1899年11月13日
吴 淞	东南沿海	自开,1898年4月20日	1898年4月20日	
秦皇岛	华北沿海	自开,1898年3月26日	1899年4月	1902年
鼓浪屿	东南沿海	自开	1902年5月1日	
济 南	山 东	自开,1904年4月4日	1906年1月10日	
潍 县	山 东	自开,1904年4月4日	1906年1月10日	
周 村	山 东	自开,1904年4月4日	1906年1月10日	
常 德	长江中游	自开,1905年7月	1906年3月16日	
湘 潭	长江中游	自开,1905年7月	1906年	
南 宁	珠江流域	自开,1899年1月30日	1907年1月1日	1907年1月1日
昆 明	西 南	自开,1905年5月	1908年5月28日	
公益埠	南方沿海	自开,1908年	1908年	
香 洲	南方沿海	自开,1909年5月24日	1909年5月24日	
浦 口	长江沿岸	自开	1912年8月	
葫芦岛	东北沿海	自开,1914年	1914年1月8日	
洮 南	东 北	自开,1914年	1914年1月8日	
归 绥	内蒙古	自开,1914年	1914年1月8日	
多伦诺尔	内蒙古	自开	1914年1月8日	
龙 口	北方沿海	自开,1915年2月	1915年11月1日	
锦 县	东北沿海	自开,1916年2月12日	1916年4月8日	
张家口	华 北	自开,1914年1月8日	1916年	
赤 峰	内 蒙	自开,1914年1月8日	1917年2月27日	
海 州	江苏沿海	自开,1905年10月24日	1921年2月	
济 宁	山 东	自开	1921年4月22日	
包 头	内蒙古	自开	1921年	
郑 州	华 北	自开	1922年4月15日	
徐 州	江 苏	自开	1922年8月7日	
无 锡	江 苏	自开	1923年	
宾兴洲	南方沿海	自开,1923年		

续 表

口 岸	口岸所在地带*	开埠条约签订时间	开埠时间	新关设立完成时间
铜 鼓	长江沿岸	自开	1924年8月7日	
蚌 埠	安 徽	自开	1924年9月1日	
中山港	南方沿海	自开,1928年	1930年5月10日	

说明:*凡未注明"沿海"、"沿边"、"沿岸"的,均指其他地区。
(资料来源:据文中各项考证。)

第二章 近代人口的增长和空间分布①

当鸦片战争的烽火在南中国燃起时,中国人口正处于迅速增长的快车道,巨量的人口使传统的人口—经济模式接近于终结。值此重要时刻,晚清民国的人口增长和空间分布对全国和区域的经济产生了直接的影响。

第一节 清民国人口增长和传统人口—经济模式的接近终结

一、中国传统的人口—经济模式

笔者在考察南宋各区域的人口密度和经济状况时发现,宋代乃至元明清时期经济发展的主要动力其实是人口的增长,凡经济文化发达区域都是人口密度较高的区域,而不发达区域的人口密度都比较低。②人口对经济的积极作用体现在以下三个方面:

首先,人口增长促进农业单位面积产量的提高、耕地面积的扩大。

适度的人口密度是土地开发必不可少的前提,宋代粮食亩产量较高的地区基本上都具有人口密度较高、人均耕地较少这一共同的特点。在这种地区,农民为了供养家庭,不得不通过精耕细作、勤施肥料、增加复种指数,以及广修水利等途径来提高单位面积产量。秦观说:"今天下之田称沃衍者,莫如吴、越、闽、蜀,其一亩所出,视他州辄数倍……何哉?吴、越、闽、蜀地狭人众,培粪灌溉之功也。"③简洁明了地说明了人口压力、精耕细作和农业产量三者的关系。

在人口密度过大的地区,为了扩大耕地面积,人们不得不向山区进军以开辟梯田,向湖泊、浅海进军以围湖造田、围海造田。在这种背景下,沿海各平原开始加速形成,山区开发的进度大大加快。李纲说:"今闽中深山穷谷,人迹所不到,往往有民居、田园水竹,鸡犬之音相闻。"④说明宋代福建一些人迹罕至的地方也得到开发。不仅福建如此,其他人口密度较大的路山区开发都大大加速。不少人为寻找耕地和就业机会,还自发迁到人口密度较低的开发中地区。

其次,人口增长促进工商业从业人员的增多和水平的提高。

古代的工商业发展大多建立在农业的基础上,农业的发展必定为工商业的发展打下基础。此外,适度的人口密度形成的生存压力,也是促进工商业发展的主要

---

① 本章第一节由吴松弟撰写,第二节由薛理禹撰写,第三、四、五节由侯杨方撰写。
② 详见吴松弟:《从人口为主要动力看南宋经济发展的限度兼论中西生产力的主要差距》,《人文杂志》2010 年第 6 期,第 101—111 页。
③ (宋)秦观:《财用下》,《淮海集》卷十五,文渊阁四库全书本。
④ (宋)李纲:《桃源行并序》,《梁溪集》卷十二,文渊阁四库全书本。

动力。工商业的经营对象和经营方式都不同于农业,农民要转化为工商业者,首先要完成思想认识上的转变。在中国这样一个以农业为主的国家,一般说来只有当特定地区的人口密度达到较高的程度,出现一定数量的无地少地的人口时,才会迫使一部分无法在农业部门就业的人口进入工商业和服务部门。南宋时曾丰解释福建从事工商业、服务业人数甚多,为道士、为僧侣也不少这一现象说:"居今之人,自农转而为士、为道、为释、为技艺者在在有之,而唯闽为多。闽地偏,不足以衣食之也,于是散而之四方,故所在学有闽之士,所在浮屠老子宫有闽之道释,所在圜圚有闽之技艺。其散而之四方者固日加多,其聚而在闽者率未尝加少也。"①曾丰说的主要是福建的现象,但"在在有之"四字告诉我们,类似现象普遍存在于宋代人口密度大的路,只是人均耕地最少的福建最厉害罢了。

工商业的发展,除了体现在经营人数的增多和经营门类的扩大之外,还体现在经营水平的高低上,凡人多地少、当地人参与程度高的地区,工商业水平必然要高一些。欧阳修所撰杭州《有美堂记》谓:"闽商海贾,风帆浪舶,出入于江涛浩渺、烟云杳霭之间。"②在他看来,"闽商"为国内商人的代表,可与海外商人"海贾"相媲美,福建无疑是宋代经商人数最多、经商水平最高的区域。漆侠先生在研究宋代手工业时发现,"越是在农业生产发达的精耕细作的地区,手工业就越是得到发展,手工业布局就越显得紧密"。③显然,宋代各地的人口密度与工商业的水平差异存在着正相关关系,凡是工商业发达的区域无一不是人口密度较高的地区。

再者,在科举大门大开的背景下,人多地少地区"家贫子读书"成为风气,有利于人口素质的提高。

自唐后期起,门第血统在社会政治生活中的支配作用大大下降,科举制的推行为下层人民的向上流动开辟了道路。宋代科举制的大门进一步开放,为各阶层人员提供了进身之路,读书当官成为相当一批人的谋衣食之道。在那些人稠地狭、生计艰难的地区,贫困家庭的子弟走读书当官之路的人特别多,极大地促进了学习风气的上升。

宋代似乎存在着人均耕地越少,"家贫子读书"风气越盛,科举中举人数越多的特点。福建是人均耕地最少的路,也是中举人数较多的路。北宋后期"福建出秀才"已被誉为天下第一。④南宋更是如此,南宋末宰相吴潜认为:"士之精于时文者,闽为最,浙次之,江西东、湖南又次之,而每季之中第亦以是为差。"⑤如果将吴潜排定的各路对科举时文的精通程度和每年中举人数的多寡顺序,除去处于开发中的

---

① (宋)曾丰:《送缪账干解任诣铨改秩序》,《缘督集》卷十七,文渊阁四库全书本。
② (宋)欧阳修:《有美堂记》,《欧阳修集·居士集》卷四十,海南国际新闻出版中心,1997年,第172页。
③ 漆侠:《宋代经济史》,下册,上海人民出版社,1987年,第541—542页。
④ 太平老人:《袖中锦·天下第一》,《丛书集成初编》,商务印书馆,1935年。
⑤ (宋)吴潜:《奏乞分路取士以收淮襄人物守淮襄之土地》,《许国公奏议》卷二,《丛书集成初编》,商务印书馆,1935年。

湖南路,再将北宋元丰年间南方人稠地狭的五路的人均田亩的排序①,除去南宋后期不能参加科举考试的成都府路,各路按户均田亩数从多到少的排序,恰好和科举人数从多到少的排序相反,户均田亩数从多到少依次是江东、江西、两浙、福建,中举人数从多到少依次是福建、两浙、江西和江东。可见在南宋人多地少的区域,人均田亩数相对较多的路的考生对时文的精通程度要差于人均田亩相对较少的路,而每年中举的人数同样不如户均田亩较少的路。在南宋人口密度较大且经济文化比较发达的各路中,人均田亩较少的地区的人们对科举的热情高于人均田亩相对较多地区的人们,似乎已是普遍规律。

我们固然不能将各地科举风气的盛行程度,看成完全取决于人均耕地的多寡程度,毕竟要有一定的经济文化基础作为铺垫,但其中包含较大的因果关系却是没有疑问的。科举风气盛行促进读书风气形成,读书识字人数的日益增多又使劳动者文化素质有所提高,而文化素质的高低又直接影响地区工商业的水平。

此外,宋代的人身依附程度的下降也有助于释放劳动者的积极性,它与劳动者文化素质的提高这两项制度性因素的进步,使人口在经济发展中的作用比前代更加突出。

其实,中国封建社会中后期一直以人口为经济发展的主要动力。珀金斯通过研究1368—1968年中国农业的发展,发现20世纪50年代的中国人口已是14世纪后期人口的七到九倍,耕地总数是四倍,而粮食产量也得到与人口相应的甚至可能是同步的增长。② 他认为此间中国农业发展的原因,"关键还在于人口的增长以及某一特定地区不断增长着的人口密度"。尽管珀金斯的研究集中于明清民国时期,这一时期都未能改变农业发展主要依靠人口的增加这一状况,此前的宋元时期农业的发展主要依靠人口增长更是可以理解。

中世纪欧洲的状况与中国有较大的区别。人们在比较鸦片战争之前的中国与西方的生产力时,常常只比较经济总量和部门生产力状况,忽略了对生产工具的比较。其实,生产工具是生产力水平高低的标志,应该首先进行考量。如果将中世纪后期的欧洲和宋元时期的中国进行比较,在水力和风力驱动的机器的使用范围和工艺水平方面,宋代已经大大落后于西欧,明清时期差距更加拉大。尽管这些差距主要体现在手工业方面,但经济史的常识告诉我们,工业领域使用动力和机器的时间远远早于农业,而且工业技术的进步推动经济的其他方面包括农业方面动力和机器的使用。就此而言,工业领域新的生产工具的能否诞生、何时诞生并得到流行,往往预示着国家未来的发展方向。因此,进行手工业领域的生产工具的比较,当是判断当时中西生产力水平高低的最重要的方面。

---

① 吴松弟:《南宋人口史》,上海古籍出版社,2008年,第231页,表6-7。
② (美)德怀特·珀金斯著,宋海文等译:《中国农业的发展,1368—1968》,上海译文出版社,1984年,第240、45页。

在欧洲中世纪的科学技术发展史和经济史上，水轮（Waterwheel）占有极其重要的地位。《世界史上的科学技术》对水轮和风轮驱动的机器的作用给予高度评价，认为："事实上，欧洲成为世界第一的伟大文明，依靠的主要不是人的体力。这其中最突出的例子是那些用水力推动的机器，它们实际上已成为乡村生活乃至整个欧洲社会的一个有机组成部分。""可以说，欧洲人的文明实际是靠相对更为强大的风力和水力'引擎'驱动的，比起世界的其他地方，他们更多地利用了不同类型的能源。"①《全球通史：从史前史到21世纪》认为在生产方面，技术进步的一个十分重要的方面体现在水轮和风轮上："在地中海沿岸，水车（即水轮——引者）原是用于碾米的工具，中世纪时发展为一般性的动力机械。于是，水力开始被用于锻锤和锻造风箱，用于大型锯机和车床，用于织布的浆洗机、造纸的纸浆机和碎矿的粉碎机。"②

《英格兰土地清丈册》于1086年记载，在塞文河和特兰托河以南，仅3 000个村社便有5 624座水轮，可见水轮已经普及。据阿尔的文献记载，当地于12世纪已有风轮，英格兰和佛兰德在同期也有风轮。到了13世纪风轮已遍布法兰西，14世纪德意志又把风轮传到波兰和莫斯科大公国。③ 我国世界史著名学者吴于廑先生也注意到中世纪后期欧洲水轮和风轮的广泛使用。尼德兰的风轮最初用于谷物加工，到15世纪又用于排干沼泽。英国的水轮起初主要用于谷物加工，到了13世纪日益广泛地用于纺织业。此后迄14世纪初在英国的各郡各地区水力漂布坊广泛分布，毛纺织业几乎遍生于各地乡村。④

工业革命以前欧洲和中国在水力、风力驱动的机器的使用程度和技术水平的差异，尤其是顺利地不断地向前发展，还是时断时续地曲折地发展甚至没有发展，应该是欧洲的经济与社会发展道路不同于中国的一个主要体现。中西经济与社会发展的这种差异，其实在中国古代经济文化发展高峰的宋代已经出现，宋代并没有创造出一种趋势，使以后的中国可能形成工业社会或资本主义社会。元代以后尤其是明清时期不利于经济社会发展的落后面日益加剧，政治专制和思想钳制走向顶峰，与西方的差距从宋代的技术水平的差距，变为明清时期的封建时代和资本主义时代的重大差距。

布罗代尔说："技术进步的条件无疑是在到处需要的人力劳动和其他替代能源之间力求取得合理的平衡。人若过分去同其他能源竞争，终究没有好处：无论是古希腊和古罗马时代的奴隶，或者是中国大批能干的苦力，他们的廉价劳动力结果

---

① （美）詹姆斯·E.麦克米伦第三、哈罗德·多恩著，王鸣阳译：《世界史上的科学技术》，上海科技教育出版社，2003年，第207—208页。
② （美）斯塔夫里阿诺斯著，董书慧、王昶、徐正源译：《全球通史：从史前史到21世纪》（第7版），第14章，北京大学出版社，2006年，第278—279页。
③ （法）布罗代尔著，顾良、施康强译：《15至18世纪的物质文明、经济和资本主义》，三联书店，1992年，第417—424页。
④ 吴于廑：《历史上农耕世界对工业世界的孕育》，《世界历史》1987年第9期。

阻碍了机器的发展。"①在相当于欧洲的中世纪后期的那段时间中,中国人口密度和欧洲有着显著差异,或许是影响中西方当时与后来发展道路的重要原因。

中世纪欧洲的人口增长以1150—1300年这一阶段最为迅速,最多时大约达到7 300万人。此后,欧洲进入因饥荒、战争、流行病多发而导致的人口锐减的时期。1350年,欧洲人口锐减到5 100万人,到1400年只有4 500万人。②而在欧洲人口增长最为迅速阶段的13世纪前20年,在大致相当于今天中国范围的南宋、金、西夏、大理等国,已居住着1.4亿人口,③这一数字比欧洲的人口峰值7 300万几乎多了92%。此后在宋元鼎革和元明更替之际中国人口有所减少,但即使在低谷阶段也保持着远多于欧洲的人口数量。例如,尽管蒙古灭金、灭西夏、灭宋战争给广大的北方和南方的一些地区造成空前的人口损失,在元统一南北才十余年的至元二十七年(1290年)全国仍有约1 500万户、七八千万人;元统一以后全国人口又迅速增长,元末大乱前达到9 000万人左右。④进入明朝中期以后中国人口发展速度进一步加快,峰值阶段已接近2亿。⑤

欧洲面积1 016万平方公里,比中国面积960万平方公里略多5.8%。尽管宋辽夏金元所在的10至13世纪的中国的疆域面积未必等于今天的中国的面积,但当时中国的人口峰值已超过欧洲人口峰值的92%,而且低谷阶段也保持着多于欧洲的人口,在这一时期的绝大部分时间里,中国人口密度大大超过同时的欧洲应无任何疑问。如果考虑到欧洲总面积的60%是平原,中国的平原只占国土总面积的12%,而且相当一部分,特别是青藏高原、塔克拉玛干大沙漠的绝大部分地方都不适宜于人类居住,而干旱的蒙古高原和高山耸峙的云贵高原也有一些地区自然条件很差,则中国适宜居住地区的实际人口密度很可能是欧洲的二三倍。

分析人口因素对古代中国经济的影响,除了不应忽视中国远比欧洲庞大的人口数量和较高的人口密度之外,还不应忽视中国人口空间分布的不均衡性及其控制下的人口—经济模式。

中国地域广袤,地理环境复杂,各地区的自然条件差别甚大,历来人口和生产力的分布极不均衡。尤其值得注意的是,历史上凡人口密度大的地区,几乎都是经济文化水平高的地区,而人口密度较低的地区其经济文化水平也相对较低。南宋嘉定年间,每平方公里10户以上的两浙、江东、江西、福建、成都府、潼川府等6路可称为已开发的地区,其他的9路平均人口密度均在每平方公里10户以下,可称为开发中地区。⑥如上所述,南宋时期凡农业精耕细作、单位产量较高、劳动力在工

---

① (法)布罗代尔著,顾良、施康强译:《15至18世纪的物质文明、经济和资本主义》,三联书店,1992年,第402—403页。
② (法)德尼兹·加亚尔、贝尔纳代特·德尚著,蔡鸿滨、桂裕芳译:《欧洲史》,海南出版社,2000年,第五章"危机与文艺复兴",第272页。
③ 吴松弟:《中国人口史·第三卷(辽宋金元时期)》,复旦大学出版社,2000年,第366、621页。
④ 吴松弟:《中国人口史·第三卷(辽宋金元时期)》,复旦大学出版社,2000年,第387、391页。
⑤ 曹树基:《中国人口史·第四卷(明时期)》,复旦大学出版社,2000年,第281页。
⑥ 吴松弟:《中国人口史·第三卷(辽宋金元时期)》,第10章,图10-2,复旦大学出版社,2000年。

商业部门就业率较高而且工商业水平不低,并且读书风气兴盛、文化发达的地区,基本上集中在已经完成开发的6路。而农业粗放经营、单位产量低、工商人口少、工商水平低,读书风气并不兴盛的地区,大多集中在开发中的路。由于开发中各路有着较多的可耕地,人口密度大的路的百姓大批向开发中的路迁移,从而促进这些路的开发。因此,尽管开发中的各路劳动力曾经有所不足,但经济文化的落后和外地移民的不断进入,却同样未能导致生产工具出现重大变革。

必须指出,宋代以人口为经济发展的主要动力,或者说这种独特的人口—经济模式的存在,有其先决条件。具体地说,是指在特定区域内,虽然人均占有的资源数量比较少,但人口和资源之间,通过不断开发可耕地、精耕细作,发展工商业和服务业,以及对外输出一定数量的移民等途径,尚能保持相对平衡的状态,可以解决人们的生计问题。因此,要维持这种人口—经济模式,必须保持人口和资源的相对平衡,而要维持这种相对平衡,就要有发展工商业和服务业的客观环境,要有区域内部进一步开发的可能性和对外区域移民的较大空间。没有这种先决条件,就无法保持平衡,就要出现大范围的大量的无地人口和失业人口,导致社会动荡和人类生存环境的恶化。由于中国经济文化水平较高的地区,向来都集中在人口密度较高的区域,而中国地域广大,区域开发的推进相当缓慢,而且每一二百年便要发生较大规模的战争,也常会造成战乱地区的人口锐减。这种状况的存在,就使得在相当长的时间中,都存着可以吸收移民的空间。而且,传统技术的缓慢进步和外部世界新技术的较少传入,往往也成了维持这种模式的有利条件。因此,这种人口密度与经济发展水平成正相关关系的人口—经济模式,很可能自战国以来便已存在,并一直维持下来。

二、清代与民国的人口增长和传统人口—经济模式的接近终结

我国历史人口曾长期处于缓慢的增长时期,并每隔百余年甚至数十年便因大规模的战争导致人口锐减,到了和平年代逐渐恢复并超过乱前的人口数量,但再过百余年或数十年又再发生战乱,从而进入新一轮的战乱时人口耗减——和平时期恢复与增长——战乱时再次减少的周期循环过程。因此,王朝因长期和平发展而处于鼎盛时期,全国人口往往也达到峰值阶段。

中国人口史的研究表明,西汉元始二年(公元2年),全国人口为6 000万人,此后经历了两汉之际、三国时期、西晋永嘉之乱、隋唐之际的几次人口耗减以及其后的缓慢恢复和增长,到唐朝鼎盛年间的天宝十三载(754年)达到约7 475万—8 050万人。①

---

① 据葛剑雄:《中国人口史·第一卷(导论·先秦至南北朝期间)》,复旦大学出版社,2002年,第375页、435页、447页、475页,全国人口的估计数,西汉元始二年为6 000万人,东汉永寿三年(157年)以后为6 500万人,三国末为3 000万人,6世纪20年代北魏和南朝梁合计超过5 000万人。据冻国栋《中国人口史·第二卷(隋唐五代时期)》,复旦大学出版社,2002年,第130、182页,全国人口的估计数,隋大业五年(609年)为4 600余万人,唐天宝十三载(754年)约7 475万—8 050万人。

五代十国时期和金灭宋时期以及蒙古灭金、灭宋时期,全国人口均有一定的耗减,但北宋辽西夏时期和南宋金时期人口有较大的增长。全国人口,12世纪初(相当于北宋末、辽末和西夏中期)估计为14 000万,13世纪初(相当于南宋嘉定年间、金泰和年间及西夏后期)估计为14 400万—14 500万,元至正初年(1341年)约9 000万人。① 元明之际虽然因改朝换代的战争再次形成全国人口的锐减,但此后人口的迅速恢复和增长却使全国人口峰值攀上新的高峰,明崇祯三年(1630年)中国人口达到了约19 250万。② 简言之,在从公元2年到1630年的1628年间,中国人口增加了13 250万人,年平均增长率0.72‰。这一人口增长率,无疑是相当缓慢的。

直到清代康熙、雍正、乾隆年间,中国才迎来了人口迅速增长的时期。明朝末年(1644年),全国人口为15 250万,清康熙十八年(1679年)恢复到16 000万,乾隆四十一年(1776年)达到31 150万人。到鸦片战争爆发前20年的嘉庆二十五年(1820年),全国人口达到38 310万。人口的年平均增长率,明朝末年到康熙十八年为1.4‰,康熙十八年到乾隆四十一年为6.9‰,乾隆四十一年到嘉庆二十五年(1820年)为4.7‰。此后,中国人口基本呈较快增长的趋势,咸丰元年(1851年)达到43 610万。此后虽然因太平天国战争、西北回乱等原因一度有较大耗减,但宣统二年(1910年)又接近咸丰元年的人口数,③1919年更跨越5亿大关,1949年达到54 170万人,此后更增长到6亿、7亿直到13亿。

清康、雍、乾以来,伴随着人口的迅速增加,内地各省的土地垦殖全面展开,人地矛盾趋于尖锐化,大批无地少地的汉人逐渐从内地涌向边疆地区。

清以前,由于边疆地区自然条件差,生存环境恶劣,又主要是非汉民族的生活地区等方面的原因,汉人除了政府迫迁成边和流放外,一般不愿意迁往边疆,即使迁入一有机会就要返回原籍。因此,边疆地区长期处于地广人稀的状态,并主要是非汉民族的生活地区。清代内地汉人向边疆的大规模移民,开始较大规模地改变了边疆地区的民族构成,提高了当地的人口密度,并使经济文化有了较大的变化。

清朝初年满洲八旗入关以后,东北人口数量更加减少,往往数百里无人烟。清朝又在辽河流域和今吉林省的部分地区修建柳条边,禁止百姓越过柳条边打猎、放牧和采集人参。不过,如遇内地灾害年景,朝廷也会采取变通的做法,放民出关,此外平时也有私自违禁出关的百姓,自中原谪发而来的各种各样的流人也被送到边外。道光二十年(1840年)以后,西方列强用洋枪巨舰敲开我国大门,沙俄乘机加速在远东的扩张步伐。朝野开禁放垦、移民实边的呼声日益高涨,促使清政府于咸丰十年(1860年)起渐次开放各个封禁区域,大规模的垦殖由此展开,中原移民大

---

① 第12世纪初的辽北宋西夏等国的人口估计数和13世纪初的西夏金南宋大理等国的人口估计数,见吴松弟:《中国人口史·第三卷(辽宋金元时期)》,复旦大学出版社,2000年,第201、221、352、374、381页;元至正元年见第391页。
② 据曹树基:《中国人口史·第四卷(明时期)》,复旦大学出版社,2000年,第281页。
③ 据曹树基:《中国人口史·第五卷(清时期)》,复旦大学出版社,2001年,第832页。

批涌向东北。

今内蒙河套地区历史上是游牧民族和汉族交错进入的区域,明末清初的战乱使这一地区明代一度兴起的农业经济陷于毁灭。清初在内蒙古采取类似东北的封禁政策,禁止中原人民出塞耕种。不过,自康熙年间(17世纪后期18世纪初)开始,清政府实际上已承认人民可以出塞耕种。到了乾隆初(18世纪30年代),因山西、陕西、甘肃移民的涌入,河套平原的垦殖范围已西达包头黄河边,北至大青山下,包括土默特、察哈尔、热河地区。到了乾隆末年(18世纪末),昭乌达盟的开垦也达到一定的规模。道光年间(1821—1850年)河套境内的黄河改道南行,在北道沿岸淤出大片土地。河套兴起了兴修水渠、移民垦荒的新热潮。

乾隆年间清军平定游牧在天山北路的蒙古准噶尔部。为保证军需供应,清政府招徕外省的无业贫民在河西走廊西部和天山北路军屯,允许屯丁家口迁入,又招募外省移民前来屯垦,成千上万的汉人从甘肃、陕西、四川等省奔赴天山北路。清朝罪犯原来都流放东北,自乾隆年间开始改将一部分人流放乌鲁木齐等地。但是,从同治三年(1864年)开始,新疆为阿古柏势力及沙俄占领达十余年,人亡地荒,此后清军出兵收复的战争又导致新的人口损失,清前期移民垦田的成果大部分丧失。光绪四年(1878年)清朝收复新疆,才得以积极兴办军屯民垦。

清前期进入宁夏、甘肃的移民人口较多,至嘉庆二十五年(1820年)今甘肃省境有800万人口,宁夏有220万。回族是境内的主要民族之一,主要居住在甘肃东部和宁夏以及陕西。同治元年(1862年),西北回族与当地汉民械斗,进而演变成大规模的回民起事,被清军残酷镇压下去。此后,政府重新安置参与起事的回民,导致回民居地的大变动,许多回民被迫迁到宁夏南部和甘肃东部条件较差的干旱山区。

台湾因孤悬东海,长期以来都是当地民族高山族的生活区域。明天启元年(1621年),活动在东南沿海的武装海商颜思齐、郑芝龙率部众到达台湾,福建沿海人民多来投奔,开创了汉人大规模移民台湾的先河。清顺治十八年(1661年)郑芝龙之子郑成功率部众数万人自大陆退到台湾,以赤嵌城(今台南市)一带为中心,首先垦殖南部的嘉义、盐水港、凤山等地,再逐渐向北部的台北盆地、鸡笼(今基隆)等地拓展。到郑氏统治的末期,全岛人口达25万,其中15万是来自大陆的汉族移民及其后裔。康熙二十二年(1683年),郑氏降清,汉族人口的半数被迫离开台湾。尽管清廷下达渡海禁令,仍有福建沿海人民偷渡台湾。雍正十年(1732年)时开时禁,乾隆二十九年(1764年)以后渡台之禁不复存在,迁居台湾的人数更多。光绪元年(1875年),在日本觊觎入侵台湾的刺激下,政府于福建厦门、广东汕头、香港等地设招商局,予以种种优惠,广招人民前往台湾耕垦。移民的不断迁入使台湾人口一再增加,光绪三十一年(1905年)已有312万人。

南宋后期蒙古军队攻入四川,在此与南宋军队进行长达半个世纪的拉锯战,战争尤其是蒙古军队的野蛮杀掠导致绝大部分的四川人口或死于战争或外逃东南。

因此,元代和明代湖南、湖北两省人口密度大的地区,都展开对四川的迁移。由于明后期四川人口的耗减,清前期湖南、湖北对四川的人口迁入仍然保持相当的规模。与此同时,还有一部分内地的汉人,迁入贵州、云南、陕西等人口密度相对较稀的省份。太平天国战争中长江中下游地区的人口锐减,来自长江以北和浙江绍兴以及南部府州的人口大批迁入长江以南的杭、嘉、湖、苏、常等府州,形成引人瞩目的东南移民潮。①

综上所述,可以得出如下结论:

第一,中国历史上长期的人口缓慢增长的状态,到清代乾隆以后已经基本结束,除了因战争和政治原因造成的短时期人口锐减之外,都表现出人口迅速增长的趋势。

第二,在清朝以前,尽管不同时期都存在内地人口向边疆迁移的现象,但真正形成大规模的对边疆甚至海外的移民潮仍始于乾隆年间。到了1840年以后的近代,内地人口对边疆和海外的迁移进入新的高潮时期。内地移民的大规模涌入边疆,表明内地已无多少可耕地,可以提供给新形成的无地少地人口。即使那些因战争新形成(如太平天国以后的江南)或明代遗留下来尚有较多可耕地的地区(如四川),往往十余年或几十年时间便被蜂拥而至的外来移民所填补。

第三,由于农业是中国传统的经济部门,而农业因人口剧增而又没有生产工具和生产技术的较大进步,处于一些西方学者所说的边际劳动生产率递减的内卷化状态。

上文提到,我国历史上长期存在的以人口为经济发展的主要动力,或者说这种独特的人口—经济模式的存在,有其先决条件。在特定区域内,虽然人均占有的资源数量比较少,但人口和资源之间,通过不断开发可耕地、精耕细作,发展工商业和服务业,以及对外输出一定数量的移民等途径,尚能保持相对平衡的状态,可以解决人们的生计问题。清乾隆以后,由于人口的迅速增长,在广大内地的绝大部分地区,已无法维持人口和资源的相对平衡状态,而且除了某些地区因战乱等原因尚能接纳一定数量的外地移民之外,绝大部分地区已无余力接纳外地移民,大量新增加的无地少地人口只好涌入以前视为畏途的广大边疆地区。广大的边疆因外地移民的涌入而获得开发,从而成为已持续数千年的人口—经济模式得以维持的最后的支撑点。然而,在巨大的人口数量面前,广大边疆的地广人稀状况其实最多只能维持数十年或百余年。

显然,当西方人依仗自己的船坚炮利来到中国的时候,这一古老帝国维持数千年的人口—经济模式,正面临着从未出现过的人口迅速增长而形成的海量人口的

---

① 以上关于清代移民的论述,主要引自邹逸麟主编:《中国历史人文地理》,科学出版社,2001年,第五章。本章为吴松弟主要据《中国移民史·第六卷(清民国时期)》(曹树基著,福建人民出版社,1997年),并参考陈桦《清代区域社会经济研究》(中国人民大学出版社,1996年)等论著的相关部分所撰。

挑战。海量的人口数量,既是生产资料和生活资料的消耗者,又是区域开发的无穷力量;他们除了需要广袤的可耕地,也需要更高更好的生产技术所代表的先进生产力。

如果将视野上溯到晚明清初,我们可以看到,康雍乾以后中国人口空前的迅速增长,其实是来自美洲的番薯、玉米、马铃薯等粮食作物推广种植的产物。这些粮食作物耐旱、耐寒、耐盐碱、抗风,对土质要求不高,而且高产稳产,具有水稻、小麦、粟、黍等中国传统粮食作物所不具备的优点,特别适合环境不好地区的种植,因此传入之后迅速得到广泛种植。直到20世纪70年代,在水稻产量有了较大提高之前,甘薯、玉米、马铃薯仍是中国相当一部分下层人民的基本粮食。

因美洲作物的广泛种植而人口迅速增长的案例,全国各地区几乎都可以找到。例如,黄淮海平原在清以前人口峰值始终在西汉元始二年的3300万上下徘徊,清以后人口迅速膨胀,嘉庆二十五年(1820)约为8017万,道光三十年(1850)约9620万,1933年约11727万,已是清以前人口峰值的3.5倍。其中的原因,固然有多方面,主要原因却应是甘薯、玉米、马铃薯等外来粮食作物,以及烟草、花生等外来经济作物的广泛种植为内容的农业革命。没有广泛种植美洲作物形成粮食的基础,人口的迅速膨胀便不可能。此外,1860年以后随着国际贸易的展开,农村面向市场的种植结构和手工业的进步,以及近代产业和现代交通的兴起,都为人民开辟了更为广泛的谋生途径。[①]

总之,清代民国时期生产力的巨大发展,无疑是期间人口迅速增长的主要原因。尽管近代中国的现代化经历了曲折艰难的过程,但它给中国带来的多方面的巨变,却不容忽视。其中之一,是在传统的人口—经济模式已难以为继时,自海外输入的农业新品种、现代工业和现代交通方式,以及促使传统经济转型的国际贸易,促进了以产业革命为核心的新的人口—经济模式的逐步形成。当然,这是相当漫长的过程,尽管改革开放三十余年来已取得百余年来最迅速的进展,但现在还处于完全形成前的最后阶段。

第二节 晚清人口的变动与迁移

一、晚清人口的变动

根据《清实录》的记载,道光十四年(1834年)全国人口突破4亿大关,至咸丰元年(1851年),除江苏、湖南、湖北未经册报外,直隶等省大小男妇总数已达到4亿3216万余口。太平天国战争爆发于道光三十年(1850年),延续14年之久,战火蔓延广西、湖南、湖北、江西、安徽、江苏、浙江、福建、河南、直隶、四川等十余省区。这

---

① 参见邹逸麟主编:《黄淮海平原历史地理》,第七章(吴松弟撰),安徽教育出版社,1993年。

场战争中,洋枪洋炮等新式武器和装备大规模投入使用,大大加剧了杀伤力和破坏性。长期的战乱,不可避免地导致饥荒和瘟疫肆虐。尤其是长江中下游的江、浙、皖、赣、湖广等地,太平军与清军的拉锯战持续多年,许多城市反复易手,战况极其惨烈。

这场战祸给江南等地的社会经济带来了毁灭性打击。南京、无锡、苏州、杭州、松江等以往户口殷实、商贾云集的江南城市,经历战火洗劫,昔日繁荣一去不返,民众非死即逃,人口急剧减少。由于战乱期间根本不具备人口统计的条件,而战争结束后历年的人口统计数也很不完整,随着保甲体系趋于瓦解,有些省份大量漏报,甚至编造人口数,故无法确定战时人口损失的确切数字。而据当代学者的研究估计,太平天国战争期间的人口损失至少达 7 000 万人。①

在太平天国战争的同时及稍后,咸丰、同治之交在西北、西南省区,还爆发了多起大规模的少数民族起事。咸丰六年(1856 年)云南杜文秀领导回民起事,持续十六年之久,战争期间当地鼠疫流行,两者造成的人口损失在 200 万人以上。②

同治元年(1862 年)陕西爆发回民起事,后蔓延至甘肃、新疆等地,数年间回汉两族互相仇杀,人口损失惨重。新疆的民族动乱直至光绪初年方告平息。陕西的战乱平息未久,光绪初年又遇大旱,至光绪四年已普遍饥荒,甚至"人相食"。据估计,这一期间陕西、甘肃、青海、新疆的人口损失数超过 2 000 万。③

光绪二年(1876 年)至光绪六年(1880 年)华北各省普遍遭受特大旱灾,以光绪二年(丁丑年)和三年(戊寅年)灾情最烈,史称"丁戊奇荒"。各省之中,又以山西、河南、山东、直隶等省区灾情最为惨重,死于饥馑和瘟疫的民众不计其数,据学者研究估计,人口损失超过 2 000 万。④

自咸丰初年至光绪初年的近 30 年间,大规模的天灾人祸席卷南北各地,造成了巨大的人口损失。上述太平天国战争、西部回民起事、丁戊奇荒等造成的人口损失,合计已超过 1.12 亿。但在未曾受到战火和饥荒侵袭的地区,人口仍保持增长,在战争和灾异平息后,随着社会生产的渐次恢复和移民的迁入补充,当地人口又逐渐增长以至恢复。此后的光绪年间,尽管饥荒、战乱(如甲午战争、庚子之乱、日俄战争等)仍不时爆发,但影响地域相对较小,人口损失亦相对有限。至光绪中期,全国大多数省份的人口大致得到恢复。⑤ 尽管这样,直至宣统三年(1911 年),全国人

---

① 按照曹树基《中国人口史·第五卷(清时期)》第 11—12 章的研究,江苏省减少人口 1 630 万,浙江省减少人口 1 630 万,安徽省减少人口 1 700 万,福建省减少人口 449 万,江西省减少人口 1 172 万,湖北省减少人口约 500 万,湖南省减少人口约 200 万,作者合计七省死亡人口数达 7 330 万。加上广东、山东、陕西等省的死亡数,总死亡数更高。
② 曹树基《中国人口史·第五卷(清时期)》第 13 章认为人口损失超过 270 万人。
③ 曹树基《中国人口史·第五卷(清时期)》第 13—14 章,估计陕西省损失人口 710 万,甘肃损失人口 1 455.5 万,新疆损失人口约 34 万,合计 2 199.5 万。
④ 曹树基《中国人口史·第五卷(清时期)》第 15 章估计人口损失为 2 050 万。
⑤ 姜涛指出,中国人口重新回升至 4 亿的时间不可能早于 1880 年,又不应迟于 1890 年,"因此我们可以大致判定:这一时间是在 1885 年前后。""我们还可以大致确定以 1870 年为人口谷值的时点。"他估计 1870 年人口数为 3.70 亿,1885 年人口数为 4.00 亿,1900 年人口数为 4.43 亿。见姜涛《中国近代人口史》,浙江人民出版社 1993 年,第 79 页。

口数量仍低于太平天国战前的道光三十年(1850年),估计略高于4亿。①

二、晚清人口的迁移

清代中期,随着人口日渐增多,内地多数省份的人地矛盾日益突出。咸丰、同治年间的战乱,尤其是太平天国战争,给原本经济发达、人口稠密的长江中下游各省造成了巨大的人口损失,客观上令这些地区成为战后周边地区民众的理想迁居地。此外,随着鸦片战争后国门被列强打开,地广人稀的边疆领土(尤其是北疆)日渐成为列强觊觎和蚕食的对象,迫使清政府改变以往限制汉族移民的政策,容许乃至鼓励内地民众迁往北方边境的广阔地域。此外,东南沿海省份则主要通过向海外移民来缓解日益增长的人口压力。这三者汇成了晚清时期的移民潮流。

(一)太平天国战争之后的内地移民

太平天国战争给长江中下游地区,尤其是苏南、浙江、安徽等地造成了极其巨大的人口损失。其它波及地区,或因太平军占据时间不长,人口损失较少,或因撤离已久,渐次恢复,至此已无迁入移民需求。苏南、浙西向称富庶,战后城镇化为废墟,良田沦为荒野,居民非死即逃,十室九空,而周边较少遭受战事影响的区域,或地狭人稠,或地薄人穷,因此战争方才结束,成群结队的移民即从苏北、河南、湖北等地蜂拥而至,移民甚至抛弃原籍田宅,满怀适彼乐土的幻想。当时苏北农民格外踊跃,迁出的人口甚多,致使苏北大片土地抛荒。又如河南光山县,在太平天国战争后的半个世纪,迁往苏南、浙西、安徽、江西等近六十处地方的移民在100万人以上。②

苏南的移民迁入区域主要为江宁、镇江、常州三府。战后初期,迁入苏南的移民以河南、湖北籍为主,且多由官府招垦,兼有来自安徽淮北、浙江温台等地的移民,总数估计超过100万。而苏北移民则后来居上,并持续至清末。战争结束不久,南京城即设立招垦局,安徽、湖北及苏北移民大量迁入,至同治末,城中人口"惟皖、鄂两省人居十之七",土著人口不足三成。③而宁镇丘陵地区则有大批豫东南移民,故何炳棣形容此地为"河南的农业殖民地"。由于河南移民占主导地位,该地区的耕作方法、社会习俗和妇女服饰都已改变。④此外,各地移民的迁入还改变了当地的方言构成,极大地影响了整个地域文化。

浙江的杭州、嘉兴、湖州、金华、衢州等府在太平天国战争中人口损失严重。战

---

① 由于宣统三年(1911年)的人口普查数并未最后完成,至20世纪30年代,王士达利用原始材料对普查时的全国人口总数进行了估计与复原,总结为372 563 555人。陈长蘅估计的结果为347 902 656人。侯杨方《中国人口史·第六卷》第6章修正的结果为364 952 607人。该书同时指出:"考虑到云南、贵州、广西地区的少数民族人口、女性人口以及男性未成年人口的遗漏登记,……第一步根据男性比估计女性人口数……第三步加上被遗漏登记的800万边疆少数民族地区的人口数,1911年年初,宣统普查全国人口数约为4.1亿。"
② 何炳棣:《明初以降人口及其相关问题(1368—1953)》,三联书店,2000年,第182页。
③ 同治《上江两县志》卷七,食货。
④ 何炳棣:《明初以降人口及其相关问题(1368—1953)》,三联书店,2000年,第183页。

后浙江省的移民总数虽然超过百万,但来自外省的客民不过数十万,更多的则是本省内部的流动。杭、嘉、湖三府的战后移民分属本省绍兴、宁波、温州、台州及外省的河南、湖北、江苏几大集团,其中绍兴移民最为活跃。如余杭县,光绪二十四年(1898年)"知县关钟衡奉办团练保甲",统计本县客民共计男女大小28 499口,占全县人口总数的29.3%;其中,绍兴籍客民14 336口,占客民总数的一半以上,其余客民则主要来自宁波、温州、河南、江南(即苏南)及台州等地。① 总的来说,杭、嘉、湖三府中,绍兴、宁波人主要移入嘉兴南部和杭州附近,温州、台州人和河南、湖北人则主要迁入北部和西部丘陵地区,甚至在当地形成了北方方言和温州方言的语言孤岛。金、衢二府的战后移民主要来自江西及温州、台州和处州等地。如衢州府龙游县,"乱后业田之户,多系客民","绝鲜土著,其江(西)、闽、温、台、处客民半因家乡无田可耕,来此开垦",几年以后"客民愈聚愈多,客民强而土著所由贫也"。江西籍移民多来自赣东北,温、台籍多来自平阳、瑞安、永嘉等县,处州籍移民多来自云和、景宁和龙泉等县。②

安徽作为清军与太平军拉锯战的主战场之一,全省陷于太平天国战乱长达十一年,造成了惊人的人口损失,同治二年(1863年),曾国藩由安庆东下,见到"自池州以下,两岸难民皆避居江心洲渚之上","徽(州)、池(州)、宁国等属,黄茅白骨,或竟日不逢一人"。③"安徽八府五十九州县,陷于粤逆者(按:指太平军)十居其七,破于捻匪(按:指捻军)、叛练者十居其三,蹂躏情形较他省为尤甚。……皖南徽(州)、宁(国)、广(德)等属,兵戈之后继以凶年,百姓死亡殆尽,白骨遍野,此受害最重者也。皖北滁(州)、全(椒)、来(安)、天(长)、盱(眙)等属,为豫胜营驻兵之地,亦为群贼来往之路;淮北凤(阳)、颍(州)、泗(州)等属,苗捻出没,恣意焚杀,至再至三,此皆受害较重者也。沿江安(庆)、池(州)、太(平)厅、和(州)、六(安)等属,多系水乡,又遭兵燹十年之久,此亦受害次重者也。"④战后的安徽可谓人亡地荒,从同治初年开始,曾国藩组织了对长江中下游的移民,安徽是安置的重点区域,其中又以长江以南地区为主。而在皖北,于临淮设立招垦总局,又于凤阳、定远各设分局,规定"本地连年兵荒,逃亡病故十去七八。今举行开垦,若专用土著之民,则地广人稀,抛荒仍多。如有外来客民,情愿领田垦种,取具的保,由总局察验实系安分农民,一体借与牛力籽种,准其开垦。其缴价收租,较土著之民一律办理"。⑤

皖南移民以湖北、河南人为主。光绪年间广德州属建平县,"州人被兵燹后,土著不及十分之一,田地荒芜,招徕客民开垦入籍,湖北人居其四,河南人居其三,(本

---

① 光绪《余杭县志稿》,户口。
② 民国《龙游县志》卷三十。
③ (清)曾国藩:《沿途察看军情贼情片》,《曾文正公全集》,曾氏家藏本,第三册,奏稿三,中国华侨出版社,2011年,第140页。
④ (清)曾国藩:《蠲免皖省钱漕折》,《曾文正公全集》,曾氏家藏本,第三册,奏稿三,中国华侨出版社,2011年,第291页。
⑤ (清)唐训方:《兴办屯垦告示》,《清代诗文集汇编》(636),《唐中丞遗集·条教》,上海古籍出版社,2010年,第179页。

省)江北人居其一,浙江人居其一,他省及土著共得其一"。① 又如宁国府宁国县,"兵灾后则湖北人满阡陌矣。"②

江南沿江地带的移民大致分为二类。一类自湖北及河南迁来,大抵居住于南部的丘陵地带。如繁昌县,湖北移民集中于南部的新林、平铺两乡。根据调查,这批湖北人来自应山、孝感一带。他们至今讲湖北话,对曾国藩招垦一事仍津津乐道。南陵、青阳一带也以湖北、河南移民为主。另一类移民来自本省江北,从东至、贵池到铜陵、繁昌一线,江边的滩地几乎都由江北移民耕种。江北无为县的移民定居在繁昌县北保定、小洲两乡,人口占全县的20%—30%。江北各县所接受的外省移民主要来自河南,人数似乎不多,在调查中尚未发现大面积的密集分布。③

(二) 晚清边疆移民

无论是北疆的东三省、内蒙古,还是东南的宝岛台湾,清代的前期和中期,统治者对内地汉族民众迁往上述区域均严加限制。东北平原、内蒙古南部地区尽管土地肥沃,物产丰富,长期以来却地旷人稀,少有农业,而关内的华北尽管地无闲田,却时常发生饥馑,土地承载能力将近极限。在19世纪中叶后边疆危机日益深重,俄国侵略者步步进逼的背景下,清政府被迫逐步放开移民限制,容许汉族民众出关垦殖,既可巩固边防,又能"开荒济用,就地筹饷",达到增益财税的效果。④ 开禁之后的数十年间,上千万的内地居民前往边疆地区定居垦殖,既为减轻内地的人口压力打开了一个不小的阀门,也为边疆的开发提供了重要的人力资源。

1. 东北地区

清代前、中期,广袤的东北平原被统治者视为"龙兴之地",限制汉民迁居,尤其是在明代边墙基础上修筑的"柳条边"以外区域,常年封禁,严禁汉民随意涉足。因而直到19世纪中叶,东北地区依然存在一片巨大的人口空白,如在黑龙江以北的数十万平方公里之地,只有64屯不足10 000人的居民。当俄国向东扩张时,如入无人之境。咸丰八年(1858年)订立的《瑷珲条约》迫使清朝放弃了黑龙江以北的土地,两年后订立的《北京条约》又使中国失去了乌苏里江以东的大片领土。面对侵略者的步步进逼,开禁放垦,移民实边的呼声日益高涨,《北京条约》签订当年,清廷批准黑龙江将军特普钦之奏,放垦呼兰迤北荒原。次年,又开放吉林西北草原,大规模移民由此展开。同治三年(1864年),开放伊儿门河流域。五年,开放桦皮甸子(今吉林桦甸县北)。同治七年(1868年),又开放盛京围场和吉林围场。⑤ 光

---

① 光绪《广德州志》卷末,补正,《中国地方志集成·安徽府县志辑》(42),江苏古籍出版社,1998年影印本,第878页。
② 民国《宁国县志》卷四,政治志下·风俗。
③ 葛剑雄、曹树基、吴松弟:《简明中国移民史》,福建人民出版社1993年,第473页。
④ 孙占文:《黑龙江省史探索》,黑龙江人民出版社,1983年,第248页。
⑤ 陈彩章:《中国历代人口变迁之研究》,商务印书馆,1946年,第118页。

绪四年(1878年),清廷准吉林将军铭安奏请,取消汉族妇女不得逾越长城禁令,此后汉族移民可携家眷迁往定居。① 光绪六年(1880年),朝廷宣布对东北放垦实行满汉同等待遇,并规定放荒、免税、补助等三项优惠政策:

(1)凡可耕未垦之地,每百亩定价四串,卖与人民,但每人以购千亩为限,其无资购买愿领地耕作者,每百亩纳地租六百文。

(2)官有荒地付民间开垦,初免税五年,俟垦地基础固时,每百亩纳租六百六十文。此五年免税,专为垦地最少者而规定之,至开垦达数千亩以上者,经若干年纳租之后(以垦地多寡,定年限之长短),即归已有矣。

(3)连南乌苏里地方,气候严寒,地味亦瘠,热心开垦者甚少,故凡愿移居该处者,不独免纳租税,且政府补助经费三十二两,藉资购置农器牛马,建设家屋,半纳现金,半给食料。②

咸丰以后,"直隶、山东游民出关谋生者,日以众多"。③"自是等制度规定而后,惹起移民之注意,从事垦殖者,接踵而至。故不十年间,数十万亩之旷田,悉为勤俭耐劳之汉人所开垦"。④光绪十一年(1885年)前后,呼兰平原的开垦已基本完成。纷至沓来的移民又进入以前的禁地——吉林西南围场、伯都讷围场、盘蛇驿牧厂、海龙鲜围场。光绪二十一年(1895年),仅存的几个还保持封禁的养息牧厂与东西水流围场、大凌河牧厂全部开放,吉林、黑龙江两省几乎所有地区都已有汉族移民迁入。

光绪二十三年(1897年),中东铁路开始修筑,俄国为达到吞并目的,计划每年向东北地区移民。⑤朝野为之震惊,移民实边的倡议大为兴起,大批移民亦逐渐由南向北推进。随着移民人口的增多,新设立的府、厅、州、县不断增加。光绪二十九年五月(1903年6月)中东铁路通车,交通的便利迅速推进了移民的规模。次年东北全面开禁。

东北开禁之后,关内百姓纷至沓来,当地人口激增。咸丰元年(1851年),据户部清册统计,奉天(今辽宁)人口258.2万,吉林人口32.7万,而黑龙江人烟稀少,尚无统计数字。奉天人口在同治元年(1862年)约284万,光绪二十三年(1897年)为496万,至光绪三十四年(1908年)猛增至1100万。扣除土著的自然增长,移民约有500万左右。据户部清册,吉林地区的人口自同治元年(1862年)至光绪二十三年(1897年)自33万增加到78万,光绪三十四年(1908年)全省人口增至554万,放垦之后接纳的新移民及其后裔已近500万。而黑龙江在光绪三十三年(1907年)全省已有257.8万人,宣统三年(1911年)达到300多万。到清末,迁入东北的移民

---

① 《汉族开拓满洲史》,《东方杂志》第14卷第11号(录《时事新报》),1917年,第158页。
② 《汉族开拓满洲史》,《东方杂志》第14卷第11号(录《时事新报》),1917年,第158页。
③ (清)徐宗亮:《黑龙江述略》卷四,贡赋,黑龙江人民出版社,1985年,第56页。
④ 前揭《汉族开拓满洲史》。
⑤ 《实业计划之起点:平均地方与移民政策》,天津《大公报》,1929年1月27日,第14版。

至少已有 1 300 万。①

移民之中,山东籍人占了很大比重。《白山黑水录》对此有生动的描述:"余由奉天入兴京,道上见夫拥只轮车者,妇女坐其上,有小孩哭者、眠者,夫从后推,弟自前挽,老媪拄杖,少女相倚,跟跄道上,丈夫骂其少妇,老母唤其子女,队队总进通化、怀仁、海龙城、朝阳镇,前后相望也。由奉天至吉林之日,逆旅所共寝食,皆山东移民。"②为逃避家乡的自然灾害,山东、直隶人民"闻风踵至,相率临此沃壤。丙午[子](1876年)春夏,直(隶)、(山)东等省荒旱,远来就食于巴彦苏苏一带者,扶老携幼,终年联属于道"。③ 据宣统二年(1910年)统计,仅山东一省人民"每年春融之期,结队入东省……数额颇巨,殆有络绎不绝之势",每年从烟台、登州、龙口到达东北者"合计共达三十五六万人之谱"。④ 随着移民大规模迁入,不仅土地得到开垦,农业日益兴旺,也带动了当地工商业的发展和城市的兴起,东北平原的面貌在数十年间焕然一新。

2. 内蒙古、新疆、台湾等地

内蒙古的形势与东北类似,原本限制汉民前往垦殖,而《北京条约》允许俄国商人在蒙古自由贸易,使蒙古的安全受到实际的威胁。在这样的形势下,清政府对移民迁往蒙古地区的限制大为放松。咸丰至光绪年间,涌向河套、土默特、鄂尔多斯、察哈尔、科尔沁等地的内地移民迅速增加。光绪二十八年(1902年),清廷正式取消对蒙古的封禁政策,任命贻谷为督办蒙旗务大臣,掌理内蒙古西部的垦务,并在丰宁、张家口等地设立垦务总局,在包头设立垦务分局,全面开放蒙地。内蒙古东部地区亦大力倡导内地移民携眷定居,并准许蒙古王公放荒招垦。光绪中后期,内蒙古东部地区移民垦荒进展迅速,人口大规模增加,新的府县不断设立。到光绪末年,内蒙古70%的土地已被开垦。

随着移民蜂拥而至,内蒙古地区人口迅速增加,至光绪三十四年(1908年)迁入的移民已达160万以上。迁入口外者大多为农业移民,且绝大多数来自山西省,绥远、察哈尔各处尤为如此,至今山西方言仍是这一带的主要方言。"晋地山脉连亘,耕地较少,凡可种之区,无不人烟稠密,鸡鸣犬吠相闻。其人口之增加,虽不甚速,然已有可观。毗连之邻省,又皆为文化较高、人口过剩之区,惟有北邻之绥远,原为一未尽开辟之地,虽天然环境稍逊,要亦无碍晋人刻苦之经营,于是绥远一变而为山西人口倾泻地,遂由此发生种种不可分之关系。"⑤移民大多就近迁来定居。如清水河、和林格尔一带的移民以偏关、平鲁、左云及右玉为主,凉城、丰镇则以大

---

① 葛剑雄、侯杨方、张根福:《人口与中国的现代化(一八五○年以来)》,学林出版社,1999年,第151、152页。
② (日)小越平陆:《白山黑水录》,作新社,1902年,第124—125页。
③ (清) 特普钦撰,李兴盛等编:《黑龙江将军特普钦诗文集》,天津古籍出版社,1987年,第5页。
④ 《盛京时报》,宣统二年三月五日。
⑤ 边衡:《晋绥关系及其蒙旗政策》(续),《蒙藏旬刊》第116期,1936年,第17页。

同、阳高、天镇等地人居多。①此外,尚有部分移民来自直隶、陕西等处。兴和、凉城及察哈尔右翼后旗等县旗紧邻直隶,部分移民从直隶西北部迁来。西部托克托、土默特左旗及土默特右旗因距陕西省较近,陕西移民占有一定比例。

绥远地区北通外蒙,南邻陕晋,东连察哈尔、热河以达京津,西接宁夏、甘肃而至新疆,地理位置十分重要。晚清时期,除了农业移民大量迁来,许多晋商也前来当地从事商贸活动,促进了当地的市场繁荣,包头等一批商业市镇由此兴起。晋商虽不在当地入籍,但仅"二三年一归省",甚至"一二十载不得归",实际已成为移民。

新疆在19世纪六七十年代的战乱中经济遭受严重破坏,尤其是北疆,乾隆以来的移民屯垦成果遭受重大损失,"北路镇、迪各属已垦熟地不过十之二三,田赋缺额既多,闾阎亦形凋敝"。光绪十年(1884年)督办新疆军务兵部右侍郎刘锦棠统筹新疆全局,"综举饷额、营制、官制、屯田四端",重又提出屯田问题。②同年十一月新疆设省,担任巡抚的刘锦棠为巩固边防并尽快恢复农业生产,采取了一系列移民实边措施:光绪十三年(1887年),以原民屯制度为基础,制定屯垦章程,给移民屯垦提供优惠政策,"每户给地六十亩,由公中借给籽种粮三石、置办农具银六两、修盖房屋银八两、耕牛两头,合价银二十四两。或父子共作,或兄弟同居,或雇伙结伴,均按以二人为一户"。此外还按月发给口粮、菜金,并豁免开垦前两年的田赋,第三年减半征收。③刘锦棠咨照各省督抚,鼓励各地农民迁移来疆。这些措施吸引了大批内地人民来疆定居,促进了当地人口的增加,"土户客籍,生齿日众,边疆安谧,岁事屡丰。关内汉回携眷来新疆就食,承垦业工经商者络绎不绝。土地垦辟,户口日繁"。光绪二十四年(1898年),全疆人口已有167万。宣统二年(1910年),已达208.5万。④

台湾孤悬海外,与内地联系不便,长期以来清廷唯恐其成为反清基地,故此对内地居民的迁居严加限制,规定"凡往来台湾之人,必令地方官给照方许渡载,单身游民无照者不许偷渡,如有犯者官兵民人分别严加治罪"⑤。台湾的移民和开发进程因此大受阻碍。十九世纪七十年代由牡丹社事件引发的琉球争端和台湾危机,暴露了日本的侵略野心,也使清廷对台湾的移民政策发生了根本的转变。光绪元年(1875年)清廷批准了沈葆桢提出的开山抚番,奖励移民的建议,海禁正式取消。此后官府在厦门、汕头、香港等处设置"招垦局",积极动员闽、

---

① 方志载:"清水一郡,所属幅员辽阔,至千余里,原系蒙古草原,所有居民并无土著,大抵皆内地各州县人民流寓,而附近边墙之偏关、平鲁二县人尤多。"见光绪《清水河厅志》卷十六,风俗。边衡《晋绥关系及其蒙旗政策》提到,绥远之人"虽多晋籍,又以大同、左云、右玉、偏关、河曲、代州及浑源等县之人民为众",见《蒙藏旬刊》第115期,第8页。
② 《清实录·德宗景皇帝实录》卷一百七十八,光绪十年二月癸亥。
③ (清)刘锦棠:《兴办屯垦并安插户口查报隐粮折》,光绪十三年二月十二日,《刘襄勤公奏稿》卷十二,见《西北史地文献·第13卷》,线装书局,2006年,第390页。
④ 葛剑雄、侯杨方、张根福:《人口与中国的现代化(一八五〇年以来)》,学林出版社,1999年,第166页。
⑤ 《清实录·圣祖仁皇帝实录》卷二百七十七,康熙五十七年二月甲申。

粤居民迁居台湾垦殖。光绪十年(1884年)刘铭传任台湾巡抚,通过发放船资等手段组织移民赴台垦殖,加速了台湾的开发。光绪十三年(1887年)台湾人口已达320万。①

(三)海外移民

清代前期和中期,清廷为维护专制统治,严令禁止民众同海外联系交流,对沿海居民私自出海的行为厉行惩处。鸦片战争打开了中国的国门,与此同时随着西方资本主义经济的发展,尤其是海外殖民地的开拓和开发,资本主义市场对于劳动力的需求量越来越大。加之十九世纪前、中期欧美各国陆续禁止本土及殖民地的奴隶制和贩奴活动,加剧了当地廉价劳动力供应的紧张,这为中国下层民众大规模移居海外提供了重要的空间。

福建、广东沿海是移民海外的主要输出地。早在清代前期,闽、粤已成为人口最大的输出区,以福建南部、广东东部为中心,人口向四方迁移。到清代后期,广东的广州、肇庆一带沿海,也因大量人口的迁入和繁衍,成为人口密集区,而传统的人口迁入区浙南、江西及广西已经难以接纳新的移民,有些地方甚至因为人口压力酿成社会动乱和生态破坏,而台湾虽仍有少量移民空间,但人口承载规模毕竟有限。从十九世纪中叶开始,长江、黄河两大流域的人口压力通过战争破坏或向北方边疆地区的移民,已经得到一定的缓解,而闽粤地区在太平天国战争期间所受损失相对较小,故只能通过移民海外缓解人口压力。

鸦片战争后,清廷被迫在东南沿海开辟若干通商口岸,这些口岸及割让的香港、澳门即成为中国人民前往海外的主要出口。起初由于法律的限制,人口输出只能以隐蔽的方式进行,地方官府至多只是默许。咸丰九年(1859年),英法联军向清朝施加压力,要求承认华人"任便出洋"。同年四月六日,广东南海、番禺两县"联衔告示",宣布对民众"毋庸阻其随外人出洋"。3天后,广东巡抚发布告示,规定对"自愿出洋"者,"毋庸禁阻,令其任便与外人立约出洋"。咸丰十年(1860年)签订的《北京条约》中规定,清朝承认国人可赴英国殖民地或外洋别地做工,此前实际存在的"苦力贸易",至此已合法化和公开化。同治二年(1863年),清廷与美国签订《中美天津条约续增条款》,其中言道:"大清国与大美国切念人民前往各国或愿常住入籍,或随时往来,总听其便,不得禁阻。"同治五年(1866年),清廷又与英法两国签订《续定招工章程条约》二十款,允许英法在华任意招募劳工。至此,国人移民海外的大门已完全打开。

在这样的国内外背景下,厦门、香港、澳门、汕头、广州等地先后成为劳工主要输出地,大批在家乡生计无着的广东、福建人飘洋过海充当劳工。出国华工主要分为两种,一种是"契约华工",另一种是"赊欠单工"。前者指应募到海外做工并与招

---

① 葛剑雄、侯杨方、张根福:《人口与中国的现代化(一八五〇年以来)》,学林出版社,1999年,第167页。

募者订有契约的出国华工,虽然契约上注有应募地点、工作性质、年限、工资数额和预付工资数等,但往往未真正兑现,名为招募,实际常常是带有诱拐欺诈性质的人口贩卖,劳工成为变相的卖身者,被西方文献称作"苦力"(Coolie),华工出国也被称为"苦力贸易"或"猪仔贸易"。后者指赊欠船票旅费的出国华工,到达目的地后欠款从工钱中扣付,待全数清偿后方可获得自由。华工在旅途中和到岸后时常遭到残酷的虐待与奴役,引发国内外的普遍关注和抗议,19世纪60年代末70年代初,清政府及英国、葡澳当局等均立法对"苦力贸易"加以干涉取缔,然而此后诱拐华工出国的现象并未绝迹。

经估计,从第一次鸦片战争到20世纪20年代,中国人口以华工形式迁移出国可能达1000万人左右。① 其中除了山东、河北、东北等地的数十万人前往俄国远东、中亚等地务工外,绝大多数为福建、广东等东南沿海民众,前往南洋各处及美洲、澳洲、太平洋岛屿等充当劳工。具体地说,原籍广东珠江三角洲和潭江流域的移民主要迁往美国、加拿大、印尼、马来西亚和新加坡等地,原籍潮州地区的移民主要迁往泰国、越南、柬埔寨和印尼,原籍兴梅客家地区的移民主要迁往印尼、马来西亚、新加坡和越南,原籍海南的移民主要迁往印尼、马来西亚、缅甸和越南。而原籍福建晋江的移民以迁往菲律宾的为多,原籍永春、安溪的移民以迁往马来西亚和新加坡的为多,原籍福清的以迁往印尼的为多,原籍福州的以迁往沙捞越和菲律宾的为多,原籍南安、厦门的以迁往印尼和马来西亚的为多。② 华人移民到达海外后,通过自身的艰苦创业,为迁入地的社会经济发展做出了巨大贡献,其中许多人的社会地位随着财富的积累增加而上升,逐渐跻入当地上层行列。但华侨不忘祖国乡土,大多热心地为家乡奉献宝贵的资金、物资和人才技术,并在清末的民主革命中发挥了重要的作用。

第三节　民国人口的迁移

民国时期的中国人口迁移有两大趋势,一是向东北的移民,一是向海外的移民,特别是向东北的移民对中国人口的分布与发展以及历史的影响最为巨大。20世纪初期,东北地区已经成为中国的"新大陆",是中国版图内最后一块可供大量人口生存的地方。

一、向东北的移民

19世纪后期以前,由于清政府禁止向东北移民,东北地区一直地广人稀。随着清政府取消移民东北的禁令,向东北的移民大量增加,最终形成了20世纪

---

① 朱国宏:《中国人口的国际迁移之历史考察》,《历史研究》1989年第6期。
② 朱国宏:《中国人口的国际迁移之历史考察》,《历史研究》1989年第6期。

世界最大的移民潮。据南满铁路的统计,1900年东北的人口已达到了14 338 000人,[①]而据宣统普查数,1911年时人口数已超过了1 800万(表2-1),11年内人口增长400万人,平均年增长率高达22.75‰。如此高的增长速度显然有移民的因素。

表2-1 1880—1927年东北人口(南满铁路的估计)

年代	人口	每年平均增加的人数
1880	9 131 240	
1900	14 338 000	260 000
1920	22 513 750	408 000
1927	26 365 300	550 000

(资料来源:江文汉:《满洲移民》,见中国社会学社:《中国人口问题》,世界书局,1932年,第149页。)

表2-1是1927年南满铁路对1880—1927年间东北人口的估计,1900—1927年间东北人口几乎翻了一番。当然东北人口的增加并不都是移民的作用,也有人口自然增长的作用。据曹励恒的计算,在1925—1929年间,从关内迁移到东北的人口达4 701 662人,但其中有2 470 154人又返回了关内,只有约一半人口2 231 508人留居东北。[②]

《工商半月刊》第一卷十号对1923—1928年间东北的移民情况有一个较为详细的统计,见表2-2。

表2-2 1923—1928年间的东北移民(《工商半月刊》的估计)

年代	关内向东北的移民人数	返回原籍的人数	留居东北的人数	留居比例%
1923	390 000	230 000	160 000[a]	41.03
1924	430 000	244 000	186 000[b]	43.26
1925	490 000	215 000	275 000	56.12
1926	590 000	297 000	293 000	49.66
1927	1 065 000	317 000	748 000	70.23
1928	938 000	394 000	544 000	58.00
合计	3 903 000	1 697 000	2 206 000	56.52

说明:a 原数字为105 000,疑为计算错误;b 原数字为196 000,疑为计算错误。
(资料来源:江文汉:《满洲移民》,见中国社会学社《中国人口问题》,世界书局,1932年,第150—151页。)

[①] 江文汉:《满洲移民》,见中国社会学社:《中国人口问题》,世界书局,1932年,第149页。
[②] 江文汉:《满洲移民》,见中国社会学社:《中国人口问题》,世界书局,1932年,第150页。

从表 2-2 看,1923—1928 年的 6 年间,合计有近 400 万的关内向东北的移民,但留居东北的移民只有 2 206 000 人,留居比例为 56.52%。另外,向东北的移民具有很强的季节性,移民的高峰集中在每年的三月和四月,这两个月的移民数量从不少于每年移民总数量的 1/3,而返回家乡的高峰集中在每年的十一、十二月与一月,这是由移民工作的季节性所决定的,但主要原因是移民返回家乡过春节。[①]

移民的来源主要是山东和河北两省,河南省也有一些移民。江文汉认为移民的主要原因是家乡天灾人祸,生存环境恶劣,另一方面东北地广人稀,政区稳定,交通也很便利(有铁路 3 500 哩)。表 2-2 说明了向东北的移民有长期留居的趋势,其原因分为两种:一是移民逐渐开垦新地,服务于铁路、工矿企业,生活开始安定;二是关内战争剧烈,人民生活不安定,移民断绝了返回故乡的念头。因为这一趋势,移民由原来的只身来东北,逐渐开始携带家眷。1925 年取道大连赴东北的移民中妇女和儿童只有 1.5 万人,占总数的 7%,而次年就上升为 3 万余人,占总数的 12%,1927 年这一比例则增加到了 17%;1928 年,关内向东北的移民人数为 938 000 人,其中女性占了 17.3%。[②]

据东北物资调节委员会的统计,1912—1931 年间,定居于东北的关内移民人数为 555 万,1932—1941 年间为 198 万;春来秋返的流动移民,有统计的 1923—1941 年间有 743 万人次;还有 1936—1941 年间的随行家属 69 万,如果按同期定居劳工占总数 45.17%的比例计算,则家属中定居者为 31 万人。1942—1945 年又有 388 万华北劳工及家属被掳至东北,如果也按同样的比例计算,那么定居者为 178 万人。这样,总计 1912—1945 年间迁入东北并定居的关内移民达 962 万,1923—1945 年间流动移民共计为 991 万人次,这些移民来自山东的最多,其次来自河北和河南。[③]

华北地区向东北移民的规模非常大,形成了 20 世纪世界最大的移民潮,它对整个中国人口变化进程的影响深远。如果没有东北地区这一块"中国的新大陆",那么约 1 000 万的中国人口就只能在资源缺乏的家乡艰难生存,因此东北减轻了华北乃至全中国的人口压力。

在中国华北人口向东北移民的同时,日本与日本统治下的朝鲜人也向东北大规模的移民,但这些移民特别是日本移民在第二次世界大战后被遣返回了原籍,对中国人口的发展影响并不大,在此不作详述。[④]

---

① 关于这一时期关内向东北移民的数量,何廉提供了一个与此稍有差异的统计。见 Ho, Franklin L. Population Movement to the Northeastern Provinces in China. *The Chinese Social and Political Review*. Vol. 15(3), 1931, pp. 346 - 401. Table I and Table II.
② 江文汉:《满洲移民》,见中国社会学社:《中国人口问题》,世界书局,1932 年,第 167 页。
③ 虞和平:《略论民国时期的人力资源开发》,《历史研究》1998 年第 2 期。
④ 有关日本与朝鲜向东北移民的详细的原始资料,请参见满洲文化协会《满洲年鉴》(1933—1941 年)中的有关内容。

二、向海外的移民

在19世纪中叶以前,中国的海外移民多聚居于东南亚,以后才逐渐开始遍布全世界。有关中国海外移民的数量与分布,一向缺乏全面、确凿的人口统计,20世纪二三十年代,对中国海外侨民有政府统计的国家和地区共34个(含当时日本占领的中国台湾),而有私人或团体估计的有20个。根据这些统计和估计,中国侨民在世界各大洲的分布与数量见表2-3。①

表2-3　20世纪二三十年代中国海外侨民的数量与地区分布

地 区	华侨数量(最小)	华侨数量(最大)
亚　洲	7 283 343	9 283 343
大洋洲	946 757	1 962 112
南北美洲	210 101	210 101
欧　洲	22 000	22 000
非　洲	15 539	15 539
合　计	8 477 740	11 493 095

(资料来源:吴景超:《中国海外移民鸟瞰》,见中国社会学社:《中国人口问题》,世界书局,1932年,第122页。)

亚洲与大洋洲的华侨数量有不同的估计,因此华侨数量大约在848万—1 149万之间,其中分布在亚洲为最多。

中国海外移民的主要迁出地集中在东南沿海地区,特别是广东省和福建省,前者占20世纪50年代估计的华侨总人数1 200万人的68%,后者占25%。广东省侨乡集中于潮汕平原和兴宁、梅县地区,约有350万人;其次是珠江三角洲,约100余万人;第三是原属广东省的海南岛东部,约30万人。福建的侨乡集中于中部沿海地区,福清、晋安和南安3县,以及福州、厦门。由于广东和福建两省向海外移民的人数非常多,因此这两个省的人口增长率都不高。

三、中国乡村人口的国内迁移

据1929—1933年间对河北等16省101处农村人口的调查,年终人口总数为202 617人,而一年内人口生存总数为206 274人,多出的3 657人即为迁移人口。表2-4即为调查各地区的人口迁移率。②

---

① 吴景超:《中国海外移民鸟瞰》,见中国社会学社:《中国人口问题》,世界书局,1932年,第122页。
② 本节内容如无特别注明,均引自乔启明:《中国农村社会经济学》,商务印书馆,1947年,第129—149页。

表 2-4　1929—1933 年各地区的乡村人口国内迁移率

区　域	生存人口总数	迁移率(%)		
		迁入	迁出	迁入及迁出
全　国	206 274	1.5	1.3	1.7
华　北	99 518	1.3	1.5	1.5
第六区	88 193	1.2	1.5	1.2
第七区	11 325	1.4	1.5	4.1
华　南	106 756	1.7	1.0	1.8
第一区	11 208	0.9	0.8	0.4
第二区	7 984	3.9	2.1	3.1
第三区	9 471	1.3	0.7	0.1
第四区	14 302	1.2	1.1	1.5
第五区	59 126	1.8	0.9	2.3
第九区	4 665	1.6	0.9	1.5

(资料来源：乔启明：《中国农村社会经济学》，商务印书馆，1947 年，第 132 页。)

第一、三区的迁出率最低。第一区位于福建、广东等省，虽然其向海外的移民人数很多，但国内迁出率则很低；第三区位于云南、贵州等省，山区交通闭塞，生活固定，外迁人口数自然较少；第七区位于山西、陕西等省，外出经商者很多，频繁外出和返乡，因此迁移率较高；第五区位于江苏、浙江、安徽、湖北等省，交通便利，经济也较为发达，因此迁移率最高；第二区位于浙江、江西等省，情况类似于第五区，因此迁移也很高。以全国计，迁入率为 1.5%，迁出率为 1.3%，迁入及迁出率为 1.7%。

表 2-5 是中国土地利用调查对城乡间人口的迁移率统计，其中农场和农场间的迁移率最高，达 1.9%，而自农场迁移至城市为 0.9%，从城市迁移至农场为 0.5%，两者乡村人口迁往城市净迁移率为 0.4%，而尤以第二区为最高，达 2.2%。

表 2-5　1929—1933 年各地区的城乡间迁移率

区　域	人口总数	迁移率(%)		
		自农场迁至农场	自农场至城市	自城市至农场
全　国	206 274	1.9	0.9	0.5
华　北	99 518	1.9	0.9	0.6
第六区	88 193	1.7	0.8	0.6
第七区	11 325	3.3	1.3	0.8
华　南	106 756	1.9	0.9	0.4

续 表

区 域	人口总数	迁移率(%)		
		自农场迁至农场	自农场至城市	自城市至农场
第一区	11 208	1.3	0.3	0.2
第二区	7 984	2.0	2.7	0.5
第三区	9 471	1.4	0.2	0.2
第四区	14 302	1.2	0.7	0.8
第五区	59 126	2.3	0.9	0.4
第九区	4 665	2.4	0.4	0.3

(资料来源：乔启明：《中国农村社会经济学》，商务印书馆，1937年，第144—145页。)

表2-6显示中国乡村人口的迁移多局限于县内，迁移率达49.8%，省内的迁移率达29.6%，省际为11.1%，而国际迁移仅为0.5%。第二区的省内迁移率最高，达59.6%，这与它拥有最高的乡村迁往城市的净迁移率是一致的。第五区的省际迁移率最高，这一地区位于长江中下游，这是与这一地区拥有发达的经济、交通和众多的工商业城市有关的。国际迁移率最高的是位于广东、福建等省的第一区，达17.2%，而其他地区则微不足道。

表2-6 1929—1931年各地区的国、省、县际的迁移率

区 域	人口总数	迁移百分率(%)				
		县内迁移	省内迁移	省际迁移	国际迁移	地点未详
全 国	9 116	49.8	29.6	11.1	0.5	9.0
华 北	4 317	56.5	21.1	11.7	0.1	10.6
第六区	3 518	55.1	20.8	12.1	0.1	11.9
第七区	799	62.7	22.4	9.8	—	5.1
华 南	4 799	43.7	37.2	10.6	0.9	7.6
第一区	239	71.1	7.5	0.8	17.2	3.4
第二区	727	28.7	59.6	7.7	—	4.0
第三区	197	88.3	6.1	1.0	—	4.6
第四区	537	58.1	21.4	2.8	—	17.7
第五区	2 913	37.1	40.5	14.9	—	7.5
第九区	186	82.3	13.4	—	—	4.3

(资料来源：乔启明：《中国农村社会经济学》，商务印书馆，1937年，第145—146页。)

中国乡村人口的迁移率仅为4.5%，证明人口的流动性不大。但若遭遇天灾人祸，迁移率便会大幅度上升。据实业部中央农业实验所农业经济科1935年的调

查,中国各省乡村人口全家离村的家庭占农民家庭总数的4.8%,有青年男女离村的农民家庭比例为8.9%。各省的农民离村率以贵州、甘肃、湖北3省最高,原因是沉重的捐税、水旱灾害和国共内战。

表2-7是《中国土地利用调查》对全国8区101处38 256个农村家庭的迁出原因调查,首要的迁出原因是缺少工作,也即离乡寻找工作,这一原因占了总迁出原因的48.8%,几乎占了一半;其次的原因是婚姻,因为婚姻而迁出的人口绝大多数是女性。

表2-7　1929—1933年各地区的乡村人口迁出原因百分比　　　（%）

区域	迁出总计	旱灾	年成荒歉	战争	土匪	缺少工作	缺少食物	婚姻	其他	不详
全国	100.0	—	0.1	0.5	0.1	48.8	7.3	23.2	17.3	2.7
华北	100.0	0.1	0.1	0.1	0.1	48.2	9.5	23.9	14.9	3.2
第六区	100.0	0.1	0.1	0.1	0.1	47.3	8.3	26.4	13.8	3.8
第七区	100.0	—	—	—	—	52.6	16.0	10.2	20.6	0.6
华南	100.0	—	—	1.1	0.2	49.6	4.4	22.5	20.3	1.9
第一区	100.0	—	—	—	—	9.9	14.9	44.5	24.8	5.9
第二区	100.0	—	—	—	—	65.8	6.3	9.5	15.5	2.9
第三区	100.0	—	—	—	—	17.9	7.5	59.7	11.9	3.0
第四区	100.0	—	—	—	—	38.8	6.7	30.9	21.4	2.2
第五区	100.0	—	—	1.9	0.4	54.0	2.3	18.8	21.8	0.8
第九区	100.0	—	—	—	—	26.2	—	52.4	16.7	4.7

(资料来源:乔启明:《中国农村社会经济学》,商务印书馆,1937年,第136页。)

表2-8是《中国土地利用调查》对全国8区101处38 256个农村家庭的迁入原因调查,与迁出原因不同,首要的迁入原因是婚姻,占了总迁入原因的34.9%,缺少工作成为第二位的原因,仅为15.0%,这意味着这些调查地区迁出人口大于迁入人口,且大多数的迁出人口迁移到了调查区域之外。如果这一现象在全国范围内是普遍的,那么这可能意味着乡村人口向城市人口的迁移。

表2-8　1929—1933年各地区的乡村人口迁入原因百分比　　　（%）

区域	迁入总计	旱灾	年成荒歉	战争	土匪	缺少工作	缺少食物	婚姻	其他	不详
全国	100.0	—	1.3	0.2	0.2	15.0	2.3	34.9	45.2	0.9
华北	100.0	0.1	—	0.4	0.3	14.8	2.3	40.7	40.4	1.0
第六区	100.0	0.1	—	0.4	0.2	14.4	1.8	45.3	36.9	0.9
第七区	100.0	—	—	0.6	0.6	16.3	4.4	23.0	53.8	1.3
华南	100.0	—	2.3	—	—	15.2	2.2	30.7	48.8	0.8

续 表

区域	迁入总计	旱灾	年成荒歉	战争	土匪	缺少工作	缺少食物	婚姻	其他	不详
第一区	100.0	—	—	—	—	3.6	1.5	62.3	23.9	8.7
第二区	100.0	—	—	—	—	18.4	3.6	7.8	70.0	0.2
第三区	100.0	—	—	—	—	4.6	—	80.8	14.6	—
第四区	100.0	—	—	—	—	7.0	0.8	37.1	54.3	0.8
第五区	100.0	—	3.6	—	0.1	18.3	2.4	27.8	47.3	0.5
第九区	100.0	—	—	—	—	4.9	1.4	45.1	47.2	1.4

（资料来源：乔启明：《中国农村社会经济学》，商务印书馆，1937年，第137页。）

家庭迁移与个人迁移的意义是不一样的，个人迁移的首要原因可能是寻找工作或婚姻（尤其是年轻人），但整个家庭的迁移则意味着受到了更为强烈的外在因素影响。表2-9为中国土地利用调查对全国59处19 797农民家庭初次迁移原因的调查。

表2-9 1929—1933年各地区的农村家庭初次迁移的原因百分比　　（％）

迁移原因	全国	华北			华南					
		总计	第六区	第七区	总计	第一区	第二区	第四区	第五区	第九区
总　计	100.0	100.0	100.0	100.0	100.0	100.0	100.0	100.0	100.0	100.0
水　灾	1.3	0.4	0.3	0.9	2.4		2.7	0.1	6.5	
旱　灾	0.7	0.3	0.3	0.9	1.3	—	0.5	1.6	1.6	5.4
蝗　虫	—	—	—	0.2				0.1		
荒　歉	5.0	5.0	4.0	14.7	5.1	—	—	1.0	13.9	24.9
战　争	13.8	2.0	2.1	1.1	29.1	7.6	54.5	38.6	18.6	5.4
土　匪	1.2	0.3	0.3		2.4	1.1	1.5	1.7	3.3	21.4
缺少工作	7.3	6.3	3.3	36.8	8.5	4.3	6.0	11.1	9.0	5.4
缺少食物	4.5	6.0	5.9	7.7	2.5	3.5	0.7	1.3	3.5	21.4
其　他	25.0	20.0	19.0	30.7	32.1	32.6	18.1	43.4	25.8	16.1
不　详	41.0	59.7	64.8	7.0	16.6	50.9	16.0	1.1	17.8	—

（资料来源：乔启明：《中国农村社会经济学》，商务印书馆，1937年，第138—139页。）

家庭迁移的原因与个人迁移的原因相差很大。就全国而言，家庭迁移的首要原因是战争，占了13.8%，但华北与华南有很大的差异，华北因为战争因素而迁移的家庭仅为2.0%，而华南则高达29.1%，战争对第二、四、五区的家庭迁移的影响尤其显著。很显然，战争主要是指发生于湖北、江西、四川等省的国共战争。仅次于战争的原因是缺少工作，位于山西、陕西两省的第七区，缺少工作占了原因总计的30.7%。荒歉也是一个重要的原因,这一原因对第五区、第七区影响较大,前者是因为1931年江淮大水灾,后者可能是因为1928—1930年西北、华北的大灾荒。①

表2-10是《中国土地利用调查》对全国7区98处36 400个农村家庭迁移人口的职业调查,单纯从事农业的迁移人口仅占6.7%,即使加上农业兼非农业的人口比例,两者合计也仅为35.3%,由此可以证明农业对迁移人口的吸引力是不大的。从事家事的人口占迁移人口的比例最高,达41.9%,这主要是出嫁后从事家庭事务的女性人口;居第二、三位是商业和手工业,分别达17.2%和12.9%。如果不计因出嫁的女性人口,农村迁移人口的职业选择以商业和手工业居多。

表2-10 各地区的36 400个农村家庭迁移人口的职业分配百分比 (%)

迁移后职业	全国	华北			华南					
		总计	第六区	第七区	总计	第一区	第二区	第四区	第五区	第九区
七岁以上迁移总数	100.0	100.0	100.0	100.0	100.0	100.0	100.0	100.0	100.0	100.0
1. 农业	6.7	8.3	9.6	4.6	4.8	0.6	1.2	1.1	6.7	0.9
2. 非农业	62.7	73.3	73.2	73.6	50.1	49.1	76.9	60.6	44.4	29.5
运输业	1.3	1.4	1.0	2.7	1.2	—	0.3	1.9	1.4	—
商业	11.3	16.1	14.5	20.7	5.6	8.1	3.8	11.2	4.9	4.3
公务	3.5	4.8	5.8	1.9	1.8	1.2	3.8	6.3	0.9	—
家事	28.3	34.0	32.9	37.1	21.6	28.0	21.5	28.6	19.7	23.4
手工业	10.0	8.1	9.5	4.1	12.3	5.0	34.2	6.3	10.4	
家庭工业	0.7	0.9	1.2	—	0.5	2.5	0.3	0.7	0.3	0.9
专业	7.5	7.9	8.2	7.0	7.0	4.3	13.0	5.6	6.6	0.9
矿工		—							0.1	
不详	0.1	0.1	0.1	0.1	0.1				0.1	
3. 农业兼非农业	28.6	16.7	15.6	20.0	42.8	43.5	19.2	35.7	46.9	68.7
运输业	3.5	0.8	0.4	1.9	6.7	1.9	0.3	8.6	8.6	—
商业	5.9	3.7	3.3	5.0	8.5	12.4	2.1	3.4	8.5	35.7
公务	0.9	1.4	1.8	0.1	0.3		0.6	0.7	0.2	—
家事	13.6	7.9	6.8	11.1	20.3	19.3	3.5	17.5	23.9	25.2
手工业	2.9	1.0	1.0	1.1	5.1	5.0	10.4	4.8	4.3	3.5
家庭工业	0.4	0.3	0.4	—	0.6	1.2			0.8	—
专业	0.7	0.9	1.0	0.5	0.6	—	1.8	0.7	0.1	4.3

---

① 西北、华北大灾荒主要发生于陕西、山西等省,灾情极为严重,见李文海等:《中国近代十大灾荒》,上海人民出版社,1994年,第168—201页。

续表

迁移后职业	全国	华北			华南					
		总计	第六区	第七区	总计	第一区	第二区	第四区	第五区	第九区
渔业	0.2	0.1	0.1	—	0.3	—	—	—	0.5	
不详	0.5	0.6	0.8	0.3	0.4	3.7	0.9	—	—	
4. 不详	1.2	1.3	1.2	1.5	1.0	3.7	1.5	2.2	0.5	0.9
5. 残废	0.8	0.4	0.4	0.3	1.3	3.1	0.9	0.4	1.5	—

（资料来源：乔启明：《中国农村社会经济学》，商务印书馆，1937年，第142—143页。）

第四节　人口的空间分布

经过了晚清民国时期的人口增长和声势浩大的移民潮，中国形成了人口空间分布的新格局。

1935年，《地理学报》第二卷第二期发表了胡焕庸的论文《中国人口之分布》[①]，他根据20世纪二三十年代的县级人口统计数，绘出了中国人口分布图与中国人口密度图。人口密度图分为八级，第一级人口密度在每平方公里400人以上，主要是南方的稻作平原；第二级人口密度每平方公里250～400人，主要是北方种植旱粮作物的平原地区，也包括南方的稻作河谷地带，如长江中游与四川盆地；第三级人口密度每平方公里150～250人，主要是局部平原或兼有丘陵的地区；第四级人口密度每平方公里100～150人，主要是南方的丘陵地带，北方的松辽平原；第五级人口密度每平方公里50～100人，主要是山地；第六、七级人口密度每平方公里在50人以下，主要是较高的山地与高原；第八级人口密度每平方公里在1人以下，主要是青藏高原、蒙古高原及新疆。

胡焕庸根据所绘的中国人口分布图，提出了著名的瑷珲—腾冲线："今试自黑龙江之瑷珲（作者按：今黑河），向西南作一直线，至云南之腾冲为止，分全国为东南与西北两部；则此东南部之面积，计四百万（平）方公里，约占全国总面积之百分之三十六；西北部之面积，计七百万（平）方公里，约占全国总面积之百分之六十四。惟人口之分布，则东南部计四万四千万（4.4亿），约占总人口之百分之九十六；西北部之人口，仅一千八百万，约占全国总人口之百分之四。其多、寡之悬殊，有如此者。"虽然胡焕庸提出瑷珲—腾冲线根据的具体人口统计数字不无可以商榷之处，但瑷珲—腾冲线的确是中国人口分布的重要界线，它非常直观、形象地表明了中国人口分布的不平衡性。在整个20世纪，虽然由于外蒙古的独立，瑷珲—腾冲线两侧的地区面积有所变化；由于移民，瑷珲—腾冲线两侧的相对人口

[①] 胡焕庸：《胡焕庸人口地理选集》，中国财政经济出版社，1990年，第39—54页。以下引胡文均出此。

比例也有所增减,但是,数量上的变化并没有引起实质上的变化,瑷珲—腾冲线依然存在,并在可以预见的未来仍不会消失,中国人口分布的基本格局没有任何实质上的变化。

形成瑷珲—腾冲线的根本原因是自然条件。瑷珲——腾冲线的西北侧,几乎全部属于高原、沙漠,降水量也多在500毫米以下;瑷珲——腾冲线的东南侧,除云贵高原外,大部分地区都在海拔1 000米以下,主要是平原和丘陵,降水量也在500毫米以上。青藏高原号称"地球的第三极",海拔在3 000~4 000米,其中一半的面积竟在5 000米以上,气候寒冷严酷,夏季还有霜冻,十分不适宜人类的居住,人烟极为稀少,主要以畜牧为生。新疆和内蒙海拔也都在1 000~2 000米,属于干旱、半干旱气候,沙漠、戈壁面积广大,人口同样十分稀少。西北的黄土高原海拔也在1 000米以上,气候属于半干旱地区,水土流失极其严重,农牧业的发展受到很大的制约。如果以1990年的行政区划来计算,内蒙古、新疆、青海、西藏4个省区土地面积占了全国总面积的一半,但人口只占了全国总人口的4%。

瑷珲—腾冲线的东南侧,除局部地区(主要分布在云贵高原)海拔超过了1 000米外,大部地区都是平原和丘陵,长江、黄河、海河、珠江、辽河以及松花江流域都分布着大片的平原。整个东部地区,夏季受季风影响,属于湿润亚热带和半湿润温带气候。长江以南广大地区年降水量都在1 000~2 000毫米,黄河下游以及东北的松辽平原年降水量也在600毫米左右。由于气候与地理条件十分优越,整个东半部地区农业十分发达,南部农作物可以一年三熟,东北三省虽然纬度较高,但可确保夏季一熟,是中国重要的粮食生产基地。

中国人口分布的极度不平衡性根本上是由自然条件的差异所导致的。面积广大的西部地区自然环境恶劣,不适宜人类居住,农业生产落后,更重要的是水资源极度匮乏,无法承载大量的人口;而与此相反,东部地区自然环境优越,是世界上最大、自然条件最为优越的农业区之一,可以承载高密度的人口。这些差异是很难加以人为改变的,因此也决定了中国人口东部稠密、西部稀疏的基本格局几乎是永久的,唯一可以改变的可能只是人口比例的些许变动而已。因此,中国虽然有近1 000万平方公里的版图,但是只有40%的面积自然条件比较优越,能够承载高密度的人口。任何以全中国的国土面积来计算人口密度,与世界上其他国家相比,认为中国的人口密度并不大的观点其实都是没有什么意义的,因为世界没有哪一个人口密度高的大国,人口分布有如中国这样的不平衡。

这条瑷珲—腾冲线的形成时间并不长久,只是在19世纪后半期,特别是20世纪上半期华北与山东大批人口迁移至东北后,才逐渐形成了这一中国人口地理上的重要分界线。瑷珲—腾冲线的形成意味着在中国版图内所有适宜农业耕作的地区已经全部被开发完毕,中国人口再也不能依靠空间上的扩张来维持自身的增长了。

下文笔者将根据人口统计数字与省级政区的面积统计,计算不同时期的中国人口密度,至于省级以下的政区由于缺乏精确可信的面积统计,在此不作进一步的计算。

表2-11是陈长蘅计算的1928年中国各省的人口密度,虽然他对1928年中国人口的估计还有商榷的余地,该表还是能大致说明当时中国人口的分布趋势。笔者根据人口数与面积对人口密度进行了重新计算,结果与原表略有差异,并将其按人口密度的大小进行了排序。很明显,在这29个省区中,最后9个地区大致处于瑷珲—腾冲线的西北一侧,虽然面积占全国总面积的64.30%,但人口数只占全国人口总数的4.38%(根据陈长蘅原表计算)。

表2-11　1928年中国人口密度　　　　　　　　（人/km²）

省区名称	面积（公里）	人口密度	排　序
江　苏	105 605	323.15	1
河　北	140 526	222.25	2
浙　江	101 061	204.26	3
山　东	153 711	197.36	4
河　南	172 155	168.98	5
安　徽	142 689	152.19	6
湖　北	182 110	146.61	7
湖　南	215 457	146.21	8
广　东	223 844	140.42	9
四　川	403 634	133.81	10
江　西	168 236	107.64	11
福　建	121 050	80.50	12
山　西	161 842	75.56	13
贵　州	176 480	71.92	14
辽　宁	250 813	60.73	15
陕　西	195 076	60.50	16
广　西	219 876	39.76	17
云　南	398 583	31.78	18
热　河	173 960	25.13	19
吉　林	282 332	21.61	20
甘　肃（包括宁夏）	683 314	9.37	21
察哈尔	258 815	7.72	22
绥　远	304 058	6.98	23

续 表

省区名称	面积(公里)	人口密度	排 序
黑龙江	577 964	6.44	24
新 疆	1 641 554	1.55	25
西 藏	904 999	1.44	26
西 康	472 704	1.10	27
青 海	728 198	0.51	28
外蒙古	1 612 912	0.24	29

(资料来源：陈长蘅：《人口》，实业部中国经济年鉴编纂委员会：《中国经济年鉴》，1934年，第(C)22页，第四表。人口密度系作者重新计算，与原表稍有差别。)

表2-12是作者将1936年全国各选举区户口统计人口数，根据表2-11的行政区进行归并，并计算其人口密度，对原来的人口数没有进行修正。各省的人口密度基本格局与1928年相比没有什么显著的改变。

表2-12　1936年中国人口密度　　　　　　　　　(人/km²)

省 区	人口数	面积(平方公里)	人口密度	排 序
江 苏	40 974 467	105 605	388.00	1
山 东	38 758 176	153 711	252.15	2
河 北	31 492 826	140 526	224.11	3
浙 江	21 230 749	101 061	210.08	4
河 南	34 289 848	172 155	199.18	5
安 徽	23 265 368	142 689	163.05	6
广 东	32 289 805	223 844	144.25	7
湖 北	25 541 636	182 110	140.25	8
湖 南	28 293 735	215 457	131.32	9
四 川	52 963 269	403 634	131.22	10
福 建	11 755 625	121 050	97.11	11
江 西	15 820 403	168 236	94.04	12
山 西	11 601 026	161 842	71.68	13
辽 宁	16 466 303	250 813	65.65	14
广 西	13 385 215	219 876	60.88	15
贵 州	9 043 207	176 480	51.24	16
陕 西	9 906 172	195 076	50.78	17
云 南	11 994 549	398 583	30.09	18
吉 林	7 135 542	282 332	25.27	19

续 表

省 区	人口数	面积(平方公里)	人口密度	排 序
热 河	2 054 305	173 960	11.81	20
甘 肃*	7 728 589	683 314	11.31	21
察哈尔	2 035 957	258 815	7.87	22
绥 远	2 083 693	304 058	6.85	23
黑龙江	3 672 777	577 964	6.35	24
西 藏	3 722 011	904 999	4.11	25
新 疆	4 360 020	1 641 554	2.66	26
西 康	968 187	472 704	2.05	27
蒙 古	2 757 342	1 612 912	1.71	28
青 海	1 196 054	728 198	1.64	29

说明：* 包括宁夏省。
（资料来源：内政部统计处：《全国各选举区户口统计》，1936年。）

表 2-13　1947年中国人口密度　　　　　　　　　　（人/km²）

省 区	面积(平方公里)	人口数	人口密度	排 序
江 苏	108 314.95	36 052 011	332.84	1
山 东	146 736.50	38 671 999	263.55	2
河 北	140 253.13	28 529 089	203.41	3
浙 江	102 646.29	19 942 112	194.28	4
河 南	165 141.43	28 473 025	172.42	5
台 湾	35 961.21	6 126 006	170.35	6
四 川	303 318.18	47 107 720	155.31	7
安 徽	140 686.70	21 705 256	154.28	8
辽 宁	67 123.70	9 992 387	148.87	9
湖 南	204 771.00	26 171 117	127.81	10
广 东	218 511.50	27 825 512	127.34	11
湖 北	186 229.77	21 034 463	112.95	12
山 西	156 419.64	15 025 259	96.06	13
福 建	117 976.88	11 100 680	94.09	14
吉 林	87 284.78	6 981 277	79.98	15
江 西	173 013.95	12 725 187	73.55	16
广 西	218 923.50	14 603 247	66.70	17
贵 州	170 196.22	10 518 765	61.80	18

续 表

省　区	面积(平方公里)	人 口 数	人口密度	排　序
松　江	80 788.69	4 535 092	56.14	19
陕　西	187 701.47	9 492 489	50.57	20
安　东	63 421.52	3 163 911	49.89	21
嫩　江	66 967.22	2 407 438	35.95	22
热　河	179 982.05	6 109 866	33.95	23
辽　北	123 351.21	3 798 056	30.79	24
云　南	420 465.50	9 171 449	21.81	25
甘　肃	391 506.28	6 897 781	17.62	26
合　江	123 620.23	1 936 000	15.66	27
黑龙江	198 295.11	2 563 234	12.93	28
察哈尔	283 675.44	2 114 288	7.45	29
绥　远	329 397.19	2 166 513	6.58	30
西　康	451 521.00	1 651 132	3.66	31
宁　夏	233 320.00	773 325	3.31	32
新　疆	1 711 930.95	4 012 330	2.34	33
青　海	667 236.00	1 346 320	2.02	34
兴　安	258 352.26	327 563	1.27	35
西　藏	1 215 780.50	1 000 000	0.82	36

说明：不包括各直辖市。
(资料来源：内政部人口局：《全国户口统计》,1947年,第80页,1月数。)

1947年中国版图与政区发生了较大的变化,外蒙古已经正式独立,台湾省光复,回归祖国,东北三省析置为东北九省。至此,瑷珲—腾冲线西北一侧的国土面积有所缩减,但人口的总体分布格局仍然没有根本改变。在这4次各省人口密度的排序中,江苏始终位居第一,即人口密度最大,以下2至5位分别是河北、山东、浙江、河南4省(具体位次有所不同)。

第五节　城市人口与乡村人口的分布

一、城市人口的定义

据20世纪50年代末国外的一次调查,"城市的"一词大约有30种不同的定义,这种状况一直持续到1978年(笔者注:一直到现在)仍然没有改变。如此多的定义不仅导致了进行国际比较的困难性,甚至在许多国家中,这一定义也是前后不统一的①。在这方面,中国是一个很好的例证。世界上大多数国家均按居民点的人口规模区分城市人口和乡村人口,并分别规定有具体界线,即人口在界线上属于城市人口,之下属于乡村人口。此外,有些国家还兼顾人口的职业构成,其中最基本的指标就是"非农业人口比重"。中国在1949年前没有法定的"城市人口"和"乡村人口"的定义,因此在人口统计中均没有这两大指标。②

20世纪40年代,乔启明对中国城市人口与乡村人口的定义曾作过深入的探讨。他认为中国对城市人口与乡村人口的一向没有标准与规定,因此首先要对原有村庄、市镇、城市三个单位的人口集团数量进行研究。

村庄:

1. 根据1930年李景汉主持的定县调查,每村平均有847人;

2. 根据1933年中华民国行政院农村复兴委员会进行的江苏、浙江、河南、陕西四省农村调查,各省每村平均人数,最高为713人,最低为102人,四省平均为250人;

3. 根据1934年陈翰笙在广东38县的调查,共152个村,24 776户,估计每村平均903人;

4. 根据1935年乔启明主持的江苏省江宁县乡村调查,共96村,每村平均208人。

根据以上的调查,华南和华北的村庄人口较多,其中最多的竟超过了3 000人,华中人口较少,常在300左右。因此乔启明认为,中国的村庄大小并无定规,人口大约在2 000以下均称为村庄,超过此数则为市镇。

市镇:

中国市镇人口也多寡不一。江苏省江宁县淳化镇有1 805人,句容县除县城外,有25个市镇,平均人口为1 978人。另外,据安徽和县乌江镇调查,全镇人口为3 316人,而江苏省武进县的5个市镇平均人口则达8 478人。乔启明认为中国的市镇本为城乡的联系物,这种小规模的贸易中心的人口虽较多,但并不是城市。因此他认为这种人口在2 000以上8 000以下的人口聚居地称为市镇。

城市:

乔启明认为人口在10 000人以上的聚居地即为城市。湖南省曾规定城乡分界的标准为5 000人,而江西省的标准则是10 000人。③

但是城市与乡村的划分标准不能仅仅只考虑到居民点的人口规模。1949年以后,政府对这一标准有了明确的规定,将人口划分为城镇人口与乡村人口,前者指的是市和镇中的非农业人口,其中的农业人口以及市和镇以外的一切人口均为

---

① Petersen, William and Renee Petersen. *Dictionary of demography: terms, concepts, and institutions.* pp. 151 - 152, 961 - 964.
② 胡焕庸、张善余:《中国人口地理》,华东师范大学出版社,1984年,第266—268页。
③ 乔启明:《中国农村社会经济学》,商务印书馆,1937年,第17—20页。

乡村人口。这一规定中的"市"和"镇"都属于行政区域的范围,与国外某一人口界线以上的居民点不是一回事,因此又牵涉到了市和镇的设立或建制问题。

1955年国务院颁布的《关于城乡划分标准的规定》中明确指出,凡符合下列标准之一的地区,都是城镇:

1. 市级或县级以上政府所在地;
2. 常住人口超过2 000,半数以上的居民为非农业人口;
3. 工矿企业、铁路站、工商业中心、交通要口、中等以上学校、科学研究机关的所在地和职工住宅区等,常住人口虽不足2 000,但在1 000以上,而且非农业人口超过75%的地区;
4. 具有疗养条件,而且每年疗养人员超过当地常住人口50%的疗养区;
5. 以上四类中,常住人口超过2万的县以上政府所在地和工商业地区可列为城市,其余为集镇。

1963年国务院又颁布了调整市镇建制的指示。它规定工商业和手工业相当集中,人口超过3 000,其中非农业人口占70%以上;或人口虽不足3 000,但超过2 500,其中非农业人口占85%以上的地区,可以设镇。在少数民族地区标准适当放宽。如人口超过10万,其中非农业人口占70%以上,可以设市。人口不足10万的居住地,必须是重要工矿业基地、港口或较大的物资集散地,或边远地区的重要城镇而又确有必要方可设市。上述指标还规定,郊区范围的确定一般以市镇总人口中农业人口不超过20%为宜。

1982年,中国城镇人口的统计口径又发生了一次大的变化,即把市和镇的总人口,包括其中的农业人口,作为城镇人口,但市辖县不计算在市的总人口之内。[①]

由此可见,中国在20世纪上半期,对城市人口(服从国际惯例,使用城市人口与乡村人口的术语,而不采用中国的"城镇人口"和"农村人口"的用法)与乡村人口并没有任何官方的规定;而1950年以后的几次官方规定口径又不尽相同,而且与世界通行的城市人口标准不相吻合,无法进行比较。20世纪上半期历次官方的全国人口统计中,都没有城市人口与乡村人口的统计,对某些少数特殊的城市如宣统人口普查中的京师、商埠,民国人口统计中对京师和随后的特别市、直辖市或特别行政区的人口有所统计,但它们只占当时城市人口中的少数,并不是中国城市人口的全部,因此,现存有关20世纪上半期中国城市人口数量的任何记载只能是出于估计。

二、对民国城市人口的不同估计

由于中央政府并没有对全国各城市的人口进行过调查基础上的全面统计,有关城市人口的统计均出于不同机构和研究者的估计。这些估计,主要有:

---

① 胡焕庸、张善余:《中国人口地理》,华东师范大学出版社,1984年,第267—268页。

(一) 中华续行委办会的估计

1913年,中国各基督教会召开全国会议,决定展开一次全国性的传教情况调查,并委托中华续行委办会具体承担。迟至1918年,中华续行委办会着手进行调查,于是年秋开始搜集各县的人口数。他们调查的方法是向各县警察及官吏询问,并征询各地传教士的意见,最终的结果见《中华归主》一书。该书的附录七是当时中国的城市人口估计,资料的来源说明如下:[①]

> 下表是根据寄在全国各差会总堂宣教师的调查表而得出的一般城市人口估计。把用这种办法得到的估计数与以前发表的海关统计报告、各种指南手册、地理书、地图册、各大公司的城市人口统计、各差会本部报告、各地警务长官报告等进行了审慎的对比后,并做了一些修改。因此,下列数字在准确性与完全性方面与当地居民的估计以及所有可能得到的已经发表的有关参考资料十分相近。另一方面,本调查委员会完全了解这份统计资料绝不是完美的,很多估计数可能与实际情况远不相符。对进行中国人口估计或收集有关人口资料有实践经验的人都会理解本调查委员会的困难,调查委员会只强调这份统计是这方面的最好的资料,此外不愿提出任何权利要求。除非在政府监督下精心、科学地完成一项人口调查统计外,是不可能达到准确、完全的,不仅对个别的城市或省份是如此,对全国也是如此。

表2-14是笔者根据《中华归主》的附录七所编制的中国10万人口以上的城市的统计表。据中华续行委办会的调查与估计,当时中国共有50个10万人口以上的城市,合计人口数为16 866 537人。

表2-14 1918年中国城市人口(10万人以上)估计

城 市	人口数	排序	城 市	人口数	排序
广州(粤)	1 600 000	1	南昌(赣)	480 000	11
上海(苏)	1 500 000	2	佛山(粤)	450 000	12
天津(直)	900 000	3	宁波(浙)	450 000	13
北京(直)	850 000	4	绍兴(浙)	400 000	14
杭州(浙)	650 000	5	汉口(鄂)	350 000	15
福州(闽)	625 000	6	济南(鲁)	300 000	16
苏州(苏)	600 000	7	南京(苏)	300 000	17
香港	525 000	8	扬州(苏)	300 000	18
重庆(蜀)	525 000	9	开封(豫)	280 000	19
成都(蜀)	500 000	10	镇江(苏)	260 000	20

---

① 中华续行委办会:《中华归主》附录七,中国社会科学院出版社,1987年。

续 表

城 市	人口数	排序	城 市	人口数	排序
潮州府(粤)	250 000	21	无锡(苏)	150 000	37
沈阳(奉)	250 000	22	温州(浙)	140 000	38
武昌(鄂)	250 000	23	小榄(粤)	140 000	39
西安府(陕)	250 000	24	清江浦(苏)	130 000	40
长沙(湘)	229 537	25	泉州府(闽)	130 000	41
赣州(赣)	200 000	26	常州(苏)	125 000	42
哈尔滨(黑)	200 000	27	徐州(苏)	125 000	43
济宁(鲁)	200 000	28	叙州府(蜀)	125 000	44
新会(粤)	200 000	29	吉安府(赣)	120 000	45
周家口(豫)	200 000	30	韶州(粤)	120 000	46
常德(湘)	180 000	31	顺庆(蜀)	120 000	47
怀安府(苏)*	180 000	32	厦门(闽)	114 000	48
湘潭(湘)	180 000	33	兰州(甘)	110 000	49
芜湖(皖)	175 000	34	万县(蜀)	110 000	50
江门(粤)	168 000	35			
汉阳(鄂)	150 000	36	合 计	16 866 537	

作者注：*疑为淮安府。
(资料来源：中华续行委办会：《中华归主》附录七，中国社会科学出版社，1987年。)

另外，还有10万人及10万人以下的城市如下：

100 000人口的城市：安庆(皖)，潮阳县(粤)，烟台(鲁)，赤峰(热河)，涪州(蜀)，抚州(赣)，汉中府(蜀)，衡州府(湘)，湖州府(浙)，沂州府(鲁)，嘉兴(浙)，光州(豫)，老河口(鄂)，保定府(直)，赤溪(粤)，松江府(苏)，泰州(苏)，潍县(鲁)，昆明(滇)。共计19个城市，1 900 000人。

90 000人口的城市：宝庆(湘)，青岛(鲁)，盐城(苏)。共计3个城市，270 000人。

88 000人口的城市：常熟(苏)。共计1个城市，88 000人。

87 000人口的城市：沙市(鄂)，大良(粤)。共计2个城市，174 000人。

85 000人口的城市：九江(赣)，宁夏府(银川，甘)，唐山(直)。共计3个城市，255 000人。

83 000人口的城市：吉林(吉)。共计1个城市，83 000人。

80 000人口的城市：兴安府(陕)，兴化(苏)，黄县(鲁)，揭阳(粤)，贵阳(黔)，莱州(鲁)，廉州府(粤)，泸州(蜀)，澳门(粤)，牛庄(奉)，亳州(皖)，三原县(陕)，汕头(粤)，太原(晋)，同州府(陕)，梧州(桂)，益阳(湘)。共计17个城市，1 360 000人。

75 000人口的城市：周村(鲁),衢州府(浙),秦州(甘)。共计3个城市,225 000人。

72 000人口的城市：张家口(直)。共计1个城市,72 000人。

70 000人口的城市：安东(奉),海口(粤),宽城子(长春,吉),辽源州(奉),庐州府(皖),保宁(蜀),山海关(直),泸定府(蜀),遵义(黔),潼川(蜀),黄冈厅(粤),颍州府(皖)。共计12个城市,840 000人。

65 000人的城市：浚城(鄂),汾州(晋),疏附(新),宿迁(苏),通州(南通,苏)。共计5个城市,325 000人。

62 000人口的城市：洮州(甘)。共计1个城市,62 000人。

60 000人口的城市：漳德(豫),锦州府(奉),宜昌(鄂),嘉定府(蜀),建宁府(闽),荆州府(鄂),固始县(豫),桂林(桂),柳州府(桂),宁德(闽),宁都(赣),莎车(新),浔州(赣),台州府(浙),登州府(鲁),迪化府(乌鲁木齐,新)。共计16个城市,960 000人。

58 000人口的城市：津市(湘)。共计1个城市,58 000人。

56 000人口的城市：漳州府(闽),肇庆(粤)。共计2个城市,112 000人。

55 000人口的城市：大连(奉),平凉(甘)。共计2个城市,110 000人。

50 000人口的城市：常山(浙),朝阳府(热河),饶州(赣),瑞金(赣),如皋(苏),江阴(苏),胶州(鲁),建昌府(赣),金华府(浙),金坛(苏),个旧场(滇),归德(豫),临清州(鲁),六安州(皖),南丰(赣),南宁(桂),南阳府(豫),宁国府(皖),平泉(热河),新民府(奉),遂宁(蜀),大竹(蜀),丹阳(苏),定远(蜀),青州府(鲁),齐齐哈尔(黑),东台县(苏),玉林(桂),渭南(陕),汶上(鲁),武穴(鄂),沅州(湘)。共计32个城市,1 600 000人。

45 000人口的城市：承德府(热河),汝州(豫),奇台(古城,新),伊宁(宁远,新),屯溪(皖),卫辉(豫)。共计6个城市,270 000人。

44 400人口的城市：腾越(滇)。共计1个城市,44 400人。

40 000人口的城市：安陆(鄂),樟树(赣),城固(陕),潜江(鄂),阜宁(苏),富平(陕),涵江(闽),兴化府(闽),兴宁县(粤),鹤山(粤),许州(豫),怀庆府(豫),黄石(闽),徽县(甘),宜黄(赣),瑞安(浙),高邮州(苏),嘉祥(鲁),嘉定县(苏),杞县(豫),泾阳(陕),夔州府(蜀),凉州府(甘),辽阳(奉),乐平(赣),潞安府(晋),龙州(桂),南雄(粤),石城县(赣),沭阳(苏),西乡(陕),泰安府(鲁),砀山(苏),打箭炉(蜀),塔子沟(热河),德州(鲁),滕县(鲁),狄道州(甘),清化镇(豫),崇仁(赣),同安(闽),资州(蜀),温宿(阿克苏,新),岳州(湘),蔚州(直),余姚(浙)。共计46个城市,1 840 000人。

38 000人口的城市：库伦(乌兰巴托,蒙),兖州(鲁)。共计2个城市,76 000人。

35 000人口的城市：郑州(豫)，淇县(豫)，诸城(鲁)，洪江(湘)，上杭(闽)，石龙(粤)，襄阳府(鄂)，谯州(豫)，郯城(鲁)，大通(皖)，定陶(鲁)，沧州(直)，曹州府(鲁)，无为州(皖)。共计14个城市，490 000人。

32 000人口的城市：清远(粤)，铜仁(黔)。共计2个城市，64 000人。

30 000人口的城市：安顺府(黔)，安东(苏)，阿什河(吉)，茶陵(湘)，郴州(湘)，嵊县(浙)，镇远(黔)，中坝(蜀)，费县(鲁)，海州(苏)，兴义(黔)，河口(赣)，洛阳(豫)，和阗州(新)，呼兰(黑)，黟县(皖)，汝宁(豫)，经棚(热河)，祁县(晋)，金乡县(鲁)，琼州(粤)，昆山(苏)，曲靖府(滇)，曲沃(晋)，广昌(赣)，连州(粤)，临潼(陕)，溧阳县(苏)，乐安(赣)，六合(苏)，沔县(陕)，宁乡(湘)，宁远府(蜀)，北海(粤)，宝应(苏)，平度(鲁)，博山(鲁)，辰州府(湘)，石岛(鲁)，寿张(鲁)，顺德府(直)，新城(吉)，新化(湘)，宿州(皖)，遂平(豫)，德阳(蜀)，铁岭(奉)，天台(浙)，定海(浙)，东昌府(鲁)，通州(直)，东平(鲁)，武冈州(湘)，乌丹镇(热河)，洋县(陕)，英德(粤)，运城(晋)，永清(直)。共计58个城市，1 740 000人。

28 000人口的城市：石龙头(粤)，忻州(晋)，永城(豫)。共计3个城市，84 000人。

26 700人口的城市：大理(滇)。共计1个城市，26 700人。

26 000人口的城市：绥来县(新)。共计1个城市，26 000人。

25 000人口的城市：昭通(滇)，柘城(豫)，城武(鲁)，正阳关(皖)，全椒(皖)，处州(浙)，复州(奉)，襄城(豫)，河间(直)，怀远(皖)，黄岩(浙)，沂水(鲁)，盖平县(奉)，高陵(陕)，黔西(黔)，金豁(赣)，古田(闽)，梁山(蜀)，林西(热河)，龙岩州(闽)，鹿邑(豫)，绵州(蜀)，南陵县(皖)，北团林子(黑)，沙头(粤)，石门(浙)，太谷(晋)，大名府(直)，邓州(豫)，汀州府(闽)，枣阳(鄂)，即墨(鲁)，攸县(湘)。共计33个城市，825 000人。[①]

上述人口在25 000至100 000之间的城市共有288个，人口合计为13 980 100人，与表2-14合计，1918年时中国人口数在25 000以上的城市人口总计为30 846 637人。如果按照笔者估计的1911年时的人口数与1911—1936年间的平均年增长率计算，1918年中国人口总数应为4.23亿，则占当时的全国人口总数的比例为7.29%。

诚如中华续行委办会认为："调查委员会只强调这份统计是这方面的最好的资料，此外不愿提出任何权利要求。除非在政府监督下精心、科学地完成一项人口调查统计外，是不可能达到准确、完全的，不仅对个别的城市或省份是如此，对全国也是如此。"的确，在中国这样一个空间广袤、人口众多的大国，只有政府才有进行全国性人口调查的能力，其他任何个人与团体都没有这样的能力。因此，这一城市人

[①] 城市数与人口数系笔者计算。

口数只是中华续行委办会的估计数,其精确度如何现在实在难以判断,但这一统计的确是有关20世纪上半期中国城市人口统计的最全面,可能也是最好的统计。

(二)《世界事实统计年鉴》的估计

另外,据英文版1934年的《世界事实统计年鉴》载,据说引"中国官厅"的调查估计,中国城市人口在10万以上的有广州、长沙、成都、镇江、福州、杭州、汉口、香港、南京、宁波、北平、上海、苏州、天津、济南、青岛、万县、温州共18个城市,人口总数为12 014 409人。吴景超估计居住在10万以上城市的人口占全国总人口的4.5%。

乔启明认为:

1. 住在人口2 500以下的农村的人口约3亿人,占全国人口的66%。
2. 住在人口2 500至10 000人的市镇的人口约1亿不到,占全国人口的22%。
3. 住在人口10 000至50 000人的小城市人口约2 300万,占全国人口的6%。
4. 住在人口50 000以上的大城市的人口约2 300万,占全国人口的6%。

根据中华续行委办会的调查,1918年左右居住在10万人以上城市(含10万)的人口为18 066 537人,占全国人口的比例为4.27%,[①]这一比例高于《世界事实统计年鉴》的统计,低于吴景超的估计;居住在50 000人以上城市(含5万)的人口为8 494 000人,占全国人口的比例为6.00%,与乔启明的估计吻合。[②]但是这些估计毕竟是估计,没有一个是可靠的人口统计,因此都是不确实的。

(三)诺特斯坦因与乔启明的估计

表2-15是诺特斯坦因与乔启明利用中国土地利用调查和其他一些调查综合得出的结果,中国19个省中城市居住了10%的户数,市镇为11%(包括部分乡村人口),村庄为79%。这一结果可能是20世纪上半期最为可信的城市人口统计,因为它是建立在调查基础上的,而不是单纯的估计。[③]该表中的"城市"(cities)、"市镇"(market towns)和"村庄"(farm villages and hamlets)的界定见上述乔启明的说明。

表2-15　1929—1933年中国19省168县173地区的城市与乡村人口

地带及区	占总户数之百分比(县调查材料)		
	城　市	市　镇	村　庄
中国	10	11	79
小麦地带	10	10	80
水稻地带	10	11	79

① 表2-14中的人口合计数加上12个人口为10万的城市的人口,合计为全国人口数以4.2亿计。以下计算方法同。
② 乔启明:《中国农村社会经济学》,商务印书馆,1937年,第19—20页。
③ Notestein, Frank W. Population. In Buck, John L. *Land utilization in China: a study of 16,786 farms in 168 localities and 38,256 farm families in twenty-two provinces in China*, 1929-1933. p. 365. 1941年中译本与原英文本文字上略有不同,此处按照英译本译出。

续 表

地带及区	占总户数之百分比(县调查材料)		
	城 市	市 镇	村 庄
小麦地带各区			
春麦区	18	8	74
冬麦小米区	6	10	84
冬麦高粱区	9	12	79
水稻地带各区			
扬子水稻小麦区	5	12	83
水稻茶区	9	11	80
四川水稻区	9	10	81
水稻两获区	18	11	71
西南水稻区	10	13	77

(资料来源: Notestein, Frank W. Population. In Buck, John L. *Land utilization in China: a study of 16,786 farms in 168 localities and 38,256 farm families in twenty-two provinces in China*, 1929-1933. p. 365.)

(四)厄尔曼-帕金斯的估计

德怀特·H·帕金斯(Dwight H. Perkins)在其著作《中国农业的发展(1368—1968)》的附录七中引用了莫里斯·B·厄尔曼(Morris B. Ullman)对1900—1958年中国城市人口的估计表。[1] 这是一个在详细程度上堪与中华续行委办会相媲美的估计,帕金斯予以详细的校注和说明。

厄尔曼-帕金斯的估计对象是1958年时人口数超过10万的城市,根据这一估计,1900—1910年,中国城市人口数(不包括香港,下同)为16 851 000人,1938年为27 323 000人,1953年为48 946 000人,分别占当时全国人口总数的4.32%、5.25%和8.44%。[2] 当然这同样是一个无法得到证实的估计,并且由于它的统计口径与其他估计不同,因此也没有办法进行比较。

总的来说,20世纪上半期的中国城市人口由于缺乏可靠的统计,只能引用那些确实性无法得到证明的估计数字,在这些估计中,以中华续行委办会的估计最为全面,可能更接近于事实。

三、1949年的城市人口统计

国家统计局综合司编《全国各省自治区直辖市历史统计资料汇编(1949—

---

[1] (美)帕金斯(Dwight H. Perkins)著,宋海文等译:《中国农业的发展(1368—1968)》,上海译文出版社,1984年,第386—395页。
[2] 全国人口数分别以3.9亿、5.2亿和5.8亿计。

1989)》,对1949年后中国的分地区的"市镇人口"与"乡村人口"进行了统计。根据编辑的体例,所用的"市镇人口"的标准应该是1982年制订的标准,即市镇的总人口包括其中的农业人口全部算作是"市镇人口"。[①]

表2-16中也有非农人口与农业人口的统计,因此笔者计算了非农人口与市镇人口、农业人口与乡村人口的比率,各省相差较大,由此可见各省的非农或农业人口在市镇或乡村人口中的比例不尽相同。最为极端的四川省,非农人口竟是市镇人口的2倍,表明有一半的非农人口生活在农村中。就全国而言,31.26%的非农人口生活在农村中,而27.39%的农业人口生活在城镇(城市)中,但由于表中缺少了北京、天津等地区的统计,因此这一结果是不完全的。城镇(城市)人口占全国人口的11.47%,这一结果无论按照什么划分标准都大大低于表2-15中的统计——中国城市和市镇人口占总人口的21%。

表2-16　1949年中国部分地区的非农人口与农业人口以及市镇与乡村人口

地区	非农（万人）	农业（万人）	市镇（万人）	乡村（万人）	非农（%）	农业（%）	市镇（%）	乡村（%）	非农/市镇	农业/乡村
北　京	164.9	38.2			81.19	18.81				
天　津	196.0	207.0			48.64	51.36				
河　北	207.0	2 879.0	263.0	2 823.0	6.71		8.52	91.48	0.79	1.02
山　西	106.1	1 174.7	102.6	1 178.3	8.29	91.71	8.01	91.99	1.03	1.00
内蒙古			75.0	533.0			12.34	87.66		
辽　宁			443.0	1 388.0			24.19	75.81		
吉　林	180.3	828.2	222.3	786.2	17.88	82.12	22.04	77.96	0.81	1.05
黑龙江	252.0	759.9	265.8	746.1	24.90	75.10	26.27	73.73	0.95	1.02
上　海	467.8	35.2	452.6	50.3	93.01	6.99	90.00	10.00	1.03	0.70
江　苏	521.0	2 991.0	437.0	3 075.0	14.83	85.17	12.44	87.56	1.19	0.97
浙　江	308.0	1 775.0	246.0	1 837.0	14.79	85.21	11.81	88.19	1.25	0.97
安　徽	268.0	2 518.0			9.62	90.38				
福　建	181.9	1 006.0			15.31	84.69				
江　西	164.0	1 150.0	125.0	1 189.0	12.48	87.52	9.51	90.49	1.31	0.97
山　东	260.0	4 289.0			5.72	94.28				
河　南	308.0	3 866.0	265.0	3 909.0	7.38	92.62	6.35	93.65	1.16	0.99
湖　北	286.9	2 294.0			11.12	88.88				

[①] 国家统计局综合司：《全国各省、自治区、直辖市历史统计资料汇编(1949—1989)》,中国统计出版社,1990年。根据编者说明,政区范围以1990年为准,但没有提到直接对"市镇人口"的界定标准。

续 表

地区	非农（万人）	农业（万人）	市镇（万人）	乡村（万人）	非农（%）	农业（%）	市镇（%）	乡村（%）	非农/市镇	农业/乡村
湖 南	255.2	2 731.6	236.0	2 750.9	8.54	91.46	7.90	92.10	1.08	0.99
广 东	437.5	2 345.3			15.72	84.28				
广 西										
海 南										
四 川	491.0	5 239.0	246.0	5 484.0	8.57	91.43	4.29	95.71	2.00	0.96
贵 州	102.0	1 314.0	106.0	1 310.0	7.20	92.80	7.49	92.51	0.96	1.00
云 南										
西 藏										
陕 西	155.0	1 162.0	125.0	1 192.0	11.77	88.23	9.49	90.51	1.24	0.97
甘 肃	85.0	883.0	92.0	378.0	8.78	91.22	19.57	80.43	0.92	2.34
青 海	14.0	134.0			9.46	90.54				
宁 夏	8.0	112.0	15.0	105.0	6.67	93.33	12.50	87.50	0.53	1.07
新 疆	65.0	368.0	53.0	380.0	15.01	84.99	12.24	87.76	1.23	0.97
合 计	5 484.6	40 100.1	3 770.3	29 114.8	12.03	87.97	11.47	88.53	1.45	1.38

（资料来源：据国家统计局综合司：《全国各省自治区直辖市历史统计资料汇编(1949—1989)》，中国统计出版社，1990年。各省、自治区、市人口数及自然变动情况表编制，为当地公安部门统计数。）

另据《中国人口地理》，1949年中国城镇人口（包括有一部分农业人口）有5 756万人，占当时总人口的10.6%，由于没有详细地划分标准说明，其统计口径不得而知。[1] 但无论按照什么口径，这一比例也明显低于表2-15中的结果。这是否意味着中国的城市化人口比例在下降？当然表2-15中的市镇划分标准是人口在2 000至8 000人之间的有市场的镇(market towns)，已经考虑了人口的职业分类，因此即使按照1949年后国务院的划分标准，城市与市镇人口的比例合计也很可能远远超过1949年城镇人口的比例。如果20世纪上半期中国城市人口的比例并不存在下降的事实，那么造成这一差异的原因可能还是统计口径的前后不一致，因此无法进行时期的比较。

---

[1] 胡焕庸、张善余：《中国人口地理》，华东师范大学出版社，1984年，第272页。

第三章 近代农业的发展变化与空间格局[①]

19世纪中期,中国进入了近代社会发展阶段,这一历史阶段相对于整个中国历史虽颇短暂,却经历着一场亘古未有的震荡。在西方文化、科技的冲击下,不仅中国传统文化受到挑战,社会经济基础——农业也表现出同步的变化。

农业是在人类活动参与下的动植物生产,而动植物尤其植物本身就具有依托水热条件生成适应性品种的属性,因此农业从诞生之初就具有鲜明的地理性。中国农业经过数千年发展而形成的基本空间格局,进入近代社会没有出现根本性的变化,自然环境赋予农业生产的地带性属性,以及由此而表现出的农业分区仍然如故。但是,这一时期人文社会因素对于农业的影响则十分明显,不仅由于人口流动导致区域发展进程出现明显变化,而且农作物种类在商业需求的推动下也有了改变。

第一节 近代农业区域特征与区域变化

中国领土辽阔,自然条件多样,各地农业发展进程与农业地理面貌都不同,区域分异明显。中国历史上虽没有进行过农业区划,却存在区划思想与关于区域农业生产特征的记载。自《尚书·禹贡》,到《尔雅·释地》、《周礼·夏官·职方》、司马迁的《史记·货殖列传》,都体现了战国初期到秦汉时期古人的区划思想。西晋永嘉之乱以后数次人口大规模南迁,导致中国古代经济重心移向江南,南、北之间经济地位发生倒置,《宋史·食货志》、王祯《农书》、《辽史·营卫志》等历史文献越来越多地强调区域经济特征。明代王士性《广志绎》、章潢《图书编》等则以更系统的记载展现了区域间的自然、社会、人文差异。上述文献中的区域划分思想以及区域性状记述,成为判断历史时期区域以及区域构成的依据。

20世纪30年代卜凯绘制的中国农业区域图将中国依主要种植物种类分为春麦区、冬麦小米区、冬麦高粱区、四川水稻区、扬子水稻小麦区、西南水稻区、水稻茶区、水稻两获区8个区(图3-1)。

讨论近代中国农业区域特征与区域变化的前提是明确区域空间,农业区是农业生产综合空间的反映,既包含农业对土地的依赖性和自然再生产能力,又必须考虑人类对农作物的经营方式与空间利用特征,并在兼顾区内相似性与区际差异性这一基本原则的同时,又要考虑历史开发进程的继承性,参融历史区划理念并结合

[①] 本章由韩茂莉撰写。

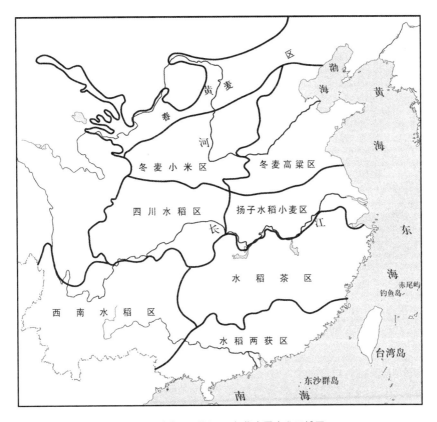

图 3-1　卜凯 20 世纪 30 年代中国农业区域图

当代农业区划思想。本文认为中国农业存在东北区、黄淮海区、东南区、荆湖区、闽台区、西南区、岭南区、西北区 8 个区域(见图 3-2)。

中国进入近代社会,八个区域之中变化最突出的是东北区、闽台区、西南区、岭南区、西北区,而黄淮海区、东南区、荆湖区农业区域特征没有明显的变化。本文这一观点的提出,并非否认这三区农业近百余年内的进步,那么为什么会提出农业区域特征没有明显变化?其原因在于,这三区属于中国历史悠久的传统农业区,近代社会对传统农业带来的冲击,虽然改变了原有的经营方式与作物种类,但作为种植业为主的农业区特点没有变化。东北区、闽台区、西南区、岭南区、西北区就不同了,这五个区或农业经营方式不属于种植业,或农业开发力度较低,近百余年中在移民的推动下,农业开发空间格局与开发力度进入一个新的阶段,不但表现出不同于以往的区域特征,而且改变了在全国农业中的地位。总结起来,进入近代社会后,这些区域农业生产的变化主要表现在三方面:第一,随着人口增加,地区开发深度逐渐提升;第二,随着农业人口的进入,用农业取代了原有的非农业土地利用方式;第三,人口增加推动了农业经营方式改变。

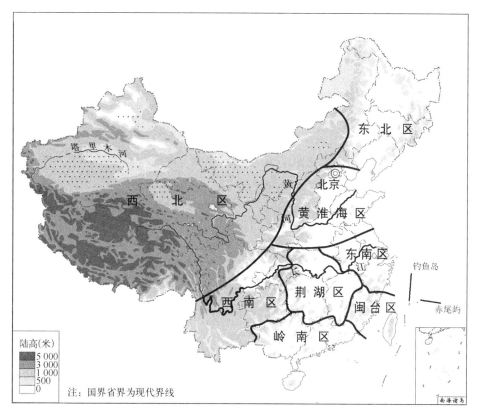

图 3-2 近代农业分布

一、人口增加导致地区开发深度逐渐提升

由于人口增加导致地区开发深度提升,这一现象在东北区以及闽台区中的台湾、西南区中的云南、贵州等地十分突出。

(一)近代移民与东北农业开发

清代东北地区一直被视为满人的根本重地,有清一代大部分时间处于封禁状态,人口稀少,农业垦殖极为有限。直到同治、光绪年间(1862—1908年),东北边疆出现危机,清政府才颁布了放垦政策。来自河北、山东的农民纷纷涌出山海关、古北口等长城关塞,进入东北地区进行垦荒活动,东北区全面实现了由南向北,由军事重镇向一般地区扩展的面状开发。清后期的边疆危机使"移民实边"成为朝野的共识,关禁彻底打开了,大量关内人口进入东北各地,除交通便利之处外,未开垦的土地成为人们更理想的去处。以属于本区的围场县为例,据调查资料统计,全县347个自然村中,同光以前形成的村落仅占13%,开禁放垦后形成的村落占87%,前来垦荒的有59%是山东、河北、北京、天津等地的农民,另外的41%则来自承德地区内部,属于二次移民。① 与围场县一样,东北区其他未垦之地,也都在同光以后,汇集了大量垦荒农民,进入了全面开发时期。

近百年是东北人口增加速度最快的时期。据《东三省政略》统计,1907 年有人口约 1 445 万,此后历年东北人口数据均显示出增加的总变化趋势(见表 3-1),1933 年伪满洲国第一次人口调查为 3 123 万人,1940 年调查为 3 945 万人,②这样快速增加的人口主要来自河北、山东等地的移民,因此人口分布基本具有南部多北部少的特点,南部辽宁、安东、锦州、热河占全部人口的 44%,中部四平、吉林、通化一带约占 24%,北部及西北部占 32%。

表 3-1 20 世纪初期东北人口变化

年　度	奉天省	吉林省	黑龙江省	合　计	资料来源
1907 年	8 763 148	4 138 382	1 445 657	14 447 187	东三省政略
1908 年	10 245 836	3 990 523	1 263 895	15 500 254	关东都督府满洲志
1909 年	9 965 146	5 182 728	1 679 510	16 827 484	东三省盐法志
1910 年				14 917 000	中国年鉴
1911 年	12 133 403	5 580 030	2 028 776	19 742 209	国务院统计局
1914 年	11 148 297	5 632 022	1 865 706	18 746 025	满蒙图表
1916 年	11 704 241	5 282 559	2 098 819	19 285 619	满蒙产业志
1920 年				13 702 891	中国年鉴
1921 年				19 290 000	海关调查
1922 年				23 083 432	邮务局调查
1923 年				24 683 434	邮务局调查
1929 年	15 153 694	7 339 212	3 749 367	26 342 273	内务部调查

随着人口增加,东北土地开垦面积也不断扩展,表 3-2 列出 20 世纪前期东北地区耕地面积变化数字,从 1924 年至 1944 年,20 年内耕地面积拓展了近 1 倍,几乎大部分可开垦土地均被辟为农田。

表 3-2 20 世纪前期东北地区耕地面积变化　　　　(公顷)

年度	耕种面积	年度	耕种面积	年度	耕种面积
1924	8 148 000	1928	12 860 000	1932	13 241 140
1925	2 022 000	1929	13 387 000	1933	11 897 340
1926	2 887 000	1930	13 733 000	1934	12 415 033
1927	12 880 000	1931	12 664 934	1935	13 058 892

---
① 韩茂莉:《近三百年来承德地区的经济开发过程及其区域特征》,《地理研究》1996 年第 1 期。
② 伪满洲国治安部警务司:《康德六年末满洲帝国现住户口统计》,1940 年。

续 表

年度	耕种面积	年度	耕种面积	年度	耕种面积
1936	12 561 258	1939	15 031 895	1942	14 703 201
1937	13 561 258	1940	15 196 339	1943	15 549 825
1938	14 461 828	1941	14 981 271	1944	15 180 123

（资料来源：东北物资调节委员会：《农产》，1948年，第8—10页。）

东北地区资源丰富，来到关外的移民有的投身于矿山，有的进入工厂，但在人口中农业人口仍占主体。根据伪满洲国统计处的数字，1938年农业人口在总人口中占38.6%，这一比例指熟练农业劳动力，而不包括各个家庭内不参加劳动的老幼成员，若将这些人口纳入其中，比例会更大。由于各地农业生产条件存有差异，因此农业人口的分布并不平衡。根据1938年的统计数据绘制为图3-3，图中各地农业人口（包括农林牧）占总人口比例中，辽河平原南部与大兴安岭东部最高，因为属于这一比例的人口不仅仅有农民，还包括牧民以及林业工人，辽宁南部水热条件有

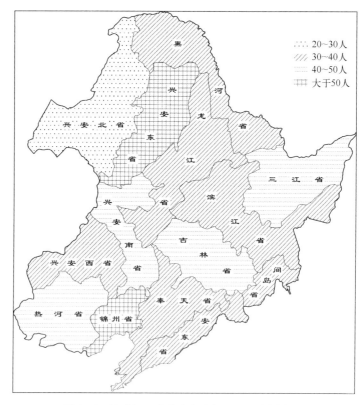

图3-3　20世纪30年代末东北农业人口比例分布图
说明：图中为伪满时行政区划。
（数据来源：东北物资调节委员会：《人文地理》，1948年，第14—15页。1938年统计数据。）

利于发展农业生产,因此聚集在这里的人口主要从事种植业;大兴安岭东部已进入森林草原地带,在这里从事生产的包括农林牧几个领域。大兴安岭以北逐渐进入蒙古草原,农业人口比例最低,仅占全部人口的20%,对于其他各地来说,基本平均占总人口30%~40%。农业人口的集中程度除与农业生产条件具有关联性之外,移民分布必然与交通条件相关。表3-3的数据就是中东铁路各段及其他铁路段农业人口的比例,这一农业人口比例数值明显高于各省均值,其中锦州——古北口一段,农业人口比例最高,达92.3%,这一比例的形成首先取决于这里的农业生产条件,同时交通道路的作用十分明显。锦州所在地处在辽西走廊北端,当河北、山东移民进入东北的主要陆上通道咽喉之地,关内移民就地落脚具有便利之处。其他农业人口比例高的线段在中东铁路南段表现的同样比较明显,如长春——白城子为90.02%,沈阳——山海关为83.15%,四平——龙江为81.51%。

表3-3 20世纪40年代初中东铁路各段及其他铁路段农业人口比例 (%)

铁 路 段	农业人口	铁 路 段	农业人口	铁 路 段	农业人口
沈阳以南	54.57	奉吉——平梅	74.86	哈尔滨——黑河	74.27
沈阳以北	70.00	辑安——梅河口	66.41	绥化线	56.57
安东——沈阳	69.93	长春——图门	68.82	哈尔滨——满洲里	75.06
沈阳——山海关	83.15	长春——哈尔滨	85.35	齐齐哈尔——满洲里	74.66
锦州——古北口	92.30	拉法——哈尔滨	79.28	宁年站线	80.01
大郑——新义县	78.89	哈尔滨市郊	12.89	图门——佳木斯	56.61
四平——龙江	81.51	哈尔滨——绥化	66.50	虎林线	56.52
长春——白城子	90.02	松花江下游	77.89		

(资料来源:东北物资调节委员会:《人文地理》,1948年,第16—17页。)

东北区农田分布与农业人口基本一致,表3-4为20世纪40年代初东北各省土地利用比例,各省中已耕地比例最高的是辽宁,其次为嫩江、辽北、吉林等地。从清朝后期开始放垦,东北主要农业开垦地偏重于松辽平原、松嫩平原两大平原,并以平原为核心,土地开垦范围逐步向周邻地区扩展。

表3-4 1940年东北各省土地利用比例 (%)

类别 省	可 耕 地							不 可 耕 地				
	已 耕 地				未 耕 地			森林	湿地	碱地	其他	合计
	旱田	水田	果园	合计	废耕地	原野	合计					
辽 宁	34.8	0.6	0.1	35.4	2.9	2.4	5.3	12.9	2.4	2.6	40.4	59.3
安 东	2.3	0.9		12.3	1.0	5.9	6.9	22.6	3.8	0.5	53.9	80.8
辽 北	32.1	0.3		23.4	4.2	17.7	21.9	9.3	6.3	4.2	35.9	55.7

续 表

类别\省	可耕地							不可耕地				
	已耕地				未耕地			森林	湿地	碱地	其他	合计
	旱田	水田	果园	合计	废耕地	原野	合计					
吉 林	16.5	0.7		27.2	2.3	8.9	11.3	35.9	5.1	1.4	19.1	61.6
松 江	16.3	0.5		26.8	5.1	12.4	17.5	16.6	5.7	5.4	18.0	55.7
合 江	5.8	0.2		6.0	4.4	23.2	26.6	35.8	17.3		14.3	67.4
嫩 江	28.9	0.1		29.0	4.1	35.2	39.1	0.3	13.3	7.4	10.9	31.8
黑龙江	10.3			10.4	1.2	10.5	2.7	41.3	18.6	2.5	15.4	77.9
兴 安	0.6			0.6	0.3	5.1	5.6	28.2	18.7		46.9	93.8

(资料来源：东北物资调节委员会：《农产》，1948年，第15页。)

东北区是东部农耕区中全面进入农业开发最晚的区域。这一区域的农业开发，不仅解决了大量人口的粮食问题，也为中国农业生产格局带来新的变化。

(二) 大陆移民与台湾农业的发展

明清以来向外移民的数量越来越大，其中闽、台之间的移民，是移民数量最为突出的一支。台湾人口中，福建移民数量最大。闽人入台自明清时期数量越来越大，其中荷兰人占领时期、郑氏据台时期以及入清以后形成数次人口迁移。"台无土著，土著者熟番与生番而已，其民人五方杂处，漳、泉流寓者为多，广东之嘉应、潮州次之，余若福建之兴化府……生、熟番不过二十分之一；隶漳、泉籍者十分之七八，是曰闽籍；隶嘉应、潮州籍者十分之二，是曰粤籍；其余福建各府及外省籍者，百分中仅一分。"[①]显然福建移民是入台人口的主体部分，故康熙皇帝圣谕中也提到："福建内地之民住居台湾者甚多。"[②]从17世纪荷兰人占领台湾，采取奖励农业移民政策，至1905年全省第一次人口统计，台湾已经有人口300多万。在此基础上，至1947年又增至647万，人口增加速度很快，特别是20世纪三四十年代，人口自然增长率超过20‰。

在大陆人口未入台之前，台湾土著居民被称为番人，后大陆移民增多，一部分番人逐渐汉化，称为熟番；另一部分退居山区，仍保持原有文化，被称为生番，即今高山族。20世纪30年代的统计显示，大陆移民中福建人占75.58%，广东人占14.11%，合计为89.69%，构成台湾人口中主体部分。福建移民中又以泉州、漳州两地为多，约占福建移民的96%（见表3-5）。各地移民进入台湾之后，形成几处集中分布区（表3-6），其中台北、台中、台南、高雄、澎湖以福建移民为主，均占当地人口70%以上。新竹则以广东人口所占比例最大，达60%左右，福建人居于其次。

---

① 光绪《安平县杂记》，风俗。
② (清) 爱新觉罗·玄烨：《圣祖仁皇帝御制文》第三集，卷十三《勅谕》，《谕内阁》。

随着大陆移民数量增加,台湾土著人在总人口中成为少数,生番即高山族的分布以台东与花莲为主,其中台东占人口60%以上。就移民与土著人口分布的地理环境来看,大陆移民主要占取的为台湾西部平原,土著人口主要分布在台东一带山区。人口的分布特征,决定了农业开发力度与区域农业发展进程。

表3-5　20世纪20年代大陆移民原籍统计　　　（100人）

原籍		迁入地 全省	台北	新竹	台中	台南	高雄	台东	花莲	澎湖
福建省		31 164	7 161	2 171	7 362	9 793	3 871	37	99	670
泉州府	安溪	4 416	2 022	164	515	997	559	17	23	119
	同安	5 531	1 112	376	1 140	1 621	818	1	12	451
	三邑*	6 867	856	452	1 763	2 756	1 011	5	12	12
漳州府		13 195	2 846	1 065	3 611	4 238	1 293	10	46	86
汀州府		425	174	55	83	76	36	—	1	—
福州府		272	67	15	121	35	27	2	3	2
永春府		205	53	8	63	13	67	1	—	—
龙岩府		160	26	19	61	25	27	—	2	—
兴化府		93	5	17	5	32	33	1	—	—
广东省		5 863	43	3 533	1 077	205	920	12	72	1
嘉应		2 969	19	1 683	383	71	769	9	35	—
惠州府		1 546	6	1 332	147	21	23	1	16	—
潮州府		1 348	18	518	547	113	128	2	21	1
其他各省		489	56	117	99	106	106	—	—	5
合计		37 516	7 260	5 821	8 538	10 104	4 897	49	171	676

说明：*三邑,指南安、惠安、晋江。
（资料来源：陈正祥：《台湾土地利用》,台湾大学农业地理研究室,1950年,第48—53页。）

表3-6　20世纪初台湾移民原籍比例与在迁入地人口占取的比例　（%）

来源	入台人口原籍比例				在迁入地人口占取比例(1935年)							
	1905	1915	1925	1935	台北	新竹	台中	台南	高雄	台东	花莲	澎湖
福建	82.00	79.12	78.06	75.58	82.88	35.85	83.21	93.68	70.81	17.00	24.64	93.35
广东	13.06	13.75	14.50	14.11	1.61	59.55	11.62	1.52	15.34	7.91	19.13	0.03
日本	1.89	3.89	4.32	5.19	11.78	1.96	2.83	3.30	4.72	7.58	13.57	6.16
生番	1.20	1.33	1.30	2.88	0.65	1.97	1.24	0.13	4.31	60.66	34.92	—
熟番	1.53	1.37	1.32	1.11	0.23	0.36	0.62	0.71	3.62	5.23	5.39	—

续表

来源	入台人口原籍比例				在迁入地人口占取比例（1935年）							
	1905	1915	1925	1935	台北	新竹	台中	台南	高雄	台东	花莲	澎湖
其他国	0.30	0.54	0.48	1.09	2.79	0.30	0.45	0.64	1.17	1.37	2.28	0.45
朝鲜	——	——	0.01	0.03	0.06	0.01	0.02	0.02	0.03	0.05	0.07	
其他省	0.02	0.00	0.01	0.01	0.00	0.00	0.01	0.00	0.00	0.02	0.00	——

（资料来源：据陈正祥：《台湾土地利用》，台湾大学农业地理研究室，1950年，第48—53页。）

　　台湾与大陆之间的经济来往由来已久，自元代设置澎湖巡检司后上岛移民不断增加，早期移民上岛地点主要有台南、淡水、诸罗等地，随着移民增加，这些地方就成为台湾农业开发的起点。17世纪荷兰人占领时期，以农业垦殖为目的招徕闽粤农民上岛，是台湾农业开发历程中的一个重要转折时期，此后经郑氏、清代、日本人占领期以及国民政府迁入台湾，农业垦殖空间一步步扩展。荷兰人占领台湾后，以今台南安平热兰遮城为起点，招徕大量闽粤移民，不断扩展垦殖范围。"自红夷至台，就中土遗民，令之耕田输租，以受种十亩之地，名为一甲，分别上、中、下则征粟。其陂塘堤圳修筑之费、耕牛、农具、籽种皆红夷资给，故名曰王田，亦犹中土之人受田耕种而纳租于田主之义，非民自世其业，而按亩输税也。"①"台南之民非土著，原系移居闽之漳、泉，粤之潮、惠，五方杂处。"②荷兰人的农业优惠政策有助于农业开垦，其主要开垦地点集中在台南一带。郑成功收复台湾后，其政权中心也在台南，其农业政策与荷兰人时期变化不大，即"郑氏攻取其地，向之王田皆为官田，耕田之人皆为官佃，输租之法一如其旧"③。在大陆移民未上岛之前，"诸罗皆土著……丰草弥望，多鹿场……鲜耕作之"。"自郑成功集流亡开屯戍于时，诸罗土旷，汉人间占草地（谓锄草为田也）与土番错"④，农业垦殖就此开始。淡水、基隆等地在西班牙人势力影响下，开垦范围也有所扩展。清康熙年间以后，农业垦殖范围进一步拓展，台湾西部逐渐形成多处点状开发区（见图3-4）。

　　台湾土著原本较少，大陆移民进入初期数量尚未形成规模，地旷人稀的特点十分明显，农业耕作方式粗放，农作物以一熟为多。对此康熙《台湾府志》云："虽村落茅檐间亦不绝焉，田园皆平原沃野，岁仅一熟。"⑤这一时期台湾尚未形成人口压力，一熟收获足以满足温饱，因此两熟作物很少。淡水一带实行两熟制，与

---

① （清）黄叔璥：《台海使槎录》卷一，赋饷，乾隆元年刻本，台湾成文出版社1983年影印。
② 光绪《安平县杂记·风俗》。
③ （清）黄叔璥：《台海使槎录》卷一，赋饷，乾隆元年刻本，台湾成文出版社1983年影印。
④ 康熙《诸罗县志》卷八，风俗。
⑤ 康熙《台湾府志》卷七，风土。

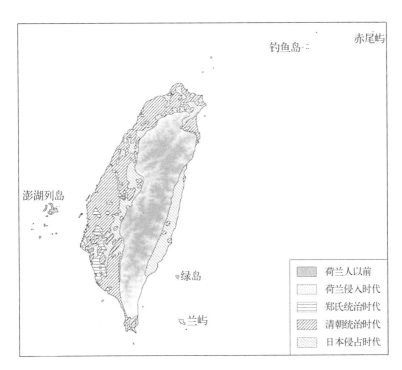

图 3-4 台湾省开发空间过程

这里的粤籍移民相关。"淡水以南悉为潮州客庄,治埤蓄泄,灌溉耕耨,颇尽力作"①,"圳陂之利欠少丰多,其勤树艺也。虽荆棘草莱必锄而夷之",在这样耕作之下,一年二获,"俗呼谷熟为冬,为早冬,有晚冬两熟,曰双冬"②。此外彰化一带,虽"负山面海",但随着移民增多,"草莱渐辟,地多广衍膏腴,其高原平岗者为旱园,可治埤圳灌溉者为水田",人们"耰锄力作,冒雨耕犁,耘籽勤劳,戴星出入",也有"耕获有早晚二季"的结果。③ 台湾垦殖初期"土壤肥沃,不粪种。粪则穗重而仆。种植听其自生,不事耘锄,惟享收获,每亩数倍内地"。随着土地持续利用,土地肥力逐渐衰退,"地亩水冲沙压,土脉渐薄,亦闻用粪培养"④。安平更是如此,"开垦年久,地硗不肥,岁不再熟"⑤。台湾多数地方"为农颇易,无火耕水耨之劳……岁不再熟。夏五六月方有事西畴,不粪自殖,秋仲以次获之,冬十月而尽"⑥。

水稻、甘薯是台湾两大主要粮食作物,"台县俱种晚稻",此外诸罗、凤山、淡水

---

① 光绪《台湾通志稿》物产。
② 同治《淡水厅志》卷十一,风俗。
③ 道光《彰化县志》卷九,风俗。
④ 光绪《台湾通志稿》,物产。
⑤ 光绪《安平县杂记》,风俗。
⑥ 康熙《诸罗县志》卷八,风俗。

等地"近水陂田可种早稻,然必晚稻丰稔始称大有之年"①。水稻之外,旱地粮食作物中甘薯最为重要,其他如黍、粟、小麦等也间有种之。康熙《台湾府志》载"稻、大小麦、黍、稷、脂麻、豆"为岛上主要物产,②此外"淡南少播粳稻,多种黍、芝麻……淡北不事耕作,米粟甚少,三餐俱薯芋,余则捕鱼虾鹿麂"。③ 甘薯等薯芋类作物在山区意义尤其重要,如彰化一带山区,"丛峰陡峻,鲜五谷,斫树燔根,锄山以种芋魁"。像彰化这样兼具平原、山地的地方人们"每日三餐,富者米饭,贫者食粥及地瓜"④,稻谷与甘薯成为主要粮食作物。

清代闽粤移民从事农业开发的地域主要限于西部平原地带,从日本占领之后,台湾农业开发逐渐全面展开,除澎湖之外,台南、台北形成两个人口密度最高的地方,台南与新竹则土地垦殖率最高。三地之外,整个西部平原地带都具有人口集中,土地垦殖率较高的特点。与西部平原相比,台东地区虽然仍具有人口稀少的特点,但农业开发已走出起步阶段(见表3-7)。20世纪中期,台湾西部平原地带已经进入全面开发,农田连为一体,图3-5为这一时期台湾土地垦殖率,图上反映西部平原垦殖率明显高于东部,一些地方土地垦殖率达80％以上。

表3-7 20世纪40年代台湾人口与耕地

县别	县域面积（km²）	人口	占总人口比例(％)	人口密度（人/km²）	耕地面积（公顷）	占总耕地比例(％)	垦殖率
台北	4 594	1 171 805	18.03	255	90 389	10.47	19.68
新竹	4 570	923 916	14.23	202	150 574	17.45	32.95
台中	7 383	1 464 433	22.54	198	175 511	20.33	23.77
台南	5 421	1 655 590	25.48	305	261 052	30.25	48.15
高雄	5 722	953 268	14.69	167	131 976	15.29	23.06
台东	3 515	99 297	1.53	28	23 701	2.40	5.89
花莲	4 629	155 159	2.29	33	25 582	2.96	5.53
澎湖	127	74 266	1.14	585	7 371	0.85	58.04
全省	35 961	6 497 734	100.00	180	863 156	100.00	24.00

(资料来源:陈正祥:《台湾土地利用》,台湾大学农业地理研究室,1950年,第54、93页。)

20世纪台湾农业地理格局基本成形,各种农作物中,水稻具有绝对优势。表3-8所列数据不仅显示水稻在农作物中的重要地位,而且在农业发展的时间进程中,也表现出占地面积快速增长的特点。从1899年至1943年,40余年台湾水稻面

---

① 光绪《台湾通志稿》物产。
② 康熙《台湾府志》卷十一,番俗。
③ 同治《淡水厅志》卷十一,番俗。
④ 道光《彰化县志》卷九,风俗。

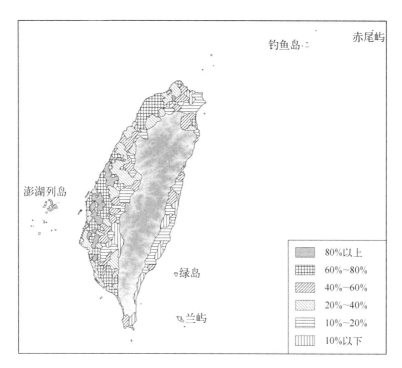

图 3-5 20世纪40年代台湾省土地垦殖率

表 3-8 20世纪前40年台湾水稻种植面积 （公顷）

年份	面积	年份	面积	年份	面积	年份	面积	年份	面积
1899	335 753.17	1908	493 808.27	1917	498 333.97	1926	584 762.39	1935	696 675.20
1900	364 319.31	1909	4 704 216.27	1918	498 333.97	1927	603 153.23	1936	702 683.51
1901	355 687.35	1910	493 627.29	1919	512 631.30	1928	603 057.96	1937	678 081.82
1902	407 113.93	1911	496 128.29	1920	515 681.10	1929	585 566.56	1938	644 793.34
1903	448 629.82	1912	509 644.17	1921	510 790.17	1930	633 444.32	1939	645 548.78
1904	461 307.59	1913	515 174.50	1922	527 098.18	1931	653 780.13	1940	658 427.55
1905	472 813.12	1914	506 318.46	1923	523 978.51	1932	684 928.13	1941	666 990.36
1906	486 274.49	1915	486 304.78	1924	547 932.65	1933	696 323.49	1942	635 648.75
1907	493 807.12	1916	480 642.56	1925	567 918.59	1934	687 664.26	1943	628 970.18

（资料来源：台湾省行政长官公署农林处农业推广委员会：《台湾农务概况》，民锋印书馆，1947年，第8—10页。）

积大约翻了一番，其占地面积增加速度超过任何一种作物。从大趋势来看，台湾水稻主要分布在西部平原，并在空间上构成连续分布的局面，自南向北连为一体。台湾亚热带湿润多雨的气候条件，不仅为水稻种植，而且也为双季稻种植提供了条件。明清时期，台湾大部分地区为一季水稻，20世纪以来，不但双季稻种植比例大幅度提升,而且在大多数地区形成独具优势的种植制度。其中台北市、台中市、彰化市全部实行水稻连作即双季稻,台中县、台东县、屏东县、台北县、新竹县双季稻在水田占取的比例均在90％以上。与这些双季稻具有优势的县市相比,台南市、台南县的双季稻比例就很低了,此外嘉义市、花莲县也属于双季稻种植比例低的县市。双季稻占取比例大说明这些地区属于水田连作区,从农业生产环境考虑,能够实行水田连作的地方,平原沃土以及便利的灌溉是应该具备的首要条件。那些双季稻种植比例较小,只种植单季水稻的地方,其余的生长季节内应种植旱地作物,实行水旱轮作,这样的地方,一方面与地理环境兼具平原、山地两种地貌以及降雨量的季节变化相关,另一方面则与经济作物占大量耕地相关。

旱地作物中,番薯的地位最重要,占耕地面积仅次于水稻,居于第二。仅以面积而论,台南县、台中县、新竹县、高雄县、台北县均超过10 000公顷,是种植面积最大的县市,其中台南县在总种植面积中占35.7％。澎湖县、新竹市、台南市、台南县、花莲县居于前位。其他各类旱地作物,种植面积虽然不高,但都占有一定比例。最初小麦主要分布在中部、南部瘠薄的海岸地带,且耕作方式粗放。进入20世纪通过水利设施的修建,小麦种植区农业生产条件得到改善,但结果不是小麦种植面积提高,反而为甘蔗、番薯等所取代,种植面积因而有所下降。至于大麦,受甘蔗的影响,种植面积的下降趋势更为明显。粟是高山族主要种植的粮食作物,20世纪以来,随着高山族人口数量减少,粟的种植数量也不断下降。

经济作物在台湾农业生产中占有重要地位,其中甘蔗、茶、花生、烟草的种植面积居于前列。台湾盛产甘蔗,无论西部平原还是东部山地都有分布,各县市中台南县的种植面积最大。台南县种植面积不仅居各县市的首位,而且在全省甘蔗总面积中占57.5％,即台湾多数甘蔗都产于这里。

数代移民进入台湾,不断推动台湾土地开发,改变这里农业生产面貌的同时,也形成了因自然地带而出现的农业生产空间分异。

(三)内地移民与云贵高原农业生产空间差异

云贵高原海拔高度从600～700米至2 500米,并呈现自西向东、自南向北逐渐降低的趋势。高原上起伏多变,主要农业活动均分布在被称为坝子的山间盆地,且在山地与坝子之间呈现出自然与人文现象垂直分布特征。在自然环境影响下云贵高原农业发展水平差异性很大,山区闭塞落后,平原坝子却不同凡响。

云贵高原农业生产受战乱影响较小,周期性的中断、恢复现象不太明显,但强有力的外界推动也不多,因此长期处于一种缓慢的发展中。云贵高原农业生产缓慢发展既反映在随时间而表现的进程上,同时在地域空间特征上也保持稳定状态。进入元代以来,这样的稳定状态开始发生变化,原因来自元代的军屯、明代的卫所建置。据《元史》记载,元代设置在云南行省以及毗邻地区的军民屯地点以及主管机构有:大理金齿等处宣慰司都元帅府军民屯、鹤庆路军民屯田、武定路总管府军屯、中庆路军民屯田(驻今昆明)、曲靖等处宣慰司兼管军万户府军民屯田、乌撒宣慰司军民屯田(驻今贵州威宁)、罗罗斯宣慰司兼管军万户府军民屯田(驻今四川西昌)、乌蒙等处屯田总管府军屯(驻今云南昭通)、威楚提举司屯田以及澄江、仁德府(今寻甸)民屯。① 将这些屯田主管机构驻地落实在地图上(见图3-6),其分布形势与主要交通道路的关系十分清楚。首先昆明、大理两地既是云南连接四川、贵州的牦牛道与僰道的终点,又是连接印度、越南的天竺道、交趾道的起点,牦牛道与僰道为四川连接云贵的道路,天竺道从大理出发南下,经保山至瑞丽出境;交趾道从昆明出发经今玉溪沿元江南下至越南。因此大理、昆明两地无论军事还是交通都有着重要意义。元代主要军屯地点基本以控制这两地为核心,形成东西向排列,其南向凸出的部分正是沿元江一线交趾道的走向。

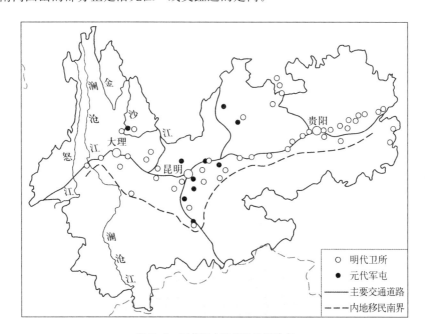

图3-6　元代军屯和明代卫所地点

明代在云南都司之下设置了卫所,明代卫所周围就是当时屯田的主要地点。如将这些卫所落实在图上(见图3-6),其走向与元代基本相同。从分布走向上看,元、明两代主要屯田区基本一致,但农业开发力度完全不同,元代参与屯田的主要是爨人、僰人②,即白族。屯田参与者来自当地,对于整个地区人口没有明显增加,因此农业开发力度也没有大幅度提升。而明代就不同了,从明初即实行大规模移民,将内地农民迁入西南从事屯戍,充入卫所之中,"高皇帝既定滇中,尽徙江左良

---

① (明)宋濂等:《元史》卷一百,兵志三,中华书局,1976年。
② (明)宋濂等:《元史》卷一百,兵志三,中华书局,1976年。

家间右以实之,及有罪窜戍者,咸尽室以行,故其人土著者少,寄籍者多",且由于"汉人多江南迁徙者",以至于当地人"其言音绝似金陵"。① 明初大量内地人口迁入云贵一带,已经具有"土著者少,寄籍者多"的态势,有明一代陆续的人口迁入,使这一态势在云贵北部更为明显。

明代卫所制度设置,在增加整个云贵一带人口的同时,也在空间上改变了民族分布结构,由于卫所主要设置在北部,内地迁入的汉人也主要集中在北部。大量汉人进入北部一方面与当地生活在坝子中的白族等民族杂居,另一方面则推动着其他民族向南迁,向山区迁移。今天西南区一些民族分布在海拔很高的山区,明朝以来内地人口的迁入,是促使一些民族走向深山的重要原因。随着内地汉人的进入,人口总的移动趋势,为汉人取代、排挤生活在平坝中的僰人、爨人即白族等,僰人、爨人又取代、排挤其他民族,最终迫使其他民族南迁的同时,一步步走向山区,并从山麓走向山巅。

"滇省山多田少",进入清代以后,进一步的移民导致"水陆可耕之地俱经垦辟无余。惟山麓河滨尚有旷土"。② 方国瑜指出清初云南全省共有田亩五万余顷,二百年后增至九万余顷,新辟耕地主要分布在山区或半山区,③在山地从事垦殖的相当数量为非汉民族,直至今天云南境内汉族与其他民族之间的分布仍与明代形成的界限相差不大。

平地坝子与山地之间自然条件差异很大,居住在坝子上的民族生产方式都较先进,山上的民族则相对落后,随着居住位置增高,生活在那里的民族生产方式越原始,山上山下表现在生产方式、社会进步方面的差距可相差几个时代。

进入清代,民族与经济分布格局基本如前,云南府"兵民错居,闾阎栉比,野安耕凿"。曲靖府"民专稼穑,尽力田畴"。澄江府"民务耕织,力本勤生"。武定府"地鲜肥饶,咸勤耕凿"。广西"民务力田"。广南府"苗猓杂居……人尽刀耕,不治末业,山多硗确,岁少丰收"。元江府"蛮种繁处……颇务耕桑"。开化府"刻木为信,不习文字……迁徙无常,设流之后,学校既开,习俗渐改,汉人稍寄居焉,土田多美,稼穑易丰"。镇沅府"郡多僰夷……火种刀耕"。普洱府"地寡蓄藏,衣食仰给茶山"。大理府"高山大川,钟灵毓秀……能农不能贾"。楚雄府"土壤肥饶"。姚安府"尽力畎亩"。鹤庆府"农则畎亩维勤"。顺宁府"男耕女织……九种杂居,改流之后,渐化汉俗"。永北府"气习朴野,勤于耕织"。④ 除镇沅具有"火种刀耕"的特点,其他府州大多放弃了这一传统,农业生产技术有了不同水平的提高。

刀耕火种是山地民族主要使用的生产手段,耕作过程在20世纪的调查中有具体记述。潞江流域的傈僳人"辟山林为耕地后,即以耕牛犁之……施肥方法,皆集

---

① (明)谢肇淛:《滇略》卷四,俗略,文渊阁《四库全书》本。
② 《清朝文献通考》卷四十四,国用考六,浙江古籍出版社,2000年。
③ 方国瑜:《中国西南历史地理考释》,中华书局,1987年,第122—123页。
④ 乾隆《云南通志》卷八,风俗。

树枝、树叶于田中,纵火焚之,若此法无效,则认为地力已竭,当使土地长期休息。一块土地栽种一年,必须休息一年或二年"。20世纪初生活在怒江流域被称为曲子的民族(应为今怒族),"平常栽植,不用锄耕,惟将树木茅草砍伐晒干,焚之成灰,散灰于地,厚约数寸。于是以竹锥地成孔,点种包谷。若种荞麦、稗、黍之类,则只播种于地,用竹帚扫匀,听其自生自实,名刀耕火种。今年种此地,明年种彼地,将在屋前后左右之土地轮流种完,则将房屋弃而之他,另觅新地栽种。因土地地力已竭,势非休息十年或八年"①。20世纪50年代对拉祜族的调查显示,头等地20斤种,第一年可收360斤,第二年收480斤,第三年480斤,第四年240斤,以后产量更低了,于是便抛荒。二等地只可种两年,20斤种,头年收360斤,次年240斤。三等地只种一年,20斤种,收120斤。②刀耕火种与易田制结合,即为后世所称的"游耕",这样的耕作方式从历史时期一直延续到20世纪50年代。

云南在自然环境基础上形成的人文因素垂直分布现象,是一个非常典型的地理问题。表3-9为云南垂直气候概况,受垂直地带性影响坝子与山地之间,不仅自然条件不同,而且社会发展进程也不同。在20世纪80年代的统计中,云南128个县,其中位于坝区的仅26个,分别是澄江、通海、玉溪、江川、宾川、弥渡、祥云、大理、洱源、下关、鹤庆、姚安、大姚、元谋、永胜、昭通、陆良、官渡、蒙自、泸西、建水、景洪、保山、潞西、盈江、瑞丽,其余均处于山区或半山半坝。③居住在不同高度的民族,社会发展与农业生产有很大不同,如20世纪50年代陇川县傣族是坝区的主体民族,占坝区总人口81.2%;景颇族是山区的主体民族,占山区总人口的69.3%;傣族全住在坝子,景颇族95%住在山上。④坝子里的傣族人以水田为主,形成一套完整的耕作制度;山上的景颇族刀耕火种,持有原始而简单的生产方式。若依23°N形成的地形剖面,自西向东依次是佤族、拉祜族、哈尼族或傣族(见图3-7)。

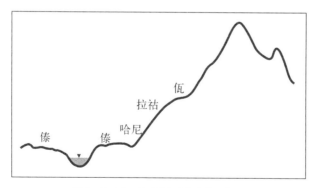

图3-7 沿23°N民族垂直分布示意图

---

① 《云南边疆问题研究》,云南省立昆华民众教育馆,1931年,第144—145、169—170页。
② 云南省编辑组:《拉祜族社会历史调查》(一),云南人民出版社,1982年,第7页。
③ 徐敬君:《云南山区经济》,云南人民出版社,1983年,第29页。
④ 云南省编辑组:《景颇族社会历史调查》(三),云南人民出版社,1986年,第74—75页。

佤族所在地以西盟县为主,县境最高海拔处为2458.9米,最低海拔590米,重峦叠嶂的地形中也有小面积的平坝。拉祜人主要分布在澜沧县,县境最高海拔处为2516米,最低地海拔580米,相对高差1936米,境内海拔在2000米以上的山峰有200多座,形成以山地为主的地形特点,而面积在1500亩以上的坝子只有25个,仅占全县总面积的1.6%左右。沿这一纬度地带,哈尼族主要分布在澜沧、思茅所属的山地,傣族主要分布在西盟、澜沧等地的坝子中。这一纬度位置上的四个主要民族,除傣族外,虽然均居住在山地,但经济发展进程却并不一样。20世纪50年代之前,佤族、拉祜族尚处于原始生产方式之下,刀耕火种的同时工具简单而原始,"西盟佤族解放前还十分流行火耕与火猎相结合的习俗。他们习惯于集体砍烧火山地,整个村寨统一行动砍一片树林,而由各户分别种植。烧山时,有些人负责点火,有些人手持弩弓、梭标,负责围猎"。刀耕农业阶段生产工具均为非金属制成,如竹棍等,西盟佤族将刀耕农业转向锄耕农业,最初使用的是自制的小窄铁锄,大约20世纪初由拉祜人将铁锄传入;西盟佤族有少量水田,是从这里的傣族、汉人处学会的,但为期没有几十年。① 一百多年前拉祜族已经有了自己的铁匠,而且铁制农具在生产中使用非常普遍,犁、耙、锄、镰刀、砍刀等,种类很多。20世纪40年代前水田已经在拉祜人耕种的土地中占40%,至于水田耕作技术也是从傣族以及汉人那里学会的。② 澜沧县境内有哈尼人,也有傣族人,哈尼族居山上,不仅有水田,而且还十分擅长营造梯田,傣族人住在坝子中,经营水田为主。民族间由山地到坝子,不仅是居住地的变化,而且社会发展进程也处于不同阶段,至20世纪50年代前居于山地的民族多数还处于原始氏族社会阶段,而坝子中的民族早已步入封建社会进程。

表3-9 云南省垂直气候概况

指标 \ 气候类型	北热带	南亚热带	中亚热带	北亚热带	南温带	中温带	北温带
年平均气温≥10℃积温(℃)	>7 500	6 000~7 500	5 000~6 000	4 200~5 000	3 200~4 200	1 600~3 200	<1 600
最冷月平均气温(℃)	>15	10~15	8~10	6~8	4~6	2~4	<2
年平均气温(℃)	20~24	18~22	16~18	14~16	11~14	11	5~7
极端最低气温多年平均值(℃)	4~6	2~-2	0~-3	-2~-5	-4~-8	-5~-10	<-10

① 李根蟠、卢勋:《刀耕农业与锄耕农业并存的西盟佤族农业》,《农业考古》1985年第1期。《佤族社会历史调查》,云南人民出版社,1983年,第44—45、86—87页。
② 云南省编辑组:《拉祜族社会历史调查》(一),云南人民出版社,1982年,第39—43、82—83页。

续 表

指标 \ 气候类型	北热带	南亚热带	中亚热带	北亚热带	南温带	中温带	北温带
最热月平均气温(℃)	24～28	22～27	20～24	19～21	18～20	18	12～13
无霜期(月)	12	>10	8～9	7～8	7～8	7	4～6
海拔高度	哀牢山以东350～400米以下,哀牢山以西750～800米以下	哀牢山以东350～1 200米以下,哀牢山以西7 500～1 300米	1 200～1 600米或1400～1 650米	大理州、保山市北部1600～1 900米或1650～2 000米	曲靖、昭通、东川等地1900～2 000米,丽江、迪庆、怒江等地2 000～2 400米	昭通、东川2 200～2 600米,滇西北2 400～2 800米	滇东北2 500～4 000米,滇西北2 700～4 000米
典型地区	元江、景洪、勐腊、勐龙、勐定、河口	盈江、云县、南涧、墨江、孟连、建水、蒙自、富宁、元谋、思茅、巧家、新村、勐海、开远	施甸、凤庆、弥勒、玉溪、新平、文山、宾川、永仁	保山、腾冲、祥云、大理、楚雄、昆明、陆良、泸西、砚山	丽江、永胜、昭通、镇雄、宣威、会泽、马龙	兰坪、维西、汤丹	德钦、中甸、落雪

(资料来源:徐敬君:《云南山区经济》,云南人民出版社,1983年,第74—75页。)

  刀耕火种是一种原始的农业生产技术,隋唐之前长江流域实行的"火耕水耨"耕作方式即属于此类,云贵高原山地民族是中国各地最后保留这种生产方式的地方。表3-10据尹绍亭的研究制成,据表可见,历史上持刀耕火种耕作方式的西南民族经过历史的发展,至20世纪中期,云南境内仍实行刀耕火种的民族有独龙族、傈僳族、怒族、普米族、景颇族、德昂族、佤族、拉祜族、布朗族、哈尼族、基诺族、彝族、苗族、瑶族等,主要分布滇西北、滇西南以及南部边境沿线。虽然刀耕火种的程序都很相近,即共同存在砍树、焚烧、播谷、收获几个主要环节,但移动形式却有很大不同,尹绍亭将其分为定居类型、任意迁移类型与固定地域内迁移类型,移动形式不仅影响休闲期、耕种期,也影响到自然环境。历史上西南区这三种刀耕火种的移动形式均存在,但任意迁移与固定地域内迁移两种类型存在于没有土地私有制或土地固定使用权的前提下。如前文所引20世纪30年代的调查所见:"今年种此地,明年种彼地,将在屋前后左右之土地轮流种完,则将房屋弃而之他,另觅新地栽种。因土地地力已竭,势非休息十年或八年",即属此例。近100年以来,随着汉族、傣族等民族将水田技术传入山地,水田开发导致土地固定使用越来越普遍,放弃已开垦土地,迁移到其他地方变得十分不现实,于是定居性的刀耕火种逐渐取代其他形式而成为主流。当然,由于云南民族文化多样性与自然条件的复杂性,即使同样的定居性刀耕火种,其间也存有差异。20世纪50年代所做的民族社会历史调查以及近期相关研究有许多事例:

表3-10 历史上西南刀耕火种的民族

族源	民族	族源	民族	族源	民族	族源	民族
羌	彝族	羌	景颇族	羌	基诺族	瑶	瑶族
	哈尼族		阿昌族	濮	佤族	越	傣族
	傈僳族		普米族		布朗族		黎族
	拉祜族		怒族		德昂族		壮族
	苦聪人		独龙族	苗	苗族		

(资料来源:尹绍亭:《人与森林——生态人类学视野中的刀耕火种》,云南教育出版社,2000年,第47—48页。)

定居类型的刀耕火种,有稳定的村落与固定的耕作地点,这一类型以景颇族最为典型,莲山县乌帕寨耕地每年都要轮换,根据现有山地以及树木杂草生长需要的时间,分成十片,即每片山十年轮耕一次。[1] 与乌帕寨类似的是石锐研究的盈江县金竹寨,金竹寨人把寨子所属土地进行规划,并分为10个区域,每年全寨集中开垦一个区域,其余土地休闲,10年完成一个轮歇周期。[2] 山地经过分划之后,形成以寨子为中心的环绕局面,寨子不再迁移,人们在地块之间逐年移耕。事实上如景颇人那样有计划分割山地进行轮耕的并不普遍,多数民族在定居的背景下无论耕作期还是休闲期,都没有明确规定。如20世纪50年代澜沧县糯福寨拉祜人耕种二到三年后抛荒轮歇,待三五年小树长成后又可耕种,此外寨子耕种的土地中尚有20%属于耕种一年即抛荒的"懒火地"。拉巴寨抛荒二到三年再种,山地轮歇的年限视土地多少而定,地多的多歇几年,地少的少歇几年,一般轮休二到三年。[3] 碧江县九村怒族砍烧一次可连续耕种二到三年,随后即抛荒四至十二年,待树木繁荫长成后又再次砍烧、耕种。[4]

刀耕火种背景下的农作物均为旱地作物,明人谢肇淛《滇略》记载中,山地中值得关注的粮食作物为荞麦,"蒲人散居山谷无定所……所种荞麦、棉花、黑豆";"曲靖之夷亦曰黑白爨,椎髻皮服,居深山虽高冈硗确亦力垦之,种甜苦二荞自赡"。荞

---

[1] 云南省编辑组:《景颇族社会历史调查》(三),云南人民出版社,1986年,第2页。
[2] 石锐:《景颇族刀耕火种文化的变迁》,《人类学生态环境史研究》,中国社会科学出版社,2006年,第314—316页。
[3] 云南省编辑组:《拉祜族社会历史调查》(一),云南人民出版社,1982年,第18—19,83页。
[4] 云南省编辑组:《怒族社会历史调查》,云南人民出版社,1981年,第22页。

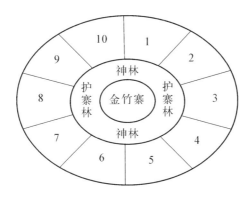

图3-8 金竹寨易田制土地规划图

麦产量不高,却属于生长期最短的粮食作物,从播种到收获只需两个月,且对于山地气候比较适宜,自然成为山地各民族选择的主要粮食作物,明清时期的有关记载涉及山地民族种植的作物几乎都提及荞麦。玉米传入之后,深得山地民族的欢迎,迅速成为山地粮食作物的重要构成。此外谷子、芋、薯、小红米也在山地农业中占有一定位置。这样的粮食作物种类构成一直延续到20世纪中期,如20世纪50年代沧源县南腊大户佤族旱地一般种植旱谷、包谷、荞麦或小红米。①金平县马鹿塘哈尼族普遍种植荞麦,"荞麦最省事,到处可以生长,成熟快。农民种植荞麦的目的是解决缺粮,按照哈尼族的生活规律,荞麦可以帮助解决第一个阶段缺粮困难,吃完荞麦,玉米已熟;吃完玉米,水稻成熟了"②。

受山地气候垂直地带性变化以及生产技术的制约,山地民族一般实行一年一熟种植制度,年度之间作物亦实行轮作。潞西县弄丙寨景颇族水田、旱地都是一年耕种一次,旱地草木烧毁后,第一年一般不种谷子,而种豆类或棉花,称之为"练地"。一年后,土壤肥力增加,所种谷子产量较高。一般耕种二三年或四五年就抛荒。德宏州景颇族旱地一年一熟,主要作物为旱谷、包谷、黄豆等。③在一年一熟的背景下,澜沧县拉巴寨拉祜族山地今年种荞麦,明年种包谷,然后抛荒二三年后再种。④20世纪50年代以后山地民族逐渐开始种植水稻,一般水田也实行一熟制。碧江县卡石、色得洼底村傈僳族水田很少,一般3月撒秧,5月移栽,也有迟至6、7月间栽秧的,11月收获,此后一般不再种植其他作物。⑤

与山地以旱地作物为主形成鲜明对比的是坝子里的水田,云南各地的傣族居住地一般在坝子中,其主要粮食作物为水稻。1953年西双版纳农田面积为58万

---

① 云南省编辑组:《佤族社会历史调查》(三),云南人民出版社,1983年,第37页。
② 云南省编辑组:《哈尼族社会历史调查》,云南民族出版社,1982年,第49页。
③ 云南省编辑组:《景颇族社会历史调查》(二),云南人民出版社,1985年,第2、100页。
④ 云南省编辑组:《拉祜族社会历史调查》(一),云南人民出版社,1982年,第83页。
⑤ 云南省编辑组:《傈僳族社会历史调查》,云南人民出版社,1981年,第81—83页。

亩,而稻田则为 48 万亩。① 傣族等坝子中的民族虽然主要经营水田,但在农作物熟制上仍然以一年一熟为主,农作物复种指数较低。潞西县法帕寨大部分属于河流冲积而成的油沙土,长期耕种水田,一般三月撒秧,四月栽秧,九月秋收。水稻收获后,多数土地不再种植其他作物,重新进行犁田等农事活动;小部分土地复种小春,有粮食作物,也有经济作物。② 云南鲜明的垂直地带性,致使山地与坝子形成旱地与水田土地利用方式差异的同时,南北之间坝子所在地农作物种植制度也有明显的不同。云南南部无论山地还是坝子,一年一熟制是多数地方实行的基本种植制度,而北部以大理为中心的白族居住区却实行一年两熟种植制度,"喜洲一带农民,主要耕种水田,极少种旱地。一般一年两季,大春只种稻谷,个别灌溉困难或遇旱灾的情况下,才种一些芋头、黄豆、荞子等旱地作物。小春复种很普遍,除涨水田不宜复种外,一般复种面积达耕地总面积的 90%。复种以蚕豆、小麦为主,蚕豆约占复种面积的 60%,小麦约占 30%,其他如油菜、洋芋约占 10%,豌豆和荞子种得很少"③。喜洲位于大理市北部,大理一带的水旱复种制度传统很久,早在唐代《蛮书》中就有明确记载,从那时这一农作物种植制度一直被沿承下来。农作物种植制度在南北之间形成的差异,既是生产技术也是南北社会发展进程的结果。

云南北部,今昭通、丽江、迪庆为高原、高山区,气候寒冷,畜牧业占有重要成分。如谢肇淛所记:"郡辖四长官司皆西蕃,性最暴悍,随畜迁徙,又有野西蕃者,倏去倏来,尤不可制";"楚雄之夷为罗婺,居山林高阜,以牧养为业";"曲靖之夷亦曰黑白爨,椎髻皮服,居深山虽高冈硗碚亦力垦之,种甜苦二荞自赡,善畜马食"。④ 与单纯畜牧业地区不一样,云南高寒山地农业仍有一定地位,如 20 世纪 50 年代调查显示宁蒗石福山乡海拔高度均在 3 300 米以上,这里的彝族经济生活,农业为主,畜牧为辅。主要农作物有洋芋、荞麦、燕麦以及青稞等,牲畜放牧一般无固定地点,到处游牧,牧场距离村寨不远。⑤ 这样依存于农业以及定居生活的畜牧业与游牧业有明显的区别。宁蒗县纳西族居住地低于彝族,经济生活中同样有农业与畜牧业,与山上彝族不同的是农业比重增加,而畜牧业比重降低。这里的作物除燕麦、荞麦外,还有稗子、小麦、玉米。土地利用采取轮作与休耕,轮作除了在几种主要农作物之间进行外,也为放牧提供牧场,因此纳西人的畜牧业不是一个独立的经济部门,它的存在与农业密切相关。⑥

云贵高原的东部为贵州,虽然没有云南西部那样垂直高度变化极大的高山大川,但整体地形特征很相似,以丘陵与中低山为主。地势西高东低,大部分地区为

---

① 云南省编辑组:《傣族社会历史调查》(西双版纳之一),云南民族出版社,1983 年,第 83 页。
② 云南省编辑组:《德宏傣族社会历史调查》(二),云南人民出版社,1984 年,第 4—6 页。
③ 云南省编辑组:《白族社会历史调查》,云南人民出版社,1983 年,第 21 页。
④ (明)谢肇淛:《滇略》卷九,夷략,文渊阁《四库全书》本。
⑤ 云南省编辑组:《云南小凉山彝族社会历史调查》,云南人民出版社,1984 年,第 114—117 页。
⑥ 中国科学院民族研究所云南民族调查组:《云南宁蒗彝族自治县永宁纳西族社会及其母权制的调查报告》,1963 年编印,第 4—28 页。

石灰岩所覆盖,地形破碎,土壤贫瘠。贵州的自然地理条件制约了当地的经济发展,长期以来人口稀少,经济落后,当地的土著主要为苗、瑶等民族。明代以来,随着大量卫所的设置,军队以及汉人不断迁入贵州,不但导致人口整体增加,而且迫使原有土著民族迁入不易开发的山地。如清人罗绕典《黔南职方纪略》所载:"明初军籍十居其三,外来客民十居其七,今日皆成土著。"入黔汉人中客民占有的比例最大,这些"客户至此,地利之外,别无所图",在开辟山林的同时,也侵占了土著苗人的土地,"客民自认租钱,任意择地而种,穷一人之力,遍山垦挖。此处利厚于彼,即舍彼而就此,随地搭篷居住,迁移靡有定处,挈室而来,渐招亲故……甚有持其强悍,硬开硬挖,成群结党,每启苗民争竞之端"。在客民的强挖硬垦之下,以致于"苗产尽为汉产,苗民无土可依,悉皆围绕汉户而居,承佃客民田土耕种,昔日之苗寨,今皆变为汉寨矣"。除承佃汉人土地之外,一部分苗人选择不易开发的山地定居,这些地方"微峰叠嶂,地僻道远,皆系高坡苗所居,客民无所图利,有产、无产两者俱少,仅蓬民数十户而已"。蓬民与客民的身份也并不相同,客民入黔垦山是交纳租钱的,而蓬民似乎没有履行这一手续,因此所致之处更为艰险,但"蓬户较苗人善于力作,又与各客户亲情乡谊,气味相投,势必将佃种客业之苗人互相排挤"。客民、蓬民的出现不仅使苗人放弃原有土地,而且蓬民又迫使苗人失去为客民佃种的机会。与客民相比,屯田军人的数量虽然较少,但也存在与苗人争地的现象,依照明代军屯制度,"设屯之制,相待不可谓不厚,不料各屯户即因其陇畔相连,窥伺愚苗,得其虚实,日肆朘削,以致苗民有虎狼之畏,其盘剥勾引更甚于客民远矣"①。

明代以来在屯兵、客民以及蓬民的挤迫下,被称为苗民的土著不断被推向山地。若从空间区域来看,卫所设置位置既是屯兵、客民集中之处,也是汉苗分布的界限。从图3-6所标注的卫所位置,可以看到这条界限从云南曲靖延伸过来,经今盘县、镇宁、安顺、贵阳至镇远,位于贵州中部,此线以南、以北均为苗民所居之地。汉、苗之间不但依卫所设置而占有不同的区域,而且耕作环境与土壤条件也不同。"黔多石少田,山高箐密"②,一般州县所在之处稍有平坦之地,均开垦为田,龙里县"近城平坦处水旱无虞,余皆山高水冷,岁收瘠薄",修文县"田亩近城及息烽、扎佐、羊郎、底寨等处土阔山平,素称腴壤,余皆硗确之地",定番州"田亩近城及羡塘、乐号等处为膏腴,余亦多硗瘠",膏腴之地为屯兵、客民所有,"苗民止种山坡、沟涧畸零之田"。③

贵州石灰岩为主的地形特征,田地破碎,"山势稍平处,间有田亩",屯兵与客民所种土地一般土壤性能较好,依田地的高低可分为"土田最高者为箐地,次为半厂,

---

① (清)罗绕典:《黔南职方纪略》,卷三、卷六,道光间刻本,台湾成文出版社1974年影印。
② (清)田雯:《黔书》卷上,积谷丛书集成初编本,商务印书馆,1935年。
③ (清)爱必达:《黔南识略》,卷三、卷九,乾隆间刻本,台湾成文出版社1968年影印。

下为花厂"。① 依水源获取形式,可分为"源水浸溢,终年不竭者谓之滥田;滨河之区,编竹为轮,用以戽水者,谓之水车田;平原筑坝,可资蓄泄者谓之堰田;地居洼下,溪涧可以引灌者谓之冷水田;积水成池,旱则开放者谓之塘田;山泉泌涌,井汲以资溉者谓之井田;山高水乏,专恃雨泽者谓之干田,又称望天田"。依地块特征可分为"坡陀层递者,谓之梯子田;斜长诘曲者,谓之腰带田"。在这样分类的同时,也"比于中土,田分上、中、下三则",田土的等级不同,适宜的作物也有差异,"大约上田宜晚稻,中田宜早稻,下田宜旱秥,山坡硗确之地,宜包谷、燕麦、黄豆。而红稗、水稗、春荍、秋荍皆次之,亦有种小米、红麦、绿豆、芝麻者"。② 水稻对环境的选择性较强,不同的地段产量有很大差别,"稻植之于山阜湾环处,可斗种而石收,平厂之处,可斗种而二石收",为了能够充分利用土地,"居民率于清明之前,往花厂佃田栽秧,而后移种于箐地。花厂地低近河,居民多种棉花故名",地势较低的近河花厂,气温较高,可以将水稻的播种期提前,当秧苗长成之后,位于高地的箐地气温也开始回升,能够保证水稻生长需要,于是将花厂的稻秧移入箐地,而花厂则可重新种植棉花。基于石灰岩地貌的局限,水稻种植比例不大,旱地作物在粮食作物中意义最大,而此中"玉蜀黍尤为日用之需"③。

苗人居住的山地,土质较差,直至20世纪50年代苗族聚居区仍然具有这种环境特征,赫章县海确苗寨,耕地土壤有三种,最好的耕地称为"红沙土",一般用来种燕麦、甜荞、包谷等作物;第二种称"灰泡土",这是一种疏松,且不易保持水分,不易与肥料掺合的土壤,风吹水冲,肥料都会被带走,一般多种苦荞、洋芋、千子麦;第三种为"冷沙泥",多种千子麦、洋芋等。与汉民所耕之处不同,苗寨所在之处,粮食作物中荞麦的地位则比较重要。苗人居住地地形破碎现象更为突出,海确寨耕地分布就极为分散,有的近在屋旁,有的远在20里外。石灰岩地区水土涵养能力较差,不仅乔木难以生存,而且植被的再生能力也较低,因此只在农业开垦初期采用刀耕火种,至于明代进入贵州垦地的汉民,"合抱连云之材,尽山伐而焚之布种"④,应不属于周期性刀耕火种行为,只是垦荒初始阶段的焚烧现象。20世纪50年代在贵州黔西县的调查,生活在这里的彝族开荒第一季种荞麦时,采用刀耕火种,将荒地上的小树丛和杂草砍倒晒干,播种前进行焚烧,然后将种子撒在灰烬上,这种刀耕火种只适宜开生荒的第一年。⑤ 威宁县也有这样的事例,刀耕火种只在第一年种植荞麦时使用,一般面积均不大。离开了刀耕火种这一恢复地力的途径,又没有精耕细作的技术措施,面对肥力很低的土壤,为了滋养地力,除1/3被称为"熟地"的土地

---

① (清)罗绕典:《黔南职方纪略》,卷一、卷四,道光间刻本,台湾成文出版社1974年影印。
② (清)爱必达:《黔南识略》,卷一,乾隆间刻本,台湾成文出版社1968年影印。
③ (清)罗绕典:《黔南职方纪略》,卷四,道光间刻本,台湾成文出版社1974年影印。
④ 嘉靖《思南府志》卷七,拾遗志。
⑤ 中国科学院民族研究所贵州少数民族社会历史调查组:《贵州省黔西县石板、金坡两乡社会经济调查资料》,1964年编印,第5页。

外,大多采取轮歇制,一般耕种一两季后,需要歇耕数年。如威宁县苗民开荒第一年种荞麦,第二年种燕麦,第三年种洋芋,土质不好的地段只轮作三年就抛荒,休耕3—5年再继续下一轮的轮作。① 荞麦往往成为山地粮食作物的轮作中心,与其他作物的轮作关系不仅一种形式,前一年8月收荞,然后播种小麦,次年5、6月收麦之后,土地开始休耕,一般为期两年,则是更通常的轮作休耕形式。②

狩猎与采集是西南民族在耕种之外,一项重要的获取食物途径,如明人谢肇淛《滇略》中就有这样的记载,"在寻甸者曰野蛮……入山采草木及动物食之","猛缅、猛猛、猛撒所谓三猛也,附近顺宁……其地田少箐多,射猎为生"③,仡佬"渔樵耕牧"④。这些民族狩猎的传统至20世纪50年代,依然占有重要地位,如20世纪50年代云南贡山县独龙族已经开始向锄耕农业发展,但在刀耕火种的技术条件下,收获量很少,不能完全依靠农业生存,一般农业收入仅能维持7~10个月,采集就成为弥补不足的重要手段。几乎家家户户都上山采集,近的当天回来,远的三两天回来。此外狩猎对于独龙族也同样具有意义,尤其兽皮既可御寒,又可以用来交换,在猎获物中就更为重要。独龙族村寨中各家族的猎场一般是固定的,通常人们是不越界狩猎的。⑤ 怒族男子外出时都携带弩弓等猎具,但在整个生产中狩猎的地位不高。⑥

明清以来大量移民迁入云贵高原,虽然带入了先进的农业技术,但时至20世纪中仍不能扭转山地民族的闭塞与落后。

继承明清以来的人口流动方向,由于人口增加导致地区开发深度逐渐提升的现象在黄河、长江两大农业核心区之外表现最为明显,东北、台湾以及云贵高原均属于这类地区。其中,伴随农业劳动力增加东北与台湾农业发展迅速步入与核心农业区同步进程中,云贵高原则因环境差异,移民数量较大的平原、坝子农业发展水平不断提升,山区、丘陵多保持原有的刀耕火种耕作方式。

二、农业取代了原有的非农业土地利用方式

近代伴随农业人口的迁入,农业取代了原有的非农业土地利用方式最明显的区域为内蒙古一带的蒙地开垦。

明初,随着沿长城一线以"九边"相称的九个军事重镇的建立,边地农业垦殖区的一体性逐渐突出。出于军事需要,"九边"沿线驻军堡与长城的距离一般不超过10里地,即驻军堡所在地在长城内侧构成一条呈不连续分布的农业垦殖区,在这

---

① 中国科学院民族研究所贵州少数民族社会历史调查组:《贵州省威宁县法地区别色园子和东关寨解放前社会经济调查资料》,1964年编印,第5页。
② 贵州省编辑组:《苗族社会历史调查》,贵州民族出版社,1987年,第7—13页。
③ (明)谢肇淛:《滇略》卷九《夷略》,文渊阁四库全书本。
④ 景泰《云南图经志》卷三。
⑤ 云南省编辑组:《独龙族社会历史调查》,云南民族出版社,1985年,第12—13页。
⑥ 《怒族社会历史调查》,云南人民出版社,1981年,第24页。

一垦殖区内,有的地方具备农业开垦的条件。然而,对于长城沿线来说,多数驻军堡所在地农业生产环境并不理想。进入清代,"九边"军事职能逐渐淡化,原有的驻军堡能够转化为村落,且沿承下来的,应属于具备农业生产基础的地方,而那些不具备农业生产条件,纯军事意义的堡寨往往与后代村落之间的关系越来越远,甚至被废弃。

  长城沿线的驻军堡构成了农耕区的北边,自此向南进入了州、县等行政区的辖地,如延绥镇以南,神木、葭州、米脂、绥德、清涧、延安、安定、保安等府、州、县构成与长城平行的弧线,仅从人类居住与农业生产两方面而论,这些府、州、县均属于较大的聚落。限于黄土高原的地理环境,几乎所有府、州、县均位于黄河及其支流沿线,这些地带不仅为农业生产提供土壤、灌溉等基本条件,而且成为交通道路的首选。正是这样的原因,这些府、州、县所在位置不仅是农业开发的基本区域,而且也具备军事意义。从属于府、州、县的基层村落没有留下记载,但从隶属关系以及这一区域的地理环境分析,也应分布在河谷地带。

  由府、州、县及其基层村落构成的聚落体系,是长城以南驻军堡以外的农业垦殖地,这些聚落因层级不同农业生产条件有所差异。一般宽阔河谷地带既是主要交通干线经由之处,也是农业开垦的有利地带,往往还是府、州、县等行政建置的驻地,因此这些行政建置周围村落较多、农田开垦面积也较大;基层村落所在地的农业生产条件较为逊色,农田延伸范围也较小。仅从农业生产而论,长城沿线驻军堡附近的屯田地亩,不是孤立存在的,空间上与南部民田联为一体,共同构成了黄土高原北部农田的基础。长城沿线"九边"军屯与南部民田的空间对接,不仅限于延绥镇,其他各镇均如此。

  明清之交长城失去了原有的军事功能,因而对这一区域农业造成多方面影响。首先表现在军屯地亩减少,为了说明这一问题,仍以明延绥镇为例。表3-11中所列明清两朝延绥镇各堡驻军数额,清代驻军数额一般为明代的1/5~1/10,驻军数量减少,屯田数目必然减少。其中,清初镇靖堡驻兵110名,明代2 537名,清代驻兵约为明代的1/10,"镇靖堡今熟地二顷四十四亩,原额地二百一十五顷五十一亩",今熟地应为清初镇靖堡周围已垦熟地,原额地则为明代军屯地亩,清初约为明代的1/80。镇靖堡驻军与屯田数额的变化过于悬殊。并非所有堡均出现这样的比例,砖井堡清初驻军110名,明代为850名,清代驻兵约为明代的1/8,军屯土地明代原额地848顷66亩,清代熟地13顷43亩,清初约为明代的1/63。从镇靖堡、砖井堡两例来看,各堡驻兵减少的比例与田亩的减少并不统一,但明清之交沿长城一线军屯田亩减少是不争的事实。不以堡寨而论,明代延绥镇属原额屯地约43 261顷,清代榆林府实熟地3 491顷,[①]清代是明代的1/12。

---

① 雍正《陕西通志》卷三七,屯运。

表 3-11 延绥镇各堡明清驻军数量

堡 名	清代驻军	明代驻军	堡 名	清代驻军	明代驻军
建安堡	守兵 120 名	明制军丁并守瞭军共 680 名	清平堡	守兵 100 名	明制军丁并守瞭军共 2 224 名
双山堡	守兵 100 名	明制军丁并守瞭军共 660 名	龙州堡	守兵 50 名	明制军丁并守瞭军共 557 名
常乐堡	守兵 110 名	明制军丁并守瞭军共 648 名	镇靖堡	马兵 10 名 守兵 100 名	明制军丁并守瞭军共 2 537 名
归德堡	守兵 50 名	明制军丁 408 名	靖边营堡	马兵 88 名 步兵 50 名 守兵 65 名	明制军丁并守瞭军共 2 255 名
鱼河堡	守兵 100 名	明制军丁 500 名	宁寨营堡	马兵 10 名 守兵 110 名	明制军丁并守瞭军共 2 445 名
响水堡	守兵 100 名	明制军丁并守瞭军共 786 名	镇罗堡	守兵 50 名	明制军丁并守瞭军共 441 名
保宁堡	守兵 80 名	明制军丁并守瞭军共 1 280 名	柳树涧堡	马兵 10 名 守兵 100 名	明制军丁并守瞭军共 1 082 名
永兴堡	守兵 110 名	明制军丁并守瞭军共 1 106 名	安边营堡	马兵 30 名 守兵 100 名	明制旧安边堡军丁并守瞭军共 2 084 名
大柏油堡	守兵 100 名	明制军丁并守瞭军共 466 名	砖井堡	马兵 10 名 守兵 100 名	明制军丁并守瞭军共 850 名
高家堡	马兵 15 名，守兵 130 名	明制军丁并守瞭军共 1 584 名	盐场堡	守兵 50 名	明制军丁 120 名
黄甫川堡	马兵 80 名，步兵 51 名，守兵 66 名	明制军丁并守瞭军共 1 607 名	镇羌堡	守兵 110 名	明制军丁并守瞭军共 706 名
清水营堡	守兵 100 名	明制军丁并守瞭军共 1 120 名	怀远堡	守兵 110 名	明制军丁并守瞭军共 739 名
木瓜堡	守兵 120 名	明制军丁并守瞭军共 879 名	威武堡	守兵 50 名	明制军丁并守瞭军共 640 名
孤山堡	守兵 120 名	明制军丁并守瞭军共 2 656 名			

(资料来源：乾隆《延绥镇志》。)

明代沿长城驻军堡屯田是中国北方农牧交错带农田向北延伸的界限,清初长城沿线堡寨驻军人数与屯田地亩减少却并不意味农业开发进入低谷,军屯田亩虽然减少,民田却在军事对峙停止之后不断扩展。人口增加是清代长城南北民田增加的推动力,除自然增殖外,大量移民快速提升了这一地区的人口密度,进而推动了土地开发力度。

入清以来,长城沿线甘肃、宁夏、陕西、山西等处都涌入大量移民,如甘肃海城县"狄渭清秦流寓日继",此前明朝军屯驻兵有楚人、肃人、韩人(韩城)等,至清乃形成老户、新户之分。① 海城县甘陕移民属于自发性移民,清初敦煌内地移民则具有官方组织特点,"雍正二年,迁内地五十六州、县无业贫民至敦煌,每人开田一分,以一分为一户"。这一制度实行初期,尚能维持,至道光年间自发性移民增多,"人丁繁衍,视迁户时已什相倍蓰矣"。② 自发性移民除来自甘陕等毗邻地区外,川、楚移民也不在少数,清前期镇安一带"湖北人来迁者曰众"③。内蒙"清水河厅所辖之属,原系蒙古草地,人无土著,所有居民皆由口内附近边墙邻封各州、县招徕开垦而来,大率偏关、平鲁两县居多"。④ "张北系新辟土地,开垦日增,人口亦陆续日加。自雍正年间壩下初行开辟,人口不过三万余口,延至十七年人口增至二十万以上。"⑤

清代长城南北民田增加呈现两种途径,长城以南以土地密度增加为基本趋势,长城以北则将农田推向界外伙盘地以北。长城以南土地增加的信息同样需要通过人口变化来获得,表3-12为清代榆林府各县户额变化,虽然各县户额并非直线上升,但总体呈上升趋势。土地是人们生存的依托,人口与土地呈正相关,在人口增加的同时,土地面积必然增加。清后期自发性移民数量更大,本地移民之外,来自川、楚等地的移民也不断进入长城沿线,快速提升了这一地区的土地垦殖率。

表3-12 清代榆林府各县户额

县	乾隆四十年	嘉庆十年	道光十年	道光十九年
榆林县	13 235	14 989	16 540	20 575
神木县	12 000	15 454	15 742	16 050
府谷县	15 984	20 276	26 071	26 234
葭 州	18 421	19 041	17 410	17 303
怀远县	12 973	14 266	13 434	13 711
合 计	72 613	84 026	89 197	93 973

(资料来源:道光《榆林府志》卷二十二,食志。)

人口增殖的同时,聚落密度也不断增加,山西广灵的事例极为突出。康熙年间广灵"四乡旧共村庄八十有五,编作九里",乾隆年间新增村庄74座,并编入九里之中。在此基础上,至光绪年间又增村庄27处,也编入九里,至此九里共涵纳村庄

---

① 光绪《海城县志》卷三,种类。
② 道光《敦煌县志》卷二,地理。
③ 乾隆《镇安县志》卷六,风俗·选举。
④ 光绪《清水河厅志》卷十四,户口。
⑤ 民国《张北县志》卷五,户籍志。

186座,乾隆以来增加的村庄远超过旧村庄的数额。① 长城以北主要表现在于伙盘地的开垦,所谓伙盘地指蒙汉之间的界地,这部分界地位于边墙即长城外50里地,蒙汉界地属于禁地,蒙人不能到禁地放牧,汉人也不能越界至此耕垦,因此伙盘地的开垦是边外农田从无到有的过程。②"口外伙盘地土黑润湿"③,从清初开始在人口压力之下,越界耕种的内地农民越来越多,民国初年调查显示榆林、横山、府谷、神木、靖边、定边陕北六县开垦伙盘地约1万3千多顷,这些土地分别属于1 900多个村庄、1万5千多户,数字本身并不惊人,却成为内蒙古草原农业垦殖的开端(见表3-13)。

表3-13 陕北沿边六县伙盘地地亩村户

县	村庄	户	滩地(亩)	沙地(亩)
榆林	204	1 657	30 462	118 134
横山	230	2 232	63 565	
府谷	479	4 982	11 260	264 235
神木	432	2 952	60 352	186 601
靖边	276	1 985	153 125	178 479
定边	352	2 179	284 802	284 802
合计	1 913	15 787	559 782	763 583

(资料来源:民国《陕绥划界纪要》,卷三至卷八。)

清代黄河河套地区隶属于蒙古王公之下,清初政府对这里同样采取封禁政策,禁止内地农民前往垦荒。雍正年间,清廷结束了平定准噶尔叛乱的战争,大军回撤,其中一部分就驻扎在绥远城一带。这一政治、军事形势的变化,使朝廷改变了原来的政策,准备发展农业,使"大宁、开平、东胜诸地屹然并为重镇"④。朝廷实施鼓励农业政策的第一步,首先承认汉民在蒙地私垦的土地,起科纳税;然后开放设在蒙地的马场、牧场。"乾隆十三年议准蒙古地方民人寄居者日益繁多"⑤,至光绪年间,在东北放垦的同时,清政府也派官员到绥远及察哈尔督办垦务,借此契机以山、陕两省为主的农民纷纷来到归化城附近以及后套平原垦荒种地,形成"走西口"的移民高潮。从当地的地名调查资料来看,归化城周围的土默特地区80%以上村落是在乾隆年间形成的,前来这里垦荒的农民多数来自山西,他们或从偏关渡黄河北上至今托克托县一带;或经左云、右玉等县从杀虎口出关。最初他们租种蒙地,有的春来秋去;有的习蒙语、行蒙俗,娶妻生子,就地落户,后来拥有土地的汉民越

---

① 乾隆《广灵县志》卷一,方域;光绪《广灵县补志》卷一,方域。
② 张萍:《谁计沉浮:农牧交错带城址与环境的解读——基于明代延绥长城诸边堡的考察》,《中国社会科学》2009年第5期。
③ 民国《横山县志》卷一,地质。
④ 陈黄中:《蒙古边防议》,《小方壶舆地丛钞》第二帙。
⑤ 《大清会典则例》卷一百四十,理藩院,文渊阁四库全本。

来越多,一个个村落逐渐建立起来。"归化城一带地土丰沃,大同等府居民出口耕种者甚多。但访闻迩年出口之民不止只身前去,竟将全家搬移出口,散居土默特各村落者不下数千家。"①清代内蒙大青山山前的农业开发表现出自东向西逐渐推进的趋势,土默特川开发进程较快,以五原为中心的后套平原由于灌溉工程还未兴修,开发较慢。

经过蒙地的不断开垦,大青山山前地带逐渐由原来的草原景观向农田转变,土默特川与后套平原农田所占的地位越来越重要,塞外的草原逐渐变成人情欣欣然的农耕社会。

三、人口增加带来的农业经营方式变化

近代岭南区特别是珠江三角洲地带,人口速度增长,原来土旷人稀的人地关系逐渐向人多地少方向转化,与人地关系相应的是农业生产进入了一个新的发展阶段,农业经营方式也有了明显变化。

明清时期岭南人口与耕地有了大幅度增加,对于改变这一地区农业地理面貌起了决定作用。北宋元丰年间广东人口约 2 827 670 口,广西约 121 054 口;②明洪武年间广东人口为 3 007 932 口,广西人口为 1 482 671 口,③清朝末年广东人口为 28 010 564 口,广西为 7 785 480 口。④ 三组数字对比,一个十分明显的结论自然形成,无论广东还是广西,随着时代的发展,人口出现了明显的增长。但明代与清代两朝的人口增长速率还是有较大区别,这三个人口数字分别为宋元丰三年(1080年)、明洪武二十六年(1393 年)以及清宣统元年(1909 年),分别以这三个年份的人口数字作为计算依据,从元丰三年至洪武二十六年间隔 313 年,广东人口年增长率为 0.19‰,广西为 0.64‰。从洪武二十六年至宣统元年间隔 516 年,这一时期广东年人口增值率为 4.3‰,广西为 3.2‰。⑤ 很明显,无论是广东,还是广西,整个岭南区从北宋至明初人口固然在增长,但增值率很低;进入明清时期,尤其清代就完全不同了,人口增长率有了大幅度增加。广东、广西两地相比,广东人口增长幅度又高于广西。广东、广西分居岭南区的东西部,广东平原县在全省面积中占28.3%,广西仅占 5.8%,广西丘陵山区为主的地形,不仅增添了移民进入的困难,而且土著人口也以瑶、僮等蛮人为主。"广西瑶、僮居多,盘万岭之中,当三江之险,六十三山倚为巢穴,三十六源踞其腹心,其散布于桂林、柳州、庆远、平乐诸郡县者,所在蔓衍。而田州、泗城之属,尤称强悍。种类滋繁,莫可枚举。"⑥与人口增长大趋

---

① 《世宗皇帝朱批谕旨》卷二百四,雍正九年三月二十五日,《朱批翰林院侍读革职仍留山西巡察之任效力赎罪行走励宗万奏折》。
② 根据《元丰九域志》记载户额统计。
③ 《明会典》卷二十,户部五,文渊阁四库全书本。
④ 中华民国实业部中国经济年鉴编辑委员会:《中国经济年鉴》,第三章,商务印书馆,1934 年,第 6 页。
⑤ 计算公式为: $\sqrt[n]{\frac{R^b}{R^a}}-1=‰$,$R^b$ 为统计年份末年人口数额,R^a 统计年份初年人口数额,n 为间隔年限。
⑥ 《明史》卷三一七《广西土司列传》。

势吻合,岭南区人口密度也表现出同样的变化特点(表3-14)。

表3-14　清嘉庆二十五年岭南各府州厅人口密度　　(人/km²)

府、州、厅	人口密度	府、州、厅	人口密度	府、州、厅	人口密度	府、州、厅	人口密度
广州	219.67	廉州	24.99	连山	38.93	郁林	50.12
韶州	55.21	琼州	38.94	桂林	43.17	庆远	19.46
惠州	68.58	嘉应	125.14	柳州	40.14	思恩	19.41
潮州	141.61	南雄	77.24	平乐	40.10	泗城	16.49
肇庆	101.86	连州	46.64	梧州	41.40	镇安	19.55
高州	150.67	罗定	87.63	浔州	47.11	太平	20.51
雷州	79.78	佛冈	40.23	南宁	48.78		

(资料来源:周宏伟:《清代两广农业地理》,湖南教育出版社,1998年,第69—70页。)

　　明清两代岭南区人口增殖的过程,也是土地垦殖率提升的过程,虽然岭南区具有的对外交通区位优势,使这里的人们习于经商,但农业人口仍然是人口中的主体,因此人口增加与土地增殖成为相辅相成的过程。清雍正初年岭南耕地面积是北宋中期的10倍以上,广东、广西相比,广西增长幅度表现的更为突出。

　　清前期岭南许多地方开始出现人多地少,土地开垦进入极限的现象,乾隆年间属于广东的"广、南、韶、肇、连、罗六府州已无不耕之土,惠、潮、嘉三属微有官荒"[①];广西境内土地开垦速率同样很快,河谷地带不说,甚至"蛮溪山峒"也"皆为楚、粤、黔、闽人垦耕"[②]。随着农业垦殖的加强,形成与以往完全不同的景观面貌:"昔时荒芜不治者,今无旷土;昔之草莱夹道,树木荫翳,遍地蔽天,今则翦伐殆尽"[③];原来繁茂的植被,被市井村落取而代之(见图3-9)。

　　清代岭南人地之间的矛盾在珠江三角洲地区表现的最明显,为了提高土地利用率,这里普遍采取了基塘制度。基塘本是江南一带的土地利用形式,在宋人陈旉《农书》中已有清楚记载。随着人口南迁,这种土地利用形式开始被岭南人接受,明清逐渐推广成为区域性的农业生产特征。珠江三角洲的基塘农业,最初以果基为主,后来被桑基取代,桑基鱼塘能把植桑、养蚕、养鱼三者有机结合起来,充分利用它们之间的物质与能量循环,成为三角洲水网条件下土地利用的最佳方式。

　　广州素来是中国对内、对外进行海上交通的重要口岸,明清以来随着沿海地区商品经济的发展各类贸易往来更加频繁,这一切都推动了农业商品化过程。珠江三角洲地区农产品商品化过程中最先显现地位的是以稻米为主的粮食,明代广东

---
① 《清高宗实录》卷二百五十一,乾隆十年十月。
② 道光《庆远府志》卷三,风俗。
③ 光绪《归顺直隶州志》卷二,气候。

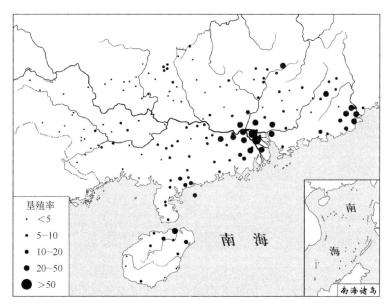

图 3-9 清中期岭南土地垦殖率分布图

(资料来源:相关数据采自周宏伟:《清代两广农业地理》,湖南教育出版社,1998年。)

是珠江流域重要的商品粮输出地,输入地主要为福建、广西等省份。清代随着广东经济作物种植面积扩展,不但占用了大量耕地,而且导致广东从粮食输出地变成粮食输入地。

明代,尤其是明前期广东并没有表现出缺粮,明人章潢《图书编》所载洪武二十六年广东夏税麦5 320石,秋粮米1 044 078石;广西夏税麦1 869石,秋粮米492 355石。嘉靖二十一年广东夏税麦4 397石,秋粮米1 013 602石;广西夏税麦1 092石,秋粮米439 525石。从数字上看无论夏麦还是秋粮,广东输纳数额都高于广西。不过,这并不是问题的实质,广东地亩数量多于广西,纳粮数额必然高于广西,若履亩而记结果就不同了。将两省各自的夏秋税分别加在一起,再分摊到每亩土地上,其计算结果洪武年间广东每亩纳粮4.42斗,嘉靖年间为3.96斗;广西洪武年间每亩纳粮4.82斗,嘉靖年间4.94斗。明初履亩而征,广东夏秋税粮略低于广西,至明后期两者的差距就比较明显了,两地相差约1斗,几近20%。并表现出广东逐渐下降,广西不断上升的变化趋势。王士性为明后期人,其《广志绎》中记载:"广东用广西之木,广西用广东之盐,广东民间资广西之米谷东下,广西兵饷则借助于广东。广东人性巧,善工商,故地称繁丽,广西坐食而已。"[①]其实王士性罗列的内容不仅粮食一项,在广东、广西两地互通有无的过程中,广东民间需要广西米来补充,反过来

---

① (明)王士性:《广志绎》卷五,西南诸省,中华书局,1981年。

广西的兵饷却要依靠广东,这时广东缺粮现象并不十分突出,之所以出现广西输米于广东现象,应与广西兵饷出自广东相关。这样的现象在明代其他文献中也有记载:"粤西地方土瘠民贫,夷獠错居,营堡罗列,一应兵食,皆取给于广东岁饷与湖广协济粮银。"①"向日之粤西仰食于楚与东粤,而今日之黔又且仰粤以西。"②这一切都说明,明代广西为广东提供粮食的现象不但不明显,反而广东输粮于广西却是十分清楚的事实。此外,周邻地区有事,由广东输粮也不是新鲜事,永乐年间"尝令广东海运二十万石给交阯"③,"广西民馈运,陆路艰险,宜令广东海运二十万石以给"④,都是相关事例。

广东缺粮现象进入清代表现得越来越明显,屈大均为明末清初人,其《广东新语》载:"东粤少谷,恒仰资于西粤。"但在他进一步展开说明中,则将东粤、西粤限于灵山与贵县,"西粤之贵县尤多谷,然其地僻在山溪,稻田亦少,其谷多半出于东粤灵山"。表面为西粤出谷,实际却为东粤所产,其中的原因在于"今灵山亦交趾地也,土广而人稀,美田弥望,无分高下皆有水泽沮洳之润,民务耕耘尚畜牧以牛之孳息为富,谷多不可胜食,则以大车载至横州之平佛,而贾人买之,顺乌蛮滩水而下以输广州,盖西粤之谷亦即东粤之谷也"。广西横州与广东灵山为邻,灵山所产之谷陆运至横州(今广西横县),横州滨临乌蛮滩水(今郁江),粮食顺流至贵县,然后沿江东运至珠江三角洲。屈大均此段记载在于讲明广东缺米,仰于广西的同时,还强调了粮食输出地,事实上这一输出地在行政上就属于广东,只是在运输路线上几经辗转,形成广西为粮食输出地的印象。

广东并非所有地方都是缺粮地,真正缺粮的地方在珠江三角洲,其原因在于:"东粤固多谷之地也,然不能不仰资于西粤,则以田未尽垦,野多污莱,而游食者众。又广州望县,人多务贾,与时逐以香、糖、果箱、铁器、藤、蜡、番椒、苏木、蒲葵诸货,北走豫章、吴、浙,西北走长沙、汉口,其黠者南走澳门,至于红毛、日本、琉球、暹罗、斛吕宋,帆踔二洋,倏忽数千万里,以中国珍丽之物相贸易获大赢利。农者以拙业,力苦利微,辄弃耒耜而从之。惟下番禺诸乡其俗微重朴勤,能尽地力早禾,田两获之余,则蒔菜为油,种三蓝以染绀,或树黄姜、荞麦,或蔓菁、番薯,大禾田既获,则以海水淋秆烧盐,其平阜高冈亦多有荻蔗、吉贝、麻、豆、排草、零香、果蓏之植,民皆织纴力以本业为孳孳,亦可谓地无废壤,人无游手者矣。然其谷亦不加多,往者海道通行虎门无阻,闽中白艚、黑艚盗载谷米者,岁以千余艘计,甚为广人大患。今也边禁既严,艚船稀至,而天下游食奇民日以辐辏,若土

---

① (明)郭应聘:《奏留事例等银疏》,《郭襄靖公遗集》卷六,续修四库全书本,上海古籍出版社,2002年。
② (明)魏大中:《答王玄珠广西按院》,《藏密斋集》卷十九,续修四库全书本,上海古籍出版社,2002年。
③ 《明史》卷七十九,食货志三,中华书局,1977年。
④ 《明史》卷一百五十四,黄福传,中华书局,1977年。

宦,若工商,若卒徒、白抢,若倡优、游媚,增至数千百万,咸皆以东粤为鱼肉,恣其噬吞,如蝼蚁之附膻蚕之食叶,斯亦已耳,谷之所由以空乏不其然欤,地虽膏腴,而生之者十三,食之者十七,奈之何而谷不仰资于西粤也。"①对于以广州为核心的珠江三角洲地带缺粮的原因,屈大均已指陈十分清楚,其一为非农人口太多,其二为农民弃本从末太多,虽然广州所属番禺民勤本业,但无奈"生之者十三,食之者十七"的消费与供给比例,故粮食必须依靠外运。清初为珠江三角洲提供粮食的主要为与广东相邻地域。

广西输粮于广东的现象经康熙、雍正、乾隆三朝越来越明确。康熙五十七年(1718年)"广西总督杨琳疏言,粤东之米资藉粤西,粤西之米又资藉湖南"。②雍正年间云贵广西总督鄂尔泰奏文:"广东一省务末而贱农者多,故仰食而贩买者众,岁即丰收而乞籴于西省者犹不下一二百万石,是西省之饶余实以资东省之缺乏也。"③乾隆年间"惟粤东地方每岁所产米谷不敷民食,全赖粤西谷船为接济"。④广西地瘠人稀,对于输谷于广东之事,素来就有反映,雍正皇帝曾针对广西输米于广西晓谕各封疆大吏,"善为化导俾愚民豁然醒悟,踊跃趋事,则地力不致虚耗,而米谷不致匮乏矣"⑤。而民间则因"广东省赴广西采买米谷者甚多,以致米价增长"而发生抢米之案,乾隆七年(1742年)十月当地官员报,"三月内梧州府苍梧县民人有抢谷之案;四月内藤县、贺县俱有抢米之案,而贺县竟将县官之轿打烂,平南县民人又有因抢谷而致拒捕之案;五月内马平县河下有商贩载米往东省,又被民人拦阻闹抢,并有城守兵丁在内"⑥。这一切都说明广西输米于广东,上下都不认为在情理之中。虽然如此,时至乾隆二十四年(1759年)后,以备贮广东谷,简称"备东谷"为名份,广西输米于广东逐渐成为定制。这一年广西巡抚鄂宝奏:"广西与广东连界,向因广西省所产谷石,除本地食用外尚有余剩,而广东即年属有收,亦不敷一岁之用。是以历来听商贩运,以期流通。然在广西丰稔之年,广东得此商运之数,尽可补其不足;广西本出自有余,民食亦无虞缺乏,有无相通,诚属两便。"据鄂宝所奏,广西是有余粮可以输出的,但为了防备灾年荒月,导致供应不及,应将粮食预先贮存。"粤东既资西谷接济,则储备之道不可不预为讲求。查粤西桂、平、梧、浔四府附近东粤,滨临大江,俱一水可通。若于此四府暨所属附近水次各州县,添贮谷十万石,遇粤东价值昂贵,粤西客谷稀少之时,会同酌拨。"乾隆三十五年(1770年),巡抚陈辉祖疏云:"粤西设有备东谷十万石,听广东领用,向于桂、平、梧、浔四府分贮。"⑦在

---

① (清)屈大均:《广东新语》卷十四,食语,中华书局,1985年。
② 《清文献通考》卷三十四,市籴考,浙江古籍出版社,1988年。
③ 《世宗皇帝朱批谕旨》卷一百二十五之十四,雍正八年四月二十日,云贵广西总督鄂尔泰《奏为遵旨酌覆事窃粤西抚金鉷敬陈仓谷一折》。
④ (清)孙士毅:《请复给垦沙坦疏》,《皇清奏议》卷六十六,台湾文海出版社,2006年影印本。
⑤ 《世宗宪皇帝圣训》卷二十五,重农桑,雍正五年丁未二月乙酉。
⑥ (清)杨锡绂:《遵旨陈明苍藤等县抢谷各案及米谷出境情形疏》,《四知堂文集》卷五,嘉庆间刻本。
⑦ 嘉靖《广西通志》卷一百六十二、一百六十三,经政略。

鄂宝、陈辉祖的请求之下,备东谷成为定制,总额为 10 万石(见表 3-15)。桂、平、梧、浔四府以及郁林州分别位于浔江、桂江、郁江、北流江等江河之滨,这些江河共同汇聚构成珠江上源,因此确定 4 府 1 州设立备东谷,顺江而下的运输条件是考虑的前提,此外这些府州以及所属各县,均位于河谷平原之处,自然都是产米之处(见图 3-10)。

表 3-15　广西各地"备东谷"贮存数额　　　　　　　　　　　(石)

府	备东谷总额	县名	备东谷数额	府	备东谷总额	县名	备东谷数额
桂林府	16 500	临桂	8 400	梧州府	26 100	苍梧	7 000
		灵川	5 100			藤县	6 300
		阳朔	3 000			容县	4 500
平乐府	26 900	平乐	6 300			岑溪	3 000
		恭城	4 500			怀集	5 300
		贺县	6 300	浔州府	26 000	桂平	9 000
		荔浦	3 500			平南	5 500
		昭平	6 300			贵县	8 000
郁林州	4 500	北流	4 500			武宣	3 500

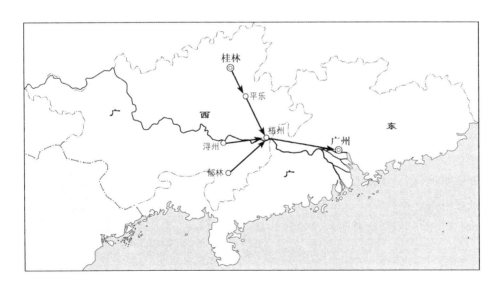

图 3-10　"备东谷"产地与输送

对于自然条件优越、经济发展居前的广东需要广西输粮的问题,引起多方讨论,其实早在"备东谷"出现前后,人们对于广东缺粮的原由已有清楚认识。雍正年间,广西巡抚韩良辅奏称:"广东地广人稠,专仰给于广西之米,在广东本处之人,惟知贪财重利,将地土多种龙眼、甘蔗、烟叶、青靛之属,以致民富而米少;广西地瘠人稀,岂能以所产供邻省多人之贩运等语。"①另孙士毅云:"粤东地方每岁所产米谷不敷民食,全赖粤西谷船为接济,其故缘粤东山多田少,地接海洋,其为山占者十之三,其为水占者又不啻十之四,可耕之土本属无几,而民历繁庶,商贾充盈,就广州一府而论需米之多,又数倍于他郡。"②广东巡抚杨永斌云:"粤东民人生齿殷繁,野有旷土,民鲜恒业。"③"粤东生齿日繁,工、贾、渔、盐、樵采之民多于力田之民,所以地有荒芜,民有艰食。"④将清人所奏之文,归纳为几点,即:1. 平原少,山地多,自然条件限制农业生产发展。2. 人口众多,对粮食需求量大。3. 大量耕地用于经济作物的种植,排斥了粮食作物的生产用地。4. 非农人口众多,农业劳动力不足。当代学者讨论的结果与古人并无二异,一个十分清楚的事实,这些问题并不属于当今的发现,而是当时就摆在清廷君臣面前的现实问题。

周宏伟在《清代两广农业地理》中指出广西粮食有余是一种假象,这一观点十分有见地。清初"粤西山多田少,需米湖南",几十年之后成为粮食输出地,自然不是正常现象,故雍正时期广西巡抚韩良辅在奏文中说:"广西地瘠人稀,岂能以所产供邻省多人之贩运?""粤西之民业农而外,从不知行商坐贾之事。每岁完纳钱粮及婚丧一切日用之需均取给米谷,晚稻登场之后得价即行粜卖,不知多留有余。""小民不知蓄积盖藏之道,见米谷得价尽行出卖。"⑤也许正是"不知多留有余","不知蓄积盖藏之道"的原因导致广西成为输出米谷之地,这是一种典型的只顾眼前利益的行为,所以广西巡抚韩良辅面对这种做法,"恐明岁春夏之交兵民必致乏食"。⑥ 广西东部河谷地带是主要产粮区,越向西地瘠民贫的特征越明显,"粤西地广人稀","柳州之马平、来宾以至思恩之迁江,一望数百里尽系荒芜,并无人烟,问之途人皆云其地多石,且少水源,难于开垦",⑦柳州地处柳江河谷,其荒尚且如此,至于丘陵山地应更为贫困。贮存备东谷各府、州、县之中,梧州的位置最为重要,此地与广东紧邻,又当各条江河汇入西江干流之处,既是主要输米地,也是各地米粮主要聚集之地。但就是这样一个枢要地带,在其所属贮存备东谷各县中,"苍梧县瑶居大山中,迁徙无常,伐木为业,谓之刀耕",藤县"在山者又多瑶僮耕作采樵",容县"瑶僮椎发短襦",岑溪"山幽僻阻,皆诸瑶

---

① 《世宗宪皇帝圣训》卷二十五,重农桑。雍正五年丁未二月乙酉,台湾商务印书馆,1986 年影印。
② (清) 孙士毅:《请复给垦沙坦疏》,《皇清奏议》卷六十六,续修四库全书本,上海古籍出版社,1995 年。
③ 《世宗皇帝朱批谕旨》卷二〇九下,雍正十二年五月二十六日,广东巡抚杨永斌为请严争夺新田之禁。
④ 《世宗皇帝朱批谕旨》卷二〇九下,雍正十二年九月初二日,广东巡抚杨永斌为海疆地多硗瘠悬想轻则起科。
⑤ (清) 杨锡绂:《秦明劝民种植杂粮疏》,《四知堂文集》卷五,嘉庆间刻本。
⑥ 《世宗宪皇帝朱批谕旨》卷二九下,雍正三年十一月十四日,广西提督韩良辅奏,台湾商务印书馆,1986 年影印。
⑦ (清) 罗源汉:《陈粤西事宜疏》,《皇清奏议》卷四十九,续修四库全书本,上海古籍出版社,1995 年。

蟠据"。① 这些记述传递出来的信息告诉我们,梧州虽然需要贮存备东谷,但这里并不是一个经济发达、粮食出产丰盛的地方。梧州尚且如此,其他州更可见一斑了。

正是广西并非真正产粮区的原因,晚清时期由广西输米谷于广东的现象逐渐停止,取而代之的是外粮内运,广东粮食的缺口主要由洋米来补充。早在康熙年间,就有洋米入粤之事,"暹罗产米谷富甲乎南洋,康熙以来运洋米数十万石以济闽、粤民食"②。在广东缺米,广西等地输米又不能保障供应的背景下,洋米的作用不断提升,嘉庆年间就有这样的议论:"互市之耗中国久矣,独徕洋米可以偿所失。"③"粤东田少人多,由粤西运米而来犹不足食,有洋米而水旱可以无忧。"④正由于洋米成为不可缺少的米谷来源,在广东任职的官员也设法在税收等项为洋米输入提供方便,其中道光四年(1824年)两广总督阮元提出的主张效果最明显。阮元奏言:"定例夷船进口应丈量船身大小,报征船钞,粤海关向无米税,从前洋米来粤并免丈输船钞,以示招徕,祇于粜竣后放空回国,不准装货出口,以示区别,此系向来办理章程。近年以来洋米罕到,询之洋商,据称:外夷运米远来,虽免完纳船钞,而放空回国远涉重洋,并无压舱回货抵御风浪。该夷等既惮风涛之险,又无多利可图,是以罕愿载运。""仰恳恩准令各国夷船如有专运米石来粤,并无夹带别项货物者,进口时照旧免其丈输船钞,所运米谷由洋商报明起贮,洋行按照市价粜卖,粜竣准其原船装载货物出口,与别项夷船一体照例征收货税。"⑤ 此奏获准,"自是以后连樯而至,岁约三四十艘。计米十万余石"⑥。清代洋米主要来自安南、暹罗等国。

广东对洋米的依赖,至民国年间更为明显,粮食输入量也越来越大。表3-16列出民国元年至民国二十年输入广东的粮食数额,其中包括国外输入与国内输入两部分,国外输入占取比例为总额的66%,国内为34%,显然洋米仍然承担输入粮食的主角。国外输入地仍以暹罗、安南为主,国内则因粮食品种不同,稻米、面粉、豆子分别来自芜湖等长江中游地带、上海以及东三省。无论国内外输入粮食中,稻谷所占比例最大,约75.42%,余者杂粮占15.64%,面粉为8.94%。国内外粮食分别由广州、汕头、九龙、拱北、江门、三水、琼州、北海8个口岸输入,其中广州输入量最大,约占输入总额的30%以上,这样的数量与广州人口数量众多,需求量大直接相关;输入量略次于广州的是九龙,占27%左右,汕头占25%,拱北、江门、三水、北海共占16%,琼州输入量极少。⑦(见图3-11)

---

① 同治《梧州志》卷八,瑶僮。
② 《时务通考》卷二,地舆六。
③ (清)龚自珍:《书番禺许君》,《定庵续集》卷四,《四部丛刊》本,商务印书馆,1919年影印。
④ (清)金武祥:《粟香随笔》卷六,道光刻本,台湾文海出版社,1975年影印。
⑤ (清)梁廷枏:《粤海关志》卷八,税则一,道光刻本,台湾文海出版社,1975年影印。
⑥ 光绪《广州府志》卷一百六十二,杂录三。
⑦ 广东省政府秘书处:《广东粮食统计》,东成印务局,1933年,第3—6、34、149—156页。

表 3-16　民国初广东进口国内外粮食数量　　　　　　　　（石）

年 份	本 国	外 国	合 计	年 份	本 国	外 国	合 计
1911 年	5 450 278	3 100 803	8 551 081	1922 年	3 108 018	18 463 635	21 571 653
1912 年	2 919 014	5 078 929	7 997 743	1923 年	6 338 178	13 148 424	19 586 600
1913 年	3 374 095	6 533 910	9 908 005	1924 年	5 035 015	9 575 791	14 610 806
1914 年	4 870 195	7 367 144	12 237 439	1925 年	3 204 360	6 459 887	9 664 147
1915 年	5 300 742	10 173 598	15 484 330	1926 年	2 891 849	11 973 091	14 864 940
1916 年	4 066 962	8 640 017	12 706 979	1927 年	4 120 122	10 681 601	14 801 713
1917 年	3 692 066	6 691 786	10 283 852	1928 年	3 279 570	8 663 272	11 832 842
1918 年	10 725 853	1 924 175	12 650 028	1929 年	3 505 723	6 105 257	9 610 980
1919 年	6 748 357	1 309 950	8 058 307	1930 年	4 320 734	6 704 136	11 024 870
1920 年	3 678 361	8 724 341	12 402 702	1931 年	4 450 475	8 309 338	12 759 823
1921 年	2 480 224	14 857 915	17 338 139				

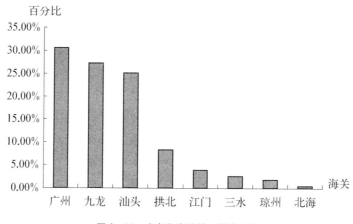

图 3-11　广东各海关输入粮食比例

自明清以来岭南区农业生产的地域分异越来越明显,以珠江三角洲为核心的广东东部逐渐形成稻谷、经济作物种植区,南岭山麓地带以及广西大部分山区为稻谷、杂粮区,其余河谷地带则以水稻为主。

珠江三角洲农业生产商品化现象以经济作物以及副业取代粮食作物作为标志。这一现象在清初即已有明显表现,屈大钧提到的南海县九江村"其人多以鱼花为业,曰鱼花户",就是这样的事例。当地人称鱼苗为鱼花,九江"地狭小,而鱼占其半,池塘以养鱼,堤以树桑,男贩鱼花,妇女喂蚕,其土无余壤,人无敖民"。九江村实行的池塘养鱼、堤上种桑,是典型的桑基鱼塘,由于基塘成为这里的主要经营形式,故"九江之地如棋枰,周回三十余里,其黑脉者堤也,方罫者池塘也,池塘之水养鱼花者十之七,养大鱼者十之三,养鱼花水浊,养大鱼水清,视其水色则知所养为何"。①

清代南海为广州的附郭县,位于珠江三角洲之上,若屈大钧看到的南海县九江村桑基鱼塘仅作为一个特例,那么至清后期这项农业经营方式已经在珠江三角洲普遍实行起来。同样位于珠江三角洲的高明县,"业蚕之家将洼田挖深,取泥覆四周为基,中凹下为塘。基六塘四,基种桑,塘蓄鱼,桑叶饲蚕,蚕矢饲鱼,两利俱全,十倍禾稼"。② 高明县实行桑基鱼塘制大约出现在光绪年间,从南海县到高明县,这些位于珠江三角洲的水稻种植区,先后放弃种植业而转向副业、经济作物的种植,不仅改变了这里原有的农业生产结构,而且也在南宋江南一带已经出现的基塘基础上,摸索出与珠江三角洲人地关系吻合的农业经营形式。

桑基鱼塘之外,珠江三角洲还存在果基鱼塘、蔗基鱼塘等经营形式。"广州凡矶围堤岸皆种荔支、龙眼,或有弃稻田以种者,田每亩荔支可二十余本,龙眼倍之",广州一带"番禺之李村大石一带,多荔枝树、龙眼","百里无一杂树参其中,地土所宜争以为业,称曰龙荔之民"。由于荔枝种植量大,也成为当地重要水果之一,人们往往"自酸而食至甜,自青黄而食至红,自水枝食至山枝,自家园食至诸县"③。甘蔗同样是珠江三角洲主要发展的经济作物,由于"糖之利甚溥,粤人开糖房者多以致富,盖番禺、东莞、增城糖居十之四,阳春糖居十之六,而蔗田几与禾田等矣",有的地方"连冈接阜,一望丛若芦苇"。④

以桑基鱼塘、果基鱼塘、蔗基鱼塘为代表,构成了珠江三角洲农业生产结构的重要特色,但这里的农作物种类远不仅如此。广州为珠江口重要港口,经商俨然成习,在农业生产商品化的同时,从事商贸是当地人一项谋生之业。"广州望县人多务贾,与时逐以香、糖、果箱、铁器、藤、蜡、番椒、苏木、蒲葵诸货,北走豫章、吴、浙,西北走长沙、汉口,其黠者南走澳门,至于红毛日本、琉球、暹罗、斛吕宋,帆踔二洋,倏忽数千万里,以中国珍丽之物相贸易,获大赢利。农者以拙业,力苦利微,辄弃耒耜而从之。"广州属县番禺,商风虽然不占主流,但以水稻为主的传统粮食作物之外,仍不失多种经营之道,故明末清初屈大均云:"惟下番禺诸乡,其俗微重朴勤,能尽地力早禾,田两获之余,则蒔菜为油,种三蓝以染绀,或树黄姜、䅟麦,或蔓菁、番薯,大禾田既获,则以海水淋秆烧盐,其平阜高冈亦多有获蔗、吉贝、麻、豆、排草、零香、果蓏之植,民皆织菅筋力以本业为孳孳,亦可谓地无废壤,人无游手者矣。"⑤番禺农作物种类之多,是清代珠江三角洲农业生产整体特征的一个缩影。基塘农业中,塘鱼、桑蚕以及水果均以走向市场,纳入商品化进程

---

① (清)屈大钧:《广东新语》卷二十二,鳞语,中华书局,1985年。
② 光绪《高明县志》卷二,物产。
③ (清)屈大钧:《广东新语》卷二十五,木语,中华书局,1985年。
④ (清)屈大钧:《广东新语》卷二十七,草语,中华书局,1985年。
⑤ (清)屈大钧:《广东新语》卷十四,食语,中华书局,1985年。

为生产目的。正是在这样的农作物结构推动下,明清以来珠江三角洲农业商品化进程不断发展。

第二节 传统农业中滋生的商品性农业经营方式与作物种类

一、华北农作物种植制度地域差异与农产品商品性的提升

(一)农作物种植制度地域差异

黄淮海区的种植制度比较复杂,虽然这里很早就出现了两年三熟制,但由于平原内自然条件的差异,这种种植制度仅在部分地区实行,丘陵山区几乎都以一年一熟制为主。河谷平原与丘陵山区不但形成不同的种植制度,而且作物组合形式也不同。日本学者足立启二根据《西石梁农圃便览》《农言著实》《马首农言》等清代农书,将华北地区分为三类地区,第一类为《西石梁农圃便览》所代表的山东、河南等地,实行以粟、高粱→麦→大豆→休耕为主的两年三熟制;第二类为以《农言著实》为代表的陕西关中地区,小麦作为主粮,在部分地区实行麦→粟两年三熟制;第三类为以《马首农言》为代表的山西北部,实行粟、黍与黑豆相互交替为主的一年一熟制,这里小麦的种植比例一般都较低,在10%左右[1]。各类作物组合基本显示出自南向北、自东向西由两年三熟向一年一熟的变化趋势。

1. 两年三熟制地区分布变化

20世纪各类调查对于黄河中下游地区农作物种植制度有进一步的记载,通过这些调查有助于增强对各地农作物种植制度与土地利用形式的认识。冬小麦是两年三熟制的核心作物,因此通过冬小麦的种植比例,可以看出两年三熟种植制度基本分布区域。根据20世纪30年代的统计数据绘制为图3-12,时至20世纪30年代黄河中下游地区冬小麦的种植比例比此前任何一个历史时期都有明显的增长。若从分布趋势看小麦种植比例高的区域偏重于东南、南两个区域,并从东南向西北种植比例逐渐递减。小麦种植比例最高的是河南,平均占地比例为52.69%,其次为山东,占地比例44.9%,陕西占地比例44.26%,由此向北河北为30.29%,山西为27.28%。[2]

2. 一年一熟制作物轮作区域变化

农作物两年三熟制仅是黄河中下游地区种植制度中的一种,事实上对于这一地区无论南部还是北部,都存在非小麦种植区。从表3-17冀东地区小麦种植比例就可以看出这一问题,小麦在这里占取的比例并不高。属于这些地带作物如何组合?又实行什么样的种植制度?

---

[1] (日)足立启二:《清代华北的农业经营与社会构造》,《中国农史》1989年第1期。
[2] 国民政府主计处:《统计月报》,1932.1—2。

表 3-17 20 世纪 30 年代河北东部小麦种植比例 （%）

县	比例	县	比例	县	比例	县	比例
遵化	1.00	曲周	4.18	卢龙	5.57	宛平	9.20
昌黎	1.05	乐亭	5.07	丰润	8.00	香河	9.98
抚宁	1.08	临榆	5.39	顺义	8.00		
密云	2.07	滦县	5.51	安次	8.51		

为了说明问题，以冀东地区为例。表 3-18 为 20 世纪 30 年代河北东部主要农作物种植比例，显然在这一小麦种植比例较低的区域内，高粱、玉米、粟均具有较高的地位。由于高粱与玉米、粟对于环境的适应特征有所区别，高粱对于低洼、潮湿环境有较强的适应性，而玉米、粟则更适应干爽地带。正是这样的原因，同一村落方圆数里之内环境相仿，高粱与玉米、粟的种植比例多呈反比关系，凡是高粱种植比例大的村落，玉米、粟种植比例一般较低；反之高粱种植比例小的村落，玉米、粟种植比例则较高。

表 3-18 20 世纪 30 年代河北东部主要农作物种植比例 （%）

村庄	高粱	粟	玉米	麦类	豆类	花生	甘薯	棉花
昌平阿苏卫	19	22	34	9	11			
密云小营子	20	30	10	7	10	10	3	
平谷小辛寨	17	44	14		15	3		3
遵化卢家湾	33	25	11	9	6		6	1
香河后延寺	7	15	50	10				
蓟县纪各庄	48	6	13	17	8			
宁河胡庄	94			6				
临榆黑汀庄	37	25	20			24	8	
抚宁郎各庄	50	25	10					3
玉田 龙窝	29	9		9				54
玉田 小王庄	59	4	9	14				13
玉田 东小陈庄	51	13		10				26
玉田 西小陈庄	58	3		14				26
玉田 小江庄	66	10		10				14
玉田 孟辛庄	50	14	14	7				16
玉田 芝麻秸	66	10	16	8				

（资料来源：〔日〕冀东地区农村实态调查班：《冀东地区内二十五个村农村实态调查报告书》，1937 年。）

由于冬小麦是两年三熟种植制度的核心作物,故小麦种植区之外的农田基本实行一年一熟制,为了减免农作物病虫害以及某种土壤养分的大量流失,轮作、间作是通行手段。

轮作以香河后延寺为例:

玉米——小麦——玉米,
豆类——粟——豆类,
玉米——粟——玉米,
豆类——豆类——豆类,
高粱——小麦——高粱。

在这一组轮作关系中,只有以小麦为核心的轮作建立在两年三熟制的基础上,其他均为一年一熟制。事实上种植小麦的地块也未必连年种麦,这一组轮作关系既反映了作物之间的轮作组合形式,又包含了年度之间的轮作方式,既为了维持地力,同一地块年度之间也避免重复种植同样的作物。

间作以平谷夏各庄为例:

高粱1畦、谷子4畦、豆子1畦

又以昌平阿苏卫为例:

小麦1畦、玉米2畦
小麦1畦、粟1畦至2畦
豆类2畦、粟2畦
豆类1畦、玉米2畦
高粱5畦、豆类1畦

冀东地区已经进入春小麦种植区,以间作形式与其他作物种植在同一块土地上的多为春小麦。冬小麦由于生长期不同于其他作物,一般不参与间种、混作。

河北南部多为以冬小麦为核心的两年三熟制,春播秋收为"大秋",收获后种植冬小麦,次年夏至前后小麦收获,再种植一茬"晚秋"。这样的循环是农作物年度间的基本轮作模式,但对于农户来讲,究竟在自己的土地中选择何种农作物,不仅与土地的土质等自然属性相关,而且也涉及农户的经济能力。20世纪30年代的调查显示,家境窘迫的小农种植粟的比例大于殷实农户,而种植棉花的比例则小于殷实农户,小农种植蔬菜、春麦、甘薯的比例均高于殷实农户。[①] 其原因十分明白,限于小农的经济条件,其生产物主要用于自给,而殷实农户自给有余,一部分将转向市场。这部分作为商品投向市场的农产品,有包括小麦在内的细粮,也包括棉花等经

---

① (日)南满铁道株式会社天津事务所调查课:《河北省农村实态调查资料——望都县东阳邱村外十八个村》,1937年,第201—281页。

济作物。

山西太原附近多实行一年一熟制,20世纪40年代的调查显示,晋泉县(旧太原县)农田粟占耕地面积24%,黍占17%,小麦占16%,荞麦占17%,玉米占4%,高粱占5%,其他占9%,主要农作物为粟、黍、小麦。这里种植的小麦虽属于冬麦,但一般收获后不再种植后作,采取休闲形式。小麦一般连续种植4—5年,此后轮作倒茬的作物为粟或高粱、玉米以及豆类作物。①

(二) 商品性农产品的分布与空间变化

能够成为商品的粮食作物并不多,对于北方各地来讲主要是小麦与豆类。小麦属于细粮。社会中上等人家多作为主食,但小麦生长对于自然条件要求比较严,并非所有地方的自然条件都适宜种植小麦,因此食用小麦多需要从市场获取,小麦纳入商品成为必然。小麦之外,粮食作物中,大豆主要用作榨油和生产豆饼,高粱则是重要的酿酒原料,都具有很高的商品性,至于棉花、花生、烟草等经济作物的商品价值自不待言。正是这样的原因,不仅20世纪初,明清时期黄淮海区便已将小麦等农作物作为商品纳入市场。明清时期,山东一带小麦种植比例已达到50%~80%,②在小麦种植比例提高的同时,大豆、高粱也提高了种植比例。小麦、大豆、高粱取代粟成为山东的主要粮食作物,提高了粮食的商品率。此外明清时期山东的经济作物以棉花、烟草、花生以及各类水果、蔬菜为主,它们作为商品,成为流通的一大部分。③ 这些现象在其他几省也都存在,如据乾隆《韩城县志》载:"大集之在县者,米粮杂货。"粮食是买卖的重要对象,粮食之外,其他经济作物在商品性经销中的地位更重要。陕西泾阳一带是重要的产棉地,"自光绪二十三年始,县境出棉五十三万三千斤有奇,三十二年增至三倍"④。

由于自然条件的制约,各地种植小麦、高粱、大豆以及各类经济作物的比例有很大区别,表3-19列出20世纪30年代华北五省用地比例,表中显示的信息对于认识华北地区农作物用地特征有重要的意义。表3-19所列五省农业生产环境有很大不同,察哈尔、绥远与河北、山东环境差异尤其明显,前者地处温带半干旱地区,气温低、降雨量少且土壤贫瘠,后者位于暖带湿润、半湿润地区,气温较高、年降雨量达600毫米左右,土壤肥沃。在农业生产条件存有差异的背景下,五省中绥远与察哈尔的土地垦殖率均很低,在3%~4%,河北、山东则高达46%以上,山西居中。气候因素是制约农作物熟制的关键条件,表3-19作物种植面积与耕地面积的比值涉及农作物熟制,凡比值超过100%,说明一些地方存在两年三熟制;比值低于100%与耕地利用率不足有关。根据这一指标,五省中山东、河北大部分土地实

---

① (日) 华北交通株式会社资业局:《北支农村の实态——山西省晋泉县黄陵村实态调查报告书》,昭和19年(1945年),第68—69页。
② 李令福:《明清山东粮食作物结构的时空特征》,《中国历史地理论丛》1994年第1期。
③ 许檀:《明清时期山东商品经济的发展》,中国社会科学出版社,1998年,第30—82页。
④ 宣统《重修泾阳县志》卷八,实业志。

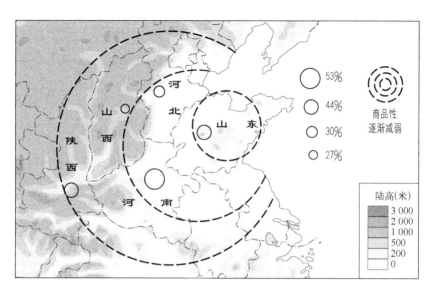

图3-12 20世纪30年代华北小麦种植比例与农产品商品性地带示意图

现了两年三熟制,山西部分地区实现了两年三熟制,察哈尔则以一年一熟制为主,两年三熟制占取的比例很小,而绥远在一年一熟的背景下,耕地利用尚未饱和。表3-19中后两项比值很有意义,五省粮食作物面积相对作物种植面积的比例依察哈尔、绥远、山西、河北、山东逐次降低;其他作物种植面积相对作物种植面积的比值则逐次增加,其他作物就包括棉花、花生、烟草等在内的经济作物,农户生产这些作物,除少量留作己用,绝大多数均进入市场。于是在地理空间上看到一个重要的现象,即华北农作物的商品性具有自西北向东南逐次提升的特点,至山东达到最高值。这一结果仅是通过表3-19后两项比值形成的,前文已经提到,小麦的种植比例具有自东南向西北递减的趋势,无疑小麦是最具商品价值的粮食作物,若将这一点考虑在内,无论粮食作物还是经济作物,山东都表现出较高的商品性特征。

表3-19　20世纪30年代华北五省用地比例　　　　　　　　　　(%)

用地比例 \ 省	察哈尔	绥远	山西	河北	山东
耕地面积/总面积(土地垦殖率)	4.1	3.7	21.7	46.0	46.5
作物种植面积/耕地面积	113	98	122	131	146
粮食作物种植面积/作物种植面积	89	85	85	78	74
其他作物种植面积/作物种植总面积	11	15	15	22	26

(资料来源:〔日〕兴亚院:《北支五省に於ける粮食问题》,1940年,第25—27页。)

当然,山东省内的农业生产环境也并不均一,农作物生产表现出的地域差异导致各地进入市场的作物比例也不同,表3-20为20世纪40年代山东小麦、大豆、花生外运比例与外运地,列在表中的仅是所有种植这些作物县中具有外运能力的,当时山东省下辖一百多个县,外运农产品中小麦约占1/3,大豆、花生占1/6左右。其中小麦外运比例最大的县是曲阜,外运量占常年总产量的66%;大豆外运量最大的县为峄县、单县、东阿、寿张,占常年总产量的40%;花生外运比例最高,除莱芜为90%外,多数县外运比例达60%以上。至于外运到达地可以分为两类,一类属于最终目的地,如上海、天津;另一类则属于中转性地点,济南等山东省内城市这一特征十分明显,这些城市多数不属于目的地,只是因交通道路的走向,而承担中转作用。

表3-20　20世纪40年代山东小麦、大豆、花生外运比例与外运地　　　　(%)

县	小麦	外运地	大豆	外运地	花生	外运地
泰安	40	天津、济南	20	济南	79	青岛、天津、上海
新泰	0.6	济南				
莱芜	8	济南			90	博山、泰安
肥城		济南	25	济南、济宁	5	博山、济南
滋阳	20	济南				
曲阜	66	济南			88	青岛、济南
宁阳	31	济南			79	青岛、济南
邹县	50	济南	30	济南	55	青岛、上海
滕县	60	济南、济宁	20	兖州、泰安	63	青岛、上海
泗水	33	济南				
汶上	15	济南、济宁				
峄县	15	济南、枣庄	40	上海、济南	77	济南、上海
鱼台	51	徐州、济南	28	徐州、济宁		
济宁	12	济南、上海				
金乡	7	济宁				
嘉祥	0.5	济宁				
菏泽			15	河南、济南	75	济南
曹县	46	河南、徐州	20	徐州	39	济南、商丘
单县	30	徐州	40	上海、青岛	83	徐州
城武	46	河南、济宁				
定陶	8	河北	11	河北、东明		
巨野	20	济宁	30	济南		
郓城	12	河北、济南	20	济南	5	济南

续 表

县	小麦	外运地	大豆	外运地	花生	外运地
东平	36	洛口、泰安	20	济南、济宁	23	济南、青岛
东阿	25	济南	40	济南、济宁	64	济南
阳谷	18	济南、临清			79	济南
寿张	10	济南	40	济南		
鄄城	29	济南	20		67	济南
朝城	16	大名、卫河岸				
范县	24	济南、河北	35	济南		

(资料来源：〔日〕东亚研究所：《第二调查（黄河）委员会综合报告书》，1944年，第175—179页。)

农作物商品性的大小直接影响农户收入。在小麦与棉花两种作物之间，棉花不仅商品性程度高，而且经济收益也高于小麦，于是既是小麦主产区，又是棉花主产区的河北、山东等地就出现因种植棉花影响二年三熟实行范围的问题。表3－21为20世纪30年代山东齐东县农作物每亩收支状况，表3－22为河北西河区（滹沱河、滏阳河流域）、通县农作物每亩收支状况，表中列举了包括棉花以及以小麦为核心两年三熟轮作的旱地作物。对比这些作物的收支情况，可以看到一个明显的现象，即在年景正常的情况下，无论纯收益多少，棉花大体保持收入大于支出的状态，而其他参与两年三熟轮作的粮食作物则有亏有盈；即使同处于收入大于支出的情况，棉花收益幅度仍然大于其他粮食作物。这样的收支对比，在刺激棉花种植面积不断扩展的同时，也将缩减两年三熟种植制度的面积。对于这一现象下面列举的20世纪30年代河北统计数据十分有说服力。(见表3－23)

表3－21　20世纪30年代山东齐东县农作物每亩收支状况　　　（元）

年度	作物	美棉	中国棉	小麦—大豆、粟 （两年三熟一年收益）	小麦—大豆、高粱 （两年三熟一年收益）
1929	收入	16.17	15.50	12.55	12.26
	支出	6.13	6.12	5.57	5.68
	损益	＋10.04	＋9.38	＋6.98	＋6.58
1930	收入	16.20	16.68	9.56	8.27
	支出	7.91	8.56	7.30	7.07
	损益	＋8.29	＋8.32	＋2.26	＋1.20
1931	收入	13.27	12.45	11.55	10.70
	支出	10.81	10.71	10.88	9.78
	损益	＋2.46	＋1.74	＋0.67	＋0.92

续 表

年度	作物	美棉	中国棉	小麦—大豆、粟 (两年三熟一年收益)	小麦—大豆、高粱 (两年三熟一年收益)
1932	收入	14.40	13.60	10.84	9.49
	支出	10.48	10.31	9.58	9.07
	损益	+3.92	+3.22	+1.26	+0.42
1933	收入	15.65	9.50	6.28	5.75
	支出	6.95	6.50	6.29	6.30
	损益	+8.70	+3.00	−0.01	−0.55

(资料来源:〔日〕华北农学会:《華北に於ける棉做小麦との競合関係》,1943年,第48页。)

表 3-22　20世纪30年代初河北农作物每亩收支状况　　　　　　　　(元)

县	收支	棉	玉米—大小麦、粟 (两年三熟一年收益)	高粱—小麦、粟 (两年三熟一年收益)
西河区	收入	14.46	10.48	9.41
	支出	8.72	11.51	10.59
	损益	+4.74	−1.03	−1.12
通县	收入	14.25	10.18	10.56
	支出	8.86	8.32	8.25
	损益	+5.39	+1.86	+2.31

(资料来源:〔日〕华北农学会:《華北に於ける棉做小麦との競合関係》,1943年,第51页。)

表 3-23　河北棉作面积指数与小麦面积指数比较

年　份	棉作面积指数	小麦收获面积指数
1930年	100	
1931年	100	100
1932年	174	115
1933年	208	109
1934年	265	104
1935年	214	116
1936年	354	93

(资料来源:〔日〕华北农学会:《華北に於ける棉做小麦との競合関係》,1943年,第29页。)

从1930年至1936年6年内,河北棉花面积指数总体呈上升趋势,而小麦的面积指数虽在多数年份略呈上升趋势,但至1936年出现下降。1935年河北出现灾害,这一年棉花面积指数也有所下降,由于小麦为秋播作物,灾害带来的后果将在次年才表现出来,这就是1936年小麦面积指数从116下降到93的原因。通过棉花与小麦面积指数变化的对比,不难看出农户为了追求效益,在自然条件允许的情况下会尽可能地扩展棉花种植面积,棉田扩展过程必然会占取原有两年三熟轮作土地,进而导致小麦等旱地作物面积缩减。20世纪初随着美棉传入中国,河北、山东等地棉与麦争地的现象逐渐明显。

黄淮海区农业商品化程度的地域差异基本与种植制度一致,两年三熟区不仅作物产量高,而且商品价值高的小麦、大豆等粮食作物以及棉花、烟草等经济作物产量也较大;一年一熟制地区农业商品化程度就低多了,《马首农言》所载山西北部仅能出售一些黑豆。黄河中下游区从东到西、从南到北商品农业的梯度发展,也影响了商品流通的趋势与商品类别。

近代华北地区农业生产商品性,在空间上表现出自西向东逐渐加强的趋势。同时,现代交通设施的出现,同样为沿线地区带来农业商品性发展的契机,其中平汉铁路沿线农产品去留的变化就是一个明显事例。据表3-24中平汉铁路河南境内17站沿线自耕农粮食的去留状况,可以看出,虽然各自粮食转变为商品的比例不同,但每站附近输入市场的现象,其17站中出售量达30%以上的为10站,另有两站达到57.7%。

表3-24 平汉铁路沿线河南境内17站之自耕农每人谷物生产售出留用购入及所耕亩数表(表中带*号为估计数)

站 名	人均耕地	谷物合计				谷物消费		
		出产	留	出售	出售百分比(%)	留下	购买	消费
信 阳	2.7	3.84	3.35	0.49	12.8	3.35	0.00*	3.35*
明 港	2.3	1.65	1.64	0.01	0.6	1.64	1.06*	2.70*
确 山	6.7	6.55	4.64	1.91	29.2	4.46	0.00*	4.46*
驻马店	4.2	4.04	2.78	1.26	31.2	2.78	0.00*	2.78*
遂 平	8.2	4.09	2.17	1.92	46.9	2.17	0.53*	2.70*
西 平	1.7	2.35	1.57	0.78	33.2	1.57	1.13*	2.70*
郾 城	2.7	2.33	1.94	0.39	16.7	1.94	0.76*	2.70*
许 昌	1.8	1.25	0.96	0.29	23.2	0.96	1.74*	2.70*
和尚桥	2.9	2.67	1.13	1.54	57.7	1.13	1.23	2.36
新 郑	2.9	2.07	1.53	0.54	26.1	1.53	1.45	2.98
郑 州	2.8	2.90	2.01	0.89	30.7	2.01	0.69*	2.70*
亢村驿	3.4	2.75	1.82	0.93	33.8	1.82	0.74	2.56

续 表

站　名	人均耕地	谷物合计				谷物消费		
		出产	留	出售	出售百分比(%)	留下	购买	消费
新　乡	2.6	5.06	3.03	2.03	40.1	3.03	0.00*	3.03*
潞王坟	3.4	3.44	2.70	0.74	21.5	2.70	0.00*	2.70*
卫　辉	3.1	3.60	2.26	1.34	37.2	2.26	0.44*	2.70*
宜　沟	6.2	5.32	2.25	3.07	57.7	2.25	0.62	2.87
彰　德	2.6	4.06	2.43	1.63	40.1	2.43	0.27*	2.70*

（资料来源：交通大学研究所：《平汉沿线农民经济调查》，1936年，附表9。）

二、江南农作物种植结构转型与农业生产集约化经营

自明清时期江南地区农作物种植结构进入转型期，开始从以粮食种植为主转向经济作物种植为主。近百年内继承了这一种植结构特征，并形成以太湖平原为代表的农业生产集约化经营地区。

（一）以太湖平原为核心的农作物种植结构转型

"民以食为天"是数千年以来不变的理念，在这一理念下，不但"古者先王之政以农为本"，而且"古之为国，所重民食，盖五谷为先"。但到了明清时期，太湖平原为核心的地区的人们突破了这一理念，将农作物以粮为主转向棉、桑、麻等经济作物为主。农作物种植结构转型，带动了土地利用、作物轮作、粮食运销等一系列问题发生改变，进而导致太湖平原乃至于整个东南区农业地理面貌出现重大变化。

导致太湖平原为核心的地区农作物种植结构转型的原因，与棉花种植、加工技术传入有直接关系。亚洲草本棉传入江南一带在元代，在从元代到明初的近百年的时间内，随着太湖平原一带植棉技术提高，人们逐渐意识到用少于水稻田的劳动投入到棉花的种植中，收到的却是成倍的回报。于是在经济效益的促动下，棉花乃至于桑、麻的种植面积逐步提高，并在一些地方出现超越稻田的趋势。清人张履祥在《补农书》中以种桑养蚕为例，进行了这样的分析："田壅多，工亦多，地工省，壅亦省；田工俱忙，地工俱闲，田赴时急，地赴时缓；田忧水旱，地不忧水旱。"田与地相比，田费工、费时，故当时俗话说："千日田头，一日地头。"农户用于田中的劳动量比地大得多，而农户的收益却有限，与田相比，地的收益就大多了："地得叶，盛者一亩可养蚕十数筐，少亦四五筐，最下二三筐。米贱丝贵时，则蚕一筐即可当一亩之息矣。米甚贵，丝甚贱，尚足与田相准。"这样的投入产出比例，必然导致农户的经营重点转移，出现经济作物与粮食作物争地的现象。

明清时期江南地区普遍出现桑与稻争地、棉与稻争地的现象。仅棉花一项，明

末在上海县就占耕地50%,太仓占70%,嘉定占90%,清代棉田占地面积更大,一般在60%～70%以上。① 棉田之外,若将植桑用地也考虑在内,经济作物的总占地面积更大。江南地区一般称种植粮食作物的土地为田,称种植经济作物的为地,明清以来人们注重的是地的经营,而不是田的经营。据统计,自明末至康熙二十年前后,杭州府田减少了30顷,地升了184顷;湖州府田减少了79顷,地升了28顷;嘉兴府田减少了1354顷,地升了1560顷,改田为地成为当时大多数农户的取向。② 稻田减少的现象在地方志的记载中尤多,如崇明"多种棉花,懒于种稻,以种稻工费不如花之省耳"③。嘉定"以棉、稻、豆、麦为主要作物……成熟之田,二年种棉,一年种稻,稻较棉少,故农家恃棉为生"④。娄唐镇"岁栽棉花,三年之中,始种一稻"⑤。月浦里"农产物尤以棉花为大宗,乡民赡身家、纳赋税,悉赖于是,稻次之"⑥。海门厅"八、九种棉,一、二种禾"⑦。"大江以南,江宁、镇江、常州、苏州府属地方,土多沃壤,民习耕种,且能手艺营生,衣食足资利赖 惟松江府、太仓州、海门厅、通州并所属之各县,逼近海滨,率以沙涨之地,宜种棉花,是以种花者多,而种稻者少","以现在各厅州县农田计之,每村庄知务本种稻者,不过十分之二三,图利种棉者则有十分之七八"。⑧ "杭嘉湖各县民多育蚕。"⑨"杭嘉湖三府尤比户饲蚕,以资生业。"⑩《补农书》中所载"蚕桑之利,厚于稼穑"的桐乡即属于杭嘉湖地区。

上述文献在记述了清代以来江南及其毗邻地区桑、棉等经济作物与稻争地这一现象的同时,还展示了桑、棉的分布大势。桑与棉虽然在江南一带并没有形成截然分明的两个分布区,但具有优势特征的集中分布区仍然十分显著,其中江北通州、海门、江南太湖平原东部太仓、松江以及崇明岛以植棉为主;太湖平原南部杭、嘉、湖三州之地以植桑为主。形成这样的分布形势,与当地的土质相关,棉花对于沙地有适应性,近海沿江地带就成为主要分布区,而杭、嘉、湖一带的土质对于桑树的生长更有利,故成为主要植桑区。由于地理分布出现这样的特点,乾隆年间,两江总督庆复奏文中称:"江浙接壤,风土大略相同。浙省桑蚕之利甲天下,而三吴组织所需,皆资市贩。"⑪时至清代麻类作物在江南一带种植量已经减少,虽然也存在"东路田皆种麻,无桑者亦种之"⑫的现象,但在空间上无法与棉、桑相比。棉、桑、麻等经济作物之外,近城邑之地还存在园圃菜蔬争地现象,无锡一带"不植五谷,而植

---

① 程厚思:《清代江浙地区米粮不足原因探析》,《中国农史》1990年第3期。
② 范金民:《明清杭嘉湖农村经济结构的变化》,《中国农史》1988年第2期。
③ 雍正《崇明县志》卷九,物产。
④ 民国《嘉定县续志》卷五。
⑤ 乾隆《娄唐镇志》卷八,物产。
⑥ 民国《月浦里志》卷五,农业。
⑦ 嘉庆《海门厅志》,舆地。
⑧ (清)高晋:《请海疆禾棉兼种疏》,《清经世文编》卷三十七。
⑨ 《朱批谕旨》卷一百七十四,雍正九年五月初六日,浙江总督管巡抚事李卫奏折。
⑩ 乾隆朝《东华录》卷一百一十九,乾隆五十九年夏四月。
⑪ 《清高宗实录》卷五十一,乾隆二年九月。
⑫ (清)张履祥:《补农书后》,《补农书》,中华书局,1956年。

圃蔬,惟城中隙地及附郭居者为多,其冬菜一熟,可抵禾稼秋成之利"①。

从明代太湖平原及毗邻地区整体来看,属于非实质性缺粮区。进入清代,太湖平原及毗邻许多地方进入实质性的缺粮阶段,如前文所及嘉定县全境产稻之地,"约二十万七千亩,每岁产谷约八千二百八十万石",而全县"居民共二十二万零六百口,以每口每年需谷五百斤计,全年应有食谷一亿一千零三十万斤,供求相差不足二千七百五十万斤",缺口需要"仰给于外埠"。②无锡一带"每岁乡民棉布易粟以食,大抵多籍客米,非邑米也"③。"松江府、太仓州、海门厅、通州并所属之各县……是以种花者多,而种稻者少,每年口食全赖客商贩运。"④为了进一步了解江南一带土地利用与缺粮的具体情况,表3-25所列为20世纪30年代末江苏5县用地比例,其中嘉兴棉花用地比例占夏季作物的48.2%,水稻为37.0%,棉花高于水稻,每年向外运出棉花10万石、黄豆15 000石,需要购入粮食为620 000石,是典型的缺粮地区。太仓县的调查没有涉及粮食盈缺问题,但从水稻与棉花用地的比例来看,应属于缺粮区。松江县水稻占地已达94.8%,尽管如此在48例调查农户中,20户粮食充足,28户不充足,缺口粮食需要购买。无锡县被调查户水稻在熟地中占取比例为75.2%,桑园24.1%,水稻用地远超过经济作物用地,但每年需求粮食432.1石,其中自给量为197石,购入量为235.1石,购入量大于自给量。20世纪30年代,江苏年产粮食为66 109千石,消费总量为66 612千石,粮食缺口为503千石,浙江年产粮食为62 844千石,消费总量为66 549千石,粮食缺口为3 705千石。⑤两省的这一粮食缺口,是纯粹需要省外运销来填补的。

表3-25　20世纪30年代末江苏5县夏季作物用地比例　　　（%）

作物 县	棉花	水稻	薄荷	大豆	蔬菜	桑	高粱	玉米	花生	其他
太仓	65.5	30.0	2.2	0.5						1.8
嘉兴	48.2	37.0		14.8						
松江	2.8	94.8		1.0	1.4					
无锡		75.2			0.5	24.1				
南通	39.1			49.1	2.2		1.3	3.2	0.1	

资料来源:（日）南满铁道株式会社上海事务所调查室:《江苏省太仓县农村实态调查报告》、《上海特别市嘉定区农村实态调查报告》、《江苏省松江县农村实态调查报告》、《江苏省无锡县农村实态调查报告》、《江苏省南通县农村实态调查报告》。

---

① 黄卬:《锡金识小录》卷一,备参上。
② 民国《嘉定县续志》卷五。
③ 黄卬:《锡金识小录》卷一,备参上。
④ （清）高晋:《请海疆禾棉兼种疏》,《清经世文编》卷三十七。
⑤ 郭洪业:《中国四大米市兴衰之研究》,南京师范大学硕士论文,未刊稿。

在明末清初长江沿岸的四大米市中,设在太湖平原的苏州米市就以接纳来自中上游的稻米为主,成为这一地区的粮食供给中心。①"浙南一带地方所产之米,不足供本地食米之半,全藉江西、湖广客贩米船,由苏州一路接济"②,就是苏州作为清前期粮食集散地的记载。清后期,苏州米市的地位逐渐被无锡取代,无锡作为太湖平原粮食集散地的特征越来越明显。无论苏州还是无锡,均以粮食输入为主,其中主要粮食产地为长江中游的江汉平原、洞庭湖平原,故康熙皇帝明确指出:"谚云'湖广熟天下足',江浙百姓全赖湖广米粟。"③

(二) 农业生产集约化经营

明清时期江南一带随着人口密度提高,提高集约化经营程度成为农业生产的发展趋势。"集约"是指农业生产在同一面积投入较多的生产资料和劳动进行精耕细作,用提高单位面积产量来增加产品总量的经营方式。为了保证在有限的土地上解决日益增加的人口需求以及数目庞大的朝廷赋税,江南一带农业生产集约化经营主要体现在两个方面:

1. 提升土地利用率与复种指数

明清时期江南地区农作物结构打破了传统单一粮食作物局面,且普遍实行一年两熟制种植制度。两熟制中有双季稻,也有水稻与其他旱地作物轮作的种植形式。两熟制中水稻的后作称为春花或春熟,一般包括油菜、小麦等。即"刈稻之后,得以广种菜、麦、蚕豆,以为春熟"④。"江南农田皆藝稻、麦二种,而稻为多"⑤,"秋分刈早禾,霜降刈晚禾。刈后随时播种二麦"⑥。"春熟以油菜子、豆、麦为大宗,菜子十之六,豆、麦十之四。秋熟以稻、棉为大宗,稻十之七,棉十之三。"⑦"岁既获(稻),即播菜、麦……杂以蚕豆,并名曰春熟。自是耕以藝稻,至秋乃登,周而复始"⑧,"刈早稻,即翻土、作垄,种麦,间以蚕豆"⑨。就其地理分布,大致太湖以东、以北以水稻种植为主,同时兼营小麦、油菜等作物;沿海濒江的岗身沙土地带,主要种植棉花、水稻,兼营小麦、豆类;太湖以南以桑、稻为主,兼种麦豆;苏南、浙西山地丘陵以旱地粮食作物与竹、木、茶为主。⑩

2. 提高以肥料为主的生产资料投入

普遍实行两熟制后,最重要解决的问题是土地连续使用后地力的补充,为此,明清以来江南农户不断增加在肥料投入方面的资本强度,其肥料种类包括各种农

---

① 樊树志:《明清长江三角洲的粮食业市镇与米市》,《学术月刊》1990年第12期。
② 乾隆朝《东华录》卷二十七,乾隆十三年五月甲申。
③ 《清圣祖圣训》卷二十三,康熙三十八年六月戊戌。
④ 乾隆《儒林六都志》,土田。
⑤ 嘉庆《江宁府志》卷十一。
⑥ 康熙《常州府志》卷九。
⑦ 民国《青浦县志》卷二,土产。
⑧ 康熙《乌青文献》卷三。
⑨ 康熙《长兴县志》卷三,生计。
⑩ 参见陈忠平:《论明清江南农村生产的多样化发展》,《中国农史》1989年第3期。

家肥以及豆饼等。即"其粪也,以猪灰、以豆饼,或以草入之河泥烂而用之"①。农业生产中的投入与产出并不是总成正比的,自明末以来,在每亩稻田肥料增加的同时,肥料的边际产量递减趋势开始出现,继续提高集约程度,必须改变生产技术。②由于这样的原因,明清时期江南地区的农业生产技术更趋于精良,且以扩大耕地为目的的开发,逐渐向提高耕地利用率,改善农田品质方向转变。

咸丰《南浔镇志》记载了水田生产的全过程:垦冬田,"冬月刈稻后,即将田垦转,以深为贵",来年二三月,在进行耕翻,为秒田,"总欲其土块细碎,得水融合也"。此后为浸种、撒秧谷、插秧、撩草扬田、耘田。撩草扬田、耘田是田间管理的重要举措,其中撩草扬田为"插秧后月余,草生苗旁,以手捞取其草,即搓成团踏田间,取其烂而滋益苗根也";"撩草之度,或一次,或二三次,总视草之多少为断"。耘田与撩草的作用相同,但劳动更为辛苦:"耘者膝跪于苗间,两手匍匐而前,细剔苗根之草",然后"将灰粪或麻、豆饼屑撒田内"。耘田后施肥之举也称下壅,"富家多用豆饼,椎碎成屑,匀撒苗间。贫家力不能致饼,则用猪、羊栏中腐草……或有卷取水草作烂成泥"。在这样的管理之下,水稻成熟收获。这一系列环节之中,施肥的技术性很强,康熙《乌青文献》载道:"粪不可太早,太早而后力不接,交秋多缩而不秀。春初先罱河泥以草罨而腐之,临种担以作底,其力虽慢而长。伏暑时,稍下灰或豆饼,其力慢而不迅疾。立秋后始下大粪壅,则力倍而穗长矣。"这些精耕细作的技术措施,目的在于获得保持地力、提高产量两者的双赢,虽然此时尚未有人意识到可持续发展的理念,但这些包含中国传统的精耕细作方式,却在事实上将农业生产纳入了可持续发展的轨道中。

近代中国,黄河中下游与长江中下游两个传统农业生产核心区,农业生产均表现出明显的进步,其中农业集约化经营的提高、农作物种植结构由粮食作物向经济作物的转变、农产品商品性的提升是变化突出的三个方面。正是这样的变化,不断推动中国农业发展从传统阶段迈向近代阶段。

第三节　畜牧业及其游牧方式

畜牧业从属于农业概念之中,"农业"一词的概念含有广义与狭义两种内涵,广义的"农业"包括种植业、畜牧业、养殖业、捕捞业、林木业等,即所有为人类生存提供植物与动物衣食之源的产业部门;狭义"农业"则特指种植业,因此从广义"农业"角度,农业不仅有种植业,畜牧业也包含其中。

大约从19世纪开始,在近200年内,在农业移民的影响下,中国北方农牧交错地带经历着巨大的经济文化变革,但草原深处仍然依循传统的游牧方式,保持大致

---

① 天启《海盐县图经》卷四,方域篇。
② 李伯重:《明清时期江南水稻生产集约程度的提高》,《中国农史》1984年第1期。

稳定的独特的经济生活。

　　游牧地带是游牧生活与草原环境相互结合的产物，中国境内属于游牧地带的范围很广，除西辽河流域位于大兴安岭以东外，几乎北纬40°以北、大兴安岭以西的草原地带都可以成为游牧民族的家园。草原游牧地带从呼伦贝尔、锡林郭勒经蒙古高原、天山南北一直伸向欧亚大陆的腹地，成为世界上最广远的绿色长廊。

　　逐水草而居是草原民族的基本生产与生存方式，这是牧人对草原生态环境的适应方式，而环境适应又与资源特性直接相关。草原虽然属于可再生资源，但没有任何一个牧场经得起长期放牧，若要保证在草原生态背景下被牲畜啃食过的牧草能够及时恢复，保证草原上牧放的牲畜能够繁衍不断，必须适时转移放牧地，追寻丰盛的牧场驻牧，在游牧中满足牲畜对草、对水的需求，牧人对牲畜的需求。因此从这一意义上讲，逐水草而居不仅包含牲畜对牧场因时而动的选择，也包含了在不同环境背景下各类草场的利用特征。

　　根据历史文献记载、各类西人行记与民族学、社会学调查，以逐水草而居为代表的游牧生活包括划定季节牧场、规定游牧路线等基本环节，此两者之间既有不同的含义，又是不可分割。

一、划定季节牧场

　　牧人划定季节牧场，一般需要满足两个原则：其一为保证牧场有良好的再生能力，且植物成分不被破坏；其二为饮水条件以及牧草生长状况可以满足季节要求。在这样的基本原则之下，草场的自然地形、气候条件、水源情况、牧草生长状况以及饲养管理条件等也往往对于划分牧场起着重要作用：

　　1) 地形、地势条件：地形、地势条件直接影响牧场水热状况，间接影响放牧场植被。山地草场，地形条件的作用尤其突出，通常冬营地选在山脚，春秋营地选在山麓，夏营地选在高山、亚高山。每年由冬春到夏秋，畜群随营地转移，由山下至山上，再由山上至山下。而蒙古高原地势比较单调，海拔高度相差较小，决定草场水热分布主要为微地貌，夏季一般选择纳凉通风的坡地、台地、梁地，而冬季则是向阳温暖避风的洼地、谷地、低地。

　　2) 水源条件：牧场的季节适宜性与水源条件有密切关系，通常夏季炎热，牲畜饮水次数和饮水量较大，因此夏季营地要求水源条件好且饮水半径小的草场，如沿河及湖滨地区。冬季牲畜饮水量减少，选择水源条件较差的草场，如缺水草场还可以利用积雪。秋季是抓膘的季节，这一期间需要控制牲畜饮水，往往数日饮水一次，如果草场植物多汁柔嫩，甚至可以10～15日饮水一次，因而秋营地可以选择距水源较远的草场。

　　3) 植被条件：放牧草场的营养价值及季节适口性，是选择营地必须考虑的条件之一,而草群营养价值及季节适口性受草群的主要牧草成分制约。例如,夏秋季节芨芨草虽营养成分高,但茎较硬,牲畜几乎不愿采食,而在冬春季节营养下降,但有良好的适口性,为牲畜乐食。针茅在盛花期及结实期,由于颖果上具有坚硬的长芒,牲畜多不愿采食,而其他季节则具有良好的适口性。夏季蒿类植物含有较浓的气味,牲畜通常不喜欢采食,而秋季霜后气味减轻,能被各类牲畜采食。冬季鸢尾属植物牲畜可以利用,而其他季节不采食。有些地区短命植物只能在早春放牧利用,而一些杂草和豆科灌木夏季生长良好,且适口性较高,因此适合夏季放牧。葱属适合秋季利用,而猪毛菜灌木类可在冬季采食。草群主要成分在冬季的保持状态也决定草场的季节适宜性,如很多杂类草和豆科草、隐子草以及多数落叶灌木冬季保持不良,因而不适宜选作冬营地,但芨芨草、羊草、针茅及蒿草、猪毛菜类植物冬季保持良好,往往成为冬春营地必备的饲草。

4) 管理条件:主要考虑营地的棚圈设备、牧道以及牲畜舔食盐土或采食盐生植物是否方便等。

(一) 高原牧场的季节营地

营地指牲畜集中放牧的地方,是牧人对放牧场的惯称。高原平坦而辽阔,季节牧场划分与营地选择主要依季节变化在水平方向变换利用空间,并依季节分为春、夏、秋、冬营地。季节不同,草原上植物生长状况与牲畜采食需求也不同,因此与季节对应往往分为春营地、夏营地、秋营地以及冬营地。

1. 春营地:利用时间短,一般自3月开始到6月中旬为止。这一时期气温低,风沙大,牧草青黄不接。经过一个漫长的冬季,牲畜体弱掉膘,枯草不够吃,青草不充饥,春季是恢复牲畜体力的重要时期。春营地要求向阳开阔,或水分状况良好的低洼地,这样的地段植物萌发较早,对恢复牲畜体力有益。

2. 夏营地:夏季气候炎热,降雨多,蚊蝇多,干扰牲畜采食和休息。此时草类生长茂盛,产量和品质都比较好。夏营地需要地势高爽通风,良好水源,牧草低矮而无蚊蝇的坡地、台地、岗地、梁地和沿河平地等草场,而牧场上的牧草再生旺盛、种类繁多、质地柔嫩对于牲畜十分有利。

3. 秋营地:秋季气候凉爽,大多数植物结实并逐渐停止生长,地上部分也开始干枯,为使牲畜很好地越冬,秋营地特别注意选择草群质量高的草场。葱属、蒿属和干枯较晚且结实丰富的草群,都是理想的秋季草场。由于秋季后期牲畜饮水减少,秋营地水源条件可以次于夏营地,安排在距营盘较远的草场上。

4. 冬营地:利用时间最长,通常从11月开始至翌年3月结束,长达140天左右,这是一年中最严酷的季节,天寒草枯,因此能否渡过严冬,冬营地位置的选择十分重要。著名作家张承志曾有过在蒙古草原做牧民的经历,在他的著作中对于冬季营地甚有感触地说:"大风雪的日子,是考验人和社会承受力极限的时候,人可能会崩溃,社会也可能会崩溃。这时候他们需要一个救命的绝招,就是冬天的蒙古包要建在山的南坡。春季到秋季,要在南坡上留下一片救命的草。"①一般冬营地要求向阳背风,如山地的沟谷,丘陵间低地,固定和半固定的沙窝子,四周较高的盆地等。植被上要求植物枝叶保持良好,覆盖度较大,草群较高,不易被雪埋没或被风刮走,如芨芨草、羊草、针茅、蒿类、柠条、红沙、猪毛菜、霸王、琐琐等。②

四季牧场,是依季节划分草场的基本原则,但各地受自然条件制约并非完全有条件实行四季牧场轮流放牧,根据牧场自然环境不同,可以分为四季营地、三季营地以及两季营地。

四季营地一般将放牧场划分为春营地、夏营地、秋营地和冬营地,随季节更替,顺序轮换放牧,有条件形成四季营地的草场往往面积宽裕,植被覆盖度大,水源丰富。据满铁调查部《呼伦贝尔畜产事情》调查,一部分生活在呼伦贝尔草原的蒙古人实行四季营地,一年中随着春、夏、秋、冬季节转化,进行4次大迁移;由于呼伦贝尔春、秋两季很短,人们也常把一年看成夏、冬两季,夏、冬两季放牧地的选择就显得十分重要:夏季放牧地往往接近水源,牧草丰富,且处于放牧圈最北端,而冬季放牧地则更强调气温,一般选在放牧圈内最暖的地方即最南端,同时又是降雪最少的地方。确定了营地,蒙古人春夏秋冬四季放牧,过着游牧生活,每年只要不发生特殊事件,就按照一定的时期,在特定的圈内移动。③大兴安岭东西两翼山地、丘陵地区是实行四季牧场较多的地区。

三季营地一般将牧场划分为冬春营地、夏营地以及秋营地,在牧区地形差异不大,草场面积宽裕,植物资源组合比较单一的地区常采用三季营地。在三季营地的组合中,最常见的是夏—秋—冬春和夏—春秋—冬两种组合形式,呼伦贝尔和锡林郭勒草原的东部多实行三季牧场。满铁调查指出扎鲁特旗、阿尔科尔沁旗部分牧民就采取三季营地的游牧形式,每年4、5月开始向北迁移,大约用两三天时间,到达北面70多里的平原,从这里再次向北迁至霍林河附近渡过夏季;9月逐渐移向冬营地,来年4、5月又开始新一轮的北迁。④在这样的三季营地中冬春营地是在一起的。鄂尔多斯高原也有夏—秋—冬春组合的三季营地,但是,因草场面积狭窄,营地间距离不远,在放牧利用上只能做到夏放滩地,秋放梁地,冬春季节在滩地和梁地之间放牧。

两季营地往往将牧场划为冬春营地与夏秋营地,凡草场面积狭小,草群季节性不明显,地形条件单一且水源条件限制性较强的草场多采取这种营地组合形式。基于自然条件中国许多牧场都采取两季营地形式,冬春营地多选择草高、避风,并靠近定居点的草场,而夏秋营地则多选在丘陵、岗地或开阔平原。生活在阿鲁科尔沁旗的牧民一般将牧场分为冬营、夏营地,夏营地选在水草丰美的地方,一般在放牧区北

---

① 张承志:《モンゴル大草原游牧誌》,朝日新闻社,1986年,第143—149页。
② 中国科学院内蒙古宁夏综合考察队:《内蒙古自治区及其东西部毗邻地区天然草场》,科学出版社,1980年,第201—204页。
③ 南满铁道株式会社:《呼伦贝尔畜产事情》,1938年,第22—41页。
④ 满铁调查部:《兴安西省扎鲁特旗、阿尔科尔沁旗畜产调查报告》,1939年,第240—258页。

边;冬营地则选在降雪较少的地方,一般在南面。每年从旧历五月开始牧民即由冬营地逐渐向北移动,七八月到了北面60多里地的昆都伦,从九月开始又逐渐向南移动,十月回到冬营地附近的山丘地带,十一月进入冬营地的山洼洼,一直到次年四月都在这里度过。① 青藏高原上实行两季营地的也较多,阿坝位于青藏高原的边缘,牧民实行夏季游牧,冬季定居,每年农历四月迁入夏帐房,十月又重返冬帐房。②

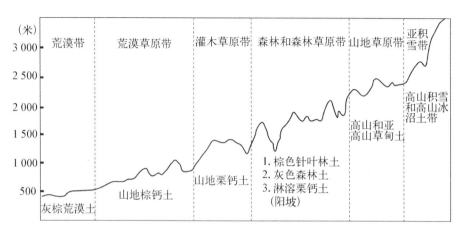

图 3-13 阿尔泰山地西南坡垂直带

(资料来源:任美锷等:《中国自然地理纲要》,商务印书馆,1980年,第340页。)

表 3-26 天山草场分布高度　　　　　　(米)

	天山北坡			天山南坡
	西部	中部	东部	
山地荒漠	———————————————————			———————
山地草原化荒漠	———————————————			2 000~2 400
山地荒漠草原	1 100~1 400	1 600~2 300		2 400~2 600
山地草原	1 100~1 600	1 400~2 000	1 900~2 700	2 600~2 800 2 400~2 600
山地草甸草原	1 600~1 800	1 800~2 000	与草原、草甸交错分布	2 600~2 800 零星分布
山地草甸		1 600~2 400	2 800	缺乏
亚高山草甸	2 000~2 800	片状交错在高寒草甸与山地草甸间		缺乏
高寒草甸	2 400~2 800	2 600~3 200	2 600(2 800)~3 400	2 800~3 600
高寒草原		3 200~3 400		3 200~3 400
高位沼泽		很少		尤尔都斯盆地

---

① 伪满洲国兴安局:《兴安西省阿鲁科尔沁旗实态调查报告书》,1941年,第64—66页。
② 《阿坝县社会调查》,载中国科学院民族研究所四川少数民族社会历史调查组:《诺尔盖、阿坝、红原调查材料》,1963年,第75页。

(二) 山地牧场的季节营地

山地牧场垂直地带变化明显,营地也因季节而具有垂直移动的特征,一般两季营地占有主导地位。

天山、阿尔泰山、昆仑山垂直地带性十分明显,以天山而论,海拔 1 500 米以下为草原,年降水量不及 400 毫米;1 500～2 700 米为云杉林带,年降水量 400～600 毫米;2 700～3 500 米为高山草原,为优良夏牧场,年降水量 500～600 毫米;3 500～3 800 米为寒冻荒漠,夏季有短期植物生长;3 800 米为雪线,以上为冰川及常年积雪覆盖。海拔 1 000～3 000 米的中山带冬季存在逆温层,气温高于山麓,向阳坡是冬牧场。由于山下平原、河谷与山上气温相差很大,这里的牧民一般将夏营地选在凉而风爽的山上,冬营地则安置在山下背风、向阳之处。19 世纪中期俄国学者彼·彼·谢苗诺夫记载在伊犁河以南游牧的阿特班部落一个氏族冬夏营地的情况,这个氏族夏营地在外伊犁阿拉套南部凉爽的高山地带;冬营地则选在外伊犁阿拉套幽深的山谷。① 山地受垂直地带性因素影响,自然条件复杂多变,牧场的季节利用具有多样性。不同海拔高度的草场除草群种类存有差异外,利用季节也不同,山地荒漠与山地草原化荒漠草场因处于天山低山带,春季气温回升快,冬雪融化早,牧草 3 月底 4 月初即萌发生长,提供鲜草时间早;秋季牧草营养较丰富,适口性良好;冬季牧草保存率高,因此成为北疆春、秋草场与南疆冬草场。山地荒漠草原草场也用作北疆的春秋草场与南疆的冬草场,这类草场因具大量的禾草成分,质量较好。山地草原和山地草甸草原草场处在逆温层,冬季牧草保存率高被作为主要的冬季草场利用。这两类草场牧草品质优良、营养丰富、适口性好,地形较平缓,

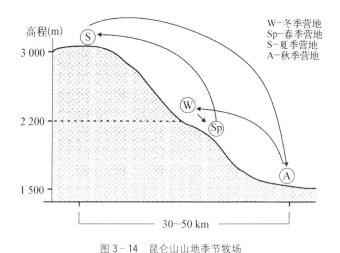

图 3-14 昆仑山山地季节牧场

---

① (俄)彼·彼·谢苗诺夫著,李步月译:《天山游记》,新疆人民出版社,1989 年,第 235 页。

大多为优等草场。山地草甸、亚高山草甸、高寒草甸则由于所处海拔位置高,夏季凉爽,牧草生长旺盛,成为优良的夏草场。①

蒙古学者 Dambyn BAZARGUR 提出山地牧场生态最适区域的概念,并将山地方位、阳光与温度、冬季状况、积雪程度等作为主要评判依据,根据这些依据对一年四季内牧场生态适宜性作出评价,总体来看无风向阳且冬季温度较高的牧场,生态适宜性最强;若以季节而论,则有风背阴且潮湿的牧场在夏季最具适应性。Dambyn BAZARGUR 提出的山地牧场生态最适区域对于认识山地环境下冬夏牧场的环境选择有重要意义。

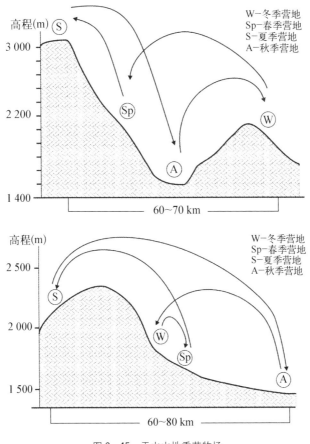

图 3-15 天山山地季节牧场

蒙古学者 Dambyn BAZARGUR 的研究指出数种山地牧场的利用形式,他提出的模型包括:

1. 中国阿尔泰山——昆仑。1) 昆仑山亚型:这里一般冬、春季在海拔 2 200

---

① 胡汝骥:《中国天山自然地理》,中国环境科学出版社,2004 年,第 357 页。

米左右的山坡或山坳处建立营盘,夏营盘位于3 000米的山上,秋季有时选择在山前戈壁(见图3-14)。2) 天山亚型:天山支脉较多,且海拔较低,冬营盘选在支脉山洼处,春营盘位于海拔2 200米的山坡,夏牧场在海拔3 000米以上的山上,秋营盘设在沙漠边缘(见图3-15)。3) 阿尔泰山亚型:冬、春两季牧场在支脉,夏牧场在山上,秋牧场在两山之间的谷地(见图3-16)。阿尔泰山的哈萨克、蒙古族牧民,冬季将部分牲畜赶往额尔齐斯河河床沿岸,也有的转移到奇台北塔山背风向阳的沙窝子放牧。

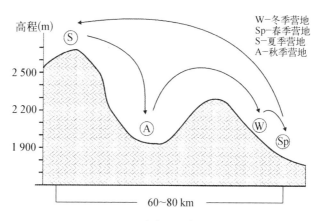

图3-16 阿尔泰山山地季节牧场

2. 西伯利亚生态型:包括杭爱山、Hentii、Tagna、萨彦岭、Yavgan、Hyangan等山地牧场。1) 杭爱山亚型:最适牧场选择为冬、春两季牧场安排在山腰,夏季牧场位于山顶,秋季牧场选择在河谷牧放牦牛。2) Huvsgul亚型:Darhad洼地位于Huvsgul林间,冬天寒冷潮湿,最适牧场选择为冬季在洼地外,春、夏、秋牧场位于洼地中。3) Hentii Hyangan山亚型:冬季、春季牧场选择在海拔1 300～1 400米的森林边缘,夏、秋两季牧场位于河谷边。4) Vidim山亚型:此亚型全部为森林地区,最适牧场冬季、春季安排在河谷地带,夏、秋季牧场选在无树的草地,一年移动两次,距离为10～15公里,属于游牧兼圈养型。①

Dambyn BAZARGUR指出了山地牧场利用形式的变化,案例包括中国以及蒙古各类山地,这些案例虽然均为当代季节牧场的变换形式,但对于认识历史时期山地放牧空间的变化具有借鉴意义。

上述季节牧场之外,另有不分季节的全年牧场,主要分布在农区和部分半农半牧区,由于草场面积小而零碎,农业比重大,牲畜密度大,草场不是按季节利用,而是四季都放牧。但是为了保证牧场恢复,放牧利用中,牧民需要根据草场的特点,

---

① Dambyn Bazargur, Geography of Pastoral Animal Husbandry, *Mongolian Academy of Science*, Institute of Geo-Ecology, pp. 31-36.

在放牧时间上进行轮换,如春放阳坡,夏放阴坡,秋放茬地,冬放洼地。① 阿拉善旗的放牧形式,基本属于不分季节的全年牧场,这里的牧民只有在年景不好的时候才走"敖尔特"(游牧),一般由冬牧场到夏牧场或离夏牧场进冬牧场的移动不算走"敖尔特",有时秋后,自己夏牧场的草长势不好,而冬牧场的草需要保护起来,留待冬春用,便需出动走"敖尔特"。②

二、季节牧场的范围

19世纪后期俄国学者阿·马·波兹德涅耶夫在《蒙古与蒙古人》中也记述了蒙古草原上牧民转场的情景。作者在一个叫作达兰阿玛乌鲁姆的冬营地看到牧民迁向夏营地,这里距鄂尔坤河仅4俄里,而即将迁入的夏营地就在河对岸,两季营地之间相距并不远。③ 这样的转场在草原上随处可见,塔拉音托洛果依平原上的道路向北一条通向驿站的冬季牧场,另一条通向驿站的夏季营地,冬、夏营地肯定都在塔拉音托洛果依平原上,而这个平原仅长40俄里。与塔拉音托洛果依平原的冬夏营地距离相似,属于华硕洛图驿站的冬、夏营地仅20俄里左右。而驻守在乌里雅苏台的200名披甲兵夏营地在驿道附近,冬季牧场则选在70俄里以外的乌松祖依里河口。④

有关草原民族冬、夏营地距离的记载还散见于各类草原社会调查。据20世纪初对阿鲁科尔沁旗哈拉套科尔沁部落的调查,这一部落冬、夏牧场距离60里左右。⑤ 在对扎鲁特旗3户组成的放牧小组调查显示,这个小组从4、5月开始以本部落为起点,大约用两三天时间,到达北面70里远的阿鲁洪多伦平原,在这里停留数日,再向北面霍林河附近的茂丽林移动,在这里度过夏季的大半。当9月接近冬季的时候,移动到南面的包卢肯庙附近(约5日到达)设立冬营,至次年4、5月用4天左右的时间,走100多里,回到本部落,显然这组牧民冬、夏营地之间大约相距100多里。⑥ 当然牧民冬、夏营地的距离并不都在百里左右,有的部落就要作较长距离的迁移,在阿鲁科尔沁旗哈拉套科尔沁部落牧场上放牧的就有170里以外的部落,有时哈拉套科尔沁部落的牧民也到200里以外的牧场去放牧。⑦

总的来看,牧民逐水草的游牧活动是在百里或数百里的圈内完成的,这个圈内既有满足放牧需要的水草条件,也在习惯上具有稳定的使用权。

---

① 中国科学院内蒙古宁夏综合考察队:《内蒙古自治区及其东西部毗邻地区天然草场》,科学出版社,1980年,第204页。
② 全国人大民族委员会内蒙东北少数民族调查组:《阿拉善旗情况》,1958年,第13—14页。
③ (俄)阿·马·波兹德涅耶夫著,刘汉明等译:《蒙古与蒙古人》,内蒙古人民出版社,1989年,第8—9页。
④ (俄)阿·马·波兹德涅耶夫著,刘汉明等译:《蒙古与蒙古人》,内蒙古人民出版社,1989年,第210—264页。
⑤ 伪满洲国兴安局:《兴安西省阿鲁科尔沁旗实态调查报告书》,康德八年(1941年),第79—83页。
⑥ 满铁调查部:《兴安西省扎鲁特旗、阿尔科尔沁旗畜产调查报告》,昭和十四年(1939年),第240—258页。
⑦ 伪满洲国兴安局:《兴安西省阿鲁科尔沁旗实态调查报告书》,康德八年(1941年),第64—66页。

三、规定游牧路线

牧民逐水草而居的游牧生活虽然具有随意性的特点,但游牧路线一般不轻易改变,每年基本都一样,形成这种现象的原因与水源有无、草场优劣以及去年迁移中畜群留下来的粪便都有关。

草原上树木很少,生活在这里的人们一般都将牛粪、马粪等作为燃料。13世纪中期西方传教士约翰·普兰诺·加宾尼在其撰写的《蒙古史》中就提到:"(蒙古人)用牛粪和马粪烧火来煮食物,皇帝和贵族与其他人一样,都以牛、马粪烧火取暖。"[1]满铁调查报告之一《呼伦贝尔畜产事情》指出:蒙古人分春夏秋冬放牧牲畜,过着游牧生活,每年只要不发生特殊事件,就按照一定的时期,在特定的圈内移动。万一在游牧圈内改变了过去的游牧路线,会给他们解决燃料造成很大困难,这是因为蒙古人的燃料完全依赖历年游牧路线上遗留下的干燥牲畜粪便,占第一位的是牛粪,其次是羊、马、骆驼等。[2]但其他地方游牧方式的调查却表明,追循去年的牛粪并没有成为确定游牧路线的唯一选择,锡林郭勒草原上的牧民更注重牧草和饮水条件,为了寻找令人满意的牧草与饮水条件,牧民并不是有意识走同一路线。而对于燃料,新鲜的虽不能使用,但几年前的却可以使用,因此也不一定需要每年都走同一条路线。[3]除牧草、水以及燃料之外,有时地形也会影响游牧路线的选择,扎鲁特旗等旗的游牧路线就深受地形影响,一般沿着南北带状分布的谷地往返移动,选择四季营地。[4]

游牧路线是联系营地之间的纽带,牧民驱赶着牲畜循着这些走了一遍又一遍的路线,来到来了一次又一次的营地,年复一年过着循环往复的游牧生活。新巴尔虎左旗牧民的放牧路径一般为夏天逐水草至海拉尔河、乌尔逊河、辉河、伊敏河以及这些河流之间数量繁多的湿地放牧牲畜,冬季则反过来将牲畜由河谷赶向高地。在这一基本原则下,每条河流周围自然环境有别,牧民的利用形式也不完全相同。乌尔逊河流域东面的湿地专门用于夏季放牧,湿地较浅,湿地间有一些丘陵,形成绝好的牧场。辉河流域的大面积湿地叫浩音高努鲁,却形成较深的沼泽,夏季畜群无法进入,蒙古牧民把畜群全部赶到沼泽周围。浩音高努鲁沼泽较深的地方,居住着索伦人,他们特别喜欢养牛,与讨厌湿地的马、羊相比,牛能适应湿地,所以索伦人不仅夏季,冬季也喜欢在浩音高努鲁放牛,地势低洼,气温较高,给牛的牧放提供了很好的条件。由于牲畜的生理习性不同,它们对牧地以及放牧路线的选择也不一样,新巴尔虎左旗以及毗邻各旗主要夏季和冬季放牧地点如下:

---

[1] (意大利)约翰·普兰诺·加宾尼:《蒙古史》,中国社会科学出版社,1983年。
[2] 南满铁道株式会社:《呼伦贝尔畜产事情》,1938年,第22—41页。
[3] 满铁调查部:《蒙疆牧野调查报告》,1940年,第37—41页。
[4] 满铁调查部:《兴安西省扎鲁特旗、阿尔科尔沁旗畜产调查报告》,1939年,第240—258页。

新巴尔虎左旗：夏——乌尔逊河
　　　　　　　冬——莫能塔拉高地(位于浑都伦河右岸)
新巴尔虎右旗：夏——浑都伦河、达赉湖附近
　　　　　　　冬——达赉湖西北面的高地
陈巴尔虎旗：　夏——海拉尔河流域
　　　　　　　冬——海拉尔河上游兴安岭山麓地带
索伦旗：　　　夏——浩音高努鲁
　　　　　　　冬——浩音高努鲁

在新巴尔虎左旗及毗邻各旗的环境背景下，马更喜欢海拉尔河沿岸的草场，牛则适应浩音高努鲁的湿地环境，羊多选择乌尔逊河沿岸的牧地。①

游牧路线是草原民族游牧活动的重要环节，由于缺乏古代民族有关记载，以上谈到的游牧路线选择，虽然列举的均为20世纪初蒙古人的游牧方式，但基于长期以来游牧方式的稳定性，通过这些调查仍然可以了解牧民选择游牧路线的传统原则与习惯。

四、营盘的环境选择

营盘为牲畜过夜休息的地方，牧民一般白天在营盘周围一定范围内放牧，夜晚归宿营盘。由于营盘的功能特征，往往设在牧场的中心地带。按类型可分为临时、固定与辅助营盘。

1) 临时性营盘，主要适用于暖季，由于此时天气温暖和经常移动(隔3~6天)，因此在这种营盘没有固定的牲畜和贮备饲料，牲畜每天从放牧场上获得所需的饲料。

2) 固定营盘，通常是冷季，特别是冬季最冷的12月及1月使用的营盘。固定营盘有牲畜过冬的棚圈，作为接羔的营盘，往往还有暖棚设备，有贮备的干草和其他饲料，老、弱、病畜和其他半舍饲牲畜也在固定营盘上饲养。

3) 辅助营盘，设在冷季固定营盘的周围，供牲畜初冬天气不太冷的时期使用，辅助营盘也有简单的棚圈，也贮存一些干草和饲料。

营盘的选择与水草状况相关，两者之中人畜的饮水条件似乎更重要。以羊而论，夏天一日需饮水2~3次，冬天也需要1~2次，因此营盘必须接近饮水处。草原上的水源基本分为两种，一种为河流、湖泊以及冬天的积雪；另一种即水井。在牧民未掌握掘井技术之前，河流等天然水源是唯一的饮水点，有了水井不但缩短了每天放牧的距离，而且也为逐水草的游牧生活增加了一些灵活性，水井周围的草场成为选择营盘与放牧点的理想场所。俄国学者阿·马·波兹德涅耶夫在其所著

---

① 满铁调查部：《新巴尔虎左旗畜产调查报告》，1934年，第40—43页。

《蒙古与蒙古人》中多次谈到蒙古牧民在水井周围放牧的情景,他说:"我们越过若干被山岗隔开的谷地,在一道山岗的南面,紧靠路边的地方有一口小井,每年春秋两季都有陶公旗的牧民在此游牧。"①"我们将要穿过一片荒漠,在道路东侧不远有口井,驿站上的蒙古人有时也到这里放牧。"②

水井很重要,但至20世纪初蒙古地区水井仍然很少,除道路附近,只在喇嘛庙附近有由喇嘛挖掘的水井,一般蒙古人由于宗教原因,不仅不能随便挖井,而且连挖掘土地也被禁止。水井对于夏季牧场尤其是必不可少的,那些远离河川、湖沼的甸子,很难成为牧场,其中一个原因就是缺少水井。③时至今天,水井对于牧民的意义仍然十分重要,然而过多的畜群来往于水井周围,牲畜的啃食与践踏使水井周围地面裸露,失去牧草保护的地面竟成为草原沙化的起点。

由于饮水是放牧中的重要环节,因此牧民确定一天之内的放牧距离基本以饮水地点为半径,饮水地点包括河流、水泡以及水井等。畜种不同,每日的行走能力与放牧半径也不一样,一般羊日行5～6公里,牛7～8公里,马10～15公里,骆驼大部分在居住点周围。冬天牲畜吃积雪代替了水,放牧半径也相应缩小。盐是牲畜生长中必需的,游牧中牧人不给牲畜盐,为了补充盐的需求,每四到五个月左右到潮达湖放牧一次,让它们舔食表面的盐就基本满足了牲畜的要求。④

为了保持营盘周围的牧草不被立时吃光,一般牧民都是各家独居,每家相距数十里,两家同居一处或相距十里内者较少,三家同住一地者更鲜为可见,具有明显的分散性。⑤游牧社会中,不仅蒙古人的营盘具有这样分散性的特征,生活在青藏高原的藏民也有同样的作法,一般一个部落有二三百人家,其帐幕都绵延不断地散布在一二十里地面之间。若聚居一处,牲口数量过多,附近草料不数日即可吃光,势必增加整个部落迁移的次数,非常不便。⑥

五、季节营地内放牧顺序和放牧方法

牧人的游牧生涯中,季节营地的选择仅是其中的一个方面,事实上在每一季营地驻牧期间,牧人都要根据草场与牲畜状况,做多次迁移。如生活在呼伦贝尔的蒙古人虽然实行四季营地,每年进行4次大的迁移,但在各个营地的驻牧期间,还要在附近作短距离的小范围移动。⑦草原上有各种移动循环,一些取决于地理环境,一些则与牧放的牲畜有关。一些部落移动得很远,一些一年只移动几十里;有的牧地包括好草与坏草,有的完全处在干瘠的草原上。营地内迁移的次数以及每次迁

---

① (俄)阿·马·波兹德涅耶夫著,刘汉明等译:《蒙古与蒙古人》,内蒙古人民出版社,1989年,第173页。
② (俄)阿·马·波兹德涅耶夫著,刘汉明等译:《蒙古与蒙古人》,内蒙古人民出版社,1989年,第182页。
③ 满铁调查部:《蒙疆牧野调查报告》,1940年,第45页。
④ 满铁调查部:《蒙疆牧野调查报告》,1940年,第37—41页。
⑤ 董正钧:《居延海(额济纳旗)》,中华书局,1952年,第116—117页。
⑥ 俞湘文:《西北游牧藏边社会调查》,南天书局有限公司,1937年,第27—28页。
⑦ 南满铁道株式会社:《呼伦贝尔畜产事情》,1938年,第22—41页。

移的距离与气候、土壤有着复杂的关系,畜牧学家一般将某一牧场在放牧季节内可以放牧利用的次数称为放牧频率。放牧频率依牧草的再生能力而定,再生能力强的放牧频率高,再生能力差的放牧频率低。放牧频率一般为牧草再生次数加一,中国北方草原地区牧草在生长季节内一般可再生 2～3 次,放牧频率可达 3～4 次;荒漠地区一般只能再生一次,放牧频率为 2 次。[1] 因此放牧频率越低的草场,牧民迁移次数越多;反之,则迁移次数少。

游牧生活中的迁移,有时也与牲畜种类有关:羊和骆驼在潮湿的牧地生长不好,石灰质的土壤对马有利,含盐的土适宜于骆驼;山羊、绵羊啃草能力很强,一直可以吃到草根,因此牛、马吃过的草地可以继续牧羊,而羊刚吃过的地方却不能再牧放任何牲畜了。

游牧频率不仅与牲畜种类相关,有时也受民族的社会生活习俗影响。民国年间的一些调查证明,甘青地带的藏民、蒙民同样均为草原民族,但两者的社会家庭组织不同,移动的便利程度也不一样。藏人的帐篷,组织粗陋,架设简单,质量甚轻,容积亦小,故便于移动。蒙古包则不然,组织精致,架设繁杂,质量甚重,容积亦大,不便于移动,因此蒙人家庭的移动不如藏人便利。为此藏人游牧某地,牧草将尽未尽之时,仅用数头牛或马,即可携带家用迁移至另一优良牧草的地方,牧草恢复快,草场也优于蒙人牧地。而蒙人移动须用数量可观的骆驼或牛马,且其家庭组织非常复杂,移动困难,故蒙民所住的地方,几无草可牧,处于过牧状态。[2] 由于迁移直接关系到草原生态环境,关系到牲畜的生长繁衍,因此在游牧业中移动权比居住权更重要,移动性越强对于保持草原生态环境越有利,对于牲畜的生长繁衍越有利。

为了使牲畜每天都能吃到新鲜的牧草,通常把营盘四周牧场均匀地分成几个地段,每天有顺序地按地段进行放牧。放牧地段的面积决定于牲畜放牧半径,而整个营盘的利用时间决定于放牧场的饲料贮藏量。当营盘四周牧场全部利用之后,就转入另一个营盘。一个营盘是否再度利用,则决定于草类的再生。夏季经过 25～30 天,可以再转回原来的营盘上放牧,第二次利用时,牲畜大量采食再生草,但还有一部分第一次利用后剩下的残草。如果草类再生能力很弱,甚至停止生长,营盘第二次利用时,牲畜只能采食到第一次剩余残草。

每个季节牧场营盘四周,可以根据季节的冷暖、家畜饮水的多少、天气条件的好坏以及牲畜抓膘的特点,而采取相应的放牧顺序。

1)暖季每天饮水的需求大,放牧地段设在营盘的三面,剩余的一面为饮水来回的轻度放牧地段。划出饮水点附近放牧地段,可以防止饮水点附近草场退化与

---

[1] 张秉铎:《畜牧业经济词典》,内蒙古人民出版社,1987 年,第 102 页。
[2] 高长柱编著:《边疆问题论文集》,正中书局,1941 年,第 28—29 页。

破坏。由于畜群饮水前后的往返途中仍要采食牧草,如果不划出饮水点附近地段,必定造成一部分牧场重牧(图3-17)。

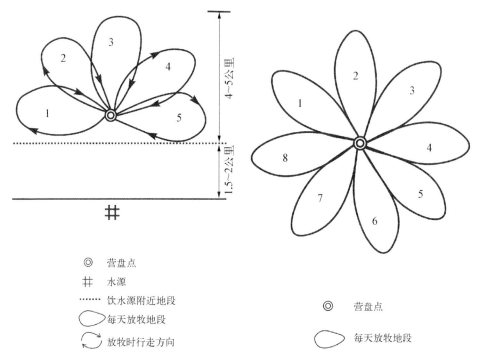

图3-17 暖季营盘四周放牧地段配置　　图3-18 冷季营盘四周放牧地段配置

2) 冷季饮水少或有积雪而不需要饮水时,放牧地段设置于整个营盘的四个方面,营盘四周每天放牧地段按顺序排列,利用过的地段不再重复放牧,保证畜群始终保持在新鲜的牧场上放牧(图3-18)。

3) 轻度放牧地段再度利用,应该按照"压旧茬接新草"的原则进行,这种情况多在产草量较高的暖季牧场,一次啃食程度较低的情况下采用。牧场再度利用往往上午在第一天轻度放牧的地段放牧,下午畜群返回营地时才在未放牧过的新鲜地段采食。

4) 不同气候条件下,畜群放牧半径不同。例如夏季炎热,冬季刮大风的日子,畜群就在营盘附近放牧,放牧半径2~2.5公里;而夏季凉爽、冬季几天后再度放牧温暖的日子或秋季饮水减少的日子,则放牧半径可达4~5公里或更远,这样可以利用距营盘较远的放牧地段。由于各类牲畜放牧半径不同,在一个营盘上应有不同的畜群,在利用上可以采用附近放牧母羊或带羔母羊,较远地段放牧其他羊群或牲畜。

5) 缺水草场除冬季积雪时可以利用外,秋季羊群饮水次数减少时,有时可以隔2～3日饮水一次。如果羊群放牧的地方有大量多汁植物,如葱属植物,甚至可隔5～10日饮一次水,这样草群的放牧半径可达15～20公里。①

六、放 牧 与 畜 群

游牧社会的畜群相当庞大,北宋时期宋人使辽见契丹"马群动以千数,每群牧者才二三人而已,纵其逐水草"②。"羊以千百为群,纵其自就水草,无复栏栅,而生息极繁"③。19世纪俄国学者阿·马·波兹德涅耶夫在蒙古草原见到几乎与宋人使辽时同样的情景,马群、牛群有二三百头,羊群则在千余头左右④,至20世纪初蒙古草原上仍可见到500～3 000匹马、100～300头牛以及300～3 000只羊、5～100头骆驼各自构成的畜群,在2～3名骑马牧夫管理下进行放牧。⑤当然草原上的牧民并不都有这样数量的畜群,也有牲畜量不多的小牧主,其中《兴安西省扎鲁特旗、阿尔科尔沁旗畜产调查报告》列举的就是由户均有牛100头,马30匹,绵羊、山羊100只的3户牧民组成的放牧小组。

牧民拥有牲畜数量不同,放牧距离也不一样,一般拥有数量可观畜群的家庭必须采取四季转场的放牧形式,而仅有二三十头牛,或二三十只羊的小牧主,并不需要离开营地很远,只在几里之内放牧就行了,因为这样数量的牲畜还不足以造成营地周围牧草短缺⑥。20世纪初在对阿鲁科尔沁旗哈拉淘科尔沁部落的调查中,发现属于这一部落的20户居民中,其中16户牲畜数量少,整个冬、夏两季都在部落附近游牧,与他们相比其他几户除冬季外,都在夏季牧场放牧。⑦在对扎鲁特旗牧民的调查中也发现这样的现象,牲畜较少的牧主多以部落为中心,在半径50里以内的地方放牧。当然,为了保证牧草的恢复,牧民一年当中也要在这个范围内改换十几回放牧场所。⑧

拥有牲畜较多的牧主,一般都要雇佣牧丁牧放畜群。五月初旬,畜群已逐渐生育,牧丁即将其所住窝棚和粮食,都搬运牧场布置一切,再将马群编成数组,普通以500头为一群,内有儿马15头或18头、骡马300头、骟马180头左右,牧丁骑着快马,拿着杆儿,防止各组马混乱。大概30里牧地,只够马群15日就食,食尽了又转牧它处,经过30日或15日又回到前地,这时前地的草又茂盛了,足够马群饱食。这样蒙地在春夏秋三季,是不愁没有草吃的,一直到9月下旬至10月初旬之交,水草枯竭,牧丁才叠好窝棚,离开牧场,带领马群回家。这时不能远放,只能在居住地

---

① 中国科学院内蒙古宁夏综合考察队:《内蒙古自治区及其东西部毗邻地区天然草场》,科学出版社,1980年,第205—208页。
② (宋)苏颂:《契丹马》,《苏魏公文集》卷十三。
③ (宋)苏颂:《北人牧马》,《苏魏公文集》卷十三。
④ (俄)阿·马·波兹德涅耶夫著,刘汉明等译:《蒙古与蒙古人》,内蒙古人民出版社,1989年,第54页。
⑤ 满铁调查部:《蒙疆牧野调查报告》,1940年,第37—41页。
⑥ 伪满洲国兴安局:《兴安西省阿鲁科尔沁旗实态调查报告书》,1941年,第64—66页。
⑦ 伪满洲国兴安局:《兴安西省阿鲁科尔沁旗实态调查报告书》,1941年,第79—83页。
⑧ 满铁调查部:《兴安西省扎鲁特旗、阿尔科尔沁旗畜产调查报告》,1939年,第240—258页。

很近的地方放牧。牛不像马那样有群性,最容易离散,牧丁最多只能监视 20 或 30 头。牧羊普通以公绵羊 3～4 头,母绵羊四五十头,小羊 8～9 头或十二三头,结成一群,因羊性最驯,所以牧丁一人可牧羊至二三群或四五群以上。①

一年中四季变换在于冷暖之交,农耕依四季完成了播种、收获,游牧随四季建立了牧场、营地,前者是在同一块土地上依四季时序安排不同的农事活动,后者则在四季的循环中追寻未被触动的牧草。游牧与农耕虽然属于经营方式完全不同的两类生产部门,四季的利用方式不一样,但均在四季的轮回中获得再生的机缘。

近代社会中,草原畜牧业与游牧方式凭借环境与人类经济生活方式之间的协调关系,基本保持着固定的经营方式。虽然草原社会与农耕社会之间的商品交易不再依循以往的茶马贸易形式,内地商人频繁进入草原,或通过庙会等形式完成交易,但这些并没有对草原游牧方式造成本质的影响,时至 20 世纪中期之前,草原游牧业仍然保持着逐水草而居的传统形式。

近代中国,处于传统与现代之间的转折期,这一时期农业的变化一方面受到近代社会思潮与技术的影响,另一方面更多地秉承了明清以来的技术基础与经营方式,两者既不能隔离,也不存在界限,你中有我,我中有你。若以地区而论,沿海临江以及铁路沿线率先在传统农业中植入了新的要素,但广大中国土地上仍然具有传统农业牢固的根基,真正的变化尚未起步。

---

① 贺杨灵:《察绥蒙民经济的解剖》,商务印书馆,1935 年,第 33 页。

第四章　近代工矿业的发展和地理分布[①]

以使用机器生产为特征的近代工矿业是中国现代经济的主要部分,这些企业大多采用了机器生产和资本主义的管理方式。对近代工矿业若干重要部门的发展过程和分布格局展开探讨,有助于认识中国近代经济的成长及其地理分布状况。除此之外,仍然使用落后的手工生产的手工业部门和旧式矿山,在全国许多地方都有星罗棋布的分布,并在经济中发挥一定的作用。本章主要目的是探讨近代工矿业的发展和布局,暂不涉及传统手工业和旧式矿山。

第一节　近代工业区位研究综述

虽然早在民国时期,我国工业的区位问题即受到当时不少学者、企业家关注,但有关这一方面的深入研究与专门著述并不多见。较早的成果中,地理学家张其昀所著《中国经济地理》、苏联学者卡赞宁所著《中国经济地理》、胡焕庸所编著《经济地理》,[②]都有专章论述工业部门的分布问题;龚骏所著《中国都市工业化程度之统计分析》,对当时国内主要城市工业分布与集中情形作了一定的统计与描述。[③]此外,也有学者在其经济学著作中对某一行业、部门经济的区位分布进行过比较详细的说明与解释,譬如,严中平在其1949年出版的《中国棉纺织史稿》中对中国近代棉纺织业的空间分布及其移动有精到的论析。这些著作为后人的进一步深入探讨奠定了必要的基础,但或局限于某一行业或部门,或局限于某一特定的时期,只是对各部门工业地区分布情况进行一般性描述,对于影响近代工业布局的各种区位因素,如原材料供给、交通运输等,通常只是略作说明,而未作深入解释。对于中国近代半个多世纪工业布局的历史进程,也很少进行深入探讨。

谈到民国时期的学术观点,虽然这一时期的学者很少对中国近代工业布局的特点进行全面的论述与评价,但一般都认为中国近代工业过于集中于上海等大都市,极不平衡,也不合理。譬如陈彪如《战后棉纺织业之管理》一文中即认为:"吾国纺织业以沿海各省,尤以各大都市为最盛……此自国防军事立场,及原棉供应与纱布运销各点以观,均非所宜。"[④]陈真也指出,中国近代工业"集中在几个殖民地化的都市","这正是半殖民地中国工业的特点","这种工业分布的不合理,对于国防上、

[①] 本章由袁为鹏撰写。
[②] 有关张其昀、卡赞宁、胡焕庸著作以及以下所及的葛绥成著作的介绍,详见"绪论"第一节。
[③] 龚骏:《中国都市工业化程度之统计分析》,商务印书馆,1933年。
[④] 陈彪如:《战后棉纺织业之管理》,载《中央银行月报》新第4卷第4期,1949年4月版,转引自陈真编:《中国近代工业史资料》第四辑,三联书店,1961年,第266页。类似看法还可参见翁文灏:《中国工商经济的回顾与前瞻》,《新工商》第1卷第1期,转见陈真:《中国近代工业史资料》第四辑,第94—95页。

工业的成本和原料供应上都是不利的，并且使我们广大的内地限于穷困凋落之境"。①

值得一提的是，早在20世纪40年代，刚从哈佛大学学成归国的著名经济学家陈振汉即致力于引进西方工业区位理论，并著文对当时中国工业布局之现状与未来进行过一定的分析、评价与预测。②陈氏的不少学术观点至今仍给后来者以启发和教益。譬如针对时人普遍担忧的抗战前中国工业分布的不平衡问题，陈振汉显然有所保留，他指出："战前我国工业集中在沿海数省，特别是苏鲁冀三省，正是许多人所深为诟病的，不过我们也不能抹杀沿海以外的发展，湖北与河南两省即在战前也有相当工业基础，武昌、汉口的棉纺织业，其地位皆在山东、河北之上，河南的机器面粉以及棉纺织业也有相当基础。其次，我们所仅有的一点钢铁工业，并不在沿海，而是在湖北。""总起来说，战前我国重要的几种轻工业的区位，乍看似不合理，实际上并不背于区位经济的原则。"③至于重工业，以钢铁工业为例，陈氏认为汉阳铁厂"区位不当，运费巨大，是使汉冶萍钢铁成本高的一个原因"④。遗憾的是，陈振汉这一系列观点在当时并未受到普遍重视，1949年以后更为时代所湮没。

1949年以后有关近代工业布局的研究成果亦不多见。历史地理学者的研究时间范围局限在晚清以前，极少关注近代，自然很少有人研究近代的工业布局问题。在经济地理学界，葛绥成1950年出版的《中国经济地理》对中国主要矿产品和各工业部门都作了概要叙述，但该书只是以1947年有关数据为依据，重点介绍20世纪40年代后期的工业布局状况，对抗战以前的工业布局及近代工业布局发展演变的情况甚少关注。

1956年许绍李编写的《谈谈我国工业的地区分布》，虽然只是一本小册子，但其中对中国1949年以前工业的地理分布的描述及其解释颇具代表性，许多观点和看法在以后的经济地理学界乃至中国近代经济史学界被长期沿袭。作者认为，我国原有工业"在地区分布上是极不合理、极不平衡的"，主要体现在三个方面：一是"工业分布畸形地集中在东北和沿海地区，而广大的内地，则几无工业可言"，二是"工业生产远远地离开原料产地和消费地区"，三是"在同一地区里各工业部门之间又是不相配合，互不呼应的"。⑤至于工业布局不合理的原因，作者认为"生产在地

---

① 陈真：《旧中国工业的若干特点》，《人民日报》1949年9月24日，转引自陈真编：《中国近代工业史资料》（第四辑），第13页。
② 陈振汉教授1949年以前对于工业区位问题的论述，主要包括《工业区位的理论——工业建设的区位问题之一》，《新经济》第5卷第8期(1941)，《战前工业区位的评价——工业建设的区位问题之二》，《新经济》第5卷第9期(1941)，《战后工业中心的区位——工业建设的区位问题之三》，《新经济》第5卷第11期(1941)，以上三文均可参见陈振汉：《中国社会经济史论文集》，经济科学出版社，1999年，第139—165页。
③ 陈振汉：《战前工业区位的评价——工业建设的区位问题之二》，《新经济》第5卷第9期(1941)，转见陈振汉著：《中国社会经济史论文集》，第148—152页。
④ 陈振汉：《战前工业区位的评价——工业建设的区位问题之二》，《新经济》第5卷第9期(1941)，转见陈振汉著：《中国社会经济史论文集》，第154页。
⑤ 许绍李：《谈谈我国工业的地区分布》，上海人民出版社，1956年5月第1版，第10—12页。

区上分布的状态,不是一个偶然的现象,而是由社会的生产方式决定的","既然整个资本主义生产是在盲目无政府状态之下进行的,那么不仅生产的产品品种和数量对社会需要来说是盲目的,而且生产的分布也同样是为了便于获取利润而盲目地自发地形成的。因而在资本主义社会里,就必然造成生产分布上极端不平衡的畸形状态"。① 只有在社会主义的生产方式之下,由于生产资料公有制,生产的目的是为了满足人们需要所决定的,生产分布才会有计划性和平衡性。正是从这一理论认识出发,作者指出:"中国原有工业分布的不平衡、不合理状态正是反映了解放前中国的半封建半殖民地社会性质的特点,它是由这种社会性质所决定的。"② 亦即帝国主义对中国的经济侵略与殖民掠夺,控制中国经济命脉,将中国沦为其原材料提供地和工业品市场,最终造成了中国工业的畸形现象。

许氏的这种观点及其解释不仅沿袭了民国时期人们的主流看法,还进一步将这种看法上升至理论高度,使工业布局的合理与否与意识形态方面的两种社会制度优劣论挂起钩来。这种意识形态化了的结论窒息了有关中国近代工业布局是否合理的学术讨论,长期以来成为一种主流的认识被后人所沿袭。譬如,迟至20世纪90年代初出版的著名工业地理学家陆大道等所著《中国工业布局的理论与实践》,对1949年以来中国工业的布局进行了比较深入系统的论述,但在附带论及中国近代工业布局的情况时,仍基本沿袭上述观点。③

近年经济史学界有关近代工业布局的研究成果虽不多见,但相关领域的研究已日渐受到重视。张健民论述了晚清政治军事等非经济因素对近代生产布局的影响④,向玉成论述了晚清军事工业的地理分布及变化情况以及工业区位调整之艰难⑤,谢放对抗战前城市工业的布局进行了细致考察⑥,戴鞍钢初步勾勒出近代工业由沿海向内地扩散之大势及对近代城市化格局和工人阶级队伍形成等方面的影响⑦。孙果达《民族工业大迁徙——抗日战争时期民营工厂的内迁》⑧,是一部专门论述抗日战争时期中国沿海地区工业内迁的背景、经过及其在内地生存、发展情况的著作,关于抗战时期及战后初期中国西部地区工业发展及全国工业区位的变化情形,亦有论述。

总的说来,国内既有的研究成果或只是对个别部门、行业,或某一特定时期、特定区域,或某一行业的工业区位情况进行论述,对中国近代工业区位及其变迁进行

---

① 许绍李:《谈谈我国工业的地区分布》,上海人民出版社,1956年,第1—3页。
② 许绍李:《谈谈我国工业的地区分布》,上海人民出版社,1956年,第14页。
③ 陆大道等:《中国工业布局的理论与实践》,科学出版社,1990年第1版。
④ 张健民:《近代生产布局中非经济因素的作用》,《山西师范大学学报》1987年第2期。
⑤ 向玉成:《中国近代军事工业布局的发展变化述论》,《四川师范大学学报(社会科学版)》1997年第4期;《江南制造局的选址问题与迁厂风波》,《乐山师专学报》(社会科学版)1997年第4期。
⑥ 谢放:《抗战前中国城市工业布局的初步考察》,《中国经济史研究》1998年第3期。
⑦ 戴鞍钢:《中国近代工业地理分布、变化、及其影响》,《中国历史地理论丛》2000年第1辑。
⑧ 中国文史出版社,1991年。

比较全面论述的成果仅见鞍钢一篇论文,但该文限于篇幅论述不够全面和深入。尤其需要指出,目前的相关论著均未能针对某一典型企业的区位选择所处的具体自然、人文环境,对不同阶段的区位因素及其影响程度进行深入剖析,因而缺乏必要的深度和精度。此外,在区位因素方面,以往分析每每失之于简单,或仅仅只是简单地罗列出若干区位因素,如原料、市场等来进行解释,忽略了不同时期,企业发展的不同阶段各种区位因素的变化对企业区位的影响,近代中国复杂的政治、军事和文化因素对工业区位的影响也时常被忽视。大体上讲,以往研究还仅仅只是指出近代工业布局的趋势是从沿海向内地扩展,是一种所谓畸形分布,原因则多归结于帝国主义的侵略和内部封建主义的阻挠。真正以企业为主体,从政治、经济、文化、自然地理环境和资源等多角度对中国近代工业区位系统进行探讨和分析的研究尚未出现。

西方国家对工业区位理论的研究已有200多年的历史,该理论发展从无到有,由浅入深,日趋完整系统,并形成不同的理论流派,20世纪上半叶已形成的韦伯的成本学派和廖什的市场学派产生的影响尤为重大。20世纪下半叶,由于经济学研究中宏观经济研究日益受到重视,地理学领域内行为地理学派与感应地理学派等不断形成,不同学派、学科间的相互交叉、彼此融合日益频繁。工业区位理论也随之发生新的变化,呈现新的特点。譬如,美国经济学者伊萨德(W. Isard)吸收了前人成本学派与市场学派之所长,克服以往局限于微观分析之不足,从宏观、综合的角度考察工业区位,形成了成本—市场学派,主张从空间经济论出发研究工业区位,并用计量经济学的方法对工业区位进行论证,他引用比较成本分析与投入产出分析,将工业区位论视为"区域科学"的核心。此外,美国学者普雷特(A. Pred)、英国学者汉密尔顿(E. I. Hamilton)则分别建立了区位理论的行为学派与社会学派。[①]

限于篇幅与时间,本章主要选取中国近代轻、重工业部门最具有代表性,也是最主要的三个部门,即煤炭、钢铁与棉纺织业三个部门,分别予以论述,用以揭示1937年以前的中国近代工业布局之大势,并试图对工业布局的区位因素、时空特点进行总结。[②]

[①] 以上参见杨万钟主编:《经济地理学导论》(修订三版),华东师范大学出版社,1994年第1版,第110—114页;王辑慈编著:《现代工业地理学》,中国科学技术出版社,1994年第1版,第50—69页。
[②] 作者之所以选择抗战之前中国近代煤、铁、棉三个工业部门来进行论述,主要原因在于:其一,三者分别代表中国重、轻工业内部的主要工业部门,在近代中国经济社会发展影响深远,远非他业所能相比。譬如,煤炭工业,作为基础能源工业,是国内各新式工厂、水电、近代交通运输工具(火车、轮船等)的动力之源,对近代工业发展影响甚巨。钢铁工业尽管在近代中国发展水平较低,在国民生产总值中所占比例不大,但它是近代国家工业化的主导产业,产业规模大,影响深远,钢铁产量的多少甚至成为近代国家国力强弱的象征。棉纺织业则是世界各国近代工业化的支柱性产业,也是中国近代最主要的工业部门,其产值、用工人数均居国内近代工业之首。因此煤、铁、棉三者基本上代表了中国近代工业的主体部分。其二,以上三个部门,或者因规模大,牵涉面广,为我们深入揭示中国近代工业布局的各种区位因素提供了极为典型的个案,如煤炭、钢铁业;或者其统计资料相对完备、系统,便于研究者作较长时期的追踪考察,如棉纺织业。因此选择以上三个部门,亦是出于研究上的方便。其三,对于其他重要部门,如面粉工业、丝织业、火柴工业、化学工业等的布局情况,或因情形相对比较简单,不必另列专门章节进行论述,或因资料缺乏难以展开系统研究,或因资料过多、太散,可资利用的既有成果不足,一时难以进行深入研究,加之作者知识有限,以及时间又较仓促等原因,未能在本书中充分论述,姑俟异日。

第二节　煤炭、钢铁工业的发展和地理分布

一、煤炭工业的发展与地理分布

煤炭是现代工业中十分重要的能源,在世界各国工业化的早期阶段,即石油、天然气大量开采与使用之前,煤炭是近代工业发展中最主要的能源。迟至20世纪60年代,煤炭在世界能源消费构成中的地位才被石油所超过,而我国因为煤炭资源丰富,迄今在能源消费结构中仍占首位。

我国煤炭资源丰富,分布广泛,人们开采煤炭用于手工业(如冶炼铁矿、铜矿、煎盐、烧窑等)和日常生活(如做饭、取暖等)的历史久远。清代政府对于煤矿业的管制相对于其他各种矿业最松弛,征税亦最轻,随着工商业与城镇的发展以及人口的增长,全国不少地方民营煤炭业随之兴起,如直隶(京西宛平、房山等地)、山东(博山、峄县)、河南(巩县)、陕西(同官)、山西(平定州、今阳泉)、四川(江北县)和湖南(湘乡、安化)都是比较有名的煤产区。[①] 不过,由于中国传统的勘测与采煤技术均比较落后,加之交通不便,各煤矿的开采规模相当有限。

在西方,采煤业是最早使用蒸汽机的产业部门。在中国,经过两次鸦片战争,中外形势丕变。在西方列强坚船利炮的冲击之下,中国被迫开放通商口岸;外国商船得以在中国各通商口岸自由贸易,得以驶入长江内河;外国人可以进入内地游历通商。随之西方来华军舰、商轮日益增多。外国公司先后在香港、上海等地开办轮船公司,发展航运业,并非法在各通商口岸建立砖茶厂、缫丝厂、玻璃厂、制糖厂、铁器厂等企业。1869年时,外国在上海、广州、厦门、福州、香港等地已设立企业75家。[②]外国轮船和工厂对廉价燃料的需求日益迫切。西方列强不断向清政府施压,力图攫取在华开采煤炭的权力,以就近补充廉价燃料。在利益的驱动下,一些西方人罔顾中国政府和民众的反对,开始采用西方新式技术与手段,先后在中国多个地方进行矿产资源勘测的工作。

面对外国势力的觊觎和侵逼,清政府曾多次予以抵制和反对,认为开矿为"国家之大利,其权操之朝廷,或开或否,必须慎重筹划",坚持"矿产并非通商买卖之事,尤应听中国自主"。[③]但面对西方武力威慑与步步进逼,清政府也不得不亟谋因应之策。

20世纪60年代以来,中国国内为抵制西方势力入侵而效法西方现代工业的洋务运动日益展开,清政府兴建的大型军工厂如江南、金陵、天津机器制造局、福州船政局等局厂对煤炭的需求逐步上升。国内土法开采的煤炭质劣量少,无法满足需

[①] 许涤新、吴承明主编:《中国资本主义发展史》(第一卷),人民出版社,1985年,第524—526页。
[②] 汪敬虞:《十九世纪西方资本主义对中国的经济侵略》,人民出版社,1983年,第315—316页。
[③] (清)宝鋆等编:《筹办夷务始末》,卷六十三,同治七年十二月,中华书局,2008年。

求,不得不转向洋行定购洋煤,所费不赀。清政府中的洋务派因应局势,开始向各处查询、勘测煤铁矿储藏和开发之事。

1869年苏伊士运河通航,中外轮船往来更密,对燃煤的需求进一步增强。

1872年中国轮船招商局成立,国内市场对煤炭的需求更为迫切。

19世纪70年代初,英国发生严重煤荒,煤价在1872年猛增百分之六十甚至百分之百。一向依赖洋煤供应的中国洋务新式厂局顿感燃煤紧张。部分大臣进而担心一旦中外有事,洋煤来源断绝,这些洋务厂局势必"废工坐困",轮船亦会"寸步难行"。为保证新兴洋务厂局正常运行,近代煤矿开采已势在必行。

1874年,清廷筹议海防,直隶总督李鸿章、船政大臣沈葆桢请开煤铁矿以济军需,得到清廷允准,奉旨于直隶磁州、台湾试办。① 1875年沈葆桢雇用英国矿师翟萨(David Tyzach)在台湾筹备开矿,1878年台湾基隆煤矿正式建成投产,中国近代煤矿得以诞生。

近代煤矿业的发展可以分为以下几个阶段。

第一阶段:甲午战争前的大约20年。为近代煤矿业的草创时期,亦即新式煤矿的兴起与官办、官督商办的时期。

自1875年基隆与磁州煤矿筹建,至1894年甲午战前二十年间,各地先后出现规模不等的新式煤矿16座。其中由清政府经营的"官办"煤矿6座,官创后招商承办,或商创后投靠官府的"官督商办"煤矿10座。具体情形如表4-1:

表4-1 甲午战前中国近代煤矿简况(1875—1895)

开办年	煤矿名	经营性质	创办人	备注
1875	直隶磁州	官办	李鸿章	不久停办。
1875	湖北广济、兴国煤矿	官办	盛宣怀	不久停办。
1876	台湾基隆煤矿	官办	沈葆桢	1875年沈葆桢奏准开办,1879年正式投产,日产能力约300吨,中法战争期间矿井设备严重受损。1892年停办。甲午战后落入日人之手。
1877	安徽池州煤矿	官督商办	杨德、孙振铨	初创资本10万两,1891年因亏折停办。
1877	直隶开平煤矿	官督商办	李鸿章、唐廷枢	1881年投产,日产能力最高达二千吨。
1879	湖北荆门煤矿	官督商办	盛宣怀	1882年停办。

---

① 参见《清史稿》卷一百二十四,食货五。

续表

开办年	煤矿名	经营性质	创办人	备注
1880	山东峄县煤矿	官督商办	戴华藻	初创时集资 25 000 余两，1882 年增收股金至 50 000 余两。以资力有限，机器设备简陋。
1880	广西富川、贺县煤矿	官督商办	叶正邦	1886 年闭歇。
1882	直隶临城煤矿	官督商办	纽秉臣	主要靠"土法开采，本小利微"。
1882	江苏徐州利国驿煤铁矿	官督商办	胡恩燮、胡碧澄	1887 年由李鸿章、盛宣怀接手，但未正式办理。
1882	奉天金州骆马山煤矿	官督商办	盛宣怀	仅对矿山作勘测活动，未开采，1884 年停闭。
1883	安徽贵池煤矿	官督商办	徐润	1883 年因徐润破产，煤矿改由商人徐秉诗接办，规模很小。
1884	北京西山煤矿	官督商办	吴炽昌	矿局与醇亲王、李鸿章有联系，1886 年称月产 10 余万斤。
1887	山东淄川煤矿	官办	张曜	1888 年开始使用少量机器开采，到 1891 年张曜去世，停办。
1891	湖北大冶王三石煤矿	官办	张之洞	为供应汉阳铁厂而设，耗资近 50 万两，1893 年因积水过多，被迫停采。
1891	湖北江夏马鞍山煤矿	官办	张之洞	为供应汉阳铁厂而设，1894 年出煤，因煤质不合炼焦之用，经费支绌，暂用土法。

（资料来源：张国辉：《洋务运动与中国近代企业》，中国社会科学出版社，1979 年，第 185—187 页。中国近代煤矿史编写组：《中国近代煤矿史》，煤炭工业出版社，1990 年，第 40—42 页。）

由上表可见，甲午战前中国兴办的 16 座近代煤矿，大多归于失败。真正采用机器开采并较有规模的，只有台湾基隆煤矿和直隶开平煤矿，是中国近代煤矿业早期的典型和代表。1874 年基隆煤矿获得清廷允准开办之后，沈葆桢即雇用洋矿师勘择矿址，选购机器，1878 年正式建成投产，日产能力约 300 吨，比普通手工煤窑高出几十倍。基隆煤矿自建成投产到 1895 年为止，经营情况可分两个阶段：第一阶段自 1878 年至 1884 年，煤矿生产初具规模，1881 年年产量曾达 54 000 吨。但由于企业内部腐败，经营不善，运输阻滞，煤矿发展缓慢。1884 年受中法战争影响，矿井被炸，生产停顿。第二阶段为 1885—1895 年，煤矿一度由官办改为官商合办，后又重新官办，并曾计划将矿产开采权出让给英国商人及招商承办，结果均未成功，1892 年因长期亏损而停闭。直隶开平煤矿早期未受重视，后来却成为最成功的近代煤矿。

从这一时期的近代煤矿业的地理分布来看，尽管当时南北不少省份都开始出现用近代方法勘探与开采煤矿，但这些煤矿的勘采，主要是为了满足洋务工厂以及中外轮船运输的需要而设立。因此这些早期的煤矿业，其地理分布主要集中在沿海地区或其他距洋务厂局较近的地方，属于明显的需求或市场主导性的布局。如基隆煤矿的开采，一则是为了解决福州船政局的能源需要，二则是为过往台湾海峡的轮船提供燃料。而湖北王三石、马鞍山等地的煤矿开采，完全是为了就近解决汉阳铁厂的燃料问题。

第二阶段。1895—1911年。这既是西方列强在华大肆攫取采矿权，并纷纷投资设立新式煤矿的所谓外资企业发展时期，同时也是清政府鼓励民营投资办厂，国内收回利权运动兴起，民营煤矿业兴起的时期。

1894年的中日甲午战争，以大清帝国的屈辱失败而告终，中日签订的《马关条约》允许外人在华办厂。外资获取中国矿山开采权的方式不外以下几种：一是先通过获取铁路的建筑权，再进而索取铁路沿线的采矿权，如德商获得胶济铁路两旁15公里以内之采矿权，俄国东清铁路公司获得札赉诺尔煤矿采矿权，日本南满铁道株式会社获得抚顺、烟台煤矿采矿权。二是通过与中国政府交涉，取得一省或部分地区之采矿权，如英国福公司取得山西省采矿权和河南省一部分地区的采矿权等。三是指定矿地，得到政府特许。如山东的鲁大公司、四川江北煤矿等。四是先与私人订立合同，事后再迫使中国政府追认。如直隶（河北）的井陉煤矿和临城煤矿等。这一时期中国国内主要大的煤矿，几乎均落入外人之手。

外国资本对华煤矿业的渗透，起初主要是英、俄、德、法四国，1904年日俄战争之后，日本侵占了中国东北的抚顺、烟台等主要煤矿。此后日本在华势力不断扩张，至1926年时，日本在华煤炭投资总额达20 036万元，占全中国煤矿投资总额的56.7%。[1]

从地区分布来看，列强在华煤矿投资主要集中在沿海的华北与东北地区。东北与西北地区，是俄国和日本投资区域；华北主要是英国的投资区，华东主要是德国的投资区，长江流域和西南地区主要是英、法两国的投资区。列强在华经营（包括中外合资与外资企业）的主要煤矿有7座，它们是开滦、福公司、抚顺、本溪湖、华德、井陉、临城。这7大矿的产量，占全国煤产量的一半以上。

列强在华获取开矿筑路权的行为，激起中国各界深切的忧患意识与强烈反应。特别是在1903年至1911年间，中国境内兴起了声势浩大的收回利权运动。虽然许多中国花费巨资赎回的煤矿结果遭到废弃，但仍有一部分新兴的民族资本家，趁机投资兴办了一批新式煤矿。比较著名的有江西萍乡安源煤矿（1898年），山东峄

---

[1] 中国近代煤矿史编写组：《中国近代煤矿史》，煤炭工业出版社，1990年，第86页。

县中兴煤矿公司(1899年),河南安阳六河沟煤矿(1903年),广西贺县西湾煤矿(1907年),直隶滦州煤矿(1907年),山西保晋矿务公司(1908年),河北磁县怡立煤矿(1908年),河北井陉县正丰煤矿(1908年),等等。

第三阶段:1912—1928年的北洋政府时期。由于国内政局动荡,军阀割据,政策法令无由贯彻,中国煤矿业发展环境比较恶劣,煤炭之销售与运输,动辄受阻。地方军阀横征暴敛,种种苛捐杂税,层出不穷。劳资冲突加剧,工潮此伏彼起。凡此种种,均对国内工矿业产生不利影响。但另一方面,承清末以来振兴实业之余绪,不少官僚、商人纷纷投资办厂。第一次世界大战爆发,西方列强势力一时无暇东顾,中国工商业进入一个难得的黄金时代,对能源需求加剧,刺激煤矿业的发展。在此期间,中国国内银行业、证券市场等金融业发展迅猛,为工矿业发展提供了难得的资金支持。同时,国内铁路建设也在曲折中取得了一定进展。此外,外资对中国煤矿业的投资,也在进一步扩张。因此,同上一时期相比,虽然这一时期中国煤矿业发展起伏与波动较大,但仍取得一定程度的发展,中国煤产量较清末亦有大幅提高。

1912年,中国产量在10万吨以上之煤矿,有开滦、抚顺、萍乡、鲁大(当时属华德山东矿务公司)、临城、中兴、本溪湖等7处。1916年,受第一次世界大战的影响,全国产量在10万吨以上之大矿,除了前述7处外,又新增了井陉、福公司、中原、六河沟、临城等5处。该年全国煤产总量近1600万吨,其分布见表4-2。

表4-2 1916年全国煤产量构成表 (单位:吨)

全国煤产	15 902 616
商办新式煤矿	273 144
土法小煤矿	6 018 000
官办煤矿	176 358
外资有关煤矿	6 970 087

(资料来源:黄秉维:《五十年来之中国工矿业》,见中国通商银行编:《五十年来之中国经济》,中国通商银行创立五十周年纪念册,第169页。)

1920年,全国煤产继续增至21 259 610吨,年产10万吨以上之矿,增为17处,其中有7处年产在50万吨以上,两处在100万吨以上。新式矿业在煤产总额中所占比重增长甚速,而中国传统之土法小矿所产占煤产总额已由39%降为31%。1924年,全国煤产总额25 780 875吨,其中土法小矿所占份额降至23.2%强,外资及中外合资者占50.1%强。[①] 受时局影响,萍乡曾一蹶不振,中兴、中原、六河沟、怡立、临城、保晋等华资煤矿,或因运销阻滞,或因矿区沦为战场,莫不大受打击,有减产者,有停顿者。中德合办之井陉,亦同被其害。福公司更因工潮而中止生产。

---

① 黄秉维:《五十年来之中国工矿业》,见中国通商银行编:《五十年来之中国经济》,中国通商银行创立五十周年纪念册,第169页。

惟东北冀北各矿及少数外资煤矿如鲁大等,均乘时发展。尤其是日本,趁机扩大对中国东北地区的渗透。

北洋政府时期中国煤业区位变动之最可关注的现象,即是东北地区产量上升迅猛,1922年抚顺已一跃而出开滦之右,成为中国产量第一煤矿。据1928年的统计,东北煤产与华北相差无几,远较南方各省多。此故与东北自然资源优越,特别是抚顺这一巨大的露天煤矿有关,但与国家内战频繁、资本匮乏以及日人在东北的苦心经营亦有莫大关系,并非一纯粹自然之现象。①

第四阶段:抗日战争全面爆发前十年。南京国民政府成立后,虽然国内各种战争与动乱不时发生,一些地方割据势力依然存在,但国内的统一已初步实现。国民政府于1929年基本收回关税自主权,并开始在国内裁撤厘卡,实行统税和货币改革,此外还加强了铁路、公路、航运与邮电等交通通信事业的建设。另外,这一时期因世界性的经济危机逐渐波及中国,日本一步步加强了对华军事侵略。中国政府面对强敌入侵的危险,不得不进行国防建设的准备,实行统制经济,发展国营工矿业。凡此,均对中国煤矿业的发展产生一定影响。这一时期的全国煤矿生产虽不无波折,但仍属稳步发展。

从总体上看,这一时期中国煤业发展颇有进步。煤矿总产量较上一时期又有较大增长,九一八事变以前,全国煤炭总产量已突破3 000万吨大关。九一八事件爆发后,受战争与政局影响,东北、华北地区的煤产量曾一度下滑,但很快恢复增长。抗战全面爆发前一年,全国煤产总量达到近4 000万吨,其中关内煤矿产量也达到2 000万吨。全国许多煤矿产煤量在抗战前创下1949年以前的最高产量。如:河南安阳六河沟煤矿,1932年产量达到75万吨;1935年,山西晋北矿务局产量达到39万吨。1936年,山东峄县中兴煤矿(173万吨)、山西省保晋公司(55万吨)、河北磁县怡立煤矿公司(51万吨)、河北井陉县正丰煤矿公司(43万吨)、江苏铜山县贾汪煤矿(35万吨)、浙江长兴煤矿(18万吨)、安徽怀远县大通煤矿(30万吨)、淮南煤矿(58万吨)、山东博山县悦升煤矿(42万吨)等,均达到1949年以前的最高产量。②

当时中国重要的煤矿产区,皆集中于东北、华北地区,其中东北地区主要煤矿1933年共产煤956万吨,而关内年产10万吨以上之煤矿的产煤总量仅是略多于东北的1 150余万吨。③面对日本入侵,中国政府"为发展中部南部工业,暨充实国防资源起见,先后由资源委员会开发河南禹县煤矿、江西萍乡高坑煤矿、天河煤矿,建设委员会开发安徽淮南煤矿,整理浙江长兴煤矿,并由前实业部协助商民建设江苏徐州之大中煤矿,扩充江西乐平之鄱乐煤矿、广西曲江之富国煤矿、湖北大冶之源华、利华煤矿。至于战前对于煤矿之整理,其最有成效者,则为河南中福煤矿,由政府特

---

① 参见黄秉维:《五十年来中国工矿业》,见中国通商银行编:《五十年来之中国经济》,中国通商银行创立五十周年纪念册,第169—170页。
② 参见中国近代煤矿史编写组:《中国近代煤矿史》,煤炭工业出版社,1990年,第165—168页。
③ 黄秉维:《五十年来中国工矿业》,载《五十年来之中国经济》,第179页。

派整理专员,督促增产,改善营业,争回华方主权。又河北开滦煤矿,则由政府督促中英两公司,改组合并矿区,取得平等待遇"。① 这反映了国民政府调整矿业布局以应对战争威胁,及推行统制经济,争取对国内矿业生产的控制权的意图,为这一时期中国煤业发展的特点之一。

二、钢铁工业的发展与地理分布

中国是世界上较早使用铁器的国家,古代中国的土法冶铁与炼钢的技术长期位居世界前列。明代,中国开始出现一些比较著名的冶铁与铸造业的集中产地,如江南地区苏州的庵村市、震泽的檀丘市、陕西华州的柳子镇、浙江湖州的桐乡炉镇、江苏无锡、福建延平等;尤以广东佛山镇最为出名,当世有所谓"铁莫良于广铁","佛山之冶遍天下"的说法。② 据推算,明代宣德九年(1434)全国各地冶铁总量为833万斤,此后又有较大增长。③

清代铁业生产仍以广东为全国最发达地区,陕西省次之。此外,四川、福建、广西、江西、湖北、湖南、云南、山西、安徽等省,铁业生产也不少,估计全国铁产量约在4 000万斤左右,最多时不到5 000万斤。④ 其中仅广东一省的铁产量在2 000万斤至3 500万斤之间,⑤几占全国铁产量的一半以上。佛山所产的铁锅"北贩于吴、越、荆、楚,南销于雷州、琼州,并行销海外"⑥。迟至清光绪年间,佛山铁锅贩往新加坡、美国旧金山等处仍达50余万口。⑦

我国传统的土法采炼生铁,主要以开采露头矿苗为主,依靠附近山地的木材烧炭作为主要燃料就地冶炼,此外山西、四川等地用煤炭亦较普遍。开采与冶炼的规模一般较小,一旦浅层铁矿采尽或者附近木柴来源断绝,即予放弃。因而对铁矿的储量要求不高,铁矿开采及生铁冶炼之分布均较普遍,在全国许多省份都有分布。据统计,民国初年中国各省土法采用铁矿总量达到50多万吨,土法炼铁总量也有17万吨左右(见表4-3)。

表4-3 民国五年度各省土法开采铁矿及冶炼生铁之产量　　(单位:吨)

省　　名	采 用 铁 矿	生 产 生 铁
奉天	5 500	1 700
山西	210 000	70 000
陕西	3 700	1 200

---

① 李鸣龢:《十年来之煤矿业》,见谭熙鸿主编:《十年来之中国经济》(上册),中华书局,1948年,I第1页。
② (清)屈大均:《广东新语》卷十五,货语·铁;卷十六,器语·锡铁器,中华书局,1985年,第408、458页。
③ 许涤新、吴承明主编:《中国资本主义发展史》,人民出版社,2005年,第172页。
④ 许涤新、吴承明主编:《中国资本主义发展史》,人民出版社,2005年,第464页。
⑤ 许涤新、吴承明主编:《中国资本主义发展史》,人民出版社,2005年,第463页。
⑥ 许涤新、吴承明主编:《中国资本主义发展史》,人民出版社,2005年,第472页。
⑦ (清)张之洞:《筹设炼铁厂折》,光绪十五年。

续表

省　　名	采用铁矿	生产生铁
甘肃	1 200	400
河南	36 000	14 400
湖北	1 500	870
江西	4 500	1 400
安徽	6 100	2 400
浙江	300	100
福建	5 500	2 600
湖南	106 000	35 000
广东	1 650	550
广西	3 200	1 060
贵州	18 000	6 000
四川	71 000	23 700
云南	28 000	9 300
合计	502 150(原作：502 750)	170 680(原作：170 850)

作者注：最后一栏合计中的数据原件计算有误，这里采用的根据各地数据重新加总的结果。

（资料来源：丁格兰著，谢家荣译：《中国铁矿志》（下册），地质专报甲种第二号，实业总署，1940年，第219—220页。）

从表4-3可见，民国初年中国传统的土法炼铁主要集中在山西、湖南、四川、河南等内地省份。广东、江浙等明清时的铁业集中区主要因为当地森林资源业已消耗殆尽，燃料难以为继，加之地处沿海，受西方进口的金属器具的冲击较大而中止或者减少了生产。尤其是经济与外贸均较发达的江苏省，土法炼铁在清代就已基本绝迹。

光绪元年(1875)四月，清政府谕令李鸿章试办磁州煤铁等矿，虽未成功，却为清政府注重新式铁矿之开端。[①] 光绪十四年(1888)，贵州清溪有人建设近代化铁炉，试炼钢铁，但因运输艰难、焦炭无着而以未克成功。中国近代钢铁工业的诞生，是在张之洞调任湖广总督，并将其原定在广东设置之钢铁厂、兵工厂移设湖北，设立汉阳铁厂之后。1893年汉阳铁厂建成并开炉炼铁，标志着中国近代钢铁工业的诞生。第一次世界大战期间因铁价飞涨，中国新式钢铁工业得以勃兴。期间成立的钢铁厂矿有：奉天本溪湖公司（庙儿沟之铁矿，1915年），上海和兴公司（浦东，1917年），河北龙烟公司（石景山铁矿，1918年），山东金岭镇铁矿（1919年成立，次年改由中日合办之鲁大公司开采），安徽繁昌之裕繁公司（桃冲山铁矿，1919年），

---

① 丁格兰：《中国铁矿志》，地质调查所，1924年，第211—213页。

中日合办之振兴公司(鞍山铁矿,1919年),湖北扬子机器公司铁厂(汉口,1919年),湖北官矿局(象鼻山铁矿,1920年)。可惜好景不长,随着大战结束,铁价暴跌,这些厂矿多停厂歇业,有的甚至一蹶不振。①

与土法炼铁产区的分布不同,抗战前中国近代新式铁矿主要分布在东北地区和长江沿岸的湖北、安徽等地(见表4-4)。

表4-4　中国各大铁矿年产量表　　　　　　　　(单位:吨)

年度＼产地	1931	1932	1933	1934
A. 中国本部	876 750	797 599	726 823	950 000
长江沿岸	864 524	784 599	709 323	932 000
汉冶萍矿 湖北	314 259	382 000	366 339	382 000
象鼻山 湖北	83 165	134 556	72 984	70 000
桃冲山 安徽	265 000	101 333	110 000	280 000
宝兴公司 安徽	135 000	33 710	50 000	80 000
福利民公司 安徽	50 000	68 000	110 000	120 000
昌华公司 安徽	17 000	—		
益华公司 安徽	—	65 000		
阳泉 山西	12 226	13 000	17 500	18 000
B. 东北地区	963 529	1 041 613	1 176 643	1 185 031
庙儿沟 辽宁	146 560	153 470	260 230	235 031
鞍山 辽宁	816 969	888 143	916 413	950 000
中国总计	1 840 279	1 839 212	1 903 466	2 135 031

(资料来源:《中国矿业纪要(第五次)》,地质专报丙种五号,实业部地质调查所、国立北平研究院地质学研究所,1935年,第181—182页。)

其中东北地区的铁矿产量占全国总产量的一半以上。因为东北是日本对华渗透的重点,长期以来,日本对位于辽宁的铁矿勘采与钢铁生产投入巨大的资本与技术力量,苦心经营,使之成为中国最大的钢铁产区,所开采的铁矿石及钢铁多半直接运往日本。湖北、安徽等地因铁矿靠近长江,运输较便,所以在近代优先得到开发。但因为资本匮乏,经营不善,许多矿山借有日债,受借贷契约关系制约,所产矿石及生铁大部供应日本国内炼铁之所需。汉阳铁厂暨汉冶萍公司成立之后,因为债务关系,每年不得不按约将大量生铁与铁矿砂出售给日本,企业生产不能自主。此外,在抗日战争之前相继成立的近代钢铁厂还有七家。其中包括与日人合办者2

---

① 谷源田:《中国之钢铁工业》,《经济统计季刊》第2卷第3期,1933年9月,第697—698页。

所,即辽宁本溪湖之本溪湖煤铁公司、鞍山之振兴公司。完全华资企业另有五家,为北平之龙烟公司、汉口扬子公司、浦东之和兴钢铁厂、昌高庙之上海钢铁机器公司、保晋公司之阳泉铁厂。以各厂之机器设备及生产能力来看,则一年之中亦几可制造钢 10 万吨,生铁 100 万吨。实际上,因种种因素的影响,每年实际出产不过额定产量的 20%—30% 而已。① 关于中国钢铁工业冶炼生铁及钢铁的生产能力及产量,请见表 4-5 和表 4-6。

表 4-5 中国炼铁能力及近年生铁产量表 （单位：吨）

公司	地点	炉数	能力	产量 1932	1933	1934
中国本部						
龙烟公司	北京石景山	1	250 250	——	——	——
汉冶萍公司	湖北汉阳	2 2	250 } 75 } 650	——	——	——
汉冶萍公司	湖北大冶	2	450 900	——	——	——
扬子公司铁厂	湖北汉口市谌家矶	1	100 100	19 283	29 347	16 960
保晋铁厂	山西阳泉	1	20 20		5 200	3 680
宏豫公司	河南新乡	1	25 25	——	——	——
和兴钢铁厂	上海浦东	1 1	12 } 33 } 45			
土法生铁产额				135 000	138 727	135 000
中国本部共计		12	1 990	154 283	173 274	155 640
东北地区						
本溪湖公司	辽宁本溪湖	2 2	20 } 140 } 320	81 057	115 950	153 400
鞍山铁厂	辽宁鞍山	2 1 1	300 } 500 } 1 500 400 }	287 124	317 573	322 400
东北共计		8	1 820	368 181	433 423	475 800
全国合计		20	4 210	522 464	606 697	631 440

（资料来源：《中国矿业纪要(第五次)》,地质专报丙种第五号,实业部地质调查所、国立北平研究院地质学研究所,1935 年,第 184—185 页。）

① 杨大金编：《现代中国实业志》(下),商务印书馆,1938 年,第 372 页。

表 4-6 中国炼钢设备及产能分布表（截至 1935 年）

地点	公司	炼钢炉数	每日产量（吨）	备注
汉阳	汉冶萍公司	七座	60	已停工。
上海浦东	和兴钢铁厂	二座	80	
上海高昌庙	上海机械厂	二座	30	
上海	江南造船厂	一座		
太原	育才钢厂	一座	20	后属西北炼钢厂。
鞍山	鞍山铁厂			后属日本昭和制钢所，年产钢量达 30 万吨以上。
辽阳	辽阳铁工厂			日占后已改为机械厂，内有炼钢设备。

（资料来源：本表据《中国矿业纪要（第五次）》，地质专报丙种第五号，实业部地质调查所、国立北平研究院地质学研究所，1935 年，第 187—188 页有关材料进行整理，不包括当时正在计划筹备中的中央钢铁厂、西北炼钢厂与厂址在广州附近之东朗的广东钢铁厂。）

从以上两表可见，中国近代钢铁工业之最主要地区，即为东北辽宁省。东北铁矿石产量 1934 年已达 118 万吨以上，占全国铁矿石生产总额的一半以上。东北生铁产量达 47 万多吨，占全国生铁总产量的 2/3 以上。炼钢方面，辽宁鞍山铁厂的年产量达 30 万吨以上，远超过关内仅四万余吨的年产量。关内钢铁工业，主要集中在湖北、安徽、山西、山东等省，上海附近并无铁矿出产，但因市场销量大，交通便捷，资金供给充裕，也能利用外地运来之煤铁矿及当地废弃钢铁等为原料冶炼钢铁。

钢铁工业的生产与布局不仅对于近代工业的发展有重要意义，还攸关国家的国防安全。九一八事变后，中国面临日本严重的军事侵略，为了加强国防安全，抗战前夕，南京国民政府计划建设中央钢铁厂（厂址：安徽当涂县马鞍山）、西北炼钢厂（厂址：山西太原城北古城村）和广东钢铁厂，可惜这些计划未及成功，而中日全面战争遂已爆发。

钢铁工业的生产，除了需要大量的铁矿和煤矿，还需要一定数量锰铁与石灰石，为了减轻运输成本，钢铁工业的区位最好选择在距煤铁矿资源都较近的地方，如辽宁省的鞍山钢铁厂、山西的保晋铁厂，就布局在周边煤铁矿资源都很集中的处所。但这样的条件实在难得，退而求其次，由于炼铁需要的煤炭较多，国外的许多钢铁厂分布在煤矿附近，如德国的鲁尔煤矿区即为该国钢铁工业的集中分布区。不幸的是，中国煤矿多分布在经济与交通比较落后的西部山区，国内钢铁厂为了生产与管理、销售方面的便利，往往选择在大城市或运道附近进行布局，这使得中国铁厂不得不负担比较繁重的运输成本。关于此点，以湖北汉冶萍公司表现最为突出，本章在后面还将对此详论。

不过,从发展速度来看,中国早期钢铁工业的发展仍经历了三个值得称道的快速发展时期。从民国初年到1919年是中国钢铁工业的第一个蓬勃发展的时期,这一时期无论从国内铁矿石开采量、生铁产量还是钢铁消费量来看,均有一倍以上的增长。显然这主要是由于第一次世界大战爆发,西方列强无暇东顾,大幅减少了对中国钢铁产品的出口,此外中国近代工业发展迅速,对钢铁产品的需求扩大刺激了钢铁价格飞速上涨,从而推动了国内钢铁工业的快速发展。这一时期也是国内钢铁工厂新建与扩建较多的时期之一,其中包括汉阳铁厂的扩建、大冶铁厂的建设,上海和兴钢铁厂、汉口扬子机器公司钢铁厂、山西保晋公司钢铁厂、北京石景山钢铁厂的创立。可惜一些企业由于机器设备进口不顺或者工程建设缓慢,或者事先与国外订有低价出口合同,未及充分利用这一难得的市场机遇来发展壮大。

随着第一次世界大战的结束,西方对华产品输出量很快回升,受西方产品竞争的挤压及国内经济形势的衰退,中国钢铁工业在20世纪20年代上半期也经历了一次较为显著的衰退。1925年以后中国钢铁工业又开始有较大幅度之成长,但这次成长的主要推动力即为日本人对东北地区钢铁工业的大力投资与经营,东北地区钢铁工业发展迅猛。此点可从1931年东北沦陷之后全国铁矿石及钢铁产量的锐减表现出来。1935年至1937年上半年,随着国民政府法币政策的成功实行,全国经济形势渐好转,国民政府积极筹建国营工矿业,全国人民同仇敌忾,中国钢铁工业进入第三个发展时期。按照计划,国民政府已决定在中部和西部省份建设若干重要能源与钢铁大业,即前面提到的中央钢铁厂、西北钢铁厂与广东钢铁厂,以扭转中国钢铁工业布局过于集中于沿海地区,不利于战争时期经济安全的地区分布劣势。这一时期中国工矿业发展势头甚佳,可惜许多新的工厂还未来得及建成或开工,就被日本的军事侵略行动打乱。

第三节 近代棉纺织工业的区位分布及变动

棉纺织业是近代中国最大的工业部门,对这一行业的研究,素为学界所重视。海内外有关中国近代棉纺织业史的论著颇多。关于中国近代棉纺织业的地理分布,以往学术界虽然对之着墨不多,但亦有所论及。

有的学者强调指出中国近代工业区位的高度集中。譬如,早在20世纪30年代,方显廷所著《中国之棉纺织业》中,曾论及中国棉纺织业的地理分布,指出中国近代棉纺织业"多集中于数省或数城",即江苏(含上海)、山东、湖北、河北四省内之"六大棉纺织业中心,即江苏之上海,无锡,通崇海,山东之青岛,湖北之武汉,及河北之天津"。并且认为中国棉纺织工业之所以集中于上述六埠,原因在于"诸埠纺织厂发展最早,均为棉产丰富之区,煤与电力之供给极称便利,运输亦便捷,复为大市场之所在地,且又均有现代商业金融机关之设置,足资周转该业之金融"。考虑到20世纪上半期中国面临的险恶的国际环境,不少人将中国近代工业区位高度集中于沿海等少数通商口岸城市视为一种畸形分布是可以理解的。①

与方显廷相比,严中平先生所著《中国棉纺织史稿》对中国近代棉业地理分布及其变化的过程及其原因的论述更为深入、细致。严氏认为,近五十年中国棉纺织业地域分布的变迁,经过三次转变。甲午以前,新工业创始时期,纺织厂本以上海为集中地。中日甲午战争以后至第一次世界大战爆发时为止,新设各场多舍上海而分散于苏浙两省的次级城市里,是为第一次转变。②这个转变的原因不外三端:"一为上海设厂已多,原料采购与制品推销上大约已生困难;二为上述地区都在棉产地,且接近棉纱消费市场,在原料与制品的税厘负担上当较上海为轻;第三,本期所成各厂,大都是退职官吏或候补官吏所创,他们政治的经济的势力以在原籍为最大,纺织工厂虽为无省界甚至无国界的资本主义企业,然彼时在此等人手里经营,却还不脱封建的地方色彩。"③

从第一次世界大战结束到1931年,纺织厂又重新集中到上海,同时更使青岛、天津、无锡等地形成次级集中地,是为第二次转变。这次转变之最大动力在于外商。外商投资,当然须在他们政治、经济各种势力最为优厚的地方,故他们集中于上海或青岛无须更多解释。至华商集中于此等地区,主要是当时的政府不断进行内战逼使他们托庇于租界的保护所致。④

至于1932—1936年间的第三次转变,严氏认为这是一个华商离开上海向次级都市分散,日商向华北扩张的新趋势。他说:"华资纱厂为什么避开上海、天津、青岛这些旧日的集中地而向内地分散呢?事情很清楚,这些地区日本帝国主义已经占据了绝对的优势,其对于华商的压迫、倾轧已使华商不堪其苦而难以继续发展下去了。"⑤

迄今为止,严氏对中国棉纺织业区位变迁的论述及其解释,仍是学术界有关中国棉业区位最为深入的论述。虽然在该书第一次出版之后不久,著名学者陈振汉就在为该书写的书评中指出其结论"仍有商讨的余地","似过分强调外厂竞争的影响",⑥但此后仍一直被学术界普遍认可。本章将力图对这一传统观点进行商讨。

一、近代棉纺织业地区分布之大势

为便于揭示近代棉纺织业地区分布之大势,笔者将中国近代棉纺织厂区位分

---

① 方显廷:《中国之棉纺织业》,国立编译馆,1934年,第338—339页。
② 严中平:《中国棉纺织史稿》,科学出版社,1963年,第225页。
③ 严中平:《中国棉纺织史稿》,科学出版社,1963年,第126页。
④ 严中平:《中国棉纺织史稿》,科学出版社,1963年,第225页。
⑤ 严中平:《中国棉纺织史稿》,科学出版社,1963年,第226页。
⑥ 参见陈振汉:《评严中平著中国棉业之发展》,《社会经济史论文集》,经济科学出版社,1999年,第248页。

成以下四个不同的类别：

第一，上海。中国最大的通商口岸城市，近代棉纺织业的诞生地，也是最大的棉纺织工业中心。上海是中国最大的海外贸易与国内贸易中心，处于经济金字塔结构的最顶端。

第二，江浙地区。这是中国人口密度最大，经济最为富庶之地，也是传统手工棉纺织业最发达的地区。该地区毗邻上海，水陆交通便利，与上海之间存在着密切的物质、人员往来与交流，信息传递也比较便捷。这一地区近代棉纺织业的发展与上海存在千丝万缕的联系，可以视为上海经济辐射的直接腹地。

第三，其他通商口岸城市，包括天津、青岛和武汉。它们分别是中国区域性的经济贸易中心，在华北、华中及山东半岛地区存在比较广阔的经济腹地，是该区域广大地区联系上海等地与海外市场的桥梁和纽带。需要说明的是，位于这一层次的通商口岸城市，当时应该包括广州，但因广州近代棉纺织厂建立较晚，规模有限，故本文在统计与分析这一类通商口岸城市的棉纺织业发展时，未将广州考虑在内。

第四，内地中小城市（以下简称内地）。包括部分省会城市，如长沙、郑州等，江浙地区以外的极少数沿海地区的中小城市，如营口等，因棉纺织厂规模较小，亦计入此类。

作者依据相关史料及学术界既有的成果，对1890年以来各地区华商棉纺织厂的开办数量及各厂主要设备纱锭、织布机的增减数量作了比较系统的梳理，并运用计算机程序进行处理，将相关数值制成图表。

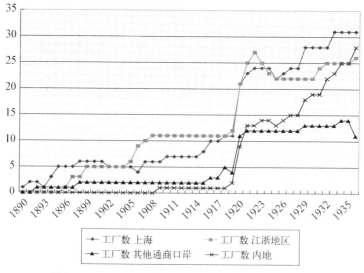

图4-1 1890—1936年华商纺织厂地区分布图1(工厂数)
（资料来源：见本章末附表4-1 华商棉纺织厂工厂数量地区比较表。）

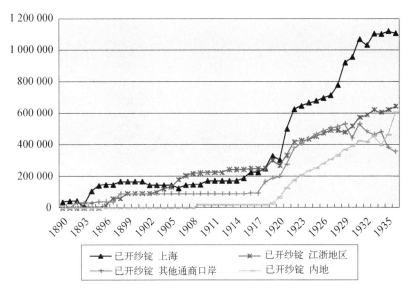

图4-2 1890—1936年华商纱厂地区分布图2(实开纱锭数)
(资料来源:见本章末附表4-2 华商棉纺织厂已开纱锭数地区比较表。)

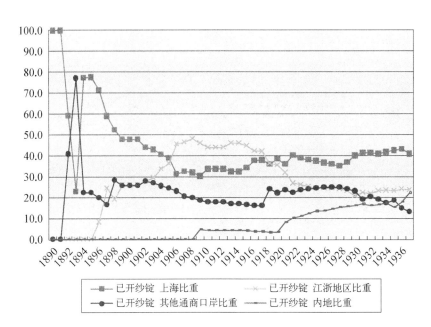

图4-3 1890—1936年华商纱厂地区分布比例图

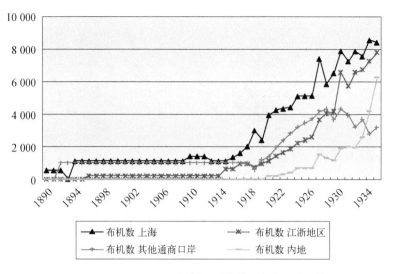

图4-4　1890—1936年华商纺织厂布机地区分布图(实开数)

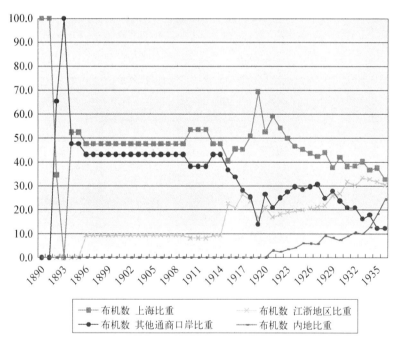

图4-5　1890—1936年华商纱厂布机地区分布图(比重)

综合上述资料,我们可以大致总结、勾勒出中国近代棉纺织业近半个世纪的区位特点及其变动之大势。

首先,必须看到,华商近代棉纺织工业区位比较集中,仅上海一地,1936年所拥有的工厂数达31家,占全国华商工厂总数的1/3左右。就纱锭而言,上海纺织厂纱锭数量在20世纪之交所占比重一度高达70％以上,后来随着江浙、内地纺织业的进步,这一比例虽然有所下降,但所占比重始终保持在30％以上这一较高的份额。就布机而言,20世纪30年代以前,上海近代工厂所拥有的布机数在全国华商棉纺织厂中所占的比重一般都在40％～50％之间,有的年份甚至高达70％,20世纪30年代后有所下降,但这一比例仍维持在30％以上的水平。上海是中国近代棉纺织业的产生地,长期聚集了30％～40％的华商棉纺织业的纱锭和布机数,这显示了中国近代棉纺织业高度集聚的特点。此点早已为论者所阐明,兹不多述。

其次,华商纱厂的区位虽然集中程度较高,但其由上海向内地扩散的发展趋势也是较为显著的。近代中国时局动荡不宁,市场变化多端,因此纺织业的区位扩散的过程也是几经波折,远非一帆风顺。这里,我们有必要对严中平先生所提出的中国棉纺织工业区位变化的三次转折的观点提出几点质疑。

其一,关于第一次转折,严中平认为:"甲午以后,以至第一次欧战(按:指第一次世界大战)爆发时为止,新设各厂多舍上海而分散于苏浙两省的次级城市里,是为第一次转变。"平心而论,严氏对这一区位变化趋势的把握大体是准确的。对于这一转折的起止时间,笔者以为尚需稍加补充、修订。依作笔者对中国近代棉纺织业的工厂数、纱锭数、布机数及其在地区的比重的统计,可以比较清楚发现:甲午战后,江浙地区纺织厂发展迅速,至1905年左右,这一地区近代纺织厂的数量和纱锭数已超过上海。尽管一战爆发后,上海纺织业发展势头迅猛,但江浙、其他通商口岸城市、内地纺织业都有较快增长,因此迟至1918年,上海工厂纱锭数量及其比重始重新超过江浙地区而跃居首位。至于工厂数量,则直到1924年上海工厂数才超过江浙地区。至于这一转变产生的原因,严氏的解释也值得商榷,此点作者将在下文中予以讨论。

其二,关于第二次转折,严中平指出,第一次世界大战结束至1931年,纺织厂又重新集中到上海去,同时更将青岛、天津、无锡等地形成为次级集中地,是为第二次转变。严氏的这一看法是否符合事实,笔者认为颇值得怀疑。

从上海华商纺织厂纱锭数在全国华商纺织厂纱锭总数中所占的比重来看,随着一战的爆发,上海纺织厂纱锭数量增长较为迅猛,由1914年的17.2万增至1922年的62.4万锭,而1914年上海纱锭占全国华商纱厂纱锭数的比重为32.5％,1921年已升至40.3％,达到20世纪20年代的最高点。如果说一战期间及战后初期中国华商纺织厂有再次向上海集中的趋势,此话不假。但必须指出的是,1922年以后尽管上海纺织厂厂数及纱锭数仍有一定的增长,但由于其他地区纺织业发展更为强劲,其在全国华商纱厂纱锭数中所占的比重却在不断下降。从1921年到1927年,比重由40.3％降至35.3％,1927年后这一比重稍有上升,至1929年以后才回升至40％以上的水平。总之,从欧战爆发至1931年,上海纱厂纱锭比重经历了一个由增长到下降再缓慢回升的过程。江浙地区纱锭数占全国比重在一战期间乃至整个20世纪20年代都趋于下降,1914年江浙地区纱锭数量占全国纱锭总数的

46.2%,1918年降为36.5%,1922年为26.2%,几乎每隔四年下降十个百分点,1929年跌至最低谷(20.8%),20世纪30年代略有回升,然而到1936年,这一比值也不过只占23.7%,尚不及其鼎盛时期(1908年,48.2%)的一半,表明江浙地区在中国棉纺织业的地位趋于下降。天津、青岛、汉口等其他通商口岸城市纱厂纱锭比重在一战初期稍有下降,后期及战后初期曾一度有所上升,1927年以后则一直趋于下降。而其他内地中小城市的棉纺织业在1919—1936年之间的扩展却非常迅速,据统计,1919年内地中小城市所拥有的纱锭仅占全国3.5%,1921年这一数值升至10.3%,1927年达到15.3%,1936年则为22.3%,已接近当时江浙地区(23.7%)的水平。

更有甚者,在20世纪20年代以后的中国纺织业的发展中,有一个趋势十分显著,那就是纱厂纷纷添置织布机或新建布厂,全国各地织布机数量均有相当程度的增长。一战爆发前,布机主要分布在上海和其他通商口岸城市,江浙地区布机数量甚少,在全国华商纺织厂织机数中的比重尚不足10%,内地中小城市尚未实现零的突破。一战爆发后,上海、江浙地区及其他通商口岸城市布机数量迅即上升,1915—1919年间上海布机增长最为迅猛,其在全国布机总数中所占比重由40.5%升至69.4%。然此后其布机绝对数量虽尚在不断增长中,但在全国布机总数中的比重却在接连下泻,1936年仅占32.8%,是为中国近代纺织业由沿海由内地扩散之明证。江浙地区在全国华商织布业中的比重在一战期间亦有明显上升。1914年,江浙地区布机比重只有9.3%,1917年则增至26.3%,1918年、1919年因上海布机数增势凶猛,江浙比重有所下落,1919年比重为16.7%,此后不断上升,1933年达到峰值33.5%,1934—1936年因内地增长较快,稍有所回落,1936年江浙地区布机数量占全国华商布机数比重为30.3%。

青岛、汉口、天津等其他通商口岸城市织布业发展较早,三地1914年布机总数占全国布机总数比重的43.2%,仅次于上海。一战爆发后,三地布机数虽有上升,但其在全国华商纺织厂中所占比重却是急剧下降,1919年只占13.9%,五年内下降近三十个百分点。之后这一比值有所回升,1927年上升至30.6%,但接下来又趋下降,1936年只占12.4%。内地织布业起步较晚,1921年实现零的突破,当年布机数为200台,仅占全国布机总数的3%,兹后不断上升,到1936年达到24.4%。

综上所述,严氏一战后至1931年中国纺织业重新集中到上海的说法颇难成立。事实上,一战期间及战后初期(1914—1921年),我们的确可以看到中国纺织业向上海集中的趋势。然1922年以后,上海发展速度明显地落在了内地及其他通商口岸城市的后面。织布业的落后来得更早,1920年上海布机数在全国华商布机总数中的比重就开始下降了。尽管1927年以后上海纱锭比重曾有回升,但改变不了1920年中国纺织业向内地扩散这一总的发展趋势。

最后,笔者试将1890—1936年间中国棉纺织业地区分布之大势总结如下:

总体来讲,中国华商棉纺织业区位经历了四次比较明显的区位变动,第一次变化发生在一战以前,中国棉纺织业区位经历了由上海向江浙地区扩散的过程,1906年江浙地区纱锭数已超过上海。第二次转折发生在一战期间及战后初期,这一时期全国棉纺织业普遍发展,但上海增势最猛,显示出中国棉纺织业再次向上海集中的迹象。第三次转折发生在20世纪20年代初,其间中国纺织业由早期专重纺纱到纺织与织布并重的调整、发展阶段。但无论是纺纱还是织布,其发展的区位重心都明显由上海向内地中小城市转移,上海等沿海地区纷纷停产减工,而内地棉纺织业却发展迅速,成为这一时期中国棉纺织业的一大亮点。第四次转折发生于1927年南京国民政府成立后,其间中国棉纺业向上海、江浙地区集中的程度曾一度有所上升,而棉纺织业向西部地区扩散的势头依旧,中国棉业已开始在沿海内地之间呈现一定程度的地域分工体系,但这一棉业区位合理化过程很快被世界性经济危机的冲击与随后到来的战争所打断,向内地扩散再度成为主流。

二、近代棉纺织业的区位变化过程

上海地区作为中国近代最大的棉纺织中心,长期以来集中了中国棉纺织业纺纱和织机总数的30％以上的份额,表明中国棉纺织业区位一直具有较高的聚集程度。尽管如此,中国棉纺织业的区位并非一成不变,而是随着各种内外环境的变化而反复波动,时而趋于集中,时而趋于分散。作者认为,探讨这种区位变化及波动的过程及其原因,无疑可以深化我们对中国近代工业发展的认识。

(一)从聚集到分散:一战前中国华商棉纺织业区位变动

上文指出,一战爆发前,中国棉纺织业区位经历了一次重大变化,那就是江浙地区新增工厂数和纱锭数都逐渐超过了上海,一度成为中国棉纺织业重心之所在。关于这一区位的变化,严中平从三个方面进行了解释:"一为上海设厂已多,原料采购与制品推销上大约已生困难;二为上述地区都在棉产地,且接近棉纱消费市场,在原料与制品的税厘负担上,当较上海为轻;第三,本期所成各厂,大都是退职官吏或候补官吏所创,他们政治的经济的势力,以在原籍为最大,纺织工厂虽为无省界甚至无国界的资本主义企业,然彼时在此等人手里经营,却还不脱封建的地方色彩。"[①]

这里仅对严氏说法略作补充与说明。

其一,所谓"外资设厂,集中在上海,可以想象,在上海市场上诸凡原料的采购,制品的推销,就在第一次世界大战以前,外厂已经对华厂构成极大的压力了",[②]严氏文中只是推测,并未举出充足的证据予以说明。实际上华商倾向于离开上海,另在江浙地区设厂始于甲午战后,此时上海中外纺织厂并不多,尤其是外资在华纺织厂在一战前经营情况并不乐观,以至于最先获得在华设厂权的日本曾取消在上

---

① 严中平:《中国棉纺织史稿》,科学出版社,1963年,第126页。
② 严中平:《中国棉纺织史稿》,科学出版社,1963年,第138页。

办厂的计划而中途将机器设备运回本国发展。① 关于外资在华设厂对华商纺织厂区位及发展的影响,笔者将在下文中详论之。

其二,严氏指出的第二条理由最为关键,可以说是这一时期华商纱厂区位变化之根本原因。从原料来源而言,当时上海、江浙地区华商纱厂主要依靠江苏通州、太仓等地所出产的优质棉花及少量进口印棉、美棉来进行生产。而所生产的产品主要是粗纱,销路除了在长江中上游、华北等地有少量销售外,更主要集中于江浙农村手工纺织区。同上海相比,厂设江浙地区,除了可以减轻不少运输成本外,更可以省却沿途捐税负担。关于捐税情况,根据1858年中英天津条约的规定,国货自口岸运出时,须纳税5%。又光绪六年李鸿章所奏定之优待机制纱布办法为:在口岸零销时免纳税捐;自口岸分销内地时,除正税5%外,更不纳其他税捐。显然上海纱厂产品运销江浙农村市场时,除了多承担一定的运输费用之外,较之当地工厂还需多纳5%的税收,至于棉花运送,更需逢卡抽厘及交纳各种苛捐杂税。凡此种种,皆表明在上海设厂不若在内地靠近市场和原料的地方办厂更为有利。严著已经举了大生纱厂经营的实例有力地说明了这一点,兹不赘述。

其三,一战爆发前之华商纱厂之区位选择,虽已呈现出分散化的趋势,但这种分散之势并未普及全国,而是主要集中于紧邻上海的江浙两省之苏沪杭地区。从一定程度上讲,我们可以将这视作上海棉纺织业向周边地区的辐射、扩散过程。实际上,江浙新设各厂在资金、技术及人才等方面,仍同上海保持着千丝万缕的联系。促成上海棉纺织业向周边地区扩散的因素,除了上述原料与市场区位的拉动因素外,还须考虑甲午以来长江三角洲地区交通条件的改善。其中包括内河通行小轮船,沪杭甬、苏沪铁路的开通,以及上海同这一地区电报、电话业务的开通等现代通信事业的进步等。交通和通信设施的进步无疑改善了江浙地区发展现代工业的区位条件,便利了这一地区同上海的人员、物质和信息交流,促进了上海棉纺织业向这一地区的传播。

最后,在论述造成一战前中国棉纺织业区位之分散化的因素时,有必要提及晚清出现的所谓专利制度。1880年李鸿章在筹备上海机器织布局时,向清政府提出:"查泰西通例,凡新创一业为本国所未有者,例得畀以若干年限。该局用机器织布,事属创举,自应酌定十年以内,只准华商附股搭办,不准另行设局。"② 1893年上海机器织布局被焚后,李鸿章在规复过程中又立意在上海设一个机器"纺织总厂",并拟另在上海、宁波、镇江等处设十个分厂,加上尚在筹建中的湖北织布官局,共有纺机40万锭,布机5千台。并提出:"合中国各口综计,无论官办商办,即以现办纱机四十万锭子,布机五千张为额,十年之内,不准续添,俾免壅滞。"对于上海机器织

---

① 参见(日)井村熏雄著,周培兰译:《中国之纺织业及其出品》,第11页。
② (清)李鸿章著,吴汝伦编:《李文忠公全书》,奏稿,卷四十三,《试办织布局折》。

布局因火灾受到的巨额损失,则由各厂每出纱一包,提银一两,陆续归还。[①] 李鸿章的这一专利政策虽然不曾绝对阻止华商在上海设厂,但其影响力却是不能忽视的。而且当时申请专利保护的工厂尚有不少,譬如张謇1899年曾以大生纱厂的专利权为由而阻止外地商人在海门设立纺纱厂。甚至民国初年,济南商人还以拥有专利权为由阻挠荣氏家族在济南建立面粉厂。这种一地只允许一家工厂开办的所谓专利政策,阻碍了中国民族企业的正常发展,也在一定程度上影响了中国工厂的地区集中。

(二)一战时期中国棉纺织业的集聚

上文业已阐明,一战时期及战后初期(1914—1921),中国棉纺织区位发生了新的变化:据统计,上海华商纱锭数由1914年的17.2万增至1922年的62.4万锭,1914年上海华商纱锭占全国华商纱厂纱锭数的比重为32.5%,1921年已升至40.3%。另一方面,1915—1919年间,上海布机增长也极为迅猛,其在全国布机总数中所占比重由40.5%升至69.4%。这表明了中国棉纺织业布局在一战期间及战后初期又重新出现向上海集中的趋势。

但这一向上海集中的过程显然有其特殊性。同甲午战前上海地区棉业发展几乎是一枝独秀的情形不同,第一次世界大战是中国纺织业的黄金时代,全国各地(上海、江浙地区、其他通商口岸城市、内地)棉纺织业都有较快发展,所谓向上海集中,不过是因为在这一时期上海地区的发展速度最快罢了。关于这一时期全国各地纱锭、布机的增长及纺织厂数量增加情形,请参阅上文图表。

何以此一时期上海纺织厂的发展速度会超过江浙等地,而重新占据最重要的地位? 其原因并不在于同其他地区相比,上海棉纺织本身具备了多大的优势,尽管事实上上海棉纺厂在生产经营与管理等方面的确具备不少优势。笔者认为,一战爆发后,外国对华商品销售量的急剧减少,纺织业所面临的市场形势发生了重要变化。纺织品在中国供不应求,纺织厂所获利润惊人。有的纺织厂甚至当年投产,当年即实现盈利。简言之,纺织行业在一战时期已经成为一个可以获取暴利的行业。这种较高的企业利润在很大程度上降低了地理位置对棉业发展的制约作用,棉纺织厂成为各地投资者所普遍青睐的对象,在企业家的眼里,地区之间区位条件的差别对企业的生产经营成本所造成的差异虽然是存在的,但它同这一行业生产在当时所能带来的巨额利润相比就显得微不足道了。可以毫不夸张地认为,当时全国各地已形成一种竞相投资办纱厂的潮流。在这场全国各地竞相办厂的潮流之中,哪一个地区能够走在最前面并不取决于其生产经营之区位条件之优劣,而在于其能否在最快的时间内集合棉纺织厂生产的各种生产要素:资金、设备、厂房、工程师、工人、棉花、能源等。

---

① (清)李鸿章著,吴汝纶编:《李文忠公全书》,奏稿,卷四十三,《推广机器织布局折》。

显然,上海投资办厂的条件和效率是国内其他地区所无与伦比的。上海是中国最大的金融中心,为资本家投资办厂提供了良好的融资环境,上海资本市场上的利率水平通常要比其他地方低。上海是中国最大的外贸港口城市,洋行林立,进口机器设备最为便利,外地许多工厂进口机器设备都要通过上海转口。上海的地价虽然比外地贵,但当时经济景气,房地产价格增长也很快,因此在上海购买厂房地皮可以实现资本的保值增值。至于工程师和纺织工人,上海劳动力市场发育最为完备,技术人才数量最多,上海纺织厂的工程师及技术工人的工资甚至比内地其他省市低。上海是最大的棉花市场和煤炭市场,电价便宜,在原料和能源等方面都不成问题。因此,在一战所带来的中国纺织业发展的黄金时代里,在全国各地竞相设厂的投资浪潮中,上海再次抓住机遇,走在了最前面,而中国棉纺织业的布局重心也随之由江浙地区移到了上海。

(三)危机时期的区位变动——20世纪20年代中国内地纺织业的崛起

"祸兮,福之所倚;福兮,祸之所伏。"(《老子》)一战给中国纺织业的发展带来了前所未有的发展机遇,但这一时期的过度扩张也为中国纺织业战后的危机埋下了伏笔。一战结束后不久,一方面,西方各国开始恢复了对华纺织品的出口,另一方面,国内纺织厂因过度扩张而造成市场需求不足,产品(特别是粗纱)因供应过剩积压,原料的供给也趋于紧张,不少工厂纷纷抢购棉花并压价销售棉纱,造成"花贵纱贱"局面。一些工厂出现停工、减产或者被迫破产倒闭。严酷的市场形势使得地区之间因区位差异而造成的生产与销售成本之间的差别显得格外重要,区位因素对企业的生存发展的影响与制约作用因之突显。战后棉纺织业的萧条始于1922年秋天,此后日趋严重,至1924年达于顶点,再继续两年以后,始渐有转机。[①]

我们发现,对于一战后中国棉纺织业的危机,不同地区的危机程度及其应对有着明显的不同。著名民族企业家荣德生对此体会深刻。他在所撰《乐农自订行事记年》中在记载1923年纱业情形时说:"纱业至此,除内地厂或有立脚,上海、天津均不振。"[②]受战后市场萧条打击最严重的地区就是上海。1922年,上海有十多家纱厂开始停止夜工,缩减生产。1922年12月华商纱厂联合会通过了中国棉工业史上第一个集体限制生产的决议:"自(19)11年12月18日起停止工作四分之一,以三个月为限,届时设市面仍无起色,续停四分之一。"这一决议只在上海华商纱厂中一致遵行,外埠响应的甚少。[③] 外埠之所以响应不力,严中平归之于"华商纱厂之团结极不坚强"[④],作者以为主要还是由于内地纱厂的处境与上海大不相同。尽管内地厂商也多少受到战后萧条的波及,但其程度却远比上海、江浙地区要轻。实际

---

① 严中平:《中国棉纺织史稿》,科学出版社,1963年,第173页。
② 荣德生:《荣德生文集》,上海古籍出版社,2002年,第93页。
③ 参见严中平:《中国棉纺织史稿》,科学出版社,1963年,第173页。
④ 参见严中平:《中国棉纺织史稿》,科学出版社,1963年,第173页。

上,20世纪20年代以来华商内地棉纺织业仍呈现出良好的发展势头。从上文图表中,我们不难发现,尽管上海、江浙一带的纱锭数增长速度明显放慢,而内地却一直保持着较快的增长。内地纺织厂数量、纱锭数、布机数及在全国华商纺织厂中所占比重的增长都相当迅速。日本一位研究中国棉业史的学者,甚至将20世纪20年代后半期称作中国内地棉纺织业"黄金时期"。①

总之,上海、江浙等沿海地区棉纺织业遭受经济萧条的打击较内地远甚,其后上海、江浙等地的棉纺织业发展速度明显放慢,并开始了艰难而漫长的产业升级与结构调整:由纺纱而织布,由粗纱而转向细纱生产,企业也开始加强经营管理,提高生产效益。而内地棉纺织业的发展速度相当迅速,在棉纺织业中的地位日益上升,造成中国棉纺织业区位再一次由沿海向内地转移、扩散的发展趋势。不过,同战前棉纺织业由上海向江浙地区的扩散相比,中国棉纺织业的扩散在地域上要广阔得多,整个大江南北都纷纷出现近代棉纺织工厂,而江浙地区则因为市场已趋饱和,原料供给困难,开始步上海之后尘,进入生产调整阶段,发展速度放慢,在中国棉纺织业的地位也趋于下降。

导致这一转变的原因何在?日本学者森时彦分析了"1923年恐慌"后中国棉花市场所发生的构造性的变化。他认为:"黄金时期"(指第一次世界大战及战后初期中国棉纺织业大发展的时期——作者注)后形成了以上海为中心的同心圆式的全国性的机纱市场,机纱完全成为一物一价的商品。另一方面棉花市场的情形则是,供"在华纺"(日商纱厂)细纱生产用的原棉市场与上海直接挂钩,受上海棉花价格的影响很大,与此相反供"内地纺"(内地华商纱厂)粗纱生产用的地方原棉市场却与上海保持了相对独立。这种机纱市场的统一性与棉花市场的分散性相互作用,在20世纪20年代后半期给内地带来了"纱贵花贱"的理想市场环境,出现了"内地纺"(内地华商纱厂)的"黄金时期"。②森氏从机纱市场与棉花市场的区别来解释内地棉业发展的黄金时期,我以为这一解释还只是触及了问题的表面,即森氏不曾解释造成这一市场价格差别的原因何在,而且内地市场上的机纱价格并不完全相同,而是通常要比上海略贵一些,尤其是在比较偏远的地区或低级市场,机纱价格更贵。所谓机纱市场的统一性只是相对的。

我们不妨从区位的角度来对内地棉纺织业发展的黄金时期进行解释。这里以上一阶段生产经营情况特别出色的大生纱厂为例子来进行说明。我们知道,一战前大生纱厂之所以表现突出,颇与其良好的区位条件有关。当时大生厂址选在"棉产最优,销纱最多之区,亦即收棉较廉,售纱较胜之区","棉产则供多于求,纱市则求多于供",所负担正杂各税,亦较轻微。企业内部,"论人工,则通习纺织,女工不

---

① (日)森时彦:《中国近代棉业史の研究》,《东洋史研究丛刊》之五十八,日本京都大学出版社,2001年,第5页。
② (日)森时彦:《中国近代棉业史の研究》,《东洋史研究丛刊》之五十八,日本京都大学出版社,2001年,第5页。

待远求"。然而,随着一战时期及战后初期上海、江浙一带纷纷投资设厂或扩充规模,大生纱厂所面临的环境也发生了很大的变化。一方面,大生集团生产规模在不断扩充,其本身对原料的需求增加了,对市场的容量也形成挑战。另一方面,外地纱厂(上海、无锡等地)均纷纷在通、海等地收购棉花,推销棉纱。因此,1921年张謇就开始为企业"进货求给于外埠,出货亦难局于本地"而发愁了。① 1922年秋季新棉上市,"通海虽庆丰收,而供不敷求,市价暴涨。虽纱销尚畅,成本已昂,进出相衡,仍形亏损"②。大生的厂址之优良,在上海、江浙地区堪称无与伦比,但其仍感受压力,其他纱厂之困难,较大生可谓有过之而无不及。

  实际上,当时上海、江浙地区纺织厂因此前过度扩张,所需原棉已不能由江苏省这个中国产棉最多的省来满足供给了,而不得不一方面从外地采购棉花,一方面进口印棉、美棉来解决,而这样做势必加大生产成本。在棉纱生产成本构成中,原棉及其购运费用、捐税等的成本要占到70%以上,原棉的采购直接关系到企业经营成败的大局。就产品销售而言,江浙地区手工织布业虽然发达,却再也无法吸纳这一地区及上海为数众多的纺织厂所生产的机纱了,更何况还有洋纱的卷土重来。因此,20世纪20年代上海、江浙地区纱厂销售重心已发生很大的改变了。根据严中平的研究,一战前中国纱厂(主要集中于上海、江浙一带)在福建、广东、广西、贵州、云南这南中国五省中几无插足地,这一地区当时还属印纱的领地;东北市场则是日纱的王国,国产纱也无插足地。长江中上游地区、华北地区国纱销量也很有限。③ 国产纱在当时的销路,主要集中于江浙农村手工纺织区。④ 严中平依据1931年后上海市场之客帮交易量的统计,认为20世纪30年代初上海棉纱的国内去路"以华南市场的闽、粤、桂、滇、黔诸省为最大,其次为华中之川、湘、鄂、赣与华东之江、浙、皖诸省,华北之鲁、豫、冀、察等省更次之。以东北为最小。"⑤ 可见20年间变化之巨。这种销售地区的变化对企业最直接的影响就是加大了产品的运销费用。

  与上海相比,内地企业的情形要好得多。1922年初,正值上海、江浙等地纺织厂普遍感受到萧条来临,不少工厂停产、倒闭之际,总部设在汉口的楚兴公司决定在河北石家庄破土修建新厂——大兴纺织股份有限公司。"数百工人分日夜两班开工,夜晚点着数十盏马灯赶工。因之工程进展极速,7个半月即完成了厂房建筑及二万纱锭机和KW透平发电机的安装工程,于夏历八月十五日(1922年10月5日)开工生产了。"⑥ 几乎就在同一时期,楚兴公司与汉口纱行联合创办之裕华纺织有限公司,亦于民国十一年三月在武昌建成开工。⑦

---

① 《南通大生第一纺织公司第二十三届说略》,载《大生企业系统档案选编》,南京大学出版社,1987年,第142页。
② 《南通大生第一纺织公司第二十四届说略》,载《大生企业系统档案选编》,第148页。
③ 严中平:上引书,第130—131页。
④ 参见林刚《长江三角洲近代大工业与小农经济》,安徽教育出版社,2000年,第59—60页。
⑤ 严中平,上引书,第199页。
⑥ 《裕大华纺织资本集团史料》,湖北人民出版社,1984年,第33页。
⑦ 《裕大华纺织资本集团史料》,湖北人民出版社,1984年,第35—37页。

这种热火朝天的景象完全让人感受不到棉纺织业萧条的降临。裕华、大兴纺织厂投产后的经营业绩与表现也是令人鼓舞的。裕华公司开工两年,"所出纱布,大受社会欢迎,截止十二年6月底,盈余达14万余两……当此纱布凋敝之时,该公司独能于草创之初,巍然自树。"① 大兴创办之前石家庄附近各县"是上海纱的销场",后来大兴的"双福"纱成了清一色,很快即取代上海纱占领这些市场。② 在内地,类似这样的例子还有不少。

裕华、大兴的成功,固与厂方有效的经营管理密不可分,但地理位置的优越是不容忽视的。楚兴之所以选择石家庄建厂,绝非偶然,而是因为"斯地缩毂南北,控制燕晋,既为棉煤出产之富域,更有纱布推销之便利"③。靠近棉产区和内地手工纺织区,不仅减少了原料与产品的运销成本,而且原料的质量和供应也较有保障。考虑到20世纪二三十年代中国国内局势动荡不宁,交通线路时常因为战乱发生梗阻,不少厂商生产或者因为原料运输受阻而被迫停产或减产,或者因产品难以外运而造成积压。靠近原料产地和销售市场对企业的重要性是不言而喻的。这也正是以大兴为代表的内地厂商能够成功的重要原因之一。

值得一提的是,中国棉纺织业向内地扩散的势头一直持续到整个二三十年代,而且扩散的区域开始由华北、华中等中部地区向西部推移。大兴二厂在陕西西安的建立再次为我们揭示出这一发展趋势。大兴厂成功的持续时间不过只有十来年。九一八事变后,东北沦陷,向赖东三省推销之天津、青岛各厂,纷纷转向河北推销。加之华北各省天灾频仍,民间购买力下降,棉花收成欠佳。大兴纺织厂因此陷于困境。1934年10月27日,裕华公司董事长苏汰余在大兴股东会上作报告说:"查本公司近来的疲惫,概括可分为三点,即天时、地利、人和。以天时说,有荒年亦有丰年,尚不足为虑。人和系指上(1933)年春间之工潮,但工潮乃一时之冲动,亦可以以诚恳手腕以缓和之。惟地利一项,实为重大隐忧。盖东北销场自'九一八'以后,已为日人所独占,且进一步向华北倾销,实非华厂〔能〕敌。又山西方面营有晋华、大益成等厂,向以门罗主义著称,外省纱布难于入境,本厂销路极度感困难,不获已,只有将棉纱运往湖南、四川等处,将棉布运往陕西,力谋出路。辗转运输,所费自重,且以上各省,向为他牌纱布销场,我货新辟销路,售价非低廉不可。故为力谋生存计,始有酌迁机器一部分设分厂于西安之议。"④

大兴二厂之所以选择西安,其故安在?公司另一位管理者有清楚说明:"以西安地方,能于就地买花,就地买布,大有划算,即赚生熟货之去来车缴,亦属可观。照现在一厂〔石家庄厂〕西安售布,陕西办花之生熟货两道车缴,合计每包相隔二十

---

① 《裕大华纺织资本集团史料》,湖北人民出版社,1984年,第46页。
② 《裕大华纺织资本集团史料》,湖北人民出版社,1984年,第52页。
③ 《裕大华纺织资本集团史料》,湖北人民出版社,1984年,第33—34页。
④ 《裕大华纺织资本集团史料》,湖北人民出版社,1984年,第111页。

余元。是二厂一旦开工,外省厂家莫能相竞。"①

这里,我们再一次看到了原料与市场对棉纺织业区位的巨大影响力。靠近原棉产地和棉纱销场,是一战前的大生纱厂在江浙地区成功的重要因素,而一战以来上海、江浙一带的棉纺织厂扩张使得大生"进货求给于外埠,出货亦难局于本地",从而预示着大生的衰落。20世纪20年代初期,在沿海棉纺织厂的一片萧条之中,裕华、大兴却因地利之便而"巍然自树",反映出内地棉纺织业发展的黄金时期的来临。30年代大兴、裕华的困境及其向陕西西安转移,又预示着中国棉纺织业发展向西部地区推进的趋势不可阻挡。

第四节 影响近代工业布局的主要因素分析：以汉冶萍公司为例

一、汉阳铁厂"由粤移鄂"透视：宏观布局研究

钢铁工业是近代工业中最为重要的工业部门之一,作为基础原材料工业,它对一国经济发展、国防建设至关重要,曾被近人称为"近世工业之母",钢铁工业的产量也被视为国力强弱的象征。兹以中国近代规模最大,影响最为深远的汉阳铁厂(汉冶萍公司)为个案,来揭示中国钢铁工业布局的具体经过情形及影响因素。

汉阳铁厂建立的酝酿、筹备,始于光绪十五年(1889年)张之洞担任两广总督之时。铁厂原本打算设在广东,年底才正式决定移至湖北。光绪十六年(1890年)四月,张之洞放弃大冶,决定在武汉地区择地建厂,旋又放弃武昌,定址于汉阳大别山下,十二月正式动工建厂。光绪十九年(1893年)竣工,次年五月正式出铁。光绪二十二年(1896年)四月,铁厂招商承办,由盛宣怀接办。盛氏接办后,积极筹划调整厂址,但最终仍决定就铁厂原址扩充、改良。光绪三十四年(1908年),盛氏奏准添招股本,将汉阳铁厂、大冶铁矿、萍乡煤矿进行合并,成立汉冶萍煤铁厂矿股份有限公司。1913年冬,汉冶萍公司与日本八幡制铁所横滨正金银行订立借款合同,计日金1 500万元,除了用作还清前欠外,其余为建设大冶厂之用。受一战影响,到1920年,大冶厂才动工兴建,1922年始开炉出铁,大冶厂共有450吨炼铁炉两座,规模为当时全国之最,所产生铁主要出口日本。

以光绪二十二年铁厂招商承办为界,汉阳铁厂前后经历了两个不同时期:第一个时期为铁厂官办时期,其间铁厂实现了宏观布局(又称地区布局,指铁厂由粤移鄂的过程)、中观布局(又称地点布局,指铁厂放弃大冶,决定在武汉地区建厂的过程)和微观布局(又称厂址布局,指铁厂在武昌、汉阳等地选择并最终定址于汉阳大别山下的过程)。这是汉阳铁厂的建立与初步布局阶段。第二个时期是铁厂官督商办时期,其间铁厂经历了一个再布局阶段,即盛宣怀等接办后对厂址进行调整

---

① 《裕大华纺织资本集团史料》,湖北人民出版社,1984年,第111页。

的过程。

根据现代区位理论的研究,对于一些规模较大,地位重要的工业企业来说,其区位的决策往往可以分成地区布局、地点布局和厂址布局等不同的地域层次。地区布局亦称宏观布局,即在全国范围内,从地区分工与协作及国家总体战略的角度确定工业分布之地区;地点布局又称中观布局,是指当确定工业发展之宏观上的总体安排及地区布局之后,再在地区范围内寻找建设和生产条件较好的地方或城市区域。厂址布局又称微观布局,是指在工业企业的配置地区和地点已确定的基础上,在一定地域范围内确定其厂址位置或地段。企业建成后,往往会根据变化的形势及企业自身发展的需要对其布局进行调整,此即企业之再布局过程。笔者认为,汉阳铁厂(汉冶萍公司)在其区位决策过程中,基本上经历了宏观、中观和微观这三个不同的地域层次的决策阶段,此后还有一明显的再布局过程。[①]

(一) 三种不同观点

张之洞督粤期间,就已通过驻英公使刘瑞芬,向英国谐塞德公司定购炼铁机炉,积极筹备在粤设立铁厂。后来张之洞调任湖广总督,原订炼铁厂设备也随之改运武汉,汉阳铁厂因以建立。汉阳铁厂的选址,历来引起人们的兴趣和争议。论者多注重于比较汉阳、大冶两地孰优孰劣,辩论汉阳龟山一带的地理环境究竟是否适宜等中观、微观层面的问题,而往往忽略了从宏观层面探究铁厂设鄂的原因。[②]

中国近代最大的钢铁厂为什么会在湖北落户?对此,最一般的解释就是由于继任粤督李瀚章不喜洋务,遇事推诿,因而张之洞趁机奏请移厂于湖北。这一说法不仅有李瀚章本人奏折为依据,[③]而且从《张文襄公全集》中还可以找到相关的旁证。譬如光绪十六年(1890年)正月初八日张之洞致李瀚章电文中说:"盖铁机非洞所自请带者,公既嘱令移鄂,即不肯以铁款累粤。"[④]似乎自己将铁机带往湖北,是出于李氏之嘱托。李瀚章回电中亦有"铁机承关爱,感甚"之辞。[⑤]大概正是因为这一说法有一定的史料基础,所以多为人们所采用。[⑥]

其实,这一说法不过是一种历史的表象,并非湖北兴办铁厂的真正原因。

其一,钢铁工业是一种具有战略意义的主导产业,铺设铁路、制造军械均与之密切相关。汉阳铁厂规模之大,需款之巨,晚清罕有其匹。如此重大的问题,清廷中枢岂会毫无考虑,而听任两个地方督抚私相授受?流行说法在情理上讲不通。

---

① 限于篇幅,这里不拟对于汉冶萍公司的再布局问题进行深入探讨,有兴趣的读者请参阅袁为鹏:《聚集与扩散:中国近代工业布局》第三章第三节,上海财经大学出版社,2007年,第97—116页。
② 参见陈钧:《儒家心态与近代追求——张之洞经济思想论析》,湖北人民出版社,1990年,第59—61页;另可参见张笃勤:《张之洞思想作风与湖北洋务新政特点》,见苑书义、秦进才主编:《张之洞与中国近代化》,中华书局,1999年,第258—259页;代鲁:《对张之洞办铁厂几条指摘的辨析》,同上书,第266—269页。
③ 参见中国史学会主编:《洋务运动》(七),上海人民出版社,1961年,第207—208页。
④ (清)张之洞:《致广州李制台》,《张文襄公全集》卷一百三十四。
⑤ 《李制台来电》,《张文襄公全集》卷一百三十四。
⑥ 参见戴逸:《我看张之洞》,见苑书义、秦进才主编:《张之洞与中国近代化》,中华书局,1999年,第18页;姜铎:《略论旧中国第一代企业家张之洞的企业精神》,同上书,第192页;赵春晨:《张之洞与广东的近代化》,同上书,第232页。余不一一枚举。

其二,细读李瀚章原奏,内称:"现在直隶、湖北正议创办铁路,如将炼铁厂量为移设,事半功倍。"①此中并未明言将铁厂具体移设何处,故不能将李氏之态度视作铁厂移鄂的主要原因。此外,尚须指出的是,继任粤督李瀚章,其为人固庸碌不足道,但他身为晚清最大的洋务派首领李鸿章之兄,对于洋务运动之态度,并非如后人所渲染的那样绝对排斥,而是有所参与,有所支持的。流行说法对李瀚章的指责和嘲弄并无充分的史实依据。②

其三,早在李瀚章上奏之前,醇亲王奕譞、直隶总督兼北洋大臣李鸿章以及海署就已通过各种方式,向张之洞表达过开采大冶铁矿,将粤省定购机炉移鄂兴办等意见。李瀚章之上奏,不过承其余绪,实际上对张之洞决策影响相当有限。此点下文将详论之。

从有关文献材料中,笔者还发现另外两种不同的说法。其一出自后来任汉阳铁厂督办、汉冶萍公司总理的盛宣怀。光绪二十二(1896年)年四月,张之洞札委盛宣怀督办汉阳铁厂。在给张氏的覆禀中,盛宣怀说:"伏查大冶铁矿,光绪三年职道督率英国矿师所勘得,风气未开,无力筹办。逮光绪十五年(按:1889年),宪台建议芦汉铁路,职道条陈就鄂铁造轨,毋庸购买洋铁,可塞造路漏卮。蒙醇贤亲王发交宪台核议办理。此固天欲以自强大任待宪台而始发也。"③

盛宣怀这一说法除了强调他本人在其中的功绩外,还揭示了当时主持外廷之醇亲王奕譞在其中的作用,以及铁厂与芦汉铁路之间的相互联系。较之前说,当更为接近历史的真实。不过,盛宣怀在这里却有意掩饰了他本人当时与李鸿章的关系,只字不提李鸿章、盛宣怀在汉阳铁厂创建初期同张之洞之分歧与争夺。显然,这与中日甲午战争后李鸿章失势,盛宣怀急欲投靠张之洞,寻找新的政治靠山的心态有关。④

另一种不同的版本则出自张氏晚年所撰《抱冰堂弟子记》,其中说:"中国初设铁厂时,言者多请开徐州利国矿,以徐州运道不便,且铁路南北皆自汉口发端,铁厂必近于武汉方合,乃主开大冶之铁矿以供用,设炼铁厂于汉阳。"⑤

张之洞的这一说法虽未提名,但已含蓄地点出了他本人当时同李鸿章、盛宣怀等在厂址问题上的分歧与矛盾,颇应引起学界的重视。⑥ 不过,张氏在此对清廷中枢的意见及其影响避而不谈,显然夸大了自己在其中的作用。

以上三种说法,都包含了部分历史之真实,却均非历史之全貌。我们尚须追溯

---

① 中国史学会编:《洋务运动》(七),上海人民出版社,1961年,第208页。
② 说详袁为鹏:《张之洞与汉阳铁厂若干史实考辨》(待刊)。
③ 《盛道覆禀》,《张文襄公全集》卷一百。
④ 参见谢世佳:《盛宣怀与他所创办的企业——清末工业化运动挫折的原因》,台北1971年,第70~71页。
⑤ 《抱冰堂弟子记》,《张文襄公全集》卷二百二十八。
⑥ 按:此中请开徐州利国矿的所谓"言者"究系何人,张氏并未明言,今据时人经元善1890年3月《上盛杏荪观察利国矿条陈》(虞和平编:《经元善集》,华中师范大学出版社,1988年,第94页)及下文所引盛宣怀《筹拟铁矿情形禀》有关内容可以推知即为盛宣怀等。另可参见李鸿章光绪十五年十一月初八《寄烟台盛道》,光绪十五年十二月十一日《覆盛道》两电,《李文忠公全集》,电稿,卷十一。

并还原这一决策形成的具体过程,才能进一步予以解释。

(二)铁厂"由粤移鄂"之决策过程

盛宣怀所言非虚。受李鸿章札委,他曾聘请洋矿师在湖北勘探、试采煤铁各矿。光绪三年(1877年),发现大冶铁山铁矿及附近兴国州锰铁矿,矿质之佳世所罕见,并探得荆门一带所储煤炭可供炼铁之需。洋矿师郭师敦还在湖北大冶一带黄石湾附近觅得一地,建议请政府在那里兴办铁厂,采炼煤铁。时李鸿章方致力于经营北洋附近之开平煤矿,对此不予支持。盛宣怀也趁机从湖北脱身。是为湖北兴办近代钢铁工业的第一次不成功的尝试。①

中法之役后,随着帝国主义对华侵略加深,修筑铁路,举办钢铁工业进一步受到国内有识之士的重视。两广总督张之洞以恢宏的气度,在粤积极兴办洋务事业。光绪十五年(1889年)上半年,张氏与驻英公使刘瑞芬往复电商,筹购炼铁机炉,计划在粤设厂。不久,张之洞因议筑芦汉铁路而调任鄂督。然则初接调令之时,张之洞本人对于兴办炼铁厂,有什么打算呢?

同上引《抱冰堂弟子记》中所说的情况不符,张之洞当初并不曾因为"铁路南北皆自汉口发端,铁厂必近于武汉方合",而主张开大冶铁矿,在湖北设铁厂。顺便指出,张之洞此中所谓"铁路南北皆自汉口发端"亦与当时的地理事实不符,因为兴修粤汉铁路之主张,迟至甲午战后才出现。②

七月十二日张之洞奉上谕调任湖广总督。七月二十七日,他致电伦敦驻英公使刘瑞芬,询问:"炼铁机炉能经行山路,运至山西等处否?或能拆开分运尤好。最大之件,约重若干?"③

同日,张氏收到驻柏林公使洪钧发来的电报。洪钧祝贺他移督湖广,并建议:"矿师合同本载明两广及中国他处,楚北煤铁极富,挈往亦可。"④二十九日张回电则表示:"矿师仍令先到广东勘。"⑤

我们从中即可看出,张氏当时并未放弃在粤设厂的计划,他还积极筹划炼山西之铁,⑥而对开发湖北煤铁资源,虽经洪钧建议,但张之洞并未立即予以考虑。

八月二十六日,张之洞上奏清政府,提出在广东"省城外珠江南岸之凤凰岗"设立铁厂的主张。⑦ 同日,张之洞致电湖北巡抚奎斌,请其密查大冶铁矿的开采情况。⑧ 表明张氏已开始留意湖北煤铁事业。但其关注之程度,明显不若山西。对此,我们可以从九月十日张之洞《遵旨筹办铁路谨陈管见折》中得到印证。折中说:

---

① 参见袁为鹏:《中国近代工业布局的个案透视:盛宣怀试办湖北煤铁矿失败原因再探讨》,《中国经济史研究》2002年第4期。
② 参见许同莘:《张文襄公年谱》,商务印书馆,1944年,第105页。
③ (清)张之洞:《致伦敦刘钦差》,《张文襄公全集》卷一百三十二。
④ 《洪钦差来电》,《张文襄公全集》卷一百三十二。
⑤ (清)张之洞:《致柏林洪钦差》,《张文襄公全集》卷一百三十二。
⑥ 按:张之洞系炼晋铁之主张,最早可追溯到光绪九年张任晋抚时(参见许同莘编《张文襄公年谱》卷二),后来张氏《请缓造津通铁路改建腹省干路折》亦力主炼晋铁,自铸铁轨。
⑦ (清)张之洞:《筹设炼铁厂折》,《张文襄公全集》卷二十七。
⑧ 参见(清)张之洞:《致武昌奎抚台》,苑书义等主编《张之洞全集》(第七册),河北人民出版社,1998年,第5374页。

"查晋铁并非不善,特由煎炼未精,若多购略小机炉,分拆装运,足可运入晋境。……粤亦产铁,近由臣购定机器设厂熔炼,……由粤至鄂,水运可通。闻湖北大冶县向来产铁,该县近省滨江,俟到鄂后当详晰勘明,妥筹采炼之法。有此三省之铁,即可供此干路之用。"①此中虽已提到要采炼鄂省之铁,但其轻重缓急,显然不若晋铁、粤铁重要。

九月十二日,刘瑞芬电告张之洞:"炉机笨重,均不能拆开,只宜水运。"②但张仍未放弃炼晋铁的计划。十四日、十八日,他抓紧时间,同洪钧往返电商,定购可以经山路运往晋省的小机炉。③

九月下旬,情况开始有所改变。二十二日,奎斌致电张之洞:"顷接盛道宣怀电:在京奉醇邸面谕查勘大冶铁矿。现派比国头等矿师白乃富(E. Braive)赴汉,已抵镇江,到日请派员送往。"④

盛宣怀的行动显然走到了张之洞的前面。盛氏致奎斌的电报甫经发出,而白乃富已抵镇江,可见盛宣怀行动之敏捷,心情之急切。耐人寻味的是,迟至十月一日,盛宣怀方才向张之洞禀明此事。盛电云:"湖北煤铁,前请英矿师郭师敦勘得。如果开办,仍请原经手较易。"⑤此中"原经手"一语语意模糊,有的学者据此看出盛氏有觊觎大冶铁矿之意,不为无识。⑥

不过,在盛氏禀告之前二天,即九月二十九日,张之洞已经致电伦敦刘瑞芬:"湖北大冶产煤铁,海署嘱亟筹开采。请速觅著名矿师一人,代订薪工,即立合同,令赴汉口领事处报到。需款电到即汇。"⑦电文措辞颇为急切,表明张之洞对湖北煤铁的兴趣已急剧上升,他已来不及"俟到鄂后"(九月十日张氏语),便急忙采取了行动。

关于张之洞转变态度之原因,电文中只是笼统地提到系海署之嘱咐。至于究系何人所嘱?所嘱具体内容是什么?以何种方式下达给张之洞?今已找不到第一手材料予以说明,但我们不难推知其大致情形:前面盛宣怀致奎斌电中已提到"奉醇邸面谕"之事,则此前不久盛宣怀必与醇亲王奕谭有过一次面谈。奕谭是光绪帝生父,"甲申之变"后继恭王奕䜣主持外廷,总理海军事务衙门(海署),一向对张之洞扶植甚力。⑧ 光绪初年勘探大冶铁矿之事,系盛宣怀奉李鸿章密札经办的,此事外人很少知情。必是醇亲王从盛宣怀处得知大冶铁山情形,一面谕令盛氏派员查勘,一面将情况透露给张之洞,并嘱其亟筹开采。上文所引盛道覆禀中亦称:"逮

---

① 《张文襄公全集》卷二十七。
② 参见《刘钦差来电》,《张文襄公全集》卷一百三十二。
③ 参见(清)张之洞:《致柏林洪钦差》,光绪十五年九月十四日、九月十八日两电,《张文襄公全集》卷一百三十二。
④ 《奎斌致张之洞电》,湖北省档案馆编:《汉冶萍公司档案史料选编》(上册),中国社会科学出版社,1992年,第78页。
⑤ 湖北省档案馆编:《汉冶萍公司档案史料选编》(上册),中国社会科学出版社,1992年,第71页。
⑥ 参见代鲁:《清末汉阳铁厂的"招商承办"述析》,《清史研究》1994年第3期。
⑦ (清)张之洞:《致伦敦刘钦差》,《张文襄公全集》卷一百三十二。
⑧ 参见许同莘:《张文襄公年谱》,商务印书馆,1944年,第66页。

光绪十五年,……职道条陈就鄂铁造轨。……蒙醇贤亲王发交宪台核议办理。"此系事后追忆,难免与史实有所出入。但盛氏特别强调了醇邸的作用,张之洞作为当事人对此也未予反驳。则上文之推测,当与事实相去不远。

不过,十月八日,张之洞致海署电中,对于炼铁铸轨之事,仍主张:"一面勘矿购机,分投采炼,即是发端。度支虽绌,断无合天下之力不能岁筹二百余万之理。中国铁虽不精,断无各省之铁无一处可炼之理。晋铁如万不能用,即用粤铁,粤铁如亦不精不旺,用闽铁、黔铁、楚铁、陕铁,皆通水运。……购机造厂,每分不过数十万,多置数处,必有一获。粤新购定,黔早运到,均有确价,并不为多。小炉拆机,山路可行。……此不必惜费者也。"①

此中不难发现:张之洞此时虽已不再坚持非炼晋铁不可,但其基本观点仍是"多置数处"、"分投采炼",与九月十日之上奏并无大异。他虽已提到了炼楚铁,但其次序排在晋、粤乃至闽、黔之后。可见此时张氏对湖北煤铁的重视程度仍显不足,尚无将机炉移往湖北的打算。

紧接着发生的几件事情进一步促使张之洞转变态度。十月初九日,李鸿章复电,反对分投采炼。李鸿章指出,"开矿炼成钢条器款甚钜,岂能各省同开?"他断言:"黔铁难成而运远,断不可指;晋矿佳,惜无主人耳。"均不足以成事。并建议:"粤既购机炉雇矿师似宜就大冶开办。"②十四日,海署再次致电张之洞:"大冶下手自是正办。"③二十七日,盛宣怀所派矿师白乃富已抵鄂,由委员伴随,赴大冶、兴国一带勘查。④二十九日,张之洞致电海署及天津李中堂,请其代为转奏,令盛宣怀赴沪与其一晤,"俾得询商大冶铁矿并开煤设厂一切事宜"。⑤

十一月十一日至二十日,张之洞"在沪留十日,与道员盛宣怀详筹煤铁之事"⑥。二人意见固然存在不少龃龉之处,但张之洞无疑从盛处得知了不少关于湖北煤铁矿的情况。此后,张氏对于开办湖北煤铁之事,态度进一步转趋积极,信心也显著增强了。而在二人会谈期间(十一月十三日),李瀚章奏折方才出笼。我们实在不能将鄂省铁厂的建立,归之于这一过时的建议。

盛宣怀再次抢先采取了行动。二十三日,就在张之洞由沪赴鄂途中,盛宣怀分别向北洋大臣、湖广总督、山东巡抚上《筹拟铁矿情形禀》,系统地阐述了自己的主张,其中包括:另派大员督办;将湖北大冶、武昌(今湖北省鄂州市)铁矿、当阳煤矿、江苏徐州利国铁矿、煤矿统归一局,由该局统筹安排,择地开办;招股商办等。⑦盛宣怀这些主张不特与张氏意见截然不同,而且明显地表露出他本人控制这一新

---

① (清)张之洞:《致海署》,《张文襄公全集》卷一百三十二。
② (清)李鸿章:《覆调鄂督张香帅》,《李文忠公全集》(电稿)卷11,1905年南京金陵刊本。
③ 参见(清)张之洞:《致海署天津李中堂》,光绪十五年十月二十九日,《张文襄公全集》卷132。
④ 参见《奎抚台来电》,苑书义等主编:《张之洞全集》(第七册),河北人民出版社,1998年,第5399页。
⑤ (清)张之洞:《致海署天津李中堂》,光绪十五年十月二十九日,《张文襄公全集》卷一百三十二。
⑥ 许同莘:《张文襄公年谱》,第66页。
⑦ 参见陈旭麓等编:《汉冶萍公司》(一),上海人民出版社,1984年,第6—8页。

兴事业的企图。后来,张之洞就曾指出:"前三年(作者按:指光绪十五年,1889年),初议建设铁厂时,盛道曾上一禀,有慨然自任之意。"①

二十六日,张之洞接篆视事。二十九日,在《致海署天津李中堂》电报中,张之洞暂未对盛宣怀意见正式表态,但在派遣洋矿师勘矿问题上,他明确表示:"管见总以煤铁距鄂较近者为宜。"②初步表明了其以湖北为中心兴办近代钢铁工业的意图。老练而机敏的李鸿章,也正是从这句话中窥探出了张之洞与自己和盛宣怀的分歧之所在。③

有人以为张之洞二十九日即已要求将铁厂移建到湖北。④实则不然,当时张之洞之态度仍相当慎重。他从与盛氏晤谈中得知"大冶铁佳而多,惟当阳煤少,仅敷数年",故主张应派人"分查近鄂各矿","并详访水运可通之黔铁、湘煤运费,再为筹计"。⑤直到十二月底,海署再次电询:"炼铁厂可否移置鄂省?俾省开矿重购之费,应需各款,所指何款,并希酌筹。"⑥此时海署已承诺铁厂经费将从每年200万两海防经费中划拨,洋矿师白乃富等认为"大冶铁佳,以理论之,附近百里内外必有煤",赴湘调查之委员也表示"大约湘煤湘铁皆甚佳甚多,足可敷用"。张之洞终于郑重应允:"洞在粤订购之炼铁机器移鄂最便。"⑦

(三)铁厂"由粤移鄂"透视

通观铁厂移鄂决策的全过程,我们可以得出以下几个基本看法:

其一,铁厂移鄂确非张之洞本人之初衷。早在光绪十五年三月,张之洞在所上《请缓造津通铁路改建腹省干路折》中既已提出采炼山西之铁的主张。⑧稍后他又积极筹划在粤省设铁厂。甫接调令,张之洞并未立即放弃自己炼晋铁、粤铁的计划,而是抓紧时间,积极筹备,并不打算急于采炼鄂省煤铁。张之洞本人对于开发鄂省煤铁资源的态度,实有一由冷到热,逐步升温的过程。对于清廷中枢、北洋李鸿章提出的开采大冶铁矿,将粤省炼铁机炉移鄂兴办等建议,张之洞的反应是积极的,也是相当慎重的。他并没有急于表态,而是耐心地了解情况,等待时机。直到铁厂经费有着,煤铁可恃,他才表示同意。

其二,清廷中枢,特别是醇亲王奕譞主持之海署,对于铁厂移鄂发挥了至关重要的作用。从张之洞本人对鄂省煤铁兴趣急剧升温,直到同意将铁厂移鄂兴办,我们都可以清楚地看到奕譞及海署的作用。洞悉此中内情的直隶总督、北洋大臣李鸿章,干脆就把张之洞积极筹划湖北钢铁事业的举动,视作讨好醇亲王奕譞的行

---

① 陈旭麓等编:《汉冶萍公司》(一),上海人民出版社,1984年,第30页。
② 《张文襄公全集》卷一百三十三,民国十七年文华斋刻本。
③ 参见(清)李鸿章:《覆盛道》,《李文忠公全集》电稿卷十一。
④ 参见湖北省档案馆:《汉冶萍公司档案史料选编》(上册),中国社会科学出版社,1992年,第2页。
⑤ (清)张之洞:《致海署天津李中堂》,光绪十五年十一月二十九日,《张文襄公全集》卷一百三十三,民国十七年文华斋刻本。
⑥ 《海署来电》,光绪十五年十二月二十七日,《张文襄公全集》卷一百三十三,民国十七年文华斋刻本。
⑦ (清)张之洞:《致海署天津李中堂》,光绪十五年十二月三十日,《张文襄公全集》卷一百三十三,民国十七年文华斋刻本。
⑧ 《张文襄公全集》卷二十五,民国十七年文华斋刻本。

为。就在张之洞复电海署,同意铁厂移鄂之后不久,李鸿章在给其兄李瀚章的电报中还说:"香覆海署,抑扬铺张,欲结邸欢,即准拨部款,恐难交卷,终要泻底。枢庭皆知其大言无实也。"①此中固不无几分妒忌与讥讽。姑且不论张氏此举是否仅仅只是"欲结邸欢",但我们至少可以从中得知:铁厂移鄂,大举采炼湖北煤铁,正是以醇邸为首的清廷中枢意图之所在。其实,曾在张之洞幕府办事的许同莘在其所编《张文襄公年谱》中对此亦有说明。他说:"此(指枪炮厂移设鄂省,引者注)与煤铁事皆醇邸主持。"②不过,许氏却不曾指出铁厂设鄂并非张之洞之初衷。这大概是出于为尊者隐,为贤者讳吧。

其三,李鸿章、盛宣怀等是当时清廷内部最早、最大的洋务集团,他们最早进行过开发湖北煤铁矿的尝试,对大冶铁矿知之甚详。同张之洞相比,他们具有知识和经验方面的优势。李鸿章反对张之洞分投采炼晋铁、黔铁的主张,盛宣怀及时地向醇亲王、张之洞提供了关于大冶铁矿的信息,李鸿章、李瀚章兄弟先后提议将粤省铁厂机炉移鄂兴办等,均对铁厂布局于湖北起了不容抹杀的作用。铁厂移鄂,最后似乎成为奕𫍽、张之洞、李鸿章兄弟、盛宣怀等共同的愿望,一致的行动。然而,这种表面一致的背后,实则掩藏着深刻的矛盾:李鸿章、盛宣怀等凭着经验和技术等方面的优势,几次抢先行动,企图将之纳入自己的控制范围,而醇亲王奕𫍽则站在张之洞一边。在铁厂移鄂的过程中,这一矛盾已经初露端倪,尔后还将进一步发展,并对汉阳铁厂日后的厂址定位、经营管理等方面产生深刻影响。

以醇亲王奕𫍽为代表的满清统治者,为何大力扶植张之洞,力主在湖北兴办铁厂呢?

首先,这与晚清当时复杂的政治斗争形势有关。太平天国起义被镇压之后,汉人新兴势力崛起,清政权已成外重内轻之势。当时李鸿章久任直督,并兼署北洋通商大臣,掌握着清朝最强大的陆军和海军,又通过盛宣怀等亲信控制轮、电两局等重要洋务事业,势力之盛,并世罕有其匹。以李鸿章为首的淮系集团无疑成为晚清继曾国藩之后最大的汉人实力派。满清政府在对之不得不倚任之余,仍不免担心其尾大不掉而时加猜防。清廷中枢采取的一个重要政策就是分化汉人掌握的湘淮势力派,特别是抑制实力最强、影响最大的。例如为牵制曾国藩集团(后来是李鸿章淮系),就重用敢于另立门户、自成势力的左宗棠集团。此外,还扶植敢于同曾国藩抗争的沈葆桢,并对当时在舆论界很有影响的"清流"士大夫曲意优容。③张之洞曾是重要"清流"人物,因受慈禧太后宠信逐步上升为封疆大吏。在抚晋、督粤过程中,逐步从清流士大夫过渡为洋务派骨干。张氏"出为督抚,亦颇能自创一格,与湘

---

① (清)李鸿章:《寄伯兄粤督》,光绪十六年正月初四,《李文忠公全集》,电稿,卷十一,台湾文海出版社,1980年影印。
② 许同莘:《张文襄公年谱》,商务印书馆,1944年,第69页。
③ 参见石泉:《甲午战争前后之晚清政局》,三联书店,1997年,第25—36页。

淮首长并立,而深得中枢之青睐"。① 在中法战争间,张之洞既因与李鸿章政见不同而对李抱有隐憾,②又敢于重用因弹劾李鸿章而免官的梁鼎芬。③ 他无疑成为清廷中枢大力扶植的对象。其实,在此前不久,清廷搁置李鸿章修筑津通铁路的建议,而采纳张之洞改修芦汉铁路的主张,调张之洞任鄂督。④ 稍后醇亲王奕譞又拒绝李鸿章、李瀚章兄弟将粤省枪炮厂移设天津的主张,支持张之洞将枪炮厂移鄂。这都带有抑制李鸿章淮系势力过于膨胀,扶植张之洞,使与李之间形成平衡的政治意图。

其次,清廷中枢的这一决策,与湖北省比较丰富的自然资源,特别是大冶铁矿的发现密切相关。近代钢铁工业的建立,离不开原料和燃料即铁、煤资源。湖北省铁矿资源极为丰富,煤炭分布也比较广泛,特别是大冶铁矿,具有以下三个特点:一是储量大,矿质佳。根据当时的勘探,"含铁质百分之六十四,矿质露出山面者,约二千七百万吨,在地中者,虽历百年,采之不竭",且大冶附近之兴国州(今湖北阳新县)有丰富的锰铁矿,亦炼铁之所必需。⑤ 二是铁矿距长江江边只有五十余里,便于运输。当时盛宣怀颇欲开江苏徐州之利国铁矿,他说:"比矿师勘得利国铁矿,化质与大冶仿佛,地面孕铁之多亦如大冶,距铁矿数十里有土法所开煤矿,……可制焦炭。"但他却不得不承认:"惟将来制成之铁,须由微山湖至韩庄出运河,自不及长江之便。"⑥三是勘探得比较早,且较早地引起了当局者的重视。张之洞曾有炼晋铁的主张,醇亲王也曾一度表示支持。今日山西省煤铁储藏之富远非湖北所能比,可惜当时未经过近代勘探,不足以引起当局者的重视。加之交通不便,主持乏人,遂丧失这一难得的发展机遇。这里顺便指出一点,即湖北煤炭资源虽然分布颇广,但多储量较小,煤质不佳。后来汉阳铁厂的生产就因此而深受影响。⑦ 然此点当时并未引起决策者的重视,这是铁厂宏观布局的一大缺憾。

第三,湖北省独特的地理位置和便利的交通条件,也是促使清政府将铁厂布局于湖北的重要因素。湖北居天下之中,当时是南北东西往来之冲要,素有"九省通衢"之称,战略地位十分重要。湖北又是江、汉两大河流交汇之所,水运尤为便利。张之洞力主修筑芦汉铁路,认为芦汉铁路可"以一路控八九省之冲","将来汴洛、荆襄、济东、淮泗,经纬纵横,各省旁通四达不悖"。⑧ 在建议将枪炮厂移鄂时,张之洞又强调:"鄂省为南北适中,若此处就煤铁之便,多铸精械分济川陕豫皖江湘各省,

---

① 石泉:《甲午战争前后之晚清政局》,三联书店,1997年,第32页。
② 参见张达骧、李石孙:《张之洞事迹述闻》,《文史资料选辑》第九十九辑,合订本第34册,中国文史出版社,1986年,第76页。
③ 参见张达骧、李石孙:《张之洞事迹述闻》,《文史资料选辑》第九十九辑,合订本第34册,中国文史出版社,1986年,第85页。
④ 参见吴铎:《津通铁路的争议》,《中国近代经济史研究集刊》第四卷第一期,1936年5月出版;另参见冯天瑜:《张之洞与芦汉铁路》,《武汉春秋》1984年第2期。
⑤ 许同莘:《张文襄公年谱》,商务印书馆,1944年,第71页。
⑥ 盛宣怀:《筹拟铁矿情形禀》,光绪十五年十一月二十三日,《汉冶萍公司》(一),第6—7页。
⑦ 参见全汉昇:《清末汉阳铁厂》,《中国经济史研究》(下),新亚研究所,1991年,第841—843页。
⑧ (清)张之洞:《请缓造津通铁路改建腹省干路折》,光绪十五年三月初三日,《张文襄公全集》卷二十五,民国十七年文华斋刻本。

并由轮运沪转运沿海,处处皆便,工费亦省。"①张之洞是充分认识到湖北有利的地理位置和交通条件的。清廷在决策时亦必有所考虑。张之洞曾有过炼晋铁、黔铁的打算,结果几次遭到李鸿章的反对。交通不便即是李氏反驳的一个重要理由。果不出李鸿章之所料,黔省炼铁机炉购置虽早,后来却因交通不便,主持乏人而失败。②可见,湖北铁厂的布局,固然与当时特定的政治因素有关,但也可以说是湖北丰富的工业资源、优越的地理位置、便利的交通条件等因素综合作用的结果。

为什么张之洞在铁厂移鄂问题上,态度并不像后人所想象的那么积极主动?张之洞是当时晚清积极主张兴办铁厂,挽回国家利权的洋务派骨干,这里显然不能从张之洞对钢铁事业本身的态度上去寻求解释。近代钢铁工业并不能随心所欲地兴办或者搬迁,钢铁厂的布局要受到各种自然—人文因素的制约。张之洞的慎重态度与以下因素有关:

其一,与位于沿海的广东省不同,湖北省地处内地,当时经济相当落后。张之洞督鄂之时,正值湖北省遭受严重水灾之年,财政情况更是不容乐观。张之洞深知:"鄂省艰窘,百事棘手,灾深饷绌,缓急堪虞。"③而办铁厂无疑需要一大笔资金。张之洞后来谈到自己筹办粤省铁厂时说:"鄙人订购之时,本意系指明年冬更换闱姓商人预缴饷款一百四十万元一项内支用,充然有余,且办成后招商承领,愿者必多,是以敢于挪垫。"④与广东等沿海地区相比,湖北财政困难,经济落后,办厂经费很难筹集,办成后招商承领亦无把握。这无疑会使张之洞决策时态度有些犹豫不决。实际上,张氏是在得知可从部筹铁路经费项下拨款之后,方才应允铁厂移鄂的。

其二,当时湖北由于地处内地,历任督抚因循守旧,社会风气闭塞未开。地方官吏、士绅及广大民众大多反对办洋务。⑤此番情形,亦使张之洞不得不有所顾忌。光绪十五年十月八日,张之洞在致海署电文中说:"现闻鄂省水灾甚重,饥民甚多……且彼处闻铁路之举,不免浮言惶惑,急须抚恤灾黎,解释群疑。此时能抚慰人心,以后方有可措手。"⑥可见张之洞内心之隐忧。

其三则与张之洞个人的认识水平有关。张之洞是近代中国典型的"过渡型"人物。同传统的封建士大夫不同,他清廉自矢,积极有为,不愧为晚清洋务派之殿军,但他毕竟是旧的封建科举制下的产物,近代知识明显不足。⑦他主张分省采炼晋铁、黔铁、粤铁时,似乎很少考虑到因交通不便而造成的成本问题。对于山区设厂的诸多困难,认识亦不足。经李鸿章据理反驳后,方才逐步放弃上述打算。另外,

---

① (清)张之洞:《致海署天津李中堂》,光绪十六年正月初七,《张文襄公全集》卷一百三十四,民国十七年文华斋刻本。
② 参见陈真编:《中国近代工业史资料》(第三辑),三联书店,1961年,第16—17页。
③ (清)张之洞:《致江宁曾宫保》,光绪十五年十二月二十一日,《张文襄公全集》卷一百三十三,民国十七年文华斋刻本。
④ (清)张之洞:《致广州李制台》,光绪十五年十二月二十八日,《张文襄公全集》卷一百三十三,民国十七年文华斋刻本。
⑤ 张春霆:《张文襄公治鄂记》,湖北通志世,1947年,第1页。
⑥ (清)张之洞:《致海署》,《张文襄公全集》卷一百三十三,民国十七年文华斋刻本。
⑦ 参见冯天瑜、何晓明:《张之洞评传》,南京大学出版社,1991年,第5页。

张之洞本人对湖北煤铁具体情况，起初亦知之甚少，后经海署透露有关情况，又同盛宣怀晤谈，并派矿师勘探，才逐步加深了解，从而坚定了自己大举兴办湖北钢铁工业的信心，并勇敢地承担起这一历史的重任。对于这位为湖北近代化事业筚路蓝缕的历史人物，我们实不应有太多苛求。张之洞面临决策时之犹豫不决，从某种意义上讲，正好反映出了湖北这个内地省份迈向近代化的步履之艰难与沉重。

综而论之，近代湖北作为一个经济文化相对落后的内地省份，其本身发展大型钢铁工业的条件并不充分，因帝国主义入侵而被卷入近代化的潮流之中，在晚清波谲云诡的政治形势下，由于清廷中枢大力扶植，总督张之洞积极配合，敢于承担，遂得以凭借其优越的地理位置、便利的交通条件、丰富的自然资源，最终促成了钢铁厂、枪炮厂等机器大工业在湖北安家落户，从而为湖北地区的近代化提供了一次宝贵的历史契机。中国近代最大钢铁厂之所以设在湖北，并非仅由个别历史人物之好恶所决定，而是当时特定的社会政治条件等人文因素，以及湖北地区之资源与环境等自然因素综合作用的结果。

就汉阳铁厂之宏观布局而论，政治因素和自然资源与环境方面的影响都显得十分重要，湖北钢铁工业布局一开始就带有浓郁的政治色彩。不过，由于湖北自然资源与地理环境的优越，各派政治力量均赞成在鄂设厂，这就在一定程度上掩盖了双方的分歧。然而，张、李集团之间的政治冲突将会进一步发展，并对铁厂下一步的布局（特别是中观层面的布局）发生重大影响。另外，相对而言，湖北地方的经济发展水平、社会文化状况等因素对铁厂宏观布局之影响十分有限，但它们也会对铁厂下一步布局（中观、微观层面的布局）发生影响。

二、从中观到微观布局：汉阳铁厂厂址定位问题新解

（一）流行观点及其史料依据

上文业已阐明：张之洞在粤原定炼铁机炉之所以移设湖北，并非如人们通常所认为的那样，是因为继任粤督李瀚章不喜洋务，遇事推诿，亦非出于张氏本人之初衷，而是清廷中枢，特别是由醇亲王奕譞所主持之总理海军事务衙门（即海署），为了扶植张之洞以抑制李鸿章淮系势力过于膨胀，并考虑到湖北地区矿产资源、地理位置以及交通条件等方面的优势作出的一项重要决策。接下来，钢铁厂放弃了铁矿所在地大冶而选择武汉地区，并最终定址于汉阳龟山脚下，这一中观、微观层面的决策，则是由湖广总督张之洞作出的。汉阳铁厂的选址历来引起人们的争议，褒之者或贬之者多致力于争辩厂设大冶或汉阳究竟孰优孰劣。至于张氏这一选择的原因，却未受到研究者足够的重视。

张之洞为什么要放弃大冶而将铁厂设在武汉呢？光绪十六年（1890年）四月八日，张之洞致电盛宣怀，决定放弃大冶，将铁厂设在武昌省城附近。他对自己的这一决定进行了解释："铁厂宜设武昌省城外。黄石港地平者洼，高者窄，不能设

厂,一也。荆、襄煤皆在上游,若运大冶,虽止多三百余里,回头无生意,价必贵,不比省城。钢铁炼成,亦须上运至汉口发售,并运至省城炼枪炮。多运如煤下行,铁矿上行,皆就省城,无重运之费,二也。大冶距省远,运煤至彼,运员收员短数挽假,厂中所用以少报多,以劣充优,繁琐难稽,三也。厂内员司离工游荡,匠役虚冒懒惰,百人得八十人之用,一日作半日之工,出铁既少,成本即赔,四也。无人料理,即使无弊,制作亦必粗率,不如法炼成;制成料物,稍不合用,何从销售? 五也。铁厂、炮厂、布局三厂并设,矿物、化学各学堂并附其中,安得许多得力在行大小委员分投经理? 即匠头、翻译、绘、算各生亦不敷用。三厂若设一处,洋师、华匠皆可通融协济,煤厂亦可公用,六也。官本二三百万,常年经费货价出入亦二百余万。厂在省外,实缺大员,无一能到厂者。岁糜巨款,谁其信之? 若设在省,则督、抚、司、道皆可常往阅视,局务皆可与闻。既可信心,亦易报销,七也。此则中法,非西法。中法者,中国向有此类积习弊端,不能不防也。即使运费多二三万金。而工作物料虚实优劣,所差不止数十万金矣。白(指洋矿师白乃富,引者注)议为是。"①

此电所列的七条理由包括自然地理条件、运输费用、监督管理及人才综合利用等方面,内容相当全面。后来张氏虽略有补充,但大抵仍不出以上范围。②

著名学者全汉昇对铁厂定址于汉阳持批评态度。他认为:"为节省原料运输的费用,铁厂自以设立在铁矿所在地的大冶县为较妥当。"在谈到张之洞何以将铁厂设在汉阳时,全氏引述上录张氏电文后指出:"综观张氏列举的七个理由中,有四个(三、四、五、七)完全著眼于铁厂管理方面。换句话说,因为他须驻在武昌,不愿铁厂厂址距离他太远,以致管理不周,弊漏丛生,故放弃距离较远的大冶,而选择近在咫尺的汉阳来建厂。"③代鲁则对铁厂选址予以肯定。他认为:"张之洞之所以选择省城设厂,是有他相当考虑的,而这些考虑也是有一定道理的。"设厂汉阳,"比单从'就铁'一说更精细,也更节费","完全符合当年我国通晓近代科技人才奇缺,而一般员司人等又深染官场恶习这一国情","这又是张之洞高出他人一筹之处"。④

显而易见,两位学者虽对铁厂厂址定位有着截然不同的评价,但却均以张氏上述说法作为解释铁厂定位的依据。

诚然,上引张之洞电文,包括稍后不久张氏本人的有关文献,系决策者当时留下的原始材料,其史料本身的真实性不容置疑。问题在于,作为特定政治氛围中的产物,该电文是否毫无保留地反映了张之洞决策时的真实想法? 在这些公开的理由背后,张氏是否还有某种不可言说的隐衷?

---

① (清)张之洞:《致上海盛道台》,光绪十六年四月初八日发,《张文襄公全集》卷一百三十五,民国十七年文华斋刻本。
② 参见《勘定炼铁厂基筹办厂工暨开采煤铁事宜折》,光绪十六年十一月初六日,《张文襄公全集》卷二十九,民国十七年文华斋刻本。
③ 全汉昇:《清末汉阳铁厂》,《中国经济史研究》(下册),中华书局,2011年,第851—853页。
④ 代鲁:《对张之洞办铁厂几条指摘的辨析》,见范书义等主编:《张之洞与中国近代化》,中华书局,1999年,第267—268页。另可参见代鲁:《张之洞创办汉阳铁厂的是非得失平议》,《中国社会经济研究史》1992年第2期,第76—78页。

对此,我们实有进一步探讨的必要。

(二) 一条关键史料之辨析

光绪十五年十二月三十日,张之洞郑重承诺将粤省原定机炉移鄂兴办。对于铁厂厂址问题,他表示:"将来大冶煤便即置大冶,若大冶煤艰,湘煤湘铁尚合算,即设武昌省城外江边。"①表明起初张氏对此并无定见。直到光绪十六年七月,张氏才最终决定厂设汉阳。这一期间张氏意见不断变化,大致可以分为三个阶段:

第一阶段,从光绪十五年底至光绪十六年四月初止,张氏由初无定见到计划"运煤就铁",在大冶设厂。②

第二阶段,从光绪十六年四月初八日至五月底,张氏决定放弃大冶,另在武昌省城附近择地设厂。此间张氏主要在武昌省城附近塘角地方、省城外东南汤生湖边金鸡垸等地斟酌、徘徊,终于被迫放弃在武昌省城附近设厂的打算。

五月底至七月份为第三阶段,这一时期张氏将目光由武昌转向汉阳,并最终定计设厂于汉阳龟山(又称大别山)脚下。

很明显,其间张之洞的态度有两次重大转变:一是四月八日放弃大冶,转向武昌;二是五月底由武昌转向汉阳。尤以第一次转变最为关键。上引四月八日张之洞电文,即为张氏决定放弃大冶时对盛宣怀所作的解释。我们不妨将之纳入张氏决策的全过程当中,并结合当时具体的社会政治背景与自然地理环境,加以考察。

其一,大冶黄石港一带是否确无适宜之地?

张电中第一条理由即为"黄石港地平者洼,高者窄,不能设厂"。后来张之洞又举光绪初年盛宣怀与博师敦(一作郭师敦)之勘矿报告,以及当时徐建寅(字仲虎,近代著名化学家徐寿之子)等的测绘情况,进一步加以说明。③ 从表面上看,似乎张氏的决定充分尊重了专家们的意见,是受当地自然地理环境限制不得不然的结果。其实不然。首先,张氏所提到的《郭师敦勘矿报告》,今尚可见,该报告中说:"寻觅安置熔炉之地,沿江一带类皆低洼,惟黄石港东首半英里外基地一方为合式。该处土下原系坚石,正可就其培筑安炉。地近江滨,而基址颇高,较诸左近各处高下相去约有数尺,虽江水涨时亦不致有浸淹厂所之虞。再,灰石矿山在该处东首一英里,以供化铁尤为近便。而装运应用机器及煤觔矿石,无不皆便。"④

我们从中似难得出该处并无善地的结论。至于徐建寅当时的测绘结果,今已找不到第一手材料予以说明,但我们可以从光绪十六年八日二十日徐氏给盛宣怀的私人信件中看出其大致情形。信中说:"如煤、铁、灰石均聚一隅,自应在黄石港设炉,而香帅偏信白乃富之邪说,以在距省相近者为合用,现已决计在汉阳矣。"⑤字

---

① (清)张之洞:《致海署天津李中堂》,光绪十五年十二月三十日发,《张文襄公全集》卷一百三十三,民国十七年文华斋刻本。
② 参见《张文襄公全集》卷一百三十四、电牍十三中张之洞三月十八日、廿九日、三十日所发《致天津李中堂》《致海署》等各电。
③ (清)张之洞:《勘定炼铁厂基筹办厂工暨开采煤铁事宜折》,《张文襄公全集》卷二十九,民国十七年文华斋刻本。
④ 《郭师敦勘矿报告》,《上海图书馆藏盛宣怀档案萃编》,上海古籍出版社,2008年,第280页。
⑤ 《徐建寅致盛宣怀函》,陈旭麓等编:《汉冶萍公司》(一),上海人民出版社,1984年,第18页。

里行间,流露出对张之洞设厂汉阳的强烈不满,我们很难相信,"大冶江边无适宜之地"会是这位中国专家测绘出来的结论。

实际上,后来铁厂商办之后,郑观应及其所雇洋矿师马克斯等即在大冶附近觅得适宜厂地多处。① 而且后来汉冶萍公司也确曾在大冶选定新厂址,添设大型铁炉,冶炼生铁。② 这都有力地证明了张氏此说并非实情。

此外,还应指出,张氏在三月份曾多次声称,铁厂拟"运煤就铁",在大冶附近设厂。而适宜的厂地是铁厂设立之先决条件,倘若大冶附近果真无一善地,则张氏本人三月份之主张岂非儿戏?可见,张氏这一说法不过是有意搪塞之辞。

其二,就运费而言,厂设大冶或武汉地区,二者究竟孰省孰费?

对于这一问题,学者们存在着不同的看法。笔者在此暂不作深究,仅需指出一点,即张氏本人对于厂设武汉会比设在大冶造成运费更巨,实有清醒的认识。上引电文中张氏就直言不讳地指出:"即使运费多二三万金,而工作物料虚实优劣,所差不止数十万金矣。"类似的说法,张氏稍后的文件中亦多次出现。③ 很显然,节省运费并非张氏决策时之主要动机。张电文中第二条理由从运费着眼,其实不过强作辩解而已。

其三,厂设武汉,是否真是为了便于督察管理?

正如全汉昇先生所说的那样,张电中第三、四、五、七条理由均从管理方面着眼。张氏对晚清社会吏治腐败、员司作弊的揭示可谓入木三分,且武汉乃张氏督署所在之地,督察管理自较大冶为便。因此,这些理由颇能引起后人"了解之同情"。然而,应该指出的是,张之洞这一解释与他本人三月十七日致李鸿章电文中的说法前后矛盾。当时他已明确表示:"故鄂事以运煤就铁为宜。从前博师敦勘议,亦拟运荆煤就冶铁也;且距省城近,经理较便。"④而相隔不到一月,他却罗列了一大堆在大冶设厂管理不便的理由!以张之洞丰富的政治经验和社会阅历,他对当时官场之腐败早有认识,决不至于等到筹办铁厂过程中才突然意识到这一点,并因之改变自己的主张。姑且不论厂设武汉是否真能有效地抑制腐败,此说殊不足以令人信服。张氏决策的变化,显然另有原因。

其四,设厂武汉,是否是由于当时人才匮乏而造成的?

张电所列第六条理由即从人才角度着眼,认为当时湖北并设三厂,人才缺乏,必须三厂并设一处,方可通融协济,且可共用煤厂等公用设施。应该承认,张之洞

---

① (清)郑观应:《铁厂次第筹办张本六十条》,陈旭麓等编:《汉冶萍公司》(一),上海人民出版社,1984年,第192页。另可参见郑观应:《汉阳感怀两首》(之二),其中有句:"漫说汉阳兼四利,厂基毕竟贵平靥。"郑注:"汉阳厂基原是月湖,费多少红毛泥填筑,尚不坚实;且马头时被水割,不若就近大冶矿山平厓冶练。马矿师云,大冶有可设铁厂基地三处,极好极便。"同上书,第170页。
② 全汉昇:《清末汉阳铁厂》,《中国经济史研究》(下册),中华书局,2011年,第870页。
③ 参见(清)张之洞:《致海署》,光绪十六年七月二十二日发,《张文襄公全集》卷一百三十五,民国十七年文华斋刻本。其中云:"再中国与外洋不同,此厂若不设在附省,将来工员役,百弊丛生,……一岁出入,以数十万计,过于运费多矣。"
④ (清)张之洞:《致天津李中堂》,光绪十六年三月十七日发,《张文襄公全集》卷一百三十四,民国十七年文华斋刻本。

的这一见解比较符合当时的实际情况,三厂集中布局,确有其合理性。后来张氏的确将铁厂、枪炮厂和织布局一并设在武汉。这一理由似非虚言,但若说张之洞竟会因此而改变主意,放弃大冶,则不免言之太过。人才匮乏,是当时洋务派人士竞相谈论的话题,张氏自不例外。早在光绪十六年(1890年)闰二月间,张之洞就已经"筹建枪炮厂于汉阳大别山下","筹建织布局于武昌城外",①初步将枪炮厂、织布厂厂址确定了下来。而在三月份,张之洞却计划将铁厂设于大冶。可见,人才匮乏问题对张之洞决策的影响实际上是相当有限的。我们并不能将之作为张氏改变主意的主要原因。

显然,张之洞这一电文,不过是特定政治环境下的一篇"官样文章",殊不足以说明历史之真相。张氏之决策,实有某种不可言说之内心隐曲。

然则,导致张之洞突然放弃大冶,并将铁厂改设武汉的主要原因是什么呢? 在回答这一问题之前,我们不妨再看一看时人曾经有过的另外两种不同的看法或揣测。

一种看法将之归于洋矿师白乃富的影响。譬如上文所引徐建寅的信中,即将张之洞在汉阳设厂,看作是"香帅偏信白乃富之邪说"的结果。盛宣怀之侄盛春颐,当时在张之洞手下办事,他也曾写信告诉盛宣怀:"白乃富拟在武汉设厂炼铁,帅意颇以为然。"②张之洞本人也曾多次声明,在武汉设厂系根据洋矿师白乃富的意见。③平心而论,武昌、汉阳地近汉口租界,城市繁荣,洋人生活较便利,安全也较有保障。大冶一带风气未开,士绅及民众大多保守排外。据陪同者的记载,白乃富在大冶、武昌(今湖北鄂州市)等地勘矿就曾险些被当地民众砖抛头上。④ 白氏主张在武汉设厂,当属可信。张之洞后来也补充说明,如果厂设大冶,"洋匠亦不能深入"。⑤ 作为当时湖北引进的少数几名外籍专家之一,白氏的意见自有一定的影响力。但我们对他的作用似不宜过于夸大。毕竟,在厂址问题上,洋人的意见并不一致,上文所引郭师敦报告即主张在大冶附近设厂。张之洞本人对此实有充分的选择余地。另外,从时间上看,白乃富的意见在三月二十一日以前即已达于张氏,张之洞虽对之"颇以为然"(上引盛春颐语),但其二十九日、三十日所发电报中仍持在大冶设厂的主张,直到四月份才改变主意。可见张氏之决策,必定另有原因。

另有一种推测是由盛宣怀门人,当时正在湖北从事勘测路、矿及铁政局文案工作的钟天纬作出的。光绪十六年五月,钟氏在写给盛宣怀的信中,提到了铁厂总办

---

① 许同莘:《张文襄公年谱》卷四,商务印书馆,1944年,第2页。按:另据张之洞光绪十六年二月二十九日《致柏林洪钦差》电中云"鄂城东南隅有敞地,亦近内河津,设此厂(作者注:指枪炮厂)亦须另运",似当时枪炮厂亦拟设于武昌。
② 《盛春颐致盛宣怀函》,光绪十六年三月二十一日,崇阳、陈旭麓等编:《汉冶萍公司》(一),上海人民出版社,1984年,第14页。
③ 参见前揭如致上海盛道台函,光绪十六年四月初八日复,其中云:"白议为是。"
④ 《冯庆镛致盛宣怀函》,光绪十五年十一初六日,兴国富池口,陈旭麓等编:《汉冶萍公司》(一),上海人民出版社,1984年,第4页。
⑤ (清)张之洞:《查覆煤铁枪炮各节并通盘筹划折》,光绪二十一年八月二十八日,《张文襄公全集》卷三十九,民国十七年文华斋刻本。

蔡锡勇对铁厂设在武汉的解释,其内容自与上录张氏电文一致。不过,钟氏认为,蔡的说法"尚有一层未言之隐"。他指出:"盖香帅用人,不过亲信数人,铁政局必委蔡观察主政,若一离省垣,则幕府与炼铁势不能兼顾。如徐仲虎(即徐建寅,引者注)观察虽有办矿之才,固未许独当一面也。"①十月,钟天纬在信中说得更加透彻,他说:"香帅必欲在近省设炼铁厂者,名为会同司道目击用款,以绝浮言,其实欲责成蔡毅若观察(即蔡锡勇,引者注)办理。蔡公又兼洋务幕府不可远离。"②

这里钟天纬通过切身体察,揭示了张之洞的解释实不过是表面文章,而张氏实有其难言之隐,即欲任用蔡锡勇兼管铁厂及幕府文案,这与后来的事实正相符合。③钟氏这一揣测,已在相当程度上接近了历史之真实。不过,钟天纬究系盛氏门徒,在湖北被张之洞投闲置散,④心中极为不满,且其人地位不高,眼界亦受局限,遂将张之洞放弃大冶,在汉设厂归因于张氏用人过偏。此不免失之简单,我们尚须结合当时社会政治背景进一步予以探讨。

(三)定址汉阳之过程及其原因

其实,张之洞之所以放弃大冶而决定将铁厂设在武汉,固然与武汉地区地理条件、洋专家的意见以及当时的人才匮乏问题等诸多因素有关,但其主要原因,则是由于他与李鸿章、盛宣怀等矛盾激化,彼此间疑忌加深而不得不作出的选择。

前文业已提到李鸿章、盛宣怀等觊觎铁厂的企图,及其与张之洞之间的矛盾分歧。并且指出,双方围绕铁厂控制权的争夺,将深刻地影响钢铁厂下一步的厂址定位及其经营管理方式。事实亦然,就在张氏筹建铁厂期间,双方的矛盾进一步激化。

首先,在勘矿问题上,双方的分歧加剧。早在光绪十五年(1889年)十一月二十三日,盛宣怀所上《筹拟铁矿情形禀》中,即已流露出勘采江苏徐州利国铁矿、煤矿的意图。张之洞当时则表示"管见总以煤铁距鄂较近者为宜"。双方分歧已露端倪。光绪十五年底(1890年1月)直至十六年一、二月(1890年2、3月)间,这种分歧愈趋明显。光绪十五年十二月三十日(1890年1月20日),张之洞札委知府札勒哈哩等查勘大冶等处煤矿,他指示:"如大冶附近无煤,即溯江上驶,直抵宜昌以上至归州、巴东一带川省交界止。"⑤同日,张氏致电盛宣怀,表示"现派员赴冶,溯江勘访",他认为"利国矿诚佳,但远鄂,且运河多涸",不拟派人勘探。⑥光绪十六年正月

---

① 《钟天纬致盛宣怀函》,光绪十六年五月二十二日到,武昌,陈旭麓等编:《汉冶萍公司》(一),上海人民出版社,1984年,第16页。
② 《钟天纬致盛宣怀函》,光绪十六年十月十二日到,武昌,陈旭麓等编:《汉冶萍公司》(一),上海人民出版社,1984年,第21页。
③ 参见(清)张之洞:《为蔡锡勇请卹折》,光绪二十四年闰三月十五日,《张文襄公全集》卷四十七,民国十七年文华斋刻本。作者按:蔡锡勇是张之洞最为器重的洋务人才之一,关于其生平业绩与其与张氏之关系,参见蔡凯如:《自强——珞珈精神的源头——纪念自强学堂首任总办蔡锡勇先生》,《武汉大学学报》(哲学社会科学版),1993年第6期。
④ 《钟天纬致盛宣怀函》,光绪十六年十二月二十九日到,武昌,陈旭麓等编:《汉冶萍公司》(一),上海人民出版社,1984年,第25—26页。
⑤ (清)张之洞:《札知府札勒哈哩等查勘大冶等处煤矿》,《张文襄公全集》卷九十五,民国十七年文华斋刻本。
⑥ (清)张之洞:《致烟台盛道台》,光绪十五年十二月三十日发,《张之洞全集》(第七册),河北人民出版社,1998年,第5420页。

初三日,盛宣怀急忙致电张之洞:"乞嘱蔡道催白乃富赴下游勘寻煤矿。闻英、德矿师已到,可否令复勘冶、利两矿,早为定议。"①十四日,盛氏再次致电张氏称:"白乃富电:'大冶一带如无好煤,池州、铜陵一带必有好煤。'……乞饬白乃富勘完武、冶、兴、济,即赴大通查勘。"②十五日,张之洞回电声称:"大冶附近如无煤,兴山、巴东必有,地在上游,较池州便,池煤开采有年,闻多而不佳,似可从缓。"③显而易见,盛氏不欲放弃勘采利国矿的计划,力图将勘采煤铁之事扩大到长江下游地区,使之溢出张之洞权力范围之外。与之相反,张之洞不愿勘采利国及其他下游地区矿产,而竭力将勘查范围限制在两湖地区。用张氏后来的话讲,即为"以楚煤炼楚铁,取材总不出两湖"④。二月二十六日,张之洞抢在李鸿章到京议事之前致电海署,寻求中枢的支持。张电云:

> 现拟定计炼楚铁。前盛道在沪拟有开徐州利国矿一禀,管见拟从缓议,缘原议系借官本招商股,事多周折,与洞办法不同,且与现在情形不合。至所拟有另奏派督办大员一层,尤可不必。⑤

张氏此电即是对上年十一月盛氏《筹拟铁矿情形禀》的否定。闰二月初二日,海署回电批示:"覆勘冶铁、湘煤既佳且多,应照所拟举办,盛道管见,应毋庸议。"⑥在此关键性问题上,海署明确地站在了张之洞的一边。此亦可见清廷中枢对张氏倚畀之隆,扶植之力。盛宣怀当时是李鸿章之亲信,海署、醇邸不欲李鸿章集团势力过于膨胀,有意扶张抑李,以分李之权。⑦盛宣怀觊觎铁厂之企图,因之受挫。

不过,张之洞成功的喜悦很快就被接下来发生的事情冲得无影无踪。三月三日,张之洞接到海署通知,芦汉铁路的修筑遭到搁置。清廷决定"移缓就急",先办关东铁路。海署来电中表示:"惟芦汉之路可徐办而炉座炼铁不容中辍,若二百万鄂、东分用,固两不济事;设专归东,鄂之采炼无款,将若之何?"⑧清廷这一决定,固与当时中俄关系恶化有关,但李鸿章无疑是其有力推动者和受益者。⑨汉阳铁厂的前途,因之笼上了一层阴影。三月四日,张之洞急忙致电李鸿章,询问:"尊处所办营珲路拟用何铁?是否即用鄂铁抑兼用他铁或另开铁矿?"⑩显然,张氏正为铁厂产品的销路而忧心忡忡。三月五日,李氏的回答却冰冷无情:"东路须急办,应购西洋钢轨,每年造二百里路。"⑪实际上,至甲午战争前,关东铁路仅修至山海关而已。

---

① 《盛道来电》,光绪十六年正月初三日巳刻到,《张之洞全集》(第七册),河北人民出版社,1998年,第5433页。
② 《盛道来电》,光绪十六年正月十四日申刻到,《张之洞全集》(第七册),河北人民出版社,1998年,第5434页。
③ (清)张之洞:《致烟台盛道台》,光绪十六年正月十五日发,《张之洞全集》(第七册),河北人民出版社,1998年,第5433页。
④ (清)张之洞:《致京李中堂》,光绪十六年二月二十六日发,《张文襄公全集》卷一百三十四,民国十七年文华斋刻本。
⑤ (清)张之洞:《致海署》,光绪十六年二月二十六日发,《张文襄公全集》卷一百三十四,民国十七年文华斋刻本。
⑥ 《海署来电》,光绪十六年二月初三日亥刻到,《张文襄公全集》卷一百三十四,民国十七年文华斋刻本。
⑦ 参见石泉:《甲午战争前后之晚清政局》,三联书店,1997年,第25—36页。
⑧ 《海署来电》,光绪十六年三月初三日亥刻到,《张文襄公全集》卷一百三十四,民国十七年文华斋刻本。
⑨ 参见《清史稿》卷一百四十九,交通一,中华书局,1977年,第4434页,铁路,中云"十六年,以东三省亟,从海军衙门王大臣及直督李鸿章言,命移芦汉路款先办关东铁路"。
⑩ (清)张之洞:《致天津李中堂》,光绪十六年三月初四发,《张文襄公全集》卷一百三十四,民国十七年文华斋刻本。
⑪ 参见《致天津李中堂》,光绪十六年三月三十日发,《张之洞全集》(第七册),河北人民出版社,1998年,第5491页。

面对这种严峻的形势,张之洞一面加紧筹备铁厂建设,力争早日炼铁出轨,一面积极与海署、李鸿章往返电商,尽可能阻止李氏订购外国钢轨而选用鄂省产品。铁厂厂址的择定,正在此时。三月十日,张之洞即向李鸿章表示铁厂打算在铁矿附近开设。十五日,李鸿章来电提出异议,认为"炉厂似宜择煤矿近处安设"。① 十七日,张之洞再次致电李鸿章,从矿产分布、交通运输及管理等方面向李氏解释了鄂事"运煤就铁"的缘由,并引从前博师敦的勘矿意见作为依据。② 十八日,李氏复电,虽仍有所保留,但已大体同意了张的意见。③

不过,张之洞的意见并未因李鸿章的同意而确定下来。三月二十一日,盛春颐在给盛宣怀的信中透露:"白乃富拟在武汉设厂炼铁,帅意颇以为然。"④似乎张之洞在三月下旬已经有所动摇。但从现存的张氏在三月廿九日、三十日发出的几封电报来看,他仍未放弃在大冶设厂的打算。

三月三十日,张之洞分别致电海署和李鸿章,表示:"大冶铁厂若此时即速开办,一年后即可制出钢轨……似可不必多定洋轨,反致中国自造之轨置之无用。"⑤遗憾的是,四月三日李鸿章回电故意延宕,拒不对东路采用鄂轨事表态。李氏电中虽表示,"俟铁厂成轨,取样比较,如果合用,即价略昂,必当自用自物",但他却称:"向来订购章程,须令各国铁厂将货价呈送,定期开封,择货精价廉者购办,未便预为限制。"李氏坚持,东路是否使用鄂轨,"似应届时商办"。⑥ 这就意味着将来鄂省铁厂产品销售,不得不受到李鸿章的摆布。此举自然引起张之洞的高度警惕和强烈不满。四月十日,张氏在致李鸿章的电文中即有"大略公为铁局总裁,洞不过为铁局提调而已"之语,此即对李氏攘权行径之冷嘲热讽。⑦

四月七日,盛宣怀给张之洞连发五电(有一已佚),在第一封电报中,盛宣怀称大冶铁矿极佳,荆当及湘煤合用,"是天以资大人开非常之功",并有"宣怀不获随侍供驱策,徒抱苦心十五年,空赔公款十五万"等语,流露出其督办铁厂之强烈愿望。盛氏显然已察觉张之洞有放弃大冶而在武汉设厂之意,故在第二电中力争铁厂应设在大冶。第五电中,盛宣怀竟公然为其侄盛春颐谋求大冶县令一职。⑧ 盛氏觊觎铁厂之意,可谓昭然若揭。顺便说一句,盛氏这几封电报之所以如此直言不讳,显然与芦汉铁路修筑遭搁置后,张之洞所面临的处境之窘迫有关。

芦汉铁路的修筑既已遭到搁置,李鸿章对东路采用鄂轨之事又拒不表态,而盛宣怀复趁机向大冶一带渗透个人势力。这一连串的事件,自必引起张之洞对李鸿

---

① 《李中堂来电》,光绪十六年三月十五日西刻到,《张文襄公全集》卷一百三十四,民国十七年文华斋刻本。
② (清)张之洞:《致天津李中堂》,光绪十六年三月十七日发,《张文襄公全集》卷一百三十四,民国十七年文华斋刻本。
③ 《覆鄂督张香帅》,光绪十六年三月十八日巳刻,《李文忠公全集》电稿卷十一,台湾文海出版社,1974年。
④ 《盛春颐致盛宣怀函》,陈旭麓等编:《汉冶萍公司》(一),上海人民出版社,1984年,第14页。
⑤ (清)张之洞:《致海署》,光绪十六年三月三十日发,《张文襄公全集》卷一百三十四,民国十七年文华斋刻本。
⑥ 参见《李中堂来电》,光绪十六年四月初三日,《张之洞全集》(第七册),河北人民出版社,1998年,第5487—5488页。
⑦ 参见(清)张之洞:《致天津李中堂》,光绪十六年四月初十日发,《张文襄公全集》卷一百三十五,民国十七年文华斋刻本。
⑧ 参见《盛道来电》,光绪十六年四月初七亥刻到(共四电),《张之洞全集》(第七册),河北人民出版社,1998年,第5488—5490页。

章、盛宣怀诸人的疑忌和防范。盛宣怀在四月七日给张氏的第二电中,有两句似乎多余的话:"宣凡有所见,必直陈宪台,事后必知宣心无他,宣言皆实。"我们从中即可窥见张之洞对盛氏疑忌之深。① 在当时条件下,盛宣怀厂设大冶的意见在经济上固然更为合理,其实,我们从三月份张之洞的意见中亦可看出,张之洞本人对此实有清醒的认识。或者说,设厂大冶,亦是张氏初衷之所在。然而,严酷的政治现实迫使张之洞不得不作出新的选择。四月八日,张之洞正式宣布放弃大冶,决定在武昌省城附近设厂,正是这一政治斗争形势下的产物。很明显,厂设武汉,张之洞方可通过自己的亲信蔡锡勇等将铁厂牢牢控制在自己手中;而李鸿章盛宣怀诸人觊觎铁厂之企图方可不杜而自绝。

张之洞将铁厂改设在武汉,此举带有鲜明的政治色彩。这一点我们可以从事后各方的反应看出来。七月二十二日,张之洞将在汉阳大别山设厂的方案正式请示海署。② 二十九日,海署来电批示:"所择汉阳大别山下既为建厂为宜,应即举办,希由贵督自行奏明是要。"③表明清廷中枢对张之洞的支持一如既往。盛宣怀则对此颇为敏感,多次向人打探消息。④ 十月十二日,盛氏接到门生钟天纬的来信,得知:"香帅必欲在近省设炼铁厂者,……其实欲责成蔡毅若观察办理。蔡公又兼洋务、幕府,不可远离。"⑤十月十六日,盛氏通过李鸿章致电张之洞,力劝张氏仍在大冶江边设厂。⑥ 十一月,醇亲王奕譞病故。十一月十六日,盛宣怀又致函庆王奕劻,请其设法挽回。⑦ 由于张之洞坚持己见,毫不动摇。⑧ 而且,清廷中枢对张之洞的扶植,并未因醇亲王奕譞之死而改变。盛宣怀的图谋终未实现。

尚有一点需要说明:为什么在张之洞、盛宣怀及其并世诸人留下来的文献中,我们很难见到将汉阳铁厂定位与双方政治斗争联系起来的直接材料?笔者认为,此固与这一事情本身极为隐秘,外人难以尽窥其底蕴有关。更重要的是,当时张之洞与李鸿章、盛宣怀等的关系相当微妙,既有明争暗斗的一面,又有相互利用与合作的一面,双方均不愿揭破那层薄纸。而且甲午战后,李鸿章失势,盛氏又投靠张之洞,任汉阳铁厂总理,彼此更不愿触及这一不愉快的往事。不过,在张氏晚年所撰《抱冰堂弟子记》中,他指出:"中国初设铁厂时,言者多请开徐州利国矿,以徐州运道不便,且铁路南北皆自汉口发端,铁厂必近于武汉方合,乃主开大冶之铁矿以供用,设炼铁厂于汉阳。"⑨

---

① 按:关于张之洞对盛宣怀之疑忌,还可参见胡思敬:《盛杏荪办洋务》,《国闻备乘》卷一,上海书店出版社,1997年,第15页。
② 参见(清)张之洞:《致海署》,光绪十六年七月二十二日发,《张文襄公全集》卷一百三十五,民国十七年文华斋刻本。
③ 《海署来电》,光绪十六年七月二十九日更刻到,《张文襄公全集》卷一百三十五,民国十七年文华斋刻本。
④ 参见《钟天纬致盛宣怀函》,光绪十六年九月十八日到武昌,陈旭麓等编:《汉冶萍公司》(一),上海人民出版社,1984年,第20页。
⑤ 《钟天纬致盛宣怀函》,光绪十六年十月十二日到武昌,陈旭麓等编:《汉冶萍公司》(一),上海人民出版社,1984年,第21页。
⑥ (清)李鸿章:《寄鄂督张香帅》,光绪十六年十月十六日申刻,《李文忠公全集》电稿卷十一,台湾文海出版社,1974年。
⑦ 参见《盛宣怀致奕劻函》,光绪十六年十一月十六日,烟台,陈旭麓等编:《汉冶萍公司》(一),上海人民出版社,1984年,第22—23页。
⑧ 参见(清)张之洞:《致天津李中堂》,光绪十六年十月二十日发,《张文襄公全集》卷一百三十五,民国十七年文华斋刻本。
⑨ 《抱冰堂弟子记》,《张文襄公全集》卷二百二十八,民国十七年文华斋刻本。

张氏此文系事后追忆,难免存在一些不尽符合史实之处,前文已对此作过说明。但同张氏此前关于铁厂兴办与厂址定位的其他说法相比,此处去掉了其过去一再声称的所谓"便于督察管理"、"杜绝浮言"等搪塞之辞,却比较含蓄地点出了他本人当时同李鸿章、盛宣怀等的矛盾。此中所谓"言者",自是指盛宣怀其人。这或许是张之洞有意为后人索解这一难题而留下的一条线索吧!

　　张之洞既已决定放弃大冶,便开始积极在武汉地区寻觅适宜的厂址。但情况并非一帆风顺。张氏首先考虑在武昌省城附近设厂。当时曾重点勘过两处地方:一为武胜门外的塘角地方,该地靠近长江,转运甚便,可惜"地势甚低,年年江水淹灌",只得作罢。① 二为省城东南二十里汤生湖边之金鸡垸,该地"高燥宽广",便于将来扩充,亦与长江一水可通。不料当进一步勘测地形,疏浚河道之时,竟因拆毁当地一座桥梁——额公桥而滋生事端。湖北当时风气未开,一般民众本来就不以兴办铁厂为然,武昌城内一些保守的官僚、士绅们亦趁机推波助澜。事不得已,张氏亦只好放弃该地。② 张之洞还曾采纳钟天纬的意见,派他前往青山一带勘地,结果发现该处"实无地基",只得作罢。③

　　武昌一带的自然地理条件和社会文化环境均对铁厂设置不利。张之洞终于意识到,"铁厂除汉阳外必无善地",④并把目光转向汉阳,最后将铁厂选在了汉阳大别山下。该地"长六百丈,广百丈,宽绰有余,南枕山,北滨汉,西(应为东,原文误)临大江,运载极便,气局宏阔,亦无庐墓,与省城对岸,可以时常来往督察,又近汉口,将来运销钢铁货亦便。惟须填筑地基九尺,则盛涨不淹。沿汉亦须增堤数尺耳"⑤。厂址定在汉阳虽非十全十美,但这无疑是张氏在武汉地区所能觅得的较佳处所。

　　历史人物总是在既定的历史条件和地理环境的制约下创造着历史。长期以来,张之洞作为铁厂的主要创办者,一直受到人们过多地褒扬或者贬损。殊不知,张氏的行为实深受当时历史地理环境的制约。纵观汉阳铁厂从最初定议兴办于湖北到最终定址于汉阳大别山下,这一从宏观到微观的决策过程,我们与其说是张之洞本人的抉择,毋宁说是当时特定的政治形势、社会文化氛围、经济技术条件以及自然地理环境等人文—自然因素综合作用的结果。

　　湖北地区重要的地理位置及其煤、铁资源,汉阳大别山下相对有利的地形、地

---

① 《钟天纬致盛宣怀函》,《汉冶萍公司》(一),上海人民出版社,1984年,第15—16页。
② 参见(清)张之洞:《批武昌府禀办理拆额公桥始末情形》,光绪十六年五月十五日《张文襄公全集》卷一百一十六,民国十七年文华斋刻本;另可参见《盛春颐致盛宣怀函》,陈旭麓等编:《汉冶萍公司》(一),上海人民出版社,1984年,第17页。
③ 参见《钟天纬致盛宣怀函》,陈旭麓等编:《汉冶萍公司》(一),上海人民出版社,1984年,第15页。作者按:青山一带今天系全国大型钢铁企业"武钢"集团的所在地,然当时因沿江堤工失修,每夏江水淹灌,实非善地。钟氏这一勘查结果,当属可信。后经张之洞主持修堤、建闸及兴办通商局,青山一带地理面貌才开始大为改观。参见许同莘:《张文襄公年谱》卷七,商务印书馆,1944年,第29页;张春霆:《张文襄公治鄂记》,湖北通志馆,民国三十六年八月出版,第45页。
④ 参见(清)张之洞:《致武昌蔡道台汉阳县朱》,光绪十六年五月三十日发,《张之洞全集》(第七册),河北人民出版社,1998年,第5510页。
⑤ (清)张之洞:《致海署》,光绪十六年七月二十二日发,《张文襄公全集》卷一百三十五,民国十七年文华斋刻本。

貌条件,武昌城内士绅、民众对近代大工业的排拒,晚清交通运输以水运为主,大型工厂不得不靠近大江大河布局等一系列自然地理条件、社会文化环境以及社会经济因素,均对铁厂最终布局于汉阳产生了不容忽视的影响。然而,相比较而言,传统政治因素的影响则显得更为突出。

同西方一些"内发原生型"的现代化国家不同,中国的近代化是在外国资本主义的压迫之下,通过旧的政权自上而下地推行的。这就使得近代中国的工业化运动不可避免地打上了传统政治的烙印。从汉阳铁厂的宏观布局来看,清政府决定将粤省原定炼铁机炉移到经济文化均相对落后的湖北地区来兴办,即与清廷亟欲扶植张之洞这一新兴政治势力,抑制李鸿章集团势力过于膨胀这一政治图谋密切相关。而张之洞之所以最终放弃在大冶铁矿附近设厂的计划,其主要原因则是他同李鸿章、盛宣怀诸人为争夺铁厂控制权明争暗斗的结果。作为旧的社会历史土壤中萌生出来一颗新的胚芽,湖北钢铁工业一开始就不得不屈就于传统政治下的安排,被迫放弃了大冶这一在经济上更为有利的区位。是为中国近代工业化运动之"先天不足"的一个生动而有力的例证。

因选址不当,汉阳铁厂初期经营颇受影响。铁厂官督商办后,盛宣怀等不得不考虑对厂址进行调整。先后产生了在湖北大冶铁矿附近另设炼铁大炉,在江西萍乡县属湘东一带煤矿所在地另办一厂,就汉阳铁厂原址改造扩建等三种不同方案,出人意料的是,经过铁厂内外反复考量,最后第三种方案被采用。个中缘由,不仅与张之洞等人多年在湖北的苦心经营,武汉一带发展近代工业的经济地理环境逐步改善有关,还与汉冶萍公司工业技术的进步和管理水平的提高有关,与20世纪初期中国特定的市场环境有关,限于篇幅,兹不具论。

(四)如何评价汉阳铁厂的布局过程

汉阳铁厂之布局,是特定的人文—自然因素综合作用的结果。因此,要评价这一布局,首先应将之放在特定的历史地理环境中进行讨论。那种把历史现代化,用今天的地理环境来对前人妄加褒贬,或者拿现代工业布局中出现的某些现象来与之盲目比附,均不可能真正解决问题。

其次,应将主事者的主观动机与工厂布局的客观效果区别开来。我们知道,由于特定的人文—自然环境的约束,主事者在考虑铁厂布局时更为注重政治利害得失,而相对忽视铁厂的生产成本、经济效益。这是事实。但铁厂这一布局的实际影响与决策者的主观动机并不一致,有些地方可以说是大大出乎决策者的意料之外的。

其三,汉阳铁厂从布局及其调整经历了一个较长的过程,其间企业内外环境变迁迅速而剧烈。在不同的发展阶段,企业布局对企业的影响也不相同,我们对之的评价也应有所不同。

其四,汉阳铁厂是湖北省近代史上第一个近代企业,也是规模最大的企业,它的建立、布局和发展,对湖北省尤其是武汉一带的经济、文化、社会发展与环境变迁产生了重要影响。因此,我们对其布局的评价的标准和尺度,不能将眼光仅仅局限于生产成本或者生产利润这样的经济尺度,而应综合考虑其经济、社会与环境效应。

基于以上四点,笔者认为,受政治因素干扰,汉阳铁厂的布局起初被迫放弃了在经济上较为有利的区位,加大了运输费用,给企业初期的发展造成不利的影响,这是无可否认的事实。但将铁厂布局在湖北最大的城市武汉也有其意义,这有利于扩大洋务运动的社会声势和影响,有利于充分利用武汉地区经济基础,带动相关企业的发展。铁厂在汉也有力地推动了武汉一带的经济、文化发展与城市化进程,并对武汉地区地理环境的改善做出了自己的贡献。因此,就社会效益与环境效益而言,厂设武汉亦有一定的好处。不过,总的来讲,汉阳铁厂早期的布局受政治因素影响过大,加重了企业的经济负担,影响了企业的市场竞争力,可谓弊大于利,得不偿失。这也正是盛宣怀接办铁厂后亟须进行厂址调整之根源。但随着张之洞湖北新政的积极推行,武汉一带的经济地理环境,尤其是交通运输条件有了较大改善,铁厂自身的生产技术、管理水平也取得了长足的进步,运输费用在铁厂经营成本中所占比重不断下降,武汉城市发展为铁厂进一步发展提供了广阔的市场和空间。厂设于武汉在经济上也逐渐由不利向有利方面转化。20世纪初,武汉已经成为一个可以获得满意利润的区位。因此,在干扰铁厂布局的政治因素已基本上不复存在的情形下,盛宣怀等经过反复考虑,最终确定仍就汉阳铁厂原址进行扩充、发展。

当然,盛宣怀等人当年的决定多少受到了企业资金不足的限制,盛宣怀等始终对在大冶设厂炼铁念念不忘,民国时期不惜举借日债,付诸实施。这表明在当时的历史条件下,钢铁厂的还不能完全突破矿产资源分布的制约。值得一提的是,新中国建立后,国家决定在湖北建立大型钢铁工业基地,在选择厂址时,有关专家们经过严密地科学论证,最终确定在武汉市青山一带建厂最为有利。此举并非偶然,正是近代以来武汉一带地理环境,特别是工业地理环境不断改善,钢铁工业技术不断进步的结果。

第五节 结论

一、影响中国近代工业布局之主要区位因素

影响中国近代工业布局的因素相当复杂,涉及方方面面的问题。其生产布局既受到自然资源条件的限制,又受到当时特定的经济、市场环境、技术水平与交通运输条件的影响与制约。此外,西方列强在华的经济渗透与日本、俄国等帝国主义的军事侵略,中国国内复杂的政治环境,军事斗争形势及历史文化传统均对之产生

了深刻影响。通过以上对中国近代煤、铁、棉等主要工业部门布局情况的考察,我们可以获得以下几点认识:

(一)自然资源与自然条件是工业布局的前提条件

自然资源包括矿产资源、水资源、空气、动植物资源等。其中矿产资源是工业发展和布局的重要物质基础和前提条件。矿产资源的种类、储量、品质、开发利用的难易程度及各相关矿种的结合状况,特别是它们的地理分布,不仅会对工业的生产规模、工艺路线、生产成本、经济效益发生重要影响,而且还直接影响着工业的结构和布局。以煤、铁为例,我国大多数省份均有煤炭和铁矿石资源的分布,传统的土法采煤与冶铁业因规模较小,对资源要求不高,故分布比较广泛。而近代煤铁工业对资源的储量、品质要求较高,必须布局在当地或周边自然资源达到一定条件的地方才行。比如汉阳铁厂的建立,就离不开湖北大冶的优质富铁矿。而作为汉冶萍公司的重要组成部分之一的安源煤矿之所以受到重视并获大规模开发,除了其煤炭资源较丰之外,还与其煤质特别适宜炼焦之用有很大关系。开平煤矿也因其储量丰富,煤种比较适宜机器轮船之用而较早地得到开发。

水资源也是现代化工业生产的重要资源和条件。工业企业临近江河湖泊等丰富的地表水体,取水便利,可以节省用水费用。汉阳铁厂布局过程中形成的几个厂址选择方案,都很重视靠近水源。近代上海不少丝织厂之所以向无锡等地转移,也与当地水质较上海为优,比较适合丝厂工业用水有关。

此外,地表的自然要素包括地质、地貌、气候、水文等,也常常是工业布局的基础和条件。工业企业选择厂址和布局,要求占用一定的数量和质量的土地,有一定的地质基础和地貌条件,避免遭受洪水的威胁,一些污染严重的工业企业还需考虑风向频率、河流流向等小气候、水文条件。这些自然条件往往会影响工厂内外各项工程设施建设的工程量大小,投资多少,企业的安全与否及工作环境的优劣等,进而对企业布局发生影响。张之洞以大冶附近地势太低,受洪水威胁,地形低洼、狭窄,不敷展布为由反对在大冶设厂虽然只是一个借口,但铁厂后来放弃在武昌青山一带设厂的确是因为受到当时的地貌条件的制约而不得不然的选择。

这里需要特别指出的是,自然资源与自然条件虽然是一种客观存在,但对之开发利用却离不开人类的认识活动与科学技术水平,离不开特定社会经济条件的制约。特别地,我国近代矿产资源的勘探才刚刚起步,还不曾进行全国范围内科学系统的地质勘探,这方面影响更为突出。现在中国所探明的矿产资源量中,大部分均未被发现或者探明。抗战前中国煤资源的探明储量(含约估量)只有 2 655 亿吨,而 2005 年的全国煤炭基础储量达 3 326 亿吨,前者只及后者的 2/3。抗战后期所发现的中国铁矿石的探明储量只有 21.5 亿吨,而 2005 年的铁矿基础储量为 216 亿吨,前者只及后者的1/10。① 而且,不同地区资源的勘探水平相差甚大。以铁矿为例,民国时期探明的储量虽然只及现代勘探所得基础储量的1/10,但不同的省份所探明的储量占现代基础储量的比重大不相同,其中中国近代钢铁工业最发达的辽宁省探明的储量远远超过当时其他省区的勘探水平。而一些现已探明储铁比较丰富的边远省区,如内蒙、甘肃、新疆、四川、云南、贵州等,在民国时期因未受到重视探明的储量少得可怜。可见,自然资源的储量本身虽不可能因人为的因素而改变,但自然资源的开发利用却要受到各种人为因素的影响。近代中国对矿产的勘探活动多集中在沿海、沿江及铁路线附近区域,就是出于交通与市场需求方面的考虑。内地丰富的矿产资源或者因无人勘探而深埋地下,或者因交通不便而得不到及时开发,难以对中国近代工业发展及布局产生影响。

(二)政治因素对近代工业布局尤其是重大工业企业的布局影响极大

同西方一些"内发原生型"的现代化国家不同,中国近代的工业化运动不是由内部因素自发产生的,而是在外国资本主义的压迫之下,由旧的政权"自上而下"地推行的。这就使得近代中国的工业化运动不可避免地打上了传统政治的烙印。

晚清洋务运动虽由政府推行,但当时清政府最高权力掌握在缺乏现代见识但却长于操纵权术的慈禧太后等满清贵族之手,没有也不可能形成领导洋务运动全局的核心力量来统筹全局,有步骤、有计划地推行革新,而是由一些汉族地方大员在自己权力所及的范围内,枝枝节节而为之。太平天国运动之后,汉人新兴势力兴起,清廷军政大权下移,清廷中枢为了加强控制,对汉人势力集团时加猜防。清廷采取的措施之大端即在于抑制、分化最大的汉人实力派,有意扶植其对立势力,使之相互制衡,而使中枢得以操纵其间,避免某一派别力量过于强大,威胁政柄。汉人新兴势力集团之间本不团结,而是自立门户,各分畛域。清廷中枢的政策无疑进一步促成或助长各汉人实力派之间的相互矛盾与斗争。②

因此,影响中国近代工业布局的政治因素相当复杂,清廷中枢对汉人新兴地方实力派之间所采取的相互制约与平衡政术;各洋务集团之间矛盾、冲突及一些重要人物之相互关系等,均会在不同程度上影响工业的布局。清政府决定搁置李鸿章修筑津通铁路的建议而采纳张之洞的方案改筑芦汉铁路,将粤省原定炼铁机炉移到经济文化均相对落后的湖北地区来兴办,以及不同意李瀚章、李鸿章兄弟提出的将张之洞在粤所订枪炮厂移设北洋,而支持张之洞移鄂兴办等,即与清廷亟欲扶植张之洞这一新兴政治势力,抑制李鸿章集团势力过于膨胀的政治图谋密切相关。而张之洞之所以最终放弃在大冶铁矿附近设厂的计划,其主要原因则是他同李鸿

---

① 抗日战争前的中国煤炭储量,来自1929年胡博渊、翁文灏的估计,见胡荣铨:《中国煤矿》,商务印书馆,1935年,第7页。抗战后对中国铁矿储量的估计,据经济部中央地质调查所、国立北平研究院地质学研究所:《中国矿业纪要》(第七次)1945年印行,第88—89页。我国2005年的煤炭和铁矿储量,据中华人民共和国国家统计局编:《中国统计年鉴2006》,第11页。
② 参见石泉:《甲午战争前后之晚清政局》,三联书店,1997年,第25—36页。

章、盛宣怀等为争夺铁厂控制权,明争暗斗的结果。作为旧的社会历史土壤中萌生出来一颗新的胚芽,湖北钢铁工业一开始就不得不屈就于传统政治下的安排,被迫放弃了大冶这一在经济上更为有利的区位。此即充分体现了传统政治因素对近代工业布局的支配性影响。

中国社会久在专制统治之下,政治权力支配着社会的方方面面,"官本位"色彩极为明显。而近代工业化运动是由官员来推行的,在工业布局决策过程势必体现官员的意志。因此,同自然资源、经济基础等因素相比较,政治因素对工业布局的影响显得更加直接。不但如此,近代资源的勘探离不开官方的组织、调遣,也会受到政治因素的影响,前文提到的张之洞与盛宣怀之间在光绪十五、十六年间在勘探矿产问题上的分歧就是明证。政治力量也可以凭借权力对人力、物力进行支配、调拨,从而使得工业布局能在相当程度上突破经济条件的制约。即使地方社会文化阻力较大,主其事者也有可能通过政治权力来化解矛盾,克服困难。开平煤矿的开采及唐胥铁路的开通,就是在李鸿章及醇亲王的大力支持下克服重重阻力而得以实现的。

在轻工业领域,尽管统治者很少直接干预工厂的具体的布局过程,但一些政策、制度也对轻工业布局产生一定影响,譬如晚清时期李鸿章为上海机器织布局所奏请的所谓专利制度,民国时期南京国民政府提高进口棉花关税,一些地方势力在本省实行地方保护主义,等等,均对工业布局产生一定影响。

近代中国是在内忧外患频仍的环境下艰难地走向现代化的,内外战争作为政治的特殊表现形式,也对工业布局产生重大的影响。对外战争的威胁,往往促使中国统治阶层优先考虑在内地设厂,以确保安全。国内的内战对内地的产业环境造成较大破坏,迫使一些资本家投资上海、汉口、天津等地的西方租界内,寻求列强的庇护,加剧了中国沿海地区工业集中的程度。

地方分裂势力与各自为政的地方主义的政策行为,对近代工业的影响也不小。这一方面体现在不少地方势力滥设关卡,阻碍交通与物流的畅达,一方面也体现在全国各地名目繁多并且不相统一的苛捐杂税上。

外资在华投资多倾向于在交通条件较好,经济社会比较发达的沿海地区,其中日本更偏向于选择离日本本土较近,便于控制的中国北方,特别是中国东北或山东等地。

(三) 社会经济因素是工业布局的最终决定性因素

这里所说的经济因素,主要包括地区现有的经济基础、资金、劳动力的数量、质量及工资水平、交通运输条件、企业生产技术水平、市场需求等。

发展近代工业,特别是重工业首先需要一大笔资金。同广东相比,湖北财政比较困难,洋务运动还不曾起步,办大工业所需资金的筹措也较为困难,所以张之洞起初对汉阳铁厂"由粤移鄂"态度并不积极。直到海署承诺铁厂开办经费从海防经费中划拨时,张氏才正式允诺在鄂办厂。铁厂后来进行厂址调整时,大冶另设一厂的计划之所以被一再搁置,实与工厂所面临的资金不足,大冶一带经济基础差,设厂所需投资过多,且铁厂所需相当数量的技术工人在大冶也很难雇到等因素有关。一战期间是中国纺织业的所谓"黄金时代",全国各地竞相创办纱厂,上海之所以能够重新成为中国棉纺织业重心之所在,就在于其作为中国最大的金融中心和外贸中心,能够迅速聚集生产所需的资金、设备、人力、原料物质等生产要素。凡此种种,皆可见经济基础、资金、劳动力等经济因素对企业布局的影响。

经济地理位置与交通运输条件是否有利,直接关系到企业的生产成本与转运成本之高低,并进而影响企业和工厂的布局。上海、武汉等地优越的地理位置和便利的交通条件,是当时许多工厂建立的重要原因。内地的交通条件、生产技术与管理水平等虽不若上海等沿海地区,但其利用靠近原料供应地和市场销售地点之优势,也可以获得一定的发展空间。

企业生产技术水平不特影响企业之经济效益,而且对企业布局的影响也很大。譬如,铁厂生产技术的提高,减轻了工厂对煤炭资源的依赖,也降低了运输费用和生产成本,这对汉阳铁厂能够稳定地在汉阳生存、发展有着重要的影响。

集聚因素是指若干相互关联的企业集聚一地,可以获得外部经济,提高经济效益。汉阳铁厂再布局时,当局之所以最终确定仍就汉厂进行扩充、改良,直接原因就是在汉可以发挥集聚优势,铁厂多余煤气可以用来发电,供汉镇水电厂之用。上海地区因为工厂林立,可以集中运用廉价的电力作为动力,从而节省生产成本,进一步增强对投资者的吸引力。

在工业布局的初期,主其事者往往更多从政治利益出发,不惜牺牲经济效益,将工业布局在一些经济落后或交通运输不便之地,这样的例子在历史上屡见不鲜。醇亲王等出于"扶张抑李"的政治需要,授意张之洞在湖北发展钢铁工业,他决定从"海防经费"中划拨巨款来建设铁厂,大概很少虑及湖北当时经济落后、财政困难,一旦失去了中央的财力支持,很难凭自身之力维持这样一个大型钢铁厂的运转。中国是一个中央集权的国家,统治者完全可以凭借国家政权之力,集中人力、物力,在一些自身经济条件落后的地区建立起现代工业。因此在工业布局的初期,经济因素的影响和制约作用显得并不突出,甚至被人有意或无意地忽略,这是事实。但从长远来看,企业要想获得稳定发展必须在经济上有利可图,否则终将难逃被关闭或迁移的命运。纵观汉阳铁厂从布局到再布局的全过程,我们不难发现其影响因素,有一由注重政治因素到经济因素转化的过程,经济因素作为一只看不见的手,对企业布局最终起着决定作用。

在近代中国,一方面一些省区矿产资源条件较好却因地处偏远,经济社会发展比较落后,对煤炭和钢铁的需求有限,结果其资源迟迟得不到开发利用,甚至一直深藏在地下不为时人所知。这方面最为显著的例子是内蒙古自治区,2005

年公布的探明的煤炭基础储量达757.9亿吨,仅次于山西省,居全国第二位;铁矿的基础储量为12.7亿吨,在全国排名仅次于辽宁、河北和四川省,位居全国第四位。但可惜的是,民国时期因为当地经济落后,人口稀少,这一区域丰富的地下资源几乎未曾引起当时国内的任何注意。另一个最为时人谈论的例子是山西的煤炭资源,近代山西丰富的煤炭资源很早就受到国人的重视,但因地处内地,运道不便,1936年煤产量仅有336万吨,不及当年产量最高的辽宁省(1 072万吨)的三分之一,还不到河北省产量738万吨的一半,也低于山东省的400万吨的产量。[①]

在各类经济成本中,交通运输费用占了一定的比重,尤其是采矿业和钢铁业等重工业部门。因此,交通运输条件与近代重工业布局的相互影响与制约甚大。据统计,中国近代年产煤20万吨的大公司,其中34家位于铁路线的附近。[②] 除了铁路之外,河运因其运输量大,成本低廉对矿业发展的促进亦较大。比如,位于山东峄县的著名的中兴煤矿,其生产与布局就与当时京杭大运河密切相关。1935年发表的有关华中、华东各主要煤矿煤运的运输成本,以及在上海市场所销售的抚顺、开滦及日本进口煤矿的运输成本统计[③],表明在华中与华东地区各煤矿运往沪、汉市场销售的成本构成中,矿山生产成本所占的比重,除了离上海较近的安徽省烈山和淮南煤矿之外,普遍不足1/2,有的甚至不足1/3,只有运费在煤炭工业的成本构成中举足轻重。开滦煤矿与抚顺煤矿在上海市场之竞争,胜败之关键,实系于铁路与轮船运费之高低。

(四)社会文化因素对工业布局有重要影响

中国近代的工业文明作为西方文化的代表,是伴随着西方列强血与火的殖民侵略一并传入中国的,在当时极易遭受保守的官僚士大夫的排拒,社会一般民众也多对之持反对态度。尤其是在一些风气闭塞、官僚士大夫云集的传统政治文化中心,发展近代工业所遇到的社会阻力相当强大。因此,中国近代工业起初往往选择在一些社会阻力较小的地方进行布局。光绪初年,李鸿章对在直隶磁州、开平等地办矿曾一度心存疑虑,而企图另在湖北择地兴办,就与直隶一带社会风气闭塞,守旧势力过于强大等因素有关。汉阳铁厂初曾打算设在武昌城外金鸡垸、巡司河一带,亦因武昌城内保守势力强烈反对而被迫放弃,改在汉阳另觅适宜之地。此可见社会文化因素对中国近代工业布局的重要影响。

落后保守的文化观念阻碍了工业布局的实现,而科教文化昌明的地区,如近代上海等地,该地区劳动者的生产技能和企业家的管理水平又往往要比文化落后地区高,从而有利于企业生产成本的降低,成为吸引企业投资的重要因素。

---

① 经济部中央地质调查所、国立北平研究院地质学研究所:《中国矿业纪要》(第七次),1945年,第53—54页。
② 经济部中央地质调查所、国立北平研究院地质学研究所:《中国矿业纪要》(第七次),1945年,第76页。
③ 上海商业储蓄银行编:《煤与煤业》,《商品调查业刊》第十编,1935年,第117页。

（五）历史因素对中国近代工业布局的影响值得关注

中国近代工业虽然主要是西力东渐下的产物，但中国传统的手工业仍对其生产与布局有着不容忽视的影响。

在钢铁、煤炭等重工业部门，由于近代地质勘探技术和人力的不足，在全国范围内进行科学系统全面的地质勘探一时尚难以进行，因此一些古代著名的冶铁、采煤中心也自然成为时人较早关注的重点区域，该地矿产资源被发现、开采的几率也较大。譬如湖北大冶，自古就是著名的冶铁中心，因此在近代也较早受到当事者关注而被重点勘探。

在棉纺织业等轻工业部门，历史因素的影响也是明显的。中国传统手工业棉纺织区，就是中国近代棉纺织业早期最主要的产品——棉纱主要销售市场之所在，二者之间的联系是不言而喻的。松江地区明清以来就是中国棉纺织业最发达的地区，这与上海、江浙地区近代棉纺织业的发达不无历史渊源的关系。

（六）诸区位因素常因部门、环境、阶段的差异而表现出不同的影响

上述影响工业布局之区位因素，往往因不同工业部门，企业布局的不同阶段及企业所处的市场环境之不同，其影响大小及相互地位亦有所不同。

譬如，汉阳铁厂的布局过程，一共经历了从宏观布局（地区布局）、中观布局（地点布局）、微观布局（厂址布局）及后来的厂址调整（再布局）四个不同的阶段，在不同的阶段，上述区位因素之作用程度、影响大小并不相同。具体情形可参阅表4-7：

表4-7　汉阳铁厂布局主要阶段影响因素表

	区位因素	宏观布局	中观布局	微观布局	再布局
自然因素	矿产资源及其分布	++	+		+
	地质、地貌		+	++	+
	水资源			+	
经济因素	现有经济基础	+	+		++
	资金与劳动力	+			+
	生产技术水平				++
	交通运输	+	+	+	
	经济地理位置	++			+
社会政治与文化因素	政治集团间之冲突、合作与相互制衡	++	+		+
	中外关系	+			
	社会文化阻力	+		++	

说明："++"、"+"表示各因素对该布局阶段影响的强弱程度，前者较强，后者较弱；空格表示基本不发生影响或影响不明显。
（资料来源：本表的编制参考了陆大道：《区域论及区域研究方法》，第三章第一节，"生产力布局主要阶段的影响因素"表，科学出版社，1988年，第53页。）

再如上海棉纺织业在一战前后因生产规模扩大,原料来源和市场销售区均发生很大改变,原来有利的区位条件也会变得不再有利。有的工业部门对因其生产加工过程中原料重量损失大,或者其原料不便运输,所以其企业布局一般倾向于原料所在地,如近代无锡、南海、佛山等地缫丝业。有的工业部门因在其加工过程中原料重量损失小,故其布局往往靠近市场之所在地,如近代面粉业,等等。

总之,影响中国近代工业区位选择的因素复杂多样,近代工业布局可以说是以上各种人文、自然因素综合作用的结果,但其中尤以社会经济因素最具决定性。从工业区位的理论来看,中国近代工业布局虽曾因为复杂的政治环境和社会文化等因素的干扰而存在一定程度的扭曲现象,但从总体上讲,中国近代工业之布局仍符合经济地理学的一般规律,具有相当的合理性,不得简单地视之为畸形分布。

二、中国近代工业布局的时空特征

中国近代工业布局是特定历史条件下的产物,具有鲜明的时代特征与空间特征。本文仅就管见所及,总结如下:

其一,政治色彩浓厚,经济效益低下。

受到我国内部政治文化因素的影响极大,在工业布局的过程中,主其事者往往更多从政治利益出发,不惜牺牲经济效益。汉阳铁厂初期布局放弃大冶而改在汉阳,致使铁厂经营之初运费增多,成本加重,即是一证。再如清廷在铁路修筑时,放弃经济效益较好的津通线而选择芦汉铁路,等等。这一点,在早期政府兴办的规模较大的重要工矿企业中,表现得最为显著。至于一般规模较小的民营企业,受政治影响则较小,其布局主要还是由社会经济因素所决定。

其二,科学论证不足,监督引导不力,企业布局的随意性、盲目性较突出。

受近代地质勘探条件的限制,近代工业布局往往是在地质勘探尚很不充分的情况下进行的,因此布局主观随意性较强。汉阳铁厂布局之初,当局者对湖北、湖南两省煤炭资源估计过高,张之洞起初重点开采的两座煤矿——李士墩煤矿和马鞍山煤矿,在耗费巨资之后才知其煤质不佳,并不适用。结果不仅造成很大的经济损失,也影响了铁厂的生产经营。

在民间,尽管许多工厂在建立时对其区位问题曾经过认真考虑,并非随意而为之。但由于投资者对有关信息掌握不够充分,对市场形势的判断不准确,或者是出于投机的心理,企业生产与布局往往带有一定的盲目性,加之政府缺乏必要的监督、引导,因此,一旦市场形势较好时,不少投资者一哄而起,一拥而上,盲目投资,并不认真考虑区位因素对企业未来市场竞争力的影响。结果每每造成该地企业原料供应紧张,市场饱和,生产成本加重等一系列困难,企业间竞争加剧。一旦市场形势突变,不少企业纷纷关门、破产,惨遭淘汰,一些企业则被迫向外地迁移,等等。这一现象,尤以一战期间及战后初期,所谓"黄金时代"上海地区之棉纺织、丝织业等行业最为典型。

其三,从中国近代工业布局之空间分布形态来看,中国近代工业分布一方面具有高度集聚的特点,上海等沿海地区集中了中国大部分工业企业;另一方面,中国近代工业分布又有明显的由上海向江浙地区,乃至中西部扩散的趋势。20世纪30年代,随着国家统一的初步实现,交通运输事业的进步,厘捐的废除与统税的逐步实施,全国市场统一性加强,在沿海与内地之间,某些重要产业例如棉纺织业已开始形成地区分工体系。这种分工符合各地区的比较优势,促进了资源的合理配置,体现了中国近代工业布局理性化的发展趋势。

其四,从影响中国近代工业聚集与扩散的因素来看,中国工业布局也有自己的特点。中国是一个人口众多、劳动力过剩的大国,中国沿海与内地、城市与乡村之间不仅存在巨大的经济差距,还存在巨大的文化鸿沟。沿海大城市的工资水平虽比内地略高,但沿海大城市的工人技术能力和企业管理水平往往较高,造成其生产成本反而比内地低。因此,在西方发达国家所普遍出现的劳动密集型产业因经济发达地区劳动力成本上升而向落后地区转移的趋势,在我国迟迟未能出现,在一定程度上加剧了中国近代以来各地区经济发展不平衡的局面。近代我国工业向西部地区转移不是基于生产成本的节省,而是由于国内交通运输落后,苛捐杂税繁多而造成的运输费用高昂,内地市场与外部分隔严重,企业家为了节省转运成本而不得不选择在接近原料与销售市场的地方设厂。除非内地厂家能够尽快提高自身的技术与管理水平,扭转其与沿海地区在生产成本上的劣势,否则,这种建立在交通落后、市场分割基础上的发展机会是难以持久的。

附表4-1 华商棉纺织厂工厂数量地区比较表

年份	上海	江浙地区	其他通商口岸	内地
1890	1	0	0	0
1891	2	0	0	0
1892	2	0	1	0
1893	1	0	1	0
1894	3	0	1	0
1895	5	0	1	0
1896	5	1	1	0
1897	5	3	1	0
1898	6	3	2	0
1899	6	5	2	0
1900	6	5	2	0
1901	6	5	2	0
1902	5	5	2	0
1903	5	5	2	0

续 表

年份	上海	江浙地区	其他通商口岸	内地
1904	5	5	2	0
1905	5	6	2	0
1906	4	9	2	0
1907	6	10	2	0
1908	6	11	2	0
1909	6	11	2	1
1910	7	11	2	1
1911	7	11	2	1
1912	7	11	2	1
1913	7	11	2	1
1914	7	11	2	1
1915	8	11	2	1
1916	10	11	3	1
1917	10	11	3	1
1918	11	11	5	1
1919	11	12	4	2
1920	21	21	11	9
1921	23	25	12	13
1922	24	27	12	13
1923	24	25	12	14
1924	24	23	12	14
1925	22	22	12	13
1926	23	22	12	14
1927	24	22	12	15
1928	24	22	12	15
1929	28	22	13	18
1930	28	22	13	19
1931	28	24	13	19
1932	28	25	13	22
1933	31	25	13	23
1934	31	25	14	25
1935	31	25	14	25
1936	31	26	11	28

（资料来源：参见严中平：《中国棉纺织史稿》，科学出版社，1963年；丁昶贤：《中国近代机器棉纺工业设备、资本、产量的统计和估量》，《中国近代经济史研究资料》(6)，上海社会科学出版社，1987年；严中平主编：《中国近代经济史统计资料选辑》，科学出版社，1955年；严中平主编：《中国棉纺统计史料》，未刊稿，1950年，本表所列数据为实际开工的数据。关于本表中四类地区的划分，见本文正文。对于上述资料中统计数据所存在一定程度的出入甚至彼此矛盾之处，由作者综合相关史料尽可能作了处理。由于现有史料中没有1923年、1926年的相关数据，为便于电子计算机制图，表中数据系作者根据相邻年份的数据取算术平均值而得到，特此说明。另外，本表中1917年、1918年的布机数据系作者根据有关材料所作的推断，或恐不无臆断之处，尚须将来掌握更充分的史料来进一步修订。以下各表同。)

附表 4-2　华商棉纺织厂已开纱锭数地区比较表

年份	上海	江浙地区	其他通商口岸	内地
1890	35 000	0	0	0
1891	42 008	0	0	0
1892	44 024	0	30 440	0
1893	9 024	0	30 440	0
1894	104 556	0	30 440	0
1895	139 948	0	40 592	0
1896	145 248	17 048	40 592	0
1897	145 248	60 440	40 592	0
1898	167 060	60 440	90 656	0
1899	167 060	90 982	90 656	0
1900	167 060	90 982	90 656	0
1901	167 060	90 982	90 656	0
1902	143 148	90 982	90 656	0
1903	143 148	98 850	90 656	0
1904	143 148	119 200	90 656	0
1905	143 148	133 760	90 656	0
1906	122 756	179 344	90 656	0
1907	143 828	205 344	90 656	0
1908	145 996	220 384	90 656	0
1909	145 996	222 568	90 656	22 344
1910	171 672	224 752	90 656	22 344
1911	171 672	224 752	90 656	22 344
1912	171 672	224 752	90 656	22 344
1913	171 672	244 272	90 656	22 344
1914	171 672	244 272	90 656	22 344
1915	187 812	245 024	90 656	22 344
1916	224 764	251 772	95 776	22 344
1917	224 764	250 084	95 776	22 344
1918	247 820	250 084	165 776	22 344
1919	329 112	301 800	190 120	30 000
1920	303 392	269 516	201 386	68 600
1921	499 346	332 816	278 640	128 080
1922	624 142	419 412	378 440	176 080

续　表

年份	上　海	江浙地区	其他通商口岸	内　地
1923	644 970	426 880	407 628	206 868
1924	665 798	434 348	436 816	237 656
1925	677 238	453 688	463 698	251 428
1926	694 497	472 800	484 685	280 338
1927	711 756	491 912	505 672	309 248
1928	776 388	491 616	513 608	331 916
1929	918 098	478 816	530 722	369 236
1930	953 646	517 548	442 084	387 396
1931	1 066 920	571 944	528 264	421 912
1932	1 029 976	587 936	482 360	418 289
1933	1 102 032	622 144	464 060	455 646
1934	1 099 624	605 361	480 912	397 378
1935	1 118 218	622 208	383 339	463 512
1936	1 105 408	642 868	356 396	603 648

（资料来源：同附表4-1。）

附表4-3　华商棉纺织厂布机数地区比较表

年份	上　海	江浙地区	其他通商口岸	内　地
1890	530	0	0	0
1891	530	0	0	0
1892	530	0	1 000	0
1893	0	0	1 000	0
1894	1 100	0	1 000	0
1895	1 100	0	1 000	0
1896	1 100	216	1 000	0
1897	1 100	216	1 000	0
1898	1 100	216	1 000	0
1899	1 100	216	1 000	0
1900	1 100	216	1 000	0
1901	1 100	216	1 000	0
1902	1 100	216	1 000	0
1903	1 100	216	1 000	0
1904	1 100	216	1 000	0

续 表

年份	上 海	江浙地区	其他通商口岸	内 地
1905	1 100	216	1 000	0
1906	1 100	216	1 000	0
1907	1 100	216	1 000	0
1908	1 100	216	1 000	0
1909	1 100	216	1 000	0
1910	1 400	216	1 000	0
1911	1 400	216	1 000	0
1912	1 400	216	1 000	0
1913	1 100	216	1 000	0
1914	1 100	216	1 000	0
1915	1 100	616	1 000	0
1916	1 350	616	1 000	0
1917	1 600	936	1 000	0
1918	2 000	936	1 000	0
1919	2 990	720	600	0
1920	2 390	950	1 200	0
1921	3 940	1 135	1 400	200
1922	4 240	1 417	1 960	200
1923	4 325	1 639	2 385	300
1924	4 410	1 861	2 810	400
1925	5 090	2 229	3 210	692
1926	5 103	2 406	3 460	696
1927	5 116	2 583	3 710	700
1928	7 394	3 651	4 188	1 550
1929	5 838	4 042	4 325	1 300
1930	6 507	4 136	3 670	1 150
1931	7 864	6 528	4 317	1 890
1932	7 238	5 709	3 945	1 989
1933	7 854	6 542	3 208	1 950
1934	7 537	6 715	3 671	2 600
1935	8 540	7 250	2 798	4 168
1936	8 402	7 760	3 181	6 240

(资料来源：同附表 4-1。)

第五章　近代交通的发展与空间分布[①]

交通,包括运输和邮电两个方面,[②]在经济社会生活中发挥着基础性、先行性的作用。古代中国,幅员广大,中国人民在交通方面创造了灿烂的文明。

早在夏朝,夏人已有沿黄河流域自西向东建立交通联系的趋势。商王以王都为中心,在方圆二三百里的王畿之内,初步建立起通往四方的交通干道。西周在以都城为中兴的方圆千里的王畿内,设立十多个关口,在关内修建宽阔的国野大道,在关外则有通往各地的普通道路。商周干道上还建有梁柱桥,已有"车马"、"步辇"和"舟船"等交通工具,陆路运输已进入畜驮车载的阶段。春秋战国时期,各诸侯国在商周干道的基础上,修建纵横南北和横贯东西的多条交通干道,沿途还设有驿站。水路交通不仅利用长江、淮河和黄河等天然河道,还开凿早期的人工运河胥河、邗沟、菏水和鸿沟等。秦始皇统一中国后,颁布"车同轨"的法令,把过去杂乱的交通路线,加以整修和联结,建成遍及全国的驰道;又颁布有关邮驿的法令,建立起传递官府文书和军事情报的邮传系统。汉代继续扩建延伸发展了以京都为中心、向外辐射的交通网,还开辟了经西域通往西方的"丝绸之路"以及由西南通往南亚的"身毒道",并建立从东南沿海通往日本列岛和东南亚等地的海上通道。

隋代完成了贯穿南北的大运河工程,这是世界上开凿最早、规模最大、里程最长的运河。唐朝京都长安发展为国内外交通的重要枢纽和中心,是世界上最大的都市之一,通往境外的海陆交通,有了新的发展。在交通设施和交通工具方面,梁柱式桥发展为梁墩式桥,拱桥则应用广泛。隋唐两代继续使用各类车辆,鞍马成为普遍使用的交通工具。先进的水密船也开始使用。宋元时期,水陆交通进一步发展。当时中国人将指南针应用到海船上,大大提高了航海技术,帆船已成为重要的海上交通工具,沿海航运事业相当发达。

明清时期,中国交通虽有所衰落,但明代造船业的规模很大,形成中国古代历史上的造船高峰。大航海家郑和从公元1405年到1433年先后七下西洋,把中国古代航海活动推向顶峰。但不久以后明朝政府实行海禁,清王朝也沿袭海禁政策,中国航海事业陷入衰落。明清时期,邮驿事业仍有所发展。由京师(北京)通往各省省城的道路称为"官马大路"(简称"官路"),由省城通往重要市镇的道路称为"官马支路"(简称"大路"),市区内的街道称为"马

[①] 本章由徐卫国撰写。
[②] 根据《中国大百科全书·交通卷》(中国大百科全书出版社,1986年)第1页的解释,交通包括运输和邮电两个方面。其中,现代运输方式包括铁路、公路、水路、航空、管道运输,现代邮电包括邮政和电信。

路"。四通八达的官路系统,不仅便于官方传递文书(邮驿),也便利了经济交往。

宋元明清四代,交通建设和工具制造都趋于成熟和规范。桥梁逐渐形成梁桥、拱桥、索桥和浮桥四类,并在世界上独创了叠梁拱桥。元代正式使用了沿用至今的鞍套式系驾法。北宋开始使用两杆绑扎椅子的新型肩舆,后又演变为三板轿和竹制滑竿。舆轿已成为明清时期极为普及的交通和礼仪工具。宋代以来,船舶式样发展出近千种,南方则出现了沙船、乌船、福船、广船等优秀的船舶类型。

18世纪下半叶,西方蒸汽机问世,兴起了改变世界的产业革命。从19世纪初开始,蒸汽机相继应用于船舶和在铁路运行的车辆上,机动船和机车问世。从此,揭开了近代运输的新纪元。1840年鸦片战争以后,资本主义列强把新式运输方式传入中国。他们挟条约特权、资本和技术优势,在中国直接或间接兴办新式交通。随着西学东渐、洋务运动的兴起,中国官府和民间也开始"师夷之长技以制夷",兴办本国的铁路、轮船、邮政和电信等新式交通事业。以畜力车、人力车、木帆船为主要工具的古代水陆运输业和以邮驿为主要方式的古代邮政通信业,有的趋于衰落,有的逐步废弃,也有的保持着顽强的生命力。

对于中国近代交通的发展与空间分布(布局)这一问题,地理学、经济学及历史学等学科,很早即予以关注。20世纪二三十年代以来,一些中国学者撰写或编译的经济地理和交通地理方面的著述,或多或少都论及了这一问题。[①] 此外,外国学者有关中国经济地理和交通地理的著述,也有翻译出版。[②] 1949年以来,一些著述,尤其是经济地理和交通运输布局方面的著作,对中国近代交通的发展与空间分布均有或详或简的论述。[③] 20世纪90年代以来,众多的经济地理教科书,也或多或少会提及包括交通地理在内的中国近代经济地理。至于近代交通发展历程方面的著述,更是丰富。有专述某一交通部门的著作如铁路史、公路史、航运史、航空史、邮电史等;各地新修地方志都编有专门的《交通志》;还有在综合性著作中专章叙述近代交通的。[④] 中华民国交通部、铁道部交通史编撰委员会编撰的交通史,分

[①] 主要有,刘穆编:《世界经济地理概要》,远东图书公司1929年印行;王金绂:《中国经济地理》,北平文化学社,1929年;张其昀:《中国经济地理》,商务印书馆,1930年;盛叙功译:《交通地理》,商务印书馆,1931年;吴敬恒等:《中国经济地理》,商务印书馆,1935年;胡焕庸:《经济地理》,正中书局,1948年。

[②] 如(苏联)密努勒金、坡利斯著,胡曲园、傅了琛译:《世界经济地理教程》,昆仑书店,1937年;(苏联)卡赞宁著,焦敏之译:《中国经济地理》,光明书局,1937年;(美)葛勒石著,谌亚达译:《中国区域地理》,正中书局,1947年等。

[③] 如葛绥成:《中国经济地理》,中华书局,1950年;王德荣主编:《中国运输布局》,科学出版社,1986年;陆大道主编:《中国工业布局的理论与实践》,科学出版社,1990年;吴传钧主编:《中国经济地理》,科学出版社,1998年;陈航主编:《中国交通地理》,科学出版社,2000年。

[④] 有关著述极为丰富,这里略举一二。近代交通方面有,王倬:《交通史》,商务印书馆,1923年;袁德宣:《交通史略》,北京交通丛报社长沙铁路协会,1928年;杨得任:《中国近世道路交通史》,自刊,1928年;张心澄:《中国现代交通史》,良友图书印刷公司,1932年;金豪风编著:《中国交通之发展及其趋向》,自刊,1934年;曾遂:《中国战时交通史》,商务印书馆,1947年等;曾鲲化:《中国铁路史》,1924年印行;谢彬:《中国铁道史》,中华书局,1929年;杨湘年:《铁道经济与财政》,商务印书馆,1943年;张嘉璈著,杨湘年译:《中国铁路建设》,商务印书馆,1946年;王开节:《中国铁路发展史》,台湾交通建设学会,1955年;(英)肯德著,李抱宏等译:《中国铁路发展史》,三联书店,1958年;凌鸿勋:《中国铁路志》,台湾世界书局, (转下页)

路政、邮电、电政、航政、航空、总务等编,既是重要史料,也是专门史。

在前人研究的基础上,本章将分航运、铁路、公路、邮电和民用航空,概述近代以来新式交通的发展历程,最后简要分析中国近代交通的发展水平和布局特点。

第一节　轮船航运业的兴起

一、晚清轮船航运的兴起

我国河流密布,海洋东环,有着发展航运业的良好条件。由于船只载重量大,航运业在交通中一向居有重要的地位,一向是内河和外海航运都颇为发达的国家。直到19世纪20年代,估计还有300多艘帆船载重8.5万吨航行东南亚,是英国东印度公司来华商船吨位的4倍。鸦片战争前的沿海商船,仅广东、福建、浙江等地即多达5 800多艘,载重68万多吨,每年贸易总值2 600多万元。① 由此推测,沿海和内河的船只和贸易量,肯定是这一估计的若干倍。

轮船是中国近代最早出现的新式运输工具。1807年,美国人首先发明了蒸汽动力机船。1825年,英国轮船嘉艇号驶入珠江口一带,从事邮政与旅客的运送。由于轮船和火车相对于传统交通工具的巨大优越性,1840年德国传教士郭士立通过他的著作《贸易通志》,劝中国仿照西方国家,兴办轮船和铁路。1842年3月31日,广东绅士潘世荣雇用外国工匠造成火轮船一艘,驶入内河,但效果不佳。同年,歙县人郑复光著成《火轮船图说》,较详细地介绍了火轮船的构造特点和蒸汽机工作原理。② 潘世荣和郑复光的举动,表明少数中国人很快便认识到轮船的作用,并试图付之于交通实践。不过,早期在中国沿海航行的轮船,却都属于英、美、德等国的轮船公司。

(接上页) 1963年;宓汝成:《帝国主义与中国铁路》,上海人民出版社,1980年;马里千、陆逸志、王开济编著:《中国铁路建筑编年史(1881—1981)》,中国铁道出版社,1983年;金士宣、徐文述等:《中国铁路发展史,1876—1949》中国铁道出版社,1986年;周一士著:《中华公路史》上部,台湾商务印书馆,1984年;王柽:《邮政》,商务印书馆,1933年;谢彬:《中国邮电航空史》,中华书局,1933年再版;张樑任:《中国邮政》(三卷本),商务印书馆,1935年、1936年;赵曾珏:《中国之电信事业》,商务印书馆,1943年;赵曾珏:《中国之邮政事业》,商务印书馆,1945年;王子今:《路电邮政策略》,台湾交通建设学会,1956年;彭瀛添:《列强侵华邮权史》,台湾华岗出版有限公司,1979年;邮电史编辑室编:《中国近代邮电史》,人民邮电出版社,1984年;郑游主编:《中国的邮驿与邮政》,人民出版社,1988年;姜希河等:《中国邮政简史》,商务印书馆,1999年;王洸:《中华水运史》,台湾商务印书馆,1982年;樊百川:《中国轮船航运业的兴起》,四川人民出版社,1985年;张后铨主编:《招商局史(近代部分)》,中国社会科学出版社,2007年;张泽成、郭松义:《中国航运史》,台湾文津出版社,1997年,等等。含有交通史的综合性著作也很丰富;另有各地新修地方志中的《交通志》,经济通史,地方经济史,以及系列丛书如《中国水运史丛书》、《中国公路交通丛书》等,以及大量的学术论文,这里不再一一列举。古代交通方面有,楼祖诒、朱延誉:《中国邮驿发达史》,台湾天一出版社,1975年;刘广生、赵梅庄编:《中国古代邮驿史》(修订版),人民邮电出版社,1999年;白寿彝:《中国交通史》,商务印书馆,1937年;交通部参事室编:《中国古代交通运输工具创造发明人物小传》,人民交通出版社,1958年;(日)本宫泰彦:《中国交通史》,台湾九思出版社,1978年;赵红梅:《中国古代交通》,上海财经大学出版社,1989年;王崇焕:《中国古代交通》,天津教育出版社,1991年;赵云旗:《中国古代交通》,新华出版社,1992年;周成编:《中国古代交通图典》,世界语出版社,1995年;王子今:《中国古代交通》,广东人民出版社,1996年,等等。其他重要的研究成果,可参看王子今:《中国交通史研究一百年》,《历史研究》2002年第2期。

① 田汝康:《十七世纪至十九世纪中叶中国帆船在东南亚和商业上的地位》,《历史研究》1956年第8期。
② 李允俊主编:《晚清经济史事编年》,上海古籍出版社,2000年,第13、29、37页。

鸦片战争以后，西方列强以其所使用的蒸汽机船在速度和吨位上的优势，加之不平等条约规定的在中国沿海的航行权，对中国传统帆船运输业形成日益严重的打击、排挤。当时，轮船运输的主角是外国人设立的航运公司。截至中国第一家轮船公司成立前夕的1872年，有英国5家，美国、德国、英葡各1家，共8家外轮公司在中国营业。① 轮船较之帆船，在吨位上占有绝对优势。还有大量买办和买办化商人，购买或租雇外国轮船，但诡寄在外商名下；或附股于外商，开展航运业务。中国朝野不得不承认轮船航运的优越性，开始设想用新式航运业来解决漕运困境，进而获取商业利益。清政府内部经过一段时间的酝酿，于1867年颁行《华商买用洋商火轮夹板等项船只章程》。这一时期，一些商人和官员也多次要求兴办轮船航运。

1871年，直隶发生严重水灾，急需向京津一带运送粮食，但早已衰落的沙船无力承担运输任务。总理衙门建议江南制造局、福州船政局制造的轮船"由商雇买"，以解决军用工业糜费过大的难题。直隶总督、北洋大臣李鸿章与总理衙门经多次商议，委派经办漕粮的浙江海运局总办、候补同知朱其昂，在上海设局招商，负责筹办。1872年12月26日，清廷批准李鸿章设局招商试办轮船的奏折。② 这标志着中国第一家轮船航运企业轮船招商局的成立。1873年1月14日，"轮船招商公局"在上海正式开张营业。③

轮船招商局成立后，各种小轮船公司也纷纷成立。据海关统计，截至甲午战前，5万元以上的轮运公司共成立6家，分布于上海、广州、汕头。1882年有船舶30艘、总吨位22 111吨；1890年达到101艘、29 766吨；1894年有140艘、29 410吨。④

甲午战争后，中国轮船航运业的发展加快。《马关条约》允许外国轮船行驶中国内河内港，清政府再无理由禁止中国商人兴办轮船航运公司，华商兴办航运业的法律障碍得以消除。尽管仍然遭遇种种阻碍，中国航运企业的创办和发展还是出现了一个高潮。表5-1反映了这一时期中国轮船航运业的发展概况。

因资料来源、统计口径不同，表中的三项统计数字不具有直接可比性，但依然能显示出1895年后中国轮船航运业处于快速发展的阶段。从海关登记数看，这17年中，船只数增加了5.21倍，吨位增加了1.76倍。从通商各关进出口的中国轮船

---

① 据严中平等编：《中国近代经济史统计资料选辑》，科学出版社，1955年，第239—241页，1861年至1911年外国人设立的航运公司中，英国10家，法国、日本和德国各3家，美国和俄国各2家，英葡1家，共24家。
② 张后铨主编：《招商局史（近代部分）》，中国社会科学出版社，2007年，第30页。
③ 实际日期为1873年1月17日，即同治十一年十二月十九日。参见张后铨主编：《招商局史（近代部分）》，中国社会科学出版社，2007年，第33页。
④ 严中平等编：《中国近代经济史统计资料选辑》，科学出版社，1955年，第223页。

表 5-1　1895—1911 年中国轮船航运公司统计

年　份	各年创办小轮公司数（内港）	海关登记历年中国轮船数		通商各关进出口中国轮船数	
		只	吨	只	吨
1895	3	145	32 708	6 822	4 965 177
1899	22	383	44 459	22 548	8 944 819
1900	23	517	18 215	26 420	7 544 496
1905	48	542	45 617	35 076	11 349 911
1909	8	817	81 455	34 038	12 789 677
1911	44	901	90 169	31 258	12 829 688
合计	499				

说明：1. 海关登记中一般不包括内港创办行驶的中国小轮船公司数字，故"海关登记历年中国轮船数"和"通商各关进出口中国轮船数"两栏的数字一般比实际数字低。2. "海关登记历年中国轮船数"栏中 1900 年和 1901 年吨数锐减的原因是因 1900 年八国联军进犯，招商局为避祸将 19 只轮船出售给洋人之故，该项船只 1902 年收回。3. "各年创办小轮公司统计"主要统计的是内港小轮公司，挂洋旗的中国轮船公司一般不计入，且因资料零碎和小轮公司兴废无常，故数字一般偏低。所统计的公司数一般以文献首次记载为准。

（资料来源：汪敬虞主编：《中国近代经济史（1895—1927）》，人民出版社，2000 年，第 2034—2035 页。）

数看，也分别增加了 3.58 倍和 1.58 倍。再看上述统计之外的内河内港及某些不通商口岸行驶的轮船公司兴办情况，1895 年时中国的轮船公司总共只有 3 家，此后多数年份每年增加 30～40 家，增加最多的年份甚至在一年内达到 63 家，到 1911 年时合计总数已达 499 家。加上其他轮船企业，1911 年时全国共有民族资本轮船企业近 600 家，各种轮船 1 100 只，轮船公司的资本或船为 2 200 万元左右。[①]从企业数量看，已远超过 1895 年至 1911 年全国新设厂矿企业总数，资本总额也超过食品工业和机器工业的资本总数。[②]

民族资本航运企业的数量增长虽然较快，但有实力的轮船公司和大吨位的轮船却不多。更有甚者，华商在兴办小轮公司的过程中，经常碰到地方官府的种种刁难和限制。为逃避清朝地方政府设置的种种障碍、勒索和刁难，不少小轮公司改悬洋旗。

这一时期，外资在华航运势力迅速扩张。第一次鸦片战争后通过中外缔结的一系列不平等条约，外国资本航运业获得了沿海贩运贸易特权、减免船钞税饷特

[①] 樊百川：《中国轮船航运业的兴起》，四川人民出版社，1985 年，第 457 页。
[②] 据严中平等编：《中国近代经济史统计资料选辑》，科学出版社，1955 年，第 95 页。

权、引水特权、内河航行权等。① 从此，外国航运企业享受着协定关税，只在入境口岸一次纳税就可通行全国等各种优于中国航运业的优厚条件，任意航行于中国的沿海和内河航线的各个口岸以至任意深入内地进行贸易。从表 5-2 可见，外资航运业在中国通商口岸占据优势地位。中国的轮船数量和吨位在增加，但是其增长的速度远远落后于外国航运势力，相对比重则趋于下降。

表 5-2　各通商口岸进出中外轮船数量吨位比较

年份	总计			其中					
				中国			外国		
	数量	吨位		数量	吨位		数量	吨位	
		实数	%		实数	%		实数	%
1872				?	?		9 711	6 512 463	
1877	13 780	10 635 625	100	5 104	3 908 034	36.7	8 604	6 727 591	63.3
1882	19 607	16 102 574	100	5 105	4 667 753	29	14 502	11 434 821	71.0
1887	23 439	21 149 526	100	6 402	5 508 178	26	17 037	15 641 348	74.0
1892	28 974	28 410 156	100	8 246	6 308 523	22.2	20 728	22 101 633	77.8
1897	34 566	32 519 729	100	12 706	7 543 529	23.2	21 860	24 976 200	76.8
1902	58 086	52 806 393	100	18 102	8 931 652	16.9	39 984	43 874 741	83.1
1907	91 380	74 130 376	100	33 772	11 598 697	15.6	57 608	62 531 679	84.4

（资料来源：严中平等编：《中国近代经济史统计资料选辑》，科学出版社，1955 年，第 221 页。）

外资在华航运势力的扩张不仅表现在运力上，进入中国的轮船吨位的增长和所占比重的提高，而且在中国对外贸易总额上也呈迅速上升的趋势（见表 5-3）。

表 5-3　历年各口岸进出外轮吨位及对外贸易额比较

年份	进出口外船		进出口贸易总额	
	总吨位	指数	海关两	指数
1870	5 058 528	100	120 917 526	100
1875	7 553 137	149	138 906 756	115
1880	9 873 463	195	159 523 290	132
1885	14 903 793	295	154 412 594	128
1890	17 817 944	352	216 429 117	179

---

① 参见《中英南京条约》、《中美五口贸易章程》、《中法五口贸易章程》、《中英天津条约》、《中法天津条约》、《中美天津条约》、《中德通商条约》、《中葡和好贸易条约》、《中俄瑷珲城和约》、《中英长江各口通商暂定章程》等条约相关内容。

续 表

年份	进出口外船		进出口贸易总额	
	总吨位	指数	海关两	指数
1895	23 718 231	469	323 240 171	267
1900	32 011 272	633	381 126 225	315
1905	55 022 713	1 088	689 082 729	570
1911	67 254 400	1 330	859 914 293	711

（资料来源：聂宝璋编：《中国近代航运史资料》第1辑上册，上海人民出版社，1983年，第338页。）

二、民国时期轮船航运业的变化

1912年以后，中国轮船航运业在面临外资航运企业激烈竞争的条件下，艰难发展。

从1912—1937年中外船舶进出中国通商口岸吨数及比例来看，中国轮船吨数虽在20%～30%之间徘徊，但注册轮船数量、吨位数均有所增长。[①] 尤其是，千吨以上轮船数量，1913年为47只，1920年增加到96只，1924年又增加到149只。甚至出现了万吨巨轮。1921年，中国已有万吨级巨轮6艘。到1936年，中国已有5 000吨级以上的大中型轮船公司27家，其中，拥有万吨级以上轮船的公司有14家。历年中国轮船吨级统计参见表5-4。

表5-4 1911—1937年中国轮船吨级分类统计

年份	统计		其中					
			千吨以上者		一百吨至一千吨者		百吨以下者	
	船只	船吨	船只	船吨	船只	船吨	船只	船吨
1911	596	114 458.50	37	85 434.24	60	20 715.52	499	8 308.74
1914	1 057	161 356.48	54	108 864.37	101	35 793.27	902	16 698.84
1918	2 070	236 622.00	62	118 137.67	198	71 872.33	1 810	46 612.00
1920	2 280	303 826.93	88	162 750.99	259	91 387.03	1 933	49 688.91
1924	2 734	445 997.11	141	260 468.86	365	129 513.63	2 228	56 014.62
1928	1 352	290 791.17	117	213 841.97	159	54 904.29	1 076	22 044.91
1933	3 577	624 789.21	195	377 841.50	550	165 730.70	2 832	81 257.51
1935年度	3 895	675 172.67	208	461 812.03	555	116 704.15	3 132	96 565.51
1937年度	1 027	118 484	?	?	?	?	?	?

（资料来源：严中平等编：《中国近代经济史统计资料选辑》，科学出版社，1955年，第228—229页。）

[①] 参见汪敬虞主编：《中国近代经济史（1895—1927）》，人民出版社，2000年，第706、2079页；朱荫贵：《1927—1937年的中国轮船航运业》，《中国经济史研究》2000年第1期。

这一时期,中国轮船航运业的发展,也有内在的变化。

变化之一,是远洋航运的拓展。第一次世界大战之前,有华侨设立的宗记、和济、福东等公司租用或购置轮船航行在南洋与厦门和汕头之间。战后,从事南洋与中国沿海航运的轮船公司又有增加。据不完全统计,到1924年,中国已有42家公司从事远洋航运,拥有轮船73只、13 1107吨。[①] 但是,到了20世纪30年代,远洋航运有所衰退。在中美、亚欧和中澳等重要的航线上,不见中国公司的踪影。

变化之二,是大型航运企业的出现。早期较大的航运公司,只有轮船招商局。进入民国时期,尤其是第一次世界大战后,一批经过扩充和新创办的航运企业,拥有轮船数千吨乃至数万吨,整体提升了中国航运业。虞洽卿创办的三北轮埠股份有限公司,1914年成立于上海,有资本20万元,小轮2只。到1919年,拥有大小轮船10只,7 669吨,航线扩大到南北洋及日本等地。到1927年,公司拥有大小轮船24只,29 109吨。其中1 000吨以上的轮船14只。加上1918年创办的鸿安商轮股份公司,以及他儿子与人合办的宁绍轮船公司,虞氏已经成为仅次于轮船招商局的航业集团。1925年创办的民生公司,仅有70.6吨轮船一只,资本2万元(实收0.8万元)。总经理卢作孚经营有方,短短12年,轮船增加到48只、18 563吨,航线扩展到上海。

变化之三,是水陆联运的开展。历经多年的倡议,1933年9月,铁道部联运会议决议办理水陆联运,招商局实现了与陇海铁路的水陆联运。其他轮船公司也纷纷与铁路、公路展开联运。

变化之四,是外籍人士垄断航业高级职位的状况逐渐改变。自中国出现新式轮船运输以后,高级技术职位都被外籍人士垄断。直到1927年,中国最大的航运集团轮船招商局,除了几只江轮改由中国人任船长外,所有的海轮船长,均由外国人担任。民国后,上海设立了吴淞商船学校,1919年后长期停办,但1929年重新开办,毕业生供不应求,到1936年,累计有4 039人获得高级和中级船员证书。另外,引水权长期旁落,但是1934年由海关组织的引水管理委员会开始组织录用人才,逐渐改变了这一局面。1935年,在上海、汉口、天津和广州四个航政局中,有外籍引水员53人,而中国引水员多达402人。[②]

此外,全国性的航业管理组织航政局陆续成立。1933年起,交通部直属的上海、天津、广州、汉口和哈尔滨航政局建立,收回了长期旁落的航政主权。与此同时,民间以"维持增进同业之公共利益及矫正营业之弊害,发展交通为宗旨"的轮船业同业公会,也纷纷成立或改组重建。当时中国的轮船公司几乎都成为航业公会的成员。[③]

---

① 据交通史编委会:《交通史·航政编》,第二册第三章,交通部总务司,1935年,各该年轮船登记给照记录统计。
② 《申报年鉴》1935年,第N-53页。
③ 朱荫贵:《1927—1937年的中国轮船航运业》,《中国经济史研究》2000年第1期。

这一时期的轮船航运,外商仍然占有优势。从1912—1937年往来中国各通商口岸的各国轮船吨数比例来看,轮船运输老大英国的地位仍然重要,但日本奋起直追,形成英日两强分霸中国轮船航运的局面。1927年后,日本的比重趋于下降,1932年更是猛降。此后几年也徘徊不前。这与1931年日本侵占中国东北所引发的抵制日货等爱国运动的打击有关,但主要与东北日本轮船运输未计入统计有关。外洋航线几乎全被外商垄断。

表5-5　1912—1937年往来中国各通商口岸的各国轮船统计

年份	中外船舶吨数合计(万吨)	其中中国船舶吨数所占比例(%)	英国船舶吨数所占比例(%)	美国船舶吨数所占比例(%)	日本船舶吨数所占比例(%)	德国船舶吨数所占比例(%)	法国船舶吨数所占比例(%)	其他国家船舶吨数所占比例(%)
1912	8 621	20.0	44.2	0.8	23.1	7.2	1.9	2.8
1915	9 066	26.7	41.0	0.9	26.3	0.1	0.6	3.9
1920	10 427	26.5	38.7	4.5	27.0	—	0.8	2.4
1925	12 820	25.7	33.5	4.6	27.4	1.9	1.6	5.3
1930	15 561	18.8	36.8	4.2	29.3			11.0
1932	13 541	25.0	40.2	4.0	14.6			16.2
1937	9 004	28.4	40.1	2.3	14.2			15.0

(资料来源:1912—1925年据杨端六、侯厚培:《六十五年来中国国际贸易统计》,国立中央研究院社会科学研究所专刊第四号,1931年,第133—141页有关统计计算;1930—1937年据《中国旧海关史料1859—1948》有关年度贸易册统计。)

在长江航运中占有重要地位的日清汽船株式会社,一直得到日本政府的扶持,成为如同满铁那样的"国策会社"。据研究,1916—1930年日清汽船株式会社获得纯利七八百万日元,与同时期日本政府所给的补贴大致相当。1933年,政府补贴增加到78.1万日元,1934年为117.5万日元,1935年为105.6万日元,1936年为49.8万日元。因此,1928—1936年,日清汽船会社实际上是年年亏损。该公司经常干着违法的勾当,偷漏关税,私运鸦片,贩卖军火,肆意妄为。1928年后,特别是九一八事变后,日本在关内的航运一蹶不振。[①]

三、抗日战争时期及战后的水运业

据官方统计,抗战前夕,本国拥有轮船的总吨位为60余万吨,[②]其中国营招商局的轮船吨位为86 300余吨。[③]加上地方政府航运机构拥有的轮船,公营轮船吨位

---

① 吴承明、江泰新主编:《中国企业史·近代卷》,企业管理出版社,2004年,第488页。
② 交通部:《十五年来之交通概况》,交通部,1946年。
③ 《申报年鉴》,1936年,第50—51页。

占国内轮船总吨位的比重约为15%左右。抗战开始后,船舶损失十分严重。国民政府对于抗战缺乏准备,不修江防工事,为防止日舰侵入,乃大量征用轮船沉于港口作为阻塞工具,先后沉船达87艘,计11.7万吨,占战前本国轮船总吨位的20%;还有大量船舶被敌机炸沉或来不及撤离而自凿沉没;另有一部分船舶未能撤离至内河,为保存计而移转中立国籍,其数共130艘,吨位总计14.5万吨。① 截至1937年底,国民政府统治区的轮船数只及战前的1/2,吨位仅11.8万吨,相当于战前吨位的20%;武汉、广州沦陷后,轮船进一步减少,1938年底后方轮船的总吨位降到8.7万吨,以后更是逐年减少。招商局轮船吨位减少的幅度较民船要小得多,因此其轮船吨位占总吨位的比重较战前反而有所提高。

战时撤退到后方的轮船,大多吃水深而马力小,不能完全适用于流急滩多的长江上游航道,特别是招商局的一些吨位较大的江海大轮更不能在川江行驶。国民政府为解决轮船运力不足的问题,设立了川江和西江两个造船处制造船舶。两处设计了一些吃水浅、吨位较小(一般在200吨左右)、马力较大宜于后方水域行驶的浅水轮船,先后制造20余艘,吨位约4 000吨左右;因原材料供应紧张,新增轮船数量太小,扩大水运能力主要依靠大量制造木船,两江造船处在战时制造载重6～60吨级的各类木船共2 671艘,计42 914吨。战时,木船运输也由航政机构加以统制,据统计,在后方1941—1942年帆船运输的高峰时期,其航线里程近4万公里,是轮船航线里程的三倍多,由船政机构登记和管制的帆船总吨位达36万吨,其运力是轮船的5～7倍,其他年份也都在3～4倍间。②

抗战开始以后,随着国土沦陷,轮船航线也日趋缩短。国民政府为维持水运,陆续开辟了一些新的航线。抗战期间新辟轮船航线3 500余公里③,主要航线有:(1)沅江线。湖南常德至沅陵段,1938年试航成功,随后又增辟了沅陵至辰溪段航线。(2)湘宜线。长沙经安乡、公安、松滋至宜昌航线,至宜昌沦陷前,该线极为繁忙,运送物资器材数万吨,并承担了大量客运。(3)嘉陵江线。战前嘉陵江轮船航线止于合川,1939年该航线延至南充,除枯水季节外,重庆至南充间轮船可全线通航。(4)金沙江线。交通部等成立金沙江工程处修浚航道,宜宾至安边一段首先通航,嗣后航线又延至屏山。

航运建设方面的另一项主要活动是创设绞滩事业。川江险滩最多,船舶上行也最艰难。1938年秋交通部组织绞滩管理委员会,开始设立绞滩站,至1941年间,在川江、嘉陵江、沅江的急险处共设绞滩56站,后经裁撤,1944年各航道共有绞滩38站。绞滩最大绞运能力为4 000吨级,多数绞滩站的绞运能力在500吨上下,对于扩大后方水运能力起到了积极的作用。

---

① 交通部:《十五年来之交通概况》,交通部,1946年。
② 交通部:交通部档案二十(2)289,《交通统计概况》(1943);交通部:《交通部统计年报》(1946)。
③ 交通部档案二十(2)289,《交通统计概况》(1943);交通部:《交通部统计年报》(1946)。

抗战期间,后方水道运输的主力还是木船,轮船运输能力因船舶缺乏而较战前大为减少,1937年到1945年,轮船客运量由1 634万人下降到742万人,下降了54.6%;货运量由2 287万吨下降到167万吨,下降92%以上。关于招商局和地方政府所属轮船的运量无系统资料,据轮船吨位和零散资料估算,其运量大约占后方轮船运量的30%左右。

表5-6 1937—1947年轮船航运业概况

年份	航线里程（公里）	轮船（艘）	轮船总吨位（不含外轮）	货运（万吨）	客运（万人）
1937	18 492	1 027	118 484	2 287	1 634
1940	8 014	507	58 912	95	204
1943	12 968	422	37 303	156	881
1946	20 203	2 362	692 071	611	1 203
1947.1—6	33 375	3 348	883 483	542	788

作者注:1947年数据包括东北、台湾。
(资料来源:《中华民国统计年鉴》,1948年;中华民国交通部:《十五年来之交通概况》,1946年。)

四、远洋、沿海和内河的主要轮船航线

近代我国的轮船航运,分远洋、沿海和内河等三种。

远洋航线除客运外主要承担对外贸易的货运任务,以欧洲航线最为重要。最初,自欧洲前往中国,需绕道非洲的好望角,各国来华贸易多用大号帆船与定期轮船,大多以香港或上海为目的地,其余港口输出的土货,大抵先用轻便的西式纵帆船、横帆船、鸭尾船等,先运到香港或上海,再转船出口,经福州和上海出口的茶叶则用快艇装运。1869年11月17日苏伊士运河通航,东亚港口到达欧洲的航程最多可缩短1万公里,大大省去了航行的时间。上海以外各口岸的对外贸易范围扩大,尤其是茶叶出口直接运到外洋,不再经上海转运,而以前前往中国的各国帆船也进入淘汰之列。由于轮船经苏伊士运河比以前的快艇运输还要快,快艇也在淘汰之列。[①]

与苏伊士运河开通差不多同时,美国横贯大陆的太平洋铁路也得以完工,美国与中国贸易比过去方便,横渡太平洋的轮船航运日趋发达。不久,俄国黑海海滨港口与东亚开始通航,俄国对中国的贸易路线由陆路增加为海陆两线。

我国的远洋航线以香港和上海为中心。香港为欧亚海运的中心,上海为东亚和我国海运的中心。航行到欧洲、美洲、澳大利亚以及南洋等外洋的轮船,大多经

[①] (英)班思德:《最近百年中国对外贸易史》,海关总税务司署统计科译印,1931年。第105页。

过香港和上海。远洋航路可分为三条:

一是东行线,自上海东行,经日本的长崎、神户、大阪、横滨,寄碇檀香山,直达温哥华或旧金山,或绕巴拿马运河以达纽约。此线为东亚美洲交通要路。

二是南行线,自上海至香港,南经马尼拉或新加坡、巴达维亚,以达悉尼及墨尔本;更有经槟榔屿、加里、亚得来特而至墨尔本和悉尼。此线是我国到澳大利亚的要道。

三是西行线,自上海至香港,向西南行经西贡、新加坡、科伦多,经苏伊士运河出地中海以达欧洲各埠,又自科伦多西南至非洲之达班及好望角。此线为亚欧非交通之要道。

除此三条主要路线外,还有诸多远洋支线。[①]

我国沿海港口众多,其中不少港口是著名的工商业中心,影响着沿海区域甚至更大地区的经济文化发展。例如上海之于长江流域,天津之于华北地区,青岛之于山东,香港之于华南,大连之于东北,莫不如此。由于相当多的港口位于或靠近河流入海口,轮船还可溯流而上,深入广大的内地。因此,沿海港口之间的航线是轮船公司经营的重要对象。

五口通商以后,外国轮船获得沿海航行权。到了20世纪二三十年代,几家重要的中外轮船公司经营中国沿岸以及中国和邻国各港口之间的航运的情况如下:

1. 轮船招商局(中国):上海福州线,船2只,每月约2回。上海温州福州线,船3只,每周约1回。上海宁波线,船1只,每周约3回。上海香港线,船3只,每周约1回。大连汕头线,船3只,每周约2回。上海天津线,船2只,每周1回。香港天津线,船3只。

2. 太古洋行(英国中国航业公司):广州天津线,船4只,每月约2回。上海宁波线,船1只,每周3回。上海安东线,船1只,每10天1回。上海营口线,船1只,不定期,冬季停航。上海天津线,船2只,每周3回。上海青岛广州线,船8只,每周1回。上海广州线,船8只,每周1回。香港大连线,船4只。

3. 怡和洋行(英国印度中国航业公司):上海青岛线,船4只,不定期。上海天津线,船只数不详。上海广州线,船5只。广州香港天津线,船只数不详。

4. 日清汽船会社(日本):上海广州线,船3只,每月2回。

5. 大阪商船会社(日本):高雄天津线,船3只,每月2回。基隆福州线,船1只,每10日1回。基隆香港线,船2只,每周1回。

6. 三北轮埠有限公司(中国):上海福州线,船1只,10日1回。上海天津线,船7只。上海香港广州线,船2只。大连福州线,船5只。

7. 宁绍商轮公司(中国):上海宁波线,船1只,每周3回。上海福州线,船1

---

① 张心澂:《中国现代交通史》,良友图书公司,1931年,第235—236页。

只,不定期。①

据上可见,位居中国海岸线中点的第一大都市上海,不仅是中国远洋航线的枢纽,也是沿海航线的交通中心,是多条沿海航线的起讫点,航线的数量远远超过其他港口。大连、广州、香港等则因是三四个航线的起讫点而成为次一级的沿海航运中心。

我国河流众多,由于地势的原因大多自西向东流入大海,大部分的河流都具有通航能力。其中,长江、珠江和松花江因流量较大,流域宽广,为我国最主要的通航河流。

长江航路为我国最主要的内河航道,素有"黄金水道"之称。自上海至重庆2 400多公里均可通轮船,由重庆到宜宾,以及长江各支流,仍可通航小轮船和帆船。其航路可分为沪汉线、汉宜线、宜昌重庆线三大干线,以及鄱阳线、湘鄂线、汉水线三条支线。自上海沿长江而上,可到达南通、江阴、泰兴、镇江、仪征、南京、芜湖、荻港、大通、安庆、湖口、九江、武穴、黄石、黄州、宜昌、新堤、岳州、沙市、奉节、万县、重庆等地。

珠江纵横于广东、广西两省,航运之利次于长江。其航路分西江、北江、东江三线,以西江最长。西江可通汽船约1 400公里,可通帆船约2 500公里,由广州经肇庆、梧州,可达桂林、藤县、柳州、南宁、百色、龙州等地。

黑龙江为我国东北最大河流,松花江是其最大的支流。由于第二次鸦片战争以后俄罗斯夺取我国黑龙江—乌苏里江以北以东的大片领土,双方以两江为界河,全长1 900公里,流域面积达54万平方公里并拥有多条支流的松花江便成为东北境内最大的河流。哈尔滨为松花江航运中心,可达齐齐哈尔、嫩江、吉林、依兰等地。不过,由于冬天河水结冰,全年只有半年通航。

除此之外,辽河、海河、黄河、淮河、运河、闽江也有一定的航运之利。②

第二节 铁路和公路的兴起

一、晚清时期铁路的兴起

铁路是现代运输的重要手段,尽管很早便出现,但很长时间得不到朝廷重视。

1865年9月英国商人杜兰德在宣武门外修筑了一条约里许的小铁道,试行小火车。是为火车输入我国之始。驻京的步军统领和观看者感到骇怪,下令拆毁。第二年,英国驻上海总领事阿礼国向清朝总理各国事务衙门表达各国都期望中国试行并开设铁道、电报的建议,未得到批准。此后朝臣就是否修建铁路多次展开讨

---

① 盛叙功编译:《交通地理》,商务印书馆,1931年,第192—195页。
② 以上航路,均据张心澂:《中国现代交通史》,良友图书公司,1931年,第245—264页。

论,均未取得共识。①

1876年英国怡和洋行在上海至吴淞间修成一条全程14.5公里的铁路并试运行,这是出现在中国的第一条营业铁路。但因其时风气未开,社会议论颇多,后清政府出银28万两赎回而毁之。② 同年,因日本武装侵扰台湾、占据琉球,丁日昌请修台湾铁路。1877年4月,清廷采纳丁日昌的建议,令其"审度地势,妥速筹策"。这是清政府首次批准建筑铁路。③

晚清中国铁路的兴办,以甲午战争为界,大体可分为两个时期。

第一时期(1881—1894年),铁路兴办起步。这一时期的铁路均为中国自主,虽有外国公司的商业性贷款,但无外国直接兴办的铁路。全国共新建铁路364.3公里,年均20.2公里,铁路建设进展缓慢。

1876年,受直隶总督李鸿章委派勘察开平煤矿的唐廷枢,建议筑路运煤。直到1881年,开平煤矿自筹资金并聘请英国人金达为工程司(师)修建唐胥铁路(唐山—胥各庄,9.7公里)④,成为中国自建并运营至今的第一条铁路。是年堪称中国铁路建设的肇始,铁路运输的便利开始为国人所认识。

1885年,清政府迫于中法战争失败后的局势,成立总理海军事务衙门,由其兼管铁路事务,将铁路与国防挂钩。1886年,清政府批准设立官督商办的开平铁路公司(翌年改称中国铁路公司),独立经营,是为中国第一家铁路公司。铁路公司收买唐胥铁路,并从胥各庄续建至芦台,称唐芦铁路。次年,又修建芦台至天津东站的津沽铁路,与唐芦铁路合称唐津铁路。后续建至山海关,称津榆铁路。1894年动工修建山海关至绥中(中后所)路段,遇中日甲午战争等因素,工程中止。山海关至绥中段直到1897年才完工。以上几条路段及支线长约286.9公里⑤,构成日后京奉铁路的一部分。

此外,台湾首任巡抚刘铭传奏准修建台湾铁路,1887年动工,1893年修至新竹,因路款告罄停工。已成之路长约100公里。是为地方官办铁路。甲午战后沦入日寇之手。

张之洞所办汉阳铁厂1894年完工,所需铁矿石由大冶铁矿供给。为便利运输,1893年动工兴建大冶铁路,自铁山铺至长江边石灰窑,次年完工,干支线共18公里。

这一时期所建铁路,主持者主要为洋务派地方官员,着眼点主要是自强新政的需要,清朝中央政府实际并无全国性的通盘筹划;通车里程不长,分布地域有限;所

---

① 李允俊主编:《晚清经济史事编年》,上海古籍出版社,2000年,第262、267、268页。
② 民国《上海县志》卷十二,交通。
③ 宓汝成:《帝国主义与中国铁路》,上海人民出版社,1980年,第58页。
④ 中华民国交通部、铁道部交通史编撰委员会编:《交通史路政编》第一册,交通部总务司,1935年,第11—12页。唐胥铁路虽为每米15公斤的轻轨,但采用了沿用至今的标准轨距(两轨间距1.435米)。起初,为免火车头"震动山陵",扰动清皇室东陵,只准使用骡马牵引车辆,1882年才改用蒸汽机车牵引。
⑤ 未通车的山海关至绥中段不计在内。

借外债不多,中国铁路权益基本得到保全。中国近代铁路建设也由此发轫。

第二时期(1895—1911年)。1895年中日战争中国战败后,作为新式交通运输工具的铁路轮船被视为起衰振弊救国图强的利器,铁路兴办大规模铺开。这一时期的铁路修建以举借外债官办为主,但一度开放商办铁路;同时外国直接兴办的铁路大增。全国新建铁路9253.8公里,年均544.3公里,其中中国自建铁路5494公里,外国资本兴办铁路3759.8公里。全国通车总里程达9618.1公里。[①]

甲午战后,中国社会的半殖民地化进一步加深,西方列强纷纷在华划分"势力范围"。中国铁路权益成为西方列强争夺和侵占的对象。清政府面对危局,也以兴建铁路为"自强要政"之一。这一时期,既有列强直接修建和经营的铁路,也有清政府自建或"利用外资"修建的官办铁路,还有在收回利权运动中兴起的商办铁路。

列强直接修建和经营的铁路主要有东清铁路和南满铁路、胶济铁路、道清铁路和广九铁路九龙段、滇越铁路(中国段)、安奉铁路和新奉铁路等。

俄国在建成西伯利亚铁路之后,1898—1903年在中国修建东清铁路(满洲里至绥芬河,1481公里)和南满支线(哈尔滨至旅顺,944.3公里)。另建有若干条支线。全路总长2575.5公里,采用俄国1.524米轨距。1905年日俄战争结束,俄国败绩,将南满支线长春至大连段让给日本,改称南满铁路。

德国强占胶州湾,将山东纳入其势力范围,1904年建成胶济铁路(青岛至济南,394.1公里),另建有淄川至博山、淄川至洪山等支线。干支线全长440.7公里。

英国取得山西、河南多处煤矿的开采权,由福公司借款修建道口至清化焦作矿区的铁路,1905年修至柏山镇(145公里,距清化仅5公里),因资金短缺而停工。英国强迫清政府同意将福公司自建的道清铁路,改为代中国所建国有铁路,用去的建筑费,转为中国向福公司的借款。以此,英国将河南纳入自己的势力范围。在华南,英国与中国以深圳河为界,广州至深圳段由清政府借英款自建,深圳至尖沙咀的九龙段由港英政府修建,1911年先后竣工。广九铁路全长178.6公里,其中九龙段长35.8公里。

法国借口干涉还辽有功,取得滇越铁路的修筑权,巩固了它在中国的势力范围。滇越铁路中国段(昆明至河口)1904年动工,1910年1月正式通车,长464.2公里,单线,轨距1米。1944年由中国收回自办。

日本军国主义者实行"铁路灭华策",日俄战争期间,日本未经中国允许,擅自修建安东(今丹东)至奉天(今沈阳)303.7公里、奉天至新民59.8公里的军用轻便铁路。其中新奉铁路于1907年被清政府借日款收回,安奉铁路经日方改建后并入南满铁路。日俄战争之后,俄国把对旅大的租借权及东清铁路南满支线(长春至大

[①] 严中平等编:《中国近代经济史统计资料选辑》,科学出版社,1955年,第180页。中国自主之路指中国自资或借外债所建之路。1876年修建的吴淞铁路已拆毁不计。该书里程数与马里千等《中国铁路建筑编年简史(1881—1991)》(中国铁道出版社,1983年)提供的数据不尽一致,但差异不大。

连段)的所有权转让给日本。1906年,南满铁道股份有限公司(满铁)成立。

合计外国直接修建和经营铁路长达3 929公里(干线3 729.9公里、支线199.1公里)。① 这些铁路都成为各国争夺和巩固在华势力范围的有力工具。

这一时期,清政府也大借外债,利用外资修建铁路。

1896年清政府设立铁路总公司,用官款先修卢汉铁路中卢沟桥至保定一段(130.6公里)。1898年与有法俄背景的比利时公司签订借款合同和行车合同,②由比国银公司贷款450万英镑,修建卢汉路保定至汉口段。③ 1906年4月汉口至保定段(1 083.9公里)通车,采用标准轨,单线,部分钢轨自汉阳铁厂。1901年自保定续修至前门,卢汉铁路改称京汉铁路(1907年邮传部正式奏准改名),干线全长1 214.5公里。另建有支线和专用线104公里。京汉铁路为中国腹地主要干线,运输业务繁忙,收入颇丰,清政府乃于1908年偿清借款,收回经营权。

1897年,关内外铁路通至绥中,津卢铁路(天津至卢沟桥)也建成通车。因沙俄攫取中东路权,清政府不得不将关内外铁路的终点从吉林改为奉天城(今沈阳)。1898年清政府与中英银公司(英国汇丰银行和怡和洋行合资组成的在华投资公司)订立借款合同,借英金230万镑(约合银1 600万两)续建关内外铁路。④ 关内外铁路1903年修建到新民,距奉天城(今沈阳)60多公里。1907年清政府借日债收回新奉铁路,关内外铁路通车至奉天城西郊的皇姑屯,易名为"京奉铁路"。1911年通车至奉天城。⑤ 京奉铁路干线全长843.1公里,支线135.6公里。

1903年清政府决定修建开封至洛阳的汴洛铁路作为卢汉铁路支线,向比利时银公司借款2 500万法郎(合100万英镑)。1905年6月开工,1909年竣工,翌年正式通车。自开封至洛阳东站全长183.8公里。民国初年并入陇海铁路。

1903年清政府向英国银公司借款325万英镑,修建沪宁铁路,1908年竣工,自上海至南京全长311公里。1898年中国自建通车的淞沪铁路作为支线也并入沪宁铁路。

1898年英国要求贷款修建天津镇江铁路,但要通过山东,清政府惧怕正在山东步步紧逼、划分"势力范围"的德国人,未敢答应。英国考虑到列强在华力量的对比,主张英德两国资本共同建筑该路,得德国赞同,两国共同向清政府施压,1908年与清政府正式订立《天津浦口铁路借款合同》⑥,规定借款额为500万英镑,直隶、山东境内的北段用德款修建,安徽、江苏境内的南段用英款修建。1908年动工兴

---

① 铁路里程根据马里千等:《中国铁路建筑编年简史(1881—1991)》中国铁道出版社,1983年,第1—28页。不包括1907年被清政府"买回"的新奉铁路以及台湾新修铁路。
② 合同内容见王铁崖编:《中外旧约章汇编》第一册,三联书店,1957年,第773—782页。
③ 1905年,清政府以同样条件再借比利时款1 250万法郎。两次借款共12 500万法郎,约合5 595万多银元。
④ 王铁崖编:《中外旧约章汇编》第一册,三联书店,1957年,第831页。
⑤ 参见《新奉吉长铁路借款续约》、《京奉铁路延长条约》,载王铁崖编:《中外旧约章汇编》第二册,三联书店,1959年,第556、750页。
⑥ 合同内容见王铁崖编:《中外旧约章汇编》第二册,三联书店,1959年,第456—462页。

建,1911年各段建成,分段通车。1912年11月黄河大桥落成,津浦路全线贯通,干线长达1 009.5公里,支线98.5公里。①

1898年5月,山西省商务局与华俄道胜银行订立借款合同,参照卢汉路借款条件,借款2 500万法郎,修建柳林堡(位于卢汉路上,正定附近)至太原的铁路。1902年签订借款详细合同②,借款额为4 000万法郎(约合银1 300万两)。合同订立不久,华俄道胜银行托词银行办路,名实不符,竟私相授受,于1903年1月将合同转让给法国银公司,而清政府也予以接受。正太铁路1904年5月动工,1907年12月竣工,长243公里,采用1米窄轨,列车需在石家庄车站改换车辆才能驶入标准轨距的京汉铁路。

在东北加紧扩张势力的日本,要挟清政府借日款以修建吉长(吉林至长春)铁路。1907—1909年,中日双方先后签订《新奉吉长铁路协约》、《新奉吉长铁路借款续约》和《吉长铁路借款细目合同》,规定中国向满铁借日元215万元(相当于吉长铁路建筑费的半数)。1909年开工兴建,到1911年初仅铺轨25公里至卡伦即停工。民国北京政府招集商股80.3万元续建,1912年竣工,全长127.7公里。

各国与清政府所订借款合同,严重损害中国权益。表现主要有:其一,通过借款折扣、采购材料和代办行车业务的酬金,债权国和具体承办借款业务的外国银公司,从中攫取高额回报。按照借款合同,外国公司借款大多按照借款面额加以折扣实付,最高折扣高达90%,形同高利贷。而当时西方国家外债市场上利率仅为4厘左右,95～97折。铁路材料均须向债权国采购,并由外国银公司包办,同时给予银公司5%的酬金。在外国银公司代办行车期内,铁路收入除各项经费及摊还债款本息外,还须将余利的30%提作银公司的酬劳费。其二,通过对人事、行政、甚至行车业务等项大权的把持,外方成为中国铁路的实际主人。按照合同,借债铁路的总工程师和总会计由借债银公司"推荐"外籍人员担任,铁路的施工、购料大多由此二人主持定夺,中方所派督办或局长只能画押受成,并无实权。而总工程师又多兼总管名义,享有用人和行政大权,外籍人员均由其任用,中方人员的录用须由外籍总工程师同意,中国方面不能随便委派。一些借款合同甚至规定,路成之后的一定年限内,由借债银公司管理行车业务。③

这一时期,清朝中央政府和地方官府,也主动修建了一些铁路。前述天津至卢沟桥的津卢铁路(127.2公里),虽借有洋款,但仍属自建。卢汉铁路卢沟桥至保定段(130.6公里)、淞沪铁路(16.1公里)、萍乡至株洲铁路(89.3公里)亦为自建铁路。宁省铁路(11.2公里)为两江总督端方拨款修建,后并入沪宁铁路。黑龙江省当局修建了齐齐哈尔至昂昂溪红旗营子屯轻便铁路(28公里)。另有詹天佑主持

---

① 支线里程包括1912年通车的临城—枣庄和兖州—济宁支线。
② 合同内容见王铁崖编:《中外旧约章汇编》第二册,三联书店,1959年,第118—125页。
③ 凌鸿勋:《中国铁路志》,台湾世界书局,1963年,第7页。

修建的西陵铁路等若干官办铁路支线。最为重要的自建官办铁路干线,当属詹天佑主持修建的北京至张家口铁路。

20世纪初,连接关内北、沟通腹地南北的京奉、卢汉等路均大举兴建,清政府朝野注意到用铁路连接北京与塞外在政治、军事上的战略意义。1905年,清政府决定用官款修建该路,以詹天佑主持筑路工程。1909年竣工通车,全长201.2公里。这是中国用本国技术力量修建的第一条铁路干线。接着,清政府决定将京张铁路续修至归绥(今呼和浩特),1911年武昌起义爆发后停工,已修至山西阳高,长125.4公里。另建有西直门至门头沟的运煤铁路支线。

民间对于铁路投资的愿望早已有之,但政府不愿私人独办,多用官督商办。甲午战后,西方列强加紧对华资本输出,中国商民萌发了收回利权的意识。同时,甲午战败对于清朝政府也是沉重打击。在各方呼吁下,清政府也逐渐放宽了铁路政策。1898年,清廷设矿务铁路总局,颁布《矿务铁路章程》。1903年,设商部,路政划归该部通艺司主管。1903年冬,商部颁布《铁路简明章程》,向民间和地方开放铁路修建权。1904年清政府颁布《公司律》,为民间商人组建公司提供了法律依据。

在这样的背景下,各地绅商和华侨积极投资于铁路建设事业。1897年,湘、鄂、粤三省绅商呼吁修建汉口到广州的粤汉铁路,并于1905年从美商手中收回粤汉路权,将收回利权运动推向高潮。各省铁路公司也陆续建立。1903—1910年,全国大部分省份都创办了民间资本为主体的铁路公司,多达19家。商办铁路的主要资金来源,是那些热衷于铁路事业的本地商人、绅士和官僚以及广大主动或被强制缴纳股金的下层民众。据不完全统计,截至1911年,各铁路公司招得路款9230万元。[①]

这一时期,较有成效的商办、官督商办铁路为沪杭甬铁路和粤汉铁路。1905年商办浙江铁路公司成立,向清政府要求由江、浙两省自建原拟英国贷款修建的苏杭甬铁路,获清政府批准。次年,商办江苏铁路公司成立。1906年,浙路枫杭段(杭州闸口——松江枫泾,125公里)及江墅支线(杭州艮山门——拱宸桥)动工,杭州至宁波段则因两江阻隔,造桥不易,暂缓兴工。次年苏路(上海南站——枫泾,61.2公里)开工。经两省商民齐心协力,苏路于1908年建成通车,浙路也于1909年建成通车。1910年杭甬段开工,先修宁波至曹娥江段(77.9公里),1914年通至江边。1898年清政府向美国合兴公司借款4000万美元修建粤汉铁路。后因合兴公司严重违反合同,1905年中方向合兴公司支付675万美元后,收回了粤汉铁路权。合兴公司1901—1903年修建的广州至三水支线,路权收回后改官督商办。张之洞主持召开三省代表会议,决定不借外债,将粤汉路分为三段,由各省各自筹款

---

① 根据邮传部编:《邮传部路政统计表》,第一次、第二次、第三次,光绪三十三年、光绪三十四年、宣统元年;邮传部编:《邮传部接办粤川汉铁路借款及分别接收各路股款始末记》,宣统三年刊本;戴执礼编:《四川保路运动史料》,科学出版社,1959年;《交通事故路政编》第16册各路资本金统计;《新纂云南通志》第57卷,1949年,第18页。

分别修建。其中,广东绅商成立广东粤汉铁路公司,1906年至1911年修建了广州黄沙至黎洞段,长105.9公里。湖南成立官督商办粤汉铁路公司,1909年至1911年修建了长沙至株洲段,长50.7公里。湖北成立官办湖北铁路总局,但路工几无进展。

此外,粤籍侨商张煜南集股创办广东潮汕铁路公司,修建了长39公里的潮州至汕头铁路。侨商陈宜禧设立广东商办新宁铁路公司,自任总工程师,修建了长91.5公里的斗山至新会路段。陈宝琛为总理的商办福建铁路公司修建了长28公里的鹰厦铁路。商办江西铁路公司修建了长52.7公里的南浔铁路九江至德安段。此外,还有一些专用铁路,如江苏铁路公司修建了方便运盐的清江浦至杨庄的路段,中兴煤矿公司修建了枣庄至台儿庄的运煤铁路。而商办河南铁路公司修建的洛阳至潼关铁路、商办山西同蒲铁路公司修建的同蒲铁路、商办安徽铁路公司修建的芜湖至广德铁路,均已动工,但未完成。

1881—1911年,全国建成铁路近一万公里。在这近万公里的铁路中,外国贷款和直接修建的铁路近8 000公里。更有甚者,一度许诺对商办公司予以"官为保护维持"的清政府,摄于列强的逼迫,借口商办公司"奏办多年,多无起色,坐失大利,尤碍交通",逐渐关闭了铁路商办的大门。1911年3月,清政府与英法德美四国银行团草签湖广铁路借款合同,并在四国公使的施压下,于5月宣布铁路干线均归国有。干路国有政策引发四川等地的保路运动,加速了清王朝的覆灭。

中国近代铁路,从建设发轫到形成运输产业,都受外国的影响。一方面移植了西方较为先进的管理制度和经营方式,另一方面也承受路权受制于人的屈辱,同时还受到传统封建衙门式管理的侵蚀。经营绩效也差强人意。

铁路运输的兴起和发展,对客、货流通有着极大的作用。晚清中国铁路建设兴起于华北平原,逐渐延伸到广袤的东北大地和大江南北,途经之处,人口稠密,物产丰富。运输业务有着良好的开展条件。尽管有着设施、管理极不完善等诸多缺陷,相较于晚清其他新式工业部门,铁路运输业务却创造了较好的收益。据统计,较早通车的关内外铁路,1903—1906年的客货运输总收入分别为466万元、595万元、1 293万元和1 219万元;扣除养路费、经常开支和利息后的纯收入分别为93.7万元、214.7万元、815.2万元和701.3万元;资本收益率(资本总额为4 797万元)分别为4.75%、7%、20.75%、18.25%。[①] 1906年开始分段运营的卢汉铁路,1906—1908年这3年中,营业收入分别为728万元、818万元和969万元,盈余分别为505万元、544万元和636万元。全部国有铁路1907年至1909年3年中,客运量分别达到10、1 014和1 253百万人公里;营业收入分别达到2 130万元、2 494万元和2 818万元,扣除营业支出,账面盈利分别为1 306万元、1 441万元和1 345万元,盈

---

① (英)肯德著,李抱宏等译:《中国铁路发展史》,三联书店,1958年,第68页。

余率平均为55%。①

商办铁路中,营业较好的是苏、浙、粤三省。苏路1909年夏正式营业,当年营业收入17万元,余利7.5万元。浙路1907—1911年收入分别为5.7万元、24.8万元、54万元、77.2万元、88.3万元和85.5万元,盈余分别为2万元、10.4万元、21.6万元、27.8万元、36万元和42.6元,盈余率平均为39.2%。粤路1907—1911年收入分别为4.1万元、16.8万元、30.5万元、36.2万元和29.4万元,盈余分别为1.8万元、6.7万元、7万元、5.8万元和17.7万元,盈余率平均为29%。②

二、民国时期铁路交通的变化

1912年中华民国成立后,孙中山先生曾提出"于十年之内筑二十万里之线"③。然而,袁世凯倒行逆施,国内军阀混战,局势长期动荡,铁路建设既无长期和全局的计划和安排,也无法筹集足够的资金,不得不仰给于外国投资;第一次世界大战爆发,外国贷款更不易获得。种种原因,这一时期中国的铁路建设步履维艰,发展缓慢。1927—1936年间,国内局势有所安定,经历第一次世界大战和1929年世界经济大危机冲击的外国列强,在中国寻找获利机会,试图巩固和扩大其在华权益。于是,外国资本与国民党官僚资本结合,投资于中国铁路,中国铁路获得了负债建设的机会。这一时期中国的铁路交通发展速度加快。工程建设也主要由中国技术人员承担。东南地区成为铁路建设的重点。东北地区铁路在九一八事变后,完全沦入日本侵略者的铁蹄之下。日伪在东北修建了大量铁路,用于掠夺和灭亡中国。

1912—1927年,全国新建铁路3 422.4公里,年均213.9公里。其中中国自主修建2 851.3公里,年均178.2公里;外国资本修建铁路693.1公里。全国铁路总里程达13 040.5公里。1928—1937年,全国新建铁路7 955.6公里,年均799.5公里。其中中国自主修建2 528.7公里,年均252.8公里;外国资本修建铁路5 426.9公里,主要集中在东北。全国铁路总里程达21 036.1公里。④

在长江以北,1912年比利时要求续修汴洛铁路,取得东自开封至海州、西自洛阳至兰州,横贯东西1 800公里铁路的贷款权。北京政府与比利时电车公司订立1 000万英镑的借款合同,1915年建成开封至徐州、洛阳至观音堂两段。第一次世界大战期间工程停顿。1921年起由荷兰、比利时两国分别承建东、西两段的续建工程。东段1925年通至海州,西段1934年通至西安,1937年通至宝鸡。共建成干线1 046.4公里、支线和专用线78.2公里。1927年后还曾以部分比利时"退还"中国庚

---

① 严中平等编:《中国近代经济史统计资料选辑》,科学出版社,1955年,第207—208页;邮传部编:《邮传部路政统计表》,第一次、第二次、第三次。
② 参见《交通史路政编》,1935年。
③ 孙中山著、广东省社会科学院历史研究室等编:《孙中山全集》第二卷,中华书局,1981年,第383页。
④ 严中平等编:《中国近代经济史统计资料选辑》,科学出版社,1955年,第180页。该书里程数与马里千等《中国铁路建筑编年简史(1881—1981)》(中国铁道出版社,1983年)提供的数据不尽一致,但差异不大。

子赔款为基金,发行美元公债500万美元,其中200美元在比利时购买铁路材料。又以正太铁路余利为担保,由法国财团提供购料款6 522 181法郎、532 510英镑。①

已通至阳高的京绥铁路,继续兴建,1923年修至包头,共新建干线122.8公里,支线40.4公里②。至此全长817.9公里的京绥铁路全线竣工。

1932年山西地方政府开建大同至风陵渡的同蒲铁路,采用1米窄轨,太原以南线路1935年底通至风陵渡口,长513.4公里;太原以北线路1937年通至阳方口,长199.5公里。因日寇入侵停工。已成干线全长713.4公里。另建成支线154.2公里。

中国长江以南的铁路交通在民国初年发展缓慢。20世纪30年代,出于这一地区经济联系的需要,也迫于日本全面侵华的危机加重,这一地区的铁路建设也加快了速度。

新宁铁路新会至北街段12.9公里1914年建成。江西南浔铁路德安至南昌段75.7公里由日本东亚兴业株式会社贷款修建,于1915年竣工。至此全长128公里的南浔铁路全线完工。粤汉铁路粤段1916年通至韶关,湘鄂段1918年通至长沙,干支线共518.9公里。株洲至韶关段455.7公里,山河阻隔,工程艰难,且全部按部颁标准修建,耗资巨大。国民政府借用1936年底到期英国应"退还"中国的庚子赔款及其他铁路应还借款本金290万英镑,并发行英金公债,终于凑齐建设费,加紧施工,于1936年4月完工。干线1 129.3公里、支线122.9公里的粤汉铁路至此全线通车,北与京汉铁路隔江相望,南与广九铁路接轨,中间后与浙赣等路联结,成为连接华中腹地与华东经济发达地区和华南口岸的交通大动脉,对经济发展和抗战准备都至关重要。

1930年浙江省地方政府开始修建杭州至江山的杭江铁路,1933年竣工,并建成金华至兰溪支线。之后又向江西省续建,称浙赣铁路,1936年通至南昌,1937年通至湖南萍乡,与株萍铁路接轨。干线全长886.3公里,另有支线67.1公里。浙赣铁路耗资颇巨,1934年由铁道部、浙江省政府、江西省政府和上海中国银团四方,组成一家特许的股份公司——"浙赣铁路联合公司"③,并由铁道部和江西省政府各发公债1 200万元作抵押,向上海中国银团借得工款、料款各800万元,由银团向德国奥托华尔夫公司购买材料(以800万元为限)。④ 1936年又由铁道部发行第二期建设公债2 700万元,向上海中国银团抵借工款1 000万元;另由银团向德国奥托华尔夫公司借款1 000万元购买材料。⑤

1932年国民党元老张静江等人成立商办公司,修建南京至芜湖再达孙家埠的

---

① 中国第二历史档案馆编:《中华民国史档案资料汇编》第五辑,第一编,财政经济(九),江苏古籍出版社,1994年,第111页。
② 1922年拆除运煤支线8.6公里。
③ 秦孝仪编:《革命文献》第78辑,台湾文物供应社,1979年,第303页。
④ 《民国外债档案史料》第10卷,档案出版社,1991年。
⑤ 后因奥托华尔夫公司材料价格高于市价,且有逾期,只得又向银行团借款200万元,从其他公司购买材料。

铁路,称江南铁路,1935年通车,长171公里。后并入京赣铁路。1934年为联结淮南煤矿至长江岸边的交通,淮南铁路(田家庵至裕溪口)开筑,次年通车,长215.4公里。

1932年1月28日,日本侵略军进攻上海。5月5日,国民党政府与日方签订《上海停战及日方撤军协定》①,规定中国军队驻地在京沪铁路线上的安亭镇向东至长江边的浒浦口,这严重妨碍中国军队在南京与杭州间的调动。中国政府为增强军运能力,由铁道部委托京沪铁路局和沪杭甬铁路局修建苏州至嘉兴的铁路,1935年2月开工,次年7月通车。② 1937年八一三抗战开始后,苏嘉铁路发挥了相当重要的作用,许多京沪铁路的机车设备等经由此路撤退。日军占领华东后,将该路拆除。

1936年5月,铁道部向中英银公司、中国建设银公司借款110万英镑(时值1880万银元),续建沪杭甬铁路③,并修建钱塘江和曹娥江大桥④。次年8月,闸口到曹娥江段铁路工程与钱塘江大桥,按计划同时竣工。但曹娥江大桥未能按时完成。已经铺轨的60多公里铁路立即投入使用,方便了抗战开始中国军民、物资的撤退。

1937年11月钱塘江大桥⑤建成后,由萧山至杭州南星桥车站17.8公里的铁路连线也随后完成,浙赣与沪杭甬两路衔接。扣除部分拆除和改线路段,浙赣铁路全长946.4公里。

为使沪杭甬、浙赣、粤汉三路能接轨联运,方便抗战准备,铁道部在完成沪杭甬铁路和兴建钱塘江大桥的同时,对原杭江铁路进行改造,杭州—玉山段轻轨全部换成重轨,抽换枕木16万根,改建桥梁68座,改造线路12公里。株洲至萍乡段也划归浙赣铁路管理,并改良线路40公里,抽换大部分枕木和钢轨。

为准备抗战,联结东南与西南大后方的湘黔铁路(株洲至贵阳),也于1937年开工,1938年从株洲铺轨约175公里停工,1939年拆除。1936年开始修建的重庆至成都的成渝铁路,仅完成部分路基工程和少量隧道、桥墩即停工。民营个碧铁路(个旧至碧色寨)建成103.3公里支线和延长线。

此外,津浦、京汉、正太、沪杭等路还修建了若干支线、专用线和联络线,共长108.8公里。

以上铁路的建设,在经济发展和抗战准备中,都发挥了重大作用。

在东北地区,1913年日本借口支持袁世凯称帝,取得修建满蒙五条铁路的特

---

① 王铁崖主编:《中外旧约章汇编》第三册,三联书店,1962年,第884页。
② 国民党中央党部国民经济计划委员会:《十年来之中国经济建设(1927—1937)》第一章,扶轮日报社,1937年,第25页。
③ 沪杭甬铁路在清末已分别建成上海到杭州闸口段和宁波至百官段。但闸口至曹娥江百官段,因跨越钱塘江和曹娥江,桥梁工程巨大,一直拖延未建。
④ 该项借款中国建设银公司出借一半。主要以该路全部营业收入和钱塘江桥收入的70%偿还本息。借款的2/3必须用于英国和偿还国币垫款、欠款。
⑤ 大桥投入使用仅3个月,于1937年12月22日杭州沦陷前由中方自行炸毁。在毁桥之前,我方物资,以及京沪、沪杭甬、苏嘉等路的机车设备等,都通过大桥运往浙赣、粤汉和湘桂等铁路使用。

权,即四洮、开海、长洮三条铁路的借款权及洮承、吉海两条铁路的借款优先权。1918年第一次世界大战结束后,日本加快对中国东北的侵略步伐,取得吉长、四洮、洮昂、吉敦等铁路的借款权;沈海、呼海、吉海、齐克、洮索、沈山等铁路的委托经营权;敦图、拉哈、秦海等铁路的委托承建和经营权。九一八事变后,日本占领东北,在东北修建以长春为中心的交通网,强化对东北的殖民统治,为全面侵华做准备。这些铁路是:滨北铁路海北段、宁墨、滨拉、北墨、洮长、锦承、图佳、叶峰、林虎、四梅、新义、梅辑、承平、绥佳、汪北等铁路,长约3 665.4公里。1935年后,还将苏联作价转让给伪满政权的中东铁路改建为标准轨铁路。

中国政府和东北地方政府、商人,还通过借款和自筹资金等方式,在九一八事变前修建了约1 150.7公里的干、支线铁路。1927年前修建的铁路主要有:四洮铁路,借日款修建,由四郑铁路展筑至洮南(今洮安),1917年通车,干线长312.11公里,支线长114公里。该路虽属中国国有铁路,但机车和车辆全部由南满铁路调拨,并与南满铁路联运。洮昂铁路(洮南至昂昂溪),由中日合办的东亚公司承建,实际由满铁垫款,后转为借款,实权操之于日本人之手,1927年通车,长220.1公里。此外,京奉铁路的北戴河支线、锦州朝阳支线、大虎山通辽支线,以及吉林双城绅商修建的双城铁路、锦州大窑沟通裕公司所建运煤专用线通裕铁路(女儿河——大窑沟)、吉林省与俄国商人合办的梨树沟穆棱煤矿公司修建的运煤专线穆棱铁路(下城子——梨树沟矿区)、黑龙江鹤岗煤矿公司修建的运煤专线鹤岗铁路、奉天境内商办开丰铁路等,也先后建成,共长661公里。尤其是长达251公里的大通支线(大虎山——八道壕——新立屯——通辽),将东北中国铁路连为一体,构成与南满铁路平行的南北交通线,引起日本的忌恨。

东北地区1927年后修建的铁路主要有:国营吉敦铁路(吉林省城昌邑屯至敦化),长210.4公里,由日本垫款"承造",1928年10月竣工通车。① 呼海铁路(呼兰—海伦),黑龙江省商合办,全长220公里,1929年初全线通车。② 吉海铁路(吉林省城至辽宁海龙东边的朝阳镇),长183.9公里,在海龙与奉海铁路相接,亦属省商合办,1929年6月竣工通车。③ 齐克铁路从洮昂路终点昂昂溪三间房站开始,北经黑龙江省城齐齐哈尔抵达克山,长205.7公里,由东北交通委员会主持,以官督商办方式修建,1928年12月通至齐齐哈尔,1931年11月通至龙溪,距克山仅26公里,因日军侵入黑龙江而停工。洮索铁路(洮安至黑龙江索伦)长190.8公里,1931年2月通车71公里至怀远镇。

上述铁路的建成通车,加上原有线路,使东北自有铁路初步形成网络。1927

---

① 铁道部《铁道年鉴》编纂委员会:《铁道年鉴》第1卷,1933年,第359页。
② 日本侵占东北后,由海伦展筑至北安,与齐克路的延长线接轨;再往北展筑至黑河。
③ 沈海、吉海铁路兴建期间,日本以两路沟通,与南满铁路并行,妨碍日本既得"满蒙"五路权益为由,不断横加干涉、阻挠。中方不为所动,按原定目标如期建成。

年至1931年九一八事变前后的5年间,全国仅修筑完成铁路干线或路段9条,支线若干条,计2 251公里。其中7条、1 756公里在东北,分别占总数的77.8%和78.0%。1931年九一八事变后,东北沦陷,好不容易建起来的1 700余公里铁路连同原有铁路和所有资产、资源,统统落入日本侵略者手中,成为日本帝国主义扩大经济掠夺和对华侵略的基础与手段。这对中国的铁路建设和全国经济发展都是一个极其沉重的打击。

1928—1931年,全国新建铁路1 198公里,平均每年新建约300公里;1932—1937年,全国新建铁路6 797公里,平均每年新建约1 133公里(包括日伪在东北地区新建的铁路),全国铁路里程达到22 307公里。[①]

铁路的兴建,建设资金主要来源于各项贷款;其中尤以外国贷款为主(1912年以后,外国直接投资建设的铁路已经不多,主要是贷款建设的铁路)。因此中国铁路权益,往往受制于外人;中国铁路成为列强争夺在华权益和划分势力范围的重要目标。据不完全统计,1912—1936年,中国铁路负担的外债额高达41 468万元。[②] 到1927年,中国自主经营的铁路里程仅占8%,外国直接投资经营的铁路里程占33.2%,通过贷款控制经营的铁路里程高达58.8%。1931年时,这三项比例分别为15.7%、30.4%和53.9%。到1937年,因东北铁路沦陷,且日伪在沦陷区大量修建铁路,外国直接投资经营的铁路里程高达46.6%,控制经营的铁路里程达44.1%,中国自主经营的铁路里程仅占9.3%。[③]

在铁路的管理和经营方面,1912年民国成立,铁路由交通部管辖,路政司司长兼任全国铁路督办。1928年,国民政府设置铁道部。为加强管理,1913年北京政府交通部设立了统一铁路会计委员会,逐步确立了中国铁路会计与统计的基础。1917年,又设立铁路技术委员会,从此铁路建设才有标准可循。1932年,铁路基本大法《铁道法》颁行。不过,因政局动荡,尤其是军阀割据,外敌入侵等因素,中国铁路的管理很难真正统一。如短短一条株洲至萍乡铁路,湖南独立便归湖南省政府管理,"北军"到来由北军军事当局管理,且分别受辖于湖南、江西的北军当局。[④] 东北地区的铁路,从兴建到管理,都由奉系军阀主持。九一八事变之后,完全沦入敌人之手。同蒲铁路从修建到经营,都一直控制在晋系军阀手中,几同独立王国。

民国时期,中国铁路的资产、车辆等都有变化,这为铁路运输的开展,提供了条件。中国地大物博,物产丰富,也为铁路运输的繁荣提供了良好的条件。相较于其他部门,铁路较先进的技术、严格的管理制度等种种因素,使铁路企业也成为旧中国能够盈利的重要国有事业。表5-7和5-8列举了民国时期部分年份国有铁路

---

① 据严中平等编:《中国近代经济史统计资料选辑》,表3,科学出版社,1955年,第180页。
② 据严中平等编:《中国近代经济史统计资料选辑》,表7,科学出版社,1955年。当然,相当数额的外债被北京政府挪作军政费用。
③ 据严中平等编:《中国近代经济史统计资料选辑》,表6,科学出版社,1955年,第190页。
④ 汪敬虞主编:《中国近代经济史(1895—1927)》,人民出版社,2000年,第1982页。

的资产和车辆变动,以及营业状况的变化。铁路以运输业务为主营业务,运输业务的主要产品是旅客和货物的位移,分别以人公里和吨公里表示。从民国国有铁路的运输业务量来看,旅客及货物运输业务基本都保持不断增长趋势,其中又以货运占有主要地位。从主营业收入的构成来看,货运收入也一直都是国有铁路的主要收入来源,其比重保持在50%以上。

表 5-7　1915 年—1935 年国有铁路资产、铁路动力、车辆数量统计

年份	总资产（万元）	机车		客车		货车	
		数量（辆）	挽力（吨）	数量（辆）	座位容量（人）	数量（辆）	载重量（吨）
1915	4 704	629	5 619	1 280	61 174	10 652	243 070
1918	5 134	653	6 030	1 231	62 094	10 772	243 065
1921	6 900	884	9 204	1 345	73 563	13 206	340 903
1924	7 493	1 146	12 156	1 789	99 447	16 831	452 938
1927	8 440	807	8 293	1 355	78 371	11 664	304 198
1929	9 981	786	7 530	1 291	78 532	10 684	272 000
1932	12 757	1 182	12 730	1 895	107 022	15 671	436 381
1933 年度	13 460	1 237	16 081	1 971		15 755	443 883
1935 年度	13 870	1 243	13 535	2 047		15 482	443 667

（资料来源：中华民国铁道部编：《中华民国国有铁路会计统计总报告》,各年；中华民国交通部、铁道部交通史编纂委员会编撰：《交通史路政编》,1935 年；严中平等编：《中国近代经济史统计资料选辑》,科学出版社,1955 年,第 194—196 页。）

表 5-8　1915 年—1935 年国有铁路运输量及营业收入统计

年份	运输业务量			营业收入			每吨公里收入（元）
	旅客周转量（万人公里）	货物周转量（万吨公里）	运输总产量（万吨公里）	客运收入（元）	货运收入（元）	小计（元）	
1915	99 264	225 077	324 341	22 044 047	33 841 148	57 062 359	172.32
1918	232 080	342 581	574 661	30 311 193	45 945 146	77 652 153	132.70
1921	316 223	470 994	787 217	36 101 641	57 452 719	96 450 836	129.96
1924	358 232	457 152	815 384	44 824 192	68 609 340	118 511 264	139.11
1927	266 321	266 051	532 372	46 827 139	56 296 437	105 018 254	183.63
1929	318 329	249 698	568 027	68 451 984	80 273 295	151 753 630	261.03
1932	345 058	445 661	790 719	55 559 762	80 321 289	142 065 690	171.84
1933 年度	403 037	477 095	880 132	60 793 123	81 309 638	148 346 171	163.05
1935 年度	434 885	648 880	1 083 765	62 429 017	102 529 093	171 091 506	152.21

（资料来源：严中平等编：《中国近代经济史统计资料选辑》,科学出版社,1955 年,第 207—209 页；中华民国铁道部编：《中华国有铁路会计统计总报告》,各年。）

三、抗日战争时期及战后的铁路交通

抗日战争期间,原有交通遭受严重损失,为适应战争的需要和后方经济发展的需要,国民政府大量投资,增修新的线路,补充各类器材,在交通素不发达的后方扩展近代交通运输业(包括铁路交通)。抗战期间后方交通运输建设和运营的主体是国民党国家垄断资本,其发展也颇为曲折。

抗战前整个西南和西北地区除滇越路(中国段)及陇海路西安以东一段外,再无铁路交通可言。抗战开始,日寇首先抢占交通战略要道,至1938年武汉、广州沦陷,各主要铁路线相继陷于敌手,陷落和拆除的铁路线里程为8810公里(不包括九一八事变后东北沦陷的6173公里铁路线),国民党统治区原有铁路线仅存滇越路、浙赣线、粤汉线株洲至曲江一段以及陇海线洛阳以西一段,里程为2609公里。这一时期,国民政府完成了湘桂线衡阳至桂林一段的修筑,湘黔线完成株洲至蓝田(今涟源)一段,并将陇海线由西安延至宝鸡,完成铁路新线总里程为708公里;与此同时国民政府还修筑了芜湖至歙县孙家埠以南一段以及杭甬线杭州至曹娥一段,里程总计314公里,但完成不久又复沦陷或拆除。①

汉广沦陷后,国民政府继续修筑湘桂线,1939年底桂林至柳州段完成通车,柳州以南一段因其间南宁一度失守中途停工,路轨用于黔桂线。黔桂线于1939年间由柳州开始修筑,1944年修至都匀,但湘桂战争后全路沦陷,后续工程亦告停止。

广州沦陷后,对外贸易线路断绝,为开辟新的国际交通线,国民政府于1938年11月动工修建滇缅铁路,1942年4月因日本占领缅甸而停工。与滇缅路同时开工的叙昆铁路原拟连通川滇交通线路,因材料供应不足,至1942年4月停工,仅完成昆明经曲靖至沾益一段。宝天线工程1939年开始筹办,全长154公里,1945年底竣工通车。此外,为矿产运输便利,国民政府还修建了一些铁路支线和专用线,如陇海路咸阳至铜官煤矿支线;粤汉路白石渡至杨梅山矿场支线;湘桂路之黄阳司支线,通达窑冲煤矿。还有合江铁矿运输支线,以及柳州至来宾、大湾的联络水运的支线等。汉广沦陷至桂林陷落这一时期,国民政府共新修铁路1187公里,但其中846公里的线路在桂马之役沦陷或拆除。②据官方统计,抗战期间共修筑铁路干线2326公里③,对于后方交通运输业的发展起了重要的作用。

抗战期间,中国铁路营业里程较战前大幅度减少。据官方统计④,1944年底,铁路营业里程减少到1625公里。车辆及各类器材也受到重大损失,据1936年6月底统计,全国国营铁路有机车1243辆,客车2047辆,货车15482辆,特种车380

---

① 交通部:《十五年来之交通概况》,铁道章交通部,1946年。
② 交通部:《十五年来之交通概况》,铁道章交通部,1946年。
③ 国民政府交通部档案二十(2)324,《抗战前后交通概况重要统计资料》。但马里千等《中国铁路建筑编年简史(1881—1981)》(中国铁道出版社,1983年)提供的数据与之略有差异。
④ 《中华民国统计年鉴(1948)》、《交通部统计年报(1946)》。

辆,到1944年底,仅有机车207辆,客车446辆,货车2 307辆,特种车90辆。特别是对外贸易港口沦陷以后,车辆及大型交通器材不能进口,原有车辆大多超期使用,毁损严重,至抗战后期,铁路车辆完好率大体只有2/3左右。由于铁路里程和车辆减少,铁路运输量较战前全国水平(不包括东北)相比也大为减少,铁路年平均客运量不及战前年客运量的1/3,年平均货运量只相当于战前年运量的1/10。不过,抗战期间后方铁路的每公里平均运载能力较战前有所提高。

表5-9 1937—1947年铁路营业概况

年 份	营业里程（公里）	机车（辆）	客货车（辆）	货运（万吨公里）	客运（万人公里）
1937	3 921	1 000	17 000	550 807	418 534
1940	2 221	378	7 036	49 922	143 758
1943	2 992	281	4 864	54 575	210 899
1946	12 788	1 942	26 545	375 608	1 241 989
1947.1—6	11 053	1 954	28 879	273 556	851 798

说明：1947年数据包括东北、台湾。
(资料来源：《中华民国统计年鉴》,1948年；交通部：《十五年来之交通概况》,交通部,1946年。转见：吴承明、江泰新主编：《中国企业史·近代卷》,企业管理出版社,2004年,第882—883页。)

这一时期,日寇为侵华战争的需要,也修建了一些铁路。在东北地区修建了图佳、拉滨、长白等线,长约4 752公里；在华北地区修建了北京至古北口、石家庄至德州、新乡至开封、东观至潞安等铁路,长约608公里；在海南岛修建榆林港至北黎、八所至石碌等铁路,长约254公里。到1945年,中国大陆共有铁路25 523公里。

在台湾省,1907—1945年修建了台北至淡水铁路,长约628公里,以及基隆至台北等复线109公里。这些铁路均为1.067米窄轨铁路。

抗战胜利后,国民党忙于内战,各项建设停滞不前。到1948年,新建铁路仅有陇海铁路天水至兰州段353.4公里,台湾铁路新竹至竹东段17公里,綦江铁路(重庆猫儿沱至万盛)98.6公里,共约469.9公里。

合计1938—1948年全国新建铁路3 909.4公里,年均建成355.4公里。到1949年,全国可通车铁路为21 989公里,比印度1890年还要少得多,如果从1894年算起,平均每年才修建462公里。2万多公里的铁道,对于有着广袤空间的中国来说无疑是杯水车薪。而且,铁道分布极不均衡,绝大部分分布在东部沿海和东北地区,今京广铁路以西的广大地区数量极少。此外,大多数铁路线路的分布是从沿海、沿江口岸直接伸入内地,形成线路以沿海滨江的通商口岸作为起讫点伸向内地的死胡同型的布局,铁路之间、内地各地区之间的联系往往不够密切,影响了铁路网的形成。

在当时半殖民地半封建社会生产力不发达的情况下,虽然铁路拥有这些不足,轮船同样要面对江河湖海中外国轮船势力的倾轧竞争,但轮船铁路作为新式交通运输业的特点和优越性,如运量大、受气候影响小、速度快、运价低等,使它在近代中国出现后很快就在运输系统中居于重要地位,并日益显露出作为新生产力推动经济发展的巨大作用。据统计,1936 年铁路的货运量已达 648 880 万吨公里,客运达 434 885 万人公里,1949 年在全国近代运输业货运周转总量中,铁路占 80.1%,轮船为 18.8%,两者合计占 98.9%。可见,铁路轮船在近代中国交通运输业方面所占地位的重要性。显然,铁路轮船与近代中国经济发展之间有着十分紧密和不可替代的联系。

四、公路交通的兴起和发展

公路是现代承担交通运输的重要手段。在现代公路诞生于中国之前,中国早已拥有完整的驿道系统。清末,汽车传入中国,新式筑路技术也开始运用,于是,能通行汽车的"汽车路",即公路产生。清末,最初能通行汽车的道路,多是利用驿道修整而成的;后来较为标准的现代公路,其选线也多同传统驿道有关。

中国最初的公路,是 1905 年苏元春驻守广西南部边防时修建的龙州至那堪公路,实际建成 17 公里。1907 年(光绪三十三年),欧洲发起万国汽车环行会,40 多辆汽车在北京、巴黎之间进行拉力赛。法、意两国还在张家口至库伦间比赛,在北京—恰克图"官路"上行驶汽车。这是清末可通行汽车最长的一条线路(1 110 公里)。[①] 另外尚有若干条经过修整可行汽车的道路,但里程较短。1913 年湖南督军谭延闿拨省款修筑长沙至湘潭公路,是比较标准的现代公路。该路经过正式勘测、设计,铺有石子路面,符合一定的技术标准,长 50 公里。此后,修筑公路的地区渐多。民国初期的公路修建,有官办、兵工、商办(包括侨商)和以工代赈等多种形式。官办主要是由地方政府出资,或官督商办、官商合办,但以官办为主。

1916 年浙江省成立省道办事处,是为中国的地方政府出面组建修筑公路机关的开始。[②] 中国较早的商办公路,是对北京至恰克图官路加以平整而成的张(北)库(伦)公路,由大成(商人景学铃创办)、泰通两家汽车运输公司联合修建,1918 年正式营运。以工代赈修路,起因于 1920 年前后,华北、晋陕等地接连发生水旱灾荒,北洋政府提出修筑公路,以工代赈。美国红十字会以及后来的华洋义赈会募集捐款(包括中国政府提供的款项),提供资金 500 多万元,筑路近 6 000 公里,几千万灾民受益。其中,部分线路由中央部门直接主持修筑。如交通部提议修筑烟台—潍坊和沧州—石家庄铁路路基,以工代赈,同时举办路电邮附加赈款,作为筑路工款,

---

① 中国公路交通史编审委员会编:《中国公路史》第 1 册,人民交通出版社,1990 年,第 135 页。
② 金家凤:《中国交通之发展及其趋向》,正中书局,1937 年,第 112 页。

设立烟潍路工处,召集灾民开工。后来,附加赈款停收,交通部将铁路路基改筑成烟台至潍坊公路和沧州至石家庄公路,1922年8月试行通车营业。①

1922年,政府颁布道路修建奖励条文,此后各省都设立省道局(或路工局),负责省内道路的修建,民间筑路之风也兴起。例如浙江全省公路,"省办约占百分之五十九,商办计占百分之四十一";"商人筑路在1926年为全盛时期,而省办公路则至1929年方始发达"。②

1927年前,全国共修建官办公路约4 412公里;兵工筑路约3 196公里;商办(包括侨商)公路约4 328公里;以工代赈修建公路约5 990公里。③ 合计共约1.8万公里。加上其他可以通行汽车的道路,通车总里程达到2.6万公里。④ 不过,民国初年的公路,大多标准低、质量差,行车困难,雨天则根本无法行车。尽管如此,所修整的公路,加上原有驿道,初步形成陆上交通网,对汽车运输和传统人力畜力运输,都有促进作用。

从清末有了可通行汽车的道路,以及长途汽车运输的酝酿,到民国初年正式出现现代公路以及汽车运输,公路交通的发展较为缓慢。1927—1937年,特别是进入20世纪30年代后,公路交通运输有了较大的发展。公路的建设、管理有了专门的职能机构、统一的规划设计和统一的法规,中央政府提供筑路基金支持,改变了民国初期各自为政的局面。公路运输官商并举,经营管理水平也有所提高。

国民党政府成立时,公路干线(国道)的修建由交通部主管,1928年改归铁道部。1932年11月,全国经济委员会筹备处成立,公路建设的规划事宜又改由经委会主管,下设道路股,不久扩充为公路处,督造各省公路。地方主管公路修建和营运的机构,省多为建设厅,县为建设局或建设科。⑤

为了统筹、规划公路的修筑和管理,1928年交通部将全国公路分为国道、省道、县道3类,⑥提出10年建设4经3纬国道干线计划,以兰州为经纬线的中心,共41 550公里,预算资金13 875万元,但未及实施。铁道部接管后,于1929年会同部分省政府,组设国道设计委员会,拟定"国道路线网"。1931年6月国民党政府颁布《国道条例》,进一步明确了国道的规划权限和修造原则。

20世纪30年代,国内外形势发生重大变化:日本占领东北,加速推行灭亡中国的侵略计划;中国共产党领导的土地革命蓬勃展开,革命根据地迅速扩大,民族矛盾和阶级矛盾空前激化。在这种情况下,作为国民党统治心脏地带的江浙两省、革命根据地所在的赣闽湘鄂豫皖和陕甘等省,成为公路修筑的重点地区。1932年

---

① 交通史编纂委员会编:《交通史·路政编》,第九章,汽车路,1931年。
② 浙江通志馆:《重修浙江通志稿》,第98册,交通,公路。
③ 据中国公路交通史编审委员会《中国公路史》,第1册,人民交通出版社,1990年,第148—162页。
④ 据中国公路交通史编审委员会《中国公路史》,第1册,人民交通出版社,1990年,第145,199页。
⑤ 周一士:《中华公路史》上册,台湾商务印书馆,1984年,第155—161页;国民党中央党部国民经济计划委员会编:《十年来之中国经济建设(1927—1937)》,扶轮日报社,1937年。
⑥ 国道路基宽度在10公尺以上;省道宽度在8公尺以上;县道宽度在5公尺以上。

11月,国民政府军事委员会和"豫鄂皖三省剿匪总司令部"在汉口召开豫、鄂、皖、赣、苏、浙、湘七省公路会议,布置和落实七省公路修筑。为了加速这些地区的公路修造,国民政府先后制定了"督造苏浙皖三省联络公路计划"、"督造苏浙皖赣鄂湘豫七省联络公路计划"、"督造苏浙八省联络公路计划"、"督造西北各省联络公路计划"等,并设立专门机构。

到1937年,全国新修公路约88 000多公里,通车总里程达110 952公里。① 这10余万公里的公路,分布于全国各省市。京陕(蒲口—紫荆关)、汴粤(开封—南雄)、京黔(南京—晃县)、京川(南京—利川)、洛韶(洛阳—韶关)、商祁(商邱—祁门)、京鲁(南京—台儿庄)、海郑(东海,今连云港—郑州)、沪桂(南京—桂林)、京沪(南京—上海)、西兰(西安—兰州)、西汉(宝鸡—汉中)、汉宁(汉中—七盘关)、川湘(成都—长沙)、川陕(成都—西安)等公路干线,加上其他公路和支线,初步形成全国公路交通网。②

这一时期的公路建设虽有发展,但尚处于初始阶段,公路的规划、修筑和布局都有极大的局限性。首先,相对于国土面积而言,公路里程过短,密度甚低,且各省公路分布极不均衡。据1934年调查,各省每千平方公里面积的公路里程,广东最高为50.3公里;其次是山东(36公里)、江苏(35.7公里)、浙江(31公里)、安徽(29.5公里)、江西(27.7公里)等省;再其次是湖北(17.8公里)、河南(17.8公里)、广西(17.4公里)、热河(13.4公里)、河北(12.8公里)、辽宁(12.7公里)、山西(12.7公里)、吉林(10.1公里)等省。余下各省均未超过10公里。新疆最少,仅为0.9公里。全国平均为7.6公里。③ 第二,绝大部分线路设计规格低,质量差,寿命短,使用率不高。1937年全国通车的11万公里线路中,仅4.3万余公里铺有石子路面,不到总里程的40%,其余均为土路。雨雪天或雨后初晴,均无法行车。在南方多雨和黏土地区,行车时间尤少,而养护和翻修工程浩大。

另据不完全统计,1927年全国有客车16 020辆,卡车1 901辆,公共汽车1 015辆。④ 1936年,全国汽车(包括自用客车,但不包括邮车和特种车)登记量为68 917辆。其中营业车辆有28 492辆。⑤

民国初期,公路运输以商营为主,经营管理水平低下。1927年后,特别是30年代,公路运输官商并举,呈现出良好势头。

---

① 国民政府交通部档案。见《中华民国档案资料汇编》第五辑第一编,江苏古籍出版社,1994年,第290—292页。原表1937年里程总计为119 567公里,有误。
② 参见国民党中央党部国民经济计划委员会编:《十年来之中国经济建设》第5章,扶轮日报社,1937年;《道路月刊》第54卷2号,1937年7月。
③ 1934年中国国土面积约1 113 2700平方公里(见全国经济委员会公路处编:《中国公路交通图表汇览》,1935年);公路里程为96 253公里(据中华民国交通部档案,见中国第二历史档案馆编:《中华民国档案资料汇编》第五辑第一编,江苏古籍出版社,1994年,第290—292页)。
④ 吴承明主编:《中国资本主义发展史》第三卷,人民出版社,1993年,第95页。
⑤ 巫宝三统计1936年的车辆数为62 001辆,这一数字包括私人用车、公共汽车、货车、邮政车和特用车。见巫宝三:《中国国民所得,1933、1936及1946》,《社会科学杂志》1947年第9卷第2期。

中国汽车运输经营是从城市开始的。1907年,一家德国商行在青岛开办短途客运,这是城市以汽车作为营业的运输工具的开端。[①] 中国公路汽车运输,早在1907年就有了酝酿。当时的察哈尔都统诚勋曾奏请开办蒙古汽车公司(经营张家口至库伦间的运输),未获批准。[②]

开始较早、规模较大的还是张家口大成汽车运输公司开展的张库公路运输。[③] 当时的汽车运输,经营管理水平不高。经营者往往不以行程和运输量考核单位成本,只从统收统支中计算盈亏。在大成张库汽车公司,载客4人的客车,每月往返24次,行车费用16 200元,收入20 000元,盈利3 800元。官办的西北汽车公司,也经营张家口至库伦运输。1918—1921年,从各洋行陆续购车90辆,强行"借用"大成公司的站房等设施开展营业。自开办以后,筹集各种资金约77万元。[④] 经营天津至保定运输的商办协通长途汽车公司,每月营业收入16 080元,支出11 370元,盈利4 700元。[⑤] 在经济较为发达的浙江,省营杭余省道汽车公司1923年营业收入42 150元,各项支出31 104元(包括车损提成),盈利11 046元。[⑥]

在公路交通的管理机构方面,北京政府交通部设有路政司,兼理公路交通。1918年,交通部颁布《长途汽车公司条例》,这是中央政府颁布道路规章之始。交通部还颁布了《长途汽车公司营业规则》。在各省,公路运输由实业厅或建设厅管理。[⑦]

1927年以后,尤其是20世纪30年代,中央和地方政府直接修建了不少"国道"、"省道"和联络公路。由此,官营公路运输也就有了条件。民营公路运输也有所发展。运输管理水平较之民初,也有明显提高。据调查,1933年各省官营(公营)长途汽车运输,有汽车2 667辆,营业收入16 335 460元,营业支出9 942 059元,净收入6 393 401元,平均每辆车收入6 125元,净收入2 397元。[⑧] 1936年官办汽车约3 000辆,由此推算出该年公营长途汽车运输总产值约为1 837.5万元,净产值约为719万元。每一营业公里的收入平均为875元(营业里程按2.1万公里计)。可见官营汽车运输还是盈利的。

这一时期,商营公路运输也有较大发展。民初,商办公司一般要先筑公路,再经营汽车运输。1931年后,国民政府开放公路,鼓励民办公路运输。次年全国经济委员会督造公路后,公路主要由中央和地方政府修筑,商民可以通过多种方式经营公路运输。据不完全统计,商营汽车从1931年的9 500辆发展到1937年的

---

① 中国公路交通史编审委员会编:《中国公路运输史》第1册,人民交通出版社,1990年,第95页。
② 交通史编纂委员会:《交通史路政编》,第9章第3节,交通部总务司,1935年。
③ 交通史编纂委员会:《交通史路政编》,第9章第3节,交通部总务司,1935年。
④ 包括从京绥铁路局借拨67.45万元,绥包公债2.65万元,交通部拨给2.65万元,其他进款2.56万元。
⑤ 张镜青主编:《河北公路运输史》第1册,人民交通出版社,1988年,第9页。
⑥ 张涤铭主编:《浙江公路运输史》第1册,浙江人民出版社,1994年,第9页。
⑦ 全国经济委员会公路处编:《中国公路交通图表汇览》"公路沿革",1935年。
⑧ 巫宝三主编:《中国国民所得,1933年》下册,中华书局,1946年,第208、215页。

15 300多辆。① 一些地区的商营公路运输明显扩大,车辆和营业额已超过官营。1933年,商营长途汽车运输,共有汽车4 988辆(包括东北地区),营业收入达2 564万余元,在全国公、商营长途汽车运输总收入(4 198万元)中占61.1%。② 另外,1933年全国尚有商营租赁汽车7 092辆,营业收入近4 787万元。③

商营公路运输的分布,主要集中在江浙皖和华北晋冀一带。江苏商营汽车运输,当以江南汽车公司最有影响。该公司由国民党元老、建设委员会委员长张静江和政界人士吴稚晖、李石曾等人于1931年创办,经营京杭(南京—杭州)、锡宜(无锡—宜兴)和京湖(南京—湖熟镇)的运输。从创办到1937年,该公司资本从10万元增加到100万元,车辆也由18辆增加到300余辆(包括市区公共汽车),员工达到1 400余人。公司的发展,首先与张静江等人的官僚政客地位和权势密切相关。公司从筹办到通车营业,仅用了两个多月。锡宜公路运输,江苏建设厅本来计划自办,但迫于压力,还是由江南公司专营。据实业部调查,1935年1—6月,宜锡段经营61公里里程,每日行车16次,行驶888公里,每月营业收入约17 000元,支出15 600元,盈利1 400元,收益率为8.2%。每一车公里收入0.638元。京杭段经营171公里里程,每日行车42次,每月营业收入约2.8万元,支出2.75万元,盈利极少。每一车次收入22元多。④ 从这一调查看,盈利状况似乎不佳。⑤

上海规模较大的锡沪公司成立于1933年9月,创办人王晓籁。该公司先是为锡沪公路上海段垫付了64.2万元的建筑费,后又向上海市政府缴纳保证金1万元,垫付路、桥建筑费9万元,承诺按营业收入的8%缴纳报酬金,这样,获得锡沪公路1/14里程的长途汽车经营权,期限30年。1935年,锡沪公司又与江苏省建设厅订立《锡沪路长途汽车专营合同》,以垫款方式取得江苏境内经营权。该公司承诺垫付58.4万元的建筑费,缴纳保证金5.8万元,每半年缴纳锡沪全线营业总收入的6%作为专营费。营业期限30年。在业务方面,该公司订有《旅客行李运输章程》、《乘车规则》、《团体票简章》、《有待军警人员乘车规则》、《货运章程》等。1934年公司正式成立,购进雪佛兰大客车50辆,小客车6辆。次年,又购进德国奔驰柴油车8辆,自装车厢。此外,还有工程车、吊车等5辆。1935年9月,该公司与京沪铁路局签订《联运合同》,经营上海至苏州、常熟间的旅客和行李联运。1936年的营业收入为77.68万元,支出62.78万元,盈利14.9万元。⑥ 其他各省的经营情况

----
① 中国公路交通史编审委员会编:《中国公路运输史》第1册,人民交通出版社,1990年,第140页。
② 巫宝三主编:《中国国民所得,1933年》下册,中华书局,1946年,第208、217页。
③ 巫宝三主编:《中国国民所得,1933年》下册,中华书局,1946年,第210、217页。
④ 中国公路交通史编审委员会编:《中国公路运输史》第1册,人民交通出版社,1990年,第484页;中国经济年鉴编纂委员会编:《中国经济年鉴》(第三编,1935年),商务印书馆,1936年,第(M)261—262页。
⑤ 国民党中央党部方面的调查反映,京杭段经营207公里公路,各种客运车辆34辆,月均收入32万元,每一车次收入近167元(国民党中央党部国民经济计划委员会:《十年来之中国经济建设(1927—1937)》,第5章,扶轮日报社,1937年,第13页)。从这个报告看,收入似乎太高。比较两个调查所反映的每一车次的收入,相差7倍以上。再与上述江苏以及下文上海、浙江的情况比较,似乎实业部的调查较为接近实际。
⑥ 上海市交通运输局公路交通史编写委员会编:《上海公路运输史》,上海社会科学院出版社,1988年,第121—126页。

就不一一列举了。

据估计(不考虑价格变动),1928—1937年10年间,公路汽车运输的总收入(总产值)平均增长了17.09%。[①]

抗日战争前,国民政府公路建设的重点在东南。抗战开始后,后方铁路里程短少,水运又素不发达,除长江上游外,其他水路均未开发利用,公路运输遂成为后方交通运输业的中心,国民政府乃着手于西南西北公路交通网的建设,公路建设是战时国民政府在交通运输业投资最多的部门,所占比重达55.9%。

上海沦陷后,为维持国际运输通道,首先对广九、湘粤、湘桂等公路施以改善工程,以扩大香港与内地之间的运输能力;西北方面则对西(安)兰(州)、甘新两路进行改善,以便衔接苏联铁路承运物资。在西南方面,1938年修筑了桂越、滇缅两条公路,构成经越南和缅甸的进出口物资运输线路。为接通国际线路之联络线,又以滇缅公路为主体,修建西南公路的三条主要干线:一为由昆明经贵阳至重庆的昆渝线,二为由昆明经曲靖、毕节至泸州的川滇东路,三为由滇缅路之祥云附近转北经姚安、西昌至乐山的川滇西路。至滇缅路沦陷前,除上述主要干线外,公路建设工程还有:(1)衡阳至宝庆、洞口至榆树湾两条公路,共长248公里,缩短了东南各省与西南之间的运输线路;(2)筑贺县至连县公路,全长150公里,为粤桂间要道;(3)筑安康至白河、安康至南郑两条公路,共长525公里,是沟通陕南鄂北间交通的重要公路;(4)天水至双石铺公路,长231公里,为西兰路通川陕路的要道;(5)对以贵阳为中心的西南公路,以兰州为中心的甘新、西兰、川陕各路进行路面改善工程。

滇缅战役之后,西南国际陆路交通已经完全断绝。为开辟西北国际运输通道,乃将公路建设的重点移至西北地区,修建了青藏、康青、南疆三条公路。青藏路自青海西宁至玉树,全长797公里,1943年春动工,1944年9月底竣工通车。康青路自康定至青海之歇武,与青藏线相接,全长792公里,1942年底开始,1944年10月竣工通车。南疆路自甘肃敦煌至新疆婼羌,全长739公里,1945年初动工,翌年初全部完工。

在西南地区,为适应中印缅战场军事运输需要,1943年初中美开始合修自列多经新平阳至密支那的中印公路,是年12月完成列多至新平阳一段工程,1944年秋新平阳至密支那段通车。这条公路的建成不仅有利于中缅战场的对日作战,而且为后方进出口物资的运输提供了新的陆上交通线。当时后方进出口物资运输主要依靠中印航空交通线,由美国输入的物资大量积存印度港口加尔各答,因此该公路通车可以稍缓后方进出口物资运输的困难。为使中印公路与国内交通线路相衔接,同时开始修筑保山经腾冲至密支那的公路,该路所属的保山经龙陵至腾冲的支线先行完成,干线腾冲至密支那段1944年10月动工,次年1月打通,

---

[①] 刘克祥、吴太昌主编:《中国近代经济史(1927—1937)》,人民出版社,2012年,第1315页。

保山直达腾冲的干线1945年1月开工,4月下旬完成,这样由保山经腾冲、密支那至列多的时人所谓的"史迪威公路"始告全线通车。该公路穿越原始森林和蛮荒地带,人迹罕至,瘴疠为患,工程之艰巨和给养供应之困难较其他公路建设工程更甚。

滇缅路失陷至抗战结束这段时期,国民政府进行的公路工程还有:(1)云南省东南区公路支线以及绿葱坡至资邱公路等;(2)对各公路干线进行改善工程;(3)修复湘桂两省收复地区的公路,如南宁至百色线,南宁至柳州线,宾阳至廉江线,南宁至钦州线,金城江至大塘线等。

抗战期间,国民政府在后方共新修公路14 331公里,修复公路12 576公里,对公路进行改善工程的总里程约为10万余公里,这些公路建设工程,对于西南和西北地区公路交通网的形成,对于战时物资运输以及后方经济的维持发挥了明显的作用。

抗战期间,国民党统治区的公路通车里程较战前全国里程大为减少,1937年抗战前夕,国民党政府统治地区公路通车里程为109 500公里,到1942年滇缅路失守后公路里程仅为53 000公里,尚不及战前的1/2。战时后方公路都是仓促建成,交通环境一般也比较恶劣,尽管进行了大量的改善工程,多数公路路面状况还是较差,加上敌机对交通线的轰炸骚扰,车辆损毁很快,而新车辆和交通器材的进口、补充又很困难,汽车登记辆数较战前也大幅度减少了。民用车辆由1936年底的62 000辆下降到1944年底的32 484辆,仅及抗战前的52.4%。在上述登记车辆中,自用客车占了很大的比例,货车很多也为政府机构和国营企业所有(如资委会等都辖有庞大的汽车运输队)。据有关资料载,1944年后方营业性车辆共7 321辆,只占后方登记车辆总数的22.6%,其中国营公路运输机构(交通部公路总局各直辖运输处)拥有车辆4 498辆,占营业性车辆的61.4%,私人营业性车2 823辆,所占比重为38.6%。① 这些营业用车辆的完好率也很低,如1944—1945年,营业用车辆的完好率只在40%~60%之间(客车完好率稍高),因此战时后方公路运输量难以提高,且很不稳定。

汉广沦陷后,汽车运输十分紧张,国民政府在1938年10月的交通会议上决定利用人力和畜力扩大运输能力,以弥补汽车运力的不足;交通部遂设立驮运管理所负责这项活动,陆续开辟驮运线路,经运进出口物资,此为驿运的开端。1940年9月交通部成立驿运管理总处,代替原来的驮运管理组织,并在后方各省也都设立了省驿运管理处。交通部驿运管理总处负责经营干线和国际路线的营运,管辖有川黔、川滇、川陕、甘新、新疆等5条干线,共开辟主要驿线6 689公里,其中陆路占87%,水运占13%;国际路线有:新苏线——猩猩峡经迪化至苏境之霍尔果斯,驿

---

① 交通部编:《公路统计年报》,1944—1945年合订本。

线长2 013公里;新印线——即叶列线,由新疆叶城至印度列城,该驿线分东西两线,里程分别为1 005公里和1 160公里;康藏印线——自康定经拉萨至印境葛伦堡,全长2 510公里。各省驿运管理处负责经营支线运输,川、滇等12省开辟有主要驿线21 319公里,其中陆路占55%,水路占45%。为发展驿运,1940—1944年间国民政府拨用于驿运的建设经费总计1.8亿元,略低于对水运业的投资,占同期交通事业建设经费的2%。[①] 抗战期间,驿运机构共承运货物136万吨,总运量为1.96亿吨公里,[②]相当于同期汽车货运量的28%;客运共3 000余万人,总运量约为3.6亿人公里,[③]相当同期汽车客运量的50%。这在一定程度上缓和了后方交通运输的紧张状况。

表5-10　1937—1946年公路运输概况

年　份	公路里程（公里）	汽车登记数（辆）	公营货运（万吨公里）	公营客运（万人公里）
1937	117 296	68 917	3 146	108 052
1940	121 801	19 429	2 194	15 917
1943	126 743	31 833	15 364	17 972
1945	133 722	38 199	17 362	31 308
1946		51 141	10 494	44 893

说明:汽车登记数不包括军车。运量1937年为估计数。1943、1945年包括重庆郊区汽车运量。
(资料来源:《中华民国统计年鉴》,1948年;交通部:《十五年来之交通概况》,1946年;交通部:《公路统计年报》,1944—1945年合订本。)

总体而言,民国时期中国公路运输仍处于发轫阶段。一方面,按土地面积和人口数的汽车拥有量过少,1934年平均每15公里才有各种汽车1辆。若以各种汽车而言,每25公里才有普通汽车1辆,每68公里才有公共汽车1辆,每98公里才有运货汽车1辆。较之于欧美国家,汽车发展的水平无异天壤之别。另一方面,空间分布极不均衡。首先,中国的汽车属于各省的少,属于各市的多,只上海一市便占了一半,其他如北平、天津、南京、杭州、广州、青岛等繁盛市区,大致都有二三千辆。其次,各地运货载客的长途营业汽车仅占汽车总数的20%左右,而且在各省的分布极不均衡。广东最多,约4 000余辆;山东次之,约2 000余辆;河北、吉林、辽宁、黑龙江、蒙古等省又次之,各约有一千六七百辆;浙江、福建、江苏等省又次之,各约有七八百辆;其他省各约有四五百辆甚至数十辆。再次,公路运价普遍高于各种交通

---

① 交通部编:《十五年来之交通概况》,交通部,1946年。
② 交通部编:《公路统计年报》,1944—1945年合订本。
③ 交通部编:《十五年来之交通概况》仅有干线客运量的统计,支线运量据里程估算。

工具,即以运价最低的浙江而言,每公里每吨运价要一角至一角五分,较之铁路每公里每吨只有三分二厘,已相差四五倍,而其他省更有高至七八角的。因此,在公路运输中,客运占了大部分。①

第三节 邮电业和民用航空运输的兴起

一、晚清时期中国邮政电信业的兴起

我国古代有邮驿制度,由国家建立,为官方传递文书或官方货物以及押送犯人,并不承担民间通信事务。到后来有了轮船交通,官方送达书信改用轮船,于是1876年清政府又设立文报局(1914年停闭),负责将寄往驻外使节的文报,递到上海外轮停靠点,并传送进口文报。②承担民间信函传递任务的机构是明代中叶产生的民信局,民信局受他人的托付,收取相当的报酬,从事递送各城市间商家信件。③此外,清代以来,闽粤侨乡有专为海外华侨传递书信、邮寄钱款的侨批局。④

晚清时期的新式邮政,是随着西方列强的入侵传入中国的。在海关试办邮政之前,已有外国人无视中国主权,在中国口岸擅自开办邮递,这就是所谓的"客邮"。⑤1842年,香港总督璞鼎查宣布在香港设立皇家邮局,作为伦敦邮局的分支,又在通商5口各设香港邮局分局。各国相率效尤,德、法、美、俄、日等国,先是在各通商口岸设立邮局,而后侵入内地,设立代办所。清政府虽曾加以限制,但无效果。⑥

在非法"客邮"肆意扩张的同时,外国列强又极力使其合法化,并进而全面控制中国邮权。1842年《江宁条约》规定英国人可以带同家属寄住5大口岸,英国领事、管事可与中国地方官公文往来。1858年中英《天津条约》第四款规定英国外交人员"皆可任便往来收发信件,行装囊箱,不得有人擅自启拆,由沿海无论何处皆可送文,专差同大清驿站差使一律保安照料"⑦。其他各国借口利益均沾,也迫使清政府负责保护各国送文专差。后因办理不便,改由总理衙门交给驿站不定期代寄。而各国外交人员,借口公文书信往来不便,请求由外国人把持的中国海关办理公文书信的传递。1861年,清政府与各国约定,凡驻京公使邮件,均由总理衙门交邮待

---

① 金家凤:《中国交通之发展及其趋向》,正中书局,1937年,第143—148页。
② 交通部邮政总局:《民国十年邮政事务总论》,交通部邮政总局,1921年,第2页。
③ 交通部邮政总局:《民国十年邮政事务总论》,交通部邮政总局,第2页;交通史编纂委员会编:《交通史邮政编》,1930年,第32—33页;刘广生、赵梅庄:《中国古代邮驿史》(修订版),人民邮电出版社,1999年,第627页。
④ 华侨批信局又称"批局"、"侨批局"(古时"信"称"批")和"银信局",起源时间不详,20世纪鼎盛时期,海内外批局数以千计。直到1973年,国务院规定"侨批业归口银行",批局最后退出历史舞台。
⑤ 清代乾嘉后,海禁开放,西方各国与我国贸易往来频繁,外人侨居我国口岸者日众。闽粤外侨每于趸船及贸易监督驻所悬挂信箱,与国内传递信函,成为各国在华设邮之始。澳门则在葡萄牙人入侵后的第三年(1557年)组织了"政府",正式的通信代办机构也随之出现。早在乾嘉之前,"客邮"就已存在(参见王桀:《邮政》,商务印书馆,1933年,第130页;彭瀛添:《列强侵华邮权史》,台湾华岗出版公司,1979年,第44页)。
⑥ 王桀:《邮政》,商务印书馆,1933年,第131页。
⑦ 交通史编纂委员会编:《交通史邮政编》,1930年,第1页。

发。1866年在中国海关总税务司署设立邮政办事处,汇集各使馆邮件,经天津寄到上海。①

1878年,总理衙门采纳北洋大臣李鸿章建议,拟仿照泰西邮政办法,开设北京、天津、烟台、牛庄、上海五处送信官局,交海关总税务司赫德管理。继而,九江、镇江两关道禀请在通商口岸设局,经北洋大臣饬准试办。②3月23日,海关试办的邮政业务,对公众开放③,称为"海关书信馆"。海关派德璀琳为邮政司,对外改称"拨驷达"局(post)。由外国人直接经办的邮政由此产生。④但海关试办邮政,既未经明文奏准,亦无确定章程,更无固定经费。

在海关开办邮政之前,一些有识之士,早已提出仿照西方办法,举办中国自己的新式邮政。1888年,台湾巡抚刘铭传将旧式驿站改为新式邮政,并在台北设立台湾省邮政总局。⑤这是中国人最早自办的新式邮政,不过并未在全国推行。

1890年,总理衙门函商赫德在通商各口推广海关兼办邮递事务,赫德正想把海关兼办邮递升格为国家邮政,趁机提出"设立官邮政局"。在总税务司赫德以及李鸿章、张之洞等人的建议下,大清邮政于1896年3月20日正式开办,并由赫德担任总邮政司,法国人帛黎担任邮政司下的邮政总办一职。

新式邮政在其发生、发展过程中,职能机构、隶属关系、管理体制几经变革。大清邮政成立时,和海关一样,名义上隶属总理衙门;1901年总理衙门改为外务部,邮政隶属该部;1906年清政府设立税务处,邮政事务又隶属该处。同年邮传部成立,该部下设邮政司,直接职掌邮政事务。实际上,邮政事务始终由海关总税务司主持。1911年后,邮政从海关分离,改归邮传部管理。邮传部左侍郎李经芳担任局长,而法国人帛黎则继续担任掌有实权的邮政总办一职,中国邮权仍未收回。

在管理体制上,因新式邮政与海关渊源颇深,大清邮政一直因袭海关试办邮政时期的规章制度;邮区划分也以海关辖区为基础;各区邮政司由各关税务司兼任;海关人员兼司邮政文牍和账务,经费也由海关经费内挪移挹注。具体邮政事务才由邮务处长和邮政人员管理和经办,大政方针都由总邮政司核定。赫德担任总邮政司后,仿照英国邮政制度,对邮政章程进行修订,将全国划分为35个邮区(又名"邮界")。⑥各区设邮政总局,由正副邮政司职掌;总局下还设分局或支局,由总局属员担任邮政长;分局下设代办所或信柜,代办所由当地殷实商家为代办人,信柜

---

① 金家凤编著:《中国交通之发展及其趋向》,正中书局,1937年,第312—317页。
② 《清朝续文献通考》卷三百七十七,考一一二三三。
③ 《1879年7月19日津海关税务司德璀琳呈赫德文第69号》,海关总署编:《中国海关与邮政》,科学出版社,1961年,第10页。
④ 参见海关总署编:《中国海关与邮政》,科学出版社;交通史编纂委员会编:《交通史邮政编》,1930年,第3—5页。
⑤ 郑游主编:《中国的邮驿与邮政》,人民出版社,1988年,第122、123页。
⑥ 参见交通史编纂委员会编:《交通史邮政编》,1930年,第194页。

则由总局、分局、支局分别斟酌设立。① 邮政机构的重要职务,则全由海关洋员担任。清末邮政与海关分离后,外籍人员依旧占据重要职位。当时,总局当中,文牍股、通译股、稽核股、供应股的股长以及秘书处的秘书均为洋人;地方上,北京、西安、迪化、奉天、济南、成都、汉口、南昌、南京、上海、杭州、福州、广州、云南、贵阳等局的邮务总办也均由洋人担任。

邮政业务主要就是邮件传递。1866年,上海海关鉴于海河冬季结冰,无法行驶轮船,着手办理上海、天津、北京间冬季邮运,但范围只包括海关、各国使领馆、同文馆邮件。次年,海关总税务司赫德发布邮政通告,全年办理京津沪之间往返邮件,范围扩大至欧美发来的全部邮件。1878年3月,海关试办邮政,发行大龙邮票,邮运区域由京津沪延伸到烟台、牛庄(营口)。

1896年中国国家邮政"大清邮政"正式开办,邮运开始面向全国,业务项目逐年增加。全国按照海关管理范围,划分为35邮界,每一邮界置一邮政总局;邮界大者酌划分副邮界,设副总局。每一总局或副总局仍有各项附属机构,分为分局、内地代办、邮政信箱三等。1897年,总邮政司和铁路当局分别签订了天津—塘沽、天津—北京铁路邮运协议,②创立火车邮政。同年,总邮政司发布布告③,实施海陆联运。是年还制定和实行新的邮件资费表,改为收取银元;首次发行明信片。1898年开办国内汇兑和国内外保险包裹业务。1903年,铁路客车置备邮用专间,邮运效率和速度大大提高。邮政总办发出通令,要求内地各局都应采取措施,使自己的工作努力达到"准时"、"迅速"、"安全"。④ 此后,各邮局邮运速度加快。1905年,试办京沪间快递邮件业务。至1906年,直隶、山东各大路,已设有昼夜兼程邮差,速率加快两倍。1907年邮政总办发布通谕,再次要求在某些贯穿整个邮界或某些邮运量非常大的邮路上,建立昼夜兼程邮班。⑤ 于是,昼夜兼程邮路进一步扩展。

1902年,全国有邮政局所176处;1907年有邮政局所2 803处,交寄函件511万件,营业收入182.2万元;1911年,有邮政局所6 201处,邮差邮路15.95万公里,民船邮路1万公里,轮船邮路1.25万公里,火车邮路0.85万公里,总长19.05万公里,⑥营业收入379.2万元。⑦ 1911年辛亥革命以后,民信局走向衰微,新式邮政迅速发展。到1933年,共有邮局12 088所,邮路近47万公里。⑧

近代兴起的现代电信业,包括有线电报、有线电话、无线电报与无线电话四种,

---

① 谢彬:《中国邮电航空史》,中华书局,1933年,第47—48页。
② 《1901年7月26日天津邮界邮政司德璀琳呈总税务司邮字第370号文》,天津市档案馆河北邮政管理局全宗第10卷。
③ 天津市档案馆河北邮政管理局全宗1897年第5卷。
④ 《1903年5月16日邮政总办邮字77号通令》,天津市档案馆河北邮政管理局全宗第17卷。
⑤ 《1907年3月5日邮政总办帛黎签署的第22号邮政通谕》,天津市档案馆河北邮政管理局全宗第1906/2835号。
⑥ 交通部邮政总局编:《民国元年邮政事务总论》,交通部邮政总局,1913年。
⑦ 邮政总局编:《中国邮政统计汇辑》,第7246页。转引自秦孝仪主编:《中华民国经济发展史》第一册,台湾近代中国出版社,1983年,第170页。
⑧ 金家凤:《中国交通之发展及其趋向》,正中书局,1937年,第312—317页。

其进入中国并得到发展的时间有先有后,以通过电线发送的有线电报产生和应用最早,一直是电信业的主要组成部分。1861年,俄国铺设的有线电报线自欧洲部分到达西伯利亚,拟从恰克图设线到中国,遭到清政府的拒绝。此后,英、法、美、丹麦等国的驻华官员和商人,以及清政府一批官员,都提出建设有线电报的建议,均遭到清朝廷的拒绝。1865年,英国人莱诺特(Reynold)架设上海至黄浦江口的电报线路,这是中国境内陆路电报设线之始。1871年,丹麦大北电报公司架设的香港—上海间海底电报线路,则是中国最早的电报水线,也是外国大规模控制中国电信主权的开端。当年的6月3日,欧洲与香港、上海之间的海底电缆连接,中国与欧洲从此可以直接通电话。以往两地信息,通过船只送达需数月,此后通过电话数分钟可达且转瞬间可得到回音,有线电报大大方便了国际贸易的进行。以前洋商从中国运丝织品出口,要等到货物到达进口国才可进行推销,而货物未销之前,资金不能运用,盈亏难以预料。电话联通后,洋商在中国打算购入丝织品,先致电伦敦,获得订单和预约款,风险大大减少,而且便利异常。① 尽管如此,清政府仍迟迟未做出建设有线电报的决定。

1879年,新疆、东三省、朝鲜各地,边患迭起。直隶总督李鸿章为整顿边防,决定自设电线,召丹麦商人试办天津至大沽间电报,此线虽然军用,但却是我国自办电报的开始。②

上述电线都为试办、军用性质,且局限于官员所辖区域内。正式兴办的第一条陆路电报线路,是1880年李鸿章奏设的津沪陆路电线。这条线路全长3 075里,于1881年竣工,年底开始收发电报。在天津设电报总局,李鸿章委派道员盛宣怀担任总办,并招集商股,分年缴还官款,1882年4月18日起改为官督商办。③ 电报局享有一定特权,实行企业化管理,获得较快发展。在创办不及三年时间里,应收官报电报费即足以抵缴应付官款有余。与此同时,电报局营业也颇有成效。开办电报第一年(1882年),电报营业收入为银6.1万两,五年后,即上升为41万两;又五年,达63.12万两;至1898年,高达160.76万两。④

线路的修建也颇有成效。1900年前,官督商办电报局先后架设沪粤、长江、川汉、赣粤、京怡等五大干线,主要分布在沿海和内地工商业城市间,沟通各主要省区与京城和境外的联系。据统计,1881年至1908年收归国有时止,商办电报线路合计建成41 417里,设立电报局239处。

在兴办商办电报的同时,清政府还设立大量官办线路与局所,1881年至1908年合计建成49 480里,设立电报局155处。这些线路遍布全国许多省份。

---

① (英)班思德:《最近百年中国对外贸易史》,海关总税务司署统计科译印,1931年,第124—125页。
② 《捷报》,1879年3月31日、5月24日。
③ 《交通史邮政编》第1章,第8—10页。
④ (清)盛宣怀:《愚斋存稿》卷三,1931年印本,第12—19页。

1903年3月,电政收归官办。1906年邮传部成立,电政统归邮传部直辖。次年,邮传部奏派杨文骏督办电政,接收电报总局及电政案卷,改上海电报总局为电政局,并颁发电政局暂行章程26条。① 1911年邮传部奏准将各省官办电报归部办理,先后收回官办电线7万余里,局所239处。至此,全国电报均置于邮传部直接管辖之下。

后期的电报营业也有成效。上海电政局所辖各省电报局,1907年官私两报合计,国内共传递30 602 086字,收入3 684 086元,盈余780 019元;1910年传递44 359 582字,收入4 075 389元,盈余2 078 307元;各省官办电报局,1907年,官私两报合计,国内共传递6 896 673字,1909年增至12 596 966字。②

中国无线电报,与有线电报一样,起源于军用无线电的使用。1888、1899年间,两广总督谭钟麟在督署内及要塞和江防舰艇上设置无线电机,专为江防通信之用。③ 1905年,北洋大臣袁世凯聘请意大利人葛拉士传习技艺,于上海电报总局内选调报生送至天津学习无线电报,并由葛代购无线电机数部,装置在四艘军舰上,并在京津之间开展军用无线电联络。④ 当年因广东琼州海线中断,琼州商人向上海礼和洋行购买长波无线电报机2台,分装于琼州、徐闻,使用火花发报机通报。这是我国较早的民用无线电通信。⑤ 1908年上海吴淞到崇明的海底电线损坏,江苏省以官费改设无线电报,此后我国的无线电报开始用于民用。自此无线电报发展迅速,1935年全国已有63处,国内各大都市都有建立。

无线电报在边疆和国际联系方面效用格外明显。边疆地面辽阔,人烟稀少,交通阻滞,无论临时开办还是平日维持,无线电报均较有线电报经济。当年交通部将有线、无线两大系统的负责机关合并,并进行分工,内地通信以有线电报为主,边疆通信极力扩充无线电报,使之相辅相成。⑥

电话包括长途电话和短途(市内)电话。

长途电话与电报同为远程通信的重要工具。中国长途电话始于1900年。是年,丹麦人濮尔生在北京、天津、大沽间擅设长途电话,1905年由清政府给价收回自办。此后,或自行兴办,或接收外人现成设备,长途电话渐多。

短途(市区)电话出现较早。1881年,上海英商瑞记洋行首先在公共租界内创办华洋德律风公司,为各家商户装设电话,这是中国境内有电话之始。之后汉口、厦门等地外商接踵而起,兴办市内电话。1899年,盛宣怀奏请招商,以电报局试办电话。自1900年至1911年,苏州、天津、南京、北京、广州、武汉、太原、厦门、上海、

---

① 交通史编纂委员会编:《交通史邮政编》,1930年,第63—66页。
② 交通史编纂委员会编:《交通史邮政编》,1930年,第171—178页,221—227页。
③ 交通史编纂委员会编:《交通史邮政编》,1930年,第57—58页。
④ 交通史编纂委员会编:《交通史邮政编》,1930年,第58页。
⑤ 海口市邮电局史志办公室、海口市地方志办公室:《海口市邮电志》,南海出版公司1994年,第1页。
⑥ 金家凤:《中国交通之发展及其趋向》,正中书局,1937年,第246—250页。

杭州、奉天、贵阳、安庆、吉林、长春、无锡、长沙等城市,先后开办市内电话,其中既有由各省督抚筹款设立的,也有由绅商集资开办的。天津、武汉、上海、苏州、南京等电话局均系千户以上之局,北京电话局用户则达 2 000 以上。据 1911 年统计,全国电话线路总计 2 300 里;线条 83 384 里;心线 14 844 条。[①] 各省有电话 8 369 户。[②] 到 1935 年,全国共有电话局 24 处,电话线路近 30 万公里,约有电话机近 7 万台,以重要大城市内部最为发达。另外,有长途电话通话处所 1 082 处,线路近 3 万公里。[③]

二、民国时期邮政电信业的发展变化

1912 年中华民国成立后,大清邮政更名为中华邮政。虽然邮政总局局长由中国人担任,但实权仍然控制在邮政总办法国人手中。截至 1926 年,尚有 119 位外籍人士在中国邮政任职,其中,担任邮务长、副邮务长等重要职务的,有 44 人之多。[④] 1914 年,中国正式加入万国邮联。1921 年,《邮政条例》颁行。1928 年,国民政府裁撤北京邮政总局,南北邮政统一。次年,外国人长期把持的邮政总办一职,改称邮政会办。后来,会办一职由中国人担任,也有外籍人士担任邮务长、副邮务长和会计长等重要职务。1930 年,邮政储金和汇业从邮政局分离出来,在上海成立了邮政储金和汇业总局。储汇分立后,邮政业务由历年的盈余转为亏损,导致邮政人员的不满,一度发生罢工风潮。1935 年,政府决定将邮政储金和汇业总局改为邮政储金和汇业局,隶属于邮政总局。是年 7 月,《邮政法》公布施行。

早已存在于中国民间的民信局,尽管受到新式邮政的挤压,却能顽强生存。[⑤] 直到 1934 年 12 月,政府用法规的形式,彻底取消了民信局。此外,在沿海地区,侨批局继续存在。1922 年,经过中国的力争,外国在中国领土上开办的"客邮",终被取消。但日本在南满铁路沿线的"客邮",却拒不撤销。

中华邮政的业务经营范围,除普通邮件外,还先后开办了收寄商务传单和保险信函业务、代售印花税票业务、火车行动邮局、兑换国际回信邮票券业务,以及邮政储金和邮转电报业务等等。邮路分为邮差线、航船线、铁路线、汽车线、航空线等;邮运工具,自备了兽车、手车、冰车、自行车、汽车、摩托车、轮船等,并利用其他部门的交通工具如火车、飞机等。

截至 1927 年,全国邮政局所达 1.2 万余处,各类邮路达 42.2 万余公里,分

[①] 交通史编纂委员会:《交通史电政编》,交通部总务司,1936 年,第 6—7 页。
[②] 交通史编纂委员会:《交通史电政编》,交通部总务司,1936 年,第 32—33 页。
[③] 金家凤:《中国交通之发展及其趋向》,正中书局,1937 年,第 246—250 页。
[④] 邮电史编辑室:《中国近代邮电史》,人民邮电出版社,1984 年,第 93 页。
[⑤] 1933 年,中国内地(关内)仍有民信局 3 033 家。每家民信局平均营业收入 2 500 元,总收入也达到 758 万元。参见巫宝三主编:《中国国民所得,1933 年》,中华书局,1947 年,第 96 页。

别比1911年扩大了1.9倍和1.4倍。1931年九一八事变后,东北沦陷,东北邮政遭日本帝国主义劫夺,中华邮政员工被迫撤回关内,导致邮政局所和邮路缩减。1934年后,随着各地民信局停闭,邮政局所和邮路增加,到1936年,关内邮政局所达1.5万处,邮运手段和线路除原有的轮船、铁路外,又增加公路、航空以及摩托车、脚踏车等,各类邮路总长达58.5万公里(详见表5-11)。

表5-11 1912—1936年中华邮政经营概况

年份	邮政规模		邮政业务			经营状况		
	邮政局所(处)	邮路(公里)	邮件(百万件)	包裹(万件)	汇兑发额(万元)	营业收入(万元)	营业支出(万元)	盈(+)亏(-)(万元)
1912	6 816	229 824	132	80	596	357	402	-45
1915	8 510	283 738	227	203	1 355	697	650	30
1920	10 505	396 491	401	422	5 892	1 268	1 047	221
1927	12 126	462 237	580	555	8 670	2 780	2 771	9
1933	12 089	466 530	788	623	36 310	3 517	3 359	158
1936	15 012	584 816	882	911	不详	4 966	4 675	291

说明:自1930年起,营业收入包括拨归邮局的储汇盈余。
(资料来源:交通部编:《中国邮政统计专刊》,交通部总务司,1931年;交通部年鉴编纂委员会编:《交通年鉴》1935年,交通部总务司,1935年;中国第二历史档案馆编:《中华民国史档案资料汇编》第五辑第一编,江苏古籍出版社,1994年,第624—633页。)

1937年七七事变前夕,全国各类邮政服务机构达7.2万余处。

这一时期,电信业也有变化。1912年,北京政府将设在上海的与交通部电政司合并,由电政司长行使电政局长职权。次年,又在交通部内设立邮传局。1914年改为邮传司和邮传会计司;次年恢复电政司的设置。国民政府交通部设有电政司,在上海设电政总局,但于1928年撤销,其职责归并于电政司。

在业务管理上,1913年分全国为13个电政区,各设电政管理局和监督。后来屡有变动,如同走马灯一般。1927年国民政府交通部决定各省设立一电政管理局,在北京、天津、上海和汉口各设电报局。又设有无线电管理处。这些机构,后来又有变化。具体营业机构,属于有线电报的,有电报局、电报干线工程处、水线总工程师等;属于无线电报的,有国际电信局、无线电台等;属于电话的,有电话局、长途电话管理处、九省长途电话工程处等;属于电料的,有电料储转处、电信机料修造所、电信机料试验所等。电信业经营状况,参看表5-12。

表 5-12 1912—1935 年电信营业概况

年份	有线电报			无线电报			市内电话			长途电话		收入（元）	支出（元）	盈余（元）
	局所	线路长度（公里）	机器	电台数	收报机（部）	发报机（部）	局所	线路长度（公里）	容量（部）	通话处所	线路长度（公里）			
1912	565	62 523	787									5 966 719	4 012 451	1 954 268
1921	809	87 384	2 181									9 430 906	6 001 960	3 428 946
1928	1 140	99 797	2 445	26	65	39	17	237 524	52 187		6 564	17 942 635	13 990 011	3 952 624
1933	1 103	102 161	2 069	36	123	99	19	217 117	60 010	388	14 863	23 768 611	19 834 545	3 934 066
1935	1 346	98 865	2 443	63	207	143	29	299 820	68 975	1 082	28 573			

（资料来源：金家凤：《中国交通之发展及其趋向》，正中书局，1937年，第251—247页、第290—293页。）

表中显示，当时的电信业也有盈余，但实际上并非如此。原因之一，就在于政府和军方的欠款太多。如1930年，有线电报的账面盈余高达334.5万元，但政府欠费高达340万元。1931年，账面盈余492.8万元，政府欠费高达485万元。1932年，账面盈余587.8万元，政府欠费高达420万元。1933年度虽有盈余393.4万元，但政府欠费多达400多万元。从国民政府定都南京到1933年3月底止，政府和军方的欠款高达2 210.65万元。另一重要原因在于巨额的外债负担。到1935年前后，电信外债本息高达1亿元以上。加之腐败成风，也制约了电信业的发展。各地的电报局长，多为军阀官僚亲朋好友，最大的特长就是营私舞弊。①

三、抗战时期及战后的邮政和电信业

战前国民政府经营的邮政局所有72 690个，邮路里程为58.48万公里，拥有职工2.8万余人。抗战前期，原有邮政局所1/4停闭，邮路里程减少了1/3，国民政府在前方各个战区重新组织邮政机构，竭力维持邮政业务，同时着重在西南、西北地区扩展邮政业务网，开办新的邮政局所和开辟新的邮路，至1942年底，共新设邮政局所16 440个，新辟邮路20万公里②，这样国民政府统治区的邮政局所较战前只减少千余个，邮路里程还略有增加，邮政职工也增加到4.1万余人。香港沦陷之前，后方与沦陷区间的邮运仍通过桂越公路、滇缅公路和渝港航空线得以维持，滇缅战役后，后方与沦陷区间的邮运经先后组成的浙东、湘北、鄂中、鄂东等邮路维持，1943年以后各线停闭，除一些新组织的秘密邮路勉强维持外，后方与沦陷区间的邮运基本断绝。抗战期间，铁路线短少，公路运输极为繁忙，邮政机构为扩展业务乃自组邮政汽车运输队，1942年高峰时邮政汽车达到560多辆，经营有滇黔、川黔、川陕、桂

---

① 参见金家凤：《中国交通之发展及其趋向》，正中书局，1937年第293—295页。
② 交通部档案二十(2)289，《抗战前后之交通统计概况》。

黔、浙赣、粤汉、湘桂等邮路干线及滇缅国际邮路。由于邮政局所和邮路里程无显著减少，职工续有增加，尽管后方交通困难、运输紧张，1942年底以前国民政府的邮政业务除包裹一项有较大幅度减少外，各类信函的收寄数量与战前相去不远，1940—1942年间的信函邮递数量都达到8.7亿件左右，均高于战前最高年份。

抗战前国民政府电信机构有电报线路约9.3万公里，长途电话线路约4.7万公里，市内电话线条长度约342千对公里，战时电报线路损失共计3.9万公里，长途电话线路损失累计达5.8万公里，市内电话损失在98%以上。抗战期间，后方电信业务剧增，国民政府为维持后方通信联络，开始修建新的通信线路，大量增加各类电信机械，主要电信机械的数量和质量较战前都有所提高，到1945年底，已拥有无线电机365部，长途电话机1 006部，市内电话交换机容量达到11.85万门，分别比1936年增加了1.7、2.2和0.59倍。战时国民政府在后方共架设电报线路4.5万余公里，架设电话线路4万余公里，并在后方各城市陆续修建市内电话设施。因此，除市内电话容量仍远远低于战前外，长途电话线路有了增加，而且先后完成了筑桂、桂衡（阳）、衡长（安）三条载波电路，增设了载波机件，电话通话能力较战前有显著提高；电报线路虽略低于战前，但由于采用了新式电报机件，通报能力也有较大提高。抗战期间，后方无线电通信业务发展也很迅速。原设上海的国际无线电台战争开始后先移至武汉和广州，汉广沦陷后又移至成都，抗战后期为方便国际通信而移至重庆。湘桂战役后，东南各省与后方的有线通信断绝，也完全依靠无线电报维持通信联络。战时后方无线电台由战前的70余座增加到170余座，[①]无线电机械数量较战前成倍增长，机械的质量和功率也大为提高。抗战前期，后方电信局所较战前有所减少，后期数量逐渐超过战前，因业务繁忙，职工人数较战前有较大幅度增长，1945年底，职工人数达到4.9万人，比1936年增加了1.4倍。各种电信业务除市内电话用户数大大少于战前外，电报和长途电话的业务量较战前均有大幅度提高。

四、民用航空运输业的兴起

最后来到中国的现代交通工具是民用飞机，1909年法国飞行家环龙在上海试飞游览飞机，是为我国天空出现飞机之始。[②] 1910年，清政府军谘府出于军事需要，决定在北京南苑五里店设立飞机场，以便试验。当时还购买了双翼飞机，便于练习。[③] 这是中国政府拥有飞机之始。此时距人类发明飞机也不过十余年。[④]

1913年，北京政府陆军总长黎元洪在南苑开办了中国第一所航空学校。[⑤]

[①] 交通部编：《十五年来之交通概况》，1946年。
[②] 金家凤：《中国交通之发展及其趋向》，正中书局，1937年，第235页。
[③] 交通史编纂委员会编：《交通史航空编》，交通部总务司，1930年，第1页。
[④] 当时世界上最早的民航定期航线，是1919年英国人创办的伦敦—巴黎间定期航班。
[⑤] 交通史编纂委员会编：《交通史航空编》，交通部总务司，1930年，第1—2页。

1918年,北京政府设立"交通部筹办航空事宜处"。这是中国最早的航空行政机关。1919年北京政府与英国的两家公司订立合同,购买6架客机、60架教练机和40架商务运输机。[①] 1921年设立航空署,并专门设立国有航空线管理局,[②] 开展了北京地区的航空游览业务,不久搭客满座,是为我国民用航空事业的开端。航空署设立的京沪航空线管理处,首先开办京沪之间的邮递服务。1924年,设立筹办西北航空线委员会。[③]

北洋政府时期,由于军阀混战,政局动荡,官府和民间的航空业务和相关活动大都开办不久即告停顿,或无果而终。航空运输业,实际上还停留在筹划阶段。1927年后,情况有所变化。

1929年国民政府交通部设立航空筹备委员会,筹办航空运输,并成立沪蓉航空线管理处,购置飞机,设立机场,首先开办上海—南京一段航空运输。同时,交通部设立中国航空公司,与美国航空发展公司签订合同,由中方提供地勤设备,美方自备飞机人员等,负责飞行,按照里程获得酬金。但开办后,仅酬金一项,每月就超出营业收入10多万元,极不经济。1930年,交通部与美国飞运公司(美国航空发展公司资产也转让给该公司)签订新的合同,组成合资的中国航空公司。公司资本1 000万元,中国政府出资55%。但是,公司仍然处于亏损状态。1933年,泛美航空公司接办,到1935年才有了盈余。[④]

中国航空公司自1929年至1935年,陆续开航5条航线:沪蜀线、沪平线、沪粤线、渝昆线、广河线。1930—1932年,公司营业发展缓慢,一直处于严重亏损状态,3年亏损总额高达256.04万元,相当于营业收入的119.5%。1933年,公司采取降价揽客、扩大业务的策略,将上海—北平线以及上海—汉口段的运营价格降低25%,[⑤] 取得明显效果。公司营业扩大,邮运、客运增加,货运从无到有,当年亏损大幅收窄,次年起转亏为盈。成本效益也有所提高,1937年同1930年比较,每公里航程的收入由0.87元增至2.18元,而支出由2.58元降至1.71元,公司开始进入良性循环。[⑥]

继中国航空公司之后,又有中德合资欧亚航空公司成立。中国与欧洲的交通联系,尤其是邮件,一直依赖西伯利亚铁路和海上洋轮递运。为了利用航空缩短邮运时间,1930年,交通部与德国汉莎航空公司订立航空邮运合同,次年成立欧亚航空公司,资本为300万元,中方占三分之二。后又几次增资,1933年增为550万元,

---

① (法)米歇尔·乔治著,杨常修译:《穿苍迹——1909—1949年的中国航空》,航空工业出版社,1992年,第7页。
② 交通史编纂委员会编:《交通史航空编》第一章,交通部总务司,1930年。
③ 交通史编纂委员会编:《交通史航空编》,交通部总务司,1930年。
④ 国民政府交通部编:《交通年鉴》(1935年),交通部总务司,1935年。国民党中央党部国民经济计划委员会编:《十年来之中国经济建设(1927—1937)》,扶轮日报社,1937年。
⑤ 参见《交通年鉴·航空编》(1935年),第54—56页。
⑥ 参见中国第二历史档案馆编:《中华民国史档案资料汇编》第五辑第一编,江苏古籍出版社,1994年,第483页。

1935年为750万元,1936年达900万元。公司由中方6人、德方3人组成董事会。[①]公司成立的目的,原本是要打通中国通往欧洲的航线,但由于日本帝国主义的侵略,不仅欧亚航线未能开辟,连国内航线也严重受阻。1931年,公司开办上海——北平——满洲里航线(2240公里),作为飞往德国柏林的第一段,因日本侵占东北,止步于北平;开办的上海——兰州——塔城航线(4 050公里),因戈壁沙漠缺乏加油设施,无法飞越。不仅如此,连上海——南京航线也因上海机场1932年2月23日遭日军炸毁,一直无法恢复。在这种情况下,公司只得通过开办上海——兰州——包头、北平——汉口——广州等中西部内陆航线寻找出路。直到1937年,公司才越过喀喇昆仑山,开辟了酒泉——白沙瓦(今属巴基斯坦)航线。这是公司经营的唯一一条国际航线。

同中国航空公司相比,欧亚航空公司营业状况更差一些。1937年前,公司一直严重亏损,1931—1936年共亏损442.02万元,相当于营业收入的98%。几次追加资本,主要是填补亏空。直到1937年,公司先后添置8架飞机,强力扩大经营规模,才基本扭转亏损局面,稍有盈利。

除了交通部开办的中外合资公司,还有地方官商合办公司和军队经营的民用航空运输。

1933年,广东、广西、福建、云南和贵州等省联合成立西南航空公司,有官股商股资本200万元,计划开办广州——龙州、南宁——贵阳、贵阳——昆明、广州——南宁、广州——福州等5条航线。次年5月,广州——龙州航线首先开航。[②]该公司业务范围以西南,尤其是两广为主,又租用法国航空公司的飞机飞往河内,与法航的欧洲航线连接。公司先期开办的广州——龙州、广州——南宁两航线,客运、邮运业务颇旺,且价格低廉。1938年,因广州沦陷,加上日军频繁空袭和狂轰滥炸,公司被迫停业。

抗战开始以后,以上海、南京、北京、郑州等为中心的航空线相继停航,国民政府经营的中国和欧亚两航空公司遂在重庆、昆明设置新的总基地,将总事务所及技术设备中心分别移至这两个城市,原西南航空公司的航线因日军在粤省空袭频繁乃全部停航。航空线路减缩以后,空运业务更显繁忙,中国和欧亚两航空公司遂筹设新的航线,在汉广沦陷前先后开辟的航线有:重庆——桂林、汉口——长沙、重庆——泸县——叙府——嘉定、重庆——桂林——广州——香港、汉口——西安、昆明——成都、昆明——河内等。[③]汉口和广州沦陷后,国民政府以重庆为中心进一步扩展航空线路,至滇缅战役前两公司先后开辟的航线有:重庆——昆明——腊戍——

---

① 参见交通年鉴编纂委员会:《交通年鉴·航空编》,交通部总务司1935年,第65—68页;民航总局史志编辑部编:《中国航空公司、欧亚一中央航空公司史料汇编》,民航总局史志编辑部,1997年,第35—36页。
② 交通年鉴编纂委员会:《交通年鉴·航空编》,交通部总务司,1935年,第126页。
③ 参见交通部编:《十五年来之交通概况》,航空章,交通部,1946年。

仰光、南雄——香港、重庆——昆明——腊戍(缅甸沦陷后改为丁江)——加尔各答、重庆——西安——兰州——武威——张掖—哈密、重庆—兰州、昆明—桂林。①1939年12月,中苏合资经营的中苏航空公司正式成立,总基地设于迪化,专营哈密经迪化、伊犁至苏境阿拉木图一线。1941年8月中德断交,欧亚航空公司的德方资产由国民政府接收,该公司乃全为国营,同时亦易名为中央航空公司。太平洋战争爆发,中国、中央两航空公司在香港的飞机因空袭遭到严重损失,大型飞机全被炸毁,随之飞香港、越南、缅甸的航线也都相继停航,对外空运线路只存加尔各答一线,中国航空公司除继续经营普通空运业务外,又受国民政府之命开始办理中印空运,从租借法案获得部分运输机,承担进出口物资的运输。滇缅战役至抗战胜利这段时期,中国、中央两航空公司新辟的国内航线有:昆明—丁江、宜宾—丁江、泸县—丁江、重庆—汉中—宝鸡、重庆—湛江—柳州、成都—雅安等②。抗战期间,国民政府在后方共新辟航空线万余公里③,虽屡遭损失,但多数年份较战前无显著减少。

抗战前期,国民政府民航飞机数量较战前略有减少,1941年底至1942年间减少较多,1943年以后飞机数量又大增,各年平均与战前大体持平。战前,国民政府民航公司运输任务往往不足,战时因其他交通工具缺乏,特别是海陆进出口线路阻断以后,空运显得更为重要,运输任务极为繁重,因此中国、中央两航空公司的运输量增加非常迅速,单机运输效率较战前有了很大的提高。1938—1945年间,中国、中央两航空公司先后有飞机少则24架,多则94架,共运客28万人,总运量近2.3亿人公里,相当于同期国营公路客运量的16%;共运送货物(包括邮运)9万吨,总运量约7 500万吨公里,相当于同期国营公路货运量的8.3%。可见,民用航空是国民政府近代交通运输业发展最快的部门,抗战期间民航运输在后方交通运输业的地位和作用是相当重要的。④

抗战胜利后,国民政府交通部门接收了战时沦陷和敌伪修筑的交通设施及交通工具,但未有专门的接收报告,亦无估值。据研究,接收内容如下。⑤

铁路:接收日伪修筑的铁路,计东北4 536公里,华北1 200公里,台湾981公里,海南岛289公里。收回九一八事变后和七七事变后沦陷的铁路,计东北5 311公里,关内8 943公里。以上合计接收、收回铁路21 260公里。

公路:接收敌伪在台湾的公路3 690公里,在东北的8 448公里,关内24 544公里,共计36 682公里。

航运:招商局接收敌伪船舶314艘,吨位81 297吨,省级官营航运部门接收船舶226艘,吨位63 192吨,共计540艘,144 489吨。

---

① 参见交通部编:《十五年来之交通概况》,航空章,交通部,1946年。
② 参见交通部编:《十五年来之交通概况》,航空章,交通部,1946年。
③ 交通部档案二十(2)289,《抗战前后之交通统计概况》。
④ 吴承明、江泰新主编:《中国企业史·近代卷》,企业管理出版社,2004年,第882—883页。
⑤ 简锐:《国民党官僚资本发展的概述》,《中国经济史研究》1986年第3期。

航空：1944年有民航机36架，1945年经外购、接收敌资产和军用飞机改为民用，达到68架，新增飞机中估计有11架为接收资产。

邮电：接收邮政局所35 845个，员工14 000人；接收电信局所245个，员工8 043人。

各种交通工具和设备无法确计，据估计，交通部接收的敌伪资产折合战前法币约为218 784万元，国民政府国家资本在近代交通运输业的总资产达到338 587万元。

第四节　近代交通的发展水平和布局特点

一、近代交通的重大作用和发展水平

新式交通的兴起和发展，在中国经济的近代转型中发挥了重大作用。过去主要依赖大道、河道，主要通过人力、畜力、木船、邮驿而交通，转而增加了轮船、铁路、公路、电信、新式邮政和飞机等方式。在近代产业资本总额中，交通运输资本所占比例，1894年为36.3%，1911年大幅增至62.7%，1920年也高居58.7%，1936年后战争连绵，但在关内仍占41.6%，1947/1948年为43.4%，始终处于相当高的水平，几乎占据半壁江山。当然这也与交通运输建设普遍耗资巨大有关。特别是铁路交通，更是投资巨大。

表5-13　近代交通资本在产业资本中的地位　　（单位：万元）

	1894年	1911年/1914年*	1920年	1936年 关内	1936年 东北	1947年/1948年**
产业资本总额	12 155 (5 406)	178 673 (102 125)	257 929 (133 000)	554 593 (195 924)	444 463 (375 834)	654 992 (73 414)
交通运输业	4 410 (2 615)	112 051 (64 435)	151 445 (83 000)	230 592 (50 796)	268 084 (267 084)	284 180 (10 968)
铁路	691	98 417 (56 064)	128 950 (73 000)	120 493 (15 714)		151 490
公路	—	—	—	52 435		6 240
轮船	3 248 (2 615)	12 711 (8 371)	20 247 (10 000)	48 413 (33 516)		57 280 (10 968)
民航	—	—	—	2 866 (1 566)		
邮电	471	923	2 248	6 385		13 170

说明：括号内为外国在华资本额。* 外资为1914年数据，** 原则上是两年中的较高值。1947年/1948年资本额是按国统区1936年币值计算的。

（资料来源：吴承明：《中国的现代化：市场与社会》，三联书店，2001年，第106—107页。）

数据显示,外国在华资本在交通运输资本中占据了重要地位,各时期所占比例分别为59.3%、57.5%、22%(关内)和3.9%。在轮船航运业和铁路业中,尤其如此。也即从中日甲午战争后到日本发动全面侵华战争之前这40多年中,中国新式交通的发展,有赖于外国的直接投资和间接投资;与此相应的是,中国权益也大量丧失,外国资本居于控制地位,成为列强各国在中国划分和巩固势力范围的得力工具。

新式交通虽然对近代中国的经济社会产生了重大影响,但在全部国民经济中的地位并不高。传统交通方式也依然保持着顽强的生命力,继续在经济社会生活中发挥重要作用。

表5-14 交通运输总产值在国民生产总值中的地位 （单位：万元）

	1920年	1936年
国民生产总值	2 027 910	2 925 913
交通运输业	61 459	141 659
铁路运输	22 374	48 342
汽车运输①	522.2	7 102
轮船运输	6 003	19 140
航空运输	—	514
木帆船运输	25 594	48 800
人畜力运输	4 332	10 822
邮政	1 523	4 278
内：民信局	(255)	—
电信	1 111	2 661

(资料来源：吴承明:《中国的现代化：市场与社会》,三联书店,2001年,第110页。)

统计显示,1920年新式交通的产值估计为31 533万元,约占交通总产值的51.3%。换言之,新式交通和旧式交通的产值不相上下。同一时期,新式交通业的产值仅占国民总产值的1.55%。到1936年,新式交通的总产值约为82 037万元,为交通业总产值的57.9%,1936年国民总产值的2.8%,较之1920年有明显上升。但总的来看,中国近代新式交通业在国民经济中的地位仍显弱小。

从国际比较的角度看,中国新式交通虽有所发展,但在世界交通格局中,更显弱小。以铁路为例,表5-15为1932年各国铁路的里程数及其与面积和人口的比

---

① 原表无公路汽车运输产值。据统计,1920年有汽车2 279辆,按巫宝三主编《中国国民所得,1933年》(中华书局,1946年)1933年营业汽车占总数的37%推测,1920年营业汽车约有843辆。又据估计,1933年官营、商营汽车每辆车收入分别为6 130元和6 261元,平均每辆车收入约6 195元,以此推测,1920年汽车运输收入约为522.2万元。

值。无论是按人口还是按面积计算,中国铁路都处于极低的水平上。

表5-15　1932年各国铁路里程及按面积和人口计算的平均里程数

国　别	里程（公里）	每百平方公里平均公里数	每万人口平均公里数	国　别	里程（公里）	每百平方公里平均公里数	每万人口平均公里数
日本	30 421	5.8	3.4	秘鲁	4 511	0.2	4.7
美国	(A)421 351	5.4	34.0	挪威	3 873	1.2	13.6
苏联	81 580	0.4	4.8	比利时	(E)4 841	18.6	2.9
英领印度	69 133	1.5	2.0	波兰	(C)17 634	4.5	5.5
加拿大	68 295	0.7	65.0	瑞典	16 723	4.1	27.3
德国	53 391	12.4	8.2	捷克	13 483	9.9	9.1
澳洲	43 516	0.6	67.1	罗马尼亚	11 213	3.8	6.2
法国	42 058	7.6	10.1	西班牙	(C)9 416	1.9	4.0
阿根廷	40 005	1.4	35.1	南斯拉夫	9 396	3.7	6.6
巴西	(A)35 854	0.4	8.9	智利	8 937	1.2	20.8
英国	32 803	13.4	7.1	南非联邦	22 739	1.8	27.1
奥国	5 803	6.9	8.6	芬兰	5 478	1.6	14.9
埃及	(A)5 430	0.5	4.5	新西兰	5 334	2.0	37.1
荷兰	3 639	11.2	4.5	瑞士	5 327	12.9	13.0
葡萄牙	3 465	3.7	5.1	丹麦	5 291	12.3	14.8
墨西哥	30 180	1.5	17.8	中国1(东北)	(D)6 168	0.5	1.9
意大利	22 818	7.3	5.5	中国2(关内)	(B)19 690	0.2	0.4

说明：(A) 1931年，(B) 概数，(C) 专指国有铁道，(D) 南满铁道在内，(E) 专指主要干线。
（资料来源：(苏联)密努斯金、坡利斯著，胡曲园、傅于琛译：《世界经济地理教程》，昆仑书店,1937年,附录第34—35页。）

再看汽车,1926年全世界每71人有汽车1辆,1927年每66人有汽车一辆(参见表5-16)。

表5-16　1927年初各国汽车拥有量

国　别	每1辆汽车与人数之比	国　别	每1辆汽车与人数之比
美国	5	古巴	94
加拿大	11	南非	97
夏威夷	11	荷兰	107
新西兰	12	西班牙	138

续表

国　别	每 1 辆汽车与 人数之比	国　别	每 1 辆汽车与 人数之比
澳　洲	17	德　国	196
比利时	31	意大利	294
英吉利	43	墨西哥	307
丹　麦	43	巴　西	444
阿根廷	45	挪　威	926
法　国	46	越　南	1 085
瑞　典	61	日　本	1 389
爱尔兰	83	印　度	3 893

（资料来源：盛叙功编译《交通地理》，商务印书馆，1931年，第34页。）

据统计，1930年中国有汽车38 464辆（不包括特种车和邮车），[①]按当时人口约3.7亿计，平均9 600多人才有汽车1辆。即使是到了1937年，平均5 300多人才有汽车1辆。1937年全国平均每公里公路仅有汽车0.58辆，而同时期美国、英国每公里公路分别有汽车5辆和6.5辆。[②]又据1934年调查，每千平方公里面积的公路里程，中国仅为7.6公里，苏联12.8公里，奥地利45.5公里，意大利555.6公里，美国625公里，德国769公里，法国1 111公里，英国1 250公里，日本2 500公里。[③]

其他交通部门也大体如此。中国新式交通的发展，仍处于很低的水平。

此外，新式交通也普遍存在管理水平不高、技术水平较低、绝大部分依赖进口的问题。

二、近代新旧交通方式的混搭使用

中国的现代交通起步晚、进展缓慢，长期处于较低的发展水平。然而，无论哪一种现代交通工具，在中国一经出现，便展示了远较传统交通工具快速、便捷、高效，而且大部分都相对便宜的优势。因此，尽管与现代化进程较快的国家比较，中国现代交通仍处于落后的水平，但也已成为改变中国面貌的重要因素。

最早进入中国的现代交通工具是轮船，由于轮船以蒸汽机作为动力，行驶速度大大超过木帆船，而且载重量大，船体坚固，行驶平稳，价格又相对便宜，很快就被人们所接受。在沿海沿江等便于轮船行驶的地区，轮船迅速发展为主要的长途交

[①] 中华民国交通部档案，载《中华民国档案资料汇编》第五辑第一编，江苏古籍出版社，1994年，第290页。
[②] 刘克祥、吴太昌主编：《中国近代经济史（1927—1937）》，人民出版社，2012年，第1301页。
[③] 据金家凤：《中国交通之发展及其趋向》（正中书局，1937年）图9重新计算。苏联公路里程达270万公里，在9国中列第2位，仅次于美国的493万余公里，但因国土广袤，单位面积公路里程较低。

通工具。那些长途奔波的商旅和应考士人、赴任履职官员,如果居住在离江河较远的地方,也往往绕道港口城市,以便搭乘轮船。如从南方地区到达北京或天津,搭船少则数日,多则十余日即可到达,而不必像以前那样需数十日。进入20世纪,轮船航运的分布更加广泛。1908年,除了华北、东北地区之外,在南方的大部分地区,无论是沿海或内河的航道,只要是当时技术条件许可,多有轮船通行。[1]

由于轮船相对于传统木船的优势十分明显,随着轮船的广泛使用,各地的木船逐渐被淘汰。上海一带在开埠以前沙船(一种适合在北方浅水区行驶的木船)业非常发达,朝廷自南方向北方运输漕粮也通过沙船。但到轮船盛行之后,因轮船"搭客运货,更为利便",沙船业走向衰落,到20世纪初已"寥如晨星矣"。[2] 安徽宿松县昔日县内物产贩运到外地大多靠帆船运输,帆船还运送远近旅客。此后由于轮船便利,货物和旅客都由轮船输送,只有近途旅客才有人搭帆船。[3] 营口曾是北方帆船贸易的中心,每年往来沿岸各港的帆船约在万只以上,因竞争不过轮船到1934年帆船数量减少,只占本港贸易额的十分之一以上,"船户所受损失甚大",有的帆船只好试装煤油发动机,以图自保。[4]

在轮船引入30多年以后,一种新的机械化陆路交通工具铁路火车也来到了中国。在经过二三十年犹豫、蹉跎之后,迎来半个世纪左右的缓慢发展,在中国的东部和中部初步形成了并不稠密的铁路网。火车比以往的任何一种陆路交通工具都更为高效、方便、快速、廉价、安全。据推算,在1937年前的华北平原,民船平常载重40~100吨,多时可载500吨,一列火车仅需5节车厢(每节载重20吨)就可超过民船平常的载重量。从整条运输线的货运量来看,卫河新乡至天津段每年约运出煤炭15万吨,运出盐、杂粮、杂货、煤油、花生油等25万吨。而华北各铁路中运量最小的道清铁路每年约运输商货109万吨,是卫河货运量的2.5倍。在运速方面,除汽车外,各种运输方式以民船最快,每天可行100公里,但远不如铁路。1931年石家庄附近的棉花运天津,自装车起至多一周,而水路至少半个月。在运费方面,铁路仅为货船的41.7%、大车的12.5%、驮运的5%、推车的10%。[5] 在安全和舒适方面,铁路也有明显的优势。火车乘坐舒适,车内可走可坐可卧,更是其他陆路交通所不具备。从此,铁路火车成为人们陆路长途的主要交通工具,长途旅行变得空前未有的方便、快捷和舒适,直到今天。

在同时存在水上航运和铁路的地区,通过水陆道路的连接,可以织成稠密的交通网,更便于货物和人员的输送。民国初年的江苏青浦县(今上海青浦区)便织成这样一张以朱家角镇为中心的交通网。当时,从朱家角经青浦城外、黄渡、白鹤江

---

[1] 樊百川:《中国轮船航运业的兴起》,中国社会科学出版社,2007年,第335页。
[2] 李维清编纂:《上海乡土志》,第一百五十课,沙船,光绪三十三年铅印本。
[3] 民国《宿松县志》卷十七,实业志·商业。
[4] 王树枏等纂:《奉天通志》卷一百六十二,交通二,民国二十三年铅印本。
[5] 熊亚平:《铁路与华北乡村社会变迁,1880—1937》,人民出版社,2011年,第73—74页。

至上海,有内河轮船和汽船;如乘船从朱家角镇开往青浦至安亭,便可以接上火车。①

火车的通行,使得一些重要城市之间的交通变得更加便利。如上海到南京乘江轮上水需一日两夜,而1908年火车通车后只要半天即到。北京到天津之间以往乘坐骡车需要两天半的时间,即使骑马也需要一天,而坐火车快车只需要三四个小时,逐站停的慢车也只要五六个小时。尤其需要指出,我国河流多自西向东流,东西向交通可借助长江、珠江、淮河的水运之利,而南北向交通因缺少河流便困难得多。1903年中东铁路、1906年京汉铁路、1912年津浦铁路、1936年粤汉铁路等南北向铁道的相继建成,极大地弥补了南北向交通的缺陷,成为影响中国交通格局的重大事件。以前用旧式交通从北京到汉口最快也要30天,通火车以后乘直达快车仅需29小时左右,沿途停的普通快车也只需34～36小时。

1898年京奉铁路、1923年京绥铁路、1907年正太铁路、1904年胶济铁路等铁路的建成,以及1937年陇海线修到宝鸡,则使我国东部和中西部之间的交通面貌也一定程度上得到改变。近代是我国人口密度过大的内地人民往人口尚稀的边疆地区大举移民的时期,东西向的铁路在输送移民、开发边疆方面发挥了重要的作用。绥远集宁县"本为一荒僻之乡村",1920年平绥路通车以后,"商旅云集,内地垦户相率而至,顿成繁盛之区"。平绥铁路集宁站尽管僻在城西,因来往乘客众多成为人口密集的商业中心,城内反而人口较少,即是例证。②

几十年前当轮船被人们作为一种新的交通方式而接受下来时,比其速度慢载重量小运费高的帆船不得不走向萎缩。当铁路火车作为新的速度更快载重量更多运费更便宜的交通方式而被人们接受下来时,部分地区仍然存在的帆船再次遭到深重的打击。例如奉天锦县(今辽宁锦州)的东海口、西海口两个帆船商港,在京奉铁路修通之后,都因商船日少,几成荒滩。③ 河南巩县居黄河和洛河交汇处,经营帆船业的船户特多,在火车通行以后,航运业同样萎缩。④

尽管遭到轮船、火车两大威力强大的新式交通工具的严重打击,仍有一部分木船航运业顽强地维持下来。毕竟,由于航道过浅等方面的原因,并非任何一条河流都可通或者都已通轮船,而铁路、公路建设之缓慢又使得相当一部分未能通轮船的地方也缺少其他方便的交通工具。那些轮船不到而又缺乏其他交通工具的地方,自然是传统木船继续大行其道的空间。例如浙江省在1936年前后,全省已通内河轮船的航线长约2 174公里,而通内河航船的航线也达到2 056公里,几乎是一半对一半。⑤ 天津同样如此,1934年成书的《天津志略》说天津:"自海外航运有轮船

---

① 葛冲编:《青浦乡土志》,三十七,航路,钞本。
② 廖兆骏编:《绥远志略》第7章第3节,集宁县,1937年。
③ 民国《锦县志略》卷十三,交通·商港。
④ 民国《巩县志》卷七,民政·交通。
⑤ 姜卿云主编:《浙江新志》上卷,第九章,浙江省之建设,航政,1936年。

公司,内河航运有内河航运局以来,帆船等极受打击。然航运局航运只三条,其他各地仍需帆船为之运输,故帆船在今日天津之交通,仍占较重要之位置。"①我国西部地区的河流因通航条件差,大多不能通轮船,更只能依赖传统的木船甚至皮筏。例如1937年前后的绥远省,水路交通以黄河为主,出入省内外,到达银川、包头、兰州、石嘴子、五原等地,依靠高帮船、七站船等木船,以及牛皮筏、羊皮筏、木筏等筏子。交通工具落后,路途耗时甚多,例如木筏由兰州至包头便需2个月。②

由于中国公路运输在民国时期仍处于发轫阶段,公路公里数和拥有汽车量都相当有限,而且汽车大多集中城市,仅上海市便拥有一半,因此公路运输并不处于重要地位,一般将其看成短途运输的交通工具,或用来补充铁路和水运交通之不足,或用以沟通城市市区与近郊的联系。例如,福建建瓯县虽然在1924年开始通行轮船,但由于山高水急,而且河中石头多,反不如乘汽车便利。③在安徽宁国县,原来车类只有一种便于走山间小道的单轮手车,公路修成后城市所用的人力车、自行车也传入县内,而且达到一定的数量。④位于西部的贵州安顺县,在1928年以前,通往邻县的道路都是多年古道,上铺以石板,坎坷不平,行旅极感不便。在此前后省政府修筑贵阳—安顺、贵阳—赤水两段公路,安顺到贵阳的交通情形才有大的改善。⑤

在全国各地,凡是现代交通工具和通信工具有所形成的地方,交通面貌都会有一定的甚至很大的改变。民国二十三年(1934年)《霸县新志》卷二"地理"的一番话,具体说明了各种新式交通工具相结合,给河北霸县交通带来的巨大变化:"霸县交通,水则资舟,陆则资车而已。民国以来,水路则有津保轮船公司之火轮经境,陆路则有邮电,由是交通颇觉进步。至民十三、四、五年(按:1924、1925、1926年),平、津、保汽车往来如织。十九年(按:1930年)一月,复由建设局安设全县电话,以通各区之警团自治各机关,并有电话与各邻县接线通话。"

总之,在清末民初时期,"已经初步形成了以城市为中心、以新式交通通信工具为主导,城乡新旧方式结合的近代交通通信网络。在短短的几十年间,中国人的交通通信方式由自然力到机械化半机械化,发生了革命性的变革,对社会生活也产生了重要影响"⑥。

在现代交通取代旧式交通的巨大变革中,口岸城市是变革的发源地和最为全面、彻底的地方。开埠以后口岸城市的进出口贸易日趋繁荣,城区人口增加,规模扩大,人们的出行活动增多,物资运输量不断加大。随着国外人口的迁入,西方的

---

① 宋蕴璞辑:《天津志略》,第十一编,第三章第二节,1934年。
② 廖兆骏编:《绥远志略》,第10章第5节,水路之交通,1937年。
③ 民国《建瓯县志》卷二十四,交通志。
④ 民国《宁国县志》卷三,交通志。
⑤ 《续修安顺府志·安顺志》,第11卷,交通志·道路,安顺市志编纂委员会,1983年。
⑥ 李长莉:《中国人的生活方式:从传统到近代》,四川人民出版社,2008年,第163页。

城市交通工具也进入口岸城市。

首先进入城市的是西式双轮马车,1855年前后开始进入上海等口岸城市。由于车身轻巧,装饰精致,行驶快捷,驭夫衣装整齐,高坐车头,疾驶而去,成为租界街头的新奇事物。起初只是外国人乘坐,后来中国新潮的富人也开始乘坐。由于马车车费太贵,一般平民乘不起,1871年上海又引进日本发明的人力车。人力车是人拉的双轮轻便小车,一人拉车,一般一人乘坐,由于借助机械车轮装置,远比轿子轻便快速,而且价格低廉,一经引入便流行开来,渐成为上海最主要的大众化代步工具。19世纪70年代英国开始成批生产自行车,不久即有外国人将自行车带入中国。19世纪末上海、天津、北京等城市都有自行车出现在街头,20世纪以后在各地开始流行。由于自行车是自己骑行,行止随意,既无须其他畜力、人力,也不消耗材料,经济实用,广受大众的欢迎,直到今天。

继19世纪下半叶西式双轮马车、人力车和自行车等使用一定机械装置的出行工具传入之后,20世纪初全新的不需借助人力畜力、速度极快的汽车传入中国。1902年上海的外国人进口了2辆轿车,我国开始了汽车行驶的历史。当人们看见汽车不需外力而能疾驶如飞,比所有的陆上交通都要快,而且乘坐更加舒服,逐渐在有钱人中流行开来。不久,大城市里又引进了有轨电车和公共汽车,成为下层人民的出行工具。于是,小汽车取代马车,电车和公共汽车取代人力车和自行车,逐渐成为城市交通的发展趋势。①

清末,交通工具的快速进步基本上还局限在大中城市,内地乡镇的短距离交通,基本上还是旧式交通一统天下。民国时期,开始向内地城镇和乡村扩展。首先是轮船、铁路沿线的中小城市开始引进新式的交通工具,然后逐渐向其他乡镇推广。如南方,城乡之间到清末民初已经多有内河小轮船,但大部分内地村镇由于规模小,人员流动少,日常出行对代步工具的需求有限,新式交通工具的发展一直比较缓慢。特别是北方地区,直至20世纪二三十年代,适于个人使用的自行车和长途公共汽车才开始在内地乡镇发展起来。适于新式车辆通行的公路也开始加快修建,用以补充铁路的不足,连接城乡间交通,成为全国交通网的支脉。即使是一些边远地区,如广西贵县,清末民初以后也已经有一些新式的交通工具。不过,也有一些边远贫穷地区,如甘肃华亭县,由于道路未修,新式交通工具难以通行。②

经过清末民国的变革,全国已经形成新式机械交通工具与旧式人、畜力交通工具并行、互补的交通网络。这种变革在城市和乡村的表现形式极不相同:基本上是大城市以人力车、自行车、汽车、电车等新式交通工具为主,兼用畜力及畜力车等旧式工具为补充。广大乡镇则以木船、畜力及畜力车、小车等旧式交通工具为主,

---

① 周元和:《上海交通话当年》,华东师范大学出版社,1992年。
② 李长莉:《中国人的生活方式:从传统到近代》,四川人民出版社,2008年,第207—212页。

而兼用小轮船、自行车、汽车等新式交通工具为补充。城市里以人肩扛行的轿子、西式马车由于成本高,不适用而渐归淘汰,被人力车和汽车所取代。连接各大城市的轮船、火车、汽车等新式交通工具,再经过交通支脉而辐射到广大乡镇。城市里以人之贫富而乘坐工具有高低档之分,乡村则以农民与政、商、学界和上下阶层的区别而选择新旧交通工具。交通工具的进步及多样化,使人们的出行方式更加便利,也更加多样化,同时也扩大了城乡之间交通的差别。[①]

三、近代交通布局的特点

全国新式交通的地理分布也很不平衡。新式交通主要分布在京汉、粤汉铁路以东的沿海地区和东北地区,沿海通商口岸和连接口岸与腹地的交通有所发展,而广大西北、西南地区的新式交通则发展缓慢。

表5-17显示了近代不同时期各地区铁路布局的变化。

表5-17 各地区铁路占全国铁路里程的比例 （单位：%）

年份	东北地区	华北地区	华东地区	中南地区	西南地区	西北地区
1894	—	69.2	24.1	6.7	—	—
1911	34.8	19.7	24.1	16.6	4.8	—
1927	28.0	17.1	23.4	17.7	3.8	—
1937	43.5	15.4	22.2	14.3	2.8	1.8
1945	43.1	15.5	18.2	16.2	3.9	3.0
1948	43.1	15.6	19.1	15.4	4.4	2.4

说明：华东地区含台湾省。
（资料来源：王德荣主编：《中国运输布局》,科学出版社,1986年,第86页。）

1911年以来,东北地区的比例在38.5%上下浮动,华东地区则在21.4%上下变化,中南地区在16%上下变动,西南、西北地区铁路的比重很小。甲午战前,清政府出于自强新政、拱卫京畿和应付沙俄在东北扩张的需要,修建关内外铁路,京津周围的铁路建设居于中心地位。但中日甲午战争后,列强加紧在华争夺权益、划分势力范围和输出资本,迫使清政府大借外债筑路,联结沿海与中国内地、便于巩固势力范围的滇越、东清、胶济等路,以及粤汉、京汉（卢汉）、津浦、正太、京奉、沪宁等重要铁路陆续兴建。1927年之后,由于国民政府定都南京,政治重心南移,日本全面侵华战争日益逼近,线路规划、建设的重点以长江以南和中、西部地区为主。九一八事变后,东北成为日本掠夺和征服中国的基地,铁路网的建设和维护无疑受到格外重视,这也使得东北地区铁路的分布长期居于高位。而西南作为中国抗战的

---

① 李长莉：《中国人的生活方式：从传统到近代》,四川人民出版社,2008年,第212页。

大后方,铁路建设成为抗战期间的重点地区。

公路汽车运输方面,公路和汽车的分布也是不平衡的。若按大区划分,公路分布情况是(截至1937年7月):东北4省(辽宁、吉林、黑龙江、热河)通车里程10 438公里,占全国通车里程的9.5%;华北5省(河北、山东、山西、察哈尔、绥远)通车里程18 186公里,占16.6%;西北4省(陕西、甘肃、宁夏、青海)通车里程17 288公里,占15.8%;华中3省(河南、湖北、湖南)通车里程13 452公里,占12.3%;华东5省(江苏、浙江、福建、江西、安徽)通车里程25 334公里,占23.1%;西南4省(云南、贵州、四川、西康)通车里程9 702公里,占8.9%;华南2省(广东、广西)通车里程15 100公里,占13.8%;新疆通车里程4 853公里,占4.4%。①

关内各省,尤其是华东、华中、西北公路的修筑,一方面是为了适应和促进经济的发展,另一方面也是出于准备抗战以及"围剿"工农红军的军事目的。从时间上看,大部分线路的修筑集中在九一八事变和围剿红军的1932—1936年。这期间修成通车的公路近6.3万公里,占1927—1937年新通车里程的73.9%。与此相联系,在地区上,大部分公路集中在经济较为发达、战略地位重要、与首都南京连接以及革命根据地所在省份及其地区。全国近11万公里公路中,华东、华中、西北3区占51.2%,这些地区不仅公路多,而且质量较好。近60%的线路铺有路面。东北1.1万公里的公路,大部分是九一八事变后日本侵略者和伪满洲国主持修建的军用公路。到1949年,各地区公路里程的分布情况是:东北地区通车里程占全国通车里程的22.5%,华北占11.5%,华东占23.3%,中南占17.2%,西北占12%,西南占13.5%。②

汽车的地区分布也极不均衡,绝大部分车辆集中于东南沿海诸省,截至1936年4月华东5省和华南2省合计,各类车辆占全国总数的65.5%。其中绝大部分又集中在上海、南京和广州等城市,车辆占7省的72.5%。从全国看,则半数以上的车辆分布在少数几个大城市。上海、南京、北平、广州、青岛、天津等6城市,汽车占全国的55.6%。抗战时候,西南、西北大后方的公路和汽车都有增加,为抗战做出了贡献。

在轮船航运中,海运主要集中在沿海口岸,其中以上海、广州、天津、大连及内河口岸汉口最为繁忙。就对外贸易值而论,上海一直高居各大港口之首,从1871年到1947年,外贸值在全国外贸总值中的比重一直在41.4%至69.4%之间,且多数年份超过53%。广州居第二位,外贸值的比重低者4.4%,高者达12.7%,平均在7.9%以上。天津居第三,比重在1.8%至11.7%之间,平均接近7%。汉口作为长江上的重要口岸,外贸值的比重在2.7%上下徘徊,最高未超过4.4%。大连作

---

① 据周一士:《中华公路史》上册,台湾商务印书馆,1984年,第171页。
② 参见王德荣主编:《中国运输布局》,科学出版社,1986年,第131页。

为后起之秀,在1901—1921年期间,外贸值的比重低者4.9%,高者达15%,①这与清末以来东北开放、又逐渐成为俄日势力范围有关。而承担远洋海运的,主要为外轮公司。内河航运,传统水运河道依然发挥作用,但京杭运河自京津、津浦等铁路通车之后,河运日趋式微,淤积严重。从事河运的,呈现中外轮运公司激烈竞争的局面。抗战开始后,西南大后方的河运有所发展,新开辟了若干航线。

近代邮政和电信业,也主要分布于东北和东部等经济较为发达、城镇分布较多的地区。清末民初,长途电话集中于华北地区。1927年之后长途电话建设的重点转移到南方尤其是江浙地区。1931年江浙两省长途电话线路占全国长话线路的45.5%。1931年之后,长途电话进一步向江浙和中国工农红军根据地湘、赣、闽、鄂、豫、皖诸省集中。② 抗战时期,西南、西北大后方的邮电业有所发展。

近代交通这样一种不均衡的布局,与国内政局、中外关系的格局密切相关;当然也受经济社会生活的需要、交通建设的能力和管理水平以及自然地理条件的制约。总的格局,是与中国近代半殖民地半封建化的趋势保持一致的。

---

① 据王德荣主编:《中国运输布局》,科学出版社,1986年,第86页表10-1。
② 国民党中央党部国民经济计划委员会编:《十年来之中国经济建设(1927—1937)》,第三章,扶轮日报社,1937年,第13—14页。

第六章　近代金融业的发展与空间分布[①]

在对外贸易、近代工商业发展以及政府公债的推动下，中国近代金融业得到显著发展，包括钱庄、典当、银行、保险、证券交易所在内的各种金融机构纷纷设立，金融规模不断扩大，并形成了以上海为全国金融中心、多层次的金融市场结构。当然，从空间分布看，中国近代金融业的分布是不平衡的，东部沿海及沿江地带是金融业的主要集中区域，其中又以大中城市最为突出；西部地区金融机构相对稀少，抗日战争时期，西部地区金融机构急剧增加，但终究没有改变中国近代金融业空间分不平衡的基本格局。

第一节　旧式金融业的兴衰

19世纪40年代以前，中国还只有典当、钱庄、票号、帐局等传统金融机构，它们多资本薄弱，经营范围狭小，业务品种单一。鸦片战争后，国门被打开，沿海沿江的许多城市陆续被开辟为通商口岸，国内外贸易日渐发达，近代工业产生并得到发展，金融业随之发展起来。原有的金融机构中，票号渐趋兴盛，但又随清政府的倒台而很快消失；钱庄则在业务不断扩大与不断遭遇金融风潮冲击下得到发展，成为近代重要的金融机构之一。新式金融机构中，外商银行率先在沿海大城市登陆，并逐渐对中国金融市场形成垄断之势；本国银行业随之应运而生，并在民国初年至抗战前得到了长足的发展。20世纪二三十年代，中国金融市场上形成了钱庄、外商银行、华资银行三足鼎立的局面。

一、票　号

票号是以经营汇兑为主要业务的金融机构，产生于道光初年(19世纪20年代初)。票号除经营汇兑外，也经营存放款，存款以官款为大宗，放款只借给钱庄、官吏和大商人。作为经营汇兑的专业机构，票号实行总分号制。其总号多设在山西省平遥、祁县、太古三县，分号则遍设全国乃至国外重要工商业城市。除山西票号外，另有江浙和云南商人所开票号，是谓南帮票号，但其实力远不及山西票号。

道光末(1850年)，票号已发展到11家。太平天国运动时期，太平军与清军在长江中下游地区战争异常激烈，票号在该地区的业务遭受极大冲击，已设立的机构大多撤离。另一方面，战争使南北交通阻隔，南方各省和海关以运现的方式运解京饷和协饷已不可能，转而依靠票号汇兑银两，这为票号提供了发展机会。此后直到清末中国

[①] 本章由龚关撰写。

银行业的兴起,官款都主要通过票号汇兑。票号走上了与清政府相结合的道路。

太平天国失败后,国内局势渐趋稳定,经济逐步恢复,票号不仅在长江中下游地区重建分号,而且将其重心从苏州移至上海。上海这时已经发展成为中国对外贸易中心,票号重心的转移意味着其在业务上从以为国内贸易服务为主,转而趋重于为对外贸易服务。这是票号得以兴盛的重要原因之一。

甲午战争和庚子事变时,票号在战乱地区遭受了一定的损失,但战乱也使票号信誉大增,20世纪初票号的发展被推到极盛,至清末,26家票号共在全国93个城镇设有总分支机构,与19世纪80年代末相比,新增40来个。①

在设有票号分支机构的众多城市中,"北京、天津、上海、汉口和重庆,是票庄营业最繁盛的地方"②。光绪年间,天津共有票号分号25家。1884年开业的大德通票号,全国设立分支机构40余处,主营汇兑,兼营存放款业务。天津分号由于地处华北通商口岸,汇兑业务较多,全国40余处资金调拨,均由天津分号办理。③ 同时票号又是晚清天津金融市场的一支重要力量,票号在天津金融市场的实力远超过当地的银号,据估计1900年前天津市场资金大约为6 000万两左右,其中票号约占2 000万两。④

如前所述,太平天国战争失败后,票号向上海集中,到1872年,上海已有票号22家,1875年增至24家,1882年又增至25家。⑤ 随着上海的票号业务日渐发达,各票号便商议合组"山西汇业公所",公订条规,选举董事。

汉口位于中部地区,乃九省通衢,是联结东西、沟通南北的水陆交通枢纽,因而一度成为全国设立票号分支机构最多的城市,1881年达到33家,比同期的上海还多出8家。⑥ 此后的20余年间,汉口的票号势力盛极一时。

重庆为长江上游地区的重要商品集散地,经营汇兑往来的金融业一向比较发达,到1891年重庆开埠时,已有16家山西票号。这些票号每家都拥有10万～30万两资本。开埠后重庆的票号发展更快,最盛时达28家。⑦

票号凭借遍及国内外的众多分支机构,为进出口贸易和国内商业以及官款的收解提供了汇兑服务,也将其自身推向极盛。但是,极盛之中蕴含着衰微的危机,票号面临来自银行的竞争。面对不利处境,票号不仅没有积极寻求对策,反而更趋保守。终于,随着清政府这个最大主顾的倒台,票号遭到致命打击,接连倒闭。民国后,还有几家在苟延残喘,但已是强弩之末,到1921年,26家票号只剩下4家。

---

① 黄鉴晖:《山西票号史》,山西经济出版社,2002年,第338页。
② 陈其田:《山西票庄考略》,商务印书馆,1936年,第108页。
③ 刘嘉琛:《解放前天津钱业析述》,《天津文史资料选辑》第20辑,天津人民出版社,1982年,第158页。
④《天津海关1892—1901年十年调查报告书》,《天津历史资料》第4期,1965年10月,第61页。
⑤ 黄鉴晖:《山西票号史》,山西经济出版社,2002年,第198页。
⑥ 黄鉴晖:《山西票号史》,山西经济出版社,2002年,第204页。
⑦ 隗瀛涛:《近代重庆城市史》,四川大学出版社,1991年,第282页。

二、钱　　庄

钱庄,或称钱铺、钱店,各地名称不一,"大抵在长江一带名为钱庄,在北方各省及广州、香港多呼为银号"①。钱庄兴起于明中叶以后,直到清乾隆中期,其业务主要限于银钱兑换。乾隆中期以后,钱庄已经开始经营存款、放款以及发行钱票等活动,这表明钱庄已经越出简单货币经营业的范围,初步向信贷机构过渡了。

自 1860 年以来,中外贸易在经历最初几年的徘徊之后呈不断扩大之势。这就要求金融信贷机构在融通资金、办理结算等方面为商品迅速流转提供服务。钱庄扩展了其业务活动,开始向进出口商人提供信贷。钱庄为进出口商提供服务的信用手段,在口岸本地使用庄票,在口岸与内地之间使用汇票。

庄票是钱庄签发的本票,它代替现金在市面流通。当华商向洋行进货时,若没有足够的现金,洋行因不了解中国商人的资信,又不能准其赊销,华商就通过钱庄开出 5~20 天期的庄票付给外商,外商届时向钱庄收款,而华商须待洋货出售后再付本息给钱庄。钱庄的庄票,特别是远期庄票,被洋行接受。这时,庄票既充当支付手段和流通手段,也是钱庄向华商提供信用的工具。

上海钱庄由于资金多少不同,有汇划庄(或称"大同行")和非汇划庄("小同行")之分。汇划庄在开业前,必须加入"内圆钱业总公所",并交纳会费,即所谓"入圆钱庄"。它们享有发行银票、钱票和代售票据的权力,办理存放款、贴现以及汇划签发庄票、汇票等业务。非汇划庄因资力小,不得参加钱业总公所,但它们一度也纷纷签发庄票,以致发生了倒闭后无法收款之事。1863 年,上海钱业同行为了维护庄票的信用,公议规定对非汇划庄的庄票"概不收用",这样就排除了非汇划钱庄庄票的流通。外国商人一般只接受资本力量雄厚的钱庄庄票作为结算工具,而非汇划钱庄庄票流通的废除,进一步保证了庄票的信用,促进了贸易的正常开展。②

汇票则是钱庄对于委托汇款者所签发的汇款支付书,亦即是收款人收取款项的凭证。它的作用在于调度不同地区间的资金流动。在汇款方式上,钱庄采取同业往来制,即委托异地同业辗转办理汇解。上海的钱庄在其附近的大城市都有往来联号,在缺乏往来联号的地区则委托票号汇解。

洋行利用钱庄庄票,促进了洋货的销售,钱庄也随之扩大了业务;同时,对外贸易规模的扩大,客观上急切期望钱庄业的信贷规模有所扩充。除买办向钱庄的投资扩充了钱庄的资本外,钱庄能够提供数十倍于自身资本的信用贷款,乃是由于它

---

① 杨端六:《清代货币金融史稿》,武汉大学出版社,2007 年,第 137 页。
② 张国辉:《中国金融通史》第 2 卷,中国金融出版社,2003 年,第 142—143 页。

取得了票号和外国在华金融势力(洋行和外国在华银行)的信用支持。

19世纪60年代以后,票号经常汇兑大量公私款项,当其资力日见膨胀时,就对某些具有相当资力和信誉的钱庄提供短期信贷。据估计,太平天国运动失败后,票号对上海钱庄的放款多至二三百万两。① 19世纪六七十年代之交,外国银行步洋行之后,开始接受钱庄庄票为抵押,对钱庄进行短期的信用贷款,即通常所说的外资银行对钱庄的"拆款",拆款的利息比市场上的一般利息要低一些。这种贷款迅速增加,19世纪70年代,外国银行对上海钱庄的拆款大约在每年300多万两,以后不断增加,至19世纪末增加到七八百万两,最盛时约千数百万两。② 外国银行成为上海钱庄营运资金的重要来源。

钱庄与外国银行拆借款项关系的建立,洋行就可以把销售洋货收到的钱庄庄票存入外国银行往来账上,委托银行代收;中国商人出口土产所收外商的支票也可以送存自己的开户钱庄,委托钱庄代为收款。外国银行和钱庄之间通过相互冲抵,减少现金的搬运。这种做法有利于进出口贸易的发展,钱庄也借机得以扩张。1858年,上海的南、北两市约有钱庄120家,其中50家规模较小,每家只有500～1000两的资本,其余钱庄只有8家或10家规模较大,称为大钱庄,每家资本3万～5万两;1876年,仅汇划钱庄就增长为105家,其中南市汇划钱庄42家,北市汇划钱庄63家。③ 但外国银行也利用与钱庄的信贷关系以及钱庄自身基础薄弱的特点,逐步控制了中国金融市场。

19世纪60年代以后,中国金融市场屡次发生金融风潮和金融恐慌,对钱庄形成一次次的打击。1871年至1873年的金融恐慌,致使1873年上海的商业行业搁浅五六十家,亏损达200万两以上。1874年初,开业的钱庄家数已不及1873年的半数,北市汇划钱庄由1873年的73家减缩为38家,南市则从50家减缩为20家。④ 1878、1879年,因受外国银行和洋行的操纵,以及中国银钱业商人投机活动的影响,不同程度的金融恐慌再次出现。这些金融恐慌都是从上海开始,波及中国其他城市。一次次金融恐慌打击了中国的银钱业,也加强了外国银行对中国银钱业的控制。

1883年发生了甲午战前最大的金融风潮。其根本原因是市场投机,特别是股票市场投机。洋务派的官督商办企业如轮船招商局、开平矿务局、上海机器织布局在经历了艰难的创业时期后,到19世纪80年代初,都已在不同程度上取得了可喜成绩。如轮船招商局股票收益丰厚,在市场上享有很高声誉,1881、1882年在上海的增资都顺利实现。开平矿务局也是如此。在轮船招商局和开平煤矿开办成功的

---

① 中国人民银行上海市分行:《上海钱庄史料》,上海人民出版社,1960年,第15页。
② 张国辉:《中国金融通史》第2卷,中国金融出版社,2003年,第392页。
③ 中国人民银行上海市分行:《上海钱庄史料》,上海人民出版社,1960年,第14、32页。
④ 张国辉:《中国金融通史》第2卷,中国金融出版社,2003年,第392页。

鼓舞下,80年代初许多省份试图通过在上海等地市场上发行股票以建立合股公司。许多商人和钱庄等也参与了股票交易,股票投机在沿海一些地方流行开来,到1882年已出现了"每一新公司起,千百人争购之以得股为幸"的景象,形成热潮。股价越炒越高,1882年,上海资本市场上,不仅效益称佳的轮船招商局、开平矿务局的股票(100两)升水2倍到2.5倍,而在筹建中尚难预估效益的各省经营的金属各矿,如湖北长乐、鹤峰、热河平泉等铜矿的股票,也无例外地升水1.5倍左右。①显然这是由于中国股市初兴时的狂热造成的。在炒股热潮中,几乎所有的钱庄主都接受股票作押而放出贷款。高股价难以持久,进入1883年后股价暴跌,钱庄主们掌握的股票大部分贬值。这年,胡雪岩在与洋行争夺国际丝价的领导权斗争中失败,他所经营的银号连带于12月1日宣告破产,其在京城、上海、镇江、宁波、杭州、福州、湖南、湖北等地所开阜康银号全行歇业。与此同时,当时中法两国关系紧张,即将发生战争的不祥预感已使一些敏感的存户纷纷去钱庄提取存款,这一年夏季许多钱庄破产。②

对钱庄打击最大的是1910年上海橡皮股票投机和1911年源丰润银号破产所引发的金融风潮。1908年,英商麦边等在上海成立公司,乘世界橡胶价格猛涨之机,鼓吹经营橡皮可获巨利。在他们的欺骗下,投机者风起云涌,人们争相向钱庄借钱购买橡皮股票,钱庄也受诱惑,在该项股票上投入巨资。汇丰、麦加利、花旗等外商银行亦破例做该项股票的押款,十足兑现,橡皮股票越炒越热。至1910年蓝格志股票市价被炒到超出面值的20多倍,麦边等外国骗子乘机抛出股票,携款卷逃。同时,外商银行停止受押,并追索贷款。顿时橡皮股票价格一落千丈,成为废纸,持票人纷纷破产。1910年7月,购入和受押橡皮股票为数巨大的上海正元、兆康等钱庄倒闭,引起连锁反应,酿成巨大风潮。这是一次由外国骗子的诈骗行为而造成的金融投机风潮,史称"橡皮股票风潮"。③

"橡皮股票风潮"中,约占半数的上海钱庄接连倒闭,当时外商银行还据有倒闭钱庄签发的庄票,他们纷纷持票向清政府要求索赔。清政府的上海道只得向汇丰、麦加利、德华、道胜、正金、东方汇理、花旗等外商银行借外款350万两,来清偿外商银行所持倒闭钱庄庄票。上海道另拨道库官款300万两,借给源丰润等几家主要的银号和钱庄,以稳定市面。这一措施暂时缓和了上海金融市场。但是到了9月,正是每年缴付"庚子赔款"之期,上海道库竟然"库空如洗",在上海道台催还官款的紧急情况下,源丰润周转失灵,不得不于1910年10月8日宣告清理,亏欠公私款项2000余万两。它分设北京、天津、苏州、杭州、宁波、广州、厦门、福州等地的分号均同时告歇,引起各地金融波动,仅北京就有16家钱庄受牵累而关门。上海则"庄

---

① 张国辉:《洋务运动与中国近代企业》,中国社会科学出版社,1979年,第301页。
② 张国辉:《中国金融通史》第2卷,中国金融出版社,2003年,第376—377页。
③ 张国辉:《中国金融通史》第2卷,中国金融出版社,2003年,第397—403页。

汇不通,竟如罢市"。延至次年3月,又有票号义善源因受源丰润倒闭的牵累,虽经各方罗掘,尽力支撑,终于破产,其各地19家分号也随之闭歇。与之相往来的各地商号和钱庄等又一次受到不同程度的牵累和损失,钱庄业出现暂时的中落景象。1900年,上海的汇划钱庄尚有91家开业,经源丰润事件冲击,减为51家,到1912年初便只有28家了。①

北洋政府时期,钱庄一反清末的颓势而继续发展。上海钱庄1912年只有28家,以后基本是逐年上升,到1926年恢复到87家。1912年上海钱庄的最大资本额不到12万两,1926年增加到36万两,每家平均资本折合银元从53 100元增加到215 600元。② 其他各地城市的钱庄也基本如此。据估计,1925年,在中外银行和钱庄的资力中,钱庄约占三者资力总和的22.5%。③

钱庄之所以有所发展,首先在于钱庄与传统商业的深厚关系。钱庄信用放款由来已久,中国传统的商业观念强调的是信用,而不是合同或抵押,信用放款适合商人胃口。同时,钱庄经营者又多是商人,有的和经营某种商品的商人有联系,有的和某一地区的商人有交往,有限的服务对象和数额不大的交易量,使钱庄容易了解客户的营运和资信状况,这为信用放款提供了可能性。在此基础上,金融业款项的清算、各地的洋厘和银拆行市,以及各地内汇汇率等金融行情由钱庄控制。因而在相当长的一段时间内,钱庄在商品流通渠道中的作用优于银行。甚至有人认为:"钱庄倘使全体停了业,的确可能使上海的商界完全停顿。而银行全体停了业,恐怕倒没有多大影响。"④其次,钱庄对业务方向及时进行调整。清代后期,钱庄不断遭遇金融风潮的打击,与钱庄的投机性较强有密切关系。民初以后,经历多次打击的钱业,逐步减少了投机性业务,而转向以存放款业务为中心,密切了钱庄与工商业关系,钱庄的放款对象不再局限于传统的商号,增加了对工业企业的放款,如上海福源钱庄对工厂放款在20世纪20年代达23%左右,而福康钱庄的工厂放款在这些年放款总额约占25%~30%。⑤

国民政府时期,钱庄业在经济环境、市场条件变化和面临银行业挤压的背景下,逐渐走向衰落。上海是钱庄的主要集中地,上海钱庄的衰落走势,在全国钱庄业中具有一定的代表性。1926年,上海有钱庄87家,达到历史高峰,但从1927年开始,新设钱庄减少,歇业钱庄增多,钱庄数量逐年递减;与此同时,钱庄盈利大幅下降,尽管一些钱庄为了生存和提高竞争能力,竭力增加资本,扩大资本规模,都阻挡不了利润率下降的趋势。表6-1反映了这一趋势。

---

① 中国人民银行上海市分行:《上海钱庄史料》,上海人民出版社,1960年,第94、188页。
② 中国人民银行上海市分行:《上海钱庄史料》,上海人民出版社,1960年,第188、191页。
③ 唐传泗、黄汉民:《试论1927年以前的中国银行业》,《中国近代经济史研究资料》(4),上海社会科学院出版社,1985年,第82页。
④ 章乃器:《金融业之惩前毖后》,《银行周报》第16卷19期,1932年5月24日。
⑤ 中国人民银行上海市分行:《上海钱庄史料》,上海人民出版社,1960年,第172、173页。

表 6-1　上海钱庄资本规模、盈利状况及其变化(1858—1936年)　　(单位:千元)

项　目	1858	1903	1912	1926	1936
钱庄家数	70	82	28	87	48
资本总额	1 145	4 592	1 488	18 757	18 000
每家平均资本	16	56	53	216	375
利润总额		2 149	884	4 530	630
每家平均利润		26	32	52	13
资本利润率(%)		46.4	60.4	24.1	3.5

说明:1926年的"利润总额"、"每家平均利润率"均为1925年数字。
(资料来源:王业键:《中国近代货币与银行的演进(1644—1937)》,台湾中研院经济研究所,1981年,第67页。)

其他各地钱庄也如上海一样,呈现衰落之势。[①] 国民政府时期,尤其是1931年以后,钱庄业作为一个行业出现整体衰落,首先是九一八事变、长江大水灾等天灾战乱的祸害,以及世界经济恐慌与金融危机的冲击;其次是新式银行的竞争,营业利润被剥夺;再次是钱庄业自身的缺陷,其合伙投资、经理专权、信用放款、学徒制度等制度,已不适合现代经济形态;而国民政府在金融领域中实行的一系列政策,则是更重要更深层次的原因。纵观1927—1937年10年间国民政府金融政策的核心,就是要建立一个由国家控制的金融体系。成立中央银行,改组中国和交通银行,建立以"四行二局"为中心的银行体系,制定《银行法》,实施废两改元、法币政策等,无不是围绕中央金融政策而展开。在此政策下,钱庄成为被国民政府控制下的金融业的一个组成部分,其衰落也就成为不可避免的结局。[②]

第二节　新式金融业的兴起

在中国,设立最早的银行是外国在华银行,外国在华银行的活动可追溯到19世纪40年代。1845年,英商丽如银行在香港设立分行,在广州设立分理处,是为中国最早的外国金融机构。1847年,丽如银行继续北进,在上海又设立机构。19世纪50年代里,继丽如银行之后,英国资本汇隆银行、呵加剌银行、有利银行和麦加利银行先后在中国建立分支机构。到50年代末,这5家银行在中国先后一共设立了14个分支机构,它们的业务基本上大同小异,都是以中外贸易为服务对象,主要的业务在进行商业结算、汇兑以及商业性存款和放款,彼此之间竞争激烈。

1864年8月6日,汇丰银行在香港创立,它是把总行设在中国的第一家外国银

---
① 朱荫贵:《抗战前钱庄业的衰落与南京国民政府》,《中国经济史研究》2003年第1期。
② 朱荫贵:《抗战前钱庄业的衰落与南京国民政府》,《中国经济史研究》2003年第1期。

行。汇丰银行最初的出资者多是在中国开设洋行的英、中、美、德、波斯等国商人，后来变为纯粹的英商资本，其中总税务司赫德也是大股东之一。由于有这样的背景，它成为英国在华资本的总代理人。汇丰银行创立时额定资本500万港元，实收250万港元。1865年3月和4月，香港总行和上海分行分别开始营业。1866年，在福州、宁波、汉口和汕头设立分理处，另在日本横滨设立分号。两年后，汉口、福州两代理处营业兴旺，被升格为分行。70年代初起的20年，汇丰又迅速向其他通商口岸伸展势力，先后在厦门（1873）、烟台（1876）、九江（1879）、广州（1880）、北海（1880）、天津（1881）、澳门（1881）、打狗（即高雄）（1886）、北京（1889）、牛庄（1892）和基隆（1894）等城市设立了分支机构。这样，汇丰银行在成立后的30年间，建立起一个北起京、津，南临海口，从上海、广州和台湾到汉口、九江的金融网。

经营国际汇兑是汇丰银行重要业务之一，它买入和卖出的外汇总值经常占上海外汇市场成交量的60%～70%。在外国在华银行中，汇丰银行近乎垄断中国国际汇兑业务的地位。在一定程度上，它有力量操纵上海的外汇市场。在中国，多年来形成的各口岸对外贸易的外汇市场一向是以上海的外汇市场行情变化为依归，而上海则以汇丰银行的牌价为准绳。

汇丰银行成立后，一变过去外资银行只重视国际汇兑而忽视存款的作风，开业后吸收存款的数额不断增加。据统计，历年存款占总资产的百分比，从1865年的25%，上升到1900年的77%。1865年，汇丰银行在开业时，香港总行便立即发行钞票。两年后，它在上海的分行也继之发行面额为银1两的钞票。不过19世纪60年代上海流通的外钞还未能迅速扩张；70年代以后，汇丰银行的纸币比较广泛地在华南一带流通；80年代后期所有通商口岸，几乎没有一处不流通汇丰银行的钞票。到1894年，汇丰的发行总额已达997万港元。

汇丰的放款业务，除办理商业抵押贷款和商业票据贴现等外，还办理对清政府的军事、政治贷款。据统计，从1881年到甲午战前的15年间，清政府一共举借了22笔外债，其中，由英国资本提供的有18笔，借款总额达库平银2 753万余两，占22笔外债总额的92.9%，而汇丰银行提供的便有14笔，贷款总额为2 021万余两，占这一时期贷款总额的68.2%。在所有外商银行中，汇丰银行占有最重要的地位。①

19世纪60年代，除汇丰银行外，还有汇川银行、利华银行、利生银行、利升银行4家英资小银行进入中国，但基本都昙花一现，在1866年的棉业危机中都相继倒闭。直到19世纪90年代初，在华设立的外国银行，除1860年在上海设立的法兰西银行，1872年在上海设立的德意志银行外，其他都是英资银行。进入90年代后，各国银行纷纷到中国来设立机构，1890年，德国资本的德华银行在上海设立；1893

---

① 关于汇丰银行，参阅张国辉：《中国金融通史》第2卷，中国金融出版社，2003年，第230—245页。

年,日本的横滨正金银行在上海设立第一个在华分行;1894年和1899年,法国的东方汇理银行分别在香港和上海开设分行;1896年初,沙俄的华俄道胜银行在上海设分行;1902年,美国的花旗银行在上海建立分行。

这些外国银行一如汇丰银行,在华发行纸币、经营汇兑及一般的存放款业务,同时又分别成为各国在中国推行资本输出的重要枢纽和据点。列强各国为攫取在中国的政治经济特权而对清政府和北洋政府提供的几笔巨额借款,都是由这些银行承贷的。同时由于这些国家之间既竞争激烈,又互相拉拢,当它们因利害关系需要结合在一起的时候,就会组成具有卡特尔性质的垄断组织——银行团。1910年组成英、德、法、美四国银行团,后是1912年组成的英、法、德、美、俄、日六国银行团,再后到1913年美国退出又成为英、法、德、俄、日五国银行团。

第一次世界大战后,外国银行的数量增加更多,1927年后,增长速度则明显放慢。据不完全统计,1895年至1914年,外国银行总行增加12家,分行增加84家;1914年至1926年,总行增加23家,分行增加84家;而1927年至1936年,总行增加26家,分行增加29家。① 从国别看,除英资银行仍保持其优势外,日本银行在甲午战后一直保持迅猛扩张态势。1894年以前,日本在中国只有1家银行,甲午战争后,日本在华银行实力急剧扩张。1895—1913年,增至总行4家、分行29家。1914—1930年扩大到总行28家、分行75家,已远超过欧美各国在华银行之和。1934年日本在华银行有总行32家、分行71家。② 除日本外,美国也是在华加紧金融扩张的主角。

从总体看,外国在华银行始终是一支重要的金融侵略势力,凭借不平等条约的保障,他们在中国经营存贷款、把持汇兑、发行钞票、投资企业以及通过对中国政府的贷款等手段,在金融上控制掠夺中国。但1927年后,由于收回利权以及本国银行业的崛起等原因,中外银行业之间力量对比发生变化。首先,中国本国银行业的发展,到1925年时,在银行资力上,华资银行、外国在华银行和中国钱庄之间已大体形成了三足鼎立之势,其中外国在华银行资力约占36.7%,华资银行约占40.8%,钱庄约占22.5%;其次,在业务上,国民政府能够借到的外债很少,过去外国在华银行对华贷款,从中获利的渠道已大部分消失,同时作为偿还外债担保基金的关税和盐税,过去由外国银行保管,1930年被中央银行收回保管;第三,过去长期被外商银行垄断并获取厚利的汇兑业务,也开始逐步转到中国银行方面;第四,外国银行在华发行纸币数量被迫减少。③

抗战期间,外国银行遭受了重大损失。抗战胜利后,在华外国银行总数减少,共为15家,美国的花旗、大通、运通、友邦、美洲,英国的汇丰、麦加利、有利、沙逊,

---

① 刘克祥、吴太昌:《中国近代经济史(1927—1937)》,人民出版社,2010年,第1833页。
② 据吴承禧:《中国的银行》,附录二,商务印书馆,1934年。
③ 朱荫贵:《抗战爆发前的外国在华银行》,《中国经济史研究》2004年第4期。

法国的东方汇理、中法工商,荷兰的荷兰、荷兰安达,比利时的华比,俄商的莫斯科国民银行,金融影响力已经大大削弱。

距第一家外国在华银行丽如银行在上海的成立整整半个世纪后,1897年10月,中国人自己创办的第一家银行——中国通商银行在上海成立。中国通商银行资本500万两,先收半数。盛宣怀任总办的轮船招商局、电报局分别投资80万两和20万两,占实收资本的40%;盛宣怀本人名下投资73万两。清政府授予该行发行纸币特权,发行银元券和银两券。

中国通商银行成立后,清政府考虑成立国家银行。1905年8月,户部银行在北京成立,不久又在天津、上海、汉口、济南、张家口等地设分行。它以股份有限公司形式组建,开办资本400万两,其中一半为清政府户部的官股,另一半由私人(外国人除外)自由认购。该行名义上是官商合办,实权操于官府手中,其正副总办均由户部派任。该行营业项目有"专作收存出放款项,折收未满限期票及代人收存紧要物件"等,清政府还给予它铸造硬币、发行纸币、代理国库等特权。1908年,户部改为度支部,户部银行改称"大清银行"。该行自成立后,业务发展较快,到1911年上半年它吸收的存款已达6 339万两,比中国通商银行同期吸收的存款高出30多倍。截至清政府垮台止,大清银行在全国各地已设立35家分号,是清末最大的一家华资新式银行。1908年,邮传部在北京设立交通银行。交通银行名义上也是一家官商合办银行,开办资本250万两,邮传部官股占4成,其余6成"无论官民,均可认购"。它在上海、天津、汉口等地设立了20多个分行。它吸收的存款主要以政府机关为主,至1910年时达2 370万两,虽不及大清银行,但比中国通商银行要大得多。

除国家银行外,各省还设有地方银行,如濬川源银行、福建官银行、浙江银行、广西银行、直隶省银行等;由商人出资创办的银行有上海信成银行、浙江兴业银行、四明商业储蓄银行等。据统计,截至1911年止,共设立了30家华资银行,其中官办和官商合办的有13家。

北洋政府时期,中国银行和交通银行作为国家银行,是北洋政府的两大财政金融支柱。中国银行是在对原大清银行清理的基础上建立起来的,1912年8月1日总行在北京开业,上海的中国银行改为分行。1913年,北洋政府规定资本总额为6 000万元,官商各半。中国银行建行之初,业务以经理国库为主,发行为辅。北洋政府财政困难,常要中国银行垫付款项,1913—1917年的财政垫款就达4 630万元。1917年以前,中国银行在资金运用上侧重于存放同业,同工商业甚少接近。由于被政府控制,领导人频繁更迭,行务随政局变迁而转移;又因给政府垫款过多,遂酿成停兑风潮。1917年,中国银行向商业银行转化。随着商股的增加,股本成分发生了很大变化。在1921年4月续招股本前,中国银行的实收资本为12 279 800元,其中官股500万元,商股超过了官股。1921年起,财政部因国库支绌,将所持官股作为债款抵押,后又作价出售,到1922年只剩下象征性的5万元,中国银行终于摆脱了北洋政府的控制。

辛亥革命后,交通银行的官股由北洋政府交通部继承。1914年4月,北洋政府修改了交通银行章程,规定设总行于北京,股本总额为1 000万两,其中官股4成,余6成由人民承购。交通银行继续经营轮、路、电、邮"四政"的收支,同时分理国家金库、国内外汇兑、发行钞票等业务。

北洋初期,各地官办银行延续清末之势,仍盛极一时,1912—1915年新设官办和官商合办银行23家,至1915年底,官办和官商合办银行共25家,占全国华资银行家数的47.2%,占实收资本的72.3%。1916年后,这类银行新设少、停闭多。1916—1920年,全国新设的官办银行仅8家,倒闭的却达10家。到1920年底,实存的官办和官商合办银行有22家,占华资银行家数21.4%,占资本总数的半数左右。1925年,更进一步分别降为17.7%和45%。官办、官商合办银行的每况愈下,实乃这些银行对政府和官僚私人滥放巨款,造成资金亏绌,加之政局多变、军阀混战等因。①

与官办银行的每况愈下相反,华资商办银行却迎来了发展的黄金时代。在银行业中有一定地位的几家商业银行,如上海的上海商业储蓄银行、永亨银行,江苏的淮海实业银行,天津的中孚、金城、中国实业、大陆银行,北京的新亨、中国劝业银行以及重庆的大中商业银行等,就是这个时期先后创办并发展起来的。1916—1920年,商办银行共新设73家,平均每年新设14家,占同期新设华资银行总数的90.1%,至1920年底,实存的商办银行有81家,在全国实存华资银行总数中的比重,从1912年底的35.1%上升到78.6%;实收资本达4 525万元,在华资银行总数中的比重,从1912年底的27.5%上升到51.4%。1920年以后,商办银行又有了新发展,1921—1925年间共新设110家,平均每年新设达22家之多,这期间又倒闭61家,到1925年底实存的商办银行已增至130家,实存资本数9 300多万元,在本国银行中的比重,家数上升到82.3%,资本的比重上升到55%。② 这一时期的商办银行还形成了一些金融集团,实力最强的为"北四行"和"南三行"。北四行是北方的金融集团,包括金城银行、盐业银行、大陆银行、中南银行;南三行是南方的金融集团,包括上海商业储蓄银行、浙江实业银行、浙江兴业银行。商办银行的迅速发展与此时期中国民办工商业的发展是一致的,同时,从事政府放款和公债投机也是商办银行发展的一个重要原因。

1927年后,华资银行有了进一步发展。从一战结束到20年代中,华资银行快速成长,实存银行从1917年年初的65家增加到1925年的159家,8年中净增94

---

① 唐传泗、黄汉民:《试论1927年以前的中国银行业》,《中国近代经济史研究资料》(4),上海社会科学院出版社,1985年,第65—66页。
② 唐传泗、黄汉民:《试论1927年以前的中国银行业》,《中国近代经济史研究资料》(4),上海社会科学院出版社,1985年,第69页。

家。1926—1937年12年间又有了新的发展,新设大小银行230家,年均新设19.2家,1934年最多达35家,实存银行从1926年的177家增加到1937年的246家。与北洋时期不同的是,这一时期,商办银行发展微弱,而官办银行则急剧膨胀。商办银行的实存行数从1926年的156家增加到1937年的185家,资本总数则从1926年的19 917万元增加到1937年的21 039万元,但在华资银行相应的比重分别从88.6%和81.6%缩减为75.2%和43.8%。官办银行中,无论中央官办还是地方官办,都急剧膨胀,行数分别从1926年的2家和18家增加到1937年的9家和52家,分别增长350%和1 895%。资本增幅更大,分别从2 747万元和912万元增加到18 750万元和8 274万元,分别增长了583%和807%。整个官办银行的行数和资本数分别增长了205%和639%。这样,官办银行在整个华资银行中的比重大幅度上升,1926年,官办银行的行数和资本比重分别为11.4%和18.4%,到1937年,分别升至24.8%和56.2%。①

在官办银行的膨胀中,更为重要的是以"四行二局"为核心的国家银行和金融体系的确立。1928年11月,国民政府设立的中央银行在上海正式开业,同时对中国银行和交通银行进行改组,将中国银行定为国际汇兑银行,交通银行定为发展全国实业的银行。中国银行资本总额定为2 500万元,其中加入官股500万元;交通银行资本定额为1 000万元,其中加入官股200万元,均由商办转为官商合办。1935年,国民政府发行金融公债1亿元,用来增加中央银行资本和中国、交通两行官股,以实现政府对银行的控制,最终中国银行增加官股1 500万元,连原有官股500万元,共2 000万元,占股份总额的一半;交通银行增加官股1 000万元,合计2 000万元,其中官股1 200万元,商股800万元。

同时,国民政府还对中国银行的架构、人事进行大规模调整;交通银行则在此之前已完成人事调整。国民政府对中、交两行的改组完成,成为国民政府国家银行体系的重要组成部分。1933年4月,鄂豫皖赣四省农民银行成立,1935年则扩大和改组为中国农民银行,总行从汉口迁往南京,成为国民政府国家资本第四大银行。除四行外,国民政府国家银行和金融体系还有邮政储金汇业局和中央信托局。除了"四行二局",国民政府国家银行资本还包括中国国货、农商、中国通商、中国实业、四明商业储蓄等商业银行和省县地方官办银行。以"四行二局"为核心的国家银行和金融体系的确立,为国民政府进一步垄断全国经济奠定了基础。

抗战开始后,在转入战时的非常时期,国民政府加强了对金融的控制。1939年10月正式建立战时全国经济、金融最高决策机构四联总处,除中央、中国、交通、农业四行外,中央信托局和邮政储金汇业局也归其管理,是战时经济、金融方针政策的制定者和推进者。1942年6月,四联总处拟定《中中交农四行业务划分及考核

---

① 刘克祥:《1927—1937年中资银行再统计》,《中国经济史研究》2007年第1期。

办法》,四行业务划分最实质性问题,一是从1942年7月起,由中国、交通、中国农民三银行发行的钞券移交给中央银行接收;二是由中央银行统筹外汇收付,中央银行既掌握货币发行又掌握外汇,权力的扩大就有了经济上的基础与保证。不难看出,通过四联总处的设立和活动,对外加强了金融垄断,对内使中央银行的权力凌驾于其他三行之上,中央银行成了"银行的银行"。国民政府还先后公布《非常时期管理银行暂行办法》等法令,加强了对地方银行的控制,将其置于四联总处及其在各地分支机构的控制之下。[①]

抗战胜利后,四行二局通过接收日伪银行,其垄断势力更为强大;而商办银行则日趋萎缩。截至1946年6月,国统区3 489家银行中,官营的达2 446家,占2/3以上。另据统计,四行二局的总分支机构的存款总额已占到全部本国银行存款的92.9%,国家银行的放款总额则占到全部放款额的97.7%。可以说,作为银行基本业务的存放款已全部为国家银行所包办,因此其对国家经济的控制能力,尤其是对工矿业的控制能力也进一步强化。

第三节 金融业的空间分布与市场结构

一、金融业的空间分布及其变动

从空间分布看,中国近代金融业的基本格局是主要集中于沿海、沿江地带,尤其是主要的工商业城市。随着市场的扩大、经济的发展,金融业从沿海向内地、从城市向乡村扩展,这在民国时期表现得尤为突出,但并未改变原先的基本格局。

19世纪40年代,外国人在华设立银行,最初选择之地是香港、广州、上海等大城市,随着各国在华设立银行的增多,设立的地域从这几个城市向北、向长江沿岸的通商口岸城市扩展。到1937年,外国在华银行的区域分布,除日本在东北急剧扩张其势力、大量设立银行外,其他多数都设立于沿海、沿江的通商口岸城市(见表6-2)。

表6-2 外国银行在华分布区域统计(1937年)

国别	东北	华北(北平、天津、青岛、烟台)	华中(上海、汉口、厦门、福州)	华南(香港、广东、九龙、汕头、昆明)	合计
日本	71	11	12	6	100
英国	2	7	9	8	26
美国	5	6	6	5	22

[①] 以上三段关于"四行二局"为核心的国家银行和金融体系的论述,参见叶世昌、潘连贵:《中国古近代金融史》,复旦大学出版社,2001年,第262—267页。

续 表

国别	东北	华北(北平、天津、青岛、烟台)	华中(上海、汉口、厦门、福州)	华南(香港、广东、九龙、汕头、昆明)	合计
法 国	2	2	3	3	10
德 国		2	2	1	5
荷 兰			3	2	5
法比合办		1	2	1	4
比利时		1	2		3
俄 国	2		1		3
意大利		1	1		2
合 计	82	31	41	26	180

(资料来源:(日)宫下忠雄:《支那银行制度论》,严松堂书店,1941年,第180页。)

华资银行从沿海、沿江向内地扩散的特征更为明显。清末,华资银行初设时,主要在上海、北京、天津、汉口、杭州等少数大城市。北洋时期,一方面,上海、北京、天津、汉口、杭州以及南京、重庆、广州等城市银行数量大量增加,其中以上海尤为突出,15年间新设立的银行总行22家,分支行处26处;①另一方面,沿海及中部各省也纷纷设立银行及分支机构,其中江苏、浙江等沿海省份更为突出,江苏一省除上海外,共新设立银行6家,分支机构33处;②浙江除杭州外新设立银行1家,分支机构17处。③而西部地区则数量较少,其中设立较多的是四川省,全省除重庆外共新设立银行分支机构8处,加上重庆亦不过新设总行1家,分支机构11处。④至于其他西部省份大多还没有银行的设立。

国民政府成立后最初的10年,华资银行有进一步的发展,其空间分布也有变化,但基本布局未改。按经济条件、发展水平和该地区的银行数量与规模,这一时期华资银行的地区分布,大致可以分为四类:一是上海与沿海地带,是这一时期华资银行的主要集中地;二是包括四川在内的长江及黄淮中下游内陆地区,也有若干数量的银行存在,并有所增加;三是西南、西北及北部关外地区,银行数量极少,甚至是一片空白;四是东北地区,原本银行业颇为发达,但九一八事变后,随着领土的丧失和日本侵略者的疯狂掠夺与破坏,华资银行和整个银行业遭受浩劫。

1927—1937年间,华资银行地区分布,同时朝着扩散和集中两个方向发展。一方面,银行的地区分布渐趋广泛,建有银行的省市从1927年的18个增加到1937

---

① 中国银行总管理处经济研究室:《(中华民国二十四年)全国银行年鉴》,1935年,第C1—C25页。
② 中国银行总管理处经济研究室:《(中华民国二十四年)全国银行年鉴》,1935年,第C53—C64页。
③ 中国银行总管理处经济研究室:《(中华民国二十四年)全国银行年鉴》,1935年,第C64—C69页。
④ 中国银行总管理处经济研究室:《(中华民国二十四年)全国银行年鉴》,1935年,第C83—C85、C40—C47页。

年的 26 个,内陆地区一些省份的银行数量也有所增多。中央银行、中国银行以及一些大、中银行还在各地开设分行、支行或办事处、代理处。据不完全统计,1934年全国有华资银行分、支行 1 038 处,1937 年增至 1 627 处。如加上漏记银行的分支行,其总数当接近 2 000 处。有资料显示,不少地区尤其是内陆地区,大部分分、支行是 1927—1937 年间设立的。如对江西、广西部分县区的调查,江西 55 县中 35 县有分支行,除贵溪、赣县、铅山 3 县外,都是 1927—1937 年设立的;广西 29 县中,16 县有分支行,除崈宁、苍梧、恭城、百色 4 县外,也都是 1927—1937 年设立的,说明这一时期中资银行在地区上的扩散十分明显。

另一方面,银行尤其是大、中银行又越来越向沿海地区特别是上海集中。华资银行的总行和大部分银行始终分布在上海及江苏、浙江、福建、广东、山东、河北等沿海 6 省,这些地区的银行约占全国银行总数的 60%～80%,而其中半数左右的银行又集中在上海。江西、湖北、四川、山西等长江、黄河中游内陆 7 省,银行数比西部及边远地区稍多,也只占全国银行总数的 13%～22%,并且半数乃至 2/3 以上集中在四川、山西两省。至于四川以外的西南、西北和北部关外 16 省区,银行数量微不足道,1937 年最多时也只有 16 家,仅占全国银行总数的 0.6%,平均每个省区还不到 1 家。而且极不稳定,银行时设时停,时有时无。青海、西藏更是一片空白,西康也直到 1937 年才有 1 家省立银行。

10 年间,有多家银行陆续将总行(或总管理处)迁往上海,主要有:

盐业:北京(1915 年)→天津(1928 年)→上海(1934 年)

金城:天津(1917 年)→上海(1936 年)

大陆:天津(1919 年)→上海(1940 年,总经理处)→上海(1943 年,总行)

中孚:天津(1916 年,总管理处)→上海(1930 年,总管理处)

中国农工:北京(1918 年)→天津(1929 年)→上海(1931 年)

中国垦业:天津(1926 年)→上海(1931 年)

边业:天津(1919 年)→沈阳(1926 年,奉军收购)→上海(1936 年)

东莱:青岛(1918 年)→天津(1926 年)→上海(1933 年)

新华信储:北京(1914 年)→上海(1930 年)

中国实业:天津(1919 年)→上海(1932 年)

大中:重庆(1919 年)→天津(1929 年)→上海(1934 年)

农商:北京(1921 年,1929 年停业)→上海(1933 年,复业)

浙江建业商储:杭州(1933 年)→上海(1938 年)

这些原设沿海城市或首都的银行不断向上海迁移。这样,沿海地区尤其是上海,银行数量增长更多、更快,1936 年同 1926 年相比,内陆及西部、北部 21 省区的银行,从 25 家增至 71 家,增加 45 家,平均每省区增加 2.1 家;而上海和沿海 6 省从 109 家增至 157 家,增加 48 家,平均每省市增加 6.9 家,其中上海从 48 家增加到 71

家(1934年最多时达79家),增加23家。银行的空间分布更加不平衡了。[①]

抗战时期,沿海及中部广大地区沦陷殆尽,金融机构大多撤离。国民政府西迁,希望凭借西南、西北各省以为抗战建国的根据地,即开发西部地区的资源,发展生产,这有赖于普遍设立金融机构。鉴于西部地区原有的金融机构稀少,国民政府决定立足西南、西北,构造战时金融网。1939年,财政部拟定完成西南、西北金融网的二年计划。根据这一计划,四联总处于1940年3月拟具《完成西南西北金融网方案》,该方案旨在通过四行在西南西北普设分支行处,活泼内地金融机构,发展后方生产。提出要在西南、西北设立金融机构216处,分3批推进,限于1941年底完成。结果,在四联总处和中央银行积极督导下,截止1941年底,四行在西南、西北共设立分支行处为529处,大大超过原定计划。其次,国民政府还推进地方金融机构的建立。1938年4月,国民政府发布《改善地方金融机构办法纲要》,1940年1月又公布《县银行法》。在国民政府和四联总处的督导下,在川、陕、豫、粤、桂、闽、黔、湘、赣、甘、宁、云、康等省,县市银行像雨后春笋般应运而生。据不完全统计,到1943年4月底,以上各省建立和正在筹建的银行总计达223处(其中注册的86处,开业的79处,正筹建的58处),仅四川一省就有97处。另据统计,到1945年8月底,县市银行总行增至304家,分行达1 118处。此外,国民政府还在西部地区普设简易储蓄所,扩展邮政储蓄业务。初步形成了以国家四行二局为核心,以省市县银行为卫星,以简易储蓄所、邮汇局网点为最基层的战时金融体系,构成了由通都大邑到穷乡僻壤的战时金融网。[②]

总之,抗战时期,西部金融业得到极大的发展,中国金融业空间分布的基本格局发生了短暂的变化,但这是以沿海及中部广大地区的沦陷,遭受重大损失为代价的。

抗战胜利后,四行二局等国家行局以及众多商业银行纷纷复员,向沿海及中部地区回迁,这一方面使沿海及中部地区的金融业得到恢复和发展,另一方面,抗战时期所建立起来的西部地区的金融业也因此而大大被削弱,中国金融业空间分布的基本格局又恢复到战前状态。

二、金融市场结构

金融业在空间上的不断扩展,以及其功能的不断多样化,到20世纪二三十年代,形成了以上海为全国金融中心、多层次的金融市场结构,这个金融市场除上海这个全国金融中心外,还有天津、汉口、重庆等大区域金融中心,广州、青岛、厦门、宁波等小区域金融中心。

[①] 国民政府时期最初10年华资银行空间布局的变化,参见刘克祥:《1927—1937年中资银行再统计》,《中国经济史研究》2007年第1期。
[②] 董长芝:《论国民政府抗战时期的金融体制》,《抗日战争研究》1997年第4期。

上海成为近代中国金融中心,是以它作为中国的对外贸易中心和工商业中心为基础的。上海所处地理位置非常优越,不仅长江流域以上海为出海口,北方广大地区的对外贸易相当大的一部分也经由上海进行,因此,1843年上海开埠后,对外贸易迅速发展,很快便超过广州而成为全国的对外贸易中心。1871—1873年,上海在全国对外贸易中所占份额高达64.1%,此后几十年间,由于全国其他地区对外贸易的发展,这一比例逐渐降低,但在1910年以前始终占50%以上,民国初年直到30年代初进一步降低,但仍在40%以上。抗战前的几年,这一比例又有上升,连续几年都超过50%。[1] 上海以其优越的区位与经济条件,还成为近代中国工业最为集中的地区,据统计,1933年,上海工业总产值达到11亿元以上,超过了当时全国工业总产值的一半。[2]

由于对外贸易和工业上在全国的绝对优势,上海金融业的发展有着深厚的基础,首先它可利用优势吸收来自各方面的资金供上海工商业投资和周转之用,同时资金的聚集形成的庞大金融势力,使上海能起着对全国范围内广大地区资金运用的调剂作用。

上海作为全国的金融中心,经历了一个长期的过程。19世纪五六十年代,当太平军东进时,一些官僚、地主、商人涌往上海,那些拥有资财的江浙富绅、巨贾,不仅把钱存入钱庄,而且还投资于钱庄,促进了上海钱庄业的大发展。同时,因受太平天国战争的影响,原来聚集汉口、苏州的票号纷纷把资金运用的重点转移到上海,上海成为票号聚集重地。票号资力雄厚,常把大量款项拆放给钱庄,无疑也有利于钱庄实力的增长。1854年,上海有了第一家外商银行——英商有利银行。此后整个19世纪先后有16家外商银行在上海设立或设置分支机构,[3] 外商银行以其强大的实力,以及在对外贸易中与洋商的密切联系,很快就控制了上海的金融市场。外商银行主要为洋商提供国际汇兑和融通资金的服务,向中国政府借款,也以庄票的形式向钱庄拆放,成为钱庄资金的又一重要来源。整个19世纪上海金融市场已聚集了相当的实力,但他还不具备作为全国金融中心的条件,只能说是全国的一个金融重镇。因为外商银行的影响只局限于上海等通商口岸城市,在内地几乎没有影响。票号形成了遍布全国的汇兑网,上海钱庄的影响因上海对外贸易的发展而达于内地,但作为旧式的金融机构,票号和钱庄主要是为贸易的发展提供了资金流动的方便,他们还没有足够的能力对全国各地资金的运用起到调节作用。

20世纪二三十年代,上海真正成为全国的金融中心,这不仅因为外商银行在上海的强大实力以及钱庄的重要影响,更得益于华资银行的兴起及其在民国年间的长足发展。20世纪初,上海金融业有了初步发展。继1897年中国通商银行在上

---

[1] 严中平等:《中国近代经济史统计资料选辑》,科学出版社,1955年,第69页。
[2] 黄汉民:《1933年和1947年上海工业产值的估计》,《上海经济研究》1989年第1期。
[3] 叶世昌、潘连贵:《中国古近代金融史》,复旦大学出版社,2001年,第200—201页。

海成立总行后,1905年和1908年官办的户部(大清)银行和交通银行也在上海设立分行。这几年间还有信成商业储蓄银行(1906)、浙江兴业银行(1907)、四明商业储蓄银行(1908)等商办银行的成立。第一次世界大战及稍后几年时间,上海金融业进一步发展。从1913年到1921年的八年间新设的银行就有26家,银行存款总额由1912年的1亿元增加到1921年的近5亿元。[1]

1920年,总行设在上海的华资银行有9家,额定资本802万元,实收547万元,而设在北京的则有23家,额定资本14 674万元,实收3 622万元,[2]说明上海的金融实力还比不上北京。但上海作为全国贸易中心和近代工业中心,对银行资本有着巨大的吸引力;相反,北洋军阀政府走向穷途末路,支撑北京金融势力的基础逐渐处于崩溃之中,金融业逐渐衰退。1925年总行设在上海的银行达到33家,而在北京的则减为23家。[3]

20年代末30年代初,一方面政治重心南移,政局骤变,原在北京的各大银行总行纷纷南迁上海,上海真正成为全国华资银行聚集的中心;另一方面,随着农村经济的破产,资金流往都市,更推动了上海银行业的发展。上海的金融机构密集,1935年,全国164家银行中,总行设在上海的有58家,占35%。此外,上海还有11家信托公司,48家汇划钱庄,3个储蓄会,1家邮政储金汇业局。与此相适应,上海资金的集中也十分突出,据估计,1936年上海的银行、钱庄、信托公司的资力为327 191万元,占当时全国金融业资力683 902万元的47.8%。金融机构和资金的集中,使上海金融业的影响辐射到全国各地。总行设在上海的58家银行中,有28家在内地开设了629个分支机构,此外建立了数千个通汇点,形成了一个以上海为中心的全国金融网络。上海成为这个网络的总汇,自然奠定了金融中心的地位。[4]

上海作为全国金融中心,不仅各类金融机构众多、资金相当集中,金融市场也相当发达,它有被称为货币市场的同业拆借市场和贴现市场,又有属于资本市场性质的证券市场,还有内汇市场和外汇市场,亦即标金(黄金)市场和大条银(白银)市场,构成了一个比较完整的体系,发挥着多种功能。

上海金融市场的筹资和融资功能强大,还对引导全国各地的资金流向有着很强的内聚和辐射能力。当上海需要资金时,内地的资金流向上海,当内地需要资金时,上海的资金就可以流向内地。在此基础上,全国利率和多种金融资产行市以上海为转移。上海的拆息牌价,每日上午开出后即电告全国,各地据此作为本地行市的定价。全国各大商埠的汇兑业以上海行市为基准,例如,天津与汉口之间的汇兑行市并不径行决定,而是按两地申汇行市折合,即天津行化银千两汇汉,先须照津

---

[1] 中国银行总管理处经济研究室编:《中国重要银行最近十年营业概况研究》,1933年,第2页。
[2] 《第九次农商统计表》,转引自杜恂诚:《上海金融的制度、功能与变迁》,上海人民出版社,2002年,第154页。
[3] 吴承禧:《中国的银行》,商务印书馆,1934年,第13页。
[4] 关于上海成为全国金融中心,参见洪葭管、张继凤:《上海成为旧中国金融中心的若干原因》,《中国近代经济史研究资料》(3),上海社会科学院出版社,1985年,第32—54页。

沪申汇价格折成规元,再照沪汉汇兑价格折成汉口洋例银,津汉之间汇价的变动全以两地对沪汇价为转移。上海银根的紧松,往往影响其他城市银根的紧松和埠际汇价的涨落。如汉口银根紧,必向上海调拨款项以资接济,上海对汉口的汇价受此影响随之上涨;反之,如上海银根紧,其他城市汇款到沪,则上海对外埠的汇价随之下跌。

上海还是全国现银的集中地和分配地,长江沿岸城市的剩余现银均输送到上海,而缺乏现银时也均向上海调运,因此,这些城市的金融市况都直接或间接依赖上海为之调剂。从这个意义上说,上海现银库存量的多寡,不仅表示上海一地金融的缓急,实际上反映出全国其他城市金融的缓急。

近代上海是全国的金融中心,也是远东国际金融中心之一。其国内突出的金融中心地位,是其成为远东国际金融中心之一的稳固基础和先决条件。作为两类金融中心,上海把国内外金融运作连在一起,配置国内、国外两种金融资源。通过各种金融交易和资金收支划拨的渠道,上海金融市场的脉搏紧贴着世界主要金融市场伦敦、纽约的脉搏而跳动,上海已成为远东地区国际资本流动的一个枢纽。①

上海以其强大的金融实力,直接、间接地对全国金融市场产生影响。在上海之下,汉口、天津、重庆等城市,其金融业的影响力及于一个较大的区域,如汉口主要影响于长江中游地区,天津则覆盖了北方的广大地区,重庆主要以西南地区为其势力范围。它们是大的区域金融中心。

作为长江沿岸重要城市的汉口,地居长江中游,位于长江与汉水汇合处,水路交通发达。特别是京汉铁路和粤汉铁路建成后,汉口成为我国中部水陆交通的重要枢纽。得益于优越的地理位置,汉口商业素称发达,1862年开埠后,国内外贸易以极快的速度发展,一跃成为内地最大的商业城市。贸易促动金融业的发展,汉口成为长江中游地区的区域金融中心。汉口的金融机构比较集中,曾是全国票号分号设立最多的城市,汉口的钱庄于清道光年间已形成独立行业,几经曲折发展,到20世纪20年代前期达到其发展的全盛时期,1921年汉口钱庄达到93家,1922年增至152家,1925年达到180余家。②

20世纪30年代初,全国重要银行大都在汉口设有分支机构,除总行设于汉口的银行外,有些外地银行的分行地位特别重要,兼为地区性的管理机构,如中国银行汉口分行1922年成为第三区域行,管辖地域包括鄂、川、湘、陕、豫、赣、黔、晋8省,即使后来管辖区域逐渐缩小,仍然管辖湖北全省及郑州、南昌、长沙等支行。交通银行汉口分行也管辖九江、开封、长沙等支行。上海银行于1929年建立分区管理制度,将湘、鄂、豫、赣四省划为第一区,区经理处设在汉口;1934年改区经理处

---

① 以上3段关于上海金融中心的论述,参见洪葭管、张继凤:《上海成为旧中国金融中心的若干原因》,《中国近代经济史研究资料》(3),上海社会科学院出版社,1985年,第32—54页。
② 武汉市金融志办公室、中国人民银行武汉市分行金融研究所编:《武汉钱庄史料》,编者印,1985年,第36—52页。

为管辖行,汉口分行升格为管辖行。汉口金融市场既受上海金融市场制约,又左右着长江中游地区的金融市场,是长江中游的区域金融中心。

天津地处九河下梢,地理位置优越。开埠前已是北方最大的商业中心,开埠后,在对外贸易推动下,天津的贸易规模不断扩大,其所覆盖的贸易范围(腹地)也更为广阔,20世纪初基本覆盖了西北、华北和东北地区。20世纪初以来,尤其是北洋时期,天津近代工业崛起,形成了棉纺织、食品、化工等支柱产业。贸易与工业的发展,再加上军阀官僚投资及公债投机,推动了天津金融业的发展,到20世纪二三十年代,天津已发展成为北方的区域金融中心。金融机构的数量不断增加、规模也不断扩大。晚清时期,天津曾是票号集中的重镇,民国初年,票号骤然消失,但历史悠久而资力弱小的天津银号却有了长足的发展;由于天津对外贸易以及政治上的重要性,天津成了外商银行在中国较为集中的地区;民国时期,华资银行在天津市场崛起,到1925年,在天津设总行的银行有14家,在全国的141家银行中,设在上海有33家,北京23家,天津紧随其后。1927年,南京国民政府成立,政治重心南移,对平津的金融业产生了较大的影响,一些银行将总行由北京、天津移往上海,1925年总行设在北京的银行有23家,1934年只剩下2家。① 天津的一些银行也陆续将总行南迁上海,如中国实业银行(1927)、中孚银行(1930)、东莱银行(1933)、盐业银行(1934)、金城银行(1936)等,这在一定程度上削弱了天津金融实力,但天津仍不失为一个重要的区域金融中心。

1932年,在全国146家银行中,总行设上海59家,天津居第二,有10家;分支行数共1 038家,其中上海550家,天津93家。② 1936年,在全国164家银行中,总行设在上海53家,天津7家;分支行1 627家,上海128家,天津61家。天津的总行数虽然少于重庆(9家),但总分行合计达70家,远远超过重庆(29家),仍居全国第二位。③ 不仅银行总分行机构众多,一些银行的天津分行有着重要地位,1922年,中国银行天津分行被指定为第二区域管辖行;④1934年,上海商业储蓄银行改区经理处为管辖行制度,共设10个管辖行,其中天津分行改为天津管辖行,统辖北平支行及石家庄办事处。⑤

天津金融市场在一定程度上受上海的影响,如天津的报纸每日公布上海的拆息,而没有本地的拆息行情,这说明天津的拆借市场是以上海市场为基准;天津的银号、商号常向上海钱庄借入资金,天津市场遇到资金紧急时,多从上海调入资金。而天津又凭借由华商银行号所形成的覆盖北方广大地区的金融网络,对腹地的资金流动有着很大的辐射影响力,成为北方地区资金流动、分配和调剂中心。

---
① 吴承禧:《中国的银行》,商务印书馆,1934年,第13页。
② 李洛之、聂汤谷:《天津的经济地位》,经济部驻津办事处,1948年,第121页。
③ 中国银行总管理处经济研究室:《(中华民国二十六年)全国银行年鉴》,1937年,第33、34、39页。
④ 中国银行行史编辑委员会:《中国银行行史(1912—1949)》,中国金融出版社,1995年,第168页。
⑤ 中国人民银行上海市分行金融研究所:《上海商业储蓄银行史料》,上海人民出版社,1990年,第681、786页。

重庆地处长江上游,位于长江与嘉陵江交汇处,西连四川及西南地区的广大市场,东接上海、汉口等商业中心城市,是进口洋货和出口土货的周转之地。转口贸易的发达推动了重庆金融业的发展。重庆曾是票号的集中地之一。重庆的钱庄的前身是"换钱铺"和"倾销店",开埠后,换钱铺等向钱庄转化。一战期间,钱庄得到了极大的发展,不仅换钱铺、倾销店全部演变成钱庄,而且又新设立了一批钱庄,总数达 50 余家。20 年代,随四川政局的变动,重庆钱庄受到冲击,数量逐年减少,到 1925 年重庆钱业公会成立时,入会会员只剩下财力稍厚的 32 家。刘湘控制重庆后,重庆经济有所复苏,1927 年,钱庄又上升到 49 家。30 年代的经济危机中,重庆钱庄再受打击,1936 年只剩下 23 家。①

重庆最早的银行是 1900 年设立的中国通商银行分行。1905 年,四川省第一家官办银行濬川源银行开业。1907 年大清银行设立分行。民国成立后相继有中国、交通、金城等一批外地银行来渝设立分支机构。但来重庆设立分支机构的外地银行并不是太多,而民初以来重庆银行业最值得注意的是本地商业银行的普遍设立。到 20 世纪 30 年代,先后有聚兴诚(1915)、大中(1919)、中和(1922)、富川(1922)、美丰(1922)、平民(1928)、川康殖业(1930)、四川盐业(1930)、市民(1931)、北碚农村(1931)、川盐(1932)、四川商业(1932)、重庆(1934)、新兴(1934)、四川建设(1934)、和成(1937)等银行相继开办,其中聚兴诚、美丰、川康平民商业(殖业与平民合并)、重庆商业(市民发展而来)、川盐、和成等银行号称川帮六大银行。② 重庆是西南地区的金融中心。

除上述大的区域金融中心外,还有一些较汉口、天津、重庆影响力更次一等的小区域金融中心,如广州、厦门、宁波、青岛等。这些小区域金融中心由于受交通或其他因素的制约,腹地范围相对较小,金融业的规模自然受到限制。如广州,尽管开埠后一度仍是全国对外贸易中心,但随着上海的开埠通商,其对外贸易中心地位被上海取代,由于受地理条件的限制,其腹地仅限于两广地区。青岛、宁波、厦门各自的腹地都不大。这些小的区域金融中心,与相近的大区域金融中心有着金融联系,更与上海保持紧密关系,这些城市的很多商人都与上海做生意,必然以上海行市为准,并以上海为资金的集散地。申汇价格的涨落对小区域中心的金融市场有很大影响。

鸦片战争前,广州曾是中国的对外贸易中心,战后,广州在开放通商方面的优势明显衰落,外贸中心逐渐移到上海;另外,地处华南的广州,因受自然地理条件的限制,与两广以外地区的交通运输十分不便;再加上广州常受战争和政局变动的影响。这些都极大地制约了广州金融业的发展。钱业是广州的"百业之首",是最有

---

① 隗瀛涛:《近代重庆城市史》,四川大学出版社,1991 年,第 285—287 页。
② 隗瀛涛:《近代重庆城市史》,四川大学出版社,1991 年,第 289—292 页。

生机的金融行业。1918年,广州市面不景气,各业亏折者指不胜屈,能获厚利的,钱业首屈一指,获利1万元至8.7万元的钱庄共有26家,获利总额达72.8万元,而获利1万元以下的尚有多家。1919年,获利1万元以上的钱庄增至32家,获利总额达116万元。1936年,广州共有钱庄80家,资本总额达186万元。

广州的银行业则发展有限。1936年,有7家外商银行在广州设立分行。而华资银行20年代在广州设行的,只是一些势力局限在广东一带的地方性银行,如1923年设立的南方实业、兴中、嘉华等几家。由于时局纷扰,这类地方性银行大多存在时间不长。在广州设分行或代理处的银行也很少。1931年,中国27家重要银行中,在上海设总行的有18家,而无一家在广州,设分行的3家,支行1家,通汇处7家;1936年,在广州设总行的5家,分行的7家,支行的2家,办事处或汇兑处3家,共17家。[①]

厦门金融业的发展得益于贸易和移民。明清时期,厦门与南北沿海港口的贸易就比较发达,开埠后,又有对外贸易的发展。而对厦门金融业影响更大的是侨汇,因厦门的侨眷特别多,每年从南洋汇来大量汇款。1873年,汇丰银行在厦门设代理处,其主要业务即是侨汇。1909年和1910年,大清银行和交通银行分别在厦门设立分行,但厦门的本国银行业要到民初以后尤其是20世纪20年代才有令人瞩目的发展,1921—1930年有6家新的银行开张,1931—1936年则有10家新的银行开张。厦门银行总数由20世纪20年代的6家,增加到1936年的16家,本国银行业的发展同样得益于侨汇。厦门的银行在本地所起的作用不大,其历来的主要功能是吸收本地的资金以供上海之用,这里的银行成了上海银行业的延伸。[②]

宁波是一个商业城市,鸦片战争后,对外贸易的发展,商业呈现更加繁荣的态势,这促成了宁波钱业的繁荣,一个重要的表现是宁波钱业特有的过账制度的形成和发展。因商业的繁荣使得现金直接交付产生困难,商人就商量采取新的支付手段,即通过钱庄用"登帐簿"的办法进行结算,即所谓过账制度。过账制度与上海钱庄的汇划制度相似,使结账显得简便、快捷,一般商家皆称便利,由此也奠定了钱业在宁波金融业中占最主要的地位。根据1933年的一项调查,宁波有大同行钱庄37家、小同行钱庄30家,共67家,其中绝大部分是在清末和北洋政府时期设立的。宁波钱庄的股东不少是上海商界闻人,他们的经济实力成了宁波钱庄的坚强后盾。根据该调查,宁波钱庄可运用的资金达到这67家钱庄资本总额的近20倍,实力十分庞大,令当地银行相形见绌。

宁波银行业尽管较钱庄稍逊,但也有发展。宁波设立最早的银行是中国通商银行宁波分行,民国年间,相继有中国银行、四明银行、中国垦业银行、交通银行、浙

[①] 张仲礼:《东南沿海城市与中国近代化》,上海人民出版社,1996年,第351—353页。
[②] 张仲礼:《东南沿海城市与中国近代化》,上海人民出版社,1996年,第214—218页。

东银行、浙江实业银行、农民银行、中华银行、浙江地方银行、中南银行等设立。宁波金融市场与上海联系紧密,这突出表现在钱业上,宁波钱庄与上海钱庄有的是同一个股东,上海钱庄常向宁波钱庄拆款;上海银行也给宁波银行业以支持,1934年,中国垦业银行宁波分行发生挤兑风潮,其总行急调上海中国银行10余万现洋压住了挤兑风潮。①

1897年,德国强租胶州湾,自此至1922年青岛先后被德国、日本占领。因港口的建设和发展以及胶济铁路的通车,青岛的对外贸易迅速发展,逐渐取代烟台成为山东及邻近的河北、河南、江苏部分地区的对外贸易中心。青岛的金融业随之发展起来,但在德占、日占时期,青岛的金融业被外商银行垄断,尽管1909年有大清银行青岛分号设立,1913年中国银行青岛分行创建,但因为当时德占青岛金融处在德华银行的统治之下,中行力量弱小,无法与之抗衡,北洋军阀时期,政局混乱,加上正金银行仍然控制着青岛的金融,业务仍然无法开展。

直到1929年,中国银行青岛分行由支行升为分行后,才开始在青岛地区蓬勃发展起来,在省内外多处设有办事处,并辖有济南、烟台、潍县三个支行。交通银行青岛支行成立于1923年,但业务发展比较迅速,1935年由支行改为分行,管辖山东全省行处,后来成为山东省交通银行的资金调拨中心,总行指定的鲁库集中区。中央银行1929年在青岛设立办事处,1932年改为支行,1935年由支行升为分行。中国银行青岛分行、交通银行青岛分行以及中央银行在全省本行业中心地位的确立和业务的迅速发展,使得青岛的金融实力变得强大,成为金融中心。②因贸易关系,青岛与上海的金融联系比较密切。

与上述几个城市类似的,还有众多的中小城市,如南京、镇江、芜湖、九江、大连等,它们都拥有规模较小的金融市场,因所处地域的不同,各自与中心市场、区域中心市场保持着比较密切的联系,担负起周围地区金融周转的职责。但由于这些中小城市的贸易多以中转为主,并不是资金的最后出处,一般只起到中转站的作用。

第四节　区域间的资金流动

资金流动的主要方式有汇兑和运现。早期的汇兑,主要由票号来承担;在通商口岸之间,洋行和外商银行亦涉足这一领域。在票号走向衰落的过程中,各地钱庄成长起来,并创造出独特的资金调拨方式,最终形成了以上海为枢纽的全国性资金汇兑网络,其中以申汇为表现形式的埠际资金往来具有十分突出的地位。华资银

---

① 张仲礼:《东南沿海城市与中国近代化》,上海人民出版社,1996年,第94—97页;杜恂诚:《中国金融通史》第3卷,中国金融出版社,2002年,第314页。
② 王守中、郭大松:《近代山东城市变迁史》,山东教育出版社,2001年,第463—468页;张艳:《青岛的金融业与近代化(1897—1937)》,中国海洋大学硕士论文,2010年,第8、15、20—22页。

行兴起后,致力于发展国内汇兑,银行经营的汇兑在整个汇兑中所占比例不断上升。汇兑而外,有时会出现现金的输送,从汇兑方面看,有时汇兑费用过高或过低,反不如运送现金较为经济,此即汇兑中所谓现金输入点和现金输出点,如上海、汉口间银汇平价为洋例银1 000两(折合规元1 033左右),假定沪、汉之间一切运费每规元或洋例银1 000两约需规元4两,则汉汇行市若跌至1 029两,已达现金输入点,若再跌至1 029两以下,则以输入现金较为合算。反之,如汉汇行市涨至1 037两时,已达现金输出点,若再涨至1 037两以上,则以输出现金较为合算。此外,同一家银行的总分行之间的资金调拨、不同银行之间的埠际资金往来、银行向外地的放款与投资也都具有资金流动的性质,只是这些形式的资金流动在整个资金流动中所占比例不大。[①]

近代中国经济发展中,贸易有着举足轻重的地位和作用,贸易的特征和格局决定了资金流动的特征和格局。上海是国内外贸易的中心,资金流动亦以上海为中心而展开;因贸易具有季节性,而致资金流动也具有季节性。上海与全国大多数地方有着资金联系,但各区域与上海的资金流动有着明显的不同。其中长江流域是上海直接的商业腹地,除长江中上游地区因各城市与汉口、重庆联系紧密而与上海的金融联系稍弱外,上海与长江流域大多数城市间资金流动非常频繁,规模也十分庞大。北方地区、华南地区基本上不是上海的直接商业腹地,上海对两地的资金流动是另一种情形,以北方地区来说,尽管上海与大多数城市也有金融联系,但更主要的是上海与天津、青岛、大连尤其是与天津之间的金融联系,而天津又与其腹地的众多城市间有着紧密的金融联系,上海与北方各地的金融联系更多地表现为间接性的特点。上海与华南地区的金融联系也大致如此。

一、全国资金流动中心:上海

上海作为全国资金流动的中心,首先从申汇市场得到体现。申汇又称申票,是近代上海的一种国内汇票,它的付款人为上海的钱庄或商号,所以统称申票。构成申票(申汇)主体的是钱庄汇票,实际上是银行汇票的一种特殊形式,在埠际贸易中运用十分广泛。如上海的商号到汉口办货,可以向素有往来的上海钱庄开具迟期兑付的汇票,至汉口后将此票卖给当地钱庄,取得现金购货。汉口钱庄则将该票加价卖给赴沪采购的商号,以供其进货之用,或邮寄抵还欠款。申汇的流通范围极为广泛,在国内一些重要商业城市中,同一时间内,由于各自不同的需要,有人需要出售申汇,又有人要买进申汇,于是在相互买卖中便形成了市场交易。当时,全国各大中城市都出现了申汇市场,其中,汉口、天津、重庆等区域中心城市申汇市场较

---

① 张仲礼等:《长江沿岸城市与中国近代化》,上海人民出版社,2002年,第204—223页。

大,南京、芜湖、九江、沙市、青岛、大连等地也有规模较小的申汇市场。①

除钱业控制的申汇市场外,银行经营的汇兑也是以上海为中心。天津各银行的汇兑一般都以上海为最主要的汇兑地,"津市华商银行悉数经营内汇业务,通汇地点广及全国各大城市,中以对上海汇划为最繁"②。1936年,中南银行天津分行汇出汇款总计374.8万元,而汇往上海就占81.6%。③

其次,上海还是全国银两和银元的流动中心。废两改元前,在银两和银元的使用上,银两只限于上海、天津、汉口、芝罘、安东等少数城市,其中,天津、汉口是除杭州、南京因造币需要吸收大量银两外吸纳银两最多的两城市。银元的使用则要广泛得多,遍及都市和内地农村,银元的流动更能体现出上海作为资金的吸纳和分配中心。上海吸纳的银元来自全国各地,也流向全国各地。1922—1931年十年间,上海银元输入主要来自杭州、南京、镇江、天津、汉口、苏州、芜湖、无锡、嘉兴、宁波、青岛、香港、通州,其中以上海附近各地及长江流域一带为甚,其次是天津、青岛等,长江流域运输便廉,商业上往来较密,津、青为华北大埠,香港乃华南商业中心,均与沪埠有密切之商业关系;输出地主要有天津、汉口、香港、青岛、大连、厦门、通州、汕头、无锡、芝罘、奉天、苏州、南京、镇江。各地所吸收银元数额之大小,依对沪出口贸易之大小而定,对沪出口贸易大者,其吸收银元之力,当必较巨,如汉口、香港、天津、青岛等(见表6-3)。

表6-3　1922—1931年间上海与全国重要商埠银元流动表　　（单位：千元）

地区	进口	%	出口	%	地区	进口	%	出口	%
大　连	160	0.018	41 610	6.070	武　进	3 080	0.352	1 500	0.214
奉　天	—		20 180	2.944	镇　江	20 750	2.506	15 150	2.26
安　东			550	0.064	芜　湖	12 750	1.459	5 800	0.846
牛　庄	50	0.006	2 240	0.326	安　庆	600	0.068	420	0.062
长　春	—		5 680	0.826	内河各埠	21 140	2.552	3 750	0.547
东三省计	210	0.024	72 110	10.668	茧　区	2 700	0.280	42 050	6.124
天　津	29 924	2.414	69 390	10.123	棉　区	—		13 350	1.947
芝　罘	350	0.04	25 680	3.746	徐　州	450	0.052	500	0.072
青　岛	6 800	0.775	52 250	7.623	蚌　埠	1 100	0.126	150	0.022
郑　州	—		250	0.036	九　江	2 540	0.289	12 760	1.862
济　南	1 200	0.149	6 190	0.903	汉　口	15 557	1.775	65 760	9.594

---

① 张仲礼等:《长江沿岸城市与中国近代化》,上海人民出版社,2002年,第206页。
② 吴石城:《天津之华商银行》,《银行周报》19卷19期,1935年5月21日。
③ 天津市地方志编修委员会:《天津通志・金融志》,天津社会科学院出版社,1995年,第329页。

续表

项目 地区	进口	%	出口	%	项目 地区	进口	%	出口	%
威海卫	2 098	0.229	350	0.052	长 沙	200	0.022	1 300	0.189
华北计	41 272	4.709	152 710	22.279	重 庆	450	0.052	6 600	0.963
杭 州	449 500	51.284	10 530	1.526	华中计	151 387	17.272	283 630	41.38
南 京	136 150	15.534	17 920	2.614	厦 门	1 820	0.207	40 500	5.909
杭 宁	55 295	6.32	—		温 州	4 280	0.488	170	0.025
造币区	641 045	73.138	28 450	4.14	福 州	370	0.04	10 030	1.464
嘉 兴	7 920	0.903	5040	1.318	汕 头	500	0.057	28 570	1.464
宁 波	7 560	0.863	7 090	1.024	广 州	—		250	0.037
松 江	280	0.043	451	0.065	香 港	6 100	0.7	620 58	9.055
通州(海门)	4 820	0.55	38 140	5.564	华南计	13 070	1.492	141 578	20.655
无 锡	11 590	1.322	25 680	3.746	总 计	876 484	100	685 428	100
苏 州	15 040	1.716	19 640	2.825					

(资料来源:上海商业储蓄银行调查部:《十年来上海现金流动之观察》(二),《银行周报》16 卷 41 号,1932 年 10 月 25 日。)

  金融季节也体现了上海的资金流动和分配中心地位。所谓金融季节,是指金融市场资金的供求呈现季节性变化。金融季节的形成,主要在于工业的不发达,对金融能产生重大影响的往往是农业,当农产品大量上市时,对货币需求量大,金融出现紧急;反之,金融松弛。因内地土货主要是农产品,如棉、麦、大豆、米等,其收获有定时,土货之大批流入沪埠亦有定时,农民销售土货后,应有购买洋货之力,因此洋货之大批输入内地亦有定时。于是沪埠银元的输出与输入,亦有季节可言。概而言之,沪上所吸收土货,以棉花、丝、茧、茶、小麦及米为大宗。丝、茧、小麦、茶盛于春季,棉花及米盛于近冬,此二时期中,现洋出口必多,其中以 5 月及 11 月为最多,而 10 月及 12 月次之,因 5 月系茶、丝茧登场之时,11 月系面、米及其他杂粮收获之时。出口最少为 2 月及 7、8 两月。2 月向系农历新年休假之期,一切商业均呈休息状态;至 7、8 两月,乃系暑期,因天气关系,活动较少,银元之出口遂呈减少之象。银元入口平均以使 2 月、3 月为最多,因出口于 5 月中为最大,故入口 5 月中为最小。12 月出口固多,进口亦不弱,因每年结账期近,各埠往来频繁,有须出口者,有须入口者,结果银元之进出口均增,反之在 7 月中出口固弱,进口亦有限,则夏令天气之炎热,使一切商业,均减退其活动。

  因南北各埠所吸收土货季节不同,致各自对沪吐纳现洋,亦有季节可分。就吸收现洋言,大抵华北、华南两区于年初年终吸沪洋,而华中一区域年中吸收沪洋。就输沪现洋言,华中及造币区域年初及年终输出现洋至沪最多,而华北于年中输出现洋至沪最多,至华南则根本不甚输出现洋,尚无季节可言。吸收现洋方面,天津、青岛、芝罘、大连等华北及东三省各大埠,大抵在年初或年底,自11月至翌年之3月,吸收银元最盛;华中汉口、通州、无锡等埠及杭州、南京造币区吸收现洋以5、6两月及9、10、11三月为较盛,在年底及春季,则需要现洋殊微。华南之香港、厦门及汕头,则于年初之1、2、3三月及年中之6、7、8三月吸收现洋较多,年底反哺渐多。正因为各埠需要现洋之时季不同,故沪上现洋之供需,不至于畸高畸下而平复不少,这样,通过上海既调配了全国各埠间的资金运用,又对上海金融市场起到了稳定的作用。①

二、长江流域的资金流动②

清代前期,长江已经成为全国最重要的商品运输航道。鸦片战争后,长江逐步对外开放,商品流通出现了新的格局,原来经赣江越大庾岭运往广州的长江中下游地区的商品和经湘江南运广州的长江上游以及湖南地区的商品,都改为由长江而下,最终在上海聚散,上海取代广州,成为我国对外贸易的中心。上海进口的商品只有20%是上海本地消费,80%转销内地,而长江流域则是上海进口商品的主要消纳地;经上海出口的商品也大部分来自长江流域,早期主要是杭嘉湖的生丝、苏浙皖的茶叶,到清代后期,增加了猪鬃、桐油等商品。当上海民族工业兴起后,本国工业产品的主要市场也是长江流域,而上海城市生产、生活消费品的主要供应地就是长江流域。这种经济格局,加强了上海同其他沿江城市之间的贸易关系,也密切了相互间的资金联系。

在资金流动中,钱庄、银行等金融机构发挥着重要作用。钱庄在相互联络中所形成的一些特点非常有利于各地之间的资金流动。长江沿岸城市中,多数钱庄按创办人的籍贯和资本来源成帮,有所谓浙帮、镇帮、徽帮、川帮之分,同属某一钱庄的分理处尽管设在不同的城市,但它们之间有千丝万缕的联系。"清代钱庄,绍兴一派最有势力……其大本营在上海、汉口二处,而南京、镇江、芜湖、九江等处,亦在势力范围之内。"③镇海方家在上海设有多家钱庄,同时在汉口开设了同大钱庄。镇海叶家除在上海设立钱庄外,又在芜湖设有怡大钱庄。镇帮以镇江为基地,在上海、南京、扬州、南通都设有钱庄。徽帮钱庄更是遍布长江下游各个沿江城市之中。这些各自成帮的钱庄除了在资本、人员等方面有着深厚的渊源关系外,在业务方面也多有来往,形成一种比较固定的业务伙伴关系。

为了经营对上海的汇兑业务,外地钱庄一般都在上海设立办事机构。19世纪

---

① 关于上海的金融季节及其与各埠金融季节的关系,参见上海商业储蓄银行调查部:《十年来上海现金流动之观察》(三),《银行周报》16卷43号,1932年11月8日。
② 本节参考张仲礼等:《长江沿岸城市与中国近代化》,上海人民出版社,2002年,第178—223页。
③ 王孝通:《中国商业史》,商务印书馆,1936年,第22页。

末,镇江的钱业公所率先在上海设立了申庄——润昌栈,作为联合派出机构,专门承兑镇江钱庄的汇票。各钱庄派驻庄客的任务是:联系同业往来,兑付本庄汇票,代收客户在申交款,解送客户汇款,调运银两、银元等;当日收付轧平,缺款变相往来行庄支用,余款则存入往来行庄;当日收解完毕,以号信账单报告本庄,并附报当日沪市金融行情及市场银根情况。在极盛时期,润昌栈全体每日的收解额常达400万~500万两之多。由于镇江钱业界制定的信约中明确规定全体同业对发出的汇票共付清偿义务,所以凡对上海的汇票,在润昌栈批明见票后,不但上海各行业可以凭此出货,甚至银行也可当作本埠庄票收受。长江各埠在上海设立申庄办理汇兑业务,由镇江创始。① 随后,汉口、重庆、南京、芜湖、扬州等其他城市的钱业也纷纷仿效镇江的做法,在沪设立申庄,对促进长江沿岸城市之间的资金汇兑起到了很大的作用。

申汇市场的存在和发展以及钱庄在经营汇兑中的上述特点,说明钱业在长江流域资金流动中的重要性,以及长江流域资金流动规模之大,但缺乏可靠的数据进一步印证这一结论。而银行经营汇兑的相关数据则能直观表明上海与长江流域的资金流动规模,从20世纪30年代中国银行办理国内汇兑看,1932年全行汇款总额为75 220万元,1933年为75 470万元,增长0.33%;1934年为83 423万元,增长10.54%;1935年为102 015万元,增长22.29%;1936年为144 766万元,增长41.91%。其汇款的区域结构见表6-4,从表中可见这几年间中国银行在长江流域的汇款占全行汇款总额至少在一半,多至近2/3,说明上海与长江流域各城市的资金流动在其整个资金流动中所占比例最大。

表6-4　20世纪30年代中国银行办理国内汇兑的区域结构　　　(%)

	1932年	1933年	1934年	1935年	1936年
长江流域	49.5	59.3	63.1	61.4	57.8
华北地区	22.1	17.1	15.6	19.7	26.4
华南地区	11.9	13.6	12.6	11.6	11.1
东北地区	16.5	10.0	8.7	7.3	4.7
合　　计	100.0	100.0	100.0	100.0	100.0

(资料来源:有关年份的中国银行年度营业报告,引自张仲礼等:《长江沿岸城市与中国近代化》,上海人民出版社,2002年,第209页。)

另外,从银元的流动看,长江流域是上海银元最重要的输出地和输入地。其中,紧靠上海的长江三角洲及其附近地区与上海的关系最为紧密,银元的输出入非常可观。1922—1931年十年间,输入上海的银元,嘉兴占0.903%、宁波占

---

① 中国人民银行上海市分行:《上海钱庄史料》,上海人民出版社,1960年,第182页。

0.863%、通州占0.55%、无锡占1.322%、苏州占1.716%、镇江占2.506%、芜湖占1.459%；从上海输出的银元,嘉兴占1.318%、宁波占1.024%、通州占5.564%、无锡占3.746%、苏州占2.825%、镇江占2.26%、芜湖占0.846%。从上海输出的比输入上海的更多。长江中上游的九江、汉口、重庆也是上海银元的重要输出地和输入地,整个长江流域输入上海的银元占全国输入的17.27%（除杭州、南京造币厂输入外）,输出上海的银元占全国输出的41.38%,在上海对全国各大区域银元流动中,这两个比例都是最高的。

而长江沿岸的各城市,它们既与上海有资金联系,相互之间又有频繁的资金往来。在与上海的金融联系中,下游与中上游各城市稍有不同。具体分述如下：

南通地处长江入海口,紧靠上海,与上海的金融联系十分密切,同时与其他长江沿岸城市也保持一定的金融联系,其中以同邻近的镇江、南京联系较为密切。南通属于用款码头,各钱庄大都与上海、镇江的银钱业发生资金往来,以满足本地的需求。在废两改元前,南通市场上银两、银元并用,因而钱庄的"九八规元"和"二七宝"（镇江的虚银本位）买卖业务一向发达。钱庄有多余二七宝时,便以此调换规元,再用规元从上海买进现洋,运回南通出售,既调剂了市面,又可从中牟利。此外,中国、交通、上海、中南等银行都由总行拨出30万~50万元的资金以供南通分支机构的业务之需。① 每到棉花收购季节,还有大量现金从上海运来。

镇江地处长江、运河的交汇点,历来为南北交通要道,是一个重要的货物聚散码头。19世纪60年代以后,支持周转洋货内销成为钱庄的一项主要业务。它们支付进口洋货货款的方法比较特别,即先开出有上海钱庄承兑的汇票,而后以在苏州一带收购的生丝运到上海变价付款。这样,镇江、苏州和上海三地钱庄在贸易的金融周转方面起到了很大的作用。镇江钱庄与芜湖、大通及南通等城镇均有来往。镇江钱庄的资力都较小,放款时不敷运用者多从上海或本地的银行和上海、苏州的钱庄调拨资金。"吃进规元头寸,再转放客路及外业"成为镇江钱业的主要业务之一。有资料显示,上海的钱庄、银行每年对润昌栈的放款,最高达1400万~1500万两。②

扬州地处长江下游北岸,因盐业的关系,扬州的金融业一向比较发达。扬州各钱庄平时的资金往来,以上海、镇江、苏州为最多,每逢银根紧急之时,均依靠这些城市进行调剂。20世纪30年代以后,全国各地金融状况普遍不佳,镇江、苏州的金融情形也不容乐观,扬州金融界与两地往来逐渐减少,"故转拨调剂,不得不集中于沪埠"。扬州的通汇地点"因盐务及交通关系,大致以湖北、湖南、江西、安徽长江沿岸及江苏省各地为限,最重要者为上海、镇江、南京、下关"③。

---

① 南通市史文资料编辑部：《南通文史资料选辑》第二辑,南通市政协,1982年,第60页。
② 中国人民银行上海市分行：《上海钱庄史料》,上海人民出版社,1960年,第182页。
③ 《扬州金融调查》,《中央银行月报》3卷10号,1934年10月。

南京是传统的商业中心城市,但自身不具备贸易、金融方面的优势,又靠近上海,没有像汉口和重庆那样成为周围地区的区域金融中心。尽管南京在长江沿岸城市中的金融地位并不重要,但它与这些沿江城市依然保持着经常性的金融联系,通汇地点几乎遍及整个长江流域,其中以上海为重点,而"现银移入以津浦沿线及上游各埠为多,移出沪埠为多。"①

芜湖位居长江与青弋江的交汇处,水路交通十分便利。芜湖与长江沿岸城市的金融联系较多,各行庄的通汇地点以上海最为重要,南京、镇江、汉口等次之。②

九江位于江西省北部和长江中游,原为江西北部物资集散地和水陆交通中心。1861年开埠后,成为江西唯一的对外贸易港口。由于九江的工业品进口和农产品出口多直接与上海交易,所以与上海的金融联系一向比较发达,无论是资金汇兑,还是现金移动,均以上海为重点。

上述这些城市位于长江下游地区,与上海的金融联系十分密切,而与汉口、重庆的联系不多。而长江中上游地区,汉口、重庆是两大区域中心,因此,各城市首先是对应的与汉口、重庆保持密切联系,而汉口、重庆则与上海有着紧密的联系。

汉口兼有水陆之便,沿汉水可进入鄂西北,乃至河南、陕西;经洞庭湖和湘、资、沅、澧四水深入湖南,并可达广西;从长江上溯,直通四川,转而进入云贵;经陆路则可南下两广北上河南、河北,直达北京;沿长江东下,经江西、安徽、江苏,直达东海。在长江流域的商业关系中,宜昌、沙市、岳阳、长沙四口在相当程度上充当了汉口贸易的主要转口口岸。由于贸易的兴盛,汉口与长江沿江城市的资金往来特别频繁。中外客商前往长江中游地区购买土特产品,如到万县、宜昌、岳阳收购桐油,到沙市收购棉花,到岳阳、武穴收购苎麻,所需货款先由各地调至汉口,然后再由汉口调往产地。

汉口的金融市场比较发达,利率、汇率、金银及外币等各种金融行市既受上海影响,又能左右长江中游地区各个城市,如沙市、宜昌等地的金融行情,每以汉口市场为准。汉口汇兑市场开出的行市,除申汇和省内各埠的汇率外,有时还有重庆、万县、长沙等地的牌价。汉口与长江中游地区的金融联系还体现在货币流通方面,如汉口自铸和发行的货币,可在邻近省份和长江流域流通,各家银行发行的"汉钞"也行使于上述地区。

汉口一方面对长江中游地区有较强的内聚和辐射能力,另一方面它又依托于上海,受其制约和影响,"汉口金融市场,虽占数省之中心,而枢纽则在上海。上海一紧,则汉口之根本动摇,汉口市场既变,邻省更为不安"③。

重庆总汇长江上游干支流,川、滇、黔各地货物均在此转口贩运。重庆开埠以

---

① 中国银行总管理处经济研究室:《(中华民国二十五年)全国银行年鉴》,1936年,第K247页。
② 《芜湖金融调查》,《中央银行月报》3卷11号,1934年11月。
③ 武汉市金融志办公室、中国人民银行武汉市分行金融研究所:《武汉钱庄史料》,编者印,1985年,第64页。

后,长江轮船航运可以直通重庆,贸易更为发达。由于转口贸易的性质,重庆与上海、汉口以及长江入川的重要口岸宜昌的金融联系特别密切。进口方面,商家往上海、汉口购货,多从当地钱庄取得三至六个月的远期信用,然后通过两地钱庄进行结算,或直接向钱庄融通资金。出口方面,商家多在春季向上海、汉口钱庄贷款,然后回内地收购土产,运往上海、汉口出售后再归还钱款。

三、天津与腹地间的资金流动

以天津为中心的资金流动,同样决定于贸易。天津与上海间贸易规模十分庞大,资金流动亦规模巨大,两地间汇兑、运现都十分频繁。19世纪末,天津已经形成了申汇行市,[①]天津是用银码头,上海输出的现银运往天津最多,在银元的输出入上,上海对天津的输出入在全国所占比例都不小(见表6-3)。因贸易关系,天津商号常向上海借贷,其在沪所设申庄在上海购货时,常向上海的钱庄和票号借款,借银购货,运津销售,货售后偿还货款。19世纪末,上海钱庄和票号对天津商号的贷款曾达七八百万两,即使是庚子乱后的1904年,仍达三四百万两的规模。[②] 民国时,天津金融市场的资力有了很大增长,商号向上海融资依然存在,天津大米庄在上海信誉较好,当地钱庄多愿与之交往,大都有定额透支。这种透支直到抗战爆发后方才取消。[③] 由于两地间的金融联系,"天津银号多在上海设有寄庄,常川委派专员,俗称津客,逐户办理调剂款项等事宜。华商银行多为沪行之分行,关系更为密切。津沪外商银行虽多为分行性质,而津行势力远逊于沪,常需后者为之调剂也。故当本地银根松动时,各银行号均将款项调往上海活动,遇本地银根紧急时,亦以向上海调款为主要之应付方法"。[④]

天津与腹地间可通汇之地甚多,"有华北西北各省之大埠,及东三省各地",其中最为密切者有北平、包头、张家口、石家庄、大连、沈阳、营口等地。[⑤] 北方各埠均以天津为主要汇兑之地,张家口汇出汇款,以天津为最多,北京次之,其他各埠又次之。[⑥] 包头与津、京、太原、张家口等地均有汇兑关系,1935年全市汇兑总额为3 000万元,汇出汇入均以天津为最巨。汇入总额2 258万元,其中天津占51%,汇出总额958万元,其中天津占62%。[⑦] 河北石家庄,汇兑以对天津者居多。[⑧] 山西对省外汇款以对天津为主,1935年钱庄的汇兑总额,汇出为2 758万余元,其中汇往天津为1 460余万元,超过总额的一半,汇入总额为2 712万余元,其中由天津汇入为

[①] 孔敏主编:《南开经济指数资料汇编》,中国社会科学出版社,1988年,第497页。
[②] 天津市档案馆等:《天津商会档案汇编(1903—1911)》,天津人民出版社,1989年,第1075页。
[③] 朱仙洲:《天津粮食批发商业百年史》,《天津文史资料选辑》第28辑,天津人民出版社,1984年,第77页。
[④] 吴石城:《天津金融季节之研究》,《银行周报》19卷42号,1935年10月29日。
[⑤] 《天津市金融调查》,《中央银行月报》3卷9号,1934年9月。
[⑥] 《交通银行民国十五年营业报告》,《银行周报》11卷18号,1927年5月17日。
[⑦] 《包头金融志》(上篇),包头市地方志编修办公室、包头市档案馆编:《包头史料荟要》第12辑,包头市地方志编修办公室,1980年,第165—166页。
[⑧] 《石家庄之经济状况》,《中外经济周刊》第181号,1926年9月25日。

1 347万余元,也占一半左右。① 甘肃兰州,"省外以天津一埠汇兑为最繁盛,盖甘省货物大率由黄河下运,直走包头绥远转运京绥路以至天津等处。其次为陕西、上海等处"②。山东、河南两省,与青岛、上海、汉口、天津等口岸均有密切联系,与天津通汇亦甚多。

津票与申票类似,既作为汇兑工具,还可充当流通手段和支付手段。津票流通范围极其广泛,涵盖河北、山西、察哈尔、绥远、河南、山东等北方地区。包头"历年旧历十月以后,是为大宗皮毛粮食交易旺盛期,包交津收之逆汇汇款,为数最巨"③。河北辛集,"皮行赴各地购货,早年习惯均持银号所开七日津付汇票,赴买地使用"④。山东、河南等地,申票、汉票、津票都有流通,济南"各种汇票,以上海为最多,其次为天津、青岛"⑤,郑州"外来客商,购办货物,均开立期票,售与银行号,以沪汉居多数,津票次之"⑥。津票已成为天津与腹地间资金流动的重要工具。

天津运送现金的范围,也几乎覆盖北方广大地区。"不独平、津两地时须互运现洋往来以济市面,即华北各地,东至北宁路之唐山、秦皇岛,西北至平绥路之归绥、包头,南至平汉路之郑州等处,或为实业工厂所在,或为内地土货所集,所须现洋向须由津运往接济。"⑦以西北方向为例,在绥远,"当地现银以平津山西为来源",归绥又成为绥西广大地区现洋的重要来源地。⑧ 张家口是西北重要贸易中心,又是内地与蒙古库伦商务枢纽,"市面所需现金,多自京津运往,与京津商业金融关系至为密切"⑨。河北、山西,现洋主要来自天津。北方其他各地,河南、山东、陕西等地,现洋部分来自上海、汉口,而天津仍是一个重要来源。

天津与腹地间的资金流动,除直接通汇、运送现金外,还有间接汇兑,它主要是为了使不能实现直接汇兑的两地间借助第三地实现资金的流动,或是基于所涉及的各地之间一定的经济贸易关系,即商品流通上的单向流动关系。间接汇兑多以一定区域内处于中心地位的大城市为资金调拨中心。在北方区域,天津即是一个实现间接汇兑的中心。

以天津为中心的北方区域,有许多易于形成间接汇兑的贸易关系。一个典型的例子,河北邢台、辛集等地为近代重要的皮毛加工集中之地,其原料皮毛来自内蒙、甘肃、宁夏等地,但邢台、辛集很少有商品反向流往西北,而邢台、辛集等地所产的棉花等重要农产品主要输往天津,天津则有洋货及国内机制工业品输往西北内蒙、甘肃、宁夏等地,这样便形成了三地之间商品流动的循环关系。这里邢台、辛集

---

① 实业部国际贸易局:《中国实业志》(山西省),1937年,第57—59(辛)页。
② 李亦人:《甘肃兰州金融概况》,《钱业月报》14卷6号,1934年6月。
③ 《交通银行民国十五年营业报告》,《银行周报》11卷18号,1927年5月17日。
④ 石家庄中国银行:《新集镇调查报告》,《中行月刊》1卷1期,1930年7月。
⑤ 《济南金融市场之概况》,《中央银行月报》3卷7号,1934年7月。
⑥ 《调查郑州出产及商业金融状况报告书》,《中行月刊》2卷10期,1931年4月。
⑦ 天津市档案馆等:《天津商会档案汇编(1928—1937)》,天津人民出版社,1994年,第666页。
⑧ 范椿年:《绥远经济调查》,《中央银行月报》4卷3号,1935年3月。
⑨ 天津市档案馆等:《天津商会档案汇编(1912—1928)》,天津人民出版社,1992年,第1232—1233页。

向甘肃等地偿付货款是个难题,两地间无法运现,也不能直接汇兑,因为邢台有欠甘肃之款,而甘肃则无欠邢台之款。如将邢台的资金调往兰州,便形成了兰州、西安、邢台、天津四地间的汇兑关系。邢台皮毛店为向甘肃方面偿付皮毛款,不得不借重于天津,而天津与甘肃也没有直接来往,于是又加进陕西西安,天津与西安有来往,西安与兰州有来往。邢台皮毛店派人在西安专办兑付款项事宜,而皮毛商在兰州若无款可交,恰有兰州钱庄在西安用款,即与皮毛商商议,钱庄在兰州拨款与皮毛商千元,皮毛商即写信至本店所派西安之兑款人,付与兰州钱庄西安分庄千元(假定系平价)。此时兑款人手内实际无款,同时又有西安钱庄在天津用款,两方商定,钱庄在西安交款与兑款人,兑款人随即写信至天津有关系之钱庄,付款于西安钱庄天津之分庄。但若邢台皮毛商在天津无存款,将如何办理?天津到邢台采购皮毛的商人很多,其付货价多以天津本庄付款之汇票,邢台皮毛店收到汇票,便寄给天津有关系之钱庄代收,所得之款,即补足钱庄所垫付之款。[①]这样,邢台皮毛商为付兰州所购皮毛款,依次经历了兰州与西安、西安与天津、天津与邢台的汇兑,中间借助了西安、天津两地。

另一例子是天津、宝坻、包头间的间接汇兑。天津的棉纱输往宝坻、高阳等地,高阳、宝坻的棉布输往西北包头、丰镇、张家口等地,而西北这些地区的土货则输往天津。三地间的商品流通中有一边或多边只存在单向流动,各自直接进行贸易结算反而会产生极大不便。宝坻布商所用棉纱,悉仰给于天津,所织布匹,需运至包头销售,与之相应而形成的资金流动方向是,宝坻需调纱款至天津,包头需将布款调往宝坻。若包头有杂货输往天津,则需将货款由天津调往包头。这样,围绕着纱、布、杂货的转动,形成了三地间资金的循环流动。这种资金流动的最初形态,是直接输送现款。随着商务日繁,商人对三地间资金的流动乃采用了间接汇兑的方法,其基本原理是:包头的杂货输出商运货至津,销售后所得货款,不运回本地,仅向其本地输入宝坻布的布商取得现款,而以其存在天津的现款付与该布商的天津分庄,这是第一层的相互抵兑。经过这一层,杂货输出商的货款调回了本地,而输入宝坻布的布商也将资金调往了天津。包头输入宝坻布的布商,以它天津分庄的存款就近付给宝坻布商的天津分庄。宝坻布商在天津购纱就以它天津分庄的存款付与纱厂,而无须从宝坻镖送现金,这是又一层的相互抵兑,这一层抵兑,输入宝坻布的布商偿还了对宝坻布商的欠款,而宝坻布商也付了纱厂的货款或者偿还了对天津纱厂的欠款。整个资金流动的完成主要是在天津,因为包头的杂货商、布商、宝坻的布商都在天津设有分庄,除了包头布商向杂货商付款是在第三地完成外,其他都在天津。在整个资金流动过程中,各商相互之间付款,是以津票为工具,如宝坻布商(甲)售布给包头布匹输入商(乙),乙因与包头杂货输出商(丙)实行相互抵

[①] 曲殿元:《中国之金融与汇兑》,大东书局,1930年,第132—134页。

兑而持有丙所付的向天津杂货购买商(丁)取款的津票,乙以此项津票付甲。而甲又常在天津棉纱号(戊)购买棉纱,则甲即以此项津票付戊,戊还可用此项津票付其余商家。津票成为整个过程中资金流动的重要工具。①

高阳的情形与宝坻相似。高阳所需棉纱由纱布商人从天津购入,织成布匹后由商人运至各地销售,换取现金,现金直接从各地汇至天津,以偿还原料价款或再购买原料。如此周而复始,循环不已,从而形成了天津、高阳、高阳布销售地三地之间的资金循环流动关系,"以天津为中心,直隶高阳之布庄,欠天津棉纱庄之款,包头、丰镇、山西之布商又欠高阳布庄之款,同时天津皮毛,粮食商又欠丰镇等地商人之款,如此则三方可以用间接汇兑法,以清理前款。天津之皮毛商,给丰镇商人以本庄付款之汇票,丰镇商人,又卖与本地布商,交高阳布庄,布庄并不带回原籍,即存于天津,以清理棉纱欠账"②。

天津及腹地的资金流动亦有季节性。天津的金融季节变化大致如下:一年之中,银根当以秋冬之交最为吃紧,因此时华北农产物品如棉花、小麦、高粱、芝麻、花生等,先后登场,或由客商运津求售,或由津市商人赴内地收买,需用洋款极巨。2月间正值阴历年关,因年关结账,金融也很紧急。3月至5月白河及其支流都已解冻,蒙古、绥远一带的皮毛土货,多运津求售,同时一年中进口货物也以此时为最多,故银根虽不像秋冬两季紧迫,但较夏季还是要紧迫很多。6月至8月,时当夏令,商业停滞,银根宽松。入9月间,秋节结账,粮食、棉花行将登场,银根转趋坚挺,直至秋冬季节达于最紧。北方各地与天津的金融季节大致相同:最紧时期为由每年之10月至翌年之2月,中尤以11月最为坚俏,自3月以至5月,金融常时趋于缓和,6月至9月间金融最为疲软,以8月为全年最松软时期,入9月则转趋紧迫。金融季节趋紧时,资金流向腹地;反之则流向天津,从而在北方区域内形成了以天津为中心资金有节奏地聚集和分散。

商业贸易的季节性,使天津与腹地间资金流动形成了以天津为中心的有节奏的聚集和分散的态势;在资金流动的路径上,形成了以天津为中心的纵向与横向交叉的资金流动网络,既便利了商品流通,也降低了腹地相互之间的资金流动成本。天津逐渐成为北方区域资金流动中心。

---

① 毕相辉:《河北省宝坻县金融流通之方式》,《大公报》1934年7月11日。
② 曲殿元:《中国之金融与汇兑》,大东书局,1930年,第137—138页。

第七章 近代城市的发展与空间分布[①]

城市是与农村异质的大型聚落,不仅是人口的集中居住区,也是社会财富和物质文明、精神文明集中的区域。近代是我国城市得到较快发展的时期,更是我国城市由几千年的传统城市向资本主义文明为指向的近代城市转变的重要时期。随着外来的先进生产力和政治、经济、文化的传入,中国历史上从来没有过的资本主义工商业城市在沿海沿江口岸地带成批出现,并促使传统的行政中心型城市通过发展工商业向近代城市转型。近代城市的发展成为我国走向现代化的重要内容,深刻地影响着中国社会。

第一节 鸦片战争前的城市概貌

马克斯·韦伯认为,城市是一个相对封闭的居民点,一个"地方",不是一个或者若干个孤立的房舍。居民主要不是依靠农业的收成生活,而是靠手工行业和商业的收入为生。然而,如果只是一个领主的或者王公的家族,加上一个有徭役和捐赋义务的手工业者和小商人的大的定居点,人们一般不将之称为"城市"。城市还必须有经常性的货物交换的地方,即存在市场:"只有居住在当地的居民在经济上日常生活需要的基本部分,能在当地的市场上得到满足,即基本部分由当地的居民和周围附近的居民为了在市场上销售而生产,或者获得的产品来加以满足,我们才想说是经济意义上的'城市'。如果仅仅只有定期的交易会和长途商业市场,只能称之为'村庄'。"

各地的城市又往往有不同的表现形式,并非都符合经济的概念。在西欧,城市是自治的,而在中国城市却没有自治,城市是要塞和皇帝的行政机构的官邸所在地。他又认为,城市是封建领主和其他政治当权派,在那里花销他们城市之外的土地租息或者其他的、特别是受政治制约的收入的地方,建立在世袭的和政治的收入作为大消费者购买力的基础之上的。他将北京称为"官员城市",而废除农奴制之前的莫斯科是"吃土地租息者的城市"。[②]

中国古代的城市绝大多数并非马克斯·韦伯所说的那种经济型的城市,而是政治型的城市,它是因作为一定等级的行政中心而积聚一定数量的人口,从而形成区域内消费量最大的聚落即城市。由于城市是基于这种行政中心而形成的,因此城市规模既同所在区域的人口的多少相关,也和地理位置相关,尤其和城市在行政

[①] 本章除第五节为张晓虹撰写外,其余5节由吴松弟撰写。
[②] (德)马克斯·韦伯著,约翰内斯·温克尔曼整理,林荣远译:《经济与社会》,商务印书馆,2006年,第567—570页。

区域内的级别相关。在同一个区域内,如果存在着几个城市的话,往往是行政级别高的城市拥有较多的人口。

由于中国城市大多建立在行政中心的基础上,是否是重要的文化中心、交通中心乃至军事中心,取决于行政中心的等级。宋代以后商业日趋发达,按照梁庚尧的看法,当时的城市"是以行政中心兼具工商、文化、娱乐等方面的功能";他在细致考察南宋临安等城市人口的职业构成之后,认为"总而言之,南宋城市居民的行业与身份而以政府人员和商人为重要",手工业工人的数量相对少一些。[1]

临安是首都所在地,首都以外的城市人口的职业构成又如何呢? 据《津门保甲图说》,清中叶担任南北水运枢纽的天津,城内共有户数 32 761,除去未知职业的烟户(一般居民)9 719 户、土著 746 户、其他 22 户,别的人户均已知职业。其中,人户最多的是大小商人(盐商、铺户)11 998 户,其次是从事货物运输的人员(船户、负贩)6 384 户,官员、生员(缙绅)和为官府服劳役的人员(应役)2 991 户,佣作 707 户,乞丐 89 户,僧道 105 户。[2] 显然,已知职业的人户,主要是商人和从事货物运输的人员,其次才是绅衿和为官府服劳役的人员,似乎没有从事手工业生产的人员。因资料的原因,不知烟户、土著户以及"其他"的具体职业,但他们的总数 10 487 户,只相当于经商、运输、缙绅与为官府服劳役人员合计 21 373 户的 49%。可见,天津的总户数中即使含有从事手工业的人户,人数也将大大小于其他职业的人数。

据上所述,可以推测古代大多数城市尚缺乏较大规模的商品生产,城市自身所产货品只能满足本地的部分需要,对外地的货物输出不会很多。就经济职能而言,城市主要是消费中心,生产不占重要地位。

甚至乡村的货物输出对象也并非主要是城市,而是其他地方的农村,而输往远方也未必要经过城市。赵冈指出,除了苏州等一二城市以外,中国庞大的棉布市场与交易量,对于大城市几乎很少发生影响;他推断,每年销售的 31 500 万匹棉布,大概只有 15%卖给了城市居民,而 85%是由江南地区直接卖到北方农村居民手中。这是乡村对乡村的交易。另一方面,大布商愈来愈向农村靠拢,城市并非货源地,农村才是真正的货源地。[3]

就城乡关系而言,作为国民经济的主要部门的农业的生产和分配过程都不依赖城市,但城市对乡村却具有依赖性。城市中有不少人在农村拥有一定数量的田地。宋人谓:"士大夫发迹垄亩,贵为公卿,谓父祖旧庐为不可居,而更新其宅者多矣。复以医药弗便,饮膳难得,自村疃而迁于邑,自邑迁于郡者亦多矣。"[4]清道光以前的人说:"江南烟户业田多,而聚居城郭者什之四五,聚居市镇者什之三四,散处乡村者什

---

[1] 梁庚尧:《南宋城市的社会结构》,原刊台湾《大陆杂志》第 81 卷第 4 期至第 6 期,1990 年 10 月至 12 月;后收入梁庚尧:《宋代社会经济史论集》上册,台湾允晨实业文化公司 1997 年,第 591、618 页。
[2] 罗澍伟主编:《近代天津城市史》,中国社会科学出版社,1993 年,第 100 页。
[3] 赵冈:《中国城市发展史论文集》,台湾联经出版事业公司,1995 年,第 18—19、21—22 页。
[4] (宋)洪迈:《容斋随笔·续笔》卷十六,上海古籍出版社,1978 年。

之一二。"①显然自宋代以来都有一定数量的由士大夫、富户组成的富裕阶层自乡村移往城市和市镇，而江南地区清代乡村富裕阶层的大部分人已移居城镇。地主城居，并非和农村割断联系。他们在经济上主要依赖农村地租，城居致富后还要在农村购买土地，即使经商和兴办手工业企业，原料与商品的来源和商品的销售对象都离不开农村。在一些地区，例如清前期的江南，可以说城居地主控制了乡村相当部分的土地。②

城市中只有依靠本地工商业而谋生的商人和手工业者，尤其是贫穷阶层，才真正依赖所在城市的经济。对于政府而言，管理的重心也不在城市而在农村，毕竟农夫的劳役、足额的税赋是政府官员能否晋升的关键性指标，这些指标甚至关系到王朝的生存与安危。

夏商是我国早期城市的兴起阶段，西周是其发展时期。秦汉时期，随着统一的中央集权政权的建立和强化，首都成为全国王权的中心，中央对各地逐级行政区划实行有效的垂直统治。这些行政区划相对均衡地分布在全国，一般是百余郡或府州，下辖千余县，各级行政中心大致位于管辖区域的中心位置或交通要冲上。住在首都的皇帝通过郡、县这种行政区划统治全国各地，而首都、郡城、县城构成与行政区划相匹配的全国城市体系。各级行政中心的官僚人数、驻兵数量、服务人员和他们的家属以及官工匠的数量，除个别位置特别重要的地方或因有某种出产官工业特别发达的地方之外，大体上与行政体系相匹配，级别越高，人数越多。城市的规模也与其所在政区的级别相匹配，级别越高，城市规模一般也越大。当然，这是就同一区域内最一般的情况而言，难免会有例外。③

除了这种因行政中心而发展的城市，很少找到不担任任何行政中心而完全由于工商业而兴起的城市。唐宋以后一些行政区域级别较低的聚落发展成较大的城市，城市人口规模超过行政区域级别在它之上的城市。但它们仍然是在行政中心基础上结合交通和商业优势发展而来，并非纯然是一个在非行政区域中心的基础上发展起来的城市。

自先秦到唐代，中国的城市主要采用了封闭式的管理制度。作为城市之首的首都尤其如此。杨宽认为，整个都城的制度发展史可分为前后两个时期：前一阶段从先秦到唐代，郭内采用封闭式的居民"坊里"和集中贸易的"市"。"坊里"和"市"四周都筑有围墙，所有门户设小官管理，早晚定时开闭，夜间不准出入。等到了晚上坊门、市门关闭，大街上便不准通行，而一般居民的住宅只准造在"坊里"，不许当街开门。到了唐宋之际，都城制度发生重大改变，从而进入后一阶段北宋到明

---

① （清）赵锡孝：《徭役议》，见道光《苏州府志》卷十。
② 乾隆《吴郡甫里志》卷五"风俗"载："土著安业者田不满百亩，余皆佃户，上田半归于郡城之富户。"
③ 陈正祥、马正林均持这一观点。章生道根据近代测绘地图测量了19世纪90年代中国各种行政等级中心的部分府城、县城的城内平均面积，认为"首府城市的城内面积与行政层级之间的关系下伸到了府、县两级。在11个省的每一个省中，抽测的府城平均面积显然比县城平均面积要大"。成一农分析了清代1 390座城市的周长，结论是：平均规模，省级是10 973.16米，府级城市是5 195.7米，县级城市是285 0.7米。但他认为，仍有相当多的城市的规模超越其上级单位的治城市，因此城市规模并非仅仅由行政等级所决定。以上均参见成一农：《清代的城市规模与行政等级》，《扬州大学学报(人文社会科学版)》2007年第3期。

清的开放式都城制度时期。①

早在20世纪30年代初,日本学者加藤繁发表《宋代都市的发展》、《唐宋时代的草市及其发展》等论文,论述中国城市在唐宋之际发生的巨大变化。② 依据他的论述,杨宽先生所论的城市变化,不仅发生在都城,也发生在其他所有的城市。这种变化主要表现在:第一,居民区与商业区融为一体,夜市兴旺发达,城市布局形成新格局;第二,兴建高楼和商店私自向街道伸展的"侵街"现象屡屡出现;第三,草市在诸多旧城外兴起,逐渐改变了旧城的外部形象,此后部分草市上升为镇,城市和镇的数量增加,并都有专门的城市户口即厢坊户。加藤繁指出的中国城市的这些重大变化现象,已被日本和中国学者普遍接受,称之为中国历史上的"城市革命"。

经济史家在关注城市内部制度变化的同时,也关注市镇的成长及其数量的增多。然而,尽管从宋代直到明清市镇达到了一定的数量,有的并有一定的规模,但如密州板桥镇、江西景德镇等具有一定重要性或规模的镇,为数似乎不多,规模一般都没有达到省县一级城市的水平。因此,尽管宋以后出现城市变革和市镇成长的浪潮,但直到鸦片战争来临,行政中心型城市占绝对地位的状况并没有得到根本的改变。而且,无论城市达到多大的规模,都在县的管理之下,连首都也不例外。因此,历代行政区划只有管理片状区域的省府州县,而没有管理点状聚落的"市"。金元时期一度设立录事司和司候司,用以管理城市人口。③ 然而,明代废除专事管理城市的录事司、司候司,清代同明代一样不设专门管理城市的行政区划。

宋代以后的城市格局,尽管与唐比较有了极大的变化,但因城市的性质未变,首都规划上王权至上,其他城市规划上官权至上的特点,表现得非常明显。例如,明清北京整个都城都以皇城为中心,皇城前左(东)建太庙,右(西)建社稷坛,并在城外四方建天、地、日、月四坛。城市布局重点突出,主次分明,并运用了强调中轴线的手法。在长达8公里的中轴线上布置城阙、牌坊、华表、桥梁和各种形体不同的广场,辅以两边的殿堂,更加强了宫殿庄严气氛,显示了封建帝王至高无上的权势。④ 一般城市往往以王宫或官衙为中心,两翼辅以东西两市,文武双庙。城市的居民以达官贵人以及为之服务的衙役、奴仆、兵弁等为主体。城市的商业主要提供官府消费,也为奴仆和兵弁提供生活必需品。

第二节 近代城市的兴起与空间分布

城市发展的动力在于近代工商业的成长,近代城市之所以不同于传统城市,根本在于近代城市是工商业城市,而传统城市首先是行政中心,工商业居于次要地位。

---

① 杨宽:《中国古代都城制度史研究》,上海古籍出版社,1993年,序言,第1—4页。
② (日)加藤繁著,吴杰译:《中国经济史考证》第一卷,商务印书馆,1962年。
③ 韩光辉:《12至14世纪中国城市的发展》,《中国史研究》1996年第4期。
④ 侯仁之:《北京旧城平面设计的改造》,原载《文物》1973年第5期,后收入侯仁之:《历史地理学的理论与实践》,上海人民出版社,1979年。

在近代对外开放和先进生产力传入的浪潮中,形成一批因港而兴、因商而兴、因路而兴、因工而兴、因矿而兴的工商业城市。这些城市奠定了我国最早的近代工商业文明的基础,成为各地现代化的样板,并带动了一大批传统城市向近代城市的转型。近代工商业城市的兴起,不仅对中国经济,也对中国政治、文化产生了根本性的影响。

一种观点认为,五口通商以后,中国的城市发展呈现两种类型,一类是上海、天津、广州、大连等根据不平等条约对外开放的城市,另一类是非条约开放城市。从城市近代化的角度看,这两类城市走着不同的道路,并呈现各自不同的特点。①

一、条约口岸城市的兴起

从1842年开放广州、厦门、福州、宁波、上海为通商口岸,到20世纪30年代开放广东中山港止,共有通商口岸108个,租借地4个,另加香港、澳门2块殖民地,可供外国人通商贸易的口岸达到114个。不计港澳的112个口岸中,通过签订条约被迫开放的口岸79个,是自行开放口岸的2.39倍,占了全部同类口岸的70%。而且,条约口岸的开放比自开口岸的开放要早了半个多世纪。尽管各个通商口岸都在不同地区的经济发展中扮演了重要的角色,但就全国而言,最重要的是条约口岸,而且是分布在沿海、沿长江的条约口岸。据绪论章表0-1"各地带海关贸易总值及占全国的百分比"所示,中国对外贸易的绝大部分,都是通过沿海条约口岸城市的海关进行的,其次是沿长江的海关,沿边海关微不足道。各年度的情况大体如此。

我们不妨以天津、营口、烟台等北方三个最早开埠的口岸的成长,看看开埠通商对进出口贸易的促进作用。这三个港口早在开埠之前已有一定规模的沿海贸易量,与北方和南方的沿海地区保持着密切的海上交通和贸易联系。外国列强之所以选择三港开埠,显然也是基于历史的原因。② 然而,这些港口的大发展,仍是在开埠之后。

表7-1　1875—1904年北方三口岸进出口贸易净值的增长

(单位:前为海关两,后为%)

年 份	天 津	增 长	烟 台	增 长	营 口	增 长
1875	17 058 711	100	7 786 786	100	5 513 055	100
1880	21 668 434	127	9 905 815	127	6 725 036	122
1885	26 242 763	154	10 583 486	136	8 298 116	151
1890	34 133 168	200	12 862 382	165	14 448 281	262
1895	50 175 806	294	17 495 041	225	9 353 705	170
1900	31 920 658	187	27 058 328	347	22 024 643	399
1904	68 954 694	404	34 255 175	440	41 517 878	753

(资料来源:交通部烟台港务管理局编:《近代山东沿海通商口岸贸易统计资料(1859—1949)》,表1,附表3,对外贸易教育出版社,1986年。)

---

① 参见茅家琦"总序",见虞晓波:《比较与审视——"南通模式"与"无锡模式"研究》,安徽教育出版社,2001年。
② 参见复旦大学历史地理研究中心主编:《港口—腹地和中国现代化进程》,第五章第一节(许檀撰),齐鲁书社,2005年。

由于在最初的数年中各海关的统计报告只有进出口商品的一些单项数据,缺乏商品合计的总值,难以进行各年度贸易增长的比较,因此表7-1中的数据只能从1875年开始。即便如此,北方最早开埠的天津、烟台、营口三口岸贸易净值的增长已相当快速。在表中所列的以5年为一个统计单位的数据中,按时间看各港除了1900年前后的一个统计单位有所减少之外,各统计单位都呈增长态势。因此,1904年各口岸的贸易净值,均相当于1875年的400%以上,增长最快的营口口岸相当于1875年的753%。简言之,各口岸在30年中均增长了3到6倍,速度不可谓不快。

市场的扩大无疑是进出口贸易数倍增加的主要原因。开放以前,这些口岸的贸易量,由于只面对购买力比较低的国内市场,都停留在较低的水平上。开埠以后,各国商人接踵而至,这些口岸的市场由以前有限的国内市场,扩大到广阔的国外市场,市场扩大了,贸易量自然翻倍增长。中国和各国的经济发展史告诉我们,以港兴商、商贸兴市,是沿海城市成功的发展道路。进出口贸易的发展,为各沿海城市走以港兴市、商贸兴市的发展道路,提供了良好的基础。

沿海口岸城市在贸易上的重要性,还体现在国内贸易上。中国地域广大,在铁路、公路、航空等新式交通兴起以前,水运是最便捷的交通方式。中国河流大多是东西走向,在沿海口岸城市附近注入大海,上海、天津、广州、福州、厦门、宁波、营口等条约口岸城市,既可以通过河流连接内地,又可以通过海运连接中国沿海各港口。因此,这些口岸城市既是中国沿海商业和对外贸易的中心,又是所在流域的出海口和商业中心。近代交通兴起以后,铁路、公路、轮船航运仍以东部最发达,沿海港口城市大多还是重要铁路和公路的起点,河运、海运航线也在此相交。借助于方便的交通,沿海港口城市将自己的商业影响送达遥远的中国内地,加大了和各区域联系的密度,在中国的商业和经济地位更加重要。

近代的上海、天津、汉口、厦门、九江、广州等城市,都设有供外国人居住,由外国人管理行政、税收、警察和司法的租界,还有一些沿海地区沦为列强的租借地。被迫设立租界与租借地严重损害了中国的主权,然而租界对中国的影响并非全是负面的、消极的,客观上有许多积极的作用,突出地表现在租界对所在城市发展的推动作用。其中,建得最早、规模最大的是上海的租界。自1863年以来上海租界日趋繁荣,上海的对外贸易主要通过租界进行,租界内出现数以万计的洋行、商店。20世纪初期,界内又建成先施公司、永安公司等当时中国第一流的百货商场,商店林立的南京路和霞飞路(今淮海路)是全国最繁盛的商业街道。上海租界是中国近代航运的枢纽、金融业的中心,也是中国近代工厂最集中的地方,实际上是近代上海真正的经济中心。[①]并逐渐成长为上海最主要的人口聚居区,1942年曾占上海

---

① 费成康:《中国租界史》,上海社会科学院出版社,1991年,第269—271页。

市人口的62%。①

租界在各个城市,几乎都成为城市现代化的一个窗口。在上海,按照西方的生活要求和科学规划建设起来的新式马路、城市垃圾处理系统,以及煤气、电灯、电话、自来水、大口径砖砌下水道、公共交通这些中国以前没有的新鲜事物,都相继出现在租界。在20世纪20年代,凡是西方大都市兴建的近代化市政建设,上海租界已全部仿行。②城市管理也日趋制度化,1876年就有租界当局颁布"例禁",依照西方的管理方式,在市内交通、公共卫生、街头商贩、门外砌路、花爆施放、鱼肉质量、夜间安全、聚赌酗酒斗殴等方面,发布了20条禁令。③"十里洋场"迥然不同的城市面貌,与华界的拥挤、肮脏、混乱、破败形成鲜明的对比。④南市位于华界区,北市指租界区,虽然南市的房价只是北市的三四分之一,而上海人"皆乐于舍贱而就贵"⑤,愿意生活在租界。路过上海的外省人更对租界啧啧称羡,留下深刻的印象。甚至到了20世纪的30年代,人们还认为上海"市中繁盛区域,首推特别区(作者按:以公共租界、法租界设置),马路修广,廛区整齐,为全市精华所萃";当然,中国人也感受到租界地"一切行政管理之权,悉据外人,反客为主"的耻辱。⑥

其他口岸的租界,尽管规模大小、现代化水平有所不同,都出现类似上海的现象。例如天津的租界区,1883年已成了天津的贸易、航运中心,1895年以后租界面积是县城的3倍,天津的贸易、航运、工业、金融无不云集于此,实际上是天津真正的经济中心。⑦

中国最早的西医、西药和西式医院,新式报刊,非常不同于中国传统的学校和教育方法的新式学堂,以及出版机构和新式的演出舞台,大多首先出现在各口岸城市的租界,并在口岸城市获得发展,再影响到全国。当然,上海、天津等众多的口岸城市以及香港也有种种黑暗面,但在当时有头脑的知识分子看来,它们确实比中国其他地方先进,代表了中国的发展方向。中国知识分子尽管饱读祖先传下的典籍,自小浸润在"华夷之变"的说教之中,但只要能够正视现实,无不在口岸城市受到极大的震撼。清朝戊戌变法的领袖康有为之所以走上维新变化的道路,就和他路过香港、上海时受到的震撼有关。康有为在香港,"览西人宫室之瑰丽,道路之整洁,巡捕之严密","乃始知西人治国有法度,不得以古旧之夷狄视之";在上海,目睹"上海之繁盛","益知西人治术之有本",离开时购买大批的介绍西方文化的书籍,"自是大讲西学,始尽释故见"。⑧

---

① 邹依仁:《旧上海人口变迁的研究》,上海人民出版社,1980年,第92页。
② 费成康:《中国租界史》,上海社会科学院出版社,1991年,第269—271页。
③ 葛元煦撰,郑祖安标点:《沪游杂记》,上海书店出版社,2006年,第9页。
④ 参见袁燮铭:《工部局与上海早期路政》,《上海社会科学院学术季刊》1988年第4期。
⑤ 《申报》,1896年7月14日;杨逸纂:《上海市自治志》,公牍甲编,台湾成文出版社,1974年影印,第29页。
⑥ 世界舆地学社编:《中华最新形势图》,上海市,世界舆地学社,1937年。
⑦ 费成康:《中国租界史》,第八章第二节,上海社会科学院出版社,1991年。
⑧ 康有为:《康南海自编年谱》,光绪五年己卯,中华书局,1995年,第9—11页。

康有为一类知识分子在通商口岸受到的震撼,其实就是"现代化"的震撼,香港、上海等口岸城市,不过是现代化的窗口和样板罢了。从此,"实现现代化"就成了中国人百余年来为之奋斗不休的崇高目标。

沿海条约口岸城市不仅是中国商业和交通最发达的地带,也是近代工业最集中的地带。1933年,我国除东北、台湾以外的广大地区工业最发达的12个城市中,上海、天津、青岛、广州、福州、汕头等6个沿海条约口岸城市,占了工人总数的72%和生产净值的85%;其次是沿长江的南京、汉口、重庆等3个条约口岸城市,占了工人总数的10%和生产净值的5%。[1] 可以说我国的现代工业主要分布在沿海沿江的条约口岸城市,而近代工业的迅速发展,则是上海、天津、武汉、重庆、广州等沿海沿江城市从中等城市扩大为特大城市的关键原因。

20世纪初,上海海关注意到:"近几年来上海的特征有了相当大的变化。以前它几乎只是一个贸易场所,现在它成为一个大的制造中心。……主要的工业可包括机器和造船工业、棉纺业和缫丝业。"[2] 此后,上海由商业贸易城市发展为中国最大的工业中心。当上海成为南方工业城市的时候,天津也迅速发展为北方的工业城市。天津现代工业的迅速发展始于20世纪初年,20世纪30年代成书的《天津志略》指出:"天津工业发展最要之关键,当在清季末叶。盖庚子以后欧西各国挟其物质文明以俱来,乃令我有趋重改革之倾向。工业之由手工业蜕变而为机器工业,由家庭工业而进为工厂工业,实而蘖于此。"[3] 1914—1928年是天津工业迅速腾飞的时期,天津的纺织、面粉、化工等大型工厂以电力为动力,使用先进的设备和技术,社会生产力发生了本质的变化,天津已成长为仅次于上海的全国第二大工业城市。[4]

何一民在探讨上海、天津、武汉、广州、重庆等由中等城市发展为百万人口以上的特大城市时,高度重视工业发展对城市规模扩大的作用。以上海为例,他认为:"工业的发展确实成为上海城市发展的重要推动力。大量劳动密集型工厂的建立,产生了巨大的拉力,吸引着为数众多的外地人口到上海来谋生,其结果是一方面使城市人口迅猛增加,另一方面也导致了城市用地规模扩大。同时,上海城市飞速发展的制造业也直接推动了城市商业的进一步发展,使商业、金融业及其他各种服务业和文化娱乐业变得活跃。可以说没有工业的飞跃发展,上海仅靠商业贸易不可能在较短时期内形成世界级的特大城市。"何一民对天津也做了同样的分析,并指出工业的发展使天津由一个单纯的商业贸易城市发展成为以工业为基础,以商业、金融为主导,具有先进的交通通信设施的多功能的经济中心城市。[5]

---

[1] 严中平等编:《中国近代经济史统计资料选辑》,表8,科学出版社,1955年,第106页。
[2] 徐雪筠等译编,张仲礼校订:《上海近代社会经济发展概况(1882—1931)——〈海关十年报告〉译编》,上海社会科学院出版社,1985年,第158页。
[3] 宋蕴璞辑:《天津志略》,第九编第一章,1931年。
[4] 罗澍伟主编:《近代天津城市史》,中国社会科学出版社,1993年,第416—417、433页。
[5] 何一民:《试析近代中国大城市崛起的主要条件》,《西南民族学院学报(哲学社会科学版)》1998年第6期。

如同何一民所说,因工业发展导致的外地移民涌入是中型城市扩展为特大城市的主要原因。商业贸易的繁荣,工业的增长和集中,城市文化的发达,以及较高的管理水平,必然吸引大量的农村人口向城市迁移。工商业发展迅速的上海,成为吸收外来移民最多的城市。1852年,上海只有54万人,1865年达69万人,1910年达129万人,1915年超过200万,1942年增加到近400万,1949年达到546万。上海的人口增长基本来自外地移民,其中大部分来自江苏和浙江,1935年上海约有37%的人原籍浙江,53%的人原籍江苏,总共约占上海总人口的90%。[1] 不仅上海如此,其他工商业发达的口岸城市无不如此。例如,天津在进入20世纪以后现代工业迅速发展,外来移民迁入较多。1906年天津城市人口42万人,1910年达到60万人,1925年为107万人,1936年已达到125万人,[2]超过北京成为全国第二大城市。

本节的第三部分"近代城市的不均衡分布",将通过对民国政府设立的市的空间分布和种类分析,具体说明条约口岸密集分布的沿海沿江地带是中国近代城市成长最快、城市化水平最高的地区。近代获得较快发展的条约口岸城市,有的原先因担任不同级别的行政中心而已有一定的人口数量和经济基础。例如,在列入特别市和院辖市的10个条约口岸城市中,鸦片战争前南京、广州已经是一定规模的工商业城市,而上海、天津则是重要的交通枢纽。尽管如此,这些城市获得较快的发展,却都是在近代。

世界舆地学社1937年出版的《中华最新形势图》,在简述各省城市的人文地理时,大多提到晚清民国的经济尤其是商业状况,使我们得以了解民国时人的看法:

上海:"清道光二十三年(按:1843年),以鸦片战争之结果,依江宁条约,开为商埠,为我国最先中外通商之五口之一。以地当长江吐纳之口,南北洋及欧美往来之冲,举长江全域之精华,供其取用,世界各国之商品,经其吞吐,遂成全国贸易之中心,经济之首都,而为远东第一大埠。近来计算其总额,与今全国贸易总额之比例,常在百分之五十左右,可以想见其盛况。"[3]

天津:"地当五巨川之会点,往时漕运所经,已臻繁盛。迨海道大通,辟为商埠,轮舶麇集,帆樯如织,后又兴筑铁路,北抵北平,南达浦口,东至沈阳,商旅络绎,贸易殷繁,黄河全域及漠南各省之货物,靡不聚散于此,遂为华北商务之中心。"[4]

广州:"其地在海禁未开之时,已有外人通商;迨道光二十二年,正式开作商埠,海外侨商,咸来萃集,贸易大盛。今则籍其水陆交通之便,滇黔粤桂及湘赣南部之货物,无不毕集于此,遂为南部第一大埠,我国五大贸易港之一也。"[5]

---

[1] 邹依仁:《旧上海人口变迁的研究》,上海人民出版社,1980年,第90—91、112—115页。
[2] 罗澍伟主编:《近代天津城市史》,中国社会科学出版社,1993年,第455页。
[3] 世界舆地学社编:《中华最新形势图》,上海市,世界舆地学社,1937年,第4页。
[4] 世界舆地学社编:《中华最新形势图》,天津市,世界舆地学社,1937年,第46页。
[5] 世界舆地学社编:《中华最新形势图》,广东省·广州市,世界舆地学社,1937年,第32页。

南京:因受太平天国战乱民国政府建都前人口仅37万余,"建都以后,冠盖云集,工商辐辏,乃日增月盛,至二十四年已达一百〇一万三千余人"。有下关、浦口二镇,其中浦口为民国元年自行开放的商埠,"仓栈林立,货运殷繁",但因太靠近南京,市况不如下关。①

据上所述,四大城市工商经济发展的主要原因,除南京主要依靠民国迁都以后政治中心的拉动之外,上海、天津、广州无不依靠开埠通商、对外贸易与现代交通的进展。

还有一些城市,原先只是人口不多的市镇甚至渔乡农村,后来之所以成长为繁荣的口岸城市,完全是由于拥有较好的地理位置和自然条件,在开埠以后飞速发展所致。本章末附表7-1中开埠时的聚落属于"县下"的沿海口岸,计有台北、青岛、汕头、营口、烟台、大连、湛江、威海卫、旅顺、江门、海口等市,这些城市在开埠前都不是县城,规模稍大的是一般的镇,而规模小的只是普通的村庄,开埠通商以后都获得迅速发展。

尤其是青岛和大连。青岛原是胶州湾的小海口,1901年至1905年间先后建成大小两个港口和几个靠泊码头,航线四通八达。1904年胶济铁路通车,更奠定了青岛作为山东地区首要商埠的地位,贸易额在北方各港中位列第三。近代工业也非常发达,1936年工厂数和工人数均在北方居第一。在经济发展的同时城市人口急剧增长,1902年约1万余人,1910年达16万余,20世纪30年代已达60多万,人口数量超过省会济南。②

大连"本名青泥洼,为一荒寒之渔村"③。自1906年开作自由港后,1910年超越营口迅速成为东北最大的货物进出口贸易中心。④开港后近代工业兴起,1920年已成为东三省南部最大工业都市,在工业门类和资本总额方面超过沈阳。随着贸易、生产的发展,金融业也兴起了。城市的发展促使城市人口增加。1903年大连城市人口为2.99万人,1915年增长到7.72万人,1925年达到19.79万人。从此,大连与沈阳、哈尔滨并列为东北20万人以上的三大城市。至1930年,已发展到29.3万人。⑤

青岛和大连以后都成长为我国著名的工商业都市,并都成为院辖市,而台北、汕头、营口、烟台、湛江、威海卫、旅顺、江门、海口也因拥有一定数量的人口和工商业民国时都建市。

不仅沿海口岸,甚至内地口岸城市借助于开埠通商和新式交通,往往也能得到较快发展。例如,包头"本萨拉齐一市镇",由于是西北和天津之间的货运枢纽,贸

---

① 世界舆地学社编:《中华最新形势图》,南京市,世界舆地学社,1937年,第1页。
② 吴松弟、樊如森等:《港口—腹地与北方的经济变迁(1840—1949)》,浙江大学出版社,2011年,第290页(陈为忠撰)。
③ 《中华最新形势图》,辽宁省·大连,世界舆地学社,1937年,第69页。
④ 张富全:《辽宁近代经济史》,中国财政经济出版社,1989年,第295页。
⑤ 吴松弟、樊如森等:《港口—腹地与北方的经济变迁(1840—1949)》,浙江大学出版社,2011年,第303—304页(姚永超撰)。

易兴盛,1921年开埠,1923年以今北京为起点的平绥铁路延伸至此,城市经济发展加速,1926年设县,1938年设市,"其繁荣之程度,已驾于归绥(今呼和浩特)而上之,俨然内蒙第一市场也"①。又如,哈尔滨"昔时本一荒凉之村落,自俄国经略远东,以斯地为关东中心,乃筑东清支干路交会于此,并辟作商埠",交通和贸易得到迅速发展,城市人烟日稠,"俨然为东北一大市场,有'东方莫斯科'之称焉"。②

万里长江横亘我国中部,流域内人口众多,资源丰富,水运方便,又有上海作为出海口,为近代内地发展较快的区域。众多的口岸城市在开埠以后都得到不同程度的发展,其中以汉口、重庆发展最快。汉口地当长江与汉水交汇口之北,为长江中游的货物集散地,1858年开为商埠,"陕甘豫晋滇蜀湘黔皖赣及本省之货物,咸萃于此,遂成中部贸易之中心,称为东方之芝加哥"③。1860年汉口人口约有10万,后因战争等原因人口时有升降,到1948年达到84万人。④ 重庆居四川盆地的底部,为长江和嘉陵江的交汇点。1891年重庆开埠,"以地扼四川全省之锁匙,江域上流之枢纽,凡陕甘川康滇黔之商货出入长江者,胥以是为转迁之机轴,遂为长江上流第一大埠"。⑤1937年国民政府内迁重庆,城市工业和人口迅速增长,人口从1937年的47万增长到1946年的124万余。⑥ 尽管1945年抗日战争胜利后大批内迁移民随内迁工厂迁回沿海,但重庆已成长为西南经济中心和大都市。

新疆位于我国的西北角,位置偏僻,工业化和城市化刚刚启动,但各条约口岸在开埠以后内外贸易仍得到一定的发展,省会迪化(今乌鲁木齐)尤其兴盛,"津、晋、湘、陇之商人及缠商密集于此,贸易以羊毛、皮革、布帛为大宗,繁华富庶之状况,冠于全省,有'小南京'之号焉"⑦。1945年迪化设市,为新疆唯一的一个市。

晚清民国(截至1930年)被迫开放的条约口岸79个,其中设市46个,占条约口岸的58%,仍有33个未设市。这些口岸之所以未能设市,大多是由于当地尚未发展到城市的规模,不具备设市的资格。

设立在新疆、西藏、蒙古、甘肃、云南、广西的通商口岸伊犁(今新疆伊宁)、塔尔巴哈台(今塔城)、喀什噶尔(喀什)、吐鲁番、哈密、古城(今奇台)、库伦(今蒙古乌兰巴托)、乌里雅苏台、肃州(今甘肃嘉峪关)、蒙自、河口、思茅、腾越、亚东、江孜、龙州等16个口岸,尽管口岸贸易都有所增长且有的达到一定的规模,并对自己所在的区域产生经济影响,但由于边疆人口和经济相对落后的原因,尚未发展到城市的规模。

东北是我国近代经济增长较快的区域,但城市的增长同样需要时间。设在东

---

① 世界舆地学社编:《中华最新形势图》,绥远省·包头市,世界舆地学社,1937年,第79页。
② 世界舆地学社编:《中华最新形势图》,吉林省·滨江,世界舆地学社,1937年,第71页。
③ 世界舆地学社编:《中华最新形势图》,湖北省·汉口市,世界舆地学社,1937年,第16页。
④ 皮明庥主编:《近代武汉城市史》,中国社会科学出版社,1993年,第659—661页。
⑤ 世界舆地学社编:《中华最新形势图》,四川省·重庆市,世界舆地学社,1937年,第23页。
⑥ 隗瀛涛主编:《近代重庆城市史》,四川大学出版社,1991年,第384—387页。
⑦ 世界舆地学社编:《中华最新形势图》,新疆省·迪化,世界舆地学社,1937年,第83页。

北的铁岭、新民屯、通江子、法库门、绥芬河、凤凰城、瑷珲、三姓、龙井村、头道沟、百草沟、珲春、宁古塔、多伦诺尔等条约口岸,大多是1905年在日本的逼迫下,通过《中日会议东三省事宜条约》而开放的。这些口岸,除了铁岭、法库等少数地方在人口和经济方面略具基础之外,其他口岸原来的基础都很差,在开埠和铁路贯通之后尽管贸易有所发展,但聚落尚未发展到城市的规模,因此上述口岸均未能建市。

位于沿海的北海、沿长江的万县、沿珠江的三水,尽管开埠后贸易和经济都有所发展,但尚未达到建市的要求,也未建市。

以上口岸未能设市,说明开埠通商和进出口贸易对条约口岸的地方经济和人口发展的推动作用的大小,还受到经济基础、地理条件和交通状况诸多因素的制约,并非都能收到较大的效果。不消说以上那些位于人口密度较低、交通不便且又经济落后的地区的口岸,或贴近城市的规模较小的口岸,未能形成城市,即使一些早期开埠的沿海条约口岸,对外贸易和工业发展也未必顺利,有的口岸便未达到建市的标准。例如,福州是福建省城,五口通商口岸之一,且以占福建全省的闽江流域为自己的腹地,但因多山的关系口岸通往腹地的交通极其不便,加上社会环境不安定等原因,贸易进展曲折。虽然1866年洋务派已在福州建立著名的福州船政局,推动城市经济的发展,但因区域投资不足,近代工业进展缓慢。1928年福州居民约34万,还不及开埠前的城市人口。① 1933年福州设市,但次年废,直到1946年才复置。②

二、非条约口岸城市的发展

茅家琦先生总结近代中国城市的发展道路,认为呈现两种类型,一类是根据不平等条约对外开放的城市,为上海、天津、广州等。在条约开放城市,外国商人利用获得的特权,经营工商业、公用事业以及文化教育事业,并占有租界。可以说,外国资本主义势力将这些城市推向近代化。另一类是非条约开放的城市,虽然受到条约开放城市的辐射影响,但主要是在传统社会经济的基础上,中国人民靠自己的努力推动城市走上近代化的。前一类城市走上现代化具有特殊性,后一类城市走上现代化则具有普遍性。③

轮船、铁路、公路和航空都是近代兴起的交通工具,除航空因兴起较晚,民国时期其重要性有限外,其他三种交通工具都在使用它们的城市中发挥了重要作用,或促使农村荒村形成城市,或促进城市工商业的发展。

东北是我国较早大规模修建铁路的区域,其中以横贯满洲里——海参崴并在哈尔滨南下大连的中东铁路,以及自北京到沈阳的北宁铁路关外段为东北较早的

---

① 隗瀛涛主编:《中国近代不同类型城市综合研究》,四川大学出版社,1998年,第383—397页。
② 见本章附录7—1。
③ 茅家琦"总序",虞晓波:《比较与审视——"南通模式"与"无锡模式"研究》,安徽教育出版社,2001年。

铁路,此后外国资本和本国资本又修建了一些新的铁路。交通发达有利于工商业发展和城市规模的扩大,以上提到的大连、哈尔滨等重要城市的发展,既离不开开埠通商和现代工业的发展,也离不开铁路建设带来的交通的便利。18世纪末叶以前,长春尚为人烟稀少的荒原,以后因垦荒出现了聚落。1905年后南满铁路、中东铁路交汇于此,1907年开埠,长春发展为东北中部最大的中心市场,奠定了后来成为东北大城市的基础。①

东北还有更多的在铁路建成以后以车站为中心而兴起的中小城市。例如牡丹江,以前仅是中东铁路沿线一个荒凉的村庄,修图宁线(图们至牡丹江)时牡丹江开始繁荣,到修建牡丹江到林口、林口到佳木斯、林口到虎头的铁路时牡丹江已成为东北东部的一个中心城市。白城、北安、绥化、佳木斯、通化也都是铁路铺设促使村庄急剧扩展为城市的例证。②

依据《中华最新形势图》的城市说明,在铁岭、开原、通辽、洮南、安东、吉林、海拉尔、满洲里等中小城市的发展中,铁路开通都是重要因素甚至是首要因素。以上提到的14个中小城市,牡丹江、白城、北安、绥化、佳木斯、通化、开原、通辽等8个都不是通商口岸,而5个通商口岸除吉林外都是先建铁路而后开埠。显然,对这些城市而言兴起的首位原因是铁路修通。

东北是我国铁路网最为稠密的区域,这一区域因铁路而兴的城镇应远远超过上述数字。关内地域广袤,东部、中部各省因修铁路而兴起的城市应不在少数。在北京、天津、上海、广州、青岛等特大型城市的发展中铁路因素之重要自不必说,大量的中小型城市,如京汉、粤汉线上的石家庄、郑州、衡阳,津浦线上的德州、蚌埠,陇海线上的连云港,更是因铁路而兴,此后都建为市。

石家庄1903年仍是一个只有三四十户人家的小村庄,1905年和1907年随着京汉铁路全线竣工和正太铁路通车,成为冀晋两省的交通咽喉,从此商贾云集。第一次世界大战期间石家庄的民族工业逐渐发展,抗战前已发展为拥有6万余人、工商业为经济主体的城市。1939年设市,1940年已拥有20万人口。③

郑州是历史悠久的古城,但明清以来极度衰落,清朝光绪年间城市人口不过2万人,经济相当落后。1904年,京汉铁路修到郑州并于两年后全线通车,经过郑州的陇海铁路的中段汴洛铁路1909年也部分通车,郑州开始成为中国重要的铁路枢纽。通车之后,郑州的经济得到较快发展,城市人口大幅度增加,车站和旧城西门外形成新城区。1922年3月北京政府决定郑州开埠,1937年已达8万人。④

蚌埠在20世纪初为夹淮河分布的两个小集镇,以北岸的小蚌埠较大,约有50

---

① 吴松弟、樊如森等:《港口—腹地与北方的经济变迁(1840—1949)》,浙江大学出版社,2011年,第308页(姚永超撰)。
② (日)满史会编著:《东北沦陷十四年史》辽宁编写组译:《满洲开发四十年史》,交通、建设篇,内部印行,第365页。
③ 江沛、熊亚平:《铁路与石家庄城市的崛起:1905—1937年》,《近代史研究》2005年第3期;宓汝成:《帝国主义与中国铁路,1847—1949》,上海人民出版社,1980年,第610页;以及本章之附录7-1。
④ 何一民等:《中国城市史纲》,四川大学出版社,1994年,第358页。

余户商号。1909年津浦铁路淮河铁桥在蚌修建,南岸蚌埠集顿时繁荣,集市中心移向南岸。1912年铁路全线通车以后日趋繁荣,蚌埠以火车站为中心,发展为安徽东北部的交通枢纽和商业重镇。1934年蚌埠人口已达到10万人。① 1947年蚌埠建市。

以上各城市,石家庄、衡阳、德州都不是开埠城市,而郑州、蚌埠、连云港都是先有铁路和城市的初步形成以后再开埠,对城市发展起作用的首先是铁路建设。

皮明庥在论述洋务运动与中国城市化、城市近代化的关系时,提到近代207个城市中,直接受惠于洋务运动的占1/4以上,而洋务运动间接影响则遍及所有城市:第一类是通商口岸城市,第二类是工业城市,第三类是矿冶城市,第四类是港口、码头城市(包括作为铁路枢纽的城市)。② 隗明涛主编《中国近代不同类型城市综合研究》,论述近代城市的发展,分别设立"开埠与近代城市的发展"、"近代工业、交通与城市发展"两篇,由于"矿冶"包括在"工业"、"港口"包括在"交通",所述城市类型与皮氏所论并无矛盾,都将"工业"作为推动城市发展的重要因素。

在他们列举的成都、北京、太原、唐山、安源、焦作、鞍山、本溪、南通、贵阳、兰州、玉门以及湖南冷水滩等13个城市中,安源、焦作、玉门以及湖南冷水滩都是矿业城市,唐山、鞍山、本溪是在矿业的基础上同时发展为制造业为主的工业城市,而成都、北京、太原、南通、贵阳、兰州则是在原先的传统行政中心基础上逐渐发展近代工业,工业都是推动城市发展的重要因素。这13个城市,无一是口岸城市,并且除了安源、焦作、玉门、冷水滩外其他9个城市均建市。

据不完全统计,在洋务运动期间共有官办煤矿6处,官督商办9处,金属矿官办3处,官督商办18处。采矿以及相应的冶炼业,导致一批矿冶城镇的产生。唐山、安源、焦作因煤而兴,湖南冷水滩(锡矿)、甘肃玉门(石油)因采掘而兴市。江西安源本是赣西人烟不稠的乡野,由于煤矿的开采,集结几万矿工和商民,形成数里长街,一时号称"小南京"。河南焦作的手工采煤业虽然开始较早,但规模不大。1907年,英国中福公司出资修建了道清铁路,将岔道直接修到了矿厂,同时焦作煤矿开始使用机器采煤,大大提高了煤的产量和销量。③

有的矿业城市利用本地丰富的矿产资源,发展了相应的工业部门,成为重工业城市。唐山、鞍山、本溪等三个重工业城市即建立在本地发达的矿业基础上。

唐山原来只是个村庄。为解决北京和天津的煤炭供应,唐山开平煤矿自1882年开始,大规模使用机械动力进行开采,并用铁路运输煤炭。此后,随着京奉铁路的通车,越来越多的工矿企业在这里设立并发展起来,如开滦矿务局、启新洋灰公司、华新纱厂分厂等。到1924年,唐山俨然是一个现代化的工矿业城市。它"有交

---

① 蚌埠市地方志编纂委员会:《蚌埠市志》,方志出版社,1995年,第411页。
② 皮明庥:《洋务运动与中国城市化、城市近代化》,《文史哲》1992年第5期。
③ 皮明庥:《洋务运动与中国城市化、城市近代化》,《文史哲》1992年第5期。

通大学、铁工厂、巡警局、矿务局、中国医院、矿务局养病院、铁路工厂、学校、新开市场,建筑宏敞,非内地县城所能比"①。到20世纪30年代,唐山已发展成以煤炭为主,人口达10万余人的综合性城市。②

鞍山原属于辽宁台安县境的农村,铁矿蕴藏丰富,甲午战争后清政府因军火生产需要在此招商采矿。1903年东清铁路宽城子(今长春)至大连线(此段在日本占领东北后改为南满铁路)通车,设立鞍山站(即今旧堡站),并建立了"铁路附属地"。1904年日俄战争后日本取得沙俄的一切特权,鞍山仍属于"铁路附属地",旧堡村因为车站所在日渐兴盛。1918年日本成立鞍山制铁所,并开始市街规划和城市建设。1937年伪满洲国在鞍山建立市制,全市人口8万余人。到1945年鞍山市人口近29万余,其中日本人5万余、朝鲜人万余,人口中鞍山制铁所等企业的职工人数在10万以上。③

本溪市区在设置前是辽阳州属下的一个集镇。1906年因日本经济活动频繁和本地匪患增多,设立本溪县,属于奉天省。1911年日本财阀成立本溪湖煤铁有限公司,经中国交涉作为中日合办,此后开始在此铺设道路、修筑桥梁和市政建设。1911—1931年,公司由单一的采煤扩展到具有采矿、选矿、炼铁、炼焦、化工、发电等多种能力的工业企业,1928年职工达8 500余人。1931年九一八事变后日本占领全东北,1944年炼铁公司职工达到近7万人。1939年伪满洲国设立本溪湖市,人口近7万人,1944年人口增加到18万余。④

工业对城市的推动作用可以无锡、南通、苏州、太原、西安和北京为例说明。

无锡清代是常州府属下的古县,为江南大米和土布的重要产区和交易中心。1865年因太平天国战争毁坏的无锡米市再度恢复,成为全国四大米市之一。土布纺织业因洋布输入而逐年衰落,但蚕桑生产和土丝交易却日益兴盛。受邻近的工商业大都市上海的影响,1895年无锡出现第一家近代企业业勤纱厂,近代工业开始形成,金融业得到发展。城市基础建设相继起步,20世纪初已有电灯、电话、邮政、铁路、轮船、公路等现代交通也都建立起来,工业方面纺纱、面粉、缫丝三大支柱产业的格局已基本形成,且都是私人资本。随着纺织业的发展,无锡也成为全国著名的棉花销售中心。1923年中央政府批准无锡开埠,到1936年无锡的缫丝业、纺纱业的规模均在全国名列前茅,已跻身中国重要工业都市之列。1949年4月无锡建市,市区人口近49万。⑤

南通靠近长江以北近海处,为通州治所。本是一个传统的中小商业城市,"不

---

① 白眉初:《中华民国省区全志》,第1册第2卷,北京求知学社,1924年,第35页。
② 隗瀛涛主编:《中国近代不同类型城市综合研究》,四川大学出版社,1998年,第573—583、610—615、742页。
③ 鞍山市人民政府地方志办公室编:《鞍山市志·综合卷》,第五篇,人口,沈阳出版社,1990年,第244—248页。
④ 本溪市方志办编:《本溪市志》,第一卷,新华出版社,1991年,第239、286、511页。
⑤ 无锡市地方志委编:《无锡市志》,江苏人民出版社,1995年,第337页;虞晓波:《比较与审视——"南通模式"与"无锡模式"研究》,第三章,安徽教育出版社,2001年。

仅没有机器生产的工厂,就是小工业作坊也很不发达"①。推动南通城市发展的近代工业,是由民族资本家张謇创办的。张謇利用当地丰富的原料棉花和有利的销售市场,发展了多家纺织工厂,以及冶厂、铁厂、印书局、酿造公司、面粉公司、盐业公司、肥皂厂、造纸厂、轮船公司、电话公司、房地产公司等企业。在此同时,又大力发展教育事业和各项社会事业。20世纪20年代,凡是到过南通的中外人士,无不为之赞叹。1937年南通公安局登记的市区人口达21万人②,1949年南通设市。

苏州是历史悠久的古城,在上海崛起之前是长江三角洲地区的经济中心,宋代以来一直以城市富庶优美、丝织业发达而著称。因受太平天国战争破坏丝织业陷于停顿,直到19世纪80年代至90年代初才得到恢复和发展,19世纪末进入高潮时期,从业人员将近10万人,并广泛出现资本主义的家庭劳动。1896年苏州出现第一家近代缫丝企业,由于以当地传统丝织手工业为市场基础,近代缫丝业发展迅速。苏州的近代工业绝大部分都是商办企业。1917年苏州出现利用日本提花铁机,设工厂使用机器生产的近代丝织企业,形成少数机器工业与大多数工场和独立的个体手工业者同时并存的局面,直到抗日战争前夕机器丝织业才占了多数。尽管苏州的近代工业有一定的发展,但苏州在长三角的经济地位却随着上海、无锡、南通的发展而降低,工业地位不仅不如上海,也不如无锡和南通,而贸易中心的功能也相形见绌。苏州市区人口1908年约为17万人,此后直到20世纪二三十年代都没有超过30万,长期处于停滞状态。③

太原是山西省会,民国前工业规模不大。民国建立后,阎锡山在清末山西机器局的基础上建设太原兵工厂,军火以外的产业部门也得到发展,1927年采用机器生产的工厂共37家,大部分由地方政府投资,私营资本所占成分甚少。④ 其中军火部门1930年已拥有17个分厂,1.5万余人,能够生产多种轻重武器。1932年以后,这些军火工业大部分转为民用产品生产,太原形成了重工业为主的现代工业体系。⑤ 1919年太原市区人口不到4.6万,1921年增加到5万余。1924年山西进行第七次人口调查,太原人口达到8万余;其中职业人口38 268人,产业部门中工矿业5 602人,远远超过农牧业的996人,次于商业的15 369人,工商就业人员占全部职业人口的55%。⑥ 1947年太原建市。

长期作为政治、文化和商业中心的北京,一直是以北方最大的消费城市而不是生产城市而存在,尽管这样,到民国时期工业也有了一定的发展。1936年为止,约有"700余工厂,7万余工人"⑦,象牙雕刻、景泰蓝、地毯、宫灯、日用小商品和中成药

---

① 王象五、闵仲辉:《解放前南通工业成长的过程与特点》,《南通文史资料》(2),1982年9月。
② 王培棠:《江苏省乡土志》,商务印书馆,1938年。
③ 隗瀛涛主编:《中国近代不同类型城市综合研究》,四川大学出版社,1998年,第603—610页。
④ 实业部国际贸易局编纂:《中国实业志(山西省)》,第3编第1章,太原,1937年,第15页。
⑤ 景占魁:《民国时期的太原工业》,《太原日报》,2010年7月26日。
⑥ 晋绥总司令部统计处编纂:《山西省第七次人口统计》,1924年,油印本。
⑦ 池泽汇、娄学熙、陈问咸编纂:《北平市工商业概况》,北平社会局,1932年,第1页。

的制作等远近闻名,并建立了制呢厂、煤矿、炼铁厂等一定规模的企业。不过,北京工业多为手工业生产,直到抗战胜利后手工业仍然占80%以上。[①] 石景山炼铁厂1937年以前尚未正式投入生产,清河制呢厂的年产量也只有7 000米;现代工业的不发达,使得北京连普通的牙膏、香皂、钉子也要靠天津等地来供应。[②] 由于现代工业发展缓慢,进入北京的外地移民数量不多,城市人口长期增长缓慢,1917年为81万,1935年为111万,1948年为151万。[③] 20世纪前夕,城市人口原来长居全国第一的北京已将第一位让给上海,到了20世纪二三十年代,又将华北人口最多的城市之称让给天津。

西安的第一家近代企业,是左宗棠1869年建立的西安机器局,建后不久便西迁到兰州。甲午战争以后清政府又在西安建立陕西机器局,用以生产军火。1904年,西安知府尹昌龄兴办陕西工艺厂,主要有竹工、木工、掌工、针工等手工业部门,此后采用脚踏织布机和手摇纺纱机生产的手工纺织业,以及制革、箩底、笼簺、木工、竹器等手工业都得以兴起。1937年陇海铁路关中线通车,关中的公路建设也开始展开,不久东部一些工厂内迁,西安为迁入较多的城市之一,现代工业得到较大的发展,并重新成为西北的重要商埠,金融业和城市建设都有重要进展。抗战以后,东部的一些工厂内迁,西安的工业水平大幅下降。1949年,使用机器的工厂仅占35%,作坊工场手工业占65%。[④] 市区人口,1932年只有11万余,1937年近21万,1941年25万,因内迁移民的迁入一度膨胀到50万,抗战胜利后因部分移民重回东部人口有较大减少。[⑤] 由于抗战前长期发展缓慢,西安建市之路相当不平坦,1928年置市,1930年废,1932年中央政府定西安为陪都,但仅设筹备委员会,并未设立市政府,直到1943年才正式设立西安市。

综上所述,非条约口岸城市走上现代化的道路,一方面不同于条约口岸城市,它们除了东北、台湾等殖民地以及其他省份的个别地方,大多数并非外力直接作用的结果,而是内力推动的结果,相当多的城市甚至外国资本、政府资本(无论中央和地方)的投入都相当有限。另一方面,不同的非条约口岸城市,虽然大多是随着新形势下现代交通和工矿业的发展而得到推动的,但在现代化道路上又表现出差异性与多样化。

位于长三角的南通和无锡近代经济发展较快,在抗战以前已成为长江三角洲地区仅次于上海的重要工业城市及各自区域的中心城市,其发展水平都超过了邻近的苏州(长三角传统中心城市)、镇江(通商口岸)、常州等原先经济水平较高的城

---

① 中国人民大学工业经济系编著:《北京工业史料》,北京出版社,1960年,第1—3页。
② 北京市社会科学院:《今日北京》,燕山出版社,1986年,第90页。
③ 韩光辉:《北京历史人口地理》,北京大学出版社,1996年,第131页。
④ 参见宋仲福主编:《西北通史》(第五卷),第三章,兰州大学出版社,2005年;岳珑:《抗日战争中兴起的西安工业》,张铭洽主编:《长安史话》,下册,宋元明清民国,陕西旅游出版社,2001年。
⑤ 崔林涛主编:《西安的历史变迁与发展》,西安出版社,2003年,第521—522页。

市。有学者认为,南通、无锡是非条约口岸城市近代化的典型,而且都是民族资本家推动城市的工业化,无论中央政府还是地方政府都没有进行实际支持。其次,它们走的是近代大工业与传统农副工业的紧密结合之路,都是从轻纺工业起步,充分利用当地的资源和劳动力条件,并与传统的农副工业紧密结合,将先进的机器工业与传统的农村家庭手工业融合在一起而形成一条以工业为中心,工农业协调发展的区域经济发展道路。南通和无锡具有地区特色的现代化道路,说明"中国城市化运动始终与开埠通商相关联,以商业化为自身发展的主要动力,迟迟没有完成向工业化的转变"这一观点,其实未必正确。当然,作者也指出无论南通和无锡,都以一定的商品市场为前提,而两个城市的近代化进程,都深受位于长江三角洲且后来发展为全国经济政治文化中心的最大的条约口岸城市上海的巨大影响。①

近代交通尤其是铁路在中国一出现,便显示出较中国传统的交通工具无法比拟的巨大优势,既大大方便了各地物资和人员的流动,也改变了原有的经济地理格局和城市分布的格局,并涌现许多因交通而兴起的城市。石家庄、郑州、蚌埠一类城市都主要依靠作为交通枢纽而得到发展,车站先于城市而建立,车站附近首先发展为城市中心区即是最好的说明。另外,矿产资源是现代工业发展的动力之源和工业原料,对这些资源的巨大需求促使矿山得到开发,而要使矿产得到方便使用还需要建立相配合的选、洗、粗加工一类工厂。因此,交通中心城市和矿业城市的兴起,相对于南通、无锡等制造业为主的城市的兴起,显然要简单得多。当然,如果仅仅只依靠交通和矿业,城市只能保持较小的规模,必须同时发展其他的工业部门特别是制造业,才能发展为规模较大的城市。由于资金、技术、文化、科技、商业等方面的原因,非口岸城市,尤其是交通中心城市和矿业城市,要发展成较大规模的工商业城市是比较困难的。因此,非条约口岸城市,一般都保持中小城市的规模,只有北京等个别城市例外。北京是清朝首都和北洋政府的政治中心,尽管现代工业发展缓慢,仍是中国的特等城市之一。

在非条约口岸中,还有 33 个左右的自开口岸。如上所述,自开口岸的设立始于 1898 年,最晚到 20 世纪 30 年代。由于开放时间晚、资本投入相对有限等原因,城市的变化力度和影响远不如条约口岸城市。其中的一些自开口岸,例如郑州、无锡,都是在近代经济已经兴起甚至达到一定的水平以后才开埠的,开埠通商在城市近代经济形成的前期并无作用,后期发挥过作用,但未必是主要的因素。

在非条约口岸城市中,还有相当多的担任级别有异的不同行政区域的治所,如苏州、南通是府州治所,西安、太原是省城,北京是首都。这类传统行政中心城市的转型,值得认真研究。从近代城市的发展道路来看,传统城市近代

---

① 虞晓波:《比较与审视——"南通模式"与"无锡模式"研究》,安徽教育出版社,2001年,第 230—231、3—4、240—241 页。

工业企业的增长是推动城市朝着现代化方向发展的主要动力,而苏州慢于无锡和南通,北京慢于上海和天津,说明城市产业的转型还受到政治、经济、文化、交通等多方面因素的制约。太原的工业之所以在北方引人注目,与阎锡山的重视与投资分不开,但尽管如此,在相当长的时间里,就业于工业的人口还是远远不如商业。

另外,距离条约口岸城市的远近,直接关系到接受国外和沿海的先进经济文化的多少,自然也对近代工业的形成和壮大产生重大影响。贵阳和兰州地处西部,尽管创办过若干近代企业,但直到抗战前工业仍十分落后,仅有一些小型的轻工业工厂,抗战以后因沿海工厂、人口内迁和资金流动,这两地的近代工业才有了较大的发展,即是证明。

三、近代城市的不均衡分布

我国是一个地域广袤、历史和地理状况复杂的大国,各区域接受现代化影响的早晚又有所不同,由此导致我国近代城市的分布呈明显的不均衡的状态。1921年,我国诞生了"市"这一主要管理城市区域的新型行政区划单位,凡是工商业发达、具有一定人口数量的大型聚落,经过政府批准,得以设市。考虑到研究探讨的方便和科学性,拟选择民国时期设立的"市",讨论城市分布的不均衡问题。[①]

(一) 不同区域在城市总数中所占的比重分析

民国时期共设立过151个市(详本章末附录7-1),其中80个分布在沿海各省市,71个分布在内陆各省。沿海13个省市,虽然只占今天的32个省市自治区(暂不计未列入附表统计的香港和澳门2个特别行政区)的40.6%,却占了市的总数的53%。足以说明民国的市主要分布在东部沿海地区,内陆地区相对较少。

1928年7月,国民政府将全国的市分为特别市和普通市两种,特别市直属国民政府,普通市隶属省政府,1930年5月废除原先的特别市与普通市,将市分为直隶于行政院的院辖市与直属于省政府的省辖市两种。在7个特别市中,南京、上海、北平、青岛、天津、广州6市都位于沿海省份,只有汉口位于内陆省份,内陆省份在特别市中只占14%。在12个院辖市中,南京、上海、北平、青岛、天津、广州、大连、沈阳等8个都位于沿海省份,只有汉口、重庆、哈尔滨、西安等4个位于内陆省份,内陆省份在院辖市中只占33%。内陆省份在特别市和院辖市中所占比重较低这一点,足以说明中国重要的市主要分布在沿海省份。

城市是人的居住空间,人口数量的不同是城市重要性差异的主要体现。要认识市的空间分布的差异,还需要分析市的人口等级规模的状况。

---

① 有关市的标准和设立,详见吴松弟:《市的兴起与近代中国区域经济的不平衡发展》,载《云南大学学报》2006年第5期。本章第四节对此亦有详尽的讨论。

因民国时期缺乏全面精确的人口统计,表7-2只收入大陆地区90个城市的人口数量。尽管如此,收入的城市已占全国城市数的60%以上,借此分析各地区市的人口数量的等级规模,仍具有一定的合理性。

表7-2　中国市的人口等级规模(1933—1936年)

人口规模(万)	数量	市 的 名 称
大于200	1	上海
100～200	4	北平、广州、天津、南京
50～100	4	汉口、杭州、青岛、沈阳
20～50	18	成都、长沙、大连、济南、武昌、滨江、苏州、福州、保定、开封、重庆、南昌、无锡、宁波、长春、镇江、温州、周口
10～20	33	徐州、扬州、南通、绍兴、嘉兴、芜湖、安庆、蚌埠、景德镇、沙市、宜昌、衡阳、自贡、厦门、汕头、佛山、昆明、贵阳、威海、济宁、烟台、太原、西安、汉中、兰州、安东、营口、旅顺、锦州、抚顺、吉林、张家口、西宁
5～10	30	常州、泰州、金华、衢州、亳州、阜城、合肥、九江、赣州、江门、肇庆、南宁、梧州、桂林、唐山、山海关、潍坊、周村、石家庄、郑州、洛阳、安阳、许昌、大同、辽阳、迪化、银川、齐齐哈尔、归绥、包头

(资料来源:沈汝生:《中国都市之分布》,《地理学报》第4卷第1期,1937年。)

据表7-2可见,人口规模200万以上的第一大城市上海,100万～200万的特大城市北平、广州、天津、南京,50万～100万的大城市汉口、杭州、青岛、沈阳,共9个市,8个位于(或曾经位于)沿海省份,只有汉口位于内地省份,内地省份只占全国人口50万以上的大城市的11%。而且,汉口的城市人口规模要远远小于9个中的至少5个。人口众多的大城市主要分布(或曾经分布)在沿海省份,是表7-2给人们的第一个印象。

在中小规模的市的数量中,内陆城市所占的比重比在大城市中所占的比重要高得多,但仍然低于沿海省份。其中,人口20万～50万的18个城市,8个位于内地,10个位于沿海。人口10万～20万的33个城市,14个位于内地,19个位于沿海。人口5万～10万的30个城市,15个位于内地,15个位于沿海。因此,人口居中小规模的城市数量沿海省份仍然多过内陆地区,是表7-2给人们的第二个印象。

总之,中国的市,无论人口规模处于何种等级,都以沿海省份占较大的比重,而且人口规模的等级越高,沿海省份所占的比重也就越高,至于人口数量众多的大城市,可以说绝大多数都集中在沿海省份。

以上系按照内陆、沿海的区分,讨论不同地带在中国城市人口中所占的地位。张朋园先生在探讨湖南省的早期现代化问题时,列有"中国沿海沿江各省都市人口"一表,说明城市人口占当地人口的百分比。[①] 据表,民国前后,中国沿海沿江各省城市人口超过当地人口总数6%的,已有广东(1902年,8.1%)、浙江(1921年,14.05%)、江苏(1921年,上海尚未分置,19%)、山东(1922年,6%)、直隶(1920年,天津尚未分置,7.9%)、东三省(1915年,10.2%)。考虑到广东统计年度比其他省都要早了18～20年,到了20世纪20年代初城市人口占全省人口比重无疑要比1902年高出很多,可以认为在20年代城市人口占全省人口比重最高的,应是江苏、浙江、广东三省,其次是东三省、直隶(今河北和天津)和山东。

(二) 通商口岸城市在市的总数中所占的比重

民国所设的市中,有59个是晚清和民国前期或被迫开放或主动开放的通商口岸城市,占了市的总数的39%。这一数据,表明通商口岸城市在全国城市中占有重要的地位。至于各个区域的情况,则有较大的差异。

据表7-3,若将中国的广大地区,分成沿海地区、沿海省份的其他地区和内陆省份三类的话,通商口岸城市在各地区的市的数量中所占的比重,表现出从沿海向内地不断下降的趋势,从沿海地区的64%,下降到沿海省份其他地区的32%和内陆省份的30%;而在内陆省份,又表现出通商口岸在城市数量中所占比重大的情况,长江沿岸高达54%,其他地区只占24%。显然,在沿海地区和内陆省份的长江沿岸,通商口岸城市已成为市的主要部分,而在沿海省份的其他地区和内陆省份的其他地区,通商口岸城市在市的数量中并不占重要地位。

表7-3 通商口岸城市占不同地区的市的比重

	沿海地区	沿海省份的其他地区	内陆省份	内陆省份的长江沿岸	内陆省份的其他地区	全国合计
市的数量	39	41	71	13	58	151
通商口岸数	25	13	21	7	14	59
口岸占市数量的比重(%)	64	32	30	54	24	39

(资料来源:据本章附录7-1。)

以上系分析通商口岸城市在不同空间的城市数量中所占的比重,如果分析它在全国不同等级的城市中所占的比重,又会得出什么结论呢?据表7-4,在直属中央的7个特别市和12个院辖市中,通商口岸城市分别占了86%和83%,可见除了个别市之外,重要的市几乎都是通商口岸城市。如从人口规模等级的角度看,人口

[①] 张朋园:《湖南现代化(1860—1916)的早期进展》,岳麓书社,2002年,第411页。

200万以上的全国第一大城市上海是通商口岸,人口100万～200万的4个特大城市中3个是通商口岸,人口50万～100万的4个大城市都是通商口岸。甚至在人口20万～50万和人口10万～20万这两个等级的城市中,通商口岸城市也占到67%和52%。只有在人口5万～10万这一等级的城市中,所占比重才下降到37%。据此不难得出这样的结论:中国重要的市大多是通商口岸,全国市的人口的大部分都生活在通商口岸城市。

表7-4 通商口岸城市在不同行政等级和人口规模的市中所占的比重

类　　别	城市数量	通商口岸城市数量	口岸城市占比重(%)	通商口岸城市名称
特别市	7	6	86	南京、上海、青岛、天津、广州、汉口
院辖市	12	10	83	南京、上海、青岛、天津、广州、汉口、重庆、大连、哈尔滨、沈阳
人口200万以上	1	1	100	上海
人口100万～200万	4	3	75	广州、天津、南京
人口50万～100万	4	4	100	汉口、杭州、青岛、沈阳
人口20万～50万	18	12	67	长沙、大连、济南、滨江(哈尔滨)、苏州、福州、重庆、无锡、宁波、长春、镇江、温州
人口10万～20万	33	17	52	徐州、芜湖、蚌埠、沙市、宜昌、厦门、汕头、昆明、威海、济宁、烟台、安东、营口、旅顺、锦州、吉林、张家口
人口5万～10万	30	11	37	九江、江门、南宁、梧州、周村、郑州、辽阳、迪化、齐齐哈尔、归绥、包头

(资料来源:据表7-2和本章附录7-1。)

还有必要从时间的角度,分析通商口岸城市的作用。表7-5的数据表明,通商口岸城市在不同时期设立的市中所占的比重,明显具有时间越早、比重越高的特点,抗战以前高达62.5%,抗战时期仍达到46.3%,只有在抗战以后才下降到21.4%。可以说,中国市的设置,是通商口岸城市发展的必然结果,市的广泛设立就是从沿海通商口岸城市开始,再往广大的地区扩展的,通商口岸城市是推动市的兴起并成为重要的行政区划单位的主要动力。

表7-5 各时期设立的市中通商口岸所占的比重

	抗战以前	抗战时期	抗战以后	合计
设市数	40	41	70	151
通商口岸数	25	19	15	59
口岸占市的比重(%)	62.5	46.3	21.4	39.1

(资料来源：据本章附表7-1。)

近代以来,中国的城市发展呈相当不平衡的状态,有的城市得到较快的发展,有的城市却走向衰落。得到发展的城市除了少数之外,大部分是通商口岸城市。20世纪40年代后期,中国12个最重要的大城市(院辖市)除北京和西安之外,上海、天津、广州、南京、重庆、青岛、哈尔滨、沈阳、汉口、大连等10个大城市均是开埠通商城市。

依照如上考察不难发现,通商开埠和对外贸易对近代城市发展的重要意义。事实证明,凡对外贸易比较发达的通商口岸城市,其城市化的发展进程比非通商口岸都要迅速得多,开埠通商和对外贸易对早期现代化城市形成和发展的作用无疑具有一定的普遍性。

如从上述城市在晚清时期行政区划体系中的地位来看,北京是首都,西安、广州、南京、沈阳是省城,天津、重庆是府城,上海、汉口是县城,青岛、哈尔滨、大连只是普通的村庄。显然,近代重要城市中,大部分城市或者只是较低级别的行政单位的治所府城与县城,或者干脆只是村庄。担任首都和省城的只有5个城市,在大城市数量中只占小部分。

需要指出,北京和西安之所以名列12个重要的城市之中,主要基于政治的原因而非工商业发达。1933年列入中国工业最发达的12个城市(不包括东北和台湾),北方有天津、青岛、北京、西安等4个城市,通商口岸城市天津和青岛合计占了全部工厂数的52%、工人数的70%、资本额的76%,占生产净值的比重更高达88%。北京虽然工厂数和工人数超过青岛而居第二,但资本数和生产净值均不如青岛。深居内陆的西安的各项数据更远远少于沿海的三个城市,尤其是口岸城市天津和青岛。[①] 显然北京由于是前朝首都和北洋政府的中心而保持较多的人口并成为交通中心,但其工业规模远不及天津和青岛。而西安1928年置市1930年废市,1932年中央政府虽然定西安为陪都,并将之直属行政院,但仅设筹备委员会,并未设立市政府,直到1943年才正式设立西安市。[②] 地位如此重要的西安仅仅设市两年即废市,以后又长期不设市,表明其工商业经济的落后和城市人口尚少。如

[①] 参见严中平等编：《中国近代经济史统计资料选辑》,表8"上海等十二个城市的工业",科学出版社,1955年,第106页。
[②] 参见本章附录7-1。

果不计北京和西安,则大城市中治所级别较高的行政中心城市占比率还要少。

第三节 传统城市的转型和不同城市的两元并峙

一、传统的行政中心城市向近代工商业城市的转型

1840年鸦片战争以前,我国传统的城市绝大部分都是不同区域的行政中心。它们在所管辖的行政区域内,往往因拥有较好的地理位置和交通条件,集聚了较多的消费人口,同时也发展为区域内贸易和工商业最发达的城市,有的甚至在全国占有一定的地位。1840年以后那些开埠通商的行政中心城市,在新的形势下工商业加速发展,城市面貌发生较大的变化,城市人口数量增加数倍,城市规模急剧扩大。

在民国早期的7个特别市和后期的12个院辖市中,北平(今北京)是定都南京以前的首都,南京、天津、广州、沈阳、西安设市前本是省城,有的设市以后仍是省城,重庆长期担任府城,而上海、汉口则是县城,只有青岛、大连、哈尔滨原先是县下的聚落。除了这十余个大型城市,大量的中小城市同样如此。在民国时期的151个市中,相当多的在设市前分别担任过省、府州、县的行政中心(详本章附录7-1)。因此,近代城市的成长,不仅表明了城市工商业的发展,也表明了传统行政中心的转型。

这些城市,如何从古代经济功能并不突出的行政中心型城市,转化为近代工商业发达、主要依靠工商业而得到发展的经济中心型城市?在具备什么条件时才可以转化?不妨以省城为例,对此予以探讨。

到1949年9月底止,中国省一级的行政区域,除了西康、西藏和独立前的蒙古三个以牧业经济为主的地区之外,其他各省都设了市,省城尤其如此,凡清末的省城全部设为市,民国才开始担任省城的城市也大部分设为市。然而,各省城转化为市的历程却各有千秋。

抗战以前设市并在以后长期维持下来的省城,计有广州、杭州、天津、昆明、济南、成都、长沙、沈阳、齐齐哈尔、武昌、归绥、吉林等。这些省城城市,近代以来经济都有了较大的发展,并在省内有着较高的地位。

《中华最新形势图》说:广州是"南部第一大埠,我国五大贸易港之一也";杭州"户口殷阗,商旅辐辏,特产饶富,工艺兴盛,为东南一大都会";天津"黄河全域及漠南各省之货物,靡不聚散于此,遂为华北商务之中心";昆明"无论在政治、军事、商业、文化、交通上,皆为全省之中心,西南一大都会也";济南在胶济铁路开通和自开商埠后城市得到扩展,而"工商之盛大,与青岛相伯仲";成都"城内人烟稠密,市肆繁昌,我国西部第一大都会也";长沙"户口殷繁,工商辐辏,繁富冠于全省";沈阳"夙为关东政治、军事之枢纽,东三省第一大都会也"。由于区域开发较晚,黑龙江(当时范围主要集中在嫩江流域)没有特别繁荣的城镇经济,《中华最新形势图》对齐齐哈尔和其他城市的经济都无较高的评价。然而,直到1949年为止齐齐哈尔都

是黑龙江省内唯一的市,足以表明其地位在省内无出其右者。总之,上述省城民国时期在自己的省内不仅保有作为省会的政治中心地位,而且由于经济发展也成为省内的经济中心。它们不仅成为省内最早建立的市,而且长期维持下来。

归绥(今呼和浩特)、武昌、吉林也是抗战以前设市的省城,但它们在省内的经济地位并不如上述省城那样高。

绥远省经济最发达的城市,不是归绥,而是包头。《中华最新形势图》说包头:"实扼西北水陆交通之枢纽。凡黄河上流及乌、伊二盟输出之牲畜、皮毛、农产,及平津输入之绸布、杂货,咸萃集于此。毛织、面粉等工业,亦渐有发达之象。其繁荣之程度,已驾于归绥而上之,俨然内蒙第一市场也。"

在湖北省内,武昌、汉口和汉阳三镇既各具不同的城市功能,又地域相连,"武昌为政治之都市,汉口为经济之都市,汉阳为工业之都市。鼎足分峙,气息相通,实一而三,三而一也",汉口和武昌有过多次的组合建市和分别建市的过程,作为政治都市的武昌经济上不如作为经济都市的汉口发达。

吉林虽然长期担任吉林省的省城,但长春自清末中东、南满、吉长三条铁路在此交会,开埠以后经济发展速度超过吉林,"遂为关东中部一大都会。贸易范围,几及三省全部,故商况之盛,省会不逮也"[①]。

抗战以前,安庆、福州、开封、西安等几个省城也都建过市,但以后又一度撤废,此后过若干年再重新建市。其中,安庆在1927年设市,但三年后便并入怀宁县,1949年又设过,不久再废,直到1950年再设置县级市。福州1933年建市,次年撤,1946年复置。开封于1927年成立市政筹备处,1929年改组为市政府,但第二年便遭裁撤;此后1936年1月复置,当年又废,直到1948年再置。西安于1928年置市,1930年废,1932年中央政府定西安为陪都,并将之改名西京,直属行政院,但仅设筹备委员会,并未设立市政府,直到1943年才正式设立西安市。这些省城之所以市设而复撤,主要是经济和城市发展速度较慢,不符合中央政府建市的人口和经济标准。

抗战期间和抗战以后,南昌、贵阳、兰州、银川、西宁、张家口、迪化、阳曲、承德、桂林、通化、乌兰浩特、保定、镇江等省城,分别设市。

《中华最新形势图》说:南昌"户口之殷繁,街市之繁华,贸易之兴盛,均冠于全省";贵阳"为全省政治、军事、工商、交通之中心";兰州"俨为西北一大都会";银川"为本省唯一之都会";西宁向为青海经济中心,"凡全省对外省之贸易,胥集中于此";张家口"贸易以牲畜、皮毛、茶叶、绸缎为大宗,繁盛冠于热察绥三省",城市地位远高于其他城市;迪化(今乌鲁木齐)"繁华富庶之状况,冠于全省,有'小南京'之号焉";阳曲(今太原)"为全省交通之大中心……盖为全省政治、教育、经济之重心点也"。乌兰浩特(位于今内蒙古东部)原名王爷庙,1947年5月1日全国第一个少

---

① 以上据世界舆地学社编:《中华最新形势图》(世界舆地学社,1937年)相关分省的"地方志"。

数民族自治政府内蒙古自治区人民政府在此成立,同年11月改名乌兰浩特市,1949年12月内蒙古自治区人民政府西迁,1964年7月取消市建制。

据此,南昌、贵阳等9个省城,在成为市之前,一般都是区域内的行政中心,同时也是贸易或经济中心。

承德、桂林、通化、保定、镇江5个省城的情况不同于南昌等省城。

在热河省内,最早建立的市不是承德,而是赤峰,1945年8月赤峰设市,1947年废,次年复设,在赤峰重新设市之年承德建为市。据此可知,当时赤峰的经济地位不在承德之下。《中华最新形势图》说承德:"市街蜿蜒六七公里,商廛繁荣可观,宛然一都会也。"说赤峰:"内蒙东部之商货,胥集散于此,盖又天然之商业中心也。已于民国三年自行开放为商埠。"

桂林向为广西省城,因偏在省的东北,对于边疆鞭长莫及,1912年移省城到南宁。考虑到边疆形势的改变,1936年省会再迁桂林。1950年2月又迁回南宁。1940年桂林设市,1949年南宁设市。《中华最新形势图》说桂林:"城内街市,尽属旧式,尚无新都市之气象。商业昔颇繁盛,自省会南迁,日形凋敝,今迅复旧观。而以自古为西南名城,得中原风气最先,由来人文称盛,虽在省会南迁时,终不失为全省之文化中心。"说南宁(时称邕宁):"城市经近年努力经营,马路日辟,绿荫扶疏,颇有新都市之气象,商业已尚繁盛。已于清光绪三十三年(按:1907年)自开为商埠,左、右二江流域之货物,胥集中于此,在本省中繁荣仅亚于苍梧(今梧州)而已。"据此,当时广西,南宁为政治中心,桂林为文化中心,而1897年开埠1949年设市的梧州则为商业中心。

通化于1942年设市,原是伪满洲国的通化省省城,抗战胜利后原属于通化省的吉林东南部和辽宁省东部成立安东省,通化是安东省的省城,但其经济实力似乎不如安东。1949年改设辽东省,以安东为省城,通化为省辖市之一。

河北省城原在天津,1935年天津分设中央直辖市,河北省城移到保定。保定在河北省内的经济地位不如被称为"我国有数之矿工业都市"[①]的唐山,石家庄兴起后更加相形失色。1921年保定县城有8万人,比同时期石家庄6 000人多十余倍;但到1932年,保定县城仅剩4.2万人,石家庄增至约9万人,远超保定。1935年河北省府移驻保定以后其人口才回升到8.4万余人。[②] 石家庄1939年设市,而保定则于1948年才设市。1958年以后河北省会移到天津,后又移到石家庄,后除1966年至1968年一度因战备再度成为省会外,保定不再是省会城市。

国民政府定都南京以后,江苏省会从南京移到镇江。镇江原是我国南北物资转运中心之一,到了晚清时期,因津浦、陇海铁路相继通车,运河不用于漕运,镇江

[①] 世界舆地社编:《中华最新形势图》,河北省·地方志·唐山,世界舆地社,1937年。
[②] 江沛、熊亚平:《铁路与石家庄城市的崛起:1905—1937年》,《近代史研究》2005年第3期。

经济地位日形衰落,在省内不如无锡、苏州、徐州等城市。1949年设市时不过是县级,解放初江苏被分成苏北、苏南二大省级区域,苏南的首府在无锡而不在镇江,镇江成为镇江专区下辖的县级市,而无锡、苏州都是地级市。

以上我们已历述了各省会城市的设市状况。如果对照这些不同时期建立的市的行政等级和人口数量规模等级,我们会发现二者之间存在着某种联系。

表7-6 不同时期设立的省会市的行政等级与人口数量等级

等级类别	抗战前设的省会市		抗战时期和抗战后设的省会市	
	数量	名称	数量	名称
特别市和院辖市	3	广州、天津、沈阳		
人口100万~200万	2	广州、天津		
人口50万~100万	2	杭州、沈阳		
人口20万~50万	4	成都、长沙、济南、武昌	5	福州、开封、南昌、镇江、保定
人口10万~20万	2	昆明、吉林	7	安庆、西安、贵阳、兰州、西宁、张家口、太原
人口5万~10万	2	齐齐哈尔、归绥	3	银川、迪化、桂林
缺数据			2	承德、通化
有人口的城市合计	12		15	

(资料来源:据本章附录7-1。)

据表7-6可见,无论是市的行政等级还是人口数量等级,抗战前设立的省会市普遍高于抗战期间和抗战以后设立的省会市。抗战前设立的省会市大多位于沿海省份,抗战期间和以后设立的省会市大多位于西部和边疆地区。福州、开封、安庆、南昌、太原等虽然没有位于西部或边疆,但建市较晚自有其政治、经济的原因。其中,福州、开封、安庆、西安等在设市后经历过撤废、再置的反复过程,直到抗战以后才最后确定。

综上所述,民国时期各省的省城普遍设为市,但设市的早晚和过程有所不同。凡是较早设市的省城,不仅大多位于相对发达的沿海省份,而且也是近代经济发展较快、集省内行政中心和经济中心于一体的城市。凡是设市较晚的省城,大部分位于近代生产力发展相对缓慢的西部和边疆地区;还有一部分虽然位于经济相对发达的地区,但由于发展速度慢于其他城市,城市仅仅是行政中心而不是同时兼有经济中心,在市的设置上不得不经历了设而复撤,然后再设的反复过程,因此影响了设市的进度,有的最终还将行政中心的地位让给了新兴的经济中心城市。因此,省会市建立的早晚及其城市行政等级与人口等级的大致一致,既反映了中国近代先进生产力从沿海向内陆推进过程中产生的地区经济差距,又反映了省内各城市经济发展速度差异对行政区划制度的影响。

尽管对近代中国城市的类型人们有多种不同的看法,但大部分的类型都可归纳到工商业城市或行政中心城市两大类则无疑问。上述多个省城城市的引用资料表明,即使是传统的行政中心城市,也已兼具经济功能。如果不能完成这种转变,传统的行政中心城市势必走向衰落。在工商业城市,依靠工商业谋生的家庭的户数超过依靠其他职业谋生的家庭户数。这种工商业城市并不仅仅消费从农村运来的物资,同时也将自己生产的各类工业产品运到农村。而且,农村需要购入或运销的物资往往也要通过工商业城市中转,城市的商人不仅组织物资流动,往往还掌握价格的制定。城市不再是古代难以脱离本地乡村而存在的聚落,而是掌握农民经济命脉的超级大鳄。城市工商业的发展促使农民流入城市,大量增加的流动人口给城市带来空前未有的管理上的压力。在这种背景下,沿用两千年的将城市作为农村一部分加以管理的省府州县制度面临着挑战,需要采取城乡分治的办法,创造出完全不同于管理农村的城市管理制度。

二、两类中心城市的并立和合一

民国时期设立的市,大致上属于两种类型,一类是开埠通商以后发展起来的新兴工商业城市,一类是因担任省会和交通中心而继续保有一定的繁荣和人口的传统行政中心型城市。总体而言,第一类城市主要分布在通商口岸及其通往内地的交通网络的交通与商业中心,第二类城市各地都有分布,而其现代化的进展程度却大体自东向西递减。

各省都存在着两种不同类型的城市。由于相当多的新兴工商业城市原先并非行政中心,或者只是较低级别的县级行政中心,而行政中心城市的现代化程度特别是现代工业和商业的发展又不如新兴工商业城市,城市人口往往也少于新兴的工商业城市,于是在同一省内存在两种不同类型的城市的同时,还存在经济中心和行政中心并立的状况。当然,所说的并立,并非行政中心城市没有工商业,而是其工商业的规模和水平不如经济中心城市。

这种行政中心和经济中心并立的情况,在以上提到的热河省、广西省、安东省、河北省、江苏省都有存在。在热河,行政中心在承德,但其商业中心应该在赤峰。在广西,行政中心在桂林和南宁之间一再移动,而省内的商业中心在苍梧,南宁商业次之,桂林则以文化中心而著名。在安东,行政中心在通化,经济中心在安东。在河北,行政中心在保定,经济中心在石家庄。在江苏,行政中心在镇江,而其经济不如无锡、苏州、徐州等城市。

如果我们将考察的时间和空间范围放大,类似的行政中心城市和经济中心城市并立的现象,还可以在许多地方看到。

香港尽管是英国的殖民地,但从经济、文化和历史考虑,应与珠三角城市同属于广东。从在区域内的影响而言,广东的政治中心在广州,经济中心在香港。

在青岛兴起后,山东省的行政中心在济南,经济中心在青岛,青岛的城市人口数量也超过了济南。

辽宁省(原名奉天)的行政中心一直在沈阳,近代营口开埠后成为"东三省贸易之总枢"①,当大连取代营口的位置后辽宁的经济中心移到大连。

吉林省的行政中心在吉林市,当其辖区拥有今黑龙江省的部分地区时其经济规模不如哈尔滨和长春,当其辖区大致和今吉林省相当时,则行政中心在吉林,经济中心在长春。

在绥远省,行政中心在呼和浩特,经济中心在包头,"其繁荣之程度,已驾于归绥而上之,俨然内蒙第一市场也"②。

当武昌、汉口和汉阳并未形成统一的武汉市时,湖北行政中心在武昌,汉口为商业中心,汉阳为工业中心。

安徽省会一向在安庆,但安庆近代工商业不如芜湖和蚌埠,而合肥则居全省之中并为交通中心。《中华最新形势图》说:"安徽省会,怀宁(即安庆)偏于西,芜湖偏于东,蚌埠偏于北,以地位论,实以合肥为最宜。"换言之,安庆既无地理之优势,工商业又不如别的城市。

在上海未从江苏省析出成为中央直辖市之前,江苏行政中心在南京,经济中心在上海。

福建省会在福州,但福州近代工商业已不如厦门。厦门"五洲船舶,万国商人,咸来萃集,繁盛乃甲于全省"③,福州只能屈居其次。

河南省会一向在开封,但自京广铁路和陇海铁路修成后,郑州成为河南交通中心,"形势之重,远过省会",工商业也蒸蒸日上,繁荣已经超过开封。④

开埠以后重庆工商业发展迅速,民国政府迁都重庆时期成长为西南最大的经济都会。此后直到重庆成为中央直辖市,四川省的行政中心在成都,经济中心在重庆。

类似的行政中心与经济中心两元并立的状况,不仅在许多省的省级层次有表现,在府级甚至县级层次都有表现。

汕头原为潮州府境内的滨海小镇,1860年开埠之后,"凡韩江所经,广东东部、福建南部及江西东南隅之所出入货物,均以此为转输之地,贸易之盛,本省中舍广州外无与伦比",⑤汕头已成为潮州府境内的经济中心。

烟台"本福山县一渔村",19世纪62年代登州开为商埠,"遂为山东一大贸易

---

① 世界舆地学社编:《中华最新形势图》,辽宁省·营口,世界舆地学社,1937年,第68页。
② 世界舆地学社编:《中华最新形势图》,绥远省·包头市,世界舆地学社,1937年,第79页。
③ 《中华最新形势图》,福建省·厦门市,世界舆地学社,1937年,第30页。
④ 《中华最新形势图》,河南省·郑县,世界舆地学社,1937年,第52页。
⑤ 《中华最新形势图》,广东省·汕头市,世界舆地学社,1937年,第33页。

港",①逐渐取代了登州的地位,成为胶东的经济、政治中心。20世纪30年代烟台特别市的人口已达15万。②

今辽宁开原县县城原名孙家台村,位于旧县城东南18里,后因铁路车站设于此,逐渐成为沈阳以北、长春以南的最大的货物集散中心。1908年孙家台只有226人,1918年增加到1.2万人。当孙家台因铁路而获得迅速发展时,开原旧县城却日渐衰落,在县境内的地位远不如孙家台,此后便将县城迁到孙家台。③

如果我们将视野放到比省更大的范围,也可以找到同样例子。例如,北京和天津,北京既是中国的首都,也是北方的政治中心,而天津则是北方的工商业中心。又如北京和上海,北京是首都,全国的行政中心,而上海则是全国的经济中心。早在1917年以前,在上海政府机关工作的姚公鹤便认为:"上海与北京,一为社会中心点,一为政治中心点,各有其挟持之具,恒处对峙地位。"④

当发展迅速的工商业城市的经济地位和人口数量超过区域内的行政中心时,有的区域便将行政中心迁入区域财政的主要提供地、经济蒸蒸日上、各方面日新月异的经济中心城市,从而实现新的政经合一。就省会而言,吉林省的长春取代吉林,安徽省的合肥取代安庆,河南省的郑州取代开封,河北省的石家庄取代保定,广西的南宁取代桂林,辽东省的安东(今丹东)取代通化,都是这方面的例子。此外,在中华人民共和国成立初期,江苏被分成苏北、苏南二大省级区域,苏南的首府也在无锡而不是原有的江苏省会镇江。

这种行政中心从传统的行政中心城市移到发展迅速的工商业城市的状况,不仅出现在省域,也出现在府域、州域甚至县域。例如,烟台原属于登州,1913年民国政府改登莱青胶道为胶东道,治所在烟台。今上海市所在区域清代属于松江府和太仓州,两地的治所分别在今天的松江区和江苏的太仓县,市区所在属松江府上海县;1914年,以此两府州及海门直隶厅辖境置沪海道,以上海县为治所,松江和太仓等原府州治所降为沪海道的下属县。广东东部旧潮州府的中心向来在潮州治所所在的海阳县(今潮州市),近代随着贸易的发展,汕头兴起成为府境最大的城市,并演变为区域行政中心,最后以汕头作为地区名。厦门原属于福建泉州同安县,城市兴起后成为周围数县的行政中心,厦门市亦成为这一行政区的专名。

如果行政中心没有发生相应的转移,特定行政区域便会仍然维持行政中心和经济中心双峰并峙的局面。例如:山东的济南与青岛,福建的福州与厦门,内蒙的呼和浩特与包头。另外还有一些重要城市,民国时期则被改为中央直辖的特别市(南京、上海、青岛、天津、广州、汉口)或院辖市(南京、上海、青岛、天津、广州、汉口、

---

① 《中华最新形势图》,山东省·烟台,世界舆地学社,1937年,第48页。
② 吴松弟、樊如森等:《港口—腹地与北方的经济变迁(1840—1949)》,浙江大学出版社,2011年,第289—290页。
③ 中央银行总管理处:《东三省经济调查录》,《近代中国史料丛刊》第3编276册,1987年,第114页。
④ 姚公鹤:《上海闲话》,上海古籍出版社,1989年,第50—51页。

重庆、大连、哈尔滨、沈阳)。今天,中央直辖市除首都北京外,还包括上海、天津、重庆等较大区域的经济中心。

综上所述,中国传统城市的显著特点,是城市不仅因作为行政中心而兴起,还因作为行政中心而发展了一定规模的工商业,从而具有政经合一的特点。近代的现代化浪潮,却使得传统城市不得不通过发展近代工商业完成转型,在保持行政中心地位的同时努力使自己仍然保持经济中心的地位。如果不能完成这一转型,传统城市的发展便处于停滞状态,其经济地位和城市地位便落后于区域内的一个甚至多个工商业城市,从而导致行政中心和经济中心分离,并出现了一些行政中心从传统行政中心城市迁移到新兴的经济中心城市的现象。因此,新兴城市不依赖城市的行政地位获得发展,传统城市通过发展近代工商业以完成转型,以及因发展不均衡导致的行政中心和经济中心相分离、行政中心从传统的行政中心城市向新兴的经济中心城市迁移的四种现象,无疑是传统城市的性质已发生了根本性改变的一个重要体现。

第四节　没有硝烟的革命:从地方自治到市的出现

本节所说的"城市革命",指自清末地方自治以来,各地富有的工商业者逐渐掌握所在城市的政治权力,并导致"市"这种中国历史上从来没有出现过的专门管理城市的行政机构的出现并遍及全国。尽管各地的城市革命都有自己的特点,但较早开埠的通商口岸在其中起了开风气之先的作用却是毫无疑问的。要探讨这一点,需要对广泛分布在许多口岸的租界略作一些分析。

如上第一节所说,列强在许多城市建立的租界,固然是西方列强侵入中国的产物,加剧了中国社会的半殖民地化进程,同时又是资本主义世界在封建主义中国的一块"飞地",客观上具有扩散资本主义思想文化、促进中国社会新陈代谢的功能。尤其是西方人集中居住的租界引人瞩目的现代市政文明,因其先进、方便、清洁、有序等诸多优点,更引起市民强烈的好奇、兴趣、羡慕,乃至产生强烈的效仿的冲动。

现代化的市政建设是租界的一大特色。在上海,西方人不习惯中国旧式生活环境,在租界营造自己本国样式的建筑和道路。他们用水泥砖头结构的独院式高级住宅和花园洋房代替中国土木结构的院落式低层建筑,用石材铺砌或水泥浇筑的马路代替晴天尘土、雨天污泥的中国旧式土路。城市垃圾处理系统、煤气、电灯、电话、自来水、邮电通信、公共交通这些中国从来没有的新鲜事物,都普遍出现在租界。在进行现代市政建设的同时,又在租界实行西方式的管理措施,并使之制度化。租界迥然不同的城市面貌,与华界的拥挤、肮脏、混乱、破败形成鲜明的对比。[①]

上海租界从1854年开始,已实行华洋杂居。而且在租界和华界之间,人员可

---

① 参见袁燮铭:《工部局与上海早期路政》,《上海社会科学院学术季刊》1988年第4期。

以自由流动,租界体现的西方物质文明和精神文明,可以毫无阻碍地扩散到华界。通过租界展示的西方文明,租界与华界的巨大差距,极大地刺激着上海人,推动他们学习西方的步伐。以市政建设为例,1864年3月上海第一家煤气公司大英自来火房开张,1882年电灯开始出现在租界。华界居民先是诧异、不解,继而便是理解、仿效。租界的道路比华界宽阔、整洁,市政管理比华界严格、讲究法制。华界在感受到这些方面的差距之后,进行了艰苦的努力,1895年上海士绅成立了上海马路工程局,以建设市政、缩小华界与租界的差距为重点。与此同时,租界实行的议会制度、生活方式、伦理道德、价值观念,乃至审美情趣,也对华界形成示范效应。①

不仅上海如此,其他设有租界的条约口岸城市无不存着租界和华界的巨大差距。汉口在开埠以后的数十年中,城市管理仍是传统的州县、坊厢和保甲制度,不仅办事效率低,而且对管理近代市政茫然无知。汉口租界和华界的城市面貌、治安状况形成强烈反差。有人回忆道:"当时汉口各租界街道房屋清洁整齐,治安秩序良好,并备设有巡捕房,轮派巡捕日夜守望……反之,武汉的街道和里巷,人极复杂,漫无秩序,甚至当街便溺,当街晒衣,毫无交通卫生的讲究,一到夜间,盗贼充斥。以此情况与租界相比,自是相形见绌。"②

目睹租界与华界的巨大差距,心中引起巨大震撼的中国人,绝不仅仅是上节提到的路过上海的康有为,本地人尤其受到震撼。生活在上海的李平书,心理便受到强烈刺激,说:"吾一言通商以后之上海而为之愧,为之悲。愧则愧乎同一土地,他人踵事增华,而吾则因陋就简也;悲则悲夫同一人民,他人俯视一切,而吾则局促膝下也。要之通商以来,上海,上海,其名震人耳目者,租界也,非相形见丑耶?"③

周积明说:"思想上的震撼与落伍的时代感往往是深刻反思与新追求的开端。中国近代革命思潮的形成,虽然并非因租界刺激而起,但香港和租界里的资本主义文明,确确实实对传统世界中的中国人起有一种文化示范和思想诱发作用。"④地方自治和市的设立首先始于口岸城市,并以口岸城市的表现最为剧烈,显然与口岸的市民对中外差距认识最清楚,要求改变的愿望最强烈,而且具备改变的物质与思想基础,有着莫大的关系。以上所提到"吾一言通商以后之上海而为之愧,为之悲"的李平书,以后便是上海自治的领袖人物。

一、清末民初的城市自治

1900年八国联军进攻北京,慈禧太后率光绪皇帝仓皇出逃。1900年8月20日,皇帝下诏罪己,1901年1月29日在西安发布上谕,宣布变法革新。这篇上谕指

---

① 参见张仲礼主编:《东南沿海城市与中国近代化》,上海人民出版社,1995年,第43—44页。
② 策前:《清末武汉的警察机构》,《武汉文史资料》1986年第一辑,第97页,转引自皮明庥:《洋务运动与中国城市化、城市近代化》,《文史哲》1992年第5期。
③ 民国《上海县续志》卷三十,论上海。
④ 周积明:《租界与中国早期现代化》,《江汉论坛》1997年第6期。

出,变法革新的目标是"富强";方针是"取外国之长,去中国之短","严祛新旧之名,浑融中外之迹";革新的内容包括"朝章、国政、吏治、民生、学校、科举、军制、财政"等诸多方面。此后各地实行的地方自治,便属于革新的内容之列。地方自治为资本主义国家的一种地方管理制度,通过民主选举,实行地方自治,民众可以根据大多数人的意志和实际情况自由处理本地事务,使地方获得较快发展。

在中国,对城市自治制度的介绍始于19世纪五六十年代,那些走出国门、身历目睹域外城市文明的驻外使臣和留学生中已有人注意到国外独特的城市管理制度。积淀所至,"清季以来,谈国是者,咸以地方自治为立国之基础"[①],从戊戌时期开始倡行的地方自治思想,到20世纪初达到高潮。

在关于地方自治的大讨论中,无疑以梁启超影响最大。在其所著的《中国文化史》的社会组织篇中,他对比中西乡治和都市制度,多次重申"欧洲国家,积市而成;中国国家,积乡而成。故中国有乡自治而无市自治"[②]的观点。梁启超通过对在美国的华人群体的考察,认为华人"有族民资格而无市民资格"。他说:"窃尝论之,西方阿利安人种之自治力,其发达固最早,即吾中国人之地方自治,宜亦不弱于彼。顾彼何以能组成一国家而我不能? 则彼之所发达者市制之自治,而我所发达者族制之自治也。试游我国之乡镇,其自治规模确有不可掩者。即如吾乡,不过区区二三千人耳,而其立法行政之机关,秩然不相混,他族亦称是。若此者,宜其为建国之第一基础也。乃一游都会之地,则其状态之凌乱,不可思议矣。凡此皆为族民不能为市民之明证也,吾游美洲而益信。"[③]梁启超注意到缺乏市制自治传统、无市民资格这一缺陷,乃"数千年之遗传,植根深厚",非朝夕之功所能改观,因此提醒说:"为国民向导者,不可不于此三致意也。"[④]他透过美国城市表象,准确把握中西地方自治的实质性差异,思想之敏锐令人叹服,理解的深入势必推动国内的地方自治运动向前发展。[⑤]

20世纪前后,资产阶级为争取参政、议政,获取一部分地方行政权,成立了许多地方自治团体。上海是我国近代工商业兴起较早、规模最大的城市,也是资产阶级力量最强的城市。因此,晚清民初上海自治运动表现的气概和力量远远超出其他城市。

清末以前上海并无专门的市政机构,所有清道、路灯、筑造桥路、修建祠庙、举办团防等事宜,悉由地方慈善团体辅元堂经办。1895年成立南市马路工程局,负责修筑马路等事宜,1897年南市外马路建成后改名南市马路工程善后总局,上海始有常设市政机构之雏形。由于善后总局的组织既不完善,所完成的任务也无足

---

① 柳诒徵:《中国文化史》,下册,中国大百科全书出版社,1988年,第840—841页。
② 梁启超:《饮冰室合集》,专集八十六,中华书局,1989年,第52页。
③ 梁启超:《新大陆游记》,湖南人民出版社,1981年,第144—145页。
④ 梁启超:《新大陆游记》,湖南人民出版社,1981年,第144—145页。
⑤ 参见赵可:《清末城市自治思想及其对近代城市发展的影响》,载《史学月刊》2007年第8期。

述,"上海士绅之开通者多惕于外权日张,主权渐落,道路不治,沟渠积污,爰议创设总工程局,整顿地方,以立自治之基础"。1905年10月上海道袁树勋采纳上海县绅商提出的成立上海城厢内外总工程局的建议,同意"即将南市工程局撤除,所有马路、电灯以及城厢内外警察一切事宜,均归地方绅商公举董事承办"。不久,通过投票,推举76人为董事,宣告成立总工程局。①

在总工程局成立之后,上海商界纷纷组织"地方自治研究会"、"地方公益研究会"等组织,探讨本地的地方自治问题。"地方自治研究会"的《缘起》论述该组织的宗旨,说:"吾中国二千年来,习处于专制政体之下,不复知个人与地方之有无关系;又自邑人任宰之制废,地方之权遂尽付之素不相谋之官吏。官吏之贤不贤,治理之善不善,徒以地方之幸不幸值之;而地方无丝毫动力。流弊所及,遂至举地方之人,而询以利弊所在,兴革所宜,瞠目结舌,而不能对者,十且八九,更安知所谓地方自治者?"②

晚清的上海地方自治,既有众多的会馆、公所参加,又有两个研究团体,以商人为中坚分子,便成了地方政治上的一种势力。"对内有商团的组织,系纯粹由商人自己武装起来保卫自己的行动;对外则对于外人租界扩张的企图,竭力防止,也曾奏相当成效。至于辛亥革命之役,不血刃而使革命军得手,实际上,他们一种政治上的势力是发挥了相当作用的。"③

1909年初,清廷颁发《城镇乡地方自治章程》,上海县城厢内外总工程局改名为上海县城厢内外自治公所,权力得到进一步扩充。1913年又以自治公所的原班人马组成上海市政厅。经过十余年的努力,上海的地方自治,便由以前只拥有一部分地方行政权,受清朝地方官府监控的民间市政机构,发展成为正式的资产阶级地方行政机关。

1906年,袁世凯委派天津知府凌福彭等筹设天津自治总局,作为直隶城乡最高的自治领导机关。8月,天津自治总局成立,各州县选派"举、贡、生员或中学堂以上毕业者,家道殷实,勤于公益之绅商",分批进入总局附设的自治研究所,学习地方自治制度和管理国家必备的知识。

为了让民众加深对地方自治的认识,袁世凯又委派学习过法政又深谙土风的多位本地人士,分赴天津属府城乡进行宣传,并分发有关近代地方自治基础知识的宣传品。经过一年多的准备,1907年6月天津开始按照选举规章选举,在2 572名候选人中选出30名议事会议员。8月18日,天津议事会及议长、副议长等被隆重选出。这个议事会是中国第一次"普选制"试运行。这个样板被层层复制,1911年

---

① 《清季上海地方自治与基尔特》,上海通社编:《上海研究资料续集》,上海书店,1984年,第153—154页;《上海自治志》,"上海市自治志大事记"甲编,《上海城厢内外总工程局大事记》。
② 《清季上海地方自治与基尔特》,上海通社编:《上海研究资料续集》,上海书店,1984年,第155页。
③ 《清季上海地方自治与基尔特》,上海通社编:《上海研究资料续集》,上海书店,1984年,第157页。

天津的州县大体都成立议事会。①

1909年初,地方自治运动由各地自发举办,转入在清政府的督导下全面推行阶段。为减少阻力、尽快见效,各地官绅有意识地主要围绕城市推行地方自治。大众舆论基于各地不同的情况,也主张"宜于各省省会与夫市镇之繁盛者,先令实行地方自治之制。行之数年,有成效矣,各省人士见闻日习,政才日裕,且既有模范可以近取而则效也,则可渐推而行之府县乡村"②。就各省地方自治的办理情况看,城镇自治机构的设立普遍比乡村自治机构提前完成。③

据不完全统计,到辛亥革命爆发前,全国已成立的城市自治公所超过850个,镇自治公所超过530个,乡自治公所在1970个以上。④ 这些城市建立的自治机构,大多采用了西方议行分立的组织体制。议决机关为议事会,执行机关为董事会,两者互相监督,是大众参与政治的重要环节。民主选举、议行分立等民主化因素在这些城市最先出现,推进了城市的政治近代化。在地方官员的监督下,日益城市化了的绅商们关注城市的发展,积极参与城市公共事务,成为城市自治的主体力量,使得自治运动开展得有声有色。⑤ 个别大城市自治机构的行政权限,例如上海,已经包括财政、工务、警务、学务、卫生、司法等。⑥ 而1909年成立的汉口各区基层自治机关,已具有对地区性公益事务进行管理的权限,俨然是城市基层政权。⑦

在各地的城市革命中,商会发挥了重要的领导作用。1904年初清政府颁行《商会简明章程》,谕令各省设立商会:"凡属商务繁富之区,不论系会垣,系城埠,宜设立商务总会,而于商务稍次之地,设立分会。"⑧ 到1905年,全国共创设商务总会和分会约70个,而次年一年之内所设立的商会就达108个。与此同时外洋各埠的华侨商人也纷纷设立中华商务总会。⑨ 通过对商会内部结构和所办之事的探讨,章开沅认为:"只是在商会成立以后,资产阶级方才有了真正属于自己的社团,有了为本阶级利益说话办事的地方。从此不再是以个人或落后的行帮形象,而是以新式社团法人的姿态与官府或其他社会势力相周旋。"⑩ 虞和平等更强调指出:"商会的设立不仅仅是资产阶级走向成熟的组织表征,而且新兴资产阶级也正是以商会为依托,不断整合自身阶级力量,强化其集团意识,逐渐形成一支举足轻重的近代政治变革力量。"⑪

商会之所以能够在晚清和民国初的政治舞台上发挥重要作用,是由于它整合

---

① 徐永志:《论20世纪初直隶地区的社会整合》,《清史研究》2000年第3期。
② 《论地方自治制宜先行之都市》,《东方杂志》第3年第9期,1906年。
③ 本段参见赵可:《清末城市自治思想及其对近代城市发展的影响》,《史学月刊》2007年第8期。
④ 参见丁旭光:《近代中国地方自治研究》,广州出版社,1993年,第92—93页。
⑤ 赵可:《清末城市自治思想及其对近代城市发展的影响》,《史学月刊》2007年第8期。
⑥ 张仲礼主编:《近代上海城市研究》,上海人民出版社,1990年,第635页。
⑦ 皮明庥:《近代武汉城市史》,中国社会科学出版社,1993年,第100页。
⑧ 《商部奏定商会简明章程二十六条》,《大清光绪新法令》第16册,商务印书馆,1910年。
⑨ 虞和平主编:《中国现代化历程》,第一卷第三编第十一章,江苏人民出版社,2001年,第262页。
⑩ 章开沅:《辛亥革命与近代社会》,天津人民出版社,1998年,第182页。
⑪ 虞和平主编:《中国现代化历程》,第一卷第三编第十一章,江苏人民出版社,2001年,第271页。

了全国各地的商人组织,并采取了与其他新式社团合作的做法。1911年,四川、江苏都成立全省性的商会联合会,次年11月各省又联合成立全国性的中华全国商会联合会。此外,通过商会与其他新式社团的协作,又实现了早期资产阶级的阶级整合。按照虞和平等的观点,通过这种整合,"为数众多的晚清新式社团并非各自为政、互不相干,除少数地区以外,它们大多以商会为中心和基线,构成一个关系紧密的社团群落。在这个群落中,商会扮演着某种领袖团体的角色,或者说勉为其难地代行了部分资产阶级政党的职能"。通过功能的联结,以商会为中心的新式社团网络已拥有不完全的市政建设权、商事裁判权、地方治安权以及工商、文教、卫生和其他公益事业权,并随着地方自治运动的深入,进一步集中、加强了控制市政建设和管理的权利。一种潜在的地方性"自治政府"正在悄然无息地形成,"它不仅填补了封建官府所留下的权力空间,并且还在不懈地开拓更大的发展空间。而这正是晚清民间社会自组织运动的根本趋势和实质,也是资产阶级区域性阶级整合的基本目标和方向"①。

吴春梅详细探讨清末新政中的官制改革,指出"中央官制改革结束之后,清廷又着手进行地方官制的改革","地方官制改革分省级和省级以下两个单位进行。每一级都按照三权分立的形式进行改造","对省级以下官制的改革,编制大臣经过讨论,规定分府州县三级,每一级都按照三权分立的形式建立行政体制。每府州县各设六品至九品官,分掌财赋、巡警、教育、监狱、农工商及庶务,同集一署办公。别设地方审判厅,受理诉讼,并划府州县各分数区,每区设谳局一所,置审判官,受理细故诉讼,不服者方准上控于地方审判厅。每府州县各设议事会,由民选举会员,公议本府州县应办之事。并设董事会,由人民选举会员,辅佐地方官办理议事会所议决之事,俟府州县议事会及董事会成立后,再推广设城镇乡各议事会、董事会及城镇乡长等自治机关。以上均受地方官监督"。②

民国初年沿袭清制实行城乡分治。江苏省推出临时议会议决《江苏暂行市乡制》,所谓的市,共有两种,一种是县治所在的城厢地方,一种是村庄屯集人口5万以上的地方。市设行政机关市董事会,设议事机关市议事会,董事会由议事会选举,呈县长官核准作用,总董相当市长,综理一切事务,对外代表市董事会,董事则分担各项具体事务。市议事会由市民选举,5万人以下的城市定额20人,5万人以上每增加5000人加选议员1人,至多60人。议事会设议长和副议长各1人,由议员互选。市议事会职权,集中在市自治范围内应兴应革事项、自治经费的预算、决算和筹集、市选举争议、对自治职员办事过失的惩戒、行政官司等。③

由于辛亥革命是革命派、立宪派和旧官僚共同参与的推翻清朝的行动,因此民

---

① 虞和平主编:《中国现代化历程》,第一卷第三编第十一章,江苏人民出版社,2001年,第271—274页。
② 吴春梅:《一次失控的近代化改革——关于清末新政的理性思考》,安徽大学出版社,1998年,第163页。
③ 钱实甫:《北洋政府时期的政治制度(下)》,中华书局,1984年,第324—326页。

国初年形成各派共同参政的局面。"就地方政府的成员组成而言,有不少社会上层人士直接进入政府机构担任职务。由于各省在起义和光复中,都有革命派、立宪派、旧官僚,以及社会各界人士参与其事,因此在成立新政府时也就不可能仅仅限于某一派人士,往往是革命派掌握军事权,立宪派掌握财政、实业等民政权。"在上海军政府中,立宪派和工商界领袖人物,如李平书、沈缦云、朱葆三等多人,担任了民政、财政、交通、工商、市政各部厅的部长、次长、市长顾问等职务。其他各省的政府成员构成,也都不同程度上存在着类似的状态。① 民国初年,县级以下的基层组织仍沿用清末旧制,继续推行地方自治,但持续时间相当短暂。袁世凯为复辟帝制,重申地方自治的宗旨是"辅佐官治,振兴公益",决非脱离官制而独立;他还诋毁各自治团体"良莠不齐,平时把持财政,抵抗税捐,干预词讼,妨碍行政",并于1914年3月"着各省民政长通令各属,将各地方现设之各级自治会立予停办"。② 清末民初的地方自治运动至此遭到扼杀,"市制也不再存在"③。

在1914年3月以后,地方自治运动是否真的遭到扼杀,市制也不再存在,仍有讨论的必要。根据《清季上海地方自治与基尔特》,自入民国直到该文献写就的1936年6月8日,上海商人在地方政治上的力量并无任何减弱的迹象。民国初期,上海商人与地方上政治势力几乎打成一片,很多商人在沪军都督府等高级行政机关做官和任职,或者与官员保持良好的关系。到了二次革命以后,"对于官厅当局,上海商界也站在领导者的地位,热烈的争取治权,如地方自治回复问题,闸北市政问题,淞沪特别市组织问题等等,俱为彰明昭著的表现","而这种表现的力量,直到现在(1936年)还是有增无已"。④ 可见,不消说1914年3月以后上海的地方自治运动并未遭到扼杀,甚至不能想当然地以为1927年国民政府统一南北之后上海的城市自治便走向消亡。

民国学者在检讨中国的市制历史时,曾明确指出清末政治改革中将市制与地方自治进行自觉联系这一影响深远的趋势。顾敦鍒在《中国市制概观》中分析了"向来重乡治而忽市政"的传统在清末被大大改变的原因,他认为,这是受到西洋三种影响所致:一是"交通频繁,商业逐渐发达",二是"机器的输入,工厂并设"。这两种原因使中国出现了城市化启动并缓慢发展的迹象。其第三种原因,"是最大的原因,那就是德谟克拉西的影响"。他具体阐释说,"清末,内政不修,外交失败。有识之人,咸知非取法西洋,革新政治,不足以图存",晚清新政运动"与市政有极大的关系。原来所谓西洋政治,就是立宪政治;立宪政治,就是民主政治,民主政治的初步,就是地方自治;而市政的推行,就是地方自治的一部分的工作"。⑤ 换言之,中国

---

① 虞和平主编:《中国现代化历程》(三卷本),第一卷,第380页。
② 白蕉:《袁世凯与中华民国》,载荣孟源:《近代稗海》,第三辑,四川人民出版社,1985年,第83—84页。
③ 钱实甫:《北洋政府时期的政治制度(下)》,第324页。
④ 《清季上海地方自治与基尔特》,上海通社编:《上海研究资料续集》,上海书店,1984年,第143—158页。
⑤ 顾敦鍒:《中国市制概观》,《东方杂志》第26卷第17号,1929年。

近代对市政开始注意,关键在于受西方民主思想的影响。20世纪初的有识之士在探索救亡图存方略时,找到了地方自治特别是城市自治这一西方民主政体的根基,从而自觉地将民主政治与作为地方自治重要构成部分的市政紧密相联,将实现民主政治的愿望寄托在争取城市自治之上。①

关于晚清和民国初的地方自治,近代史学家已发表过数十篇论文,予以相当全面的论述。人们尽管指出其先天不足的一面,但更多是肯定促进社会发展的基本面。茅家琦指出:"清王朝是以革新的姿态跨入20世纪的。"他认为晚清新政的各项措施使社会面貌发生了三大变化,一是社会经济得到发展,二是科举废除和新式学堂的发展推动着人们思想活跃与文化科学水平的提高,三是与此同时中国资产阶级主体——绅商的实力与社会地位日益上升。这些变化说明,慈禧太后下令变法维新发展到预备立宪并不是一篇"具文",也不是一块"遮羞布"②。

二、建制市的成立及其推行

1908年12月27日清政府颁布《城镇乡地方自治章程》,规定:"凡府、厅、州、县治城厢地方为城,其余市、镇、村庄、屯集等地方人口满五万以上者为镇,人口不满五万者为乡",城、镇分设议事会和董事会,建立城镇地方自治公所,举办地方自治。可见,《城镇乡地方自治章程》第一次以国家法律的形式,将城镇区域和乡村区域区别开来,确认双方都是县下的基层行政建置,城乡初步形成不同的行政系统,但同时又维持县为最下一级的地方行政区划的传统做法。由于历代国家派官统治地方的垂直统治系统都只到县一级,县以下由当地人们实行自治,虽然《城镇乡地方自治章程》具有新时代赋予的新的自治内容,但县以下的地方自治仍是历史传统的沿袭。

民国初年沿袭清朝制度,仍然实行城乡分治。辛亥年十月江苏临时省议会通过《江苏暂行市乡制》,1912年4月、1913年6月两次修正,并相继于以上的三个时间三次公布。本制度规定:"凡县治城厢地方为市,其余市镇村庄屯集等各地方人口满五万以上者为市,不满五万者为乡。""市乡以专办地方公益事宜为主,按照定章由地方公选职员办理,仍受本管民政长监督。"市设行政机关市董事会,设议事机关市议事会,董事会由议事会选举,呈县长官核准作用,总董事兼理一切事务,对外代表市董事会,董事则分担各项具体事务。市议事会由市民选举,5万人以下的城市定额20人,5万人以上每增加5000人加设议员1人,至多60人。议事会设议长和副议长各1人,由议员互选。几年以后其他省的一些大城市也设立各种形式的市政管理机构,并有着自己的管辖区域。尽管如此,这些市还不能视为一级行政区

---

① 赵可:《清末城市自治思想及其对近代城市发展的影响》,《史学月刊》2007年第8期。
② 茅家琦:《晚清"新政"与同盟会"16字政纲"》,《南京大学学报(哲学人文社科版)》2001年第5期。

划单位,只能算是"市"的雏形,而且在1914年袁世凯停办地方自治以后江苏等省的市制也停止施行。因此,这一阶段,可称作市的萌芽时期。①

中国大陆第一个具有行政区划单位意义的市形成于广州。1917年,受袁世凯排挤的孙中山来到广州,在地方军阀的支持下组织中华民国军政府。军政府任命陈炯明为广东省长,陈炯明企图使广州成为不受旧行政区划管辖的城市,委托从美国学成回国的孙中山的儿子孙科起草有关条例。1921年孙科草拟《广州市暂行条例》,呈省长核准,于同年2月15日公布施行。广东省并将广州两年前所设的市政公所改组为广州市政厅,以孙科为广州市长。《广州市暂行条例》是我国首次以市为行政单位订立的法规,其中的第三条规定:"广州市为地方行政区域,直接隶属于省政府,不入县行政范围。"②根据这一条例,广州市成为一个与县平级的独立的行政区域,广州市政厅成为独立的一级行政权力机关,而在中国历史上以前尚无一个城市能够如此。因此,这条规定实际宣告中国第一个城市型政区的诞生。③

市政厅由市长和财政、公安、教育、卫生、工务、公用事业等6个局的局长共7人所组成,行使市政管理的职能。并设立30人组成的市参事会,依《条例》第27条的规定,市参事会(一译议会)是"代表市民辅助市行政之代议机关"。市参事员中,10人由省长指定,10人由全市市民直选产生,另有10人由商会、教育、医药、工程、律师等不同的协会和团体选出。参事员任期一年,可连选连任。市参事会的职能,主要有三项:一是议决市民的请愿案,咨送市行政委员会办理;二是议决市行政委员会送交的案件;三是审查市行政各局办事成绩。市行政委员会对于市参事会的议决有异议时,得提交复议,如参事会仍执前议,市行政委员会应即执行。此外,又设立审计处,处长由省长委任,任期一年,但得连任,地位和市长平行。④显然,广州市的政府结构不同于中国历史上的任何地方行政机构,而与清末民初地方自治时清政府颁布的《城镇乡地方自治章程》、江苏临时省议会通过的《江苏暂行市乡制》规定的行政机构,有较多的相似处。由此可见,尽管1914年袁世凯停办地方自治,但各地的地方自治仍然在继续运行且在有些地方达到了新的高度。

1921年以广州为中心的南方政府还不是全国性政府,但北京的北洋政府却已注意到了广州市的变化。7月3日,北洋政府公布《市自治制》,恢复了市的行政建制,9月9日再公布《市自治制施行细则》。规定市制具有法人团体的自治权力,凡满1万人以上的城镇区域,包括首都、省会、商埠、县城等均可设市,按不同地位,划分为特别市和普通市两种。特别市的地位相当县,普通市由县领导。特别市设自治会为议决机关,设自治公所为执行机关,设参事会为辅助机关。市自治会设市长1人,代表

---

① 参见傅林祥:《中国行政区划通史:中华民国时期卷》,上篇第一章第六节"自治市制与城市型政区的萌芽"。
② 《东方杂志》第22卷第16号,第136页。
③ 傅林祥:《中国行政区划通史:中华民国时期卷》,上篇第一章第六节"自治市制与城市型政区的萌芽"。
④ 钱实甫:《北洋政府时期的政治制度(下)》,中华书局,1984年,第326—328页。

自治会。市的职权是在法令的范围内办理事务，主要有教育、交通、水利、其他的土木工程、劝业、公共营生、卫生、救济事业等。① 然而在当时的条件下，这一法规影响有限，而在全国范围内正式设市的城市寥寥无几，更多的是在大城市设立督办商埠公署，在中等城市设立市政筹备处，以此作为管理城市市政的过渡性机构。

在1920年已展开并持续到1925年的十余个省的联省自治运动中，南方各省颁布的省宪均有关于市制的规定。这些都直接刺激和诱发了人们压抑已久的地方自治热情，城市自治运动又开始重新活跃。最后在1925年5月30日，临时执政又公布《淞沪市自治制》。时人有言："故年来地方自治之声浪洋溢于耳，各大通商口岸之居民复因种种需要与刺激，感觉创办市政之必要，于是乎市制度乃极为一般人所注目。"②1922年北洋政府将北京改称京都，定为特别市，在自治机关没有成立前先设立筹备处，由官府督办。北京市民为反对官府督办市政，拒交警捐，要求提前设立市自治会，由市民自办市政。③ 由此不难看出，当时人们对实现城市自治和改革城市政治制度有浓厚的兴趣。

1926年10月，北伐军占领汉口、汉阳和武昌，不久分别成立汉口市政委员会（兼辖汉阳县城）和武昌市政厅。1927年1月，国民政府从广州迁到武汉，武汉成为临时首都。4月，经国民党中央政治委员会决议，汉口、汉阳和武昌三镇合一，成立武汉市政府，后改为武汉特别市。④ 同年4月，国民政府定都南京，5月设南京特别市，直隶国民政府，此后上海、杭州、宁波、重庆等地相继设市。

1927年5月7日，国民党中央政治会议通过并公布《上海特别市暂行条例》。条例规定："本市为中华民国特别行政区域，定名为上海特别市"；"上海特别市直隶中央政府，不入省县行政范围。"⑤上海成为中国第一个直辖（特别）市。6月，设立南京特别市。上海、南京这些直属于中央而与省平行的特别市，与先前设立的广州市等省辖市一起，组成了我国第一批城市型政区。

1928年7月3日，国民政府颁布《特别市组织法》和《普通市组织法》，规定市分特别市和普通市两种，特别市直属国民政府，普通市隶于省政府。凡首都和人口百万以上的都市，以及其他有特殊情形的都市，经过中央政府的批准，可以设为特别市。根据这个法规，全国先后设立南京、上海、北平、天津、青岛、武汉、广州7个特别市。关于普通市，法规规定：凡人口满20万以上之都市，得依所属省政府之呈请暨国民政府之特许建市。

1930年5月，国民政府又颁布《市组织法》，废除原先的特别市与普通市，将市分为直隶于行政院的院辖市与直属于省政府的省辖市两种。院辖市设立的标准，依照

---

① 《市自治制》，载《东方杂志》第18卷第14期。
② 张锐：《市制新论》，商务印书馆，1926年，第2页。
③ 《北京通信：市民反对警捐，要求提前设立市自治会》，《申报》1924年2月4日。
④ 参见皮明庥主编：《近代武汉城市史》，第十三章第一节，中国社会科学出版社，1993年。
⑤ 《国民政府公报》宁字第2号，1927年5月11日，第12页。

该法规定,凡首都或人口在百万以上者,以及政治上、经济上有特别情形者,得直隶行政院,设为院辖市;但以上各项均以非省政府所在地为限,如为省政府所在地者,该市应隶属于省政府。到1933年5月,国民政府取消了省会不设院辖市的规定。

关于省辖市,《市组织法》规定凡人民聚居地方有下列情形之一者设为省辖市:1. 人口在30万以上;2. 人口在20万以上,所收营业税牌照费土地税每年合计占该地总收入一半以上。设市标准比以前大为提高,因此在以后的相当长时间中,有的城市只能以市政筹备处及市政委员会等形式进行过渡。① 直到1947年7月,再次修正的《市组织法》始降低准予设市的城市人口标准。

从有关市设置的资料来看,在相当长的时间中,人口和税收是国民政府批准各地设市的主要标准。1933年长沙设市获得行政院批准,理由是城市人口已逾30万,且市政筹备已有头绪;② 1927年广西设立梧州市,但因人口不满10万,一直没有得到行政院的批准,并于1932年被广西裁撤;③ 都是其中的例子。然而,如果城市地位特别重要,行政院也会降低人口和税收的标准而予以设市。1935年江苏省政府决定析灌云县墟沟老窑一带设置连云市。内政部认为连云人口约有10万左右,税收也不多,尚未达到设市程度,但它是滨海重镇,港埠市政的规划设施刻不容缓。行政院复交内政、军政、财政三部及江苏省政府再行审查,最后准予设市。④ 1929年广东省政府要求设立汕头市,认为虽然城市人口只有14万,与《市组织法》不相符,但从交通、贸易及税收而有设市的必要。这项要求获得国民政府批准。⑤

我国在民国时期直到抗战胜利以前,曾存在伪满洲国、汪伪政权、伪蒙疆联合自治政府等外国侵略者扶持建立的傀儡政权,台湾亦在日本的占领下,这些政权在各自范围内都设立过市。尽管情况有所不同,但人口和税收无疑也是主要的标准。例如,1941年伪满洲国17个主要市的城市人口,奉天(后改为沈阳)、哈尔滨、新京(后改为长春)3市均在50万以上;安东、抚顺、吉林市、鞍山4市均在20万~30万,牡丹江、营口、阜新、锦州、齐齐哈尔、佳木斯、辽阳7市均在10万~20万,只有本溪湖(后改名本溪)、四平和铁岭3市在5万~10万。⑥ 虽然少数城市人口的数量低于同时的关内,毕竟看得出一定的城市人口仍是伪满洲国设市所坚持的标准。因此,可以这样说,在中国的各个区域,大致上只有那些人口数量达到一定的规模,并且具备一定经济实力和税收额度的城市,才有可能被批准设市。

南京国民政府建立的市政体制采取的是独任制,即市长1人由国民政府或省任命,管理行政,监督所属机关,其下设处、局、科分管具体事务。按《市组织法》,市

---

① 姚骧:《市组织法释义》,世界书局,1937年。
② 钱端升等:《民国政制史》,下册,商务印书馆,1946年,第417页。
③ 钱端升等:《民国政制史》,下册,商务印书馆,1946年,第420页。
④ 钱端升等:《民国政制史》,下册,商务印书馆,1946年,第424页。
⑤ 《国民政府指令第2359号》(民国18年10月21日),1929年10月22日第300号《国民政府公报》,第6页。
⑥ (日)满洲国史编纂刊行会编,《东北沦陷十四年史》吉林编写组译:《满洲国史(分论)》,内部发行,第360页。

应设立参议会,为代议机构,由公民选举参议员组成,三年一任,每年改选三分之一。《市组织法》颁布后在全国范围内推广,对中国的市制的形成起了重要的推动作用。市政府正式成为国民政府在城市中的政权机关,从而一举改变过去大中城市城乡合治的状况,有利于加强城市管理,促进市政建设和社会、经济的发展。

三、民国设市的时空进程和重大意义

民国时期设市的时间进程和空间分布的情况极为复杂。

表7-7 各时期市的设置

	合计	抗战以前	抗战时期	抗战以后
数量	151	40	41	70
占比重(%)	100	26.5	27.1	46.4

(资料来源:据本章附表7-1。)

据表7-7,到1949年共设立过151个市。如将其分为三个阶段,抗战(1937年7月7日卢沟桥事变)以前设立40个市,抗战期间(从卢沟桥事变至1945年日本宣布投降止)设立41个,抗战以后设立70个,不同时期所设市占总数的比重,分别是26.5%、27.1%和46.4%,体现出时间越后,所占比例越高的趋势。如果按平均每年的设市数量来算,各时期分别是平均每年2.2个、5.1个、17.5个,明显具有时间越后,设市速度越快的趋势,最后一年1949年设市数达到46个。虽然不同时期设市的标准不尽相同,特别在人口数量上一开始要求比较严格,后来有所下降,而解放区所设的市人口数量的标准往往有所放低,尽管这样,仍体现出设市速度不断加快的趋势。显然,这二十余年虽然经历了军阀混战、国共战争、抗日战争、解放战争等战乱,但在经济发展和城市化的强大力量的支持下市的发展速度仍然很快。

在各个层次的行政区划单位中都有"市",是市迅速发展的另一个体现。就中国大陆而言,最初设立的市,或是隶属于中央政府的特别市,或是隶属于省政府的普通市,两者后来演变为院辖市和省辖市。民国定都南京以后,实行省管县的制度,在行政区划的层次上直隶中央的特别市和院辖市相当于省一级,隶于省的普通市或省辖市相当于县一级。抗战胜利以后,山东、河南等地的根据地和后来的解放区开始实行专署管县的制度,受专署管的市相当于县一级,而专署(后改称专区)受相当于省一级的行政公署的管辖,这种市在解放区的行政区划的层次上已相当于第三级。1945年以后,山东、河南等地的解放区设立了龙口、博山、周村、周口等县级市,1949年广东也设了佛山、江门、韶关等一批县级市。如果加上日本占领时期在台湾所设,抗战胜利后仍之,隶属于县的宜兰、花莲港两市,市的行政等级已包罗省、专区、县、县以下等四级行政区划。1949年10月中华人民共和国成立以后,除台湾和香港、澳门以外,省、

专区、县三级制得以确立,于是市也就分成中央辖市、省辖市和专区辖市三种了。

空间分布的迅速扩大,也是市迅速发展的体现之一。我国的市最早出现在沿海地带,在1927年已经设立的13个市中,只有汉口、安庆、重庆3市位于内地,其他10个市都位于沿海地带。然而,1928年成立的7个市中,昆明、郑州、西安、归绥等4市都已位于内地。表明除了沿海地带之外,市这一新生事物,正沿着长江航道和主要铁路干线,向广大的内地挺进。到了1949年的年底,按今天的各省市自治区范围算,除了西藏尚未设立市,其他地区都有了不同数量的市了。

笔者以为,自晚清开始直到北伐战争胜利以后的数年,以通过民主选举实行地方自治,在城市中建立市政府为主要目的自治运动,无疑是中国近代历史上的重要事件。从历史的角度,应将其看作近代的城市革命,是自唐宋城市革命以后所发生的再一次城市革命。以往学界将这一场持续三十余年的自治运动人为地缩短为晚清自治的有限几年,且将这场自治运动视为"具文"和"遮羞布",同时又忽视北伐战争以后席卷全国的设市潮流及其意义。经过这样的拆零处理,人们在贬低自治运动的意义的同时,自然也忽视了这一场城市革命的意义和性质。

如上所述,在这三十余年中,中国城市出现巨大的变化。简略地说:

第一,出现专门管理城市的行政区域"市",城市开始与农村分属于不同的行政机构管理,以前的城乡合治变为城乡分治。传统社会之所以没有设立城市管理机构,最根本的原因是统治建立在自给自足的小农经济基础上,统治者主要根据农村社会需要制定相应的政策和措施,而城市集中体现的是政治、军事和文化功能,代表城市自身发展的经济功能当时情况下难以持续发展,也不可能形成可以制约国家权力的社会精英,在社会结构、价值理念和伦理习俗等方面城乡差别也不明显。① 而近代出现城乡分治后,城市的工商业和人口数量都得到较大发展,沿用了两千多年的将城市作为农村一部分加以管理的省府州县制度面临挑战,需要采取城乡分治的办法,建立不同于农村的管理机构的产物。经此变革,在中国出现最早、持续时间最长的最下一级行政区划单位"县",此后变成基本管理农村及其聚落的行政区划单位。

第二,中央政府批准设市,一般要求该市必须有相当高的人口数量,而且营业税、牌照费、土地税必须占该市每年财政总收入的一半以上。这一点表明,工商业者已成为城市人口的主体部分,工商业是城市的主要功能,城市由商品只出不进的地方变成工商业中心。随着市的普遍建立,人们逐渐将"市"等同于城市,而将人口较多但未设市的聚落称为镇,从而又将市与农村、设市的城市与未设市的城市、市与市镇区别开来。

第三,中央政府批准建立市的标准,主要不是依据它的行政中心的级别而是依据人口和税收的标准,甚至不考虑它原先是否是行政中心,哪怕是位于垂直行政体

---

① 张利民:《艰难的起步:中国近代城市行政管理机制研究》,天津社会科学出版社,2008年,第35页。

系最低一层的县城。这一点,标志着中国的城市开始从数千年的行政中心型,转向了经济中心型,不再像以往那样,决定城市的重要性主要是依据行政等级的高低。

第四,形成市长、市政厅、市参事会(议会)、市董事会、市行政委员会、审计处等城市行政管理机构,市议会的大部分成员理论上要通过选举产生,并对市政厅具备一定的监督、检查的职能。这种行政机构、立法机构和民主选举方式在中国历史上可说是闻所未闻,是纯粹的资本主义政治文明的舶来品。资本主义议会政治的民主形式已正式进入中国的城市。尽管各地的某些做法徒具其表,或者停留在较浅的层次,但资本主义议会政治的民主形式毕竟从此深入人心。

自秦始皇统一以来,中国建立了高度发育的专制君主体制,在政治上不消说乡村农民享受不到民主,城市居民同样难以想象三权分立、投票选举、议行分立等来自欧美的政治民主。尽管清末民初的地方自治运动的宗旨是要协调官府和民间的关系,以民治辅助官治,在专制权力面前始终处于受控状态和弱势地位,无法成为拥有独立行政权的一级政权实体。但政治民主进入中国的城市,毕竟是开天辟地以来从来没有过的大事,它预示着中国社会的发展方向,也清楚地表明近代的城市已根本不同于古代的城市。因此,这场城市革命,不但不同于唐宋之际的城市革命,也不同于其他任何时期的城市变革,是一场资产阶级城市革命。

第五节 城市空间的改变

1840年鸦片战争爆发,在英国的坚船利炮的打击下,满清政府被迫打开了国门。我国沿海、沿江地区、南方珠江流域和东北黑龙江流域,以及西北、西南、蒙古等沿边地区的口岸开埠,从而形成了一系列通商口岸城市。到清末,这些城市形成了以上海为中心,南北沿海、东西沿江两条城市轴线,口岸城市共超过一百多个。不平等条约、租界、治外法权、协定关税、外资引入都对这些口岸城市的经济与城市景观产生了深刻的影响,同时这一历史事件也逐渐改变了中国城市内部空间结构。

一、城墙的拆除

中国传统的城市多有城垣。在冷兵器时期,城墙是极为重要的防御工程,特别是古代中国城市不以经济发展主要目标,而是各级政治中心,因此军事防御性的城墙就成为早期中国城市的重要标志。每当论及中国城市时,大多用"有围墙的城市"来形容。正如刘石吉所言:"一座没有城垣的'城市'并不具备它作为地方统治中心的条件,严格说也不能算是一座城市。"[①]开埠之前,作为各种行政中心的城市大都有不同等级的城墙围绕。

---

① 刘石吉:《从筑城与拆城:清代口岸城市成长扩张的历史透视》,《清代地理国际学术研讨会论文集》,复旦大学中国历史地理研究所,2009年。

鸦片战争之后，随着国门的打开，近代工商业首先在开埠城市中得到发展。伴随着近代化过程，开埠城市中人口迅速增加，建成区不断扩展，交通运输在整个经济中的重要作用日益凸显。而旧有的城墙不仅局限了城市区域的扩张，更因为它对城市交通的阻滞，从而成为城市发展的限制性因素。因此在近代，特别是民国以后由开埠城市发轫并渐及全国的拆城运动，促成了这一时期中国城市空间的演变。

最早拆除城墙的城市是天津，这与它的城市发展历史有着密切的关系。

天津修建城墙的历史并不算久远。明永乐二年(1404年)始设天津卫，作为军事性的据点，天津于次年兴筑卫城。入清以后，天津逐渐由军事城邑转为地方行政中心，并于雍正九年(1731年)升为天津府。虽然天津升为府城，但它的城墙却一直沿用卫城城墙，周九里十三步，高三丈五尺，辟四门。因此，明清时期天津的城市发展并没有局限在城墙内，"城西北沿河一带旧有杂粮店，商贾贩粮百万，资用京通，商民均便"[1]，形成商业区。乾隆年间(1736—1795年)天津的城墙更是沦为象征之物，城外人口密集，商业兴盛。[2] 正因为这样，在第二次鸦片战争后，鉴于天津城市状况，僧格林沁奏请在城外增筑壕墙，意图将当时天津真正的城区全部围圈在内，并从海河一侧筑起一道城墙。但此举旋即在列强的压力下被迫放弃。光绪二十六年(1900年)八国联军占领天津，列强成立"都统衙门"对天津城区行使管辖。光绪二十八年(1902年)根据《辛丑条约》，天津城墙被拆毁，改建成环城马路，使得天津成为中国近代史上第一座拆除城墙的城市。

天津城墙的拆城以及这一事件对城市经济所带来的积极影响，受到了其他开埠城市的注意。上海、广州等城市起而效之，一场全国性拆城运动悄然拉开了帷幕。

上海在开埠之前，虽然商业十分繁荣，但行政级别不过是江南一大县而已。因此建于嘉靖三十二年(1553年)倭患之余的城墙也与它的行政地位相适应：周九里、高二丈四尺、辟六门，另有水门三座。开埠之前，虽在小东门(今十六铺一带)形成了繁华的市场，但作为城市来讲，上海基本上仍局限在高大的城墙内部，与天津颇为不同。

开埠以后，外国租界在上海县城北郊兴起，迅速取代上海县城原有的商业中心地位。上海县城在失去了中心地位的同时，还因城门低隘，车马壅阻，行旅不便，严重地影响到商业的发展。因此在租界区域日新月异之际，上海县城日渐颓败。或许是受到天津拆城的启示，自晚清起邑人就有拆城之议。光绪三十二年(1906年)地方士绅姚文枬领衔具禀上海道呈请拆城，得到上海道台袁树勋的支持，但却遭到守旧派的强烈反对。[3] 守旧派成立"城垣保存会"并呈请督抚请禁拆城。两方争执不下，只得以增辟城门、筑造马路的折衷方案解决。然而随着租界日辟，上海县城

---

[1] 《新校天津卫志》卷一，形胜·集期。
[2] 罗澍伟：《一座筑有城垣的无城垣城市——天津城市成长的历史透视》，《城市史研究》1989年第1期。
[3] 参见《议请拆城及改办辟门筑路案》，《苏松太道照会奉饬议拆城详案文》内附抄件，杨逸纂：《上海市自治志》公牍甲编，1915年，第27—29页。

更形逼仄,拆城之议甚嚣尘上,终于辛亥革命后,在上海民政总长李平书及姚文枬等人的积极推动下,组成"城濠事务所",于1912年初开始拆城。拆城后在原城墙墙基上修筑马路,变壕堑为通途,极大地改善了上海旧城区域的城市交通,同时使孤立、封闭的城市空间发生变化,促进了上海华界区域的经济繁荣。

与天津、上海不同,广州的城墙有着极为悠久的历史。长期作为岭南地区行政中心的广州,它的行政级别与城池规模也非津、沪可比。早在北宋时广州就筑有东、西城,奠定了广州城垣的基本格局。明洪武年间(1368—1398年),永嘉侯朱亮祖扩建旧城,以后再将城池扩张至越秀山麓,南临珠江。当时的广州城墙周长21里,辟有8门。嘉靖间(1522—1566年)广州再增建新城,清顺治间(1644—1661年)又添翼城。① 自此之后广州城市格局及规模一直维持到清末。

宣统初年,广州咨议局绅亦呈请拆除城墙以便市内交通。然时任广州将军兼粤督的增祺以城垣不宜拆毁为由拒绝此议,事遂寝。辛亥革命后,都督胡汉民设立工务司,曾计划仿效天津拆除城墙并将之改筑为新式街道,但未有后续之举措。1918年10月,广州设立市政公所,具体负责拆城并规划街道。但拆城事宜却一直要到1921年广州正式建市后才再次提到议事日程。时任广州市长的孙科致力于拓展市区马路以利广州城市发展,也正是在他的推动下,广州的城墙逐步拆除完毕。② 可见,广州的拆城之议虽与上海几乎同时提出,但拆城过程却比上海更为周折。

内地城市的拆城过程远远滞后于沿海地区。作为长江中游地区的重镇,武昌早在东汉末年就已建城驻防。历经唐、宋,到明代洪武年间(1368—1398年),武昌在江夏侯周德兴的主持下,扩修旧城,并辟有九门。或许因地处内地,武昌城墙于1926年底才始议拆除。时武昌市政厅成立拆城委员会,拟定分期分批拆城。拆城工程最初招商办理,但应征者寥寥。北伐时军阀凭借城墙顽抗,造成北伐军的重大伤亡。因此北伐胜利后,拆城工作迅速展开。与此同时,其他开埠城市拆城对当地工商业的良性作用也已彰显,因此武昌城墙也在这股大潮中轰然倒塌。③

由以上的拆城过程可以看出,沿海地区的通商大埠因近代工商业的迅猛发展、城市人口的急剧膨胀、城市区域的快速扩张、城市交通的日渐繁忙,使得在冷兵器时代可以起到有效防御功能的城墙成为经济发展的障碍,严重地影响到城市成长。面对这一问题,在以经济发展为首要目标的近代中国社会,城墙的拆除就成为必然趋势。城墙的存废甚至在某种程度上成为一个城市是否步入近代化的标志。其中最典型的例子是深处内地的西安。

今天的西安城墙是明洪武三年到十一年(1370—1378年)间修建的,城墙"周

---

① 道光《广东通志》卷一百二十五,建置略一·城池。
② 龚翠霞:《民国初期留美知识分子对广州市政建设的影响——以孙科三任广州市市长期间的实践为中心》,见林家有主编:《孙中山研究》第3辑,中山大学出版社,2010年版,第237-241页。
③ 于志光:《武汉城市空间营造研究》,中国建筑工业出版社,2011年,第133-134页。

四十里,高三丈,壕深二丈,阔八丈,门四,东长乐、西安定、南永宁、北安远"[1]。此外,城墙"四隅角楼四,敌楼九十八座"[2],极尽壮观。明代多次重修,嘉靖五年(1526年)巡抚王荩重修城楼。隆庆二年(1568年)巡抚张祉再给城墙外侧包砌一层青砖。崇祯末年,巡抚孙传庭又修南、北、西关城,因此城墙十分坚固雄伟。民国十五年(1926年),镇嵩军刘镇华攻打西安时,围城八月,久攻不下。守将李虎臣和杨虎城仰仗西安城墙赢得围城之战,创造了"二虎守长安"的战绩。也正因为此,西安城墙一直保留下来,但也因此被认为是西安城市长期发展滞缓的原因之一。

显然,中国近代城市发生的首要变化就是城墙的拆废。这一运动不仅使原来封闭的城市空间转变为开放的城市区域,同时也是近代中国的城市职能开始由以行政功能为主转变为以经济职能为主的一个标志。

二、双岸城市的出现

传统的中国城市大多是沿江、沿河分布,为的是方便利用江河的水运交通。尽管随着城市的不断扩大,市区也会逐渐向河流处逼近,尤其是城市的商业区多依河岸发展,但无论如何,这些城市总是位于河流的一侧,并没有在河流沿岸形成对称的市区。如开埠以前的上海、宁波、南京等城市即如此:上海只在黄浦江左岸发展,尽管上海的成长得益于黄浦江的水运,并且位于黄浦江岸边的大东门(现十六铺一带)附近商业十分繁荣,但整个市区却从未有跨过黄浦江去对岸发展的意图。因此开埠之前上海始终只是一个位于黄浦江西岸的单岸城市。宁波依靠甬江与内陆联系,但始终位于甬江的一侧。南京位于长江南岸,更无法跨过天堑般的长江向对岸发展。不仅如此,长江还成为南京的一道有效防线,以成其"虎踞龙蟠"之势。

开埠后各地的口岸城市随着城市经济的不断发展,对交通运输的依赖益发严重,城市布局与城市空间因此改观,其中最明显的一点就是双岸城市开始出现,且逐渐增多。双岸或多岸城市成为近代中国城市空间结构的一大特征。[3]

上海开埠以后,地处长江入海口地位得到加强的同时,与富庶的太湖流域联系的重要水运航道——吴淞江(后称为苏州河)进入到西方人的视野。1845年在英人的要求下,外国人居留地在县城以北的黄浦江、吴淞江交汇区域设立。此举显然是考虑到吴淞江在未来上海城市经济发展中的意义。

吴淞江当时是上海与太湖流域的苏(州)、(无)锡、杭(州)、嘉(兴)联系的重要通道,英国人之所以将上海列入通商口岸,除了当时上海航运业十分发达外,更重要的原因是看中上海所依托的江南地区。江南地区发达的农业、繁荣的商品经济都可以为外商带来无限的商机。

---

[1] 康熙《咸宁县志》卷二。
[2] 雍正《陕西通志》卷十四,城池。
[3] 王列辉:《近代"双岸城市"的形成、特点及机制分析》,《城市史研究》2006年第24辑。

明清时期吴淞江已是上海与太湖流域联系的重要通道。当时,吴淞江上船只熙熙攘攘,沿江还兴起了一些市集。据嘉庆《上海县志》记载,在吴淞江南岸的老闸(康熙十四年修,位于今福建路桥附近)、新闸(乾隆二年修,今新闸路桥)等津渡处都形成了较为繁盛的市集。尤其是新闸市,作为吴淞江下游航运的主要泊船地,镇上有船作、铁铺和商肆,市面兴旺。但也仅此而已,那时的吴淞江北岸村舍稀疏,市廛寥落,是江南地区常见的河港纵横的乡野景观。

开埠不久,美国圣公会主教文惠廉看到苏州河北岸沿江土地开阔、地价低廉,便擅自租赁土地,建造住宅。道光二十八年(1848年)文惠廉向上海道提出以此地作为美国人的居留地,竟获同意。[①] 当时上海道官员认为这里不过是荒旷之地,又远离市区,所以才会轻率答应,却不料这竟成为苏州河北岸发展的契机,上海因此成为一个沿苏州河两岸布局的双岸城市。

美租界的开辟全然改变了苏州河北岸的面貌。城市建成区开始形成,并很快与南岸的英租界连为一片。到同治二年(1863年)英美租界合并成立公共租界时,苏州河以北地区的城市建成区已北抵虹口一带,东西从杨树浦一直延伸到周泾(今西藏北路)地区。这时上海基本形成了以苏州河为轴线的双岸城市(参见图7-1)。

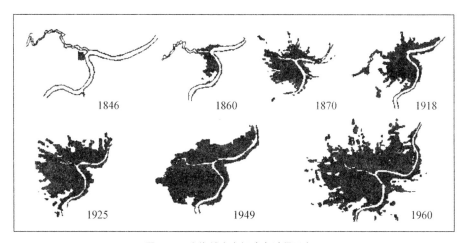

图7-1 上海城市空间演变过程示意图

(资料来源:王列辉:《近代"双岸城市"的形成、特点及机制分析》,《城市史研究》2006年第4辑。)

与此同时,作为支撑上海对外贸易的重要产业——造船业开始起步,临近黄浦江的区域成为这一新兴产业的最佳区位选择。尽管受到黄浦江水面宽阔、交通不便的制约,但因江西岸的英、法租界及老县城一带地狭人稠,地价腾贵,外商只得将势力伸向对岸,在浦东抢占岸线,开设工厂企业、修建码头货栈。早在1859年由D.莫海德经营的浦东船厂已有四五家之多,几乎是与浦西租界区同时起步。此外,

---

① 蒯世勋:《上海公共租界史稿》,上海人民出版社,1980年,第22页。

一些轻工业企业,如三井花厂、鸿源纱厂、英美烟公司浦东工厂、燮昌火柴公司、龙章造纸厂、长余肥皂公司等也陆续出现在浦东沿江地区。配合这些工厂企业的需求,浦东沿江地带兴起了大量的码头货栈。1866年浦东沿江已有立德成码头、广隆码头、李百里栈、端祥栈等码头仓栈11个。20世纪以后,浦东的发展也进入一个新的发展阶段,成为上海主要的码头仓储区。1921年浦东码头甚至超过了浦西。据1943年的调查,浦东的码头仓库约占全市的70%以上。战争中浦东的经济受到极大打击,但战后1947年的统计中,上海共有码头125座,浦东仍占57座,而仓库容量更占到全市的2/3。① 随着浦东沿江码头、货栈和工厂的修建,一些通往江边的道路发展起来,如东昌路、陆家渡路、杨家渡路先后建成。不过从黄浦江的角度来看,上海在1949年以前即便算是"双岸城市",也是一个严重不对称的双岸城市,因为黄浦江东岸在20世纪大部分时间仍以原始的乡野景色为主(如图7-1所示)。

位于海河五大支流汇流处的天津,如前文所述,明永乐二年(1404年)筑城设卫,旧城位于海河东岸,是一座东西长、南北短的长方形城市,俗称算盘城。城市周围辟四门,城市道路呈十字形,街道中心置鼓楼,是一座典型的中国传统城市。

咸丰十年(1860年)《北京条约》签订后,天津开埠通商,英、法、美三国在海河西岸划分了租界,与旧城隔岸相望。甲午战争后,法租界首先扩张,继之英租界也在光绪二十三年(1897年)扩张。1900—1902年,俄、奥、意、比四国在海河东岸占据土地建立租界,英、法、日则借机扩展租界。特别是英租界因1901年美国将租界转让给英国,面积大规模扩展。与上海租界不同的是,天津的八国租界分布在海河东西两岸,其中,英、法、德、日的租界在河西,奥、意、俄、比的租界在河东,于是形成了跨海河两岸的典型的"双岸城市"(图7-2)。②

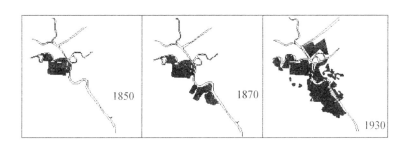

图7-2 天津城市空间演变过程示意图
(资料来源:同图7-1。)

福州的城市发展略有不同。鸦片战争后,福州作为五口通商口岸之一,被辟为商港,随后闽江两岸的台江南部和仓山一带逐渐发展起来。台江南部地区成为新

---

① 董鉴泓主编:《中国城市建设史》,中国建筑出版社,2004年,第197页。
② 王列辉:《近代"双岸城市"的形成、特点及机制分析》,《城市研究》2006年第24辑。

的港口区和繁华的商业区,而列强则在对岸的仓山设立了领事馆、海关、洋行、银行、别墅、教堂和学校等服务性行业。正是因为这样的城市结构,福州发展成跨闽江两岸的"双岸"城市:北面是旧城的鼓楼城区,南面为分处闽江两岸的南台区和仓山区。由于分处南北的鼓楼老城区与南台区相隔较远,两条南北向延伸的市区交通干道成为连接两片区域的通道,这就使得福州在成为"双岸城市"的同时,形成一个"哑铃"式空间结构(图7-3)。①

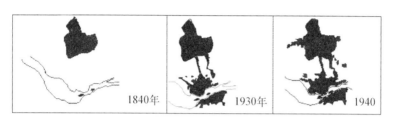

图7-3 福州城市空间演变过程示意图
(资料来源:同图7-1。)

宁波同样如此。从宋、元、明的城市图中,宁波(明州)是建筑在姚江和奉化江西岸的城市,虽然随着城区的扩大,城市也在向江岸靠近,但一直位于两江的西岸,而没有跨过江到东岸去发展。道光二十二年(1842年)《南京条约》中将宁波定为五口通商城市之一,清廷遂在宁波设海关对外商开放。外商进入宁波后,紧邻奉化江在江东岸修建商业、住宅区,英国、法国、美国等列强也在此地修建领事馆,这就是著名的江夏区。在随后持续不断的战乱中,江北岸的租界区成为在甬的富室巨商以及普通百姓躲避战乱的场所。因此太平天国时期、八国联军侵入北京时期,这里因有大量避难者涌入而得到了极大发展。20世纪30年代,宁波拆毁城垣、废弃城门,依城墙旧址修筑环城马路,旧城与江夏区之间的空间被打开,通过架设固定桥、浮桥、开设轮渡线的方式,城市区域向奉化江东岸(今江东区)、姚江北侧(今江北区)拓展,原先荒凉的江北地区工商业开始繁荣。宁波城终于在近百年的近代化过程中,形成了跨江的"多岸城市"(图7-4)。

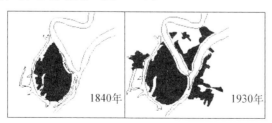

图7-4 宁波城市空间演变过程示意图
(资料来源:同图7-1。)

---

① 胡序威等主编:《闽东南地区经济和人口空间集聚与扩散研究》,香港中文大学香港亚太研究所,1997年,第71页。

以上四个城市是比较典型的从"单岸城市"向"双岸城市"转变的开埠城市。如果排除没有临江河的5个开埠城市青岛、汕头、九龙、烟台和蒙自,在近代进出口贸易前13位的城市中,有9个城市形成"双岸城市"(见表7-8)。显然,开埠之后,较大的临河城市都在近代工商业的刺激下由"单岸城市"向"双岸城市"转变。

表7-8 1936年中国进出口贸易值前18位的城市形态

港口城市	所占比例(%)	开埠时间	有无租界	城市所临江河	城市形态	模　式
上海	45.00	1843	英、美(公共租界)、法	黄浦江、苏州河	双岸城市	跨越发展型
天津	9.04	1861	英、美、法、日、德、俄、意、奥、比	海河	双岸城市	跨越发展型
汉口	8.76	1862	英、法、日、德、俄	长江、汉水	双岸城市	独立发展型
青岛	5.84	1898	德租借地			
广州	5.40	1843	英、法	珠江	双岸城市	跨越发展型
汕头	3.62	1860		—		
重庆	2.26	1891	日	长江、嘉陵江	双岸城市	中心外向型
九龙	1.58	1898	英租借地	—		
九江	1.51	1862	英	长江	单岸城市	
长沙	1.48	1904		湘水	单岸城市	
烟台	1.35	1862		—		
蒙自	1.32	1889		—		
福州	1.27	1844	日(1899,未划定)	闽江	双岸城市	跨越发展型
芜湖	1.09	1877		长河(青弋江)	双岸城市	跨越发展型
梧州	1.07	1897		西江、桂江	单岸城市	
南京	1.02	1899		长江	单岸城市	
厦门	1.00	1843	公共租界、英、日	鹭江	双岸城市	主从分异型
宁波	0.86	1844		余姚江、奉化江、甬江	双岸城市	跨越发展型

(资料来源:王列辉:《近代"双岸城市"的形成、特点及机制分析》,《城市史研究》2006年第4辑。)

"双岸城市"的形成是基于以江河航运作为城市与腹地联系的主要方式。与中国传统城市形成与发展的模式不同,经济职能在这里起到了决定性的作用:为了更好地利用水运条件,城市中的各种功能往往沿河道带状分布,特别是对交通运输依赖严重的近代工业、商业和仓储等行业。

在双岸城市的形成过程中,不能否认的是,租界起到了重要作用。在《南京条约》和《虎门条约》议定过程中,英方要求英国商民享有在各通商口岸居留贸易的特权。满清政府在被迫接受这一要求的同时,也对此设置了种种障碍,以求尽可能将英商对当地社会的影响控制在最小的程度。对新开放的口岸城市,清廷希望按旧时在广州设十三行商馆的思路,华洋分居,将洋人的活动范围限定在特定地区。因此在通商口岸,列强往往会选择人口较少但区位条件优越的江河沿岸建立租界,以便利用优越的水运条件发展近代工商业。但随着城市经济的繁荣,在原有土地不敷使用的情况下,租界当局也会利用同样区位条件的江河对岸的土地,形成"双岸城市"。无论是上海,还是天津、宁波,都是在这一模式下形成"双岸城市"的。

同样,地跨江、汉的武汉三镇之所以能在1927年合并成立武汉特别市,原因就在于咸丰十一年(1861年)开埠之后,列强为利用长江航线,在长江沿岸相继设立了5个租界。租界内码头仓库林立,形成了一条狭长的滨江城市地带,以此为基础,依靠渡轮与江对岸的武昌、汉阳相联系,最终将长期以单岸城市形态存在的三镇联合形成一个"双岸城市"。[①]

不过,真正可以使分处两岸的城市区域整合起来,技术进步则是关键因素。轮船的引进、轮渡的使用、桥梁的兴建都极大地提高了城市内部的可通达性,使跨江河的联系得以实现,这才是"双岸城市"形成的前提。上海之所以能形成跨苏州河的"双岸城市",与公共租界在苏州河上修建了多处桥梁有着极密切的关系。如外白渡桥的修建使得苏州河以北的虹口地区与南岸的租界中心区域联系变得十分便捷。而随后河南路桥、山西路桥等桥梁的修建,更是使苏州河以北地区的区位条件获得极大改善,因之工厂与住宅随之在苏州河北地区建立起来。随着时间的推移,两岸的建成区域渐趋平衡(如图7-1所示)。再如广州珠江南岸的发展,得益于1929年广州城市建设委员会所修建的横跨珠江两岸的海珠桥。

此外,有目的的城市规划和城市发展战略也会使"双岸城市"得以成长。20世纪以来,各商业城市开始有意识地发展江河对岸的地区,直接促进了"双岸城市"的大量增加。如1897年天津成立了海河工程局,自1902年起全面整治海河。在随后的二十多年里采用"吹泥填地"的方法,将由海河挖出的大量泥沙填到海河沿岸的英德租界。据统计,吹填于英租界达520万立方米,平均垫高1.40米;德租界为181万立方米,垫高约2.60米。[②] 这些工程将海河沿岸原来不能利用的大面积低洼沼地改造成可使用的城市用地,为双岸城市的形成创造了良好的物质条件。

三、城市内部功能分区的形成

19世纪末,近代工业首先在开埠城市中出现。在近代工业的带动下,商业、金融业和对外贸易也同时起步,传统的工商业城市开始向近代工商业城市转型。城

[①] 张伟然、梁志平:《竞争与互补:两个毗邻单岸城市的关系——以宋代的鄂州、汉阳为例》,《历史地理》第23辑,上海人民出版社,2008年。
[②] 杨秉德主编:《中国近代城市与建筑(1840—1949)》,中国建筑工业出版社,1993年,第102页。

市功能的转变促进了城市空间结构模式的变化,其中之一就是生产、销售和居住功能在空间上相互分离的近代城市空间结构开始形成。

首先,开埠以后,特别是在一些城市内设立了外国人居留地以后,传统中国政治中心和经济中心合一的情况发生变化,经济中心或转移到新兴的租界地区,或形成租界与旧城双经济中心结构。如上海公共租界和法租界的面积不仅远远超过了旧城区的面积,而且成为上海新的经济中心。天津在1860年被开辟为通商口岸以后,英、法、美三国援引上海等通商口岸的先例,胁迫清政府,将天津城南沿海河的紫竹林地区辟为租界。以后德、日、俄、奥、意、比等六国也先后在海河南北两岸分别建立了各自的租界。租界区在设立后不断扩展,商业繁荣,最终发展成为天津市的主体。原本作为行政中心的旧城区,因偏于西北一隅而逐渐衰落。[①] 同样,由于外国人居留地的设置,原来宁波甬江南岸的江厦码头的地位逐渐被江北岸的外滩码头所取代,成为只停泊渔船、帆船的小码头,而北岸的外滩码头则成为宁波港的主体部分,停泊大型商船和兵舰。[②]

其次,由于各种产业对交通运输条件的依赖不同,在不同区位形成了不同的产业集聚地,特别是开埠以后,城市空间以工商业为主导,城市内部的功能分区逐渐发育,日益凸显。集中布置的工业区、零售批发区和作为城市经济活动中心枢纽的中央商务区开始在口岸城市涌现。原来的围绕着行政职能和商业活动的传统城市空间格局被彻底打破。这一点以近代最大的工商业城市上海表现得最为突出。

开埠后,随着城市经济的发展,上海首先因租界的设立,在租界内部形成了外商聚居区,而在各租界交界处,因人员往来频繁,则形成商业贸易发达的工商业区。太平天国时期及其后,租界接纳了大量躲避战乱的华人,中心区域开始人满为患,有移动能力和自我保护能力的富裕外侨以及华人巨商开始逃离市中心,向当时的城市西郊迁移,在今徐家汇附近以及静安区、长宁区修建了风格各异的别墅,形成上海西郊高档住宅区。内城则成为中产阶级居住区。

上海租界内部土地紧张、地价居高不下,迫使工厂迁离该地,向外寻求适当的土地资源。苏州河以北的闸北地区,因地价低廉,且兼有水路之便,大批中外厂商在此投资办厂。如1904年商务印书馆迁往闸北的宝山路。1908年沪宁铁路的通车,使这一区域的发展如虎添翼。1909年,在新闸北面的久成缫丝厂已有工人600余名,协和缫丝厂也有800余名工人。大约在辛亥革命前后,闸北已有缫丝厂、布厂、印刷厂、制革厂、碾米厂、雪茄烟厂、矿质化炼厂、风琴制造厂、肥皂公司、面粉公司、火柴公司等多种工商企业,并且成立了能供给部分地区水电的闸北水电公司,闸北区因此成为近代上海最重要的工业区。在闸北地区工业集聚的同时,也有一

[①] 樊如森:《天津与北方经济现代化(1860—1937)》,东方出版中心,2007年,第281—282页。
[②] 李加林:《河口港城市形态演变的分析研究——兼论宁波城市形态的历史演变及发展》,《人文地理》1998年第6期。

些工人宿舍在此兴建。如商务印书馆在宝山路开辟东、西宝兴里。而在闸北工业区的外围,聚集了大批外地破产贫民,他们依靠出卖劳动力为生,生活水平低下,只能靠搭盖窝棚借以栖身,形成大片棚户区。

事实上,这样的功能分区在近代开埠城市中非常普遍。如北方最大的工商业城市天津,因势利导紫竹林段的海河水面宽阔,便于大型轮船进出与停泊,因此各国洋行和航运企业争相在这一河段建造仓库和码头,奠定了近代天津港区的基本轮廓。① 而天津华界的发展是以1902年直隶总督袁世凯批准建设河北新火车站为契机。河北新区因建设了新式的火车站、道路、工厂、学校和市政管理机构等,迅速发展成为天津华界的政治、文化中心及现代工业区。

上述近代城市或利用水路、铁路等新型交通之便,或因外围地区土地价格低廉,在原有行政中心之外的区域开辟新区以发展近代工商业,使得城市内部产生了明显的区域分异,形成各自不同的功能分区。这种状况既与西方近代城市空间分异的道路有相同之处,又有自己独特的发展路径,因此有学者总结中国近代城市空间结构的基本模式是多中心结构(如图7-5所示)。② 这一结构图式基本上反映出新的经济中心在城市内部的空间转移。

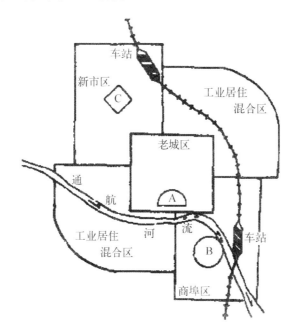

图7-5 中国近代城市空间结构的基本模式
A. 传统商业中心 B. 西式新中心 C. 新市区行政商业中心

---

① 樊如森:《天津与北方经济现代化(1860—1937)》,东方出版中心,2007年,第281—282页。
② 庄林德、张京祥:《中国城市发展与建设史》,东南大学出版社,2002年。

第六节　港口城市与中国经济变迁的空间进程

我国近代先进生产力首先在沿海港口城市形成,在推动邻近区域经济发展的基础上,进一步沿着主要的交通道路向广大的内陆地区即港口城市的腹地推进,从而波及全国的绝大部分地区,促进了这些地区的经济转型和社会发展。另一方面,腹地并非单纯接收沿海港口城市的经济辐射,也在人员、物资、文化甚至资金等方面对港口城市进行经济互动,影响着港口城市的发展。同时,由于腹地地域广大,各地的地理、历史、交通状况颇不一样,特别是距离沿海港口城市的远近相差过大,由此造成了各区域在现代化进展的速度和水平方面的显著差距。

本节拟在以上各节论述基础上,对港口城市与区域经济的关系问题进行论述。文中所提到的"港口"或"港口城市",如非特指,一般系指沿海条约口岸城市。

一、港口城市对附近农村的经济推动

考虑到中国的港口城市很多,为了能够稍为深入地论述其对周围农村的经济推动,拟选择山东烟台和上海两个城市进行探讨。

烟台在1861年开埠后进出口贸易迅速扩大,推动着口岸及其附近近代工业的发展。开埠之前,烟台主要出口豆子,豆油、豆饼出口较少。开埠通商以后,烟台利用大豆生产豆油、豆饼的榨油业日渐发展,豆油、豆饼的出口开始增多。① 此后机器榨油业又逐渐代替使用人力的旧法榨油,1900年烟台使用机器榨油的油坊数量已很多,机器磨达到120盘。加上人力榨油,每日可出豆油4万斤、豆饼7 000块。②

粉丝业是具有胶东特色的家庭手工业。清末,烟台出口的粉丝主要产于烟台附近的宁海(今牟平)、福山、黄县、招远、蓬莱、莱阳等县。③

烟台及其附近的牟平、栖霞等县是山东省缫丝业集中之地,尤以烟台为盛,工厂有400处,机械多达15 000台,加工蚕丝大约有1.5万担。④ 此外,山东省的柞丝绸纺织业也主要集中在烟台、昌邑、栖霞、宁海等地。

山东近代外来手工业,主要是草帽缏、发网、花边、绣花等。它们是烟台出口贸易的重要组成部分,基本上都是传教士引进的,首先在港口附近推广生产,然后再推及到其他地区。山东农村劳动力资源丰富,工资低廉,这些外来手工业都是清一色的劳动密集型产业,部分满足了山东农村利用多余劳动力发展经济的需要,增加了广大贫苦农民特别是农村妇女的就业机会,增加了他们的收入。

---

① 民国《福山县志稿》卷五之一一·商业。
② 章有义编:《中国近代农业史资料》第一辑,三联书店,1957年,第345页。
③ 东亚同文会:《支那省别全志》,1917年,第736、754页。
④ 白眉初:《山东省志》,志六,北京师范大学史地系,1925年,第30—32页。

例如,19世纪80年代山东土纱纺织几乎全部停歇,一个重要的原因是纺织工人每天只能赚得工资制钱20文,而编制草帽缏的工资可以加倍,甚至更多。① 再如,民国初年发网业一度成为一项以妇女劳动为主、辅助家庭生计的重要家庭手工业。在胶东地区,熟练妇女一天可编制一打发网,工钱约170文。而当时农村一个男工的日工钱也在150~200文之间,所以许多妇女都把编织发网作为家庭的基本收入来源。② 1920年前后,烟台编制发网的工厂多达百余家,从事发网业的工人2万余人,制造销售人发的发庄多达113家,是当时世界发网业著名的制造与贸易中心之一。③

1894年欧洲的抽丝技术传入胶东半岛,烟台等地的民间艺人受此启发编制出简单的花纹,后演变成一种像带子的装饰花边,即网扣花边。由于烟台的万丰洋行和仁德洋行收购各种手工艺花边,花边成为一种商品。1901年前后烟台的花边生产已相当兴盛,约有花边工厂250户,工人约20 000人。④ 此外,烟台周围的招远、莱阳、海阳、黄县、栖霞、威海、文登、荣城等地也有各具特色,且有一定规模的出口花边生产。⑤

南汇位于上海东南,因地处长江三角洲最东部分,清代沿海仍在垦拓中,向为上海市郊经济比较落后的县。太平天国战乱时又受到严重破坏,到清光绪中叶(20世纪末)才得以恢复。⑥ 1900—1936年是南汇现代化的启动阶段,在这一时期,先进农业技术由农场加以推广,现代工业、交通、通信、金融、学校教育引入南汇,并由中心集镇向中小集镇扩散,儿童入学率提高,城镇经济发展,政党、商会、农会等纷纷建立,政府机构职能分化,县、区、乡都进行了自治的尝试。⑦

研究表明,南汇主导产业的变迁,经历了由最初的盐业转化成农业,与农业相结合的手工业又适时地转变为工业这样的历程。在上海经济的强烈辐射下,20世纪初南汇的现代工业开始起步,下半叶完成了工业化。1901年江南机器制造局的挖泥船用4个月的时间,清除闸港外的积沙,这是上海现代化的成果第一次用于南汇的地方建设事业。同年开设于周浦镇的南昌碾米厂,是南汇最早建立的现代工业;1911年创办于周浦的协盛布厂,是南汇现代纺织工业之始。1917年兴办于大团镇的和记电气公司,则开南汇电力工业之先河。到了20世纪二三十年代,南汇工业进入稳定快速发展时期,20世纪初引入的织袜业进入全盛时期,抗战前江苏省有袜厂111家,48家在南汇,从业人员达6

---

① 《1886年芝罘贸易报告》。
② 青岛守备军民政部:《山东之物产》,第5编,1921年,第51、170页。
③ Julean Arnold, Ed: China, A Commercial and Industrial Handbook, Department of Commerce, USA, 1926, p.603.
④ 彭泽益:《中国近代手工业史资料》,第三卷,中华书局,1962年,第126页。
⑤ 有关烟台部分,参见吴松弟、樊如森等:《港口—腹地与北方的经济变迁(1840—1949)》,第6章第1,2节(陈为忠撰),浙江大学出版社,2011年。
⑥ 民国《南汇县续志》卷十八,风俗志一。
⑦ 李学昌主编:《20世纪南汇农村社会变迁》,华东师范大学出版社,2001年,第1页。

万人。同时,电力工业发展迅速,轧花工业率先使用柴油机动力,轮船航运业也有进展。①

民国十八年刊行的《南汇县续志》卷十八"风俗志"对南汇经济深受上海的影响,有一些生动的记载。同治年间(1862—1874年)以来,上海棉花商人收购花衣(去籽的棉花),于是用来加工棉花的"轧花场遍地",人们开始用小轧车,每日可出花衣十数斤。南汇的米市向推周浦最盛,每年七八月间上海各县运稻谷的船云集周浦镇的南市售粮,而购粮者将稻谷去壳脱糠后运到上海销售,上海市场称之为东新米,获利丰厚。到光绪末年(20世纪初)碾米机厂遍设上海各镇,周浦米业走向衰落,"而各业亦随之凋零矣"。南汇的棉花市场也以周浦镇为盛,买卖者群集,后来南汇海滩新垦地种出的棉花质量远远超过原先的产棉区,于是上海纱厂多到南汇境内的大团镇直接与农民买卖,"而周浦之棉市遂一落千丈矣"。

如果说南汇的工业于20世纪初开始启动的话,则此时上海开埠已有半个多世纪。李学昌认为,除了南汇地处海隅,濒海阻浦,一直处于现代化浪潮的边缘地带之外,也和上海城市自身的都市化需要一个过程有关。在上海现代化已经启动的19世纪中后期,由于上海仍旧处于吸纳与积累现代文明的过程之中,辐射能力有限,南汇仍旧循着其传统社会的惯性在发展,农村社会变迁的主流仍游离于上海近代社会变革之外。直到20世纪初,随着上海崛起和现代文明的扩张,南汇才开始切入上海现代化轨道,但由于现代和传统的巨大反差,两者的互动尚未能使南汇社会变迁融入上海的发展进程。直到1958年南汇在行政上隶属于上海,它才真正开始了与上海都市进程融合的过程。②

烟台周围农村和上海南汇县的事例,说明近代率先得到发展的开埠城市对周围农村产生了强大的辐射力。烟台周围农村的情况,说明城市附近农村的农业手工业生产,因港口贸易的兴起而转向国内外市场,并兴起了一些新的部门,满足了农村利用多余劳动力发展经济的需要。而南汇的情况,则说明城市周围农村的商业深受城市市场的影响,商品的销售、行业的起落、技术的淘汰与更新、工业化的进程,无不受到城市的影响甚至可以说受控于城市。另外,即使在全国经济中心的上海的周围农村,能够较强烈地接收到上海的现代化辐射的起始时间,仍要视辐射方上海和接收方各地的情况而定。不过,从李学昌的相关论述和《南汇县续志》提供的资料来看,他所说的南汇的"现代化的启动",主要从现代工业的建立这一角度而言,而对商业和农村的多种经营的影响应在19世纪60年代即上海的进出口贸易日趋兴旺开始。

---

① 李学昌主编:《20世纪南汇农村社会变迁》,华东师范大学出版社,2001年,第8—10页。
② 李学昌主编:《20世纪南汇农村社会变迁》,华东师范大学出版社,2001年,第11页。

二、港口城市与东中西三大区域经济差异的形成和发展

改革开放以来,在全国各地经济普遍获得较大增长的同时,区域之间的经济差异尤其是东部地区和中部、西部地区的经济差异也在迅速扩大。这种区域经济差异,主要体现为在发展速度上,中部、西部不如东部;在经济总量上,中部、西部GDP在全国所占的比重日趋下降,而且人均GDP远远小于东部。就中西部而言,西部发展速度和发达程度又不如中部。这种区域经济差异,可以表达为中部不如东部,西部又不如中部。[①] 可以说改革开放不仅没有达到人们预期的缩小区域差异的目标,反而使差异进一步扩大。然而,这不是改革开放的过错,这是1840年以来中国先进生产力自东部沿海向西部扩展必然产生的结果,而改革开放重新启动了长期陷于停滞状态的先进生产力的扩展过程,于是在普遍有所发展的同时东部和中西部的区域经济差异进一步扩大。

1840年尤其1860年以来,我国各地区通过通商口岸都不同程度地与国际市场发生了密切的经济联系。西部同样如此,在今天的新疆、西藏、甘肃、云南、四川等省区,在1906年以前先后设立了18个通商口岸。西部面积占了我国国土总面积的55%,而此18个口岸占我国约开、自开商埠总数的16%。东部、中部虽然只占国土总面积的45%,却拥有约开、自开商埠的84%。对于面积广袤的西部而言,开放商埠数量显得极其有限。而就占全国进口贸易额中的比重来说,西部还不到4%或3%。[②]

本书"绪论"表0-1"各地带海关贸易总值及占全国的百分比"表明,在1882年、1912年和1931年等三个年度的全国进出口贸易总值中,沿海海关分别占了73.5%、64.6%和81.6%。戴鞍钢、樊如森等人的研究,表明西部地区的进出口物资只有一部分通过本地的口岸,还有很大一部分通过陆路和水路转运,在天津、上海、青岛、广州等中国沿海口岸以及越南的海防进出口。其中,在西北地区,除少量物资通过新疆境内的通商口岸输出入到俄罗斯和中亚地区,大部分地区的物资都应通过天津港集散;这些地区,包括新疆东部、青海、甘肃、陕西、宁夏,都属于天津港的腹地范围。[③] 在西南地区,人口占西南一半以上的四川的货物,大体通过长江经上海输出入;而云南、贵州、西藏的货物集散,一部分通过沿边口岸直接与国外联系,一部分经西江上游从华南出口,还有一部分则进入四川通过长江与上海联系,19世纪末期以来经长江部分所占的比重有所上升。[④]

基于上述状况,可以说,除新疆物资主要经俄罗斯进出口、西藏部分物资通过

---

① 叶裕民:《中国区域开发论》,表2.2,中国轻工业出版社,2000年,第59—60页。
② 吴松弟:《港口—腹地与东部和中西部经济差异的形成和发展》,载陕西师范大学西北历史环境与经济社会发展研究中心编《历史环境与文明演进——2004年历史地理国际学术研讨会论文集》,商务印书馆,2005年,第1—8页。
③ 樊如森:《西北近代经济外向化中的天津因素》,《复旦学报》(人文社科版)2001年第6期。
④ 戴鞍钢:《港口·城市·腹地——上海与长江流域经济关系的历史考察,1843—1913》,复旦大学出版社,1998年,第204页。

印度进出口,云南大部分物资通过缅甸或越南经香港进出口,其余均通过天津、上海或华南港口进出口。考虑到西北、西南的人口分布,可以说西部有人口居住的地区的大部分已分别纳入天津、上海两大港口的腹地范围,小部分则属于广州、湛江、香港及越南、缅甸、印度等国的港口的腹地,只有新疆进入俄罗斯的物资没有纳入某个港口—腹地系统。据此可见,西部对国际市场和我国东部沿海的物资进出口,绝大部分通过沿海港口,而其中主要部分又是通过我国东部的沿海港口,推动西部近代经济变迁和社会进步的动力主要来自东部沿海口岸。考虑到地理位置和空间距离,可以说西北、西南两大区域的主要地区,大致属于中国沿海主要港口的广阔腹地的西部边缘部分。

我国地域广袤,一些重要港口的腹地往往拥有广阔的空间。例如,天津的腹地,不仅包罗黄河中下游的今天津、北京、河北、山西、河南、内蒙、陕西诸省区市,还包括上游的甘肃、宁夏和青海,甚至远达新疆的东部。上海长期握有我国50%以上进出口贸易的吞吐,以其为中心架构的长江流域商路网络,一直伸展到川藏和云贵高原。由于空间距离的原因,远离港口城市的西部地区与港口城市的联系,自然不如东部地区便捷和紧密。例如,位于天津腹地西部的甘肃、宁夏、青海和新疆东部与天津的联系,自然不如腹地东部的河北、北京、河南便捷和紧密,自天津传递到腹地西部的现代化气息则要大大慢于或少于腹地东部,西部的现代化程度显然也要弱于东部。

由于中国现代化的因素,主要是在东部沿海港口城市登陆,尔后渐次向西部渗透,受广阔的空间距离和交通的影响,其在西部的渗透时间、渗透速度和深度,不仅要弱于东部沿海地区,而且也要弱于中部地区。这种现代化程度随空间距离的加大而相应弱化的现象,不仅出现在东部和中部、西部三大区域之间,甚至出现在西部内部,如果将沿边口岸附近地区略而不计,在西部地区同样存在着离东部沿海距离越远、现代化程度越低的现象。

近代以来,轮船、火车、汽车等新式交通工具,展示了比步行和借助于畜力、帆船无可比拟的优越性,不仅载人、载货更加便捷,数量更多,而且单位运价一般也要便宜得多。这种新式交通工具,一经产生,便显示了自己极大的威力。不过,新式交通在中国的发展历程相当曲折,由于当时的交通建设尤其是铁道建设,实际是以港口城市为指向的,远离东部港口城市的西部一直是我国新式交通建设最为缓慢的地区。铁道和轮船曾是近代最主要的现代交通工具,西部可以通航的河流长度极其有限,铁道同样稀少,在20世纪二三十年代以前除了一条自昆明到达河口的窄轨铁道,便无任何铁道了。后世对西部极其重要的陇海铁路20世纪30年代尚未进入陕西,1949年前仅修到天水,另一条黔桂铁路仅建成柳州至都匀一段,而宝成、湘黔、包兰等重要铁路都是1949年以后所建。现代交通的稀缺,加大了西部交通的困难,使其离东部港口城市更显遥远,极不利于区域经济的发展。例如,陕西关中是我国重要的商品小麦产区,而汉口是我国面粉工业的发达之区,陕西距汉口并不遥远。然而,"汉口之面粉厂,其所用之小麦,大部分来自美国西雅图、波得兰,盖以西北麦价虽廉,然以人力兽力之运输,其成本反较美国小麦为贵也"①。

戴鞍钢认为,我国东西部的商埠及其货物流通和商贸交易,呈现很大差异。东部因其相对有利的经济基础、物产状况和交通条件,成为列强着意经营的地区,上海、天津、广州和香港,分居华东、华北、华南进出口贸易枢纽港地位,其中上海更是独占鳌头,长期握有我国50％以上进出口贸易的吞吐。综观西部口岸,除了重庆因是长江流域市场网络上游地区中转枢纽港,维系川、滇、云、贵诸商货的转运,贸易颇盛外,其他各口则多处于经济相对落后、交通闭塞的内陆边远地区,列强更多的是把它们作为殖民侵略的据点而非商贸经营的重镇,所在省区的进出口贸易商品流通大多被吸纳入东部口岸的市场运销网络。在这种贸易格局下,西部内陆边地通商口岸的对外贸易和口岸经济一直未有很大起色,对周围地区的社会经济也就难有如东部口岸那般较明显的促进和带动效应。②

我国地域广袤,向来存在着明显的区域差异。1840年以前,大的区域经济差异主要表现为南北差异,在经济发展水平和经济总量上唐中叶以前北方优于南方,唐中叶以后南方优于北方。这一点,尽管可以从历史上的人口南迁、南方和北方在中国处于战乱时的安危治乱的不同,以及北方的生态变迁等方面进行解释,其实最根本的原因在于农业对自然的要求。农业是当时国民经济的基本部门,农作物的生长深受自然条件的限制,当南、北两区域的生产技术和人口密度都达到了前近代时期的顶峰时,纬度地带性造成的气温、降水的差异最终决定了各地的农业发展程度,导致了南北经济差异。另外,由于东部的自然条件总体来说又好于西部,在存在南北差异为主的同时又存在着东西差异,即东部的经济发展水平和经济总量又超过西部。

1840年以后我国在南北差异仍然存在的同时,东西差异日渐扩大并最终成为主要的区域经济差异。无论经济水平还是经济总量,大致体现出自东部沿海地带向中部、西部地区递降或递减的趋势,而经济的差异必然导致政治、文化、社会等方面发展程度的差异。这种差异,除了东部原先就是我国经济发展程度和人口密度较高的地区这一历史基础之外,主要是近代以来中国现代化空间进程的差异造成的。随着先进生产力在沿海地区的较早发展以及各区域陆续卷入世界贸易体系,尽管农业仍是国民经济的基础,但近代工商业已日益重要并代表着中国经济的发展方向。对于发展工商业而言,市场十分重要,外向型经济的主要市场在国外,东

---

① 张其昀:《中国经济地理》,第四章,商务印书馆,1930年。
② 戴鞍钢:《近代中国西部内陆边疆通商口岸论析》,《复旦学报》2005年第4期。

部沿海港口城市是中国沟通外国的主要门户,而内向型经济的主要市场也在人口密集经济发展程度较高的东部,在这种情况下,东部沿海的经济自然可以较早得到发展。而对东部沿海港口以外的地区来说,靠近东部沿海就是靠近市场,远离东部沿海就是远离市场。

除了距离市场远近这一重要因素之外,距离中国现代化的早期基地的远近是另一个重要因素。中国的近代经济与传统经济的最大区别,是在强行进入的外国资本主义的冲击下,形成的现代经济的缓慢成长和传统经济的逐渐转型。沿海城市是外国资本主义在中国最早登陆的地方,中国现代化的最初的基地,它们不仅是国内市场联结国外市场的枢纽和国内外贸易最发达的地方,也是现代工业最集中、科学技术和教育科技最发达的城市,并是获取国内外信息最方便的地方。加之自然地理条件和历史基础的原因,它们又是人口密集、经济发达、人民生活水平较高的地区。当先进生产力以及相伴随的先进的经济制度、政治、思想、文化等因素,在各口岸的腹地内部传播时,受空间衰减规律的影响,必然出现越靠近口岸强度越大,离口岸越远强度越弱这样的特点。在发展市场化、外向化、半工业化和工业化方面,则形成越靠近口岸越方便,离口岸越远越不方便这样的特点。从这个意义上讲,哪里接近沿海口岸,哪里就能最先获得港口城市的经济辐射,获得先进的商品、观念、技术和设备,近代工业、金融、商业、交通也就最先从哪里起步和发展。东部地区正是由于具备了这样的地缘优势,才获得了最先发展近代经济的机遇和可能,而随着时间的推移,其近代经济日渐强大,与西部地区的比较优势也就日渐突出了。

除了上述原因,长期以来因各种自然和人文原因造成的区域的经济、文化、政治状况,也在深深地制约着各地现代化的进程,这一种传统的力量同样不容忽视。

从历史上看,近代以前我国的商品经济以东部地区最为发达,以苏州、杭州、南京为中心的长江下游地区和以广州为中心的珠江三角洲地区,近代之前不仅是我国农业最发达的地区,也是手工业、商业、市镇体系最为发达的地区,其他地区总体而言都不如长江下游和珠江三角洲。西部地区尤其如此。西部缺乏地势低平的大平原和谷地,广大地区或处于崇山峻岭,或处于高寒高原和干旱半干旱草原,或处于流动半流动的沙漠,自然条件较差,不少地区只能经营畜牧业和山地农业,手工业和商业相当落后。

陈桦对清代各区域社会经济的比较研究表明:西北(此处指新疆和甘肃境内黄河以西)直到清末经济规模和水平仍十分落后,手工业和商业多集中于一些较大的城市之中,工商业市镇非常少,手工业生产的门类比较单一,不少地方与外界没有贸易关系。西南(此处指云、贵两省及四川盆地、广西西部)地区经济极不均衡,四川盆地西部经济发达,素有天府之国之称;平原坝子和河谷丘陵以及城镇通衢之处,自然条件和经济程度尚好;但广大的少数民族聚居区因地处边远,交通不便,长期处于与世隔绝状态,文化素质低,人口稀少,生产落后。广大的青藏高原(此处指西藏、青海和四川的川西高原)长期处于封闭隔绝状态,为以牧业为主、农业为辅的农牧混合型经济,经济发展迟缓,程度更低。① 陈桦对今陕西省和甘肃省的黄河以东地区着墨不多。在这方面,田培栋的研究可为人们提供一些思路。田培栋论述明清时期的关中手工业落后于江南的根本原因,是关中的人们不重视手工业,不但一般人不习工艺,增加收入,即使这个地区的大商人也不愿意投资经营。至于商业,明代关中成为闭塞之区,清代有了较大的发展,但仍属于不发达地区。②

况浩林的研究表明,外国列强在我国少数民族地区的经济活动便不同于在其他地区。具体表现在:对外贸易量不大,直接投资少,而直接投资中又较多集中在商业与金融业,工业投资主要又是矿山的投资。由于这些特点,必不可免地使输出商品、掠夺原料以及投资兴办工业等原因导致的少数民族地区自然经济的分解程度,远不如内地这样深刻,从而也必然影响到少数民族地区的资本主义工业特别是加工业的发展,促使近代中国社会经济发展的不平衡进一步加剧。③ 有关近代西部经济的研究表明,这一区域通商口岸贸易量不大,外国资本在云南、贵州等地主要投资于矿山,极少投资于加工工业。因此,况浩林总结的特点,不仅大体适用于西部的少数民族地区,而且一定程度上也适用于西部的汉族地区。

1840年以后我国各地区的现代化过程,既是先进生产力不断壮大的过程,也是旧有的落后生产力逐渐消亡的过程,新旧生产力、新生事物和传统力量的矛盾、冲突贯穿于整个过程。而且,影响现代化的因素,不仅体现在经济上,也体现在思想上、文化上和政治上。各个区域现代化进程的快慢、难易,现代化过程中展示的区域特点,无不是新旧两种力量较量的结果。就各区域的情况来看,凡是地理位置不闭塞、原先商品经济比较发达、交通比较方便,而且位于或比较接近沿海的地区,现代化因素的成长就容易一些,发育程度就要高一些,反之成长就要艰难一些,发育程度就要低一些。因此,西部现代化进程比较缓慢,可以说是位于我国各港口—腹地的边缘位置与相对强大的旧经济、文化、政治传统相互作用的结果,前者使从沿海登陆的新兴生产力到达西部的时间要晚于中部和东部,送达西部的能量也要少于中部和东部,而后者又使西部传统经济、文化和政治的力量一般说来比中部和东部地区都要强,两相比较,自然使西部成为中国现代化程度最差、经济发展最为落后的区域了。

---

① 陈桦:《清代区域社会经济研究》,中国人民大学出版社,1996年,第27页,第313页,第358—362页。
② 田培栋:《明清时代陕西社会经济史》,首都师范大学出版社,2000年,第222页,第263—269页。
③ 况浩林:《中国近代少数民族经济史稿》,第二编第一章第四节,民族出版社,1992年。

三、港口城市和近代经济区的出现

经济区是经济地理学的基本概念之一。按经济地理学的表述,经济区是在一定空间范围内经济活动相互关联的客观存在的空间组织,是市场经济发展到一定阶段时自然而然形成的产物。它以某个大的综合性城市或城市群作为经济中心和交通中心,经济中心对经济区内的其他地方产生辐射作用,又依托次一级的经济中心把各地区连成一体,并通过各种交通、通信和商业系统构成复杂的经济网络,各地的经济活动有一定的相互联系和相互依赖。

经济区的出现,是我国近代经济地理形成的一个突出方面。它以口岸城市为核心,以城市、腹地之间的经济联系方向为基本要素,这种经济联系最先在沿海地区出现,再逐渐扩大到全国。1840年以后港口—腹地系统的形成和发展,为经济区的出现提供了必要的前提。

近代以来,沿海口岸城市与其他地区的人员和贸易往来、资金流动、技术和信息传播,已成为中国各区域经济联系的主要形式。中国广袤的空间,除了边疆可以通过沿边口岸发展对外贸易的区域自成一体之外,其余地区几乎都成为沿海各口岸城市的腹地。而沿长江、沿珠江的各个口岸,如汉口、重庆、梧州,只不过是沿海口岸,尤其是上海以及香港、广州等主要口岸城市伸入内地的贸易网络的不同节点而已。以沿海主要口岸城市为龙头,以它们的腹地为龙身,通过主要交通道路密切连接的经济区,实际上已经形成。那些特别重要的港口城市或港口城市群是区内的经济中心,而腹地通过港口和我国各区域及世界各国保持贸易关系成为区内外经济联系的主要方式。

有理由估计在20世纪二三十年代,我国已形成6个较大的经济区。根据港口—腹地的状况,大体上可划为以沈阳—大连为中心的东北经济区,以天津—北京为中心的北方经济区,以青岛—济南为中心的山东经济区,以上海为中心的长江流域经济区,以厦门—福州为中心的福建经济区,以香港—广州为中心的华南经济区。这种经济区由于建立在市场经济的基础上,内部保持着较强的经济联系,一经形成,便具有较强的稳定性。在六大经济区的内部,又形成次一级的经济区。例如,在华中经济区的内部,至少可以划分出次一级的以汉口为中心的长江中游经济区、以重庆为中心的长江上游经济区;在东北经济区的内部,至少可以划分出分别以沈阳、长春、哈尔滨为中心的三个次一级的经济区;在山东经济区和福建经济区的内部,至少又存在着以济南或福州为中心的次一级的经济区。

在广大的边疆地区,如云南的南部、新疆的大部分地区以及西藏,由于存在着若干个直接面对国外的通商口岸,区域的进出口商品通过这些口岸而不是东部沿海口岸输出入,这些区域可以说是自成一体的经济区。因此,近代的中国从经济上而言,实际是6个大的主要经济区加上若干个小的沿边经济区而构成的。

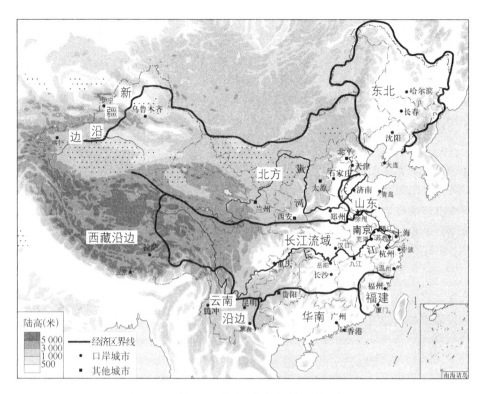

图7-6 中国沿海、沿边口岸各自腹地范围示意图

以前有的学者在研究中国传统经济时,也将中国划分为若干个经济区域。[①] 如果将近代这种倾向沿海沿江口岸城市的全新的经济区,与他们所说的传统经济时代的经济区进行比较,可以看出,近代经济区的内部联系倾向于沿海口岸城市,而传统时代的经济区的内部联系倾向于首都或省会等重要的政治中心,作为近代经济中心的沿海口岸城市原先大多不是重要的政治中心,而那些在传统经济时代同时担任政治中心和经济中心的首都或省会,近代却大多已不再是区域内部的经济中心。另外,虽然近代以来农业仍是国民经济的基础,但工商业经济和外向型经济已越来越重要并占了主导地位,因此近代经济区和传统经济区的另一个重要区别,在于前者通过港口城市与世界经济保持密切联系的外向性,而后者主要满足作为政治中心的首都或省会城市消费需要的内向性。

自20世纪50年代以来,我国实行严格的计划经济,生产资料和生活用品的调配均通过政府而不是市场,在这种情况下出现的"经济区"与近代的经济区没有可比性。另外,近一二十年来国家为了通过区域经济合作以加速一些地区的经济发展,规划了长三角、黄渤海、珠三角、关中等经济区,尽管这些区域内部存在着或强

[①] 冀朝鼎:《中国历史上的基本经济区与水利事业的发展》,中国社会科学出版社,1981年。

或弱的经济联系,但并非每个经济区都和本节所述的"经济区"相吻合。

值得注意的是,随着我国市场经济的重建以及纳入世界经济体系程度的不断加深,近代经济区的轮廓又重新浮现在中华大地。

当代经济地理学者周一星等人将1997年中国口岸城市的外向型腹地,依据各地对外贸易货物流的主要联系方向,以沿海口岸城市为核心,划分出东北区、黄河流域区、长江流域区、华南区、山东区和福建区等6个对外经济联系区。①将他们的研究和本文的论述相对照,可以看出:以上海为主导的长江流域区,大致就是近代上海港的腹地范围;以天津为主要枢纽的黄河流域区,除去沿边亚区,大致就是近代天津港的腹地范围;以本省口岸为对外联系枢纽的山东区,大致就是近代烟台港和青岛港的腹地范围;以辽中南口岸城市群(大连发挥主导作用)为枢纽的东北区,除去沿边亚区,大致就是大连港及安东(今丹东)、营口的腹地范围;以广州、深圳为主导的华南区,大致与近代粤港澳组成的珠江三角洲港口群及汕头、湛江等港共同组成的华南口岸群的腹地范围相一致。这就表明,尽管由于交通和区域经济的巨大发展,各港口的腹地范围在边缘地区已发生一些变化,但近代起重要作用的那些港口城市的地位以及港口—腹地的大格局并没有发生重大的变化。随着中国与世界经济联系的日益紧密和市场经济的重建,目前的港口城市与其腹地之间的经济联系,使一种与过去计划经济和国有经济为主的时代完全不同的经济区合乎逻辑地出现奠定了基础。

港口城市及其腹地对近代区域发展的影响,不仅体现在新的经济区的形成和促使东中西三大地区经济发展水平差距的扩大,也体现在同一地区内经济发展的不平衡。各地区的发展往往以口岸所在的沿海或沿江一带较快,而在并非沿海沿江的地带,发展较快的往往是在重要口岸通往腹地的主要交通线上担任交通枢纽的城市。今内蒙古的包头市1809年的时候才由村改为镇,后随着天津进出口贸易的发展和铁路的向西延伸,包头成为陕、甘、新、内外蒙古皮张、羊毛的转运中心,以后又取代归绥(今呼和浩特市)而成为内蒙地区的经济中心。济南因位居南北大通道津浦铁路和山东的东西大通道胶济铁路的连接处,成为山东省内贸易的中心和青岛港—腹地系统中最大的转运市场。济南在20世纪以后经济上在山东省仍有一定的地位,显然和其在山东新的交通格局与港口—腹地体系中的地位有关。②

受近代的港口—腹地体系制约,以及新的交通格局和物流、人员流、资金流方向的改变与区域发展差距的影响,一些城市走向衰落,一些城市得以兴起,中国旧的城市分布格局有所改变,城市主要集中在东部沿海的失衡现象进一步加剧。如上所述,20世纪30年代的建制市,无论人口规模处于何种等级,都以沿海省份占较

---

① 周一星、张莉:《中国大陆口岸城市外向型腹地研究》,《地理科学》第21卷第6期,2001年。
② 参见吴松弟、樊如森等:《港口—腹地与北方的经济变迁(1840—1949)》,浙江大学出版社,2011年,第172页,第183—184页。

大的比重,而且人口规模的等级越高,沿海省份所占的比重也就越高,至于人口数量众多的大城市,可以说绝大多数都集中在沿海省份。

附表 7-1 各市的设立和开埠状况一览表

年度	城市	设市前地位	设 市 状 况	开埠状况 时间	聚落
1920	台北	州城	1920 年 9 月划城郊设,1945 年后仍为台北市,设为台湾省城。	1862	县下
	台中	州城	1920 年 9 月划城郊设,1945 年后仍为台中市。		
	台南	州城	1920 年 9 月划台湾府城郊设,1945 年后仍为台南市。	1865	府城
1924	高雄	州城	1924 年 12 月划打狗港附近设,1945 年仍为高雄市。	1863	县下
	基隆	郡下	1924 年 12 月划基隆城区设,1945 年后仍为基隆市。	1863	县下
1925	广州	省城	1921 年设市,1925 年 7 月划城区及附近地正式置。1930 年 1 月设特别市,8 月降为省辖市。1947 年升为院辖市。	1843	省城
1926	汉口	县城	1926 年 10 月设汉口市,1927 年 4 月汉口、武昌和汉阳三镇合设武汉特别市,6 月更名汉口特别市(不含武昌),7 月降为湖北省辖市。1932 年升为院辖市(不含武昌、汉阳),1936 年又降为省辖市,1947 年再升院辖市。	1861	县城
1927	南京	首都	1929 年 1 月改称首都特别市,1930 年改为行政院辖南京市。	1899	省城
	上海	道城	1924 年成立市公所,1925 年设立淞沪商埠督办公署。1927 年成立特别市政府,后为院辖市。	1843	县城
	杭州	省城	为省辖市。	1896	省城
	宁波	道城	为省辖市,1931 年废入鄞县。	1844	府城
	安庆	省城	1930 年废入怀宁县。		
	重庆	道城	1927 年置,为省辖市,1929 年成立市政府。1939 年升为院辖市。	1891	府城
1928	北平	首都	1928 年设特别市。1930 年 6 月降为省辖市,11 月升为院辖市。		
	天津	省城	1928 年设特别市。1930 年改为院辖市,不久又降为省辖市。1936 年复为院辖市。	1861	府城
	苏州	县城	1930 年废入吴县,1949 年复。	1896	省城
	昆明	省城	为省辖市。	1908	省城
	郑州	县城	1927 年设筹备处,1928 年设市政府。1930 年废,1949 年复。	1922	县城
	西安	省城	1928 年置,1930 年废。1932 年定为陪都,改名西京,直属行政院,仅设筹备委员会。1943 年设西安市,1947 年升为院辖市。		

续表

年度	城市	设市前地位	设市状况	开埠时间	开埠聚落
	归绥	省城	1937年改厚和豪特,1945年改归绥,1954年改为呼和浩特。	1914	省城
1929	青岛	租借地	1897年被租借。1922年以日本交还的胶澳商埠设(督)办公署,隶北洋政府。1925年改为商埠局,隶省,1929年置为特别市,1930年改院辖市。	1899	县下
	济南	省城	为省辖市。	1906	省城
	九江	县城	1927年设立市政厅,1929年改市政府,为省辖市。1936年废。	1861	府城
	开封	省城	1927年设筹备处,1929年设市政府,1930年废。1936年复,当年废。1948年复置。		
	沈阳	省城	1931年日本改名奉天市,抗战胜利后复名沈阳。1947年改为院辖市。	1908	省城
1930	成都	省城	为省辖市。		
	汕头	县下	1921年置市政厅,1930年正式设市,为省辖市。	1860	县下
	嘉义	州下	1930年以城区置,隶台南州。1945年以后仍为嘉义市。		
	新竹	州城	1930年划城区置,1945年后仍为新竹市。		
1932	长春	伪满	伪满首都。1929年设市政筹备处,1932年3月伪满改为新京特别市,抗战胜利后改省辖市。	1907	府城
1933	长沙	省城	为省辖市。	1904	省城
	福州	省城	1933年设,次年废。1946年复置。	1845	省城
	哈尔滨	特别行政区行政中心	伪满设特别市。抗战胜利后仍之,1945年改院辖市。	1907	县下
	彰化	州下	划城区置,隶台中州。1945年后仍为彰化市。		
	屏东	州下	以阿猴街置,隶高雄州。1945年后仍为屏东市。		
1935	连云	县下	为省辖市,1949年并入新海连市。	1921	县下
	厦门	县城	1933年设市政筹备处,1935年正式设市,为省辖市。	1843	县下
1936	吉林	省城	伪满设,抗战胜利后仍之。	1907	省城
	齐齐哈尔	省城	伪满设,抗战胜利后仍之。	1907	省城
1937	武昌	省城	1926年置武昌市,后并入武汉。1937年复设武昌市,为省辖市。		
	锦州	省城	伪满设,抗战胜利后仍之	1916	县城
	鞍山	县下	伪满设,抗战胜利后仍之。1949年升为中央直辖市,1954年降为省辖市。		
	抚顺	县城	伪满设,1947年废。1949年复,直属中央。1954年降为省辖市。		

续表

年度	城市	设市前地位	设 市 状 况	开埠状况 时间	开埠状况 聚落
	安东	省城	伪满设,抗战胜利后仍之。	1907	县城
	四平	县下	伪满设,抗战胜利后仍之,本名四平街市,1941年改名。		
	牡丹江	省城	伪满设,抗战胜利后仍之。		
	佳木斯	省城	伪满设,抗战胜利后仍之。		
	营口	县城	伪满设,抗战胜利后仍之。	1861	县下
	辽阳	县城	伪满设,抗战胜利后仍之。	1907	县城
1938	南昌	省城	1927年拟设市未成。1935年设市,1938年成立市政府,为省辖市。		
	包头	县城	1933年设市政筹备处,1938年伪政权设市,1945年抗战胜利后仍之。	1921	县下
	烟台	县下	1934年置特区,1938年伪政权改市,抗战胜利后仍之,为省辖市。	1862	县下
1939	石门	县下	1925年置市政公所,1939年设市,为省辖市。1947年得到国民政府核准,12月改名石家庄。		
	本溪	县城	原名本溪湖,伪满设,抗战胜利后改名。1947年废,1948年复。1949年升为中央直辖市,1954年改为省辖市。		
1940	桂林	省城	省辖市		
	唐山	县下	1940年正式设立,抗战胜利后仍之,为省辖市。		
	宜兰	州下	划城区置,1945年后仍为宜兰市,为县属市。		
	花莲	厅城	划城区置,1945年后为花莲市,为县属市。		
	阜新	县城	伪满设,抗战胜利后仍之。		
1941	贵阳	省城	1930年行政院同意设市,1941年正式成立,为省辖市。		
	兰州	省城	1929年中央政府同意设市,1941年正式设市,为省辖市。		
	海拉尔	县城	1936年伪满成立市政管理处,1941年设市,抗战胜利后仍之。	1910	府城
	满洲里	县城	1927年设立市政公所,1940年降为满洲里街。1941年伪满升市,抗战胜利后仍之。	1907	府城
1942	自贡	县城			
	通化	省城	伪满设,抗战胜利后仍之。		
1943	陕坝	县下	1943年置,抗战胜利后仍之,1949年废。		
	衡阳	县城	为省辖市。		
	延吉	省城	1929年设市政筹备处,1943年伪满洲国设间岛市,1947年改名延吉。	1909	府城
1945	大连	租借地	1898年被租借,1945年收回后设为院辖市。	1899	县下

续 表

年度	城市	设市前地位	设 市 状 况	开埠状况 时间	聚落
	徐州	省城	为省辖市。	1922	道城
	湛江	租借地	1898年被租借,1945年由广州湾法租界收回,置为省辖市。	1898	县下
	威海卫	租借地	1898年被租借,1930年设行政区,隶中央。1945年设为省辖市,1949降为县级市1950年废,51年又设为县级市。	1898	县下
	银川	省城	为省辖市。		
	西宁	省城	为省辖市。		
	张家口	省城	为省辖市。	1916	县下
	羊口	县下	1950年并入寿光县,在今山东。		
	博山	县城	1950年5月撤,11月复置,改名淄博。		
	周村	县下	1950年废,当年复,与张店合为张周市。	1906	县下
	赤峰	县城	1947年废,1948年复。	1917	县城
	兴山	县下	后改名鹤岗		
	迪化	省城		1881	省城
1946	龙口	县下	1945年以黄县龙口镇置龙口特区,1946年改市,1950年废。	1915	县下
	济宁	县城	1950年一度废。	1921	县城
	枣庄	县下	1950年废。		
1947	蚌埠	省城	以凤阳县蚌埠集置。	1924	县下
	太原	省城	为省辖市。		
	界首	县下	1953年废。		
	张店	县下	1950年和周村合为张周市。		
	许昌	县城			
	旅顺	租借地	1898年被租借,1945年收回,1960年并入旅大市。	1898	县下
	乌兰浩特	省城	1947年由自治区直辖,1949年改属兴安盟。		
	北安	省城			
1948	保定	省会			
	阜城	县城	1950年废,今安徽阜阳。		
	亳城	县城	1950年废。		
	石岛	县下	50年废,在今山东荣成县。		
	德州	县城			
	潍坊	县城		1906	县城
	新海	县下	1949年与连云市和云台工作委员会合置新海连市。	1921	县下

续 表

年度	城市	设市前地位	设 市 状 况	开埠状况 时间	聚落
1949	朱集	县下	以河南商丘县朱集镇置，1951年废。		
	周口	县下	1958年废。		
	漯河	县下			
	洛阳	县城			
	南阳	县城			
	承德	省城			
	镇江	省城		1861	府城
	常州	县城			
	无锡	县城	1929年设市政筹备处，1930年撤销。	1923	县城
	南通	县城			
	扬州	县城			
	泰州	县城			
	嘉兴	县城			
	湖州	县城			
	绍兴	县城			
	衢州	县城			
	金华	县城			
	兰溪	县城			
	温州	县城		1877	府城
	三河	县下	1950年废，在今安徽肥西县三河镇。		
	合肥	县城			
	芜湖	县城		1877	县城
	当涂	县城	1950年废，在今安徽当涂。		
	屯溪	县下			
	宣城	县城	1950年废。		
	大通	县下	1950年废，在今安徽铜陵。		
	赣州	县城			
	景德镇	县城			
	新堤	县城	1950年废。		
	宜昌	县城		1877	府城
	沙市	县下		1896	县下
	佛山	县城			

第七章 近代城市的发展与空间分布 459

续 表

年度	城市	设市前地位	设 市 状 况	开埠状况	
				时间	聚落
	江门	县下	1925年设市政厅，1930年认为难以设市。1949年正式设市。	1904	县下
	肇庆	县城			
	韶关	县城	1943年置市政筹备处，1946年撤。1949年设市。		
	海口	县下	1926年曾置市政厅，1930年撤。1949年又置。	1876	县下
	梧州	县城	1927年设市政厅，因人口未过10万未获批准。1949年又置。	1897	县城
	柳州	县城	1946年8月核准，1949年11月设市政府。		
	南宁	县城	1946年置，1949年设市政府。	1906	县城
	秦皇岛	县下		1899	县下
	山海关	县城	1953年并入秦皇岛。		
	宣化	县城	1963年撤。		
	安阳	县城			
	新乡	县城			
	信阳	县城			
	驻马店	县下	1952年废。		
	大同	县城			
	宝鸡	县城			
	南郑	县城			
	榆林	县城			
	金州	县城	1950年废。		
	辽源	县城	原名西安，1952年改名。		

（资料来源：1. 市的设置，除台湾省据《行政区划网》外，其余据郑宝恒：《民国时期政区沿革》，湖北教育出版社，2000年。个别据亚光舆地学社：《中国地理教科图》，亚光舆地图，1949年；严重敏主编：《中国城市辞典》，四川辞书出版社，1992年；《辞海·地理分册》，上海辞书出版社，1982年。2. 开埠情况，据本卷第一章附表1-1。

第八章　近代经济变迁的时空进程：本卷结语[①]

综上各章所述，1840年以来，随着外国资本主义的强力进入，中国社会开始发生千年未有的巨大的变化。在迫使中国蒙受一次又一次的割地、赔款和丧权的耻辱的同时，比中国原有的封建的政治经济具有更加旺盛的生命力的西方资本主义的政治、经济以及科学和文化也逐渐进入中国、影响中国，由此导致中国步入现代化的进程（即便是被动的）。经济的变迁是百年中国巨变的主要内容之一，通过这种变迁，传统经济逐渐转型，新型工商业开始兴起，从而相当程度上改变了中国经济的面貌。

本章拟从时间、空间的角度，总结近代经济变迁的进程，最后提出这样的观点，即不同于1840年以前的中国近代经济地理格局大约在20世纪二三十年代已经形成。由于本章建立在以上七章的基础上，凡已有论述者，除非采用新的史料和增加论述，一般不再重复证据和论述。

第一节　近代经济变迁的时间进程

当1840年鸦片战争的炮声轰响时，中国仍然停留在传统经济时代，农业为基本经济部门，生产劳动依靠人力和畜力，小农家庭为基本经济单元，相当多的家庭过着男耕女织的生活。手工业大多是建立在农业基础之上，为了家庭的自身需要而生产，以满足市场为目的的商品化手工业规模并不大。商品交换除了食盐、铁器以及矿物产品一类，主要是农民家庭自给有余的产品，交换范围大体限制在较小的空间。虽有集市，但只满足邻近地区调剂余缺之需要。进出口贸易保持在相当小的规模，且往往因时局与朝廷政策的变动而处于时开时闭的状态。[②]

鸦片战争以后清政府被迫于1842年签订《南京条约》，开放广州、上海、宁波、厦门、福州等五个通商口岸，并将香港岛割让给英国。当时，西方各国工业发展正方兴未艾，亟须打开中国的广大市场。因此，在开埠之后进出口贸易大体呈上升趋势。到了19世纪60年代，通商口岸已达到22个，不仅分布到华北、东北、台湾、华南的沿海地带，而且深入内地的长江中下游与边疆的新疆、蒙古。在口岸增多的同时，较低的"值百抽五"税率、完善的海关管理措施、准许外船在沿海内河航行等有

[①] 本章由吴松弟撰写。
[②] 按照法国史学家白吉尔的说法，在鸦片战争以前的中国，"人们不难发现当时的中国，既没有市场经济，又没有资本的积累，更没有出现技术革新或一种能促使经济开始真正腾飞的制度。贸易的增加，千万个市场的出现，资金流通的加速，仍不足以使整个国民经济纳入竞争和利润法则的轨道。农产品中商品化的那一部分（约占产量的三分之一），其辐射范围仅仅是满足方圆数十公里的消费需要"。参见白吉尔著，张富强、许世芬译：《中国资产阶段的黄金时代（1911—1937）》，上海人民出版社，1994年，第19页。

利外商在华贸易的制度陆续设立;一些城市产生了租界区,洋行买办队伍也逐渐形成。此外,新式轮船在沿海沿江逐渐代替木帆船,国际上苏伊士运河的开通也大大缩小了欧洲到中国的航行距离。1871年,欧洲与上海和香港之间的海底电缆开通,极大地便利了长距离的通信联系。凡此种种,都成为促进进出口贸易的因素,中国的进出口贸易有了新的增长。从19世纪70年代开始,经济曲折成长的局面结束,进入稳定发展时期。

19世纪八九十年代,通商口岸进一步增多、增密并深入内陆地区,中外轮船都可行驶于中国的内河,清政府允许中外商人在各地合法兴办新式工厂,中国的铁路建设也已启动。新式工厂的兴办和铁路建设的启动带来对国外铁路器材和机器的大量需求。除了上述有利进出口贸易的因素,另一个值得注意的现象是中国人对外国商品尤其是生活日用品相对于中国传统产品的便宜好用逐渐有了认识,购买热情随之高涨。与此同时,中国人口持续增长并形成涌往边疆地区的移民潮,边疆开发特别是资源丰富的未开发区域东北的开发大大加速。清末兴办实业之风兴起,辛亥革命带来一些制度上的变革,特别是1927年南京国民政府代替了北洋军阀政府,国内的统一已初步实现。国民政府于1929年从列强手中基本收回关税自主权,开始在国内裁撤厘卡,实行统税改革与货币改革,并加强了铁路、公路、航运与邮电等交通通信事业的建设。上述变化客观上有利于经济的发展,在19世纪80年代以后的50年间,中国的进出口贸易一直保持持续快速发展的状态。如第一章表1-3所示,以1882年的全国进出口货值为100%,则1891年为162%,1901年为302%,1911年为585%,1921年为1 039%,1931年为1 615%。50年间,表现出随着时间的推移增长速度不断加快的趋势,中外贸易货值整整增长了15倍。

19世纪90年代以后,因现代工业的发展和铁路兴建的启动,棉花、棉纱、机器、铁路材料、木材等生产资料类的进口也日见增多,且增长速度超过生活类商品。第一章表1-4中生产资料类只列出棉花和金属矿物,棉花进口有所增长,1902年尚只占全国进口总值的1.22%,但1922年之后增长势头较猛,1931年已占了全国进口总值的12.49%。金属矿物在1905年占了全国进口总值的10.16%,此后或许受国内矿业发展的影响,在全国进口总值中所占的比重下降。机器是工业生产的必需设备,1885年每年进口数约值200万两,第一次世界大战以后逐渐增加,1919年达到1 400余万两,1921年和1922年进口值都在5 000万两上下。[①]

随着商品经济的发展,不仅进口表现出快速增长的态势,出口同样增长迅速。据表1-3,中国出口商品总值,1882年尚只有6、7千万两,到1891年增长到1亿两。1900年以后增长更加迅速,1911年近3亿8千万两,1921年过6亿两,1931年达到9亿两。在1881年以前的10年中,茶叶、生丝等传统商品的出口大体保持上

---

① 武堉干编:《中国国际贸易概论》,商务印书馆,1932年,第83页。

升态势,同时草帽辫、皮革、大豆、豆油、羊毛等新兴出口商品的地位日渐重要。尤其是大豆、豆饼、棉花、皮革、羊毛、花生、茶籽油、桐油等农牧产品增长惊人,蛋品乃至纺织品在19世纪20世纪之交也开始出口国外。1922—1931年,蛋品、土产棉布、机制棉布的出口达到一定的数量,棉纱也成为出口商品。①

至1930年,广袤的中国大地上,在今天的各省境内,除了山西、贵州、陕西、青海、宁夏等少数省份没有通商口岸,绝大部分的省份都有了多个通商口岸。中国的绝大部分地区,甚至离沿海口岸最为偏远、交通最不方便的新疆、青海、甘肃、西藏和四川的川西高原,都卷入了国际市场。

就进出口贸易总值而言,直到20世纪的上半期,中国虽然人口居世界第一,但在世界主要56个国家中,进口贸易额、出口贸易额不过居世界第12位和第13位,占世界贸易总额的比重和人均贸易额均比较低下,可以说中国对外贸易的依存度确实不高。但是,"相比于大国的人口数和较低的国民收入来讲,对外贸易对经济增长所发挥的作用不容低估。以不变价格计算,整个近代时期中国对外贸易的年均增长率是国民收入年均增长率的两倍多"②。

尤其需要注意的,是中国近代的进出口贸易与古代有着极大的差异。古代中国基本上与比自己落后的国家发生贸易关系,进口货物属于初级农林产品。近代的主要贸易国家大多是比中国发达的资本主义国家,它们的输出商品大多是利用机器生产、采用先进的资本主义管理的产物。其产品质量之优、价格之便宜,为中国传统手工业产品望尘莫及。价廉物美的欧美商品,不仅使中国人纷纷舍土用洋,也使其中一部分人认识到西方机器生产和良好的管理方式的威力,近代西方商品的输入无疑是先进生产力传入中国的一个重要途径。由于中国现代工业长期进展缓慢,而列强在中国的经济活动首先通过大力推销工业产品、获取农产品和工业原料这种方式,进出口贸易在传统经济向现代经济的转型中,便起了主导的作用。

在进出口贸易的推动下,国内市场迅速扩大。吴承明依据韩启桐《中国埠际贸易统计:1936—1940》提供的数据,估计1936年中国的全部埠际贸易额约47.3亿元,比鸦片战争前的长距离贸易1.1亿元约增长43倍。③ 随着市场环境的变革和商业规模的扩大,商业的从业人员和组织结构、经营内容和营销方式、市场化程度和网络体系等方面,均随之发生了相应的调适,以顺应中国由传统地域经济向现代外向型经济演变的历史趋势。

我国古代的交通向来以人力和畜力为动力的短途陆路运输为主,以人力和风力为动力的内河和沿海航运为辅。开埠通商以后,以蒸汽机为动力的外国轮船来到中国,接着火车、汽车、飞机等现代交通工具也传入中国,并逐渐得到推广使用。

---

① (英)班思德:《最近百年中国对外贸易史》,海关总税务司署统计科译印,1931年,第218—254页。
② 刘佛丁主编,王玉茹、赵津副主编:《中国近代经济发展史》,高等教育出版社,1999年,第298—300页。
③ 吴承明:《论我国半殖民地半封建国内市场》,载其所著《中国资本主义与国内市场》,中国社会科学出版社,1985年。

这些现代交通工具,具有传统交通工具所没有的速度快、运输方便、运量大的优势,成为改变中国经济面貌的另一个重要因素。此外,近代的邮政和电讯网络也开始建立起来,为各种信息包括商业信息的快速流通提供了方便。上述各项因素的出现,促使中国经济从传统向近代转型。

鸦片战争以前,全国农村的市场化和外向化程度不高,北方往往又落后于南方。例如,天津开埠以前,后来作为其腹地的广大地区农牧业大体上处于自给自足的状态,农产品以粮食作物的种植为主,经济作物仅在国内区域性的市场间贸易,畜产品中皮张的市场化程度非常低,而羊毛尚未作为商品。19世纪80年代前后,北方开始有一定的农牧产品出口,20世纪以后农牧产品已成为天津出口贸易的两大支柱。①

受市场化和外向化的推动,一些地区形成了一定规模的专业生产区。以棉花为例,因种植收益大于其他作物,在国内外纺织厂的需求不断扩大的背景下,某些地区已出现一批以远销国内外市场为目的的商品棉专业种植区。《中华国货报》1916年的调查说:"吾国之产棉之区,在北方黄河流域者,则为直隶、山东、山西、河南、陕西诸省。直隶以保定、正定、顺德、广平为最,山东以周村以北、新城(治今桓台县)附近为最,山西以平阳、蒲州(治今永济市)、解州(今解县)、绛州(今新绛县)、泽州为最,河南以郑州为最,陕西以西安、同州(治今大荔县)为最,年产不下50万担,以天津为集散市场。"②

在上述专业生产区,棉花种植已成为农民的主要生活来源。河北"正定一带居民,类皆以产棉为主要之职业……农民对于耕作地,十分之八皆为植棉之用","故食料一项,不得不仰给于山西及临近各省矣",③即是一个证明。

一般说来,在同一个地区,经济作物种植面积的扩大,往往意味着粮食种植面积的缩小,如果粮食不够吃,便需要进口外地的粮食。因此,一个地区扩大经济作物种植面积,往往意味着另一个地区可能会扩大粮食种植面积,以为缺粮地区提供商品粮。按吴承明估计,"我国粮食的商品率1840年约为10％,1895年约为16％,1920年约为22％,1936年将近30％"④。可见自19世纪末以来,我国粮食的商品率一直以较快的速度稳步提高。

蒙古高原和西北草原的经济也深受国际贸易的影响。这两个区域的牧民,在天津开埠前大体过着食肉穿皮的生活,市场化和外向化程度不高,后来作为主要出口产品的羊毛,仅用来制造自用的毡毯和帐篷等物,羊毛用量很小,绝大部分都白白地废弃了。天津开埠以后特别是20世纪以来,羊毛变成了牧区最重要的出口商

---

① 樊如森著:《天津与北方经济现代化(1860—1937)》,东方出版中心,2007年,第34页,表2-1。
② 章有义:《中国近代农业史资料》,第二辑,三联书店,1957年,第220页。
③ 章有义:《中国近代农业史资料》,第二辑,三联书店,1957年,第133页。
④ 吴承明:《论我国半殖民地半封建国内市场》,《历史研究》1984年第2期。

品,牧民养羊的主要目的已不是食肉穿皮,而是取得羊毛以运销到国际市场获利。据在甘肃、青海和内蒙古的阿拉善、鄂尔多斯等地的调查,"十五六年前,即1895年,羊毛还未经洋行之手办理,当地畜牧的主要目的是食用,羊皮被利用来作为冬天的寒衣。自从洋行开始进出这一地带后,羊毛的需求量猛增,羊的经营完全改变成以羊毛为目的的饲养"。由于取毛或取皮二者难以兼顾,牧民多以取毛为主,导致"优质的羊皮逐渐减少,羊毛产量逐渐增加,这也可以看出洋行的买卖给这一地区的牧业生产带来怎样的后果"①。与此同时,原来没有什么用途的羊肠、骨头等的出口量也在逐年加大。② 位置偏僻交通不便的蒙古高原和西北地区的牧区都卷入因进出口贸易引起的市场化外向化的浪潮,其他地区可想而知。

手工业是仅次于农业的传统经济的第二个重要部门。近代以来机器生产的洋货在中国的广泛销行,必然要大大冲击传统的手工业生产。然而,手工业各部门在洋货的冲击面前,反应并不一样。大体说,主要用于满足自给自足需要的家庭手工业因生产工艺过于落后、产品成本高质量差,遭到了严重的破坏。而面向市场商品生产的工场手工业,往往接受了西方的机器和原料,不仅没有消亡,反而在一定的时期内得到了发展。棉纺织业内部生产的不同走向,便是很好的例子。

自元代以来,棉纺织业便是中国最主要的传统手工业部门。棉纺织业分两种,一种是自给自足性质的家庭手工业棉纺织业,另一种是属于商品生产的城乡手工棉纺织业。由于进口洋标布售价只有国产土布的一半而宽度是土布的1倍,1870—1872年间洋标布"大批涌进,销售极健",③大量农户被迫不再进行与市场隔绝的自给自足性质的家庭棉纺织业生产。然而属于商品生产的城乡手工棉纺织业仍在顽强坚持,由于它本身也要采购棉纱用于纺织,鸦片战争以后人们便不用土纱而改用质优价廉的洋纱,继续维持生产。例如河北、江苏的海门、南通、上海等一带的农村,均是如此。进入20世纪初,河北高阳等地织布业普遍采用机制纱和半机械化的铁轮机的新式织布工艺,很大程度上完成了由传统手工织布向现代化机器织布的转型,高阳布远销北方各地。④ 到了20世纪20年代,河北的高阳、宝坻,山东的潍县,江苏的南通、江阴和松江,都成为全国性的土布生产中心。类似采用洋纱的手工棉纺织业,不仅存在于东部沿海,也存在于四川、云南、贵州等省。⑤ 许多地区的大规模土布生产持续了很长的时间,如湖北中部各县的土布业直到20世纪30年代仍保持一定的规模,产品并经陕西三原远销到甘肃、青海各地。⑥

许涤新、吴承明发现,鸦片战争以后,手工业部门,除手纺、踹布、土钢、土针等

---

① 和龚等辑译:《〈新修支那省别全志〉宁夏史料辑译》,燕山出版社,1995年,第147页。
② 国民政府工商部工商访问局编:《工商半月刊》,1卷13期,第13页。
③ (英)班思德编:《最近百年中国对外贸易史》,海关总税务司署统计科译印,1931年,第176页。
④ 民国《高阳县志》卷二,实业。
⑤ 参见戴鞍钢:《发展与落差——近代中国东西部经济发展进程比较研究》,第二章第三节,复旦大学出版社,2006年。
⑥ 潘益民:《兰州之工商业与金融》,商务印书馆,1935年,第56页。

少数手工行业受到洋货摧残以至被消灭外,其余部门仍在维持,而且大部分都有不同程度的发展。随着市场的扩大,手工业尤其是资本主义手工业,几乎是与近代化工业并行发展的。在资本主义手工业(以工场手工业为主)的发展中,还有明显的技术改革和向机械动力过渡的现象。① 而少数手工行业的衰落,并不全是进口洋货冲击所造成的,而是中国本土新兴的机制产品竞争的结果。② 显然,属于商品生产的传统的城乡手工业的大部分部门,经过了新形势下的调适,不仅站稳脚跟,而且得到了发展。

此外,一些为外贸服务的部门也得以形成。沿海省份甚至中部省份的一些地区,都有星罗棋布地散布在广大农村,为出口服务的农副产品加工业,如华北的蛋类加工、草帽辫加工、榨油、发网,长江三角洲和珠江三角洲的缫丝、丝织,长江三角洲的轧花、花边,长江中游的榨油(桐油)和茶叶加工等。这些产业或因出口贸易的兴盛而兴起,或因国际市场需求的扩大而得到发展,它们实际是近代工业在我国乡村的重要部分。③

由于现代工业发育的迟缓,手工业一向是近代中国工业的主要构成部分。吴承明以为,到1920年,工场手工业的产值约10.7亿元,占全部手工业产值的25%,比当时全部新式工业(包括外商)的产值还要大些,约为55%与45%之比。④ 汪敬虞指出,全部手工业生产在整个工业中所占的比重高达72%,除了少数行业,如水电气、机械、金属品、电器用具、化学品和个别产品如棉纱以外,手工业生产均占优势。其中木材、交通用具、饮食品和杂项物品四个行业,超过整个工业净产值的90%,而在夏布、茶叶、食糖、豆油和陶瓷五项产品中,手工生产也超过90%。他根据调查,认为在旧时代的中国,在中小城市中,手工业几乎是唯一的工业生产单位。至于在有一些现代工厂的中等城市中,不少城市只有一家电厂或一两家与民生比较接近的碾米厂或面粉厂。其余产品的制造与加工,大多由手工业担任。而在广大农村中,作为农民副业之一的家庭手工业,尤其普遍。农村手工业在生产与就业两方面均超过了城市的大工业,而且大宗的手工业如榨油、制茶、纺织、编制、刺绣、抽纱等,几乎全是分散在广大的农村中,成为农民经常的副业。⑤

彭南生将近代中国乡村手工业一些部门在生产技术和经营制度上取得的很大的进步,称之为"半工业化"。⑥ 农村产品结构的改变和城乡的半工业化进程,无疑是在进出口贸易的推动下所形成市场化外向化的趋势的结果,是传统经济向现代经济转型的主要表现。在洋货涌入和传统经济转型的双重冲击下,中国小农业和

---

① 许涤新、吴承明:《中国资本主义发展史》,人民出版社,2003年,第二卷,第15、16页;第三卷,第8—9页。
② 吴承明:《中国资本主义与国内市场》,中国社会科学出版社,1985年,第105、170—180页。
③ 戴鞍钢:《发展与落差——近代中国东西部经济发展进程比较研究》第二章第三节对此有较详细的描述。
④ 许涤新、吴承明:《中国资本主义发展史》,人民出版社,2003年,第二卷,第15、16页;第三卷,第8—9页。
⑤ 引自汪敬虞:《20世纪30年代中国城乡手工业问题初探》,汪敬虞:《近代中国资本主义的总体考察和个案辨析》,中国社会科学出版社,2004年,第97—104页。
⑥ 彭南生:《半工业化——近代中国乡村手工业的发展与社会变迁》,中华书局,2007年,第127页。

家庭手工业顽固结合的自然经济开始走上逐渐解体的过程,同时又促进了中国城乡商品经济的发展,而"半工业化"则成为现代经济相当落后的中国在城乡发展工业的初始阶段。

主要以使用机器生产为特征,并采用资本主义管理方式的近代工业,是现代化在经济方面的中心内容。中国近代工业的发展经历了漫长的过程,1894年甲午战争以前只有沿海港口城市才有一些规模有限的现代工业,甲午战争以后开始扩散。以上提到的棉纱、机器、铁路材料等生产资料类商品进口的增多,以及蛋品、纺织品、棉纱等土货的出口,都反映了近代工业的成长。据海关的观察,在第一次世界大战开始之后的两年内,中国新式工业崛起,"一时机器工厂,势如风起云涌",因此机械、电器具、机器尤其是纺织厂和面粉厂所用机器的进口迅速增多。① 由于国内机器纺织业的发展,一战时期洋棉布、洋棉纱的进口大为减少,到20世纪30年代国产机制棉布、棉纱已成为主要的出口商品之一,占了出口土货的8%。蛋品和卷烟的出口数量也有增长,蛋品已占30年代出口土货的5%。② 不过,长期以来近代工业的空间分布极不均衡,主要局限在沿海口岸城市和铁路经过地带。就像武堉干所分析的那样:"此种'工业化'程度,亦仅以通都大邑为已,内地各处,仍多营其浑浑噩噩之农业生活也。"③

中国古代的城市,基本上都是不同级别的行政中心,而且大体上行政级别较高的城市,其人口数量一般要比同一区域的行政级别较低的城市多一些,城市规模一般也大一些。很少找到不担任任何行政中心、完全由于工商业而兴起的城市。尽管宋元明清市镇得到一定的发展,但众多的市镇中像江西景德镇那样发展为具有一定规模的城市似乎不多,且规模都没有达到省城一级,更不用说是全国水平了。近代以来,随着进出口贸易的扩大,作为中国与国际市场联结点的一批沿海口岸城市走上以港兴商、以商兴工、以工商兴市的道路,率先得到发展,有的城市的人口数量和城市规模超过传统的行政中心城市。还有一些虽然位于内陆,但却是沿海通往内陆的交通要冲城市,发展也相当迅速。

鸦片战争之前,中国只有省府州县等管理块状地区的行政区域,并无管理城市的行政区域。随着城市经济的发展和城内工商业者力量的成长,1927年中央政府开始建立"市"这种聚落式的行政区域。中央政府对各地的"市"的设立依照人口和经济的标准,不再考虑是否是省城、府城或县城。建立市并采用经济和人口的标准,标志着中国的城市从数千年的行政中心型,开始转向了经济中心型。在中国大陆民国时期建立的市中,最早建立的大多是通商口岸城市,而规模较大地位较高的

---

① (英)班思德:《最近百年中国对外贸易史》,海关总税务司署统计科译印,1931年,第234页。
② (英)班思德:《最近百年中国对外贸易史》,海关总税务司署统计科译印,1931年,第239、254页。
③ 武堉干:《中国国际贸易概论》,商务印书馆,1932年,第171页。

城市中相当部分是通商口岸城市。①

中国的现代交通起步晚、进展缓慢,长期处于较低的发展水平。然而,无论哪一种现代交通工具,在中国一经出现,便显示出远较传统交通工具快速、便捷、高效,而且大部分都相对便宜的优势。因此,尽管与现代化进程较快的国家比较,中国现代交通仍处于落后的水平,但也已成为改变中国面貌的重要因素。按照李长莉的总结,在清末民初时期,"已经初步形成了以城市为中心、以新式交通通信工具为主导,城乡新旧方式结合的近代交通通信网络。在短短的几十年间,中国人的交通通信方式由自然力到机械化半机械化,发生了革命性的变革,对社会生活也产生了重要影响"②。

上述论述大致展示了中国近代经济变迁的主要路径。总之,在开埠通商、先进生产力进入中国的大背景下,在进出口贸易的强大推动下,近代中国经济已发生了巨大的变化。尽管这种变化程度各地极不相同,而且中国仍然处于贫困落后的状态,毕竟持续几千年的传统经济面貌已得到极大地改变。

第二节 "自东向西,由边向内":中国近代经济变迁的空间进程

由于第一次、第二次鸦片战争以及相伴随的开埠通商主要发生在东部沿海地区,学界一般认为中国的经济变迁进程首先始于东部沿海。毫无疑问,这一结论本身并无问题,然而仅仅认识这一点,还不能说已全面概括了中国近代经济变迁的空间进程,还需要从更大的空间范围进行探讨。作者以为,有必要将中国近代经济变迁的空间进程,或者说中国早期现代化的空间进程,用"自东向西,由边向内"八字加以概括。

一、中国近代经济变迁的空间进程为"自东向西,由边向内"

我国东邻太平洋,大陆海岸线长达1.8万公里。在漫长的海岸线上,有许许多多的优良海港。我国还有更为漫长的陆上国境线。陆上与十余个国家为邻,国境线长达2.28万公里,众多的边境城镇可供进行国际贸易。近代的110余个通商口岸,为各区域的开埠通商提供了方便。然而,中国各区域近代经济变迁的早晚和力度,仍有一定的差距。经济变迁的空间进程,或曰主要方向,可以用"自东向西,由边向内"八字加以概括。所谓的"自东向西",是指变迁从东部沿海口岸开始,然后沿着主要交通路线,向中部和西部的腹地延伸。而"由边向内",则指在边疆地区,由沿边口岸开始,向边疆的内部延伸。

发生在1860年前,主要因第一次、第二次鸦片战争而分别开埠的口岸,无疑是

---

① 吴松弟:《市的兴起与近代中国区域经济的不均衡发展》,《云南大学学报》2006年第5期。
② 李长莉:《中国人的生活方式:从传统到近代》,四川人民出版社,2008年,第163页。

近代经济变迁较早开始的地方。它们的分布,即体现了"自东向西,由边向内"的特点。依据第一次鸦片战争以后清朝被迫签订的《南京条约》,分布在东部沿海地带的广州、厦门、福州、宁波、上海 5 个城市成为我国第一批开埠的口岸。1856 年的第二次鸦片战争以后形成第二批口岸开放的浪潮。其中的潮州、琼州、淡水、鸡笼、打狗(今基隆)、台湾府(今台南)、天津、登州、牛庄 9 个口岸位于东部沿海,镇江、九江、汉口、南京等 4 个口岸位于连接东部沿海和中部的万里长江的下游和中游。在第一次和第二次鸦片战争之间的 1851 年,迫于俄国的压力,清朝准开伊犁、塔尔巴哈台(今新疆塔城),第二年两地开埠。这一开埠时间,比第一批开埠的广州、上海等 5 口只略晚 9 年,比第二批开埠的牛庄、登州、汉口、台南等 9 个口岸还早了 7 年。在第二次鸦片战争期间,俄国以武力迫使清朝签订《瑷珲条约》和《中俄北京条约》,不仅攫取我国黑龙江以北、乌苏里江以东,包括库页岛在内的约 100 万平方公里的大片领土,还获得在喀什噶尔、库伦的免税贸易权。可以说在英、法、美等欧美帝国主义国家启动强迫中国沿海开埠的"自东向西"进程不久,中国北面的强邻俄国也启动了强迫中国北部沿边开埠的"由边向内"的进程。

有关沿海口岸在近代经济变迁进程中的作用,很早就引起人们的注意,至今仍然是一大研究热点。与之形成鲜明对比的是,沿边口岸还没有引起学术界足够的重视,其研究从时间和空间而言都显得相当单薄。近年一些学者对沿边口岸研究的重要性有所认识,并逐渐展开对沿边口岸及其在区域经济变迁中的作用的研究,一定程度上揭开了沿边经济的面貌。

以云南而言,1889 年以前,虽然全国已形成以沿海沿江口岸为连接点、以各区域间交通为骨架的对外贸易格局,云南与临近国家也有着长期的以民间贸易为主的经济往来,但由于没有开放,仍处于我国对外贸易格局的边缘位置。1889 年蒙自开埠,此后思茅、腾越相继开埠,1902 年起云南形成了三关并立发展的新局面。开埠以前云南对外贸易以滇缅(甸)为主要走向,以邻国为主要贸易地区,开埠以后改变为滇港(香港)为主要走向,邻国贸易向全球贸易转变。云南省内对外贸易的重心,相应地从云南西部转移到了云南东部,最大的对外贸易商品集散地则由腾越转移到蒙自和昆明,从而对云南的近代经济变迁起到较大的促进作用。

蒙自的主要贸易对象是香港,物资先经过越南的红河到港口海防,再转香港。由于香港是南中国贸易中心,这一路线不仅将香港、越南、云南联接起来,也将云南和世界各地联接起来。由于借助红河水运,沿途需时约一个月,比其他道路省时省钱,成为滇越铁路未通以前蒙自进出口贸易最主要的商道。1910 年滇越铁路通车后,可从海防直达昆明,全程仅需四日,沿途时间大为缩短,以海防为出海口、中转香港的商道在云南对外贸易交通中地位更加突出。

早在腾越开埠之前,缅甸已建起以仰光为起点,内通国内各枢纽,外与印度大港与新加坡、香港等处连接起来的现代化交通网和贸易网。腾越开埠之后,可通过伊洛瓦底江和铁路便利地到达仰光,从而成为仰光贸易网络在云南境内的一个重要节点。思茅本是一个偏僻小镇,随着茶叶贸易的兴起,商业开始兴盛。从贸易联系的角度看,思茅也应视作仰光贸易网络在云南境内的另一个节点。①

新疆近代的对外贸易分东、西、北三个主要方向,主体是向西、向北两个方向的对俄贸易,以及在南部喀什噶尔展开的对印度、阿富汗的贸易。这些对外贸易,最早是通过伊犁、塔城两口岸,19世纪80年代又增加了喀什噶尔、迪化及天山南北的3个口岸。1883年俄国对新疆的贸易,与1850年相比,出口分别增加了13.3倍,进口增加了4.4倍,分别达303.64万卢布和279.2万卢布。俄国向新疆出口布匹、绸缎、火柴等工业制品,从新疆进口各种皮毛、棉花等农牧业产品。民国时期,新疆的对俄贸易依然保持增长的趋势,新疆对国外的贸易十之八九为俄国人所操控。1912年,在新疆的俄国人为11 912人,65%从事畜产品等对俄出口和加工业,新疆畜牧业的外向化程度进一步提高。到1917年新疆除谷物、小麦、面粉、食盐、干果等物品多输往外蒙古以外,绝大部分的原料、半成品以及日用工业制成品的输出入对象都是俄国。新疆每年经包头输入到国内市场或贸易口岸的,仅为皮毛、干果等,由包头输入的,只是少量杂色布匹。此后至1925年间除因苏联政局不稳、经济衰退,新疆棉花的一部分转输天津出口之外,棉花、生丝、羊毛、皮张的输出均以俄国市场为主,以天津等内地市场为辅;所输入的货物,除茶叶与丝货主要由中国内地各省运来,糖、棉布、毛绒布、铁器、熟革等主要是由俄国运来。②

西藏在近代以前长期处于自给自足的自然经济之下,同时西藏的不同区域之间、西藏及其周边地区之间,存在着形成已久的物物交换的商品交易。近代随着亚东、江孜、噶大克等口岸的开放,西藏的境内外贸易得到发展,西藏商人把本地土特产中的羊毛、牛尾之类输往印度,再从印度购回棉布和呢绒等各类工业品或换回印度货币卢比等行销西藏,随后又连同西藏的虫草、皮张、麝香等土特产品运往甘、川、滇等地行销,再从上述地区购买茶叶、丝绸和日用杂货运回西藏。西藏口岸亚东成为货物进出的要冲,据西藏贸总在印度噶伦堡的调查,由亚东经噶伦堡输往印度的西藏货物,1949年以来都在1 000万卢比以上;而由噶伦堡经亚东输往西藏的货物,1951年有布匹5 500驮,毛织品1 250驮,香烟5 000驮,白糖7 000驮,五金铁品4 000驮。③

我国广大的边疆地区地域广袤,大部分边疆地区离东部沿海距离遥远,而距邻

---

① 以上论述,详张永帅:《近代云南的开埠与口岸贸易研究(1889—1937)》,复旦大学博士学位论文,2011年。
② 参见樊如森有关新疆经济的论述,载张萍主编:《中国近代经济地理·第八卷:西北近代经济地理》,华东师范大学出版社,2014年。
③ 参见李坚尚:《西藏的商业和贸易》,载中国社会科学院民族研究所、中国藏学研究中心社会经济所合编:《西藏的商业与手工业调查研究》,中国藏学出版社2000年,第1—21页。

国只是咫尺之遥。由于空间距离以及自然地理、民族分布、历史文化等方面的原因,这些沿边地区与国外的经济往来,较国内其他地区尤其是东部沿海方便。近代沿边开埠口岸之所以能够得到发展并促进所在边疆地区的经济变迁,显然有无法否认的多方面原因。换言之,类似的沿边口岸在边疆进出口贸易和经济发展中的作用,是远离沿边的其他口岸难以代替的。如果看不到这种沿边口岸的作用,不仅难以解释所在的边疆地区经济上的外向性的要求,也难以解释在离东部发达地区如此遥远的边陲的一些地方,近代会出现一定数量的洋货、洋楼,使用发电机、电灯的时间并不比东部晚多少,少数地方的经济文化发展程度未必比东部沿海落后多少。

还有必要分析沿海、沿边两个地带口岸的开埠时间。本卷第一章附表1-1所列口岸中,37个为沿海口岸,19个为沿边口岸,如将两大区域口岸的开埠时间合而计之,沿海全部37个口岸的开埠年度合计为70 023年,平均开埠时间是1 892.5年;19个沿边口岸的开埠年度合计为36 009年,平均开埠时间是1 895.2年。尽管沿海口岸的平均开埠时间稍早于沿边口岸,但差距有限,只有2.7年。据附表1-1,可以看出双方差距不大的主要原因,是东部沿海后期大量涌现的自开商埠的开埠时间一般都比较晚。因此,只能说在早期开埠的沿海、沿边两大区域的口岸中,沿海口岸开埠时间大多早于沿边口岸,但到了中后期沿边口岸的开埠时间已不比沿海口岸晚多少。

2004年作者在《港口—腹地与中国现代化的空间进程》[1]一文中,提出如下观点:"1840年以来,中国现代经济的空间扩展模式,大体是首先形成于沿海港口城市及其附近地区,尔后再沿着交通路线往内地扩展,而港口城市及其腹地之间的物流关系,是沿海地带和内地经济联系的最主要表现方式之一,对双方的经济发展产生不可忽视的影响。除此之外,在长江一线也有不少开放港口,在流域的现代化过程中同样发挥了重要作用。"2006年,作者又提出:"由于与多个国家交界,西部促进现代化的动力,并非仅仅来自遥远的东部沿海。"[2]然而因学界对西部沿边近代经济地理的研究尚处于初步阶段,未能对此观点展开论述。

综上所述,可以看出在云南及其境外,实际存在着以境外国家为主、延伸到中国边疆的港口—腹地系统。其一是以越南海防为起点,以中国蒙自及其腹地为终点,通过红河或滇越铁路联接的港口—腹地系统;其二是以缅甸仰光为起点,以中国腾越与思茅两口岸的腹地为终点,通过伊洛瓦底江或缅甸南北铁路联接的港口—腹地系统。对于蒙自、腾越、思茅三个中国沿边口岸而言,尽管它们所在的港口—腹地系统的大部分在国外,但由于进出口物资的主要部分通过

---

[1] 见《河北学刊》2004年第3期。
[2] 吴松第主编:《中国百年经济拼图——港口城市及其腹地与中国现代化》,山东画报出版社,2006年,第367页。

作为起点的外国港口城市吐纳或中转，它们仍然属于外国的港口—腹地系统的一部分。这一系统的主要区域的政治经济状况，必定影响着其它区域的贸易和经济发展。

与起点在东部沿海，且区域的全部或大部分都在国内的港口—腹地系统比较，上述港口—腹地系统的主要差异便在于其起点在国外，而区域的大部分也在国外。据此，可以说中国存在着起点在国内的一种港口—腹地系统，和起点在国外的另一种港口—腹地系统。后者主要分布在边疆地区。如果我们将视野放大，还会发现，在西藏、新疆、内蒙古和东北也会发现类似的起点在国外的港口—腹地系统，只是其"起点"可能是港口，也可能是另外类型的交通枢纽，而联接港口—腹地的可能是河流也可能是铁路。

二、"自东向西"为主要方向，"由边向内"为次要方向

就全国的近代经济变迁或早期现代化进程而言，沿海口岸在全国的影响远远超过沿边口岸。无论受到影响的空间范围的大小，还是区域人口的多少，"自东向西"都是主要的方向，"由边向内"则是次要的方向。

首先，第一章附表1-1所列的112个口岸，37个分布在沿海地带，19个分布在沿边地带，沿边口岸的数量只有沿海口岸的一半。而且，由于交通不便、人口较少等原因，沿边口岸的腹地范围一般说来也相对有限。另有56个口岸分布在既非沿海、也非沿边的内陆地带，由于这些口岸的商品大部要通过沿海或沿边口岸进出口，它们实质上不过是沿海或沿边口岸通往自己的腹地地区的中转中心，而且这些内陆口岸自身也是沿海或沿边口岸腹地的构成部分。因此，分析这56个内陆地区口岸货物进出口的方向，无疑可以分析在广阔的内陆地带，沿海口岸还是沿边口岸何者占有更广阔的空间和重要的地位。

据第一章的附表1-1和本书其他各卷的相关论述，分布在内陆地带的56个口岸，实际只有库伦、科布多、乌里雅苏台（位于外蒙）、江孜、噶大克（位于西藏）、昆明（位于云南），以及宁古塔（位于今黑龙江）等7个口岸属于沿边口岸通往自己腹地的中转地，其余的49个口岸（不排除其中的少量口岸位于沿海、沿边口岸的交叉腹地）都属于沿海口岸通往自己腹地的中转地。

毫无疑问，沿边各口岸的腹地区域大多不出口岸所在省区的范围，且往往只占有这些省区的小部分地区。而沿海有的口岸的腹地范围，已覆盖数省，沿海口岸的空间范围已包含中国的绝大部分区域。

其次，仅仅比较口岸数量和腹地范围以及开埠早晚，尚不足以说明近代经济中诸多方面的内容，例如要了解极其重要的对外贸易的状况和开放程度，还需要依据贸易数据进行分析。不妨以沿边口岸稍多、贸易量相对较大的西南地区为例进行考察，见表8-1。

表 8-1　西南主要口岸进出口贸易额及占全国百分比

	1912 年	占全国	1931 年	占全国
蒙自	19 569 689	0.016 044	26 402 306	0.006 709
思茅	262 801	0.000 215	232 879	0.000 06
腾越	2 506 905	0.002 055	2 962 629	0.000 753
重庆	26 870 867	0.022 03	75 302 847	0.019 135
万县			17 066 384	0.004 337
合计	49 210 262	0.040 344	121 967 045	0.030 992

说明：均包括洋货进口净值、土货进口净值和土货出口总数三项。1912 年单位为两,1931 年为关平两。

（资料来源：《中华民国元年通商各关华洋贸易总册》,第八款；《民国二十年海关中外贸易统计年刊·统计辑要》,《民国十八年至二十年海关贸易货值按关全数》。）

近代在贵州没有设立海关,因此以上五关的进出口贸易量,实际上代表了今天四川、云南、贵州以及西藏等西南四省区在民国时期的贸易量的绝大部分。然而,它们不过只占 1912 年和 1931 年这两年全国对外贸易总额的 4% 和 3%。另外,我们也看到中国海关总税务司署的统计数据均不包括新疆、甘肃以及分别在英国和葡萄牙统治下的香港、澳门,而西藏沿边口岸只有部分年度有数据。如果考虑到这些因素,则西南在全国进出口贸易总额中所占的比重应低于上述两年的 4% 和 3%,西南地区的沿边口岸和内陆地区的口岸,在全国对外贸易总额中所占的比重,实在是微乎其微的,根本无法和东部沿海地区相比较。

第三节　近代经济地理格局的形成与表现

根据主要地区近代经济变迁的结果、重要城市的作用以及区域内部的联系,中国的近代经济地理格局,大致在 20 世纪的二三十年代已经形成。其表现大致包括如下的八个方面。

第一个方面是全国和地区间的物流轴主要指向口岸城市和近代交通中心。

鸦片战争之前,我国各地的商品交换一般限于府、县等范围相对较小的区域,作为各级行政区域中心的所治城市因聚集了官僚、军队以及他们的家属和服务人员,有的并有一定的官营手工业者,成为区域内的人口中心和消费中心,大小区域内部的物流主要流向这种城市。就全国而言,由于统治者将各地搜刮来的财富集中到首都,并且首都也是全国人口最多消费能力最强的城市,各区域长距离但规模较小、且相当部分是地方交纳朝廷的物流往往以首都为主要流向。

鸦片战争以后发生的进出口贸易,绝大部分通过沿海海关进行,沿边和内地海关所占比重甚低。沿海港口城市不仅是国内出口物流的主要流向地和进口物流的主要流出地,20 世纪以后也成为广大内陆地区所用的国产工业品的主要供应地。

受此两个因素的控制,近代全国物流轴便改以沿海重要港口城市为主要指向。以1936年各地的埠际贸易为例,在全国最大的40个海关的输出入中,输入总额的66.6%和输出总额的72%集中在上海、天津、青岛、广州4个城市。其中,上海一地便集中了输入总额的36.3%和输出总额的39.1%。[①]

各区域内部的物流轴,则首先指向区域内沿海沿江的口岸城市,或者虽非口岸,但在近代港口—腹地的贸易网络中居转运枢纽地位的交通中心城市,这两类城市和各地之间的物流构成区域内规模最大的物流轴。那些既非口岸、又非交通中心的城市,无论其原先的行政中心的级别有多高,在区域物流方面的重要性一般说来已不如以上两类城市。北京不如天津,呼和浩特不如包头,开封不如郑州,南京不如上海,成都不如重庆,都是证明。

第二个方面是全国交通布局的重大改变。

全国和各区域的物流如此,本卷有关移民和金融两章的研究表明人员流和资金流同样如此,各地区都主要指向沿海沿江的港口城市。物流和人员流的重大变化必然影响全国的交通布局,特别是作为交通大动脉的铁路。近代以前,就全国而言,基于政治的需要,连接首都的主要交通路线是全国最重要的交通线,自隋代以后将首都与南方连接起来的大运河尤其重要。在各区域,通往行政中心所在城市的道路是区域内最重要的道路,其重要性仅次于通往首都的道路。到了近代,随着沿海沿江港口城市的兴起以及全国、区域内物流轴指向的改变,交通布局发生了重大变化。

只要翻翻当时的中国铁路分布图,可以看出,无论是东西向还是南北向的铁路,必有一端通向某个沿海或沿江的港口城市,由此导致港口所在的沿海区域成为我国铁路兴建最早、分布最密的地带。此外,港口通往腹地的重要交通线以及新兴的工矿中心,也是铁路建设需要兼顾的地方。

不仅铁路,依据本卷交通章的论述,甚至可以认为,中国的新式交通,无论轮船、主要公路还是航空,大多或以港口城市为起讫点,或与通往港口城市的道路相连接。由于发生这种重大变化,近代以前以首都和各省省会为中心的交通体系,便转化为以港口城市或省会为中心的新格局。如果说港口和海运、河运主要分布在东部沿海是自然条件使之然的话,铁路、公路、航空以东部为发达,除了东部平原广布、人口密集、经济发达这些原因之外,以港口城市为指向,将港口城市和其腹地联结起来,无疑是决定新式交通建设的主要因素。

第三个方面是现代工业主要分布在东部沿海。

依据本卷工业部分的论述,可以看出,尽管煤铁工业有靠近矿山的先天约束,20世纪20年代以来棉纺织业也有分散化的趋势,但现代工业偏集于东部狭长的沿

---

① 吴承明:《论我国半殖民地半封建国内市场》,《中国资本主义与国内市场》,中国社会科学出版社,1985年,第269页。

海地带,辽阔的中西部普遍薄弱,却是不容忽视的现象。以1933年为例,这一年内地民族工业最发达的12个城市中,上海、天津、青岛、广州、福州、汕头等6个沿海城市,便占了工厂总数的67%、工人总数的72%、资本总额的86%,以及生产净值的85%,另6个非沿海口岸城市只占很小的份额。即使这6个非沿海口岸城市,也只有汉口、重庆、西安才是真正的内地,北京、南京、无锡都靠近沿海,而靠近沿海的后3个城市的工业规模又大大超过位于真正内地的前面3个城市。① 1949年的全国工业总产值中,中西部地区只占全国的29.8%,东部沿海约占70.2%,其中辽宁、天津、山东、上海、江苏、广东等6个省市又占了全国的58.3%。② 在沿海地带的主要工业城市中,一半以上都是通商口岸,非通商口岸的主要是东北和华北利用本地矿山资源发展起来的矿业城市或重工业城市。

第四个方面是沿海沿江沿铁路成为城市主要分布地带。

我国的城市分布历来呈不均衡状态。鸦片战争之前,城市主要分布在经济发达的东南沿海、江浙地区、长江沿线和大运河沿线,其余地区城市数量较少。③ 近代以来,由于沿海沿江口岸城市的迅速发展和新式轮船、公路尤其是铁路运输的兴起,城市主要分布在东部沿海省份的特点更加突出。本卷城市章的论述表明,民国时期设立的151个市中,人口最多的9大城市,除了汉口位于内陆省份,其余8个都位于沿海省份。在中小规模人口的城市中,人口20万~50万的18个城市,8个位于内陆省份,10个位于沿海省份;人口10万~20万的33个城市,14个位于内陆省份,19个位于沿海省份;人口5万~10万的30个城市,15个位于内陆省份,15个位于沿海省份。人口居中小规模的城市数量沿海省份仍然多过内陆地区。

进出口贸易和新式交通以及矿业的发展,使得那些位于港口连接腹地的重要道路上的近代交通中心以及重要矿山,成为城市的另一个分布地带。观察民国地图,可知沿海是我国最重要的城市分布带,沿长江和沿铁路地带也是重要分布带。与鸦片战争之前相比,沿海地带的城市分布范围和密集程度远远超出明代和清前中期,沿长江地带仍然重要,沿铁路地带(大致包括滨洲线、滨大线、京沈线、津浦线、京汉线、粤汉线、胶济线所经地带)成为另一条重要的城市分布带,而明代和清前中期兴盛的沿运河城市带除了长江以南依然兴盛不衰以外,长江以北沿河地带只有少数通铁路的城市尚能保持一定的繁荣,其余都趋于衰微。

第五个方面是区域经济中心由传统的行政中心城市转移到口岸城市和交通中心城市。

我国传统的行政中心城市,因在一定的区域内拥有较优的地理位置和较好的

---

① 严中平等编:《中国近代经济史统计资料选辑》,表8,科学出版社,1955年,第106页。
② 参见孙敬之主编,刘再兴等编著:《中国经济地理概论》,第五章,商务印书馆,1994年。
③ 参见邹逸麟主编:《中国历史人文地理》,科学出版社,2001年,第345—346页。

农业基础而得到发展,又因消费人口众多成为区域内的商业中心。而近代兴起的口岸城市、交通枢纽城市与矿业城市,很多原先既非较高级别的行政中心城市,也非工商业城市,有的甚至只是乡镇渔村。这些城市都是在开埠通商之后才发展为重要的经济城市的。有的新兴城市由于发展速度超过原先的行政中心城市,成长为区域内的经济中心,有的经济地位甚至超越长期以来集行政中心与经济中心于一体的传统城市。

本卷第七章第三节的研究表明,当新兴城市的经济地位和人口超过区域内的行政中心时,有的区域的经济中心便从行政中心城市转移到新兴城市,从而改变以前的行政中心和经济中心合而为一的状况。这种状况不仅出现在省域,也出现在府域、州域甚至县域。如果行政中心没有发生相应的转移,特定行政区域内便出现行政中心和经济中心双峰并峙的局面。由于新兴城市的工商业发展速度超过了所在区域的行政中心城市的发展速度,经济地位遂凌驾于行政中心城市之上。有些沿海沿江省份存在着几个通商口岸,省会是其中之一。如果省会的发展速度慢于其他口岸城市,也会造成双峰并峙。

第六个方面是形成近代经济区。

经济区是在一定空间范围内经济活动相互关联的客观存在的空间组织,是经济发展时自然而然形成的产物。据第七章第六节所述近代以来,中国的广袤空间,除了边疆可以通过沿边口岸发展对外贸易的区域形成自成一体的沿边经济区之外,其余地区几乎都成为沿海各口岸城市的腹地,并在此基础上形成经济区。估计在20世纪二三十年代,以沿海主要口岸城市或城市群为中心,以它们的腹地为空间范围,口岸城市与其腹地通过主要交通道路保持密切联系的6大经济区,实际上已经形成。沿海口岸城市与其他地区的人员和贸易往来、资金流动、技术和信息传播,成为各经济区内经济联系的主要形式。

第七个方面是香港和上海成为中国近代经济发展的两只"领头羊"。

经过长期的发展,近代沿海沿江的各个通商口岸在经济规律的作用下,通过埠际贸易已形成井然有序、等级分明的港口——贸易体系。在这一体系中,上海、香港两个全国性的港口位居第一级,广州、厦门、宁波、汉口、重庆、青岛、天津、大连等规模较大的重要的区域性港口位居第二级,其他规模较小的区域性港口位居第三级甚至第四级。

上海和香港不仅以贸易量大而凌驾于诸港之上,而且通过各港口之间的埠际转口贸易对其他港口产生重大影响。在很长的时间里,从浙江以北直到东北以及长江流域的各港口,主要是通过上海的中转而和国外发生贸易联系的,而福建、广东、广西、海南,以及江西、湖南两省的南部和早期的台湾港口则主要通过香港和国外发生联系。20世纪初以来,随着各港直接对外贸易的增长,上海和香港转口贸易的地位下降,但仍在各港的进出口中占有一定的份额,并仍有一些港口要通过上海或香港的中转才抵达世界市场。① 上海、香港在埠际贸易的过程中加强了与各个港口城市之间的航运、邮政、电讯、金融、信息等方面的联系,将自己的影响输送到这些港口城市,再通过这些港口城市的港口—腹地系统到达它们腹地的深处。上海、香港可以说是近代中国现代化发展的北南两只"领头羊",在它们之下的广州、汉口、青岛、天津、大连等重要的港口城市,也按照同样的方式将自己的影响送达相关的港口及它们的腹地。

第八个方面是中国大的区域经济差异从南北差异为主转化为东西差异为主。

本卷多处论述了近代中国大体上形成"西部不如中部,中部不如东部"这种明显的区域经济差距。自唐中叶中国经济重心南移以后,中国的大的区域经济差距主要是南北差距,经济发展水平上表现为南方优于北方,此外东部又优于西部。经过近代的变迁,中国的大的区域经济差距已从南北差距为主、东西差距为次,变为东西差距为主、南北差距为次。这种巨变,是近代生产力性质不同于古代生产力,地理环境的作用也有所不同的反映。

古代中国以农业为经济的基本部门,农作物的生长深受自然条件的限制,当各大区域的生产技术和人口密度都逐渐达到了顶峰时,气温、降水、生态环境的差异最终决定了经济差距的形成。在气温、降水等方面南方均优于北方,北方还存在大范围而且持久的生态恶化(主要表现为黄土高原的水土流失和华北平原的黄河屡屡决溢改道),以及百年左右便发生一次的严重战乱,自然形成南胜于北这种经济差距。经过近代的工商业、交通和农业多种经营的较大发展,同处东部的北方诸省尤其是沿海地区与南方的差距逐渐缩小,东部和西部的经济差距明显超过南部和北部的差距。

东部一向是我国经济发展程度较高和人口密度较大的区域,近代尤其如此。除了地理条件与历史基础之外,近代之所以形成东部优于中西部的经济差距,主要原因在于中国现代化空间进程的特点和东部优越的地理位置。

近代以来虽然务农人数仍占中国人口的绝大多数,但工商业在国民经济中占有越来越重要的地位。中国已纳入世界经济体系,在相当多的地区农业和手工业中市场化、外向化部门已占有相当重要的地位。沿海地区是中国联系世界的主要通道,是先进生产力首先形成的地区,港口—腹地是全国各区域经济联系的主要途径。是否位于或靠近东部沿海,甚至通往东部口岸城市的重要交通线这一特定的地理位置,便成为近代区域经济能否较早兴起并具有较高水平的关键因素。

---

① 参见吴松弟主编:《中国百年经济拼图——港口城市及其腹地与中国现代化》,第九章(唐巧天撰),第十章(毛立坤撰),山东画报出版社,2006年。

后记

本卷共8章,各章的作者名如下:

绪论:吴松弟,其中方书生也参加了第一节的撰写。

第一章:吴松弟,其中第四节樊如森撰写。

第二章:第一节吴松弟撰写,第二节薛理禹撰写,第三、四、五节侯杨方撰写。

第三章:韩茂莉

第四章:袁为鹏

第五章:徐卫国

第六章:龚关

第七章:吴松弟,其中第五节张晓虹撰写。

第八章:吴松弟

表图总目、参考征引文献目录:吴松弟

一部中国近代史,既是中国人民反对帝国主义压迫和推翻封建制度的历史,也是中国人民逐步走上现代化道路的历史。尽管中国的现代化道路走得极其艰难曲折,步伐相当缓慢,毕竟中国的面貌已得到了一定程度的改变。经济上同样如此,我国各区域都发生了程度不同的传统经济的转型和现代经济的成长,新的经济地理格局逐渐形成。

近代中国是古代中国向现代中国转变的过渡时期,不了解近代中国,就难以完整地理解古代中国,当然也难以理解现代中国。由于长期以来忽视对近代生产力的研究,反映近代生产力空间分布的近代经济地理的研究成果并不多。考虑到近代经济地理研究是历史经济地理研究的重要一环,且近代史研究、现代经济地理形成的背景研究以及当前区域经济规划、城市发展等方面对此有迫切的需要,我们齐心协力,克服种种困难,终于完成了九卷本《中国近代经济地理》的写作。1840年到1949年的百余年间,中国经济变迁的空间进程与各区域的差异以及影响二者的诸因素,得以初步的揭示,从而在近代的历史、经济、地理之间架起了一座新的学术桥梁,并可为今天的经济实践提供历史经验。

本丛书是25位学者共同努力的结果。其中,有自20世纪90年代以来与我共同开创港口—腹地研究的丛书副主编、江浙沪卷作者戴鞍钢;有原先随我读博,毕业以后仍然并肩研究的华北与蒙古高原卷作者樊如森、华南卷作者方书生、东北卷作者姚永超、闽台卷作者之一姜修宪,华中卷作者徐智,西南卷作者张永帅、马琦(进修生)。没有他们以及其他虽然没有参与丛书的撰写,但一直从不同的方面揭示近代经济地理面貌的毕业博士们的努力,本丛书的顺利完成自然也是不可能的。

更多的撰写者,来自大陆和港台的学术界朋友。如西北卷主编、主要作者张萍和作者严艳、吴孟显,华中卷主编、主要作者任放和作者杨勇、陆发春、张绪,西南卷主编、主要作者杨伟兵,闽台卷主编、主要作者林玉茹和作者周子峰、王湛,绪论和全国概况卷作者侯杨方、韩茂莉、袁为鹏、徐卫国、龚关、张晓虹,他们除少数是新朋友外,大部分或是老同事,或是学术来往已久的老朋友。

为了保证《中国近代经济地理》的书稿质量,丛书每卷都由出版社邀请两位专家作为审稿人。这些专家在近代经济史和区域经济、城市方面耕耘多年,他们以自己一贯的严肃认真的态度审读书稿,指出了存在的问题和不足之处,提升了书稿的质量。因此,我们必须要向他们表达我们的崇高敬意。

高等院校教授和科研机关研究人员一直是各阶层中工作甚为繁忙的人群,而《中国近代经济地理》的作者或是著名学者,或是单位骨干,或是学界新锐,研究和教学工作尤其繁忙。他们要参加本丛书的撰写,必须先搁下自己手头大量的研究工作,才能将宝贵的时间用在此套书的撰写上。还必须指出,大凡多卷本的学术著作,甚至单本学术著作,在研究时多有各种各样学术基金的支持,而本丛书并未申请任何学术基金,便组织好队伍,开始研究和撰写。因此,每一位撰写者都未从我这里得到一分一厘的研究经费。这种不计时间、不计经费的"友情相助",令我为之感动不已。没有这种对学术研究的巨大热情,没有这种高尚的"友情相助",就不可能有九卷本《中国近代经济地理》。因此,我必须向所有的作者,表示衷心的感谢!

同时,我也必须向华东师范大学出版社表示我的衷心感谢。我与出版社王焰社长素不相识,但她听说我在组织队伍撰写多卷本《中国近代经济地理》时,便直接打电话给我,在电话中决定接受此书,并满足我们相对较高的稿费要求。此后她和出版社董事长朱杰人先生始终关心此套书的质量和进度,项目编辑庞坚先生等人也为本丛书倾注了大量的心血。

中国是面积广袤、人口众多、国情复杂的世界大国,要阐述中国近代百余年经济变迁的空间进程、区域差异以及诸多影响因素,实非易事,更何况原先研究基础薄弱,加上我们自身水平终究有限,因此,在中国近代经济地理研究方面,本丛书只是引玉之砖,错误和不足之处一定很多。我们真诚地欢迎各方面的批评,在广泛吸纳批评意见的基础上,推进中国近代经济地理的研究。

吴松弟于 2014 年岁末

表图总目

表0-1　各地带海关贸易总值及占全国的百分比
表1-1　1872—1879年中俄贸易值（通过恰克图、天津）
表1-2　1893—1914年新疆对俄国贸易差额（新疆出口值减新疆进口值）
表1-3　1882—1931年全国进出口货值每十年比较表
表1-4　1882—1931年中国主要进口货物每五年所占百分比表
表1-5　主要口岸进出口值及占全国比重
表1-6　直接往来贸易主要国别（地区）统计表
表1-7　中国各区域港口贸易货值及占全国的百分比
表1-8　1924—1926年部分国家与上海的贸易额及其所占比重
表1-9　中国沿海港口分类
表1-10　1923—1925年世界各大港口的进口船舶吨位
表1-11　1934年世界十五大港口进口船只吨位表
附表1-1　各口岸开埠、新关完建时间表
图1-1　近代早期东南沿海开埠口岸分布示意图
图1-2　中俄陆路通商口岸分布示意图
图1-3　主要港口在中国进出口中的份额
图1-4　直接贸易国在中国进出口的份额（1870—1931年）
图1-5　1922—1931年中国主要开港城市及其重要贸易对象
图1-6　上海港在东亚港口网络中的作用
图1-7　1934年前后环渤海经济区的市场格局示意图
图1-8　近代长三角经济区的6个亚区
图1-9　近代珠三角经济区的腹地层级
表2-1　1880—1927年东北人口（南满铁路的估计）
表2-2　1923—1928年间的东北移民（《工商半月刊》的估计）
表2-3　20世纪二三十年代中国海外侨民的数量与地区分布
表2-4　1929—1933年各地区的乡村人口国内迁移率
表2-5　1929—1933年各地区的城乡间迁移率
表2-6　1929—1931年各地区的国、省、县际的迁移率
表2-7　1929—1933年各地区的乡村人口迁出原因百分比
表2-8　1929—1933年各地区的乡村人口迁入原因百分比
表2-9　1929—1933年各地区的农村家庭初次迁移的原因百分比

- 表 2-10　各地区的 36 400 个农村家庭迁移人口的职业分配百分比
- 表 2-11　1928 年中国人口密度
- 表 2-12　1936 年中国人口密度
- 表 2-13　1947 年中国人口密度
- 表 2-14　1918 年中国城市人口(10 万人以上)估计
- 表 2-15　1929—1933 年中国 19 省 168 县 173 地区的城市与乡村人口
- 表 2-16　1949 年中国部分地区的非农人口与农业人口以及市镇与乡村人口
- 表 3-1　20 世纪初期东北人口变化
- 表 3-2　20 世纪前期东北地区耕地面积变化
- 表 3-3　20 世纪 40 年代初中东铁路各段及其他铁路段农业人口比例
- 表 3-4　1940 年东北各省土地利用比例
- 表 3-5　20 世纪 20 年代大陆移民原籍统计
- 表 3-6　20 世纪初台湾移民原籍比例与在迁入地人口占取的比例
- 表 3-7　20 世纪 40 年代台湾人口与耕地
- 表 3-8　20 世纪前 40 年台湾水稻种植面积
- 表 3-9　云南省垂直气候概况
- 表 3-10　历史上西南刀耕火种的民族
- 表 3-11　延绥镇各堡明清驻军数量
- 表 3-12　清代榆林府各县户额
- 表 3-13　陕北沿边六县伙盘地亩村户
- 表 3-14　清嘉庆二十五年岭南各府州厅人口密度
- 表 3-15　广西各地"备东谷"贮存数额
- 表 3-16　民国初广东进口国内外粮食数量
- 表 3-17　20 世纪 30 年代河北东部小麦种植比例
- 表 3-18　20 世纪 30 年代河北东部主要农作物种植比例
- 表 3-19　20 世纪 30 年代华北五省用地比例
- 表 3-20　20 世纪 40 年代山东小麦、大豆、花生外运比例与外运地
- 表 3-21　20 世纪 30 年代山东齐东县农作物每亩收支状况
- 表 3-22　20 世纪 30 年代初河北农作物每亩收支状况
- 表 3-23　河北棉作面积指数与小麦面积指数比较
- 表 3-24　平汉铁路沿线河南境内 17 站之自耕农每人谷物生产售出留用购入及所耕亩数表
- 表 3-25　20 世纪 30 年代末江苏 5 县夏季作物用地比例
- 表 3-26　天山草场分布高度
- 图 3-1　卜凯 20 世纪 30 年代中国农业区域图

图 3-2　近代农业分布
图 3-3　20 世纪 30 年代末东北农业人口比例分布图
图 3-4　台湾省开发空间过程
图 3-5　20 世纪 40 年代台湾省土地垦殖率
图 3-6　元代军屯和明代卫所地点
图 3-7　沿 23°N 民族垂直分布示意图
图 3-8　金竹寨易田制土地规划图
图 3-9　清中期岭南土地垦殖率分布图
图 3-10　"备东谷"产地与输送
图 3-11　广东各海关输入粮食比例
图 3-12　20 世纪 30 年代华北小麦种植比例与农产品商品性地带示意图
图 3-13　阿尔泰山地西南坡垂直带
图 3-14　昆仑山山地季节牧场
图 3-15　天山山地季节牧场
图 3-16　阿尔泰山山地季节牧场
图 3-17　暖季营盘四周放牧地段配置
图 3-18　冷季营盘四周放牧地段配置
表 4-1　甲午战前中国近代煤矿简况(1875—1895)
表 4-2　1916 年全国煤产量构成表
表 4-3　民国五年度各省土法开采铁矿及冶炼生铁之产量
表 4-4　中国各大铁矿年产量表
表 4-5　中国炼铁能力及近年生铁产量表
表 4-6　中国炼钢设备及产能分布表(截至 1935 年)
表 4-7　汉阳铁厂布局主要阶段影响因素表
附表 4-1　华商棉纺织厂工厂数量地区比较表
附表 4-2　华商棉纺织厂已开纱锭数地区比较表
附表 4-3　华商棉纺织厂布机数地区比较表
图 4-1　1890—1936 年华商纺织厂地区分布图 1(工厂数)
图 4-2　1890—1936 年华商纱厂地区分布图 2(实开纱锭数)
图 4-3　1890—1936 年华商纱厂地区分布比例图
图 4-4　1890—1936 年华商纺织厂布机地区分布图(实开数)
图 4-5　1890—1936 年华商纱厂布机地区分布图(比重)
表 5-1　1895—1911 年中国轮船航运公司统计
表 5-2　各通商口岸进出中外轮船数量吨位比较
表 5-3　历年各口岸进出外轮吨位及对外贸易额比较

表 5-4　1911—1937 年中国轮船吨级分类统计

表 5-5　1912—1937 年往来中国各通商口岸的各国轮船统计

表 5-6　1937—1947 年轮船航运业概况

表 5-7　1915 年—1935 年国有铁路资产、铁路动力、车辆数量统计

表 5-8　1915 年—1935 年国有铁路运输量及营业收入统计

表 5-9　1937—1947 年铁路营业概况

表 5-10　1937—1946 年公路运输概况

表 5-11　1912—1936 年中华邮政经营概况

表 5-12　1912—1935 年电信营业概况

表 5-13　近代交通资本在产业资本中的地位

表 5-14　交通运输总产值在国民生产总值中的地位

表 5-15　1932 年各国铁路里程及按面积和人口计算的平均里程数

表 5-16　1927 年初各国汽车拥有量

表 5-17　各地区铁路占全国铁路里程的比例

表 6-1　上海钱庄资本规模、盈利状况及其变化(1858—1936 年)

表 6-2　外国银行在华分布区域统计(1937 年)

表 6-3　1922—1931 年间上海与全国重要商埠银元流动表

表 6-4　20 世纪 30 年代中国银行办理国内汇兑的区域结构

表 7-1　1875—1904 年北方三口岸进出口贸易净值的增长

表 7-2　中国市的人口等级规模(1933—1936 年)

表 7-3　通商口岸城市占不同地区的市的比重

表 7-4　通商口岸城市在不同行政等级和人口规模的市中所占的比重

表 7-5　各时期设立的市中通商口岸所占的比重

表 7-6　不同时期设立的省会市的行政等级与人口数量等级

表 7-7　各时期市的设置

表 7-8　1936 年中国进出口贸易值前 18 位的城市形态

附表 7-1　各市的设立和开埠状况一览表

图 7-1　上海城市空间演变过程示意图

图 7-2　天津城市空间演变过程示意图

图 7-3　福州城市空间演变过程示意图

图 7-4　宁波城市空间演变过程示意图

图 7-5　中国近代城市空间结构的基本模式

图 7-6　中国沿海、沿边口岸各自腹地范围示意图

表 8-1　西南主要口岸进出口贸易额及占全国百分比

参考征引文献目录

一、已刊档案、官方文书

中国第二历史档案馆编:《中华民国史档案资料汇编》第五辑,江苏古籍出版社,1994年

财政科学研究所、第二历史档案馆:《民国外债档案史料》第10卷,档案出版社,1991年

天津市档案馆等:《天津商会档案汇编(1903—1911)》,天津人民出版社,1989年

天津市档案馆等:《天津商会档案汇编(1912—1928)》,天津人民出版社,1992年

天津市档案馆等:《天津商会档案汇编(1928—1937)》,天津人民出版社,1994年

青岛市档案馆编:《帝国主义与胶海关》,档案出版社,1986年

湖北省档案馆编:《汉冶萍公司档案史料选编》(上册),中国社会科学出版社,1992年

南通市档案馆等:《大生企业系统档案选编》,南京大学出版社,1987年

天津市档案馆河北邮政管理局全宗

(清)文庆等编:《筹办夷务始末》(道光朝),中华书局,1964年

(清)贾桢等编:《筹办夷务始末》(咸丰朝),中华书局,1979年

(清)宝鋆等编:《筹办夷务始末》(同治朝),中华书局,2008年

王铁崖编:《中外旧约章汇编》第一册,三联书店,1957年

王铁崖编:《中外旧约章汇编》第二册,三联书店,1959年

王铁崖编:《中外旧约章汇编》第三册,三联书店,1962年

《清实录》,中华书局,1986年影印本

赵尔巽等:《清史稿》,中华书局,1977年

朱寿朋:《光绪朝东华录》,中华书局,1958年

《世宗宪皇帝朱批谕旨》,台湾商务印书馆,1986年

(清)刘锦藻:《清朝续文献通考》,商务印书馆,1955年

沈云龙主编:《中国近代史料丛刊续编》第99辑,台湾文海出版社,1985年

(民国)内政部统计处:《全国各选举区户口统计》

(民国)内政部人口局:《全国户口统计》,1947年

国家统计局综合司编:《全国各省自治区直辖市历史统计资料汇编(1949—1989)》,中国统计出版社,2013年

晋绥总司令部统计处编纂:《山西省第七次人口统计》(民国十三年),1927年油印本

二、海关资料和海关研究论著

中国第二历史档案馆等编:《中国旧海关史料(1859—1948)》,京华出版社,2001年

《美国哈佛大学藏未刊中国旧海关史料》，吴松弟整理，广西师范大学出版社，2014 年

海关总署《旧中国海关总税务司署通令选编》编译委员会：《旧中国海关总税务司署通令选编》，三卷本，中国海关出版社，2003 年

杨端六、侯厚培：《六十五来中国国际贸易统计》，国立中央研究院社会科学研究所专刊第四号，1931 年

韩启桐等编：《1936—1940 年中国埠际贸易统计》，中国科学院，1951 年

吴弘明整理：《津海关年报档案汇编（1865—1911）》，天津社会科学院历史所，1993 年

《天津海关 1892—1901 年十年调查报告书》，《天津历史资料》第 4 期，1965 年 10 月

王怀远：《旧中国时期天津的对外贸易》，《北国春秋》1960 年第 1—3 期连载

天津海关译编委员会译编：《津海史要览》，中国海关出版社，2004 年

交通部烟台港务管理局编：《近代山东沿海通商口岸贸易统计资料（1859—1949）》，对外贸易教育出版社，1986 年

徐雪筠等译编：《上海近代社会经济发展概况（1882—1931）——〈海关十年报告〉译编》，上海社会科学院出版社，1985 年

周勇、刘景华译编：《近代重庆经济与社会发展》，四川大学出版社，1987 年

海关总署编：《中国海关与邮政》，科学出版社，1961 年

中华人民共和国福州海关：《福州海关志》，鹭江出版社，1991 年

（清）梁廷枏：《粤海关志》

黄序鹓：《海关通志》，共和印刷厂，1917 年

陈诗启：《中国近代海关史》，人民出版社，2002 年

陈诗启：《中国近代海关史：晚清部分》，人民出版社，1993 年

陈诗启：《中国近代海关史：民国部分》，人民出版社，1999 年

孙修福：《中国近代海关史大事记》，中国海关出版社，2005 年

陈诗启、孙修福：《中国近代海关常用词语英汉对照宝典》，中国海关出版社，2002 年

戴一峰：《近代中国海关与中国财政》，厦门大学出版社，1993 年

杨天宏：《口岸开放与社会变革——近代中国自开商埠研究》，中华书局，2002 年

三、地方志、古籍

白眉初：《中华民国省区全志》，北京求知学社，1924 年

民国《青县志》

民国《宁晋县志》

民国《望都县志》

民国《张北县志》

民国《高阳县志》

民国《霸县新志》

宋蕴璞辑：《天津志略》，1931年铅印本

白眉初：《山东省志》，北京师范大学史地系，1925年

民国《福山县志稿》

冯矞编：《德州乡土志》，光绪年间钞本

山西省史志研究院编：《山西通志》，中华书局，1999年

乾隆《广灵县志》

光绪《广灵县补志》

廖兆骏纂：《绥远志略》，1937年

光绪《清水河厅志》

民国《巩县志》

雍正《陕西通志》

道光《榆林府志》

乾隆《镇安县志》

民国《横山县志》

宣统《重修泾阳县志》

乾隆《延绥镇志》

光绪《海城县志》

道光《敦煌县志》

钟广生：《新疆志稿》，1930年

（清）徐宗亮：《黑龙江述略》，黑龙江人民出版社，1985年

（日）小越平陆：《白山黑水录》，作新社，1902年

王树枏等纂：《奉天通志》，1934年

民国《锦县志略》

鞍山市人民政府地方志办公室编：《鞍山市志·综合卷》，沈阳出版社，1990年

本溪市地方志编纂办公室编：《本溪市志》，新华出版社，1991年

李长傅：《分省地志·江苏》，中华书局，1936年

殷惟和：《江苏六十一县志》，商务印书馆，1936年

王培棠：《江苏省乡土志》，商务印书馆，1938年

无锡市地方志编纂委员会编：《无锡市志》，江苏人民出版社，1995年

民国《泰县志稿》

同治《上江两县志》

道光《苏州府志》

乾隆《吴郡甫里志》

嘉庆《海门厅志》

黄卬：《锡金识小录》，光绪间刊本，台湾成文出版社，1983年影印

乾隆《儒林六都志》

嘉庆《江宁府志》

康熙《常州府志》
李维清编纂:《上海乡土志》,光绪三十三年排印本
雍正《崇明县志》
民国《嘉定县续志》
民国《月浦里志》
民国《青浦县志》
民国《上海县志》
葛冲编:《青浦乡土志》,光绪间稿本,上海博物馆藏
民国《南汇县续志》
民国《上海县续志》
余绍宋等纂:《重修浙江通志稿》,民国间稿本,浙江图书馆藏1983年誊录本
姜卿云主编:《浙江新志》,1936年
康熙《乌青文献》
康熙《长兴县志》
咸丰《南浔镇志》
天启《海盐县图经》
光绪《余杭县志稿》
光绪《广德州志》,江苏古籍出版社,1998年影印本
民国《宁国县志》
民国《宿松县志》
民国《宁国县志》
蚌埠市地方志编纂委员会:《蚌埠市志》,方志出版社,1995年
《建瓯县志》
康熙《台湾府志》
光绪《台湾通志稿》
(清)黄叔璥:《台海使槎录》乾隆元年刻本,台湾成文出版社1983年影印
光绪《安平县杂记》
康熙《诸罗县志》
同治《淡水厅志》
道光《彰化县志》
光绪《安平县杂记》
康熙《咸宁县志》
光绪《广州府志》
光绪《高明县志》
嘉靖《广西通志》
道光《庆远府志》
光绪《归顺直隶州志》

同治《梧州志》

景泰《云南图经志书》

乾隆《云南通志》

《新纂云南通志》,1949 年

(明)谢肇淛:《滇略》,文渊阁四库全书本

(清)罗绕典:《黔南职方纪略》道光间刻本,台湾成文出版社 1974 影印

(清)田雯:《黔书》丛书集成初编本,商务印书馆,1935 年

(清)爱必达:《黔南识略》道光间刻本,台湾成文出版社 1968 年影印

嘉靖《思南府志》

安顺市志编纂委员会:《续修安顺府志》,1983 年铅印本

盛宣怀:《愚斋存稿》,1931 年印本

康有为:《康南海自编年谱》,中华书局,1995 年

(清)特普钦著,李兴盛等编:《黑龙江将军特普钦诗文集》,天津古籍出版社,
    1987 年

(清)刘锦棠:《刘襄勤公奏稿》,《西北史地文献》第 13 卷,线装书局,2006 年

陈黄中:《蒙古边防议》,《小方壶舆地丛钞》第二帙

(明)王士性:《广志绎》,中华书局,1982 年

(明)郭应聘:《郭襄靖公遗集》,续修四库全书本,上海古籍出版社,1995 年

(明)魏大中:《藏密斋集》,续修四库全书本,上海古籍出版社,1995 年

(清)屈大钧:《广东新语》,中华书局,1985 年

(清)杨锡绂:《四知堂文集》,嘉庆间刻本

(清)龚自珍:《定庵续集》,四部丛刊本,商务印书馆,1919 年

(清)金武祥:《粟香随笔》,续修四库全书本,上海古籍出版社,1995 年

(清)张履祥:《补农书》陈恒力《补农书校释》本,农业出版社,1983 年

(清)经元善著,虞和平编:《经元善集》,华中师范大学出版社,1988 年

许同莘:《张文襄公年谱》,商务印书馆,1944 年

(清)张之洞著,苑书义等主编:《张之洞全集》,河北人民出版社,1998 年

四、社会调查和资料汇编

中华民国交通部、铁道部交通史编纂委员会编:《交通史·路政编》,交通部总务司,
    1931 年

中华民国交通部、铁道部交通史编撰委员会编:《交通史·政编》,交通部总务司,
    1935 年

中华民国交通部:《十五年来之交通概况》,1946 年

中华民国交通部总务司第六科:《交通部统计年报》(1946),交通部总务司第六科

中华民国铁道部编:《中华民国国有铁路会计统计总报告》

胶济铁路管理局车务处编:《胶济铁路沿线经济调查报告分编》

全国经济委员会公路处编:《中国公路交通图表汇览》,1935年
中华民国交通部编:《公路统计年报》,1944—1945年合订本
民航总局史志编辑部编:《中国航空公司、欧亚—中央航空公司史料汇编》,民航总局史志编辑部,1997年
中华民国交通部邮政总局编:《民国元年邮政事务总论》,交通部邮政总局,1913年
中华民国交通部邮政总局编:《民国十年邮政事务总论》,交通部邮政总局,1921年
中华民国交通部编:《中国邮政统计专刊》,交通部总务司,1931年
陈真编:《中国近代工业史资料》(第四辑),三联书店,1961年
国民政府主计处《统计月报》,1932.1—2
国民党中央党部国民经济计划委员会编:《十年来之中国经济建设(1927—1937)》,扶轮日报社,1937年
建设委员会调查浙江经济所统计科编:《芜乍路沿线经济调查》,建设委员会调查浙江经济所,1933年
连浚:《东三省经济实况揽要》,民智印刷所,1931年
中央银行管理处:《东三省经济调查录》,近代中国史料丛刊第3编,1987年
王惠民:《新东北指南》,商务印书馆,1946年
中国科学院内蒙古宁夏综合考察队:《内蒙古自治区及其东西部毗邻地区天然草场》,科学出版社,1980年
全国人大民族委员会内蒙东北少数民族调查组:《阿拉善旗情况》,1958年
贺扬灵:《察绥蒙民经济的解剖》,商务印书馆,1935年
《陕绥划界纪要》,府谷、神木、榆林横山、靖边、定边六县集资刊印,1932年
崔宗埙:《河南省经济调查报告》,财政部直接税署经济研究室,1945年
河南省地质调查所:《河南矿产志》,1933年
池泽汇、娄学熙、陈问咸编纂:《北平市工商业概况》,北平市社会局,1932年
中国人民大学工业经济系编著:《北京工业史料》,北京出版社,1960年
交通大学研究所:《平汉沿线农民经济调查》,1936年
青岛守备军民政部:《山东之物产》第5编,1921年
金陵大学农学院农业经济系:《河南湖北安徽江西四省棉产运销》,(日)铁村大二译,日本东京生活社,1940年
陈旭麓等编:《汉冶萍公司》(一),上海人民出版社,1984年
潘益民:《兰州之工商业与金融》,商务印书馆,1935年
张肖梅编纂:《四川经济参考资料》,上海中国国民经济研究所,1939年
中国科学院民族研究所四川少数民族社会历史调查组编:《诺尔盖、阿坝、红原调查材料》,1963年
俞湘文:《西北游牧藏边社会调查》,南天书局有限公司,1937年
中国社会科学院民族研究所、中国藏学研究中心社会经济所合编:《西藏的商业与手工业调查研究》,中国藏学出版社,2000年

《云南边疆问题研究》,云南省立昆华民众教育馆,1931年

徐敬君:《云南山区经济》,云南人民出版社,1983年

曲直生:《河北棉花之出产及贩运》,商务印书馆,1931年

台湾省行政长官公署农林处农业推广委员会:《台湾农务概况》,民锋印书馆,1947年

广东省政府秘书处:《广东粮食统计》,东成印务局,1933年

云南省编辑组:《拉祜族社会历史调查》,云南人民出版社,1982年

云南省编辑组:《景颇族社会历史调查》(三),云南人民出版社,1986年

尹绍亭:《人与森林——生态人类学视野中的刀耕火种》,云南教育出版社,2000年

李根蟠、卢勋:《刀耕农业与锄耕农业并存的西盟佤族农业》,《农业考古》1985年第1期

云南省编辑组:《佤族社会历史调查》,云南人民出版社,1983年

云南省编辑组:《拉祜族社会历史调查》(一),云南人民出版社,1982年

云南省编辑组:《景颇族社会历史调查》(二),云南民族出版社,1985年

云南省编辑组:《景颇族社会历史调查》(三),云南人民出版社,1986年

石锐:《景颇族刀耕火种文化的变迁》,《人类学生态环境史研究》,中国社会科学出版社,2006年

云南省编辑组:《怒族社会历史调查》,云南人民出版社,1981年

云南省编辑组:《哈尼族社会历史调查》,云南民族出版社,1982年

云南省编辑组:《傈僳族社会历史调查》,云南人民出版社,1981年

云南省编辑组:《傣族社会历史调查》(西双版纳之一),云南民族出版社,1983年

云南省编辑组:《德宏傣族社会历史调查》(二),云南人民出版社,1984年

云南省编辑组:《白族社会历史调查》,云南人民出版社,1983年

云南省编辑组:《云南小凉山彝族社会历史调查》,云南人民出版社,1984年

云南省编辑组:《独龙族社会历史调查》,云南民族出版社,1985年

中国科学院民族研究所云南民族调查组编:《云南宁蒗彝族自治县永宁纳西族社会及其母权制的调查报告》,内部刊印,1963年

中国科学院民族研究所贵州少数民族社会历史调查组编:《贵州省黔西县石板、金坡两乡社会经济调查资料》,内部刊印,1964年

中国科学院民族研究所贵州少数民族社会历史调查组编:《贵州省威宁县法地区别色园子和东关寨解放前社会经济调查资料》,内部刊印,1964年

《苗族社会历史调查》,贵州民族出版社,1987年

中华续行委办会:《中华归主》,中国社会科学出版社,1987年

戴执礼编:《四川保路运动史料》,科学出版社,1959年

章有义编:《中国近代农业史资料》第一辑,三联书店,1957年

章有义编:《中国近代农业史资料》,第二辑,三联书店,1957年

彭泽益:《中国近代手工业史资料》,第三卷,中华书局,1962年

姚贤镐编:《中国近代对外贸易史资料,1840—1895》,中华书局,1962 年

黄苇、夏林根编:《近代上海地区方志经济史料选辑》,上海人民出版社,1984 年

实业部国际贸易局:《中国实业志·山西省》,实业部国际贸易局,1937 年

实业部国际贸易局:《中国实业志·江苏省》,实业部国际贸易局,1933 年

杨大金编:《现代中国实业志》,商务印书馆,1938 年

实业部地质调查所、国立北平研究院地质学研究所编印:《中国矿业纪要》(第五次),地质专报丙种第五号,1935 年

经济部中央地质调查所、国立北平研究院地质学研究所编:《中国矿业纪要》(第七次)1945 年

严中平等:《中国近代经济史统计资料选辑》,科学出版社,1955 年

严中平主编:《中国棉纺统计史料》,未刊整理本,1950 年

中国人民银行上海市分行:《上海钱庄史料》,上海人民出版社,1960 年

中国人民银行上海市分行金融研究所:《上海商业储蓄银行史料》,上海人民出版社,1990 年

聂宝璋编:《中国近代航运史资料》第 1 辑,上海人民出版社,1983 年

凌鸿勋:《中国铁路志》,台湾世界书局,1963 年

海口市邮电局史志办公室、海口市地方志办公室编:《海口市邮电志》,南海出版公司,1994 年

《中国近代经济史研究资料》(4),上海社会科学院出版社,1985 年

武汉市金融志办公室、中国人民银行武汉市分行金融研究所编:《武汉钱庄史料》,内部刊行,1985 年

天津市地方志编修委员会:《天津通志·金融志》,天津社会科学院出版社,1995 年

五、译著和外文

(英)G·L·克拉克等主编,刘卫东、王缉慈等译:《牛津经济地理学手册》,商务印书馆,2005 年

(英)莱特著,姚曾廙译:《中国关税沿革史》,商务印书馆,1958 年

(英)班思德:《最近百年中国对外贸易史》,海关总税务司署统计科译印,1931 年(附在海关 1922—1931 年十年报告的卷首)

(英)马士著,张汇文等译:《中华帝国对外关系史》,上下卷,上海书店出版社,2000 年

(英)肯德著,李宏等译:《中国铁路发展史》,三联书店,1958 年

李必樟译编:《上海近代贸易经济发展概况:1854—1898 年英国驻上海领事贸易报告汇编》,上海社会科学院出版社,1993 年

(美)葛德石著,薛贻源译:《中国的地理基础》,开明书局,1945 年

(美)葛德石著,谌亚达译:《中国区域地理》,正中书局,1947 年

(美)墨菲著,章克生等译:《上海:现代中国的钥匙》,上海人民出版社,1986 年

（美）罗威廉著，江溶、鲁西奇译：《汉口：一个中国城市的商业和社会（1796—1889）》，中国人民大学出版社，2005年

（美）吉尔伯特·罗兹曼主编，国家社会科学基金"比较现代化"课题组译：《中国的现代化》，江苏人民出版社，1988年

（美）郝延平著，陈潮译：《中国近代商业革命》，上海人民出版社，1991年

（美）德怀特·珀金斯著，宋海文等译：《中国农业的发展，1368—1968》，上海译文出版社，1984年

（美）詹姆斯·E·麦克米伦第三、哈罗德·多恩著，王鸣阳译：《世界史上的科学技术》，上海科技教育出版社，2003年

（美）斯塔夫里阿诺斯著，董书慧、王昶、徐正源译：《全球通史：从史前史到21世纪》，第7版，北京大学出版社，2006年

（瑞典）丁格兰著，谢家荣译：《中国铁矿志》，上下册，地质调查所，1924年

（德）马克斯·韦伯著，约翰内斯·温克尔曼整理，林荣远译：《经济与社会》，商务印书馆，2006年

（法）白吉尔著，张富强、许世芬译：《中国资产阶段的黄金时代（1911—1937）》，上海人民出版社，1994年

（法）布罗代尔著，顾良、施康强译：《15至18世纪的物质文明、经济和资本主义》，三联书店，1992年

（法）米歇尔·乔治著，杨常修译：《穹苍迹——1909—1949年的中国航空》，航空工业出版社，1992年

（俄）彼·彼·谢苗诺夫撰，李步月译：《天山游记》，新疆人民出版社，1989年

（俄）阿·马·波兹德涅耶夫著，刘汉明等译：《蒙古与蒙古人》，内蒙古人民出版社，1989年

（俄）约翰·普兰诺·加宾尼：《蒙古史》，中国社会科学出版社，1983年

（苏联）卡赞宁著，焦敏之译：《中国经济地理》，光明书局，1937年

（苏联）迈斯基著，陈大维译：《蒙古人民共和国史》，商务印书馆，1972年

（苏联）密努斯金、坡利斯著，胡曲园、付于琛译：《世界经济地理教程》，昆仑书店，1937年

（日）滨下武志著，高淑娟等译：《中国近代经济史研究——清末海关财政与通商口岸市场圈》，江苏人民出版社，2006年

（日）滨下武志著，朱荫贵、欧阳菲译：《近代中国的国际契机——朝贡贸易体系与近代亚洲经济圈》，中国社会科学出版社，1999年

（日）加藤繁著，吴杰译：《中国经济史考证》，第一卷，商务印书馆，1962年

（日）满洲国史编纂刊行会编，东北沦陷十四年史辽宁编写组译：《满洲开发四十年史》，内部印行，1988年

（日）满洲国史编纂刊行会编，东北沦陷十四年史吉林编写组译：《满洲国史（分论）》，内部印行，1990年

（日）井村熏雄著,周培兰译：《中国之纺织业及其出品》,实业印书馆
（日）足立启二：《清代华北的农业经营与社会构造》,《中国农史》1989年第1期
和龚等辑译：《[新修支那省别全志]宁夏史料辑译》,北京燕山出版社,1995年
（日）东亚同文会编纂发行：《支那省别全志》,1917—1920年陆续出版
（日）马场锹太郎：《支那经济地理志》,日本东亚同文书院,1923年
（日）西山荣久：《最新支那大地理》,东京大仓书店,1914年
（日）滨田纯一：《现代大支那》,东京现代大支那刊行会,1931年
（日）佐佐木清治：《北支那の地理》,东京贤文馆,1937年
（日）满铁庶务部调查科编：《满洲贸易详细统计》1926年(上),近代中国史料丛刊第3编76册,台湾文海出版社,1988年影印
（日）南满铁道株式会社：《呼伦贝尔畜产事情》,昭和十三年(1938年)
（日）满铁调查部：《兴安西省扎鲁特旗、阿尔科尔沁旗畜产调查报告》,昭和十四年
（日）伪满洲国兴安局：《兴安西省阿鲁科尔沁旗实态调查报告书》,康德八年
（日）满铁调查部：《蒙疆牧野调查报告》,昭和十五年
（日）满铁调查部：《新巴尔虎左旗畜产调查报告》,昭和九年(1934年)
（日）石田秀二：《张家口棉布贸易》,东京三井物产株式会社天津棉花支部,大正八年(1919年)
（日）冀东地区农村实态调查班：《冀東地區內二十五個村農村實態調查報告書》,1937年
（日）南满铁道株式会社天津事务所调查课：《河北省農村實態調查資料——望都邱村外十八個村》,1937年
（日）华北交通株式会社资业局：《北支農村の实态——山西省晉泉县黄陵村實態调查报告书》,1945年
（日）兴亚院《北支五省に於けゐ糧食問題》,1940年
（日）东亚研究所：《第二调查(黄河)委员会综合报告书》,1944年
（日）华北农学会《华北に於ける棉做小麦との竞合关系》,1943年
（日）南满铁道株式会社上海事务所调查室：《江苏省太仓县农村实态调查报告》,
《上海特别市嘉定区农村实态调查报告》,
《江苏省松江县农村实态调查报告》,
《江苏省无锡县农村实态调查报告》,
《江苏省南通县农村实态调查报告》。
（日）森时彦：《中国近代棉业史の研究》,东洋史研究丛刊之五十八,京都大学出版社,2001年
En-sai Tai: *Treaty Ports in China*, New York, Columbia University Press, 1918.
Wright, Arnold: *Twentieth century impression of Hong Kong, Shanghai, and other treaty potts of China: Their history, people, commerce, industries and resources.* London, Lloyd, 1908.

Fairbank John King, *Trade and Diplomacy on the China Coast: The Opening of the Treaty Ports, 1842-1854*, Harvard University Press, 1956.

Chi-ming Hou: *Foreign Investment and Economic Development in China, 1840-1937*, Cambridge, Mass, Harvard University Press, 1965.

Robert F. Dernberger: The role of foreign in China's economic development, 1840-1949, in Dwignht H. Perkins, ed. *China's Modern Economy in Historical Perspective*.

Albert Feuerwerker, *The Chinese Economy, 1870-1911; 1912-1949*, Michigan, 1968.

Jack M. Potter: *Capitalism and the Chinese peasant: social and economic change in a Hong Kong village*, University of California Press, 1968.

Immanuel Wallerstein, *The Modern World-System: Capitalist Agriculture and the Origins of the European World-Economy in the Sixteenth Century*. New York: Academic Press, 1976.

Rhoads Murphey: *The Treaty Ports and China's Modernization: What Went Wrong?* Michigan Papers in Chinese Studies, No. 7, 1970.

Chi-ming Hou: *Foreign Investment and Economic Development in China, 1840-1937* (Cambridge: Harvard University Press, 1968).

Franklin L: *Population Movement to the Northeastern Provinces in China*. The Chinese Social and Political Review. Vol. 15(3). 1931. pp. 346-401. Table I and Table II.

六、地理学和历史地理学论著、地图

胡焕庸：《经济地理》，正中书局，1948 年

杨万钟主编：《经济地理学导论》（修订三版），华东师范大学出版社，1994 年

李小建主编：《经济地理学》（第二版），高等教育出版社，2006 年

张其昀：《中国地理》，南京钟山书局，1934 年

郑励俭：《四川新地志》，正中书局，1946 年

任美锷等：《中国自然地理纲要》，商务印书馆，1980 年

胡汝骥：《中国天山自然地理》，中国环境科学出版社，2004 年

董正钧：《居延海（额济纳旗）》，中华书局，1952 年

陈博文：《山东省一瞥》，商务印书馆，1925 年

陈正祥：《台湾土地利用》，台湾大学农业地理研究室，1950 年

刘穆编：《世界经济地理概要》，上海远东图书公司，1929 年

张其昀：《中国经济地理》，商务印书馆，1930 年

王金绂：《中国经济地理》，北平文化学社，1930 年

吴敬恒：《中国经济地理》，商务印书馆，1935 年

胡焕庸：《中国经济地理》，青年书店，1943 年

葛绥成:《中国经济地理》,中华书局,1950年
孙敬之主编,刘再兴等编著:《中国经济地理概论》,商务印书馆,1994年
吴传钧主编:《中国经济地理》,科学出版社,1998年
张印堂:《滇西经济地理》,云南大学西南文化研究室,1943年
张先辰:《广西经济地理》,桂林文化供应社,1941年
蒋君章:《西南经济地理纲要》,正中书局,1943年
全国农业区划委员会:《中国综合农业区划》,农业出版社,1981年
周立三:《中国农业地理》,科学出版社,2007年
许绍李:《谈谈我国工业的地理分布》,上海人民出版社,1956年
陆大道等:《中国工业布局的理论与实践》,科学出版社,1990年
王辑慈编著:《现代工业地理学》,中国科学技术出版社,1994年
胡焕庸、张善余:《中国人口地理》,华东师范大学出版社,1984年
胡焕庸:《胡焕庸人口地理选集》,中国财政经济出版社,1990年
王德荣主编:《中国运输布局》,科学出版社,1986年
陈航主编:《中国交通地理》,科学出版社,2000年
叶裕民:《中国区域开发论》,中国轻工业出版社,2000年
胡序威等主编:《闽东南地区经济和人口空间集聚与扩散研究》,香港中文大学香港亚太研究所,1997年
侯仁之:《历史地理学的理论与实践》,上海人民出版社,1979年
方国瑜:《中国西南历史地理考释》,中华书局,1987年
洪涤尘:《新疆史地大纲》,正中书局,1935年
邹逸麟主编:《黄淮海平原历史地理》,安徽教育出版社,1993年
邹逸麟主编:《中国历史人文地理》,科学出版社,2001年
韩光辉:《北京历史人口地理》,北京大学出版社,1996年
戴鞍钢:《港口·城市·腹地——上海与长江流域经济关系的历史考察,1843—1913》,复旦大学出版社,1998年
戴鞍钢:《发展与落差——近代中国东西部经济发展进程比较研究》,复旦大学出版社,2006年
复旦大学历史地理研究中心主编:《港口—腹地和中国现代化进程》,齐鲁书社,2005年
吴松弟主编,戴鞍钢、林满红副主编:《中国百年经济拼图——港口城市及其腹地与中国现代化》,山东画报出版社,2006年
吴松弟、樊如森、陈为忠、姚永超、戴鞍钢等著:《港口—腹地与北方的经济变迁(1840—1949)》,浙江大学出版社,2011年
樊如森:《天津与北方经济现代化(1860—1937)》,东方出版中心,2007年
樊如森:《近代西北经济地理格局的变迁(1850—1950)》,台湾花木兰文化出版社,2012年

王列辉：《驶向枢纽港：上海、宁波两港空间关系研究(1843—1941)》，浙江大学出版社，2009 年

姚永超：《国家、企业、商人与东北港口空间的构建研究(1861—1931)》，中国海关出版社，2010 年

唐巧天：《近代上海外贸埠际转运变迁(1864—1930)》，复旦大学博士论文，2006 年，未刊

毛立坤：《晚清时期香港对中国的转口贸易(1869—1911)》，复旦大学博士论文，2006 年，未刊

方书生：《近代经济区的形成与运作——长三角与珠三角的口岸与腹地(1842—1937)》，复旦大学博士论文，2007 年，未刊

张永帅：《近代云南的开埠与口岸贸易研究(1889—1937)》，复旦大学博士论文，2011 年，未刊

周宏伟：《清代两广农业地理》，湖南教育出版社，1998 年

袁为鹏：《聚集与扩散：中国近代工业布局》，上海财经大学出版社，2007 年

周振鹤主编，傅林祥：《中国行政区划通史：中华民国卷》，复旦大学出版社，2007 年

《中国分省新图》，上海申报馆，1934 年

世界舆地学社编纂并出版：《中华最新形势图》，1937 年

中国史地图表编纂社金擎宇：《中学适用中国地理教科图》，亚光舆地学社，1947 年

周立三、侯学涛、陈泗桥：《四川经济地图集说明及统计》，中国地理研究所，1943 年

中国科学院南京地理与湖泊研究所和地理研究所主编：《中华人民共和国农业地图集》，中国地图出版社，1990 年

中国科学院、国家计划委员会地理研究所等主编：《中华人民共和国国家经济地图集》，中国地图出版社，1993 年

七、历史学专著

吴杰：《中国近代国民经济史》，人民出版社，1958 年

秦孝仪主编：《中华民国经济发展史》第一册，台湾近代中国出版社，1983 年

严中平主编：《中国近代经济史》(1840—1894)，全 2 册，人民出版社，1989 年

汪敬虞主编：《中国近代经济史》(1895—1927)，全 3 册，人民出版社，2000 年

刘佛丁主编，王玉茹、赵津副主编：《中国近代经济发展史》，高等教育出版社，1999 年

刘克祥、吴太昌主编：《中国近代经济史(1927—1937)》，人民出版社，2010 年

陈振汉：《中国社会经济史论文集》，经济科学出版社，1999 年

冀朝鼎：《中国历史上的基本经济区与水利事业的发展》，中国社会科学出版社，1981 年

陈桦：《清代区域社会经济研究》，中国人民大学出版社，1996 年

况浩林：《中国近代少数民族经济史稿》，民族出版社，1992 年

丛翰香:《近代冀鲁豫乡村》,中国社会科学出版社,1995年
贺杨灵:《察绥蒙民经济的解剖》,商务印书馆,1935年
刘建生等著:《山西近代经济史》,山西经济出版社,1997年
许檀:《明清时期山东商品经济的发展》,中国社会科学出版社,1998年
王云:《明清山东运河区域社会变迁》,人民出版社,2006年
苑书义:《河北经济史》,人民出版社,2003年
徐永志:《开埠通商与津冀社会变迁》,中央民族大学出版社,2000年
田培栋:《明清时代陕西社会经济史》,首都师范大学出版社,2000年
熊月之主编,陈正书著:《上海通史》,第4卷,上海人民出版社,1999年
丁日初、沈祖炜主编:《上海近代经济史》,上海人民出版社,1994年
黄苇:《上海开埠初期对外贸易研究(1843—1863)》,上海人民出版社,1961年
樊卫国:《激活与生长:上海现代经济兴起之若干分析(1870—1941)》,上海人民出版社,2002年
李学昌主编:《20世纪南汇农村社会变迁》,华东师范大学出版社,2001年
李洛之、聂汤谷:《天津的经济地位》,经济部驻津办事处,1948年
宋仲福主编:《西北通史》(第五卷),兰州大学出版社,2005年
张朋园:《湖南现代化(1860—1916)的早期进展》,岳麓书社,2002年
张福全:《辽宁近代经济史》,中国财政经济出版社,1989年
孙占文:《黑龙江省史探索》,黑龙江人民出版社,1983年
孔经纬:《新编中国东北地区经济史》,吉林教育出版社,1994年
章开沅、罗福惠主编:《比较中的审视:中国早期现代化研究》,浙江人民出版社,1993年
章开沅:《辛亥革命与近代社会》,天津人民出版社,1998年
虞和平主编:《中国现代化历程》,三卷本,江苏人民出版社,2001年
吴承明:《中国的现代化:市场与社会》,三联书店,2001年
吴承明:《中国资本主义与国内市场》,中国社会科学出版社,1985年
许涤新、吴承明主编:《中国资本主义发展史》,人民出版社,2005年
汪敬虞:《近代中国资本主义的总体考察和个案辨析》,中国社会科学出版社,2004年
汪敬虞:《十九世纪西方资本主义对中国的经济侵略》,人民出版社,1983年
陈钧:《儒家心态与近代追求——张之洞经济思想论析》,湖北人民出版社,1990年
吴春梅:《一次失控的近代化改革——关于清末新政的理性思考》,安徽大学出版社,1998年
张玉法:《中国现代化的区域研究:山东省(1860—1916)》,中研院近代史研究所专刊(43),1982年
吴承明:《帝国主义在旧中国的投资》,人民出版社,1955年
周秀鸾:《第一次世界大战时期中国民族工业的发展》,上海人民出版社,1958年

彭南生:《半工业化——近代中国乡村手工业的发展与社会变迁》,中华书局,
　　2007年
龚骏:《中国都市工业化程度之统计分析》,商务印书馆,1933年
孙果达:《民族工业大迁徙——抗日战争时期民营工厂的内迁》,中国文史出版社,
　　1991年
张国辉:《洋务运动与中国近代企业》,中国社会科学出版社,1979年
吴承明、江泰新主编:《中国企业史·近代卷》,企业管理出版社,2004年
中国近代煤矿史编写组:《中国近代煤矿史》,煤炭工业出版社,1990年
方显庭:《中国之棉纺织业》,国立编译馆,1934年
严中平:《中国棉纺织史稿》,科学出版社,1963年
荣德生:《荣德生文集》,上海古籍出版社,2002年
林刚:《长江三角洲近代大工业与小农经济》,安徽教育出版社,2000年
苑书义、秦进才主编:《张之洞与中国近代化》,中华书局,1999年
中国史学会主编:《洋务运动》(七),上海人民出版社,1961年
谢世佳:《盛宣怀与他所创办的企业——清末工业化运动挫折的原因》,台北,
　　1971年
全汉昇:《清末汉阳铁厂》,《中国经济史研究》(下册),中华书局,2011年
段本洛:《苏州手工业史》,江苏古籍出版社,1986年
虞晓波:《比较与审视——"南通模式"与"无锡模式"研究》,安徽教育出版社,
　　2001年
巫宝三主编:《中国国民所得,1933年》,中华书局,1946年
曲殿元:《中国之金融与汇兑》,大东书局,1930年
中国银行总管理处经济研究室编:《中国重要银行最近十年营业概况研究》,
　　1933年
吴承禧:《中国的银行》,商务印书馆,1934年
张郁兰:《中国银行业发展史》,上海人民出版社,1957年
陈其田:《山西票庄考略》,商务印书馆,1936年
黄鉴晖:《山西票号史》,山西经济出版社,2002年
中国银行行史编辑委员会:《中国银行行史(1912—1949)》,中国金融出版社,
　　1995年
叶世昌、潘连贵:《中国古近代金融史》,复旦大学出版社,2001年
杨端六:《清代货币金融史稿》,武汉大学出版社,2007年
张国辉:《中国金融通史,第二卷:清鸦片战争时期至清末时期》,中国金融出版社,
　　2003年
杜恂诚:《中国金融通史·第三卷:北洋政府时期》,中国金融出版社,2003年
洪葭管:《中国金融通史·第三卷:国民政府时期》,中国金融出版社,2008年
杜恂诚:《上海金融的制度、功能与变迁》,上海人民出版社,2002年

张国辉:《洋务运动与中国近代企业》,中国社会科学出版社,1979年
王业键:《中国近代货币与银行的演进(1644—1937)》,台北中央研究院经济研究所,1981年
庄维民著《近代山东市场经济的变迁》,中华书局,2000年
王玉茹:《近代中国物价、工资和生活水平研究》,上海财经大学出版社,2007年
王孝通:《中国商业史》,商务印书馆,1936年
刘建生等著:《晋商研究》,山西人民出版社,2005年
葛永才著:《清末巨商——王炽》,云南民族出版社,1998年
高阳著:《胡雪岩》,三联书店,2001年
张海鹏、张海瀛主编:《中国十大商帮》,黄山书社,1993年
庞玉洁:《开埠通商与近代天津商人》,天津古籍出版社,2004年
宋美云:《近代天津商会》,天津社会科学院出版社,2002年
周智生:《商人与近代中国西南边疆社会——以滇西北为中心》,中国社会科学出版社,2006年
徐鼎新、钱小明:《上海总商会史:1902—1929》,上海社会科学院出版社,1991年
朱英:《辛亥革命时期新式商人社团研究》,中国人民大学出版社,1991年
马敏:《辛亥革命时期苏州商会研究》,华中师范大学出版社,2011年
虞和平:《商会与中国早期现代化》,上海人民出版社,1993年
杨宽:《中国古代都城制度史研究》,上海古籍出版社,1993年
赵冈:《中国城市发展史论文集》,台北联经出版事业公司,1995年
何一民等著:《中国城市史纲》,四川大学出版社,1994年
隗瀛涛主编:《中国近代不同类型城市综合研究》,四川大学出版社,1998年
张仲礼主编:《东南沿海城市与中国近代化》,上海人民出版社,1996年
张仲礼:《近代上海城市研究》,上海人民出版社,1990年
沈毅:《近代大连城市经济研究》,辽宁古籍出版社,1996年
罗澍伟主编:《近代天津城市史》,中国社会科学出版社,1993年
王守中等著:《近代山东城市变迁史》,山东教育出版社,2001年
皮明庥主编:《近代武汉城市史》,中国社会科学出版社,1993年
隗瀛涛主编:《近代重庆城市史》,四川大学出版社,1991年
北京市社会科学院:《今日北京》,北京燕山出版社,1986年
崔林涛主编:《西安的历史变迁与发展》,西安出版社,2003年
费成康:《中国租界史》,上海社会科学院出版社,1991年
董鉴泓主编:《中国城市建设史》,中国建筑出版社,2004年
杨秉德主编:《中国近代城市与建筑(1840—1949)》,中国建筑工业出版社,1993年
庄林德、张京祥:《中国城市发展与建设史》,东南大学出版社,2002年
丁旭光:《近代中国地方自治研究》,广州出版社,1993年
张锐:《市制新论》,商务印书馆,1926年

姚骧:《市组织法释义》,上海世界书局,1937年

周松青:《上海地方自治研究:1905—1927》,上海社会科学院出版社,2005年

张利民:《艰难的起步:中国近代城市行政管理机制研究》,天津社会科学院出版社,2008年

张心澂:《中国现代交通史》,良友图书公司,1931年

金家凤编著:《中国交通之发展及其趋向》,正中书局,1937年

周元和:《上海交通话当年》,华东师范大学出版社,1992年

樊百川:《中国轮船航运业的兴起》,四川人民出版社,1985年

张后铨主编:《招商局史(近代部分)》,中国社会科学出版社,2007年

宓汝成:《帝国主义与中国铁路》,上海人民出版社,1980年

熊亚平:《铁路与华北乡村社会变迁:1880—1937》,人民出版社,2011年

周一士编著:《中华公路史》上册,台北,1984年

中国公路交通史编审委员会编:《中国公路运输史》,人民交通出版社,1990年

上海市交通运输局公路交通史编写委员会编:《上海公路运输史》,上海社科院出版社,1988年

张镜青主编:《河北公路运输史》(第1册),人民交通出版社,1988年

张涤铭主编:《浙江公路运输史》(第1册),人民交通出版社,1988年

刘广生、赵梅庄编著:《中国古代邮驿史》(修订版),人民邮电出版社,1999年

王桎:《邮政》,上海商务印书馆,1933年

彭瀛添:《列强侵华邮权史》,台北华岗出版有限公司,1979年

郑游主编:《中国的邮驿与邮政》,人民出版社,1988年

谢彬:《中国邮电航空史》,中华书局,1933年

交通史编纂委员会编:《交通史邮政编》,1930年

邮电史编辑室编:《中国近代邮电史》,人民邮电出版社,1984年

陈彩章:《中国历代人口变迁之研究》,商务印书馆,1946年

葛剑雄主编,吴松弟:《中国人口史·第三卷:辽宋金元时期》,复旦大学出版社,2000年

葛剑雄主编,曹树基:《中国人口史·第四卷:明时期》,复旦大学出版社,2000年

葛剑雄主编,曹树基:《中国人口史·第五卷:清时期》,复旦大学出版社,2001年

葛剑雄主编,侯杨方:《中国人口史·第六卷:民国时期》,复旦大学出版社,2001年

姜涛:《中国近代人口史》,浙江人民出版社,1993年

何炳棣:《明初以降人口及其相关问题(1368—1953)》,三联书店,2000年

葛剑雄、侯杨方、张根福:《人口与中国的现代化(一八五〇年以来)》,学林出版社,1999年

安介生:《山西移民史》,山西人民出版社,1999年

邹依仁:《旧上海人口变迁的研究》,上海人民出版社,1980年

李华彬:《天津港史(古、近代部分)》,人民交通出版社,1986年

邓景福主编:《营口港史》,人民交通出版社,1995年
周永刚:《大连港史》,大连人民出版社,1995年
烟台港务局编写组:《烟台港史》,人民交通出版社,1989年
寿扬宾:《青岛港史》,人民交通出版社,1986年
徐德济:《连云港港史》(古近代部分),人民交通出版社,1987
马小奇:《上海港史(古、近代部分)》,人民交通出版社,1990年
邓端本:《广州港史》,海洋出版社,1986年
武堉干:《中国国际贸易史》,商务印书馆,1928年
武堉干:《中国国际贸易概论》,商务印书馆,1932年
侯厚培:《中国国际贸易小史》,商务印书馆,1929年
何炳贤:《中国的国际贸易》,商务印书馆,1937年
郑友揆:《中国的对外贸易与工业发展:史实的综合分析》,上海社会科学院出版社,1984年
鲁传鼎:《中国贸易史》,台湾文物供应社,1985年
孙玉琴:《中国对外贸易史》第2册,对外经济贸易大学出版社,2004年
童蒙正:《中国陆路关税史》,商务印书馆,1926年
上海社会科学院经济所等:《上海对外贸易》,上海社会科学院出版社,1989年
刘素芬:《渤海湾地区口岸贸易之经济探讨(1871—1931)》,国立台湾大学博士论文,1991年
厉声:《新疆对苏(俄)贸易史》,新疆人民出版社,1993年
王良行:《近代中国对外贸易史论集》,台湾知书房出版社,1997年
王尔敏:《五口通商变局》,广西师范大学出版社,2006年
米镇波:《清代中俄恰克图边境贸易》,南开大学出版社,2003年
渠绍淼、庞义才编:《山西外贸志》,山西省地方志编委办公室,1984年
万明:《中国融入世界的步履:明与清前期海外政策比较研究》,社会科学文献出版社,2000年
王尔敏:《晚清商约外交》,中华书局,2009年
李长莉:《中国人的生活方式:从传统到近代》,四川人民出版社,2008年
李文海等:《中国近代十大灾荒》,上海人民出版社,1994年
胡礼忠、金光耀、沈济时:《从尼布楚条约到叶利钦访华——中俄中苏关系300年》,福建人民出版社,1994年
高长柱编著:《边疆问题论文集》,正中书局,1941年
李毓澍:《外蒙古撤治问题》,中研院近代史研究所,1960年
乔启明:《中国农村社会经济学》,商务印书馆,1947年
石泉:《甲午战争前后之晚清政局》,三联书店,1997年
冯天瑜、何晓明:《张之洞评传》,南京大学出版社,1991年
冯天瑜:《张之洞与中国近代化》,中国社会科学院出版社,2010年

八、论文

白蕉:《袁世凯与中华民国》,荣孟源《近代稗海》第三辑,四川人民出版社,1985年
包头市人民银行:《包头金融志》(上篇),《包头史料荟要》第12辑,1984年
边衡:《晋绥关系及其蒙旗政策》(续),《蒙藏旬刊》第116期,1936年
毕相辉:《河北省宝坻县金融流通之方式》,《大公报》1934年7月11日
《北京通信:市民反对警捐,要求提前设立市自治会》,《申报》1924年2月4日。
蔡凯如:《自强——珞珈精神的源头——纪念自强学堂首任总办蔡锡勇先生》,《武汉大学学报》(哲学社会科学版)1993年第6期
成一农:《清代的城市规模与行政等级》,《扬州大学学报》(人文社会科学版)2007年第3期
陈晋文:《制度变迁与近代中国的对外贸易——以1913—1926年北京政府时期的对外贸易为例》,《国际贸易问题》2009年第1期
陈长蘅:《人口》,实业部中国经济年鉴编纂委员会《中国经济年鉴》,1934年
陈忠平:《论明清江南农村生产的多样化发展》,《中国农史》1989年第3期
程厚思:《清代江浙地区米粮不足原因探析》,《中国农史》1990年第3期
策前:《清末武汉的警察机构》,《武汉文史资料》1986年第1辑
戴鞍钢:《中国近代工业地理分布、变化及其影响》,《中国历史地理论丛》2000年第1辑
戴鞍钢:《近代中国西部内陆边疆通商口岸论析》,《复旦学报》2005年第4期
代鲁:《清末汉阳铁厂的"招商承办"述析》,《清史研究》1994年第3期
代鲁:《张之洞创办汉阳铁厂的是非得失平议》,《中国社会经济研究史》1992年第2期
丁昶贤:《中国近代机器棉纺工业设备、资本、产量的统计和估量》,《中国近代经济史研究资料》(6),上海社会科学出版社,1987年
董长芝:《论国民政府抗战时期的金融体制》,《抗日战争研究》1997年第4期
《调查郑州出产及商业金融状况报告书》,《中行月刊》2卷10期,1931年4月
丹东市民建、工商联:《丹东柞蚕丝绸发展简史》,《辽宁省文史资料》第1辑
范金民:《明清杭嘉湖农村经济结构的变化》,《中国农史》1988年第2期
范椿年:《绥远经济调查》,《中央银行月报》4卷3号,1935年3月
樊树志:《明清长江三角洲的粮食业市镇与米市》,《学术月刊》1990年第12期
樊如森:《西北近代经济外向化中的天津因素》,《复旦学报(哲学社会科学版)》2001年第6期
樊如森:《港口—腹地与中国现代化进程学术研究综述》,《史学月刊》2004年第12期
樊如森:《民国以来的黄河航运》,《历史地理》第24辑,上海人民出版社,2010年
樊如森:《内河航运的衰落与环渤海经济现代化的误区》,《世界海运》2010年第5期

冯天瑜:《张之洞与芦汉铁路》,《武汉春秋》1984年第2期

高王凌:《近代中国经济地理的主要变化》,《九州》第1辑,中国环境科学出版社,1997年

工商部工商访问局编:《工商半月刊》,1929年1卷11期,"中国草帽辫之制造与销路"

工商部工商访问局编:《工商半月刊》,1929年1卷13期,"杏仁调查"、"天津肠衣调查"

工商部工商访问局编:《工商半月刊》,1930年2卷3期,"津埠之鸡卵调查"

工商部工商访问局编:《工商半月刊》,1930年2卷4期,"天津花生油生产状况"

工商部工商访问局编:《工商半月刊》,1931年3卷6期,"天津红枣之产销情况"

工商部工商访问局编:《工商半月刊》,1931年3卷7期,"天津黑枣之调查"

顾增龄:《百年沧桑话吴淞——纪念吴淞开埠100周年》,上海市宝山区地方志办公室等编《吴淞开埠百年》,1998年9月

顾敦鍱:《中国市制概观》,《东方杂志》第26卷第17号,1929年

谷源田:《中国之钢铁工业》,《经济统计季刊》第2卷第3期

韩光辉:《12至14世纪中国城市的发展》,《中国史研究》1996年第4期

韩茂莉:《近三百年来承德地区的经济开发过程及其区域特征》,《地理研究》1996年第1期

《汉族开拓满洲史》,《东方杂志》第14卷第11号

洪葭管、张继凤:《上海成为旧中国金融中心的若干原因》,《中国近代经济史研究资料》(3),上海社会科学院出版社,1985年

何一民:《试析近代中国大城市崛起的主要条件》,《西南民族学院学报(哲学社会科学版)》1998年第6期

何一民:《清代藏新蒙边疆城市发展滞后原因探析》,《民族学刊》2012年第1期

黄秉维:《五十年来中国工矿业》载中国通商银行编《五十年来之中国经济》(中国通商银行创立五十周年纪念册)

黄汉民:《1933年和1947年上海工业产值的估计》,《上海经济研究》1989年第1期

《济南金融市场之概况》,《中央银行月报》3卷7号,1934年7月

江文汉:《满洲移民》,中国社会学社《中国人口问题》,世界书局,1932年

江沛、熊亚平:《铁路与石家庄城市的崛起:1905—1937年》,《近代史研究》2005年第3期

景占魁:《民国时期的太原工业》,《太原日报》2010年7月26日

简锐:《国民党官僚资本发展的概述》,《中国经济史研究》1986年第3期

《交通银行民国十五年营业报告》,《银行周报》11卷18号,1927年5月17日

经济讨论处编辑:《高阳之布业》,《中外经济周刊》第195期

李加林:《河口港城市形态演变的分析研究——兼论宁波城市形态的历史演变及发展》,《人文地理》1998年第6期

李令福:《明清山东粮食作物结构的时空特征》,《中国历史地理论丛》1994年第1期
李伯重:《明清时期江南水稻生产集约程度的提高》,《中国农史》1984年第1期
李鸣龢:《十年来之煤矿业》,载谭熙鸿主编:《十年来之中国经济》,1948年
李亦人:《甘肃兰州金融概况》,《钱业月报》14卷6号,1934年6月
林满红:《口岸贸易与近代中国——台湾最近有关研究之回顾》,《中国区域史研究论文集》,台湾中研院近代史研究所,1986年
林玉茹:《清代竹堑地区在地商人的活动与网络》(上)、(中)、(下),分别载《台湾风物》第49卷第2、3、4期,1999年
刘嘉琛:《解放前天津钱业析述》,《天津文史资料选辑》第20辑,天津人民出版社,1982年
刘克祥:《1927—1937年中资银行再统计》,《中国经济史研究》2007年第1期
刘石吉:《从筑城到拆城:清代口岸城市成长扩张的历史透视》,复旦大学中国历史地理研究所编:《清代地理国际学术研讨会论文集》,2009年
罗荣渠:《论现代化的世界进程》,《中国社会科学》1990年第5期
罗澍伟:《一座筑有城垣的无城垣城市——天津城市成长的历史透视》,《城市史研究》1989年第1期
《论地方自治制宜先行之都市》,《东方杂志》,第3年第9期,1906年
茅家琦:《晚清"新政"与同盟会"16字政纲"》,《南京大学学报(哲学人文社科版)》,2001年第5期
闵文:《英美三大油行侵入天津概述》,《天津文史资料选辑》第28辑
全汉昇:《清末汉阳铁厂》,《中国经济史研究》(下),新亚研究所,1991年
皮明庥:《洋务运动与中国城市化、城市近代化》,《文史哲》1992年第5期
《上海特别市暂行条例》,《国民政府公报》宁字第2号,1927年5月11日,第12页
上海商业储蓄银行调查部:《十年来上海现金流动之观察》(二),《银行周报》16卷41号,1932年10月25日
上海商业储蓄银行调查部:《十年来上海现金流动之观察》(三),《银行周报》16卷43号,1932年11月8日
上海商业储蓄银行编:《煤与煤业》,"商品调查业刊第十编",1935年4月出版
《石家庄之经济状况》,《中外经济周刊》第181号,1926年9月25日
石家庄中国银行:《新集镇调查报告》,《中行月刊》1卷1期,1930年7月
《实业计划之起点:平均地方与移民政策》,天津《大公报》,1929年1月27日
盛慕杰:《浙江近代金融概要》,《浙江文史资料选辑》第46辑,浙江省政协文史资料委员会1992年
沈汝生《中国都市之分布》,载《地理学报》第4卷第1期,1937年
苏建新、陶敏:《吉林珲春商埠史料》,《历史档案》1995年第3期
田汝康:《十七世纪至十九世纪中叶中国帆船在东南亚和商业上的地位》,《历史研究》1956年第8期

唐传泗、黄汉民：《试论1927年以前的中国银行业》，《中国近代经济史研究资料》(4)，上海社会科学院出版社，1985年

《天津市金融调查》，《中央银行月报》3卷9号，1934年9月

王良行：《清末对外贸易的关联效果》，《中国海洋发展史论文集（第六辑）》，中央研究院中山人文社会科学研究所，1997年

王列辉：《近代"双岸城市"的形成、特点及机制分析》，《城市史研究》2006年第24辑

王子今：《中国交通史研究一百年》，《历史研究》2002年第2期

王象五、闵仲辉：《解放前南通工业成长的过程与特点》，《南通文史资料》(2)，1982年9月

汪敬虞：《从中国生丝对外贸易的变迁看缫丝业中资本主义的产生和发展》，《中国经济史研究》2001年第2期

吴于廑：《历史上农耕世界对工业世界的孕育》，《世界历史》1987年第9期

吴景超：《中国海外移民鸟瞰》，中国社会学社《中国人口问题》，世界书局，1932年

吴松弟：《明清时期我国最大沿海贸易港的北移趋势与上海港的崛起》，《复旦学报》2001年第6期

吴松弟：《港口—腹地与中国现代化的空间进程》，《河北学刊》2004年第3期

吴松弟：《港口—腹地与东部和中西部经济差异的形成和发展》，陕西师范大学西北历史环境与经济社会发展研究中心编《历史环境与文明演进——2004年历史地理国际学术研讨会论文集》，商务印书馆，2005年

吴松弟：《市的兴起与近代中国区域经济的不平衡发展》，《云南大学学报》2006年第5期

吴松弟：《中国近代经济地理格局形成的机制与表现》，《史学月刊》2009年第8期

吴松弟：《中国旧海关出版物评述：以美国哈佛燕京图书馆收藏为中心》，《史学月刊》2011年第12期

吴铎：《津通铁路的争议》，《中国近代经济史研究集刊》第四卷第一期，1936年5月

吴石城：《天津金融季节之研究》，《银行周报》19卷42号，1935年10月29日

巫宝三：《中国国民所得，1933、1936及1946》，《社会科学杂志》1947年第9卷第2期

《芜湖金融调查》，《中央银行月报》3卷11号，1934年11月

肖祝文：《天津英美烟公司的经济掠夺》，《天津文史资料选辑》第3辑

向玉成：《中国近代军事工业布局的发展变化述论》，《四川师范大学学报（社会科学版）》1997年第4期

向玉成：《江南制造局的选址问题与迁厂风波》，《乐山师专学报》（社会科学版）1997年第4期

谢放：《抗战前中国城市工业布局的初步考察》，《中国经济史研究》1998年第3期

徐永志：《论20世纪初直隶地区的社会整合》，《清史研究》2000年第3期

虞和平：《略论民国时期的人力资源开发》，《历史研究》1998年第2期

虞和平:《1860—1894年中国开埠和外贸格局的变化》,韩国《中国史研究》第44辑,2006年10月

袁燮铭:《工部局与上海早期路政》,《上海社会科学院学术季刊》1988年第4期

周一星、杨家文:《九十年代我国区际货流联系的变动趋势》,《中国软科学》2001年第6期

周一星、张莉:《中国大陆口岸城市外向型腹地研究》,《地理科学》第21卷第6期,2001年

朱光华:《清末西藏新设机构及其活动概述》,《中国藏学》1988年第2期

朱国宏:《中国人口的国际迁移之历史考察》,《历史研究》1989年第6期

朱荫贵:《1927—1937年的中国轮船航运业》,《中国经济史研究》2000年第1期

朱荫贵:《抗战爆发前的外国在华银行》,《中国经济史研究》2004年第4期

朱仙洲:《天津粮食批发商业百年史》,《天津文史资料选辑》第28辑,天津人民出版社,1984年

张承志:《モソゴル大草原游牧誌》,朝日新闻社,1986年,第143—149页

张健民:《近代生产布局中非经济因素的作用》,《山西师范大学学报》1987年第2期

张萍:《谁主沉浮:农牧交错带城址与环境的解读——基于明代延绥长城诸边堡的考察》,《中国社会科学》2009年第5期

张达骧、李石孙:《张之洞事迹述闻》,《文史资料选辑》第九十九辑,中国文史出版社,1986年

章乃器:《金融业之惩前毖后》,《银行周报》第16卷第19期,1932年5月24日

周积明:《租界与中国早期现代化》,《江汉论坛》1997年第6期

赵可:《清末城市自治思想及其对近代城市发展的影响》,《史学月刊》2007年第8期

九、工具书

曾业英主编:《五十年来的中国近代史研究》,上海书店出版社,2000年

王树槐、陈慈玉:《六十年的中国近代史研究》,中研院近代史研究所,1988年

中国银行总管理处经济研究室:《(中华民国二十四年)全国银行年鉴》,1935年

中国银行总管理处经济研究室:《(中华民国二十五年)全国银行年鉴》,1936年

中国银行总管理处经济研究室:《(中华民国二十六年)全国银行年鉴》,1937年

中华民国实业部中国经济年鉴编辑委员会:《中国经济年鉴》,商务印书馆,1934年

中华民国实业部中国经济年鉴编纂委员会:《中国经济年鉴》,第三编,上海商务印书馆,1936年

交通部年鉴编纂委员会编:《交通年鉴·1935年》,交通部总务司,1935年

铁道部铁道年鉴编纂委员会:《铁道年鉴》第1卷,铁道部铁道年鉴编纂委员会,1933年

行政院主计处统计局编:《中华民国统计年鉴》,中国文化事业公司,1948年

国家统计局编:《中国统计年鉴·2006》,中国统计出版社,2006年

《中国大百科全书·交通卷》,中国大百科全书出版社,1986年
张秉铎:《畜牧业经济词典》,内蒙古人民出版社,1987年
李允俊主编:《晚清经济史事编年》,上海古籍出版社,2000年
马里千等编著:《中国铁路建筑编年简史(1881—1991)》,中国铁道出版社,1983年
孔敏主编:《南开经济指数资料汇编》,中国社会科学出版社,1988年

索 引

一、地名索引

安东 45,67,68,90,91,108,113,162,163,171,173,309,312,380,402,409,411,415,417,419,430,454,457

安徽 3,10,41,66,71,102,119,134—137,147,158,240,241,244—247,249,290,313,316,327,349,351,354,384,385,403,418,419,425,458,459

安庆 46,63,66,137,161,310,338,409,414,416,418,419,432,455

安源 242,286,403

鞍山 114,247—249,403,404,430,456

澳门 9,25,41,45,46,64,65,69,72,73,83,89,142,161,199,205,333,363,394,408,431,473

百色 310,331,370

蚌埠 71,112,402,403,407,409,411,418,458

包头 71,103—105,108,110,111,132,140,141,318,343,351,386—389,399,400,409,411,414,418,419,454,457,470,474

宝坻 101,388,389,465

北海 13,45,63,65,119,163,203,363,401

北京 7,29,41,52,68,101,108,160,166,170,241,248,250,298,315,324,325,334,335,337—339,341—343,349,350,352,357,360,363,365,366,369,370,373,375,385,386,390,393,398,400—408,412,413,419—421,428,429,439,448,452,474,475

北平 106,108,164,248,332,342,343,354,368,369,386,398,405,408,409,413,429,455

本溪 242,243,246,248,403,404,430,457

苍梧 200—202,370,415,417

察哈尔 102,108,110,111,132,140,141,154,156,157,195,209,210,354,387

长春 68,108,113,114,162,173,312,314,320,338,402,404,409,411,414,418,419,430,452,456

长乐 360,435

长沙 66,80,93,161,164,199,205,252,307,316,318,325,327,338,343,374,385,409,411,413,416,430,440,456

常州 115,116,136,161,216,218,404,406,409,459

成都 127,129,160,164,319,327,335,341,343,344,403,409,413,416,418,456,474

承德 162,170,414—417,459

赤峰 71,111,161,415,417,458

川 35,63,76,82,104,194,262,272,279,323,327,330—332,336,340,371,374,385,386,400,448,449,451,463,470

打狗 50,53,65,363,455,469

大连 6,7,13,25,26,29,36,45,68,69,83—85,89,90,92,107—111,113,114,145,162,309,310,312,354,378—380,382,386,394,399,401,402,404,408,409,411—413,418,420,452,454,457,476

大同 103,108,140,196,318,409,460

大冶 241,244,248,250,264—272,274—286,288,289,291,292

淡水　50,52,53,65,176－178,324,469
迪化　61,103,162,331,335,344,400,409,411,414,416,458,470
丰镇　140,388,389
奉天　67,68,71,110,139,140,171,241,245,246,312,313,320,335,338,349,350,380,404,418,430,456
佛山　160,245,292,409,431,459
福州　9,13,15,24,29,36,45,47－53,65,74,82,89,93,143,146,160,164,175,239,308,309,335,343,360,363,368,369,394,395,397,401,409,411,414,416,418,419,438－440,452,456,461,469,475
抚顺　108,114,242－244,290,409,430,456
甘　102－104,111,161,162,194,326,330,331,371,387,400,454,470
甘肃　25,35,36,41,64,65,82,102,104,105,111,132,135,141,149,194,246,287,330,352,354,387,388,400,403,447,448,450,451,463,465,473
赣　135,137,160－163,262,318,319,323,326,327,336,341,355,367,371,374,398,400,403
赣县　370
高雄　45,53,93,174－176,178,180,309,363,455,456
高阳　31,101,109,388,389,465
恭城　201,370
古城　60,63,64,103,162,400
广西　3,10,13,27,35,41,64－66,70,134,136,142,182,196－204,241,243－246,262,310,325,327,343,352,354,365,370,385,400,415,417,419,430,450,476
广州　6,9,13,15,24－26,29,30,36,37,43,45－52,65,66,69,76,82－85,89,92,93,98,104,119,123,142,160,164,197,199,200,202,203,205,239,249,252,301,305,307,309,310,312,315,316,323,332,335,337,341,343,354,358,360,362,363,368,369,371,372,376,377,382,394,395,397－399,401,402,408,409,411－413,416－419,428,429,434,435,440,441,447－450,452,454,455,458,461,469,474－477
归绥　71,111,315,387,400,409,411,413,414,416,418,432,454,456
贵溪　370
贵阳　161,189,319,330,335,338,343,351,403,408,409,414－416,457
桂　76,161,162,197,200,201,262,319,323,330,331,340,341,344,371,398,448
哈尔滨　5,46,68,92,122,161,173,305,310,312,399－402,408,411－413,418,420,430,452,456
海州　71,108,112,163,317
汉口　9,11,13,26,27,36,52,55－57,65,66,70,77,82－85,89,91,93,101,110,111,160,164,199,205,236,247,248,250,256,262,266－268,275,278,282,283,288,305,313,315,327,335,337,339,342,343,350,354,357,363,365,367－369,371－376,379,380,382－387,395,397,400,408,409,411－414,418,419,421,424,429,432,440,449,452,455,469,475－477
汉阳　101,161,248,264－266,274－279,282－284,289,414,418,429,441,455
杭州　49,67,76,93,115－117,119,126,135－137,160,164,216,315,318,319,323,329,332,335,337,360,369,370,380,382,384,409,411,413,416,429,450,455

河北　6,31,41,101—104,106—109,112,143,145,146,157,170,171,173,195,206—214,236,242—246,250,262,263,267,290,327,328,332,335,351,354,370,378,385—387,389,410,415,417,419,448,464,465

河南　3,41,102,103,106,108—112,134—138,145,154,157,158,206,211,214,236,239,242—244,246,248,312,316,327,350,354,378,385,387,403,418,419,431,441,442,448,459,464

鹤峰　360

呼和浩特　71,315,400,414,418,419,454,456,474

湖北　3,10,41,101,133—138,147,149,150,194,236,240—242,244—250,258,262—274,277—279,283—292,316,327,354,360,370,374,384,400,414,418,455,460,465

湖南　10,41,66,104,126,133—135,158,200,202,239,245,246,263,292,307,316,318,321,354,360,382,384,385,403,410,476

扈宁　370

华北　4,10,35,36,39,41,52,54,65,78,79,83,84,89,90,92,93,108—112,121,123,135,138,145,150,151,153,158,206,209,210,213,214,242,244,251,252,258,262,263,309,316,324,325,329,344,349,353—355,357,368,369,375,380—383,386,387,389,398,406,413,449,461,466,475,477,478

黄石港　274,276

鸡笼　53,132,469

基隆　45,53,93,132,176,240—242,309,324,363,455,469

吉林　41,68,71,85,108,113,131,138—140,161,171,173,310,313,314,320,327,332,338,354,400,402,409,411,413—416,418,419,456

济南　29,70,101,106,108,109,112,160,164,211,212,259,312,335,365,378,387,399,409,411,413,416,418,419,452,454,456

嘉兴　115,116,136,137,161,216,217,319,380,383,384,409,459

江门　46,66,119,161,203,399,409,411,431,460

江宁　52,56,65,118,136,158,216,218,398

江苏　10,41,71,108,111,115—118,123,134,135,137,147,157,158,217,241,244—246,250,258,262,269,272,279,313,315,316,329,332,337,349,354,366,369,370,378,384,385,398,405,410,415—419,427,428,430,445,465,475

江西　3,41,71,98,104,119,126,127,129,134—137,142,147,150,158,218,242,244—246,284,316,318,321,327,354,370,384,385,393,403,418,436,437,467,476

江浙　39,41,46,99,116,216,218,246,252,255—262,264,291,293—297,326,329,355,356,372,475,478

江孜　66,67,400,470,472

胶澳　69,76,112,456

焦作　108,312,403

九江　11,26,46,55—57,65,71,93,161,310,316,334,363,374,378,379,382,384,385,395,409,411,440,456,469

喀什　46,58,61,400

喀什噶尔　52,58—60,98,121,400,469,470

开封　108,160,313,317,324,327,374,409,414,416,418,419,456,474

康　330,371,400

库伦　16,52,59,60,111,162,325,328,387,400,469,472

昆明　70,161,181,185,312,323,330,343,344,368,369,409,411,413,416,432,448,455,469,472

兰州　104,161,317,324,326,327,330,343,344,351,387,388,403,406,408,409,414,416,465

蒙自　25,64,76,183,185,400,440,469,471,473

闽　10,39,41,46,76,98,125,126,137,141,142,160－163,169,170,174,176,178,197,199,203,262,269,326,333,355,371,439,478,479

南京　9,13,43,46,56,71,76,78,93,115,118,135,160,164,244,249,257,288,310,313,318,319,327,329,332,335,337,338,340,342,343,350,353,354,362,367,369,375,378－380,382－385,397－399,408,409,411－413,415,418,419,429－431,436,440,450,455,462,469,474,475

南宁　13,46,70,119,162,197,310,323,331,343,409,411,415,417,419,460

南通　46,101,117,118,162,182,217,298,310,382,384,403－409,459,465

内蒙古　4,41,67,123,132,138,140,153,166,191,195,222,226,233,289,414,415,454,465,472

宁　102,104,111,118,136,314,327,353,371

宁波　9,13,15,24,36,45,47－52,65,82,89,93－95,97－99,118,119,137,160,164,258,309,315,319,360,363,371,376－378,380,383,384,394,395,409,411,429,436,439－442,455,461,469,476

宁夏　41,72,111,132,141,154,156,161,194,354,387,447,448,463,465

牛庄　9,52,54,55,65,67,68,72,82,85,161,334,335,363,469

平泉　162,360

平遥　97,356

萍乡　242－244,284,314,318,319,321

齐齐哈尔　68,122,162,173,310,314,320,409,411,413,416,430,456

祁县　163,356

奇台　64,103,162,226,400

恰克图　58,59,61,111,325,336

铅山　370

黔　161－163,189,190,197,199,262,269－271,273,323,327,331,340,341,371,374,385,398,400,448

秦皇岛　45,69,70,92,93,100,108,123,387,460

青岛　5,6,9,13,25,26,29,36,37,45,69,71,82,83,91－93,102,106－114,122,161,164,211,212,250－252,255,256,263,309,312,328,332,354,368－371,376,378－380,382,387,397,399,402,408,409,411－413,418,419,429,440,445,447,452,454,456,474－477

青海　35,41,66,72,82,135,153,330,354,370,414,447,448,451,463,465

琼州　52,65,119,163,197,203,245,337,469

热河　102,132,141,161－163,171,327,354,360,415,417

沙市　46,63,67,161,310,379,385,409,411,459

山东　6,10,11,29,41,55,70－82,83,97,

98,101—103,105—109,111,112,122,123,135,139,140,143,145,153,157,170,171,173,206,209—212,214,236,239,241—244,246,249,250,252,288,290,309,312,313,327,332,335,354,370,378,387,394,399,410,418,419,431,444,445,452,454,458,464,465,475,476

山西 37,41,72,97—106,108—112,132,135,140,147,150,151,194,195,206,209,210,214,239,242—250,263,267,270,272,290,312,314—316,318,327,354,356,357,370,386,387,389,405,441,448,463,464

陕 98,102,103,111,141,161—163,194,195,269,272,325—327,330,331,340,371,374,400,454

陕西 35,36,41,72,97,102,104,110,112,132,133,135,141,147,150,151,158,192,194,206,209,239,245,263,264,354,385,387,388,436,448,449,451,463—465

汕头 11,45,52,93,119,132,141,142,161,203,301,305,309,316,363,368,369,380,382,397,399,409,418,419,430,440,454,456,475

上海 5—9,11—13,15,24—27,29,32,36,37,41,45,47—50,52,55,56,65,66,70,73,74,76,82—85,89,91,93—96,98,99,102—104,107,110—119,160,164,166,203,211,216,235,239,246,248—252,254—264,286,288—297,301,305,308—311,313,315,318,319,327,329,330,332—339,341—343,349—352,354,356—387,394—402,404—413,418—424,426,429,433—438,440—442,444—449,452,454,455,460—462,465,469,474—477

沈阳 29,67,92,108,161,173,312,313,370,386,398,399,401,408,409,411—413,416,418—420,430,452,456

石家庄 103,106,108,109,262,263,314,324—326,349,375,386,402,403,407,409,415,417,419,457

思茅 25,46,64,76,184,185,400,469—471,473

四川 3,10,25,35,41,66,82,104,109,132—134,150,152,156,165,166,168,181,239,242,245,246,263,287,290,315,316,354,369—371,376,385,400,418,425,447,450,451,463,465,473

苏州 6,67,76,102,114—116,118,135,160,164,216,218,245,319,329,337,338,357,360,372,380,384,391,404—409,411,416,417,436,437,440—442,450,455

绥远 102,106,108—111,140,141,195,209,210,350,351,354,387,389,400,414,418

塔城 46,58,61,103,343,400,469,470

塔尔巴哈台 58—60,65,73,98,121,400,469

台南 53,65,132,174—176,178,180,455,456,469

台湾 11,27,29,31,41,45,46,49,50,52,53,65,67,86,88,120,132,138,140—142,146,157,174—180,191,240—242,308,311,324,334,344,353,363,397,406,430,431,455,460,461,469,476

太古 356

太原 99,101,103,105,108—111,161,209,249,314,318,337,386,403—405,407—409,414,416,458

唐山 108,109,161,311,387,403,404,

409,415,457

腾冲 46,152—154,157,185,330,331

腾越 25,63,64,76,162,400,469,471,473

天津 5,6,9,11,13,16,25,26,29,36,37,41,45,52,54—56,60,61,64—66,73,82—85,89,91—93,98—114,139,140,142,160,164,166,170,208,211,239,250—252,255,256,258,260,263,269,270,272,276,277,280—282,288,300,302,305,309,311,313,314,328,332—339,349—352,354,360,363,365,366,368—371,373—376,379,380,382,387—389,391,394—399,401—403,406,408—413,415,416,419,420,423,429,432,434,435,438,440—443,447—449,452,454,455,464,469,470,474—477

通州 104,117,162,163,216,217,258,380—382,384,404

万县 46,66,161,164,310,385,401,473

潍县 70,101,106,108,109,112,378,465

温州 45,63,65,93,137,161,164,309,409,411,459

乌鲁木齐 60,61,63,64,103,121,132,162,400,414

无锡 71,115,116,118,135,161,216—218,245,250,251,255,262,286,292,329,338,380,382,384,394,404—409,411,416,417,419,459,475

芜湖 13,46,63,65,82,118,161,203,310,316,318,323,378—380,382—385,409,411,418,440,459

梧州 13,46,66,76,119,161,197,200—203,310,409,411,415,430,440,452,460

武昌 161,236,262,264,269,274—276,278,283,284,286,290,409,413,414,416,418,429,435,441,455,456

武汉 37,46,93,104,250,252,264—267,274,277—279,281—285,289,307,323,337,338,341,374,385,397,400,418,421,424,429,435,441,455,456

武穴 63,162,310,385

西安 108,110,111,161,263,264,317,323,327,335,343,344,388,404,406—409,412—414,416,421,432,435,436,455,460,464,475

西藏 3,4,25,35,41,64—66,82,104,121,153,370,400,413,432,447,451,452,463,470,472,473

西康 354,370,413

下关 104,183,384,399

厦门 9,15,24,26,29,36,45,47—52,54,65,70,82,89,93,132,141—143,146,161,239,305,337,360,363,368,369,371,376,377,380,382,394,395,409,411,418,419,440,452,456,461,469,476

香港 9,10,13,15,24,25,27—29,36,41,42,45,47,64,65,69,72—74,79,82,83,85,86,88,89,91—96,107,111,119,132,141,142,160,164,165,239,308—310,330,333,336,340,343,344,358,362—364,368,369,380,382,394,396,397,408,417,421,431,439,448,449,452,461,462,469,473,476,477

湘 161—163,262,270—272,276,280,281,284,307,310,315,318,319,323,326,327,330,331,340,341,355,371,374,398,400,448

辛集 106,387

邢台 104,109,387,388

徐州 71,108,112,161,211,241,244,266,269,272,279,280,282,317,409,411,416,417,458

亚东 46,64,67,400,470

烟台 6,9,11,13,36,45,54,55,63,65,82,

83,92,102,108,112,113,140,161,242,266,279,280,282,325,326,334,335,363,368,369,378,394,395,399,409,411,418,419,440,444—446,454,457

阳曲　110,414

伊犁　16,58—61,63,65,73,98,344,400,469,470

宜昌　46,63,65,93,162,279,307,310,385,386,409,411,459

营口　6,13,36,45,54,67—69,83,85,92,108,109,113,252,309,335,349,386,394,395,399,409,411,418,430,454,457

玉门　403

豫　6,110,112,136,160—163,262,272,326,327,355,367,371,374,400

岳阳　46,70,385

粤　74,76,98,119,137,141,142,160—163,174,176—178,197,199,200,202,203,205,262,264—274,276,284,287,288,315—318,327,330,333,336,341—343,353,371,398,402,454,475

云　6,31,35,70,129,153,180—182,185,188,191,371,385,448—450

云南　13,25,27,41,63—65,104,109,133,135,147,152,170,180—186,188,191,245,246,262,287,331,335,343,354,356,400,447,448,451,452,465,469—473

张家口　59,60,65,71,100,103—106,108,110,111,123,140,162,315,325,328,365,386—388,409,411,414,416,458

浙江　41,119,133—138,147,154,157,158,217,244—246,300,301,315,318,325—329,332,333,350,354,365,366,369,370,373,378,398,410,476

镇江　13,26,46,52,55—57,65,76,115,118,136,160,164,216,258,268,310,313,334,360,378,380,382—385,406,409,411,414—417,419,459,469

郑县　108,110,418

郑州　71,106,110,163,252,327,343,374,387,402,403,407,409,411,418,419,432,455,464,474

芝罘　54,93,380,382,445

直隶　65,101,104,106,109,134,135,139—141,239—243,266,290,301,313,335,365,389,410,423,464

重庆　7,11,13,25,36,41,46,61,63,65,67,76,93,160,307,310,319,324,330,332,341,343,344,357,366,369—371,374—376,379,383—386,397,400,408,409,411—413,418,420,429,432,440,449,452,455,473—476

淄博　70,108,458

二、企业、机构、铁路、公路名索引

安奉铁路　312

北四行　366

汴洛铁路　313,317,402

沧州至石家庄公路　326

长沙至湘潭公路　325

潮汕铁路　316

成渝铁路　319

楚兴　262,263

川滇东路　330

川滇西路　330

大阪商船会社　95,309

大清邮政　334,335,338

大生　117,118,258,259,261,262,264

大兴　262—264

大冶铁路　311

道清铁路　312,349,403

滇缅公路　330,340

滇缅铁路　323
滇越铁路　312,469,471
电报局　336,337,339,340,365
东清铁路　61,103,242,312,404
泛美航空公司　342
奉海铁路　320
福州船政局　239,242,301,401
个碧铁路　319
广九铁路　312,318
桂越公路　340
汉阳铁厂　236,241,242,246,247,250,264—266,268,271,272,274,275,277,280,282—286,288—292,311,313
汉冶萍　236,247—249,264—266,268—270,272,276—279,281—284,286
合兴公司　315
鸿安商轮股份公司　305
呼海铁路　320
沪杭甬铁路　315,319
沪宁铁路　313,314,442
华俄道胜银行　314,364
淮南铁路　319
徽商　97,102
汇丰银行　99,313,362—364,377
基隆煤矿　240—242
吉长铁路　113,313,314
吉敦铁路　320
吉海铁路　320
江南汽车公司　329
江南铁路　319
江南制造局　237,301
胶济铁路　70,109,112,242,312,350,378,399,413,454
津卢铁路　313,314
津浦铁路　70,350,403,454
京奉铁路　311,313,320,350,403
京赣铁路　319

京汉铁路　313,314,318,350,374,402
京张铁路　111,315
开滦煤矿　245,290
开平矿务局　359,360
开平煤矿　240—242,267,286,288,311,359,403
矿务局　244,403,404
礼和洋行　337
龙州至那堪公路　325
陇海铁路　111,112,305,313,324,402,406,415,418,448
卢汉铁路　313,314,316
芦汉铁路　266,267,272,280,281,287,292
轮船招商局　240,301,305,309,359,360,365
马鞍山煤矿　241,292
民生公司　305
民信局　333,335,338,339,346
南满铁路　69,109,113,143,144,312,320,338,402,404
南三行　366
南浔铁路　316,318
宁绍轮船公司　305
欧亚航空公司　342—344
票号　98,356—359,361,372,374—376,378,386
票商　102
萍乡煤矿　264
齐克铁路　320
钱庄　118,356,358—362,364,372—379,382—386,388
黔桂铁路　448
侨批局　333,338
日清汽船株式会社　306
瑞记洋行　105,337
三北轮埠股份有限公司　305
上海电政局　337

史迪威公路　331

四洮铁路　320

四行二局　362,367,368,371

淞沪铁路　313,314

苏嘉铁路　319

台湾铁路　311,324

太古洋行　99,309

唐胥铁路　288,311

洮昂铁路　320

洮索铁路　320

同蒲铁路　111,316,318,321

外国银行　359,362—364,368

外商银行　356,360,363,364,372,375,377,378,386

外资银行　359,363

吴淞商船学校　305

吴淞铁路　312

西南航空公司　343

锡沪公路　329

锡宜公路　329

湘黔铁路　319

新奉铁路　312,313

新宁铁路　316,318

叙昆铁路　323

烟台至潍坊公路　326

怡和洋行　99,309,311,313

银号　104,357,358,360,375,386,387

英国东印度公司　300

鹰厦铁路　316

邮传部　42,313,315,316,334,337,365

邮政储金和汇业总局　338

裕华　262—264

粤汉铁路　267,315,316,318,350,353,374

张库公路　328

招商局　132,300—302,305—308,344

浙赣铁路　318,319

正太铁路　110,314,318,350,402

织布局　258,278,288,359

中国航空公司　342—344

中华邮政　338,339

中苏航空公司　344

中兴煤矿公司　242,316

中央航空公司　342,344

中印公路　330

三、人名索引

阿礼国　48,310

滨下武志　10

帛黎　334,335

蔡锡勇　278,279,282

陈宝琛　316

陈长蘅　135,154,155

陈桦　35,36,133,450,451

陈诗启　6,45,48,50—56,61,64,67,68

陈宜禧　316

陈真　235,273

陈振汉　236,251

陈振江　12

陈争平　6,24

代鲁　265,268,275

戴鞍钢　12—14,18,23,27,28,30,31,43,82,237,238,447,449,465,466,478

德璀琳　334,335

丁日昌　311

丁日初　7

端方　70,314

樊如森　13,14,18,23,27,28,30,45,82,85,104,105,399,402,419,442,443,445,447,454,464,470,478

方显廷　2,250,251

费正清　9

葛拉士　337

葛绥成　2,235,236,299

龚骏　235

韩启桐　5,31,96,463
何一民　397,398,402
赫德　51,54,56,70,334,335,363
侯厚培　45,84,86,90,306
胡焕庸　2,152,158,159,167,235,299
黄苇　5,43,84
江文汉　143—145
金达　311,377
卡赞宁　2,235,299
康有为　396,397,421
况浩林　451
莱诺特　336
黎元洪　341
李长莉　76,77,351—353,468
李瀚章　265,266,269,271,272,274,287
李鸿章　21,240,241,246,258,259,266—274,277,279—284,287,288,290,301,311,334,336
李平书　421,426,435
李石曾　329
厉声　62
梁启超　422
林满红　11,13,18,29,31,88
林玉茹　11,479
刘翠溶　11
刘佛丁　6,20,21,32,33,39,463
刘铭传　142,311,334
刘瑞芬　265,267,268
刘素芬　11
卢作孚　305
陆大道　237,291,299
罗澍伟　7,391,397,398,434
马士　8,47,49,58,65,70
茅家琦　42,113,394,401,427
墨菲　9,11,26,28
彭南生　33,466
皮明庥　7,400,403,421,424,429

珀金斯　127
璞鼎查　47,333
濮尔生　337
乔启明　146—150,152,158,164
荣德生　260
荣氏　259
森时彦　261
盛叙功　2,299,309,348
盛宣怀　240,241,264,266—272,274,276,278—285,287,288,336,337,365
苏元春　325
孙敬之　4,5,475
孙中山　317,428,435
谭延闿　325
谭钟麟　337
唐廷枢　240,311
田培栋　36,451
汪敬虞　6,81,239,302,304,321,466
王尔敏　45,47,48,59
王良行　11,30
王晓籁　329
王玉茹　6,21,32,33,463
隗瀛涛　7,357,376,400,401,404,405
吴承明　5,6,23,30,31,34,72,96,239,245,306,324,327,344—346,463—466,474
吴传钧　4,299
吴松弟　1,8,12—15,18,23,27—29,42,45,72,82,125,126,129,131,133,134,138,390,399,402,408,419,445,447,454,461,467,476,478,479
吴稚晖　329
武堉干　33,45,62,72,79—82,86,88—91,94,462,467
徐建寅　276,278,279
徐永志　13,423
许涤新　5,6,23,34,72,239,245,465,466

严中平 5,6,45,47,48,52,55,56,58,59,63,64,66—72,75,235,251,255,257,260,262,294,301—304,312,316,317,321,322,372,397,412,475

杨天宏 13,70

杨文骏 337

虞和平 6,7,65,66,145,266,424—426

虞洽卿 305

袁世凯 70,71,317,319,337,423,426,428,443

詹天佑 314,315

张謇 117,259,262,405

张静江 318,329

张朋园 10,409,410

张其昀 2,118,235,299,449

张玉法 10,11

张煜南 316

张之洞 241,245,246,264—289,292,311,315,334

张仲礼 7,377—379,382,383,397,421,424

章开沅 7,19,21,22,32,424

赵冈 391

郑观应 277

郑友揆 5,45,72,81

钟天纬 278,279,282,283

周积明 421

周立三 3,5

邹逸麟 6,12,133,134,475

四、商品、货物索引

玻璃 22,76,80,239

草帽缏 102,106,109,111,114,444,445

茶叶 31,74,80—82,98,101,104,308,382,414,462,466,470

纺织机器 80

火柴 22,77,80,82,101,104,111,112,238,438,442,470

棉布 73—75,79,82,91,98,100,104,106,110—112,118,217,263,388,391,463,467,470

棉花 23,30,31,74—76,78,79,88,101,104—106,109—112,114,116,117,186,187,190,207—210,212—218,258—263,288,349,381,384,385,387,389,404,405,446,462—464,470

棉纱 13,79,82,88,100,104,109,112,251,257,260,262—264,291,388,389,462,463,465—467

皮货 81,97,98

生丝 30,31,81,88,101,115,382,384,462,470

丝绸 35,81,98,102,110,115—117,298,444,470

丝织品 75,80,336

桐油 81,101,382,385,463,466

鸦片 20,27,30,49,65,73,78,79,88,100,113,306

羊毛 23,31,81,82,102,105,109,400,454,463—465,470

针 22,34,76,80,101,406,465

图书在版编目（CIP）数据

中国近代经济地理. 第1卷, 绪论和全国概况/吴松弟主编. —上海：华东师范大学出版社, 2014.9
ISBN 978 - 7 - 5675 - 2530 - 6
（中国近代经济地理）

Ⅰ.①中… Ⅱ.①吴… Ⅲ.①经济地理-中国-近代 Ⅳ.①F129.9

中国版本图书馆 CIP 数据核字(2014)第 210855 号

审图号 GS(2014)1497 号

中国近代经济地理
第一卷·绪论和全国概况

丛书主编	吴松弟　副主编　戴鞍钢
本卷主编	吴松弟
策划编辑	王　焰
项目编辑	庞　坚
审读编辑	胡欣轩
责任校对	王　溪
版式设计	高　山
封面设计	储　平

出版发行	华东师范大学出版社
社　　址	上海市中山北路 3663 号　邮编 200062
网　　址	www.ecnupress.com.cn
电　　话	021 - 60821666　行政传真 021 - 62572105
客服电话	021 - 62865537　门市(邮购)电话　021 - 62869887
门市地址	上海市中山北路 3663 号华东师范大学校内先锋路口
网　　店	http://hdsdcbs.tmall.com

印 刷 者	上海中华商务联合印刷有限公司
开　　本	787×1092　16 开
印　　张	33.25
字　　数	651 千字
版　　次	2015 年 3 月第 1 版
印　　次	2015 年 3 月第 1 次
书　　号	ISBN 978 - 7 - 5675 - 2530 - 6/K·410
定　　价	112.00 元

出版人　王　焰

（如发现本版图书有印订质量问题,请寄回本社市场部调换或电话 021 - 62865537 联系）